能源与气候金融学系列教材

气候金融学

姬 强 王群伟
王玉东 张大永 张跃军 ◎编著

CLIMATE FINANCE

科学出版社
北 京

内 容 简 介

实现碳中和以减缓全球气候变暖已成为国际共识，发展气候投融资是应对气候变化、推动全球气候治理的核心要素。本教材专注于气候金融学这一新兴前沿交叉学科，从学科发展出发，系统地梳理了气候金融的理论体系、方法工具、热点领域及研究范式，特别是对气候资产定价、碳金融和气候衍生品、气候公司金融以及气候治理等议题进行了多维度的剖析和深入的解读。

本教材是国内气候金融学科建设的重要支撑材料，可以作为能源、气候、管理、经济、金融等相关专业的本科生和研究生的专业教材使用，也适合相关政府部门、大型企业、投资机构、科研院所的研究人员和行业协会专家阅读。

图书在版编目（CIP）数据

气候金融学 / 姬强等编著. —北京：科学出版社，2024.4

能源与气候金融学系列教材

ISBN 978-7-03-078351-6

Ⅰ. ①气… Ⅱ. ①姬… Ⅲ. ①气候变化－影响－金融市场－中国－教材 Ⅳ. ①F832.5

中国国家版本馆 CIP 数据核字（2024）第 069828 号

责任编辑：方小丽 / 责任校对：贾娜娜
责任印制：张 伟 / 封面设计：有道设计

科学出版社出版
北京东黄城根北街 16 号
邮政编码：100717
http://www.sciencep.com
涿州市般润文化传播有限公司印刷
科学出版社发行 各地新华书店经销
*
2024 年 4 月第 一 版 开本：787×1092 1/16
2024 年 4 月第一次印刷 印张：25
字数：600 000

定价：78.00 元

（如有印装质量问题，我社负责调换）

作者简介

姬强：国家优秀青年科学基金获得者，中国科学院科技战略咨询研究院学部学科研究支撑中心执行主任、研究员、博士生导师。

王群伟：国家优秀青年科学基金获得者、国家“万人计划”青年拔尖人才，南京航空航天大学经济与管理学院院长、教授。

王玉东：国家优秀青年科学基金获得者，南京理工大学经济管理学院教授、博士生导师、院长，中国“双法”研究会气候金融研究分会副理事长。

张大永：国家社会科学基金重大项目首席专家，西南财经大学教授、博士生导师，中国“双法”研究会气候金融研究分会理事长、国际能源转型学会副理事长。

张跃军：教育部长江学者特聘教授，湖南大学二级教授、博士生导师，湖南大学资源与环境管理研究中心主任，主要从事碳交易与碳减排机制、能源环境政策建模等领域的研究。

编 委 会

编著者（按姓氏拼音排序）

姬　强（中国科学院科技战略咨询研究院）

王群伟（南京航空航天大学）

王玉东（南京理工大学）

张大永（西南财经大学）

张跃军（湖南大学）

编写组（按姓氏拼音排序）

陈雅婕（西南财经大学）

郭　琨（中国科学院大学）

雷　雷（西南财经大学）

刘景月（湖南大学）

刘振华（中国矿业大学）

马嫣然（中国科学院科技战略咨询研究院）

聂　婧（南京理工大学）

张志伟（南京航空航天大学）

前言 PREFACE

党的二十大报告指出：“我们要坚持教育优先发展、科技自立自强、人才引领驱动，加快建设教育强国、科技强国、人才强国，坚持为党育人、为国育才，全面提高人才自主培养质量，着力造就拔尖创新人才，聚天下英才而用之。”①教材是教学内容的主要载体，是教学的重要依据、培养人才的重要保障。在优秀教材的编写道路上，我们一直在努力。

随着全球应对气候变化行动的不断推进，实现碳中和已经成为全球共识，截至2023年9月，全球已有151个国家以不同形式提出了碳中和目标。全球碳中和目标的实现不仅依赖于颠覆性技术的突破，更依赖于气候投融资活动的有序推进。2022年，全球低碳能源转型投资总额首次突破1万亿美元，全球气候投融资规模正在快速增长。气候金融主要以《联合国气候变化框架公约》为主导，强调充分调动国际社会各个主体共同参与气候变化行动，通过多元化的资金渠道，运用金融创新工具服务低碳转型和气候行动。

考虑到全球气候变化的复杂性，国际气候金融框架若要更好地指导气候治理，需要新的理论支撑和完备的方法体系。在这种大背景下，气候金融学应运而生，这一新兴学科主要为实现碳中和的气候投融资实践提供理论指导，也是金融理论在气候领域的再创新。

气候金融学作为一门新兴的交叉学科，其理论框架具有系统性、复合性、独特性等特征，需要自然科学与社会科学知识体系的融合，理论基础涉及气候科学、管理科学、金融学、应用经济学和理论经济学等多学科的知识。这一学科在国内刚刚起步，还需要进行从理论方法到研究范式的系统性研究。

本教材正是为了填补这一空白而著，既面向气候金融理论的国际前沿，又立足中国气候金融发展的重大战略需求，从气候金融的学科背景出发，系统地梳理了气候金融学的发展脉络，针对气候金融学的理论体系、方法工具、研究范式及前沿方向进行了总结，从而服务于国内气候金融学科的发展。

本教材共包含15章，主要从理论体系、风险定价、碳金融、气候衍生品、气候公司金融及气候治理六大部分展开，具体内容如下。

第1章为气候金融概论。首次系统地界定了气候金融的内涵和边界，通过对文献研究进展的综述，厘清了气候金融学的发展脉络，并从基金资助、学术共同体、气候投融资等维度进行了解析，凝练了未来的学术研究场景。

①《习近平：高举中国特色社会主义伟大旗帜 为全面建设社会主义现代化国家而团结奋斗——在中国共产党第二十次全国代表大会上的报告》，https://www.gov.cn/xinwen/2022-10/25/content_5721685.htm[2022-10-25].

第 2 章为国际气候金融体系。梳理了国际气候金融框架体系的发展历程，对国际气候合作的谈判进展、组织架构、金融机制，特别是国际主要的资金机制进行了概览，总结了国际气候金融合作的问题与挑战。

第 3 章为气候金融工具。介绍了气候融资中的主要金融工具，对信贷市场、证券市场及保险市场三大金融主体中气候融资的不同机制、金融工具的创新发展以及气候融资的产品创新进行了完整的梳理。

第 4 章为气候风险度量及经济影响。介绍了气候风险的类型、风险源及风险冲击，从宏观和微观两个视角对气候风险的度量方法进行了详细阐述，并对气候风险造成的宏观经济和金融影响，以及微观企业和家庭影响进行了机理分析。

第 5 章为气候资产定价。介绍了气候风险如何引入传统的资本资产定价模型，对定价中的气候变化路径、经济发展路径以及投资者偏好等不确定性进行刻画，从气候风险投资者反应、气候风险股票定价、债务定价、保险定价、房地产定价等多个定价场景进行了实证分析。

第 6 章为碳交易市场理论。回顾了国内外碳交易市场背景，明确了碳交易市场的基本概念、功能及重要地位；基于气候经济学理论，阐述了碳交易市场的理论基础及基本原理，并对碳交易市场的核心要素、设计逻辑及原则进行了详细的介绍。

第 7 章为碳交易市场实践。明确了碳交易市场的价格形成机制及其主要影响因素；介绍了全球碳市场的发展历程，并深入剖析了欧盟碳市场的发展历程、运行现状与价格特征；回顾了中国碳市场发展历程，介绍了中国试点碳市场与全国碳市场运行现状和价格特征；从经济、环境、社会三个方面阐述了碳市场的影响效果。

第 8 章为碳金融市场。梳理了碳金融市场的定义、分类、相关政策与理论基础，从碳市场交易工具、碳市场融资工具、碳市场支持工具三个方面详细介绍了碳金融市场相关产品的特征、功能与关联案例，并对碳金融市场的风险评估及风险管理进行了介绍。

第 9 章为天气衍生金融工具市场。介绍了天气衍生金融工具市场的形成；阐述了天气衍生金融工具的定义、特征和主要分类；对天气衍生金融工具市场中的场外市场与场内市场、市场参与者类型和市场功能进行了详细说明；对天气衍生金融工具市场的发展趋势进行了展望。

第 10 章为天气期权与期货定价。阐述了天气期货与期权合约标的资产以及基于这些标的资产的具体天气衍生品；介绍了传统衍生品定价模型及其基本原理、假设，并深入分析了其对天气衍生品定价的应用效果及成因；总结了针对天气衍生品的定价模型，包括不同定价方法、模型与参数估计等，以及其在天气期货与期权中的应用。

第 11 章为企业气候投资。阐述了企业气候投资的相关定义；梳理了企业气候投资的发展动因以及主要阻碍，并回顾了当前国内外气候投资领域相关的政策背景；结合气候投资领域的实际案例探究了企业气候投资策略的构成、发展措施及影响因素。

第 12 章为企业气候融资。介绍了企业气候融资的资金来源和资金用途；梳理了内源融资、股权融资、绿色信贷、绿色债券、绿色基金和绿色保险等几类主要气候融资方式的基本概念与发展现状，并结合案例进行了说明；阐述了多边开发银行在气候融资中的重要作用。

第 13 章为企业气候可持续发展战略。介绍了企业气候可持续发展战略的概念；梳理了企业气候可持续发展战略的实施路径、保障与评价；从新能源使用与绿色创新等方面阐述了企业可持续发展战略的实施思路与措施，并对相关企业的可持续发展现状进行了介绍。

第 14 章为气候金融政策与监管。综述了欧盟、美国、英国、亚太以及中国的气候金融政策，对施政主体、政策类型及政策服务对象等进行了详细分析，并对现有气候金融监管体系的特点和发展历程进行了总结。

第 15 章为环境、社会与治理（environmental，social and governance，ESG）体系。回顾了世界主要经济体 ESG 体系的发展历程，从国家、公司两个层面对主要 ESG 评价体系进行了比较分析，并探讨了 ESG 在股票市场、固定收益市场及基金市场的应用价值。

本教材得到了国家自然科学基金专项项目（项目批准号：72348003，72243003）、优秀青年科学基金项目（项目批准号：72022020）和面上项目（项目批准号：72071114，52270183），国家社会科学基金重大项目（项目批准号：21&ZD110）、重点项目（项目批准号：22AZD128），以及江苏省学位与研究生教育教学改革课题（序号：JGKT23_B006）的支持。本教材是中国科学院、西南财经大学、湖南大学、南京航空航天大学、南京理工大学和中国矿业大学的气候金融联合团队长期研究积累的成果，也是这些团队前期教学实践和人才培养的智慧结晶。

气候金融理论随着全球应对气候变化的实践也在不断发展和拓展中，本教材是对气候金融学这一新兴学科全面解读的新尝试，是推动国内气候金融学科发展的抛砖之作，因此教材中难免存在不足之处，希望越来越多的人关注气候金融学，并不吝赐教，一路同行。

姬强，王群伟，王玉东，张大永，张跃军

2023 年 11 月 11 日

目 录 CONTENTS

第 9 章 天气衍生金融工具市场

第 10 章 天气期权与期货定价

第 11 章 企业气候投资

第 12 章 企业气候融资

第 13 章 企业气候可持续发展战略

第1章　气候金融概论

本章导读

在全球积极应对气候变化挑战的大背景下，发展气候投融资已经成为国际共识。在气候变化的框架下，气候金融成为研究气候变化与金融活动关系的一个新兴的交叉学科，气候金融理论也应运而生。本章首次对气候金融的概念和内涵进行系统性界定，通过文献计量的方式梳理了气候金融领域的最新研究进展。同时，从基金资助、学术共同体、气候投融资等维度，总结了气候金融的理论与实践在中国的发展。最后，凝练了未来气候金融学科发展的理论前沿与应用场景。

1.1　气候金融的现实需求

近百年来，气候变化对全人类的威胁日益增大，自然灾害与极端天气正以远超人们预期的频率在全世界各个区域发生，并对人类社会造成广泛的影响。自《联合国气候变化框架公约》（United Nations Framework Convention on Climate Change，UNFCCC）通过以来，历经多次国际谈判，全球绝大多数国家都已经达成了将应对气候危机作为长期发展战略的共识，但是全球应对气候危机的行动仍然缓慢，气候变化的形势更加严峻。联合国政府间气候变化专门委员会（Intergovernmental Panel on Climate Change，IPCC）第六次评估报告指出，气候变化正以更快的速度扩展到全球各个地区，除非全球采取更为迅速的行动来减少温室气体排放，否则全球温升水平控制在2℃以内并争取控制在1.5℃以内的目标将难以实现。据估算，到2030年，气候变化对健康的直接损害成本约为每年20亿～40亿美元（World Health Organization，2023）。由于全球气候变化的冲击，整个地球的生态系统正在发生重大的改变，已经威胁到了人类经济社会系统安全，甚至直接影响到了一些国家的生存问题（Dell et al.，2012）。

应对气候危机、寻求可持续发展的诉求已经迫在眉睫。然而，实现既定气候目标困难重重，存在巨大的风险挑战，需要跨越国界的共同努力。其中一个重要的制约因素就是投资需求与融资约束之间的矛盾。对于全球碳中和长期愿景的实现，无论是通过节能减排、增汇固碳以减缓气候变化，还是主动适应气候变化，都需要大量的资金投入。然而，全球新冠疫情突发带来的世界经济衰退进一步加剧了国际气候资金的融资压力，融资动力、融资渠道及融资风险都将成为全球应对气候变化的新挑战。

在这种全球气候投融资需求不断增加的现实背景下，气候金融作为一个新兴的交叉学科正在引起全球学者的广泛关注（Stroebel and Wurgler，2021）。作为一个具有深远性社会意义和迫切性现实需求的新兴学科领域，气候金融的研究远远不只解决气候融资的资金来源问题。从宏观层面来讲，需要解决系统设计与市场发展的问题；从微观层面来讲，需要分析企业投资与内部治理的问题；从理论层面来讲，需要提供应对气候危机的投融资理论框架和方法论；从实践层面来讲，需要为决策者完善风险监管体系与制度建设，为投资者规避低碳投资风险提供指导和服务。

当前，中国的减排压力巨大，这必然需要更多的气候投融资以及配套的理论支持。实现气候投融资在国内的快速发展以及减排目标与金融体系的协同发展，需要建立和发展完备的气候金融理论。

因此，本章考虑气候金融理论，结合我国实现“双碳”目标所面临的需求和挑战，从基本概念界定、学科领域的独特性出发，通过对国内外相关领域研究的最新进展的梳理，对气候金融研究的学科领域进行了系统性思考，以期推动气候金融学理论框架的构建，并从理论研究和实践活动两个方面，系统地梳理了我国独特的气候金融发展脉络，最后凝练了气候金融学科发展的理论前沿与应用场景。

1.2 气候金融的内涵与学科属性

为了更好地梳理气候金融研究的脉络，需要对气候金融的概念进行清晰的界定。相较于“气候金融”，国内学术界更为熟悉的概念是“绿色金融”和“碳金融”。当前，绿色发展已成为国家发展战略的核心组成部分，标志着从追求经济高速增长向致力于高质量发展的转变。与之而来的就是构建一套行之有效的金融支持体系，以促进实现绿色发展。绿色金融就是为了推进环境治理、资源清洁高效利用而进行的一系列金融活动。碳金融作为一种创新的融资活动则有更为明确的界定。碳金融是对碳排放进行货币化的新型融资手段，通过给碳排放定价来减少温室气体对环境的影响，主要包括碳排放权交易、碳金融衍生品交易以及相关碳减排和碳汇的金融服务活动。气候金融则是为了提升减缓和适应气候变化的能力而开展的一系列金融活动。从金融活动的范畴来讲，绿色金融涵盖最广，其次是气候金融，碳金融的范围最小。

虽然绿色金融、碳金融和气候金融在实践中都是为了改善环境、应对气候变化的挑战，但是从理论上来讲，气候金融具有自己的独特性以及更为严谨的学科特征。这一点可以借鉴经济学的学科界定来说明，如气候经济学是一个具有明确的理论体系和完整结构的交叉学科，而绿色经济更多的是一个理念，而非一个学科的概念。同样地，绿色金融强调更为广义地利用金融活动来治理环境问题，而气候金融则专注于气候相关的金融活动。从国际气候金融体系的发展来看，一个以国家主体和国际组织为核心的国际气候金融框架已经形成，并在全球有关气候投融资过程中发挥着至关重要的作用（Zhang et al.，2019；Watson and Schalatek，2021）。

相对而言，由于气候危机是全球所有国家都要面临的现实问题，因此从根本上来讲气候金融就拥有了自然的国际属性，以此为基础发展的气候金融体系具有更通用的学术语言和适用环境。这一点在早期的《联合国气候变化框架公约》中就已经有所体现，其提出气候融资是旨在减少温室气体排放，降低生态系统对气候变化负面影响的脆弱性并保持其抵御风险的能力的融资。通过多年的实践，气候金融已经具备了可行的、清晰的基本标准和国际合作基础。当前国内外更多关注气候投融资的政策制定和对应的实践活动，很少从学科的视角对气候金融进行清晰的界定。

本章认为气候金融是一门新兴的交叉学科，是研究气候变化与金融活动之间的关系的一门学问。气候金融充分将气候的关键属性和本质特征与传统金融理论深度有机地嵌套融合，研究气候变化对资产定价、投融资、金融风险、金融政策等方面的影响。从学科发展来看，气候金融学更具有现实意义和理论价值。

1.2.1　气候金融是一个复杂巨系统

从本质上来说，气候金融是为了应对人类所面临的气候危机和实现可持续发展在全球范围内所进行的所有金融活动的总称。这是一个包含着多个维度的复杂巨系统（图 1-1），在研究视角上，包括国内和国际两个视角；在研究尺度上，包括宏观和微观两个尺度；在研究层面上，包括制度、市场和人三个层面；在研究目标上，包括国内可持续发展与国际气候金融合作两个目标。

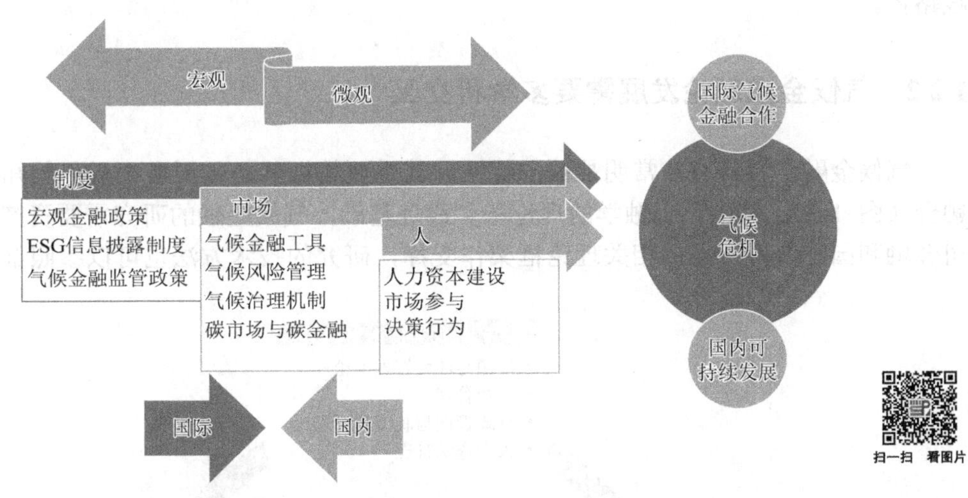

图 1-1　气候金融的复杂巨系统

从研究视角来看，气候金融研究具有外部包容性。由于气候变化具有外部性特征，应对气候变化所带来的挑战一定是一个全球性话题。在进行气候金融理论的框架设计时，要充分考虑气候环境的公共产品属性对传统金融理论的适用性。包容性的概念源于发展经济学，在 2007 年亚洲开发银行提出了“包容性增长”的概念，即以人为中心的，人与人、人与社会、人与自然的和谐发展。气候金融涉及的主体繁多，且存在多元化的利益诉求，因此其学科建设需要以包容性为出发点。

从研究尺度来看，气候金融研究是宏观系统与微观系统的有机结合。在经历了三百多年的人类工业革命后，气候变化的危害不仅仅表现为物理灾害，还表现为对经济社会的众多方面产生的冲击，其影响已经从生态链扩展至金融系统乃至整个社会经济系统，气候危机所造成的社会经济影响已经难以估量。因此，气候金融的研究方向既包括自上而下的宏观调控与市场建设，也包括自下而上的风险管理与市场行为。

从研究层面来看，气候金融研究内容包括制度、市场与人三个层面。气候金融的发展首先离不开国家的宏观政策与制度，无论是 2015 年提出的建立绿色金融体系的目标，还是 2021 年提出的有关气候投融资体系建设的指导思想，都是促进我国气候金融体系建设的关键，且相关的监管措施和市场运行体系也离不开宏观制度的顶层设计。其次，气候金融的核心是市场建设，包括发展气候投融资工具、创新气候金融衍生品、建设碳金融市场、完善气候风险管理、提升气候治理水平等。一个完善的市场应该是在宏观政策的指导下，提高有效性和流动性，激发私有资本积极参与的市场。最后，实现制度建设和市场发展还离不开人力资本，无论是投资决策还是市场监管都需要由人来执行，决策者、投资者和社会公众的行为共同构成了这一环节。

从研究目标来看，气候金融理论研究主要是引导金融资本朝着低碳、气候友好和可持续的方向进行配置，利用多种气候金融创新工具，叠加多元化的资金渠道和多模式的投融资策略，服务于全球能源低碳转型，提供人类应对气候危机的金融方案。对内，为国内可持续发展战略的资金融通提供理论支撑；对外，为推动国际气候金融合作提供实践路径。

1.2.2 气候金融理论发展需要多学科交叉

气候金融学科具有非常明显的独特性，其重要特征就是需要多个学科的知识有机地融合（图 1-2）。其中，金融学的理论和实践是基础，气候金融的研究需要资产定价、公司金融和国际金融市场的相关理论框架作支撑，研究的技术方法也可以参照金融学并进

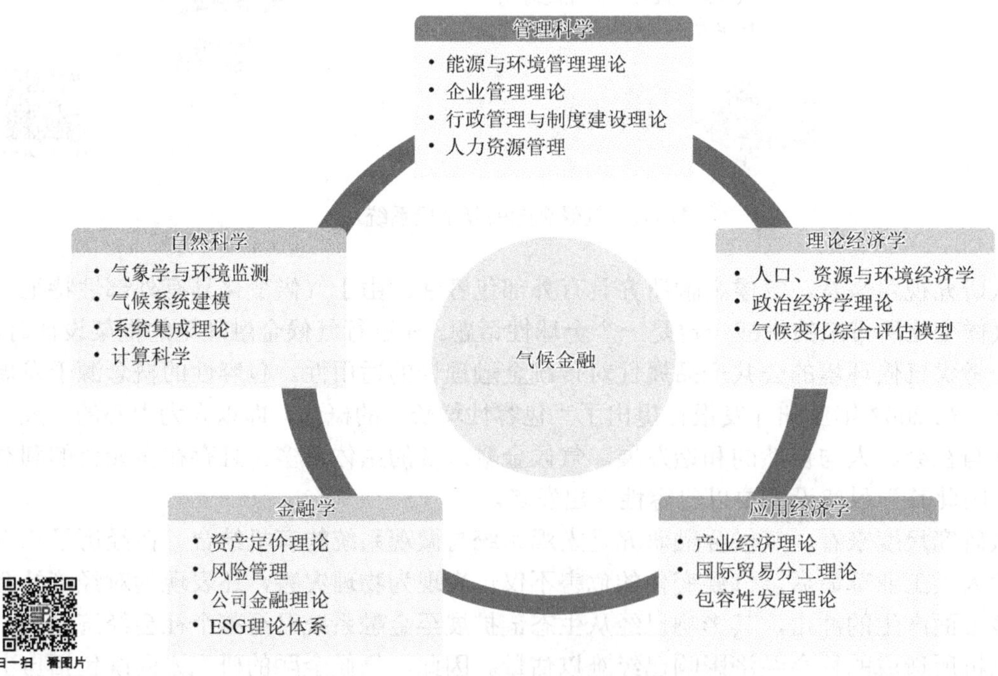

扫一扫　看图片

图 1-2　气候金融的多重交叉学科属性

行拓展。气候金融的前瞻性研究既需要利用自然科学的细颗粒度数据基础和大数据智能工具作支撑，也需要管理科学对气候金融学体系的框架进行设计，还需要经济学基础作理论支撑。

首先，由于应对气候危机的关键是能源系统的转型，因此能源与环境管理领域的学科知识是气候金融所必需的。从这个角度来讲，相关领域的自然科学知识对于气候金融领域的研究也具有重要的意义。例如，可以采用卫星遥感技术对碳排放的水平进行监测，从而实现监管的动态性、投资的方向性以及碳资产定价的有效性。

其次，在气候资本市场建设方面，对于实现巨量资金的筹集，刺激私有资本的参与，同时确保气候投资的有效实施仍缺乏明确的理论指导；在人力资源方面，气候与金融等多领域交叉的专业人才的缺乏，在客观上制约了整个复杂系统的建立和完善。

最后，由于气候金融的国际属性，本国气候相关的金融活动既要考虑国内金融体系和市场发展现状，又要充分考虑外部国际环境的变化以及全球气候金融体系的发展趋势及特征。这一点与党的十九届五中全会提出的“加快构建以国内大循环为主体、国内国际双循环相互促进的新发展格局”[①]重大战略部署是一致的。因此，国际关系与政治也是双循环视角下气候金融理论与实践的重要环节。全球气候金融体系的建设仍需要进一步的合作，达成更广泛的共识；各国相关规则的制定和监管体系以及具有指导性的政策都有待完善。

总而言之，气候金融的范畴有别于现有学科，其理论体系具有独特性，实践工作亟须加快开展，并需要尽快完善气候金融学科建设，大力培养相关人才。

1.3　气候金融研究发展脉络

1.3.1　气候金融领域发文基本情况

本章将气候金融作为搜索关键词，以经济、商业或金融领域的社会科学引文索引（Social Sciences Citation Index，SSCI）收录的文章为文献来源，通过对这些文献的关键词进行共现分析尽可能全面而客观地把握气候金融领域的研究方向和内容，从而对气候金融理论的发展脉络进行全面的梳理。本章文献检索的时间范围为 1980～2021 年[②]，检索到的文献数据共包含 3239 篇论文。

图 1-3 展示了气候金融领域年发文数量。其中，最早的一篇文献出现于 1988 年，此后直到 2008 年气候金融领域的研究都处于低迷状态。2008 年之后，相关文献的发表量迎来爆发式增长，从 2008 年的 41 篇增长至 2020 年的 413 篇，约增加了 9 倍。2021 年的发表量截至 10 月 17 日已有 396 篇。就期刊分布来看，这些文章共发表在 410 种期刊上，这意味着气候金融的研究已经分散在各个细分领域中。表 1-1 列出了气候金融载文量前十

① 《中共中央关于制定国民经济和社会发展第十四个五年规划和二〇三五年远景目标的建议》，https://www.gov.cn/zhengce/2020-11/03/content_5556991.htm，2020 年 11 月 3 日。

② 更具体的时间为 1980 年 1 月 1 日至 2021 年 10 月 17 日。

的期刊，其中，*Energy Policy* 的载文量排名第一（546 篇），其次是 *Ecological Economics*（250 篇）和 *Energy Economics*（160 篇）。

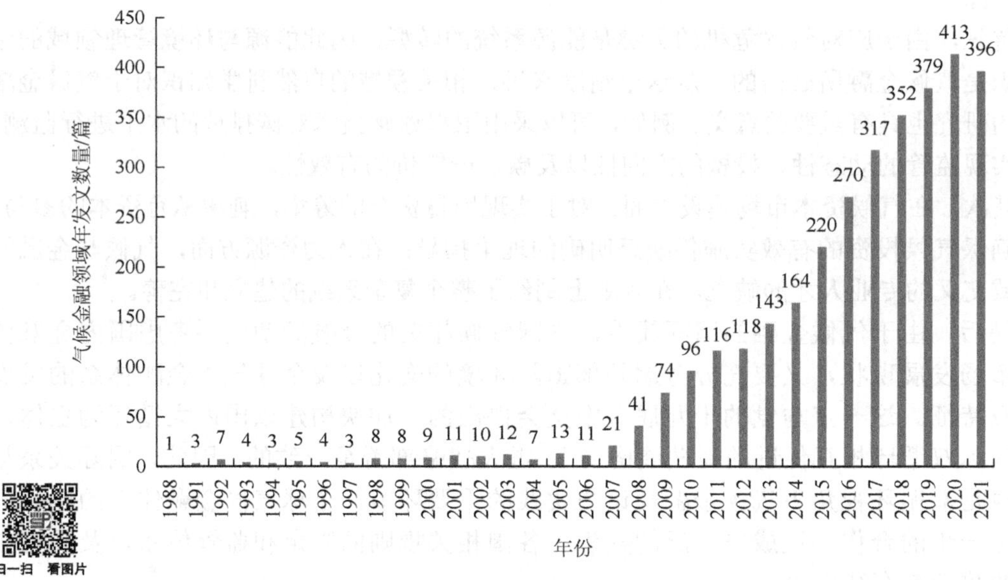

图 1-3　1988～2021 年气候金融领域年发文数量

表 1-1　气候金融载文量前十的期刊

序号	期刊名称	载文量/篇
1	*Energy Policy*	546
2	*Ecological Economics*	250
3	*Energy Economics*	160
4	*Environmental & Resource Economics*	104
5	*World Development*	91
6	*Forest Policy and Economics*	74
7	*Journal of Environmental Economics and Management*	71
8	*Business Strategy and the Environment*	58
9	*Journal of Business Ethics*	54
10	*Technological Forecasting and Social Change*	53

本章尝试运用关键词共现寻找和分析气候金融研究的热点与主要方向。具体而言，本章对文献数据设定 1 年的时间切片，并对每个时区中被引频次较高的 50 个关键词进行提取。图 1-4 为关键词共现图谱，图中共有 499 个关键词节点、1453 条连线。节点越大表明共现次数越多，连线数量表示两个关键词的共现次数，连线粗细表示联系强度。图 1-4 设定阈值为 120，出现频次超过 120 的关键词显示标签。在此基础上，表 1-2 进一步提取前 20 个重要关键词。统计结果显示，气候变化（climate change）、能源（energy）、影响（impact）、政策（policy）和排放（emission）等关键词出现的频次较多。从高频关

键词出现年份来看，农业（agriculture）、价值（value）、金融（finance）、决定因素（determinant）和政策（policy）等关键词出现年份靠后。这些结果表明气候金融领域的研究内容复杂多样，能源、温室气体排放、政策、定价、风险、技术、创新和气候与金融系统内各因素间的相互关系等都是其研究的主要内容。其研究对象既包含自然人的投资消费等行为，又包含公司和行业主导的能源消耗、温室气体排放和技术创新等行为，还涉及国家层面的政治协商和互助。

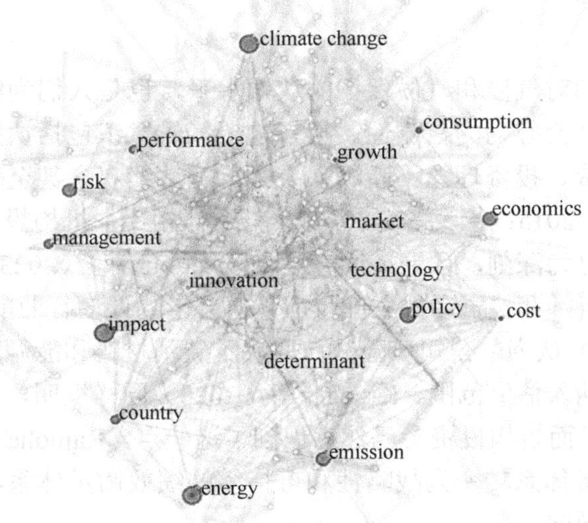

图 1-4 1988～2021 年气候金融领域研究关键词共现图谱

连接规则：最小生成树

表 1-2 1988～2021 年前 20 个高频关键词

序号	频次	关键词	最早出现年份	序号	频次	关键词	最早出现年份
1	635	climate change	1998	11	164	cost	1998
2	429	energy	1993	12	160	market	1992
3	401	impact	1997	13	160	growth	1998
4	352	policy	2001	14	159	consumption	1997
5	349	emission	1996	15	140	innovation	1996
6	282	risk	1999	16	127	technology	1992
7	265	economics	1995	17	127	determinant	2000
8	256	country	1993	18	112	finance	2000
9	191	performance	1995	19	110	agriculture	2005
10	187	management	1993	20	109	value	2003

注：统计的截止时间为 2021 年 10 月 17 日

1.3.2 主要研究方向梳理

根据关键词共现提供的气候金融研究范畴信息，可以大致将已有研究归类为气候意识、气候变化下的资产定价与风险管理，以及气候财政、金融与货币政策三个方向。气候意识方向主要从道德层面研究不同个体的气候意识觉醒和实践行为，气候变化下的资产定价与风险管理方向侧重研究与气候变化有关的市场经济行为，而气候财政、金融与货币政策方向旨在分析比较用于缓解气候变化的不同类别的政策工具。

1. 气候意识

气候意识是人们对气候和气候保护的认知水平，也是人们为缓解气候变化而不断调整自身经济活动和社会行为的自觉性。换言之，气候意识包括认知和实践两个层面。在认知层面，绿色消费、投资理念不断深入人心，可持续观念甚至融入了个体创新创业的活动中（翁智雄等，2015；徐戈等，2017）。与个体相比，机构投资者、公司、行业和市场的气候意识觉醒更为深刻，且更具价值导向。Addoum 等（2023）发现，季度内极端温度冲击无法引发分析师和投资者的立即反应，但会影响许多行业的季末盈利预测。Busch 和 Hoffmann（2007）认为，公司风险敞口取决于碳基材料和能源强度依赖性，金融市场已开始将这些影响纳入估值范围。Krueger 等（2020）同样表明，气候风险会对投资组合公司产生财务影响，而机构投资者已然意识到了这一点。Rajnoha 等（2017）发现，不少公司将传统绩效衡量体系转变为战略性和可持续的绩效衡量体系，且更加重视改变短期主义的消费和生产导向。

在实践层面，已有文献大都围绕脱碳挑战展开研究，主要关注碳排放权交易机制、清洁能源和可再生能源的投融资，以及国际气候适应援助分配等问题（张增凯等，2021）。就碳排放权交易机制而言，合理的碳排放权交易系统无疑是工业和金融部门进行脱碳实践的理想选择，但其设计过程的复杂性受到研究者质疑。涂永前（2012）指出现有国际法层面的不同的法律框架决定了碳金融发展路径的复杂性。Spash（2010）认为碳排放权交易市场的复杂设计问题已超越了气候变化带来的负面问题本身。

就清洁能源和可再生能源的投融资而言，王许等（2018）提出低碳技术的研发除具有风险高、收益不确定、溢出性强等特征外，还具有公共产品属性。在融资激励缺失的背景下，社会资本不愿参与此类投资。目前，国际气候融资机制、政策支持及金融机构参与是清洁能源和可再生能源开发项目的主要融资渠道。Ji 和 Zhang（2019）的研究充分说明了这一现实情况，他们发现投融资问题严重制约了中国能源革命，而金融发展对可再生能源增长的总体贡献率可以高达 42.42%。

就国际气候适应援助分配而言，发达国家主张援助发展中国家，并且承诺优先考虑“特别脆弱”国家。Betzold 和 Weiler（2017）定量分析了经济合作与发展组织双边适应援助数据，发现脆弱性指标的确对适应援助分配工作至关重要。受极端天气事件或海平面上升等气候变化影响较大的国家，无论是在人均还是在总量上都获得了更多援助。已有文献也记录了捐助者将援助作为外交政策工具以促进其政治经济目标的行为。Weiler 等

（2018）发现捐助者仅部分考虑气候变化的脆弱性，用适应援助奖励治理良好的国家并促进自身经济利益。

2. 气候变化下的资产定价与风险管理

气候风险的定价跨越大量资产类别，包括房地产、股票和固定收益证券等（Giglio et al.，2021）。Murfin 和 Spiegel（2020）讨论海平面上升风险与住宅房地产价格之间的关系时发现价格效应有限。Baldauf 等（2020）认为房价反映了人们对气候变化的信念差异。同样，Bernstein 等（2019）、Eichholtz 等（2019）发现担心全球变暖的社区以及老练的投资者是推动海平面上升风险在住宅价格中得到体现的主要动力来源。根据有效市场理论，公开交易的股票反映了当前所有的公开可用信息，环境事件发生后股票收益的变化意味着市场为该事件对公司净现值的影响进行了定价（Klassen and McLaughlin，1996；Hong et al.，2019）。Keele 和 DeHart（2011）虽然没能发现上市公司宣布采取环保行动后产生的正向累积股价超额收益，但依旧坚信为减少温室气体排放的举措可能昭示公司的长期盈利能力和对投资者的吸引力。这一观点得到了 Ziegler 等（2011）的实证研究结果的支持。他们以披露和不披露气候风险应对措施的公司为研究对象，发现买入前者股票而卖出后者股票可以构建随时间推移而更有价值的交易组合。

气候治理实践中产生了一系列新型金融产品，如巨灾保险、绿色债券和碳排放许可证（Baker et al.，2018；Hong et al.，2020）。为这些新型金融产品定价是气候金融在资产定价方向需要解决的一大议题。Painter（2020）发现与不太可能受气候变化影响的县相比，更有可能受气候变化影响的县在发行长期绿色市政债券时要支付更多的承销费用。排放交易在全球范围内影响力大、关注度高，稳定的碳排放价格被认为是全球实现“零排放”长期减排目标的核心机制（刘倩等，2016）。碳排放配额价格反映了选择有效的减排措施的机会成本（Schleich et al.，2006）。以欧盟碳排放权交易机制为例，Ehrhart 等（2005）在博弈模型中发现，储蓄禁令将导致碳交易的低效调整，即在 2005～2007 年，减排技术投资不足，配额价格较低；而在 2008～2009 年，出现更严格的配额价格上限和过度减排投资。Daskalakis 等（2009）同样发现禁止储蓄会导致碳排放配额对期货定价产生重大影响。

合理的金融资产定价不仅要体现内在价值，而且应包含风险溢价。尽管风险通常与收益成正比，但是人们总是期望控制风险以实现最大化收益，面对气候相关风险也不例外。气候风险管理文献主要以气候损失风险和气候管理类金融产品的潜藏风险为研究对象。在气候损失风险的应对方面，以个体及家庭为观察对象的文献研究发现，气候风险管理在很多情况下会演变为资金问题。例如，Collier 等（2009）发现天气指数能为弱势家庭提供安全网和有关天气风险的价格信号，但天气风险增加和气候变化的影响会提高保险价格，从而超过弱势家庭的承受能力。田素妍和陈嘉烨（2014）对农户气候变化适应能力的研究也体现了金融资本拥有量在对抗气候损失风险中的重要性。服务于气候管理的金融产品和业务蕴涵巨大商机，但同时也潜藏风险，如国际价格波动、汇率风险以及多源风险因子之间的业务共生性和复杂相关性。杜莉等（2014）归纳了碳金融交易中的政策风险、信用风险、操作风险、市场风险、流动性风险、项目风险的特征与内容。

3. 气候财政、金融与货币政策

全球气候风险无法在纯市场机制中得到解决，政策协议理所应当发挥补位作用（杜莉等，2013）。已有文献讨论了一系列可能的财政、金融与货币政策。财政政策工具可分为价格政策（税收、补贴）、支出和投资政策，以及公共保障政策三类。在价格政策方面，人们普遍认为设计适当的碳定价政策对于减缓气候变化至关重要（Gren et al.，2012；Kaufmann and Hines，2018；Lin and Jia，2019）。然而，研究者对其实际效果褒贬不一。Farid 等（2016）表明碳定价能够减少碳排放并产生可观的财政收入。Fay 等（2015）发现价格政策在缺乏低碳替代品的情况下无法有效引发预期变化。在支出和投资政策方面，基础设施投资政策可以长期锁定所使用的能源组合类型，从而影响气候变化情况（Strand et al.，2014）。在公共保障政策方面，Owen 等（2018）认为公共部门对捐款、股权、债务和新形式的众筹融资的支持，有助于解决企业低碳创新方面的资金缺口。综上，财政政策工具试图调用税收和公共投资使气候风险的外部性内部化，但只采用这些工具可能远远不够。经济社会的低碳转型需要私人投资和公共投资同时发力，以支持能源结构的相对价格变化和生产结构的转变。

金融政策工具恰好能够刺激对绿色生产资本、基础设施和研发的必要私人投资。已有研究普遍表明金融市场对气候风险定价过低（Addoum et al.，2023；Hong et al.，2019）。这相当于补贴气候风险资产，而阻碍资本向低碳投资项目重新配置。学者从多个方面倡议提高气候风险透明度并纠正错误定价，如成立气候数据收集、验证和发布的专门机构（Battiston，2019），规范甚至强制气候相关信息的披露（Bebbington and Larrinaga-González，2008），以及将气候相关风险纳入央行和监管机构的宏观审慎监管范围（Dietz et al.，2016）。与纠正错误定价相比，支持绿色证券市场发展能更直接地刺激私人投资。Flammer（2020）发现独立第三方认证有助于改善绿色证券的市场交易表现，因而鼓励发展绿色证券认证系统。此外，一些文献建议直接利用金融监管工具推动气候融资。例如，Tooze（2019）倡议在资本要求中引入“绿色支持”和“棕色惩罚”因素，从而使银行增加绿色投资而减少碳密集型投资。Aglietta 和 Espagne（2016）呼吁在银行资产负债表上引入最低“绿色”资产数量的国际要求。

货币政策向来保持稳健基调，但依然有学者主张其应当在气候稳定方面发挥作用。Monnin（2018）强调纠正气候风险权重，即央行应确保气候风险在资产组合中得到适当反映。这种转变不仅能减轻各国央行面临的气候风险，而且其示范效应将降低碳密集型资产的相对市场价值，并刺激投资者将资本转移到低碳行业。进一步地，van Lerven 和 Ryan-Collins（2017）、Olovsson（2018）呼吁绿色量化宽松政策，以支持低碳资产的购买，并彻底摒弃碳密集型资产。然而，一些国家的法律将央行的购买标的限定为政府债券或政府机构债券，因此绿色量化宽松政策并不总是可行的。考虑到这一问题，不少文献转而建议各国央行着力降低低碳行业的相对资本成本。可供参考的方案有：购买国家或多边开发银行的低碳债券、利用资产负债表提供担保、修订前瞻性指导政策等（Campiglio，2016；Campiglio et al.，2018）。

1.4　中国的气候金融科研与实践

1.4.1　项目资助情况

近年来，国家自然科学基金委员会、全国哲学社会科学规划办公室、教育部等各级各类项目管理机构均开始关注气候金融领域的研究工作。据初步统计，2010～2023年，聚焦支持基础研究的国家自然科学基金依托国家自然科学基金委员会管理科学部在金融工程、金融经济、资源管理与政策、环境与生态管理等领域资助气候金融相关的项目超过百项；突出我国经济社会发展中重大现实问题和热点问题的国家社会科学基金项目在管理学、应用经济学、理论经济学、统计学等学科内针对气候金融的选题有两百余项。2013～2023年，以国家自然科学基金和国家社会科学基金为代表的国家级项目在气候金融领域平均每年的立项数超过了30项，且呈稳步上升趋势。尤其是2018年后，气候金融相关选题越来越受到申请者的青睐，越来越多的学者在思考如何运用金融工具来应对气候变化危机，从而助力社会经济的绿色低碳转型。

从资助项目的类型来看，气候金融领域的立项项目既有鼓励探索的青年项目、面上项目等常规项目，也有体现政府引导作用的应急管理项目、重点项目和重大项目等，项目类型的多元化特征明显。比如，在中国经济发展进入新常态背景下，国家自然科学基金委员会在2016年推出“绿色低碳发展转型中的关键管理科学问题与政策研究”重大项目，在2017年和2018年分别推出“美国退出《巴黎协定》对全球气候治理的影响及我国的应对策略”和“防范和化解金融风险”两个应急管理项目，在2021年推出“面向国家碳中和的重大基础科学问题与对策”专项项目。这些引导类项目在践行“创新、协调、绿色、开放、共享”新发展理念的时代背景下，以应对全球气候变化进程中出现的新转折为出发点，探讨包括气候治理技术转移机制、资金机制、市场机制等在内的一系列与气候金融相关的新问题。

此外，围绕气候金融及其相关领域，一批优秀的青年学者正快速成长。聚焦于研究“能源经济与气候政策研究”（2020～2024年）、“碳减排影响机制与政策”（2016～2020年）、“原油市场建模与预测”（2018～2020年）、“能源金融”（2021～2023年）等方向的10余位学者获得国家杰出青年科学基金项目和优秀青年科学基金项目的资助。

气候金融领域资助项目的研究内容广泛，包括气候变化与金融资产定价、气候金融风险管理以及气候变化与金融政策等不同研究方向，交叉特性明显。天然气价格形成机理、碳配额交易价格的制定等与能源价格和环境资产价格相关的议题是气候变化与金融资产定价相关理论的主要研究对象。在气候金融风险管理方向，自然灾害风险和自然资产的金融风险得到了更多关注，如自然灾害的保险制度完善以及碳市场或碳金融的风险测度等。气候变化与金融政策的研究方向包括气候金融政策的制定以及碳排放权交易市场的构建等。

我国气候变化投融资领域相关活动的开展，需要配套的理论支撑以及面向实际投融资方案的系统分析工具，这就需要相关项目管理机构加大在气候金融方向的研究资助，推动气候金融理论在国内的发展以及对相关实践活动的引导作用。

1.4.2 学术共同体建设

随着应对气候变化成为全球一致性行动，金融行业、国内众多高校和研究机构的学者也在积极加强学术交流与合作，气候金融相关的学术平台也陆续成立。比较成熟和初具规模的学术共同体包括中国金融学会绿色金融专业委员会（2015 年成立）、中国能源金融联盟（2017 年成立）、中国高校绿色金融研究联盟（2018 年成立）、中国环境科学学会气候投融资专业委员会（2019 年成立）、粤港澳大湾区绿色金融联盟（2020 年成立）以及中国优选法统筹法与经济数学研究会气候金融研究分会（2020 年成立）。

其中，中国金融学会绿色金融专业委员会主要由国有商业银行、投资银行、保险公司、证券公司等金融机构发起成立，旨在推动绿色投融资产品与服务创新、积极推广绿色金融理念。中国能源金融联盟由国内 8 个能源金融相关研究团队组成，主要采用小核心、大网络的模式吸引了来自 10 余个国家的学者的加盟。中国高校绿色金融研究联盟由复旦大学联合 10 余所高校绿色金融研究机构发起，旨在更好地应对和解决绿色金融发展过程中的问题。中国环境科学学会气候投融资专业委员会由生态环境部、中国人民银行、中国银行保险监督管理委员会、国家发展和改革委员会、财政部等有关部门联合成立，立足发挥市场优化资源配置的作用，加快推动气候投融资工作的发展。粤港澳大湾区绿色金融联盟是在中国金融学会绿色金融专业委员会的指导下成立的，主要服务于粤港澳三地的绿色金融合作，在跨境绿色资产交易方面取得突破。中国优选法统筹法与经济数学研究会气候金融研究分会是国内第一家以“气候金融”命名的学会组织，主要聚焦气候金融领域的重大国际前沿问题，培养气候与绿色金融研究领域的领军队伍和后备科研力量。由该分会和中国能源金融联盟联合主办的气候与能源金融国际会议已经成为国内气候金融领域的旗舰会议，自 2020 年开始，该会议连续两年入选中国科学技术协会的《重要学术会议指南》。

1.4.3 气候投融资活动

2020 年 10 月，生态环境部、国家发展和改革委员会、中国人民银行、中国银行保险监督管理委员会、中国证券监督管理委员会五部门联合印发《关于促进应对气候变化投融资的指导意见》，其中明确指出我国需要加快构建气候投融资政策体系，逐步完善气候投融资标准体系，努力推动资金、人才和技术等要素资源向气候投融资领域聚集。2021 年 12 月，生态环境部等九部门组织编制了《气候投融资试点工作方案》，目的是引导和促进更多资金投向应对气候变化领域。

从国内投融资实践来看，近年来我国绿色金融市场规模不断扩大，产品服务创新不断加强。根据中国银行保险监督管理委员会的数据，截至 2021 年 9 月末，中国 21 家主要银行机构绿色信贷余额达 14.08 万亿元人民币，绿色信贷资产质量整体良好，2016～2021 年不良贷款率均保持在 0.7%以下。绿色债券是我国绿色金融的第二大载体，在规模上仅次于绿色信贷。中国人民银行披露，截至 2020 年末，我国累计发行绿色债券约 1.2 万亿元，规模仅次于美国，位居世界第二。2021 年上半年，国内新增发行绿色贴标债券 198 只，“碳中和债”、“绿色乡村振兴债券”和“可持续挂钩债券”等绿色债券创新品种相继推出。

截至 2022 年，中国绿色债券在国内 18 万亿美元债市中的占比还不到 1%，在发行成本、预期收益以及投资者的购买动机方面仍存在很大的压力，未来需要更多配套的政策支撑。

1.5　气候金融前沿方向与应用场景

气候变化是人类社会在多年前就面临的问题，但是直到近些年，金融或经济领域的学者才逐渐转向研究气候风险相关的金融问题，并在气候风险度量、金融系统气候风险管理、气候风险治理等方面取得了很大进展。针对现有的理论研究进展，本节主要从气候金融理论框架、气候金融风险管理、气候创新的国际合作机制这三大维度提出了研究展望，对气候金融当下的前沿方向和应用场景进行了凝练总结。

1.5.1　气候金融理论框架

气候金融体系是一个复杂系统，当前气候变化对金融机构和整体金融体系的影响主要来自实践，相应的气候金融理论体系和研究范式还不成熟，理论指导实践的作用还没有完全发挥出来。

要建立完善的气候金融理论框架，需要明确以下几点。首先，全球性。气候变化不是一国的问题，其治理需要全球范围的行动。从已有研究可以看出，气候冲击对单国金融机构的影响往往具有传染性，可能引发全球金融体系更加严重的连锁反应，因此需要建立全球性气候金融理论框架。其次，系统性。气候变化产生的影响不是单纯的生态系统的演化，气候变化对整个社会经济、金融系统的各个环节都会产生影响。建立气候金融理论框架需要引入复杂系统的思想和方法，以更加深入地探究气候系统、社会系统及金融系统之间的耦合关系和反馈机制，特别是对气候变化在短期和长期对金融体系的影响机理、作用模式、传导路径及冲击强度等进行系统性刻画，这部分研究可以借鉴气候经济学的复杂系统构建的相关内容。最后，交叉性。气候金融本身就是一个交叉学科，气候金融理论框架的构建需要综合自然科学、金融学、经济学、管理学等交叉理论，在统一的框架下，综合考虑自然因素、社会因素、金融经济因素等的不确定性，更好地模拟生态系统对金融活动的动态作用过程，在一个普适的理论框架下，搭建气候金融学的理论与方法体系，形成全新的科学领域。

1.5.2　气候金融风险管理

在气候投融资活动中，气候变化风险对金融体系的挑战及其应对是监管部门最关心的问题，也是气候金融领域研究的核心内容。由于地球和人类系统中复杂的相互作用和不确定性，量化气候金融风险具有挑战性。本节主要从气候风险科学度量、气候金融风险识别、ESG 投资策略三个方面对气候金融风险管理的相关研究展开讨论。

1. 气候风险科学度量

气候风险主要由物理风险和转型风险组成，物理风险是指与气候相关的极端天气事件和自然灾害造成的经济成本和财务损失。例如，地势较低的沿海房地产和公共基础设施面临着海平面上升带来的物理风险，全球气温升高对人类健康和粮食生产造成的长期风险。转型风险源于各国为减少温室气体排放而进行经济转型时，给金融资产价值带来的不确定性，这种风险在能源行业最为显著突出。转型风险可能会使温室气体排放高的企业遭受经济损失和资产搁浅。

要有效减少气候风险的不利影响，就先要对气候风险进行科学的度量和评估，各国和地区已经在制定气候风险的测度框架方面取得了一定的进展。例如，世界银行 2016 年颁布了《环境和社会框架》，初步评估了可能面临的物理风险和转型风险。欧盟开发了气候风险评估工具，从宏观和国际层面度量了环境风险，帮助资金流向低碳转型的项目。

当前研究中不管是对气候物理风险还是对气候转型风险的刻画，都比较单一和片面，并没有考虑多种风险的耦合关系，这可能导致对风险的低估。同时，物理风险具有动态性和空间依赖性，因此在刻画该风险时还需要引入时空要素。转型风险与宏观政策、技术进步、投资者情绪和商业创新模式等诸多要素有关，需要综合多源异构数据，充分利用自然语言处理算法和遥感技术等构建不同时间尺度、不同主题的转型风险指数来刻画资产的气候风险暴露水平。未来如何构建气候综合风险体系和气候风险库是开展气候资产定价和气候金融风险管理的关键，还需要进一步探索。

2. 气候金融风险识别

气候风险具有非线性、深度不确定性和内生性，不适合采用传统的气候经济学和金融风险定价模型进行研究。气候风险的错误定价可能会导致资产价格波动，从而影响金融稳定和形成系统性风险。因此，选择合适的金融工具来对冲气候相关风险、分析气候风险与金融稳定之间的关系是气候金融重要的研究方向。

气候风险与金融稳定性的研究目前主要包括以下几个方向：一是考虑反馈循环，采用能刻画气候风险特征的模型，如存量流量一致和个体为本模型等，定量评估气候物理风险和转型风险对宏观经济和金融体系的影响；对财政、货币和气候金融政策之间的相互作用进行建模，分析这些相互作用对特定国家金融体系的影响；在新冠疫情的背景下，分析气候相关的金融风险并设计符合气候目标的政策。二是金融估值和投资组合风险管理中气候变化信息的内部化，主要研究绿色债券、绿色信贷及碳税等绿色金融工具是否以及在何种条件下给其发行人带来可观的财务利益，探讨气候变化风险对股票市场、债券市场和大宗商品市场资产定价的影响。

关于如何管理气候风险，几乎没有普遍认同的方法。投资机构一般采用以下方法进行气候风险管理：分析并减少投资组合公司的碳足迹，分析搁浅资产风险，使用包含气候风险的公司估值模型、第三方 ESG 评级、绿色金融工具等。未来的研究将重点探讨气候风险对金融系统的传染机理、程度、模式、路径、场景等，通过打造气候金融风险的全球标准，建立气候金融风险监测、情景分析、预测和预警体系，指导全球金融部门的气候风险管理和监管实践。

3. ESG 投资策略

ESG 的体系主要包括三个方面：ESG 信息披露标准、ESG 评级与企业绩效评价、根据 ESG 评价指导投资。其中，ESG 信息披露标准是实现“双碳”目标的重要基石，受到一些特定国家层面的因素如政治制度和文化制度的影响。全球应用最广泛的 ESG 信息披露标准是 2000 年全球报告倡议组织（Global Reporting Initiative，GRI）制定的，截至 2021 年，60 多个国家采用了这个 ESG 框架。其次是 SASB（Sustainability Accounting Standards Board，可持续发展会计准则委员会）和 ISO26000 披露标准。美国和欧盟等在资本市场中制定了相对成熟的 ESG 信息披露规则。

当前 ESG 信息披露和 ESG 体系对于投资的指导价值尚未体现。特别是当企业选择自主披露时，存在信息选择性披露和“漂绿”等行为，容易对投资进行误导。未来如何甄别 ESG 真实信息，搭建 ESG 标准化体系，优化升级 ESG 投资量化管理分析工具，建立基于 ESG 信息的优化投资组合策略，是研究的热点方向。

1.5.3　气候创新的国际合作机制

根据合作理论，国际气候治理的合作机制由气候变化多边主义、双边主义和跨国主义组成，相对应地，国际气候金融体系也主要包括三种类型的基金：多边气候基金、双边气候基金、区域和国家渠道的气候变化基金。然而，迄今为止，各国应对气候变化的进展尚不均衡，虽然近期多边会议和国际协议中已经出现了一系列集体行动和承诺，但截至 2023 年各国仍然没有找到共同应对气候变化的正确方式。因此，国际社会共同应对的气候问题在落实过程中仍存在巨大的困境。

关于气候创新的国际合作机制，主要有以下几个方面值得探究：首先，完善气候创新的国际合作机制，考虑不同国家的制度复杂性和利益冲突，寻找有效的适合全球的减缓和适应气候变化的方式，如可以在国际层面上成立核心技术合作小组、利用共建“一带一路”进行跨国气候相关合作等；其次，探究各国央行和金融监管机构如何采取协作机制及监管措施，以引导金融机构填补资金缺口，推动构建多元化的气候投融资治理体系，制定绿色金融工具和创新产品，并通过金融政策来防范和化解气候风险对金融稳定性的影响；最后，尝试将气候问题与其他国际问题联系到一起，并在国际化合作过程中考虑更为广泛的可持续发展问题，如生物多样性、海洋生态系统管理等，从而实现气候变化与多个领域的协同创新发展。

1.6　本 章 小 结

后疫情时代，逆全球化思潮给全球各国应对气候变化的政策带来新的不确定性，金融解决方案在全球气候治理中的地位越发凸显，全球绿色发展的资金需求将会是海量的。将气候因素纳入风险管理框架，有效提升金融体系的气候风险管理能力是大势所趋，也是各国政府亟须解决的关键科学问题。当前，关于气候金融学理论体系的构建、气候资产定价、ESG 投资与实践、气候金融创新、气候政策金融化等面向气候治理实际需求的重大前沿问题还都悬而未决，气候金融发展的顶层设计和规划还缺乏科学依据，需要在理论层面给予更多的思考和探索。因此，更好地发挥金融在应对气候变化中的作用需要新的理论支撑，单一的金融学难以完全解决这些问题，需要将经济科学（能源经济学、气候经济学等）、管理科学、自然科学等多学科引入，气候金融学也将成为一门新的交叉学科来支撑全球的绿色金融行动以及气候治理。特别是我国气候金融的发展路径具有独特性和时代特色，这就需要建立我们自己的气候金融学科体系，拓展气候金融在中国的理论创新和应用实践。

参考文献

杜莉，王利，张云. 2014. 碳金融交易风险：度量与防控[J]. 经济管理，36（4）：106-116.

杜莉，张云，王凤奎. 2013. 开发性金融在碳金融体系建构中的引致机制[J]. 中国社会科学，（4）：103-119，206-207.

刘倩，王琼，王遥. 2016.《巴黎协定》时代的气候融资：全球进展、治理挑战与中国对策[J]. 中国人口•资源与环境，26（12）：14-21.

田素妍，陈嘉烨. 2014. 可持续生计框架下农户气候变化适应能力研究[J]. 中国人口•资源与环境，24（5）：31-37.

涂永前. 2012. 碳金融的法律再造[J]. 中国社会科学，（3）：95-113，207.

王许，姚星，朱磊. 2018. 基于低碳融资机制的 CCS 技术融资研究[J]. 中国人口•资源与环境，28（4）：17-25.

翁智雄，葛察忠，段显明，等. 2015. 国内外绿色金融产品对比研究[J].中国人口•资源与环境，25（6）：17-22.

徐戈，冯项楠，李宜威，等. 2017. 雾霾感知风险与公众应对行为的实证分析[J]. 管理科学学报，20（9）：1-14.

张增凯，彭彬彬，解伟，等. 2021. 能源转型与管理领域的科学研究问题[J]. 管理科学学报，24（8）：147-153.

Addoum J M，Ng D T，Ortiz-Bobea A. 2023. Temperature shocks and industry earnings news[J]. Journal of Financial Economics，150（1）：1-45.

Aglietta M，Espagne É. 2016. Climate and finance systemic risks，more than an analogy？The climate fragility hypothesis[R]. CEPII Working Paper，1293-2574.

Baker M，Bergstresser D，Serafeim G，et al. 2018. Financing the response to climate change：the pricing and ownership of US green bonds[R]. NBER Working Papers 25194.

Baldauf M，Garlappi L，Yannelis C. 2020. Does climate change affect real estate prices？Only if you believe in it[J]. The Review of Financial Studies，33（3）：1256-1295.

Battiston S. 2019. The importance of being forward-looking：managing financial stability in the face of climate risk[J]. Financial Stability Review，（23）：39-48.

Bebbington J，Larrinaga-González C. 2008. Carbon trading：accounting and reporting issues[J]. European Accounting Review，17（4）：697-717.

Bernstein A，Gustafson M T，Lewis R. 2019. Disaster on the horizon：the price effect of sea level rise[J].

Journal of Financial Economics，134（2）：253-272.

Betzold C，Weiler F. 2017. Allocation of aid for adaptation to climate change：do vulnerable countries receive more support？[J]. International Environmental Agreements：Politics，Law and Economics，17（1）：17-36.

Busch T，Hoffmann V H. 2007. Emerging carbon constraints for corporate risk management[J]. Ecological Economics，62（3/4）：518-528.

Campiglio E. 2016. Beyond carbon pricing：the role of banking and monetary policy in financing the transition to a low-carbon economy[J]. Ecological Economics，121：220-230.

Campiglio E，Dafermos Y，Monnin P，et al. 2018. Climate change challenges for central banks and financial regulators[J]. Nature Climate Change，8（6）：462-468.

Collier B，Skees J，Barnett B. 2009. Weather index insurance and climate change：opportunities and challenges in lower income countries[J]. The Geneva Papers on Risk and Insurance：Issues and Practice，34（3）：401-424.

Daskalakis G，Psychoyios D，Markellos R N. 2009. Modeling CO_2 emission allowance prices and derivatives：evidence from the European trading scheme[J]. Journal of Banking & Finance，33（7）：1230-1241.

Dell M，Jones B F，Olken B A. 2012. Temperature shocks and economic growth：evidence from the last half century[J]. American Economic Journal：Macroeconomics，4（3）：66-95.

Dietz S，Bowen A，Dixon C，et al. 2016. "Climate value at risk" of global financial assets[J]. Nature Climate Change，6（7）：676-679.

Ehrhart K M，Hoppe C，Schleich J，et al. 2005. The role of auctions and forward markets in the EU ETS：counterbalancing the cost-inefficiencies of combining generous allocation with a ban on banking[J]. Climate Policy，5（1）：31-46.

Eichholtz P，Steiner E，Yönder E. 2019. Where，when，and how do sophisticated investors respond to flood risk？[R]. SSRN 3206257.

Farid M，Keen M，Papaioannou M G，et al. 2016. After Paris：fiscal，macroeconomic and financial implications of global climate change[R]. IMF Staff Discussion Notes，16（1）：1.

Fay M，Hallegatte S，Vogt-Schilb A，et al. 2015. Decarbonizing Development：Three Steps to a Zero-Carbon Future[M]. Washington D. C.：World Bank.

Flammer C. 2020. Green bonds：effectiveness and implications for public policy[J]. Environmental and Energy Policy and the Economy，1（1）：95-128.

Giglio S，Kelly B，Stroebel J. 2021. Climate finance[J]. Annual Review of Financial Economics，13：15-36.

Gren I M，Carlsson M，Elofsson K，et al. 2012. Stochastic carbon sinks for combating carbon dioxide emissions in the EU[J]. Energy Economics，34（5）：1523-1531.

Hong H，Karolyi G A，Scheinkman J A. 2020. Climate finance[J]. The Review of Financial Studies，33（3）：1011-1023.

Hong H，Li F W，Xu J M. 2019. Climate risks and market efficiency[J]. Journal of Econometrics，208（1）：265-281.

Ji Q，Zhang D Y. 2019. How much does financial development contribute to renewable energy growth and upgrading of energy structure in China？[J]. Energy Policy，128：114-124.

Kaufmann R K，Hines E. 2018. The effects of combined-cycle generation and hydraulic fracturing on the price for coal，oil，and natural gas：implications for carbon taxes[J]. Energy Policy，118：603-611.

Keele D M，DeHart S. 2011. Partners of USEPA climate leaders：an event study on stock performance[J]. Business Strategy and the Environment，20（8）：485-497.

Klassen R D，McLaughlin C P. 1996. The impact of environmental management on firm performance[J]. Management Science，42（8）：1199-1214.

Krueger P，Sautner Z，Starks L T. 2020. The importance of climate risks for institutional investors[J]. The Review of Financial Studies，33（3）：1067-1111.

Lin B Q，Jia Z J. 2019. Impacts of carbon price level in carbon emission trading market[J]. Applied Energy，239：157-170.

Monnin P. 2018. Central banks should reflect climate risks in monetary policy operations[R]. SUERF Policy Note.

Murfin J，Spiegel M. 2020. Is the risk of sea level rise capitalized in residential real estate？[J]. The Review of Financial Studies，33（3）：1217-1255.

Olovsson C. 2018. Is climate change relevant for central banks？[R]. Sveriges Riksbank Economic Commentaries，No. 13.

Owen R，Brennan G，Lyon F. 2018. Enabling investment for the transition to a low carbon economy：government policy to finance early stage green innovation[J]. Current Opinion in Environmental Sustainability，31：137-145.

Painter M. 2020. An inconvenient cost：the effects of climate change on municipal bonds[J]. Journal of Financial Economics，135（2）：468-482.

Rajnoha R，Lesníková P，Krajčík V. 2017. Influence of business performance measurement systems and corporate sustainability concept to overal business performance：“save the planet and keep your performance”[J]. Economics and Management，20（1）：111-128.

Schleich J，Ehrhart K M，Hoppe C，et al. 2006. Banning banking in EU emissions trading？[J]. Energy Policy，34（1）：112-120.

Spash C L. 2010. The brave new world of carbon trading[J]. New Political Economy，15（2）：169-195.

Strand J，Miller S，Siddiqui S. 2014. Long-run carbon emission implications of energy-intensive infrastructure investments with a retrofit option[J]. Energy Economics，46：308-317.

Stroebel J，Wurgler J. 2021. What do you think about climate finance？[J]. Journal of Financial Economics，142（2）：487-498.

Tooze A. 2019. Why central banks need to step up on global warming[R]. Foreign Policy.

van Lerven F，Ryan-Collins J. 2017. Central banks，climate change and the transition to a low-carbon economy：a policy briefing[R]. New Economics Foundation.

Watson C，Schalatek L. 2021. Climate finance regional briefing：middle east and north Africa[R]. Climate Finance Fundamentals.

Weiler F，Klöck C，Dornan M. 2018. Vulnerability，good governance，or donor interests？The allocation of aid for climate change adaptation[J]. World Development，104：65-77.

World Health Organization. 2023. Climate change[EB/OL]. https://www.who.int/news-room/fact-sheets/detail/climate-change-and-health[2023-10-12].

Zhang D Y，Zhang Z W，Managi S. 2019. A bibliometric analysis on green finance：current status，development，and future directions[J]. Finance Research Letters，29：425-430.

Ziegler A，Busch T，Hoffmann V H. 2011. Disclosed corporate responses to climate change and stock performance：an international empirical analysis[J]. Energy Economics，33（6）：1283-1294.

第 2 章　国际气候金融体系

本章导读

第 1 章对气候金融的概念和内涵进行了系统性界定，指明气候金融是为了提升减缓和适应气候变化的能力而开展的一系列金融活动。由于气候危机是全球所有国家都要面临的现实问题，从根本上来讲气候金融就拥有了自然的国际属性，以此为基础发展的气候金融体系具有国际通用的学术语言和适用环境。建立健全的国际气候金融体系，有助于促进技术转移、知识共享和资金流动，以支持发展中国家应对气候变化，对于全球气候资金融通具有重要作用。因此，本章旨在深入探讨国际气候金融体系构建的基本逻辑（气候金融的公共性和准公共性、时间性、空间性、差别性）、国际气候金融体系的发展历程（从历年全球气候谈判大会衍生而来的气候金融机制），以及多边、双边及国家和区域气候金融机制，以审视国际合作的重要性和目前的模式，强调多边合作、南北合作和公私合作的重要性与存在的挑战。当然，国际气候金融体系处在一个不断完善和发展的过程中，需要以动态变化的视角认识国际气候金融体系。

2.1　国际气候金融体系构建的基本逻辑

气候金融是与全球气候变化直接相关联的一种资金融通机制，因此气候金融会反映出气候问题的一些特点。从气候金融的公共性和准公共性、时间性、空间性、差别性可以看出构建完善的国际气候金融体系对于解决全球气候问题是非常有必要的。

2.1.1　气候金融的公共性和准公共性

气候治理属于全球性“公共品”。这意味着气候治理的好处为全球各个国家或地区所享有，因此它具有一种非排他性消费的特性。这种非排他性消费的本质使得气候治理容易出现“搭便车”现象，即一些国家或实体可能会从其他国家或实体的气候行动中受益，而不为其支出。因此，需要公共部门的介入和公共资金的投入，尤其是在适应气候变化方面，由于投资大、周期长、回报低，私人资金一般不会进入，更需要公共部门资金的投入。气候治理的公共性和准公共性，决定了气候金融的公共性和准公共性。

公共性指的是与公共利益相关的特性或属性。从服务对象来看，气候金融的服务对象通常是社会、环境和全球的公共利益。它的目标是应对气候变化和减少环境影响，从而造福整个社会，而不仅仅是针对个人或者特定组织的利益。从资金来源来看，公共性意味着资金主要来自政府、国际组织、慈善基金或其他公共机构，以实现社会和环境的可持续发展目标。这些资金通常以补贴、资助或直接投资的形式提供。从目标来看，具有公共性的气候金融目标通常与全球或国家的气候变化政策和可持续发展目标相关，如减少温室气体排放、提高能源效率、推动可再生能源发展等。从影响范围来看，具有公共性的气候金融影响范围广泛，可能涉及多个社会层面，包括社区、国家和全球，以推动全球气候行动和环境可持续发展。

准公共性指的是在某种程度上具有公共性特征，同时也包含了私人部分的特性。从服务对象来看，气候金融可能服务于公共利益，但也可能服务于私人机构、企业或个人的利益，尤其是那些参与气候项目、清洁技术开发或环保领域项目的私人的利益。从资金来源来看，气候资金来源可能包括公共和私人部分，即政府资助、国际组织资助、商业银行、私人投资者等。从目标来看，气候金融目标可以同时关注公共利益和商业利益，如通过提供激励措施来推动企业减少碳排放、采用清洁技术等。从影响范围来看，具有准公共性的气候金融可能影响多个层面，包括社会、环境和经济，但其重点可能更偏向特定行业、企业或个人的利益。

2.1.2 气候金融的时间性

《巴黎协定》明确提出，到 21 世纪末，将全球平均温升保持在相对于工业化前水平 2℃以内，并为全球平均温升控制在 1.5℃以内付出努力。所以，为了达到上述目标，必须在一个限定的时间内筹集到足够的资金。根据世界银行 2019 年 10 月的数据，未来 15 年全球需要对基础设施进行大量投资，到 2030 年约投资 90 万亿美元。2021 年 11 月，联合国环境规划署（United Nations Environment Programme，UNEP）在第 26 届联合国气候变化大会期间发布的《2021 年适应差距报告：风暴前夕》指出：仅发展中国家，2030 年前的适应成本极有可能达到每年 1400 亿～3000 亿美元这一预期区间的上限估值，2050 年前达到每年 2800 亿～5000 亿美元的上限估值。气候政策倡议组织发布的报告《中国扩大气候金融规模的潜力》指出：2017～2018 年，国内气候金融总额为 4.3 万亿元（约 6400 亿美元），年平均为 2.1 万亿元（约 3200 亿美元）；2022～2032 年中国将会有每年 9.5 万亿元（约 1.4 万亿美元）的投资需求。

气候变化问题带来的影响日益显现。极端天气事件频发：干旱、洪水、飓风和森林大火等极端天气事件日益严重。海平面上升：气温升高引发极地冰盖和冰川融化，导致海平面上升。这一趋势威胁着沿海城市和岛屿国家或地区。生态系统破坏：气温上升和极端气候事件破坏了生态系统，对生物多样性造成威胁，从而影响食物供应、水资源和人类生存。全球食品安全问题：极端天气事件和降水不规律使全球粮食供应不稳定，饥饿和营养不良的问题加剧。因此，采取行动如改善基础设施和提高抗灾能力，以减缓气候变化和适应其影响变得迫在眉睫。

气候治理问题的紧迫性，决定了气候金融的时间性特征。实施绿色基建、清洁能源项目和可持续发展战略需要大量资金，为了达到减排和可持续发展的目标，必须尽快启动这些项目并推动投资。

2.1.3 气候金融的空间性

地球上任何一个地方排放的温室气体对全球大气造成的温升效应都是一样的，这是因为温室气体的特性决定了它们在大气中的分布和影响是全球性的。无论温室气体来自哪个国家或地区，它们一旦进入大气，就会在全球范围内扩散并产生影响。温室效应不受地理边界的限制，因此单一国家或地区的减排举措将无法解决全球气候问题。此外，气候变化引发的极端天气事件可能导致全球范围内的人口迁移，加剧全球社会的不稳定性。气候变化引起的金融风险也具有传染性。当气候事件引发的损失和灾难影响一个国家的金融体系时，可能会波及全球金融市场。因为金融市场是高度互联的，金融机构之间存在广泛的联系，所以一国的金融危机可能会引发国际金融体系的不稳定。

面对气候变化的挑战，世界各国需要采取集体行动。国际社会必须共同努力，制定全球性减排目标和政策，以应对气候变化的影响。这需要全球各国共同参与、协作和互助，共同推动绿色技术的发展和传播，以及共享环保经验与资源。

气候治理的全球性决定了气候金融的空间性。因为气候问题不分国界，所以需要全球范围内的金融支持和投资，以应对气候变化所带来的挑战。气候金融需要在全球范围内筹措资金，以支持各国在减排、适应气候变化、可再生能源、能效等方面的项目与计划。这种国际合作和共同投资是实现气候目标的关键，也是可持续发展的基础。

2.1.4 气候金融的差别性

从历史发展角度来看，自工业革命以来，发达国家是全球温室气体排放的主要贡献者。工业化时期的大规模工业生产和能源消耗使发达国家排放了大量二氧化碳等温室气体，推动了现代社会的繁荣和经济发展。这些排放对全球气候造成了深远的影响，引发了严重的气候变化问题。

相比之下，欠发达国家在工业化初期并没有对全球温室气体排放作出显著贡献。它们在工业化和经济增长方面的贡献相对较小。然而，随着全球化进程的加速，一些新兴经济体也开始加速工业化和城镇化，导致温室气体排放增加。因此，考虑到历史上的贡献差异和发展阶段的不同，有必要在气候资金的分配上采取一定的差异性原则。

发达国家目前拥有较强的经济实力和技术能力，能够采取更加积极和有效的措施来减缓气候变化和适应其影响，拥有更多资源用于减缓和适应气候变化，包括发展和推广清洁能源技术、改善城市规划、建立防洪和灾害管理系统等。发展中国家通常面临资金短缺、技术不足等问题，难以有效减缓和适应气候变化，同时它们也更加脆弱。因此，发达国家应当肩负主要的经济责任，提供更多的气候资金，以支持欠发达国家在应对气候变化方面的努力。

从以上四个特性也可以看出，构建完善的国际气候金融体系是促进在气候领域进行国际合作的过程中最为关键的一环。该体系从 20 世纪 90 年代起开始逐步发展，目前形成了双边和多边基金机制，以及《联合国气候变化框架公约》框架内和框架外的气候资金机制，并正在逐步完善。根据《联合国气候变化框架公约》确立的“共同但有区别的责任”原则和各自能力原则，发达国家缔约方将为发展中国家缔约方落实《联合国气候变化框架公约》目标提供资金支持。《巴黎协定》重申了发达国家缔约方的义务，同时也首次鼓励其他缔约方自愿捐款。发达国家缔约方还应继续带头从各种广泛的来源、手段和渠道调动气候资金，同时应注意到公共资金通过各种行动，包括支持国家驱动战略所发挥的重要作用，并考虑到发展中国家缔约方的需要和优先事项。这种气候资金的调动是超越以往努力的一种进步。

2.2 国际气候金融体系的发展历程

全球气候谈判的重点内容一直是气候资金问题，气候金融也衍生于联合国气候变化大会关于资金机制的谈判。自1991年国际气候公约谈判启动以来，形成了《联合国气候变化框架公约》《京都议定书》《巴黎协定》规则下的政府间机制安排。虽然谈判过程极为艰难，但也取得了一些历史性国际气候合作成果，其中就包括气候资金机制的建立和启动。

2.2.1 全球气候谈判进程

全球气候谈判进程大致可以分为以下几个阶段。

1. 第一阶段：1991年启动国际气候公约谈判

发展中国家强调发达国家在气候变化问题上的历史责任，要求在公约的有关对策实施条款中明确体现南北间的公平和“共同但有区别的责任”的原则。1992年在巴西里约热内卢达成《联合国气候变化框架公约》（以下简称《公约》）以来，国际社会围绕细化和执行该公约开展了持续谈判。

2. 第二阶段：1995～2005年

《京都议定书》是《公约》通过后的第一个阶段性执行协议。由于《公约》只是约定了全球合作行动的总体目标和原则，并未设定全球和各缔约方不同阶段的具体行动目标，因此1995年缔约方大会授权开展《京都议定书》谈判，明确阶段性全球减排目标以及各缔约方承担的任务和国际合作模式。《京都议定书》于2005年正式生效，首次明确了2008～2012年《公约》下各方承担的阶段性减排任务和目标。

3. 第三阶段：2006～2010年

2007年在印度尼西亚巴厘岛举行的联合国气候变化大会上通过了“巴厘路线图”，开启了后《京都议定书》国际气候制度谈判进程，覆盖执行期为2013～2020年。根据“巴厘路线图”授权，缔约方大会应在2009年结束谈判，但当年大会未能全体通过《哥本哈根协议》，而是在次年即2010年坎昆气候大会上，将《哥本哈根协议》主要共识写入2010年大会通过的《坎昆协议》中。其后两年，通过缔约方大会“决定”的形式，逐步明确各方减排责任和行动目标，从而确立了2012年后国际气候制度。

4. 第四阶段：2011～2015 年

2011 年南非德班缔约方大会授权开启"2020 年后国家气候制度"的"加强行动德班平台特设工作组"（以下简称德班平台）谈判进程。根据奥巴马政府在《哥本哈根协议》谈判中确立的"自上而下"的行动逻辑，2015 年《巴黎协定》不再强调区分南北国家，法律表述为一致的"国际自主决定的贡献"，仅能通过贡献值差异看出国家间自我定位差异，形成多国家共同行动的全球气候治理范式。

5. 第五阶段：2016 年至今

其间，国际气候治理进程再次经历美国、巴西等政府换届产生的负面影响，艰难前行。2018 年波兰卡托维兹缔约方大会就《巴黎协定》关于自主贡献、减缓、适应、资金、技术、能力建设、透明度、全球盘点等内容涉及的机制与规则基本达成共识，并对落实《巴黎协定》、加强全球应对气候变化的行动力度作出进一步安排。

2.2.2　《公约》框架内的组织和结构

1992 年的《公约》、1997 年的《京都议定书》以及 2015 年的《巴黎协定》确立了气候变化政府间进程的机制安排。最高理事机构为：《公约》缔约方会议（Conference of the Parties，COP）、《京都议定书》缔约方会议（Conference of the Parties Serving as the Meeting of the Parties to the Kyoto Protocol，CMP）和《巴黎协定》缔约方会议（Conference of the Parties Serving as the Meeting of the Parties to the Paris Agreement，CMA）。附属机构包括：附属科学技术咨询机构（Subsidiary Body for Scientific and Technological Advice，SBSTA）和附属履行机构（Subsidiary Body for Implementation，SBI）两个常设附属机构，以及 COP、CMP 和 CMA 认为处理具体问题所必需的其他特设附属机构。具体架构如图 2-1 所示。

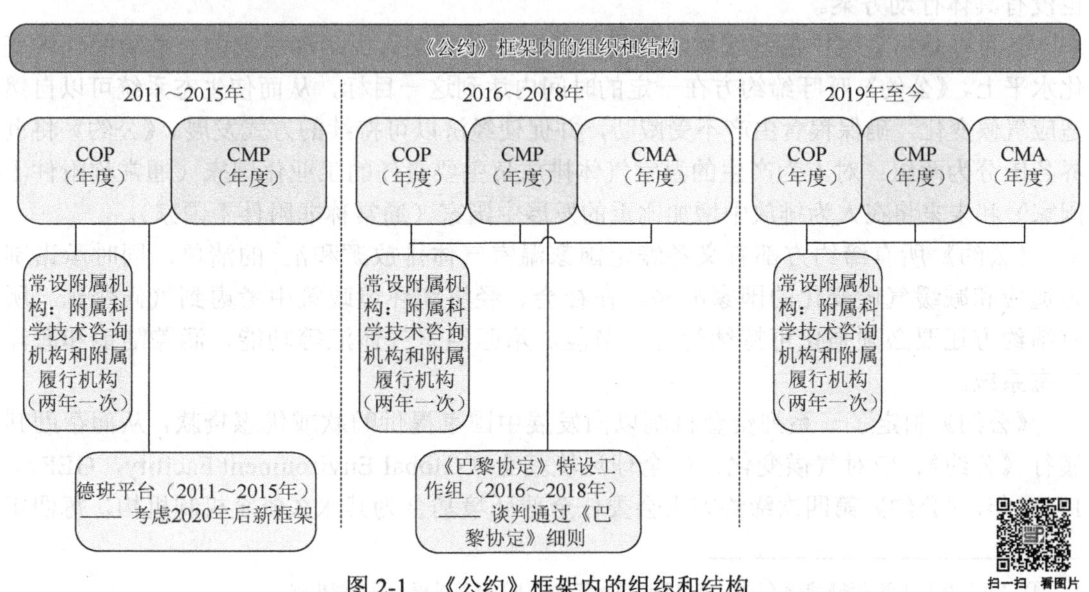

图 2-1　《公约》框架内的组织和结构

COP、CMP 及 CMA 每年在不同地点同期举行，其目的主要有两个：①分别审查《公约》、《京都议定书》和《巴黎协定》的执行情况；②通过决定，进一步发展和执行这三项文书。全球气候资金机制在历年 COP/CMP/CMA 召开的过程中形成和发展，图 2-2 展示了全球气候谈判进程及重要会议。

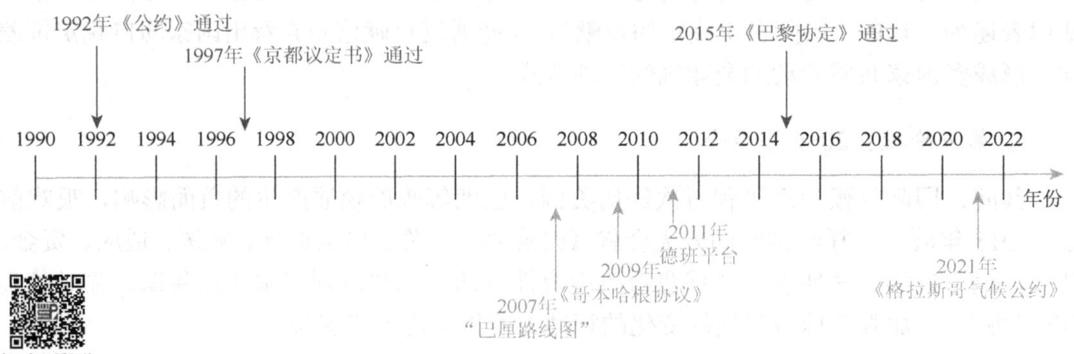

图 2-2 全球气候谈判进程及重要会议

2.2.3 气候资金机制的形成与发展

1. 1992 年《公约》

《公约》是 1992 年 5 月 22 日联合国政府间谈判委员会就气候变化问题达成的公约，1992 年 6 月 4 日在巴西里约热内卢举行的联合国环境与发展大会（地球首脑会议）上通过。它是世界上第一个为全面控制二氧化碳等温室气体排放，以应对全球气候变暖给人类经济和社会带来的不利影响的国际公约，也是国际社会在应对全球气候变化问题上进行国际合作的一个基本框架。它具有权威性、普遍性和全面性，但没有法律约束力，也没有具体行动方案。

其目标是将大气中温室气体浓度稳定在防止发生由人类活动引起的、危险的气候变化水平上。《公约》呼吁缔约方在一定的时间内达到这一目标，从而使生态系统可以自然适应气候变化，确保粮食生产不受威胁，并促使经济以可持续的方式发展。《公约》将世界各国分为两组：对人为产生的温室气体排放负主要责任的工业化国家（通常称附件 I 国家）和未来将在人为排放中增加比重的发展中国家（通常称非附件 I 国家）。

《公约》所有缔约方都有义务编定国家温室气体排放源和汇①的清单，同时承诺制定适应和减缓气候变化的国家战略，在社会、经济和环境政策中考虑到气候变化。所有缔约方还要必须强化可持续管理、节能、增强温室气体汇等功能，涵盖陆地和海洋生态系统。

《公约》制定了一系列资金机制以向发展中国家提供赠款或优惠贷款，从而帮助其履行《公约》、应对气候变化，如全球环境基金（Global Environment Facility，GEF）。1998 年，《公约》第四次缔约方大会委任全球环境基金为其永久资金机制机构，每四年

① “汇”指从大气中清除温室气体、气溶胶或温室气体前体的任何过程、活动或机制。

进行一次评审。资金机制对缔约方大会负责，缔约方大会决定气候变化政策、规划的优先领域和获取资助的标准，因此缔约方大会定期向资金机制提供政策指导。

2. 1997 年《京都议定书》

《京都议定书》是人类历史上第一部限制各国温室气体排放的国际法案。1997 年 12 月，《公约》第三次缔约方大会在日本京都召开。149 个国家和地区的代表通过了旨在限制发达国家温室气体排放量以抑制全球变暖的《京都议定书》。

其主要目标是将大气中的温室气体含量稳定在一个适当的水平，进而防止剧烈的气候改变对人类造成伤害。为了人类免受气候变暖的威胁，《京都议定书》规定：到 2010 年，所有发达国家二氧化碳等 6 种温室气体的排放量要比 1990 年减少 5.2%。

遵循《公约》制定的"共同但有区别的责任"原则，发展中国家不承担有法律约束力的温室气体限控义务。其要求发达国家通过资金支持或者技术援助等形式，帮助发展中国家进行减少温室气体项目的开发与合作。

为落实减排目标，《京都议定书》建立了三种灵活履约机制——联合履行（Joint Implementation，JI）、清洁发展机制（Clean Development Mechanism，CDM）和排放权交易（Emissions Trading，ET），这些机制允许发达国家通过碳交易市场等灵活完成减排任务，而发展中国家可以从发达国家获得相关技术和资金支持，通过合作实现减排目标。

JI 是《京都议定书》第六条确立的附件 I 类国家（发达国家）之间的基于项目的合作机制，是附件 I 类国家之间通过技术和资金投入的方式进行合作，实施具体项目，将实现的温室气体减排或吸收量［减排单位（emission reduction unit，ERU）］转让给投入技术和资金的国家缔约方，用于履行其在《京都议定书》下的义务，同时从转让这些温室气体减排或吸收量的国家的分配数量中扣减相应的数量，其交易主体是附件 I 类国家缔约方，交易对象为 ERU。

CDM 是根据《京都议定书》第十二条建立的发达国家与发展中国家合作进行温室气体减排的灵活机制，其核心内容是允许其缔约方即发达国家与非缔约方即发展中国家进行项目级的减排量抵消额的转让与获得，从而在发展中国家实施温室气体减排项目。

ET 是根据《京都议定书》第十七条的规定，"公约附件 I 缔约方"（发达国家缔约方，包括经济转型国家）可能超量排放温室气体时，通过向另一个有多余排放额度的属于公约附件 I 所列国家缔约方购买排放额度，从而实现其减排承诺，并同时从转让方的允许排放限额中扣减相应的转让额度。这是《京都议定书》所确立的附件 I 所列国家之间的一种减排合作机制。

3. 2009 年《哥本哈根协议》

《哥本哈根协议》是 2009 年 12 月哥本哈根会议通过的政治协议，在全球长期目标、资金和技术支持、透明度等焦点问题上达成广泛共识。它认同将有关控制全球升温不超过 2℃的科学结论作为全球合作行动的长期目标；初步形成了发达国家 2010～2012 年快速启动阶段提供 300 亿美元，2020 年增加到每年 1000 亿美元的短期和长期资金援助计划；就发达国家履行减排义务和发展中国家采取减缓行动的透明性问题也达成了共识。

在谈判进程中，设立哥本哈根绿色气候基金来支持“发展中国家与缓和行动相关的各项目、计划、政策及其他活动”；承认“减少由滥伐森林及森林退化引起的排放量的关键作用和强化森林在减少温室气体排放量中的作用的必要性”，建立森林保护机制。

4. 2015 年《巴黎协定》

2015 年 12 月 12 日，举世瞩目的巴黎气候变化大会结束，会议完成了 2011 年启动的德班平台谈判进程，达成了以《巴黎协定》为核心的一系列成果，涵盖了长期目标、减缓、适应、损失损害、资金、技术、能力建设、透明度及全球盘点等主要内容，标志着全球气候治理进入了新的阶段。《巴黎协定》是《公约》下继《京都议定书》后第二份有法律约束力的气候协议。该协定的目标是把全球平均气温升幅控制在工业化前水平以上 2℃之内，并努力将气温升幅限制在工业化前水平以上 1.5℃之内。《巴黎协定》包括所有缔约方对减排和共同努力适应气候变化的承诺，并呼吁各缔约方逐步加强承诺。《巴黎协定》为发达国家提供了协助发展中国家减缓和适应气候变化的方法，同时建立了透明监测和报告各缔约方气候目标的框架。

《巴黎协定》的标志性进步包括以下四个方面。

（1）气候变化资金内涵和范围发生变化。资金问题在《巴黎协定》中取得重大进步。资金目标“使资金流动符合温室气体低排放和气候适应型发展的路径”成为与减缓目标和适应目标并重的《巴黎协定》三大目标之一。

（2）“自下而上”设定行动目标与“自上而下”的核算、透明度、遵约规则相结合的体系建立；“自下而上”设定行动目标有利于激发各缔约方积极性，实现应对气候变化行动的全球覆盖；“自上而下”的核算、透明度、遵约规则，可以确保各缔约方有一个通用对话、行动进展跟踪的平台，有助于各缔约方提高行动力度，促进包容性和实现全面参与。

（3）引入“以全球盘点为核心，以 5 年为周期”的升级更新机制，确保行动与目标的一致性。为解决各缔约方“自主贡献”力度不足、难以实现温控目标的问题专门建立盘点机制，即从 2023 年开始，每五年对全球行动总体进展进行一次“促进性”盘点。

（4）将“1.5℃温控目标”引入全球气候治理的目标中，体现了空前的气候治理力度。《巴黎协定》进一步将“2℃温控目标”升级为“1.5℃温控目标”，展现了国际社会对加强全球治理的期待。首次明确的资金目标“使资金流动符合温室气体低排放和气候适应型发展的路径”也为实现全球减缓和适应气候变化的目标指明了方向。

5. 2021 年《格拉斯哥气候公约》

2021 年，格拉斯哥气候变化大会在资金方面取得重要进展，为全球气候治理注入了较强动力。《格拉斯哥气候公约》承认向发展中国家承诺的到 2020 年每年提供 1000 亿美元融资的目标尚未实现，强调需要在 2025 年之前实现这一目标，然后进一步提供实现《巴黎协定》目标所需的融资，并开始讨论 2025 年后的融资目标。“长期资金”议程一直持续到 2027 年，以使人们能够继续关注这一目标。缔约方还首次同意提交一份关于 1000 亿美元进展情况的报告，以确保发展中国家有发言权并进一步巩固信任。并且，各缔约方同意商定 2025 年后气候融资新目标的前进方向，为此制定了一项特设工作计划。

世界 450 多家银行和养老基金成立格拉斯哥净零金融联盟（Glasgow Financial Alliance for Net Zero，GFANZ），其成员涵盖资产所有者、资产管理公司、银行和保险公司等，持有约 130 万亿美元的资产，占全球金融资产的 40%。参与的企业必须承诺使用基于科学的指导方针，到 21 世纪中叶实现净零碳排放，并提供到 2030 年的中期目标。另外，"全球人类与地球能源联盟"（Global Energy Alliance for People and Planet，GEAPP）启动，以加快全球发展中经济体和新兴经济体对绿色能源转型和可再生能源解决方案的投资。在 2022～2032 年，该联盟将力争通过公共和私人融资渠道筹集 1000 亿美元，致力于解决三个影响深远的问题：电力，让稳定可靠的可再生能源惠及 10 亿人；气候，避免和防止 40 亿吨碳排放；就业，通过创造、启用或改善 1.5 亿个工作岗位来建立就业机会入口。

表 2-1 展示了历届 COP/CMP/CMA 重要的与气候金融机制相关的谈判成果。

表 2-1　COP/CMP/CMA 及具体成果（气候金融机制相关）

年份	COP	CMP	CMA	会议地点	谈判成果（气候金融机制相关）
2022	COP27	CMP17	CMA4	埃及沙姆沙伊赫	为气候灾害设立专门基金；让企业和机构承担责任；调动更多资金支持发展中国家
2021	COP26	CMP16	CMA3	英国格拉斯哥	启动"全球人类与地球能源联盟"，以加快全球发展中经济体和新兴经济体对绿色能源转型和可再生能源解决方案的投资。在 2022～2032 年，该联盟将力争通过公共和私人融资渠道筹集 1000 亿美元
2015	COP21	CMP11		法国巴黎	通过《巴黎协定》，允许国家自行定义自主减碳贡献，同时以程序性义务约束各缔约方
2013	COP19	CMP9		波兰华沙	通过进一步推进德班平台、绿色气候基金和长期融资、"REDD + 华沙框架"、华沙国际机制等决定
2011	COP17	CMP7		南非德班	实施《京都议定书》第二承诺期并启动绿色气候基金
2010	COP16	CMP6		墨西哥坎昆	通过《坎昆协议》，设立绿色气候基金
2009	COP15	CMP5		丹麦哥本哈根	《哥本哈根协议》决定设立四个机制：减少发展中国家森林砍伐造成的排放，包括森林保护机制；一个在缔约方大会下的研究如何实现资金条款的高级别委员会；哥本哈根绿色气候基金；一个技术转让机制
2008	COP14	CMP4		波兰波兹南	决定启动"适应基金"
2007	COP13	CMP3		印度尼西亚巴厘岛	通过"巴厘路线图"，确定了四个关键内容：减缓、适应、资金和技术
2006	COP12	CMP2		肯尼亚内罗毕	达成包括"内罗毕工作计划"在内的几十项决定，并在管理"适应基金"方面取得重要进展
2005	COP11	CMP1		加拿大蒙特利尔	通过"蒙特利尔路线图"，达成 40 多项重要决定，包括启动《京都议定书》新一阶段温室气体减排谈判

续表

年份	COP	CMP	CMA	会议地点	谈判成果（气候金融机制相关）
1997	COP3			日本京都	通过《京都议定书》
1995	COP1			德国柏林	通过工业化国家和发展中国家《共同履行公约的决定》

资料来源：https://unfccc.int/process/bodies/supreme-bodies/conference-of-the-parties-cop

2.3 多边、双边及国家和区域气候金融机制

全球气候金融框架复杂且在不断发展。资金通过《公约》框架内和框架外多边渠道、双边渠道，以及国家、区域倡议的渠道进行流通。图 2-3 展示了国际气候金融框架的总体情况，特别关注公共气候融资机制。

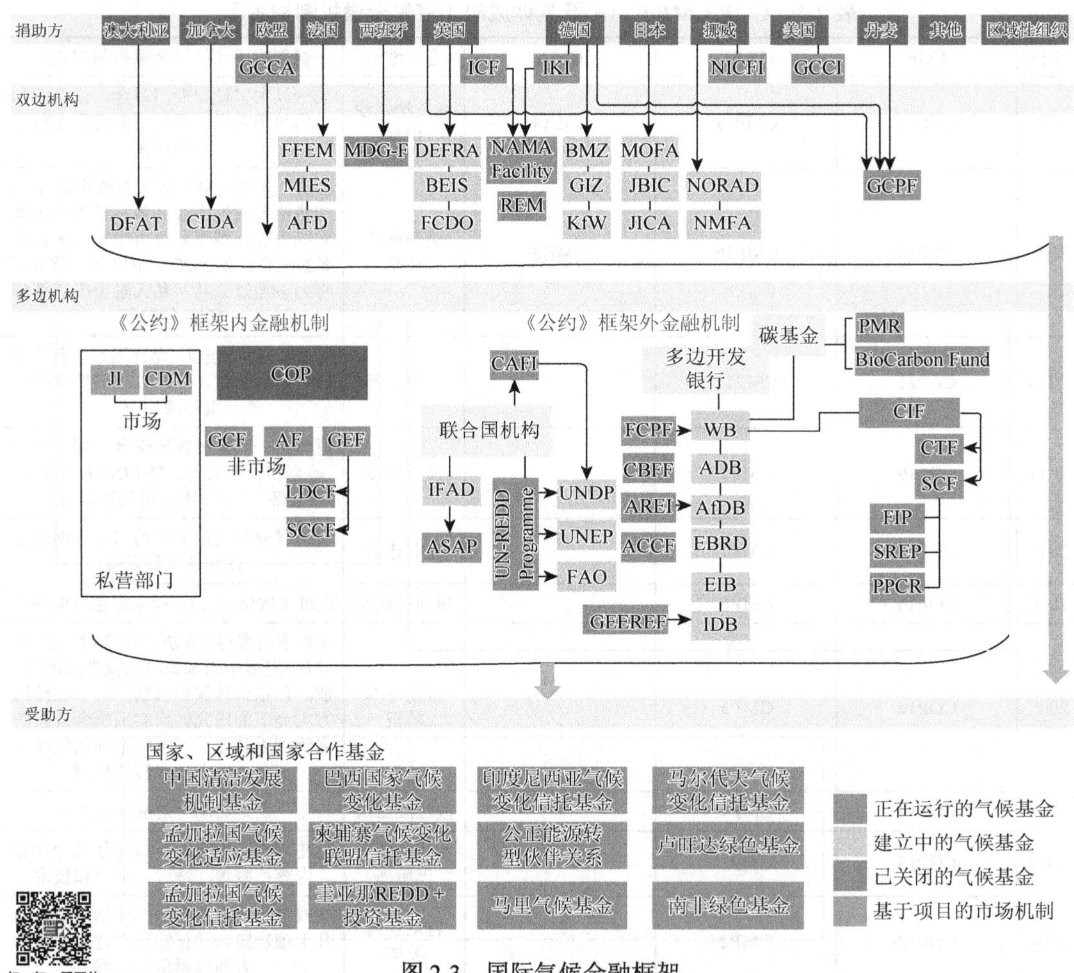

扫一扫 看图片

图 2-3　国际气候金融框架

资料来源：https://climatefundsupdate.org/about-climate-finance/global-climate-finance-architecture/

图 2-3 中的基金/机制的全称如表 2-2 所示。

表 2-2　基金/机制的全称

正在运行的气候基金/机制	建立中/已关闭的气候基金
GCCA——全球气候变化联盟（Global Climate Change Alliance）	DFAT——澳大利亚外交贸易部（Australian Department of Foreign Affairs and Trade）
ICF——国际气候基金（International Climate Fund）	CIDA——加拿大国际开发署（Canadian International Development Agency）
IKI——国际气候倡议（International Climate Initiative）	FFEM——法国全球环境基金（Fonds Français Pour L'Environnement Mondial）
NICFI——挪威国际气候与森林倡议（Norway's International Climate and Forest Initiative）	MIES——跨部门气候变化小组（Mission Interministérielle de l'Effet de Serre）
GCCI——全球气候变化倡议（Global Climate Change Initiative）	AFD——法国开发署（Agence Française de Développement）
NAMA Facility——国家适当缓解行动基金（National Appropriate Mitigation Action Facility）	MDG-F——千年发展目标基金（Millennium Development Goals Achievement Fund）
REM——REDD + 先行者（REDD + Early Movers）	DEFRA——环境、食品和农村事务部（Department for Environment, Food and Rural Affairs）
GCPF——全球气候伙伴基金（Global Climate Partnership Fund）	BEIS——商业、能源和工业战略部（Department for Business, Energy & Industrial Strategy）
JI——联合履行（Joint Implementation）	FCDO——外交、联邦和发展事务部（Foreign, Commonwealth and Development Office）
CDM——清洁发展机制（Clean Development Mechanism）	BMZ——德国联邦经济合作与发展部（Bundesministerium für wirtschaftliche Zusammenarbeit und Entwicklung）
GCF——绿色气候基金（Green Climate Fund）	GIZ——德国国际合作机构（Deutsche Gesellschaft für Internationale Zusammenarbeit）
AF——适应基金（Adaptation Fund）	KfW——德国复兴信贷银行（Kreditanstalt für Wiederaufbau）
GEF——全球环境基金（Global Environment Facility）	MOFA——外交部（Ministry of Foreign Affairs）
LDCF——最不发达国家基金（Least Developed Countries Fund）	JBIC——日本国际合作银行（Japan Bank for International Cooperation）
SCCF——气候变化特别基金（Special Climate Change Fund）	JICA——日本国际协力机构（Japan International Cooperation Agency）
CAFI——中非森林倡议（Central African Forest Initiative）	NORAD——挪威发展合作机构（Norwegian Agency for Development Cooperation）
ASAP——适应小农农业计划（Adaptation for Smallholder Agriculture Programme）	NMFA——挪威外交部（Norwegian Ministry of Foreign Affairs）
UN-REDD Programme——联合国 REDD 计划	IFAD——国际农业发展基金（International Fund for Agricultural Development）
FCPF——森林碳伙伴基金（Forest Carbon Partnership Facility）	UNDP——联合国开发计划署（United Nations Development Programme）
AREI——非洲可再生能源倡议（Africa Renewable Energy Initiative）	UNEP——联合国环境规划署（United Nations Environment Programme）
ACCF——非洲气候变化基金（Africa Climate Change Fund）	FAO——联合国粮食及农业组织（Food and Agriculture Organization of the United Nations）
GEEREF——全球能源效率和可再生能源基金（Global Energy Efficiency and Renewable Energy Fund）	CBFF——刚果盆地森林基金（Congo Basin Forest Fund）
PMR——市场准备伙伴计划（Partnership for Market Readiness）	WB——世界银行（World Bank）
BioCarbon Fund——生物碳基金	ADB——亚洲开发银行（Asian Development Bank）
CIF——气候投资基金（Climate Investment Fund）	AfDB——非洲开发银行（African Development Bank）
CTF——清洁技术基金（Clean Technology Fund）	EBRD——欧洲复兴开发银行（European Bank for Reconstruction and Development）
SCF——战略气候基金（Strategic Climate Fund）	EIB——欧洲投资银行（European Investment Bank）
FIP——森林投资计划（Forest Investment Program）	IDB——美洲开发银行（Inter-American Development Bank）
SREP——扩大可再生能源计划（Scaling up Renewable Energy Program）	
PPCR——气候适应试点项目（Pilot Program for Climate Resilience）	

2.3.1　多边机制

1. 含义

多边渠道的机构是指由三个及以上国家政府设立和主导的国际机构，其理事成员不仅包括捐赠的发达国家，也包括借款的发展中国家。它设立的主要目标是在全球范围内消除贫困、促进可持续发展。多边机制往往不同于捐助国主导的治理结构，其会使发展中国家在决策中有更大的发言权和代表性。

2. 主要的多边气候基金

1）《公约》框架内的主要资金机制

a. 绿色气候基金

2010 年坎昆会议通过决议，建立绿色气候基金，并将该基金作为缔约方协议的金融机制的运作实体，以支持发展中国家减缓气候变化的计划、项目、政策和其他活动。总部设在韩国，由代表各国的 24 名理事会成员管理，并接受 COP 的指导。2011 年 12 月德班气候大会上，绿色气候基金正式启动。

绿色气候基金的目标是扩大人类应对气候变化的集体行动。该基金旨在大规模调动资金投资于我们地球家园的温室气体低排放和气候适应型发展。它将资源分配给发展中国家的温室气体低排放和气候适应型项目与计划。基金组织特别关注易受气候变化影响的社会，特别是最不发达国家（least developed countries，LDCs）、小岛屿发展中国家（small island developing states，SIDS）和非洲国家（African states）的需求。

b. 适应基金

适应基金设立于 2001 年，由适应基金董事会监督管理。适应基金董事会由 16 名成员和 16 名候补成员组成，每年至少举行两次会议，旨在为《京都议定书》缔约方中特别容易受到气候变化的不利影响的发展中国家的具体适应项目和计划提供资金。自 2019 年 1 月 1 日起，适应基金应在 CMA 的指导下为《巴黎协定》服务。

它的资金来自 CDM 项目活动的收益分成和其他资金来源。收益分成相当于为 CDM 项目活动发放的核证减排量的 2%。截至 2023 年 6 月 30 日，适应基金信托基金的累计收入包括来自核证减排量货币化的 2.1492 亿美元、来自捐款的 12.3296 亿美元和来自信托基金余额的投资收入的 6931 万美元。

c. 全球环境基金

全球环境基金成立于 1991 年，最初是联合国开发计划署、联合国环境规划署及世界银行间的有关安排，作为试点项目设在世界银行，目的在于帮助全球保护环境，促进环境健康和可持续发展。

截至 2023 年，全球环境基金已与 183 个国家的国际机构、民间社会组织以及私营部门建立了伙伴关系。它是《关于汞的水俣公约》（The Minamata Convention on Mercury）、《关于持久性有机污染物的斯德哥尔摩公约》（Stockholm Convention on Persistent Organic Pollutants，POPs）、《生物多样性公约》（Convention on Biological Diversity，CBD）、《联合国防治荒漠化公约》（United Nations Convention to Combat Desertification，UNCCD）和《联合国气候变化框架公约》这五大国际环境公约的金融机制。

全球环境基金也是一个创新者和催化剂，支持多方利益相关者联盟保护陆地和海洋受到威胁的生态系统，建设更绿色的城市，加强粮食安全和推广清洁能源，以建设一个更加繁荣、更具气候适应能力的世界。世界银行是全球环境基金的受托人，以信托方式持有构成基金的资金、资产及收益，并对其加以管理和使用。

d. 最不发达国家基金

最不发达国家基金是在 2001 年 COP7 上设立的，目的在于满足最不发达国家的适应需求。具体而言，最不发达国家基金资助了国家适应行动计划（National Adaptation Programme of Actions，NAPAs）的编制和实施，从而根据现有信息确定一个国家的优先适应行动。最不发达国家活跃于水、农业和粮食安全、卫生、灾害风险管理和预防、基础设施和脆弱生态系统等相关部门，拥有同类型最大的适应项目组合。全球环境基金作为专门信托基金管理最不发达国家基金。

最不发达国家基金旨在满足 51 个最不发达国家的需求，这些国家特别容易受到气候变化的不利影响。作为优先事项，最不发达国家基金支持编制和实施国家适应行动计划，这是国家驱动的战略，以确定最不发达国家适应气候变化的迫切需求。

截至 2020 年 11 月，基金累计认捐额达 16 亿美元。贡献国为：澳大利亚、奥地利、比利时、加拿大、捷克共和国、丹麦、芬兰、法国、德国、匈牙利、冰岛、爱尔兰、意大利、日本、卢森堡、荷兰、新西兰、挪威、葡萄牙、罗马尼亚、西班牙、瑞典、瑞士、英国和美国。

e. 气候变化特别基金

气候变化特别基金成立于 2001 年，旨在满足发展中国家在《公约》下适应气候变化和增强抵御能力的具体需求。它由全球环境基金作为专门信托基金管理，与最不发达国家基金并行运作。

气候变化特别基金的首要资助重点是支持发展中国家的适应行动。除此之外，气候变化特别基金还资助选定部门的技术转让和缓解措施，但资助程度要小得多。作为全球环境融资方案的一部分，气候变化特别基金的三个战略目标是：通过创新和技术转让来适应气候变化，减少脆弱性，增强复原力；加强气候变化适应能力；为有效和综合适应气候变化创造有利条件。

截至 2020 年 11 月，基金的累计认捐额约为 3.75 亿美元。捐助国是：比利时、加拿大、丹麦、芬兰、德国、爱尔兰、意大利、荷兰、挪威、葡萄牙、西班牙、瑞典、瑞士、英国和美国。

2）《公约》框架外的主要资金机制

a. 气候投资基金

气候投资基金是治理模式最成熟的《公约》框架外资金机构。它成立于 2008 年，由 9 个欧洲国家、2 个北美洲国家和 3 个亚太国家，共计 14 个发达国家共同出资设立，其资金由世界银行托管。气候投资基金的建立标志着气候资金正式进入最具影响力国家的决策部门的视野，成为其经济发展决策及投资战略的最重要组成部分。

气候投资基金发展了清洁技术基金、气候适应试点项目、森林投资计划和低收入国家可再生能源扩大项目等四个关键项目，旨在大规模支持 48 个国家的气候变化适应活动。

（1）清洁技术基金是气候投资基金框架下的两个多方捐助信托基金之一，旨在促进扩大对低碳技术示范、部署和转让的融资，为中等收入国家提供低息贷款以支持其在清洁能源、能效以及可持续交通领域的技术示范、发展和转移。清洁技术基金在资助有前途的可再生能源技术（如聚光太阳能发电）方面处于领先地位，通过非洲开发银行、亚洲开发银行、欧洲复兴开发银行、美洲开发银行和世界银行提供资金，资助 19 个国别方案和 1 个区域方案，其中有 90 多个个别项目。

其目的在于：通过公共和私营部门的投资，为低碳发展和减少温室气体排放提供奖励；资助纳入国家计划和战略的低碳方案与项目，扩大发展规模，加速清洁技术的扩散和转让；实现环境和社会的共同效益，说明低碳技术在促进可持续发展和千年发展目标方面的潜力；支持应对气候变化国际合作；利用多边开发银行的技能和能力，大规模筹集和提供新的、额外的资源，包括官方优惠资金；分享应对气候变化挑战的经验教训。

（2）气候适应试点项目成立于 2008 年，旨在为具有气候适应性的国家发展计划提供计划性资金，其主要目标有四个：试点和示范将气候风险和复原力纳入发展政策和规划的方法；加强国家一级的将气候适应能力纳入发展规划的能力；在其他正在进行的倡议的基础上，扩大和利用气候适应型投资；在国家、区域和全球各级实现经验教训分享。捐助国包括：澳大利亚、加拿大、丹麦、挪威、德国、西班牙、日本、英国和美国。

（3）森林投资计划成立于 2008 年，2009 年开始运行，旨在通过四个主要目标促进可持续森林管理：发起和促进发展中国家森林相关政策与做法的转型变革；促进 REDD 利用额外和持续的财政资源；在发展中国家试行可复制的模式，使人们了解和学习与森林有关的投资、政策；提供宝贵经验和反馈。捐助国包括澳大利亚、丹麦、日本、挪威、西班牙、瑞典、英国和美国；截至 2023 年，已在 23 个国家开展活动，包括孟加拉国、巴西、布基纳法索、柬埔寨、喀麦隆、刚果（布）、科特迪瓦、刚果（金）、厄瓜多尔、加纳、危地马拉、圭亚那、洪都拉斯、印度尼西亚、老挝、墨西哥、莫桑比克、尼泊尔、秘鲁、卢旺达、突尼斯、乌干达和赞比亚。

（4）低收入国家可再生能源扩大项目成立于 2008 年，旨在展示低收入国家能源部门低碳发展途径在经济、社会和环境方面的可行性，共有五个主要目标：通过开发可再生能源潜力，协助低收入国家实现低碳转型；强调可再生能源方案的经济、社会和环境效益；帮助扩大私营部门投资，以实现可持续发展；促进多种来源的可再生能源项目融资；促进知识分享和经验教训交流。捐助国包括：澳大利亚、丹麦、韩国、荷兰、挪威、西班牙、瑞典、瑞士、日本、英国和美国。

b. 中非森林倡议

中非森林倡议于 2015 年在联合国大会期间成立，其目的在于：制定和实施国家投资框架以鼓励捐助者在国家金融工具的基础上协调对伙伴国家的双边援助，保护热带雨林，减少碳排放。

捐助国联盟包括比利时、法国、德国、荷兰、挪威、瑞典、韩国和英国等。中非森林倡议既是一个支持实地直接投资的信托基金，也是一个旨在推动高层政策对话的政治谈判平台。

c. 适应小农农业计划

适应小农农业计划成立于 2001 年，是国际农业发展基金向小农提供气候和环境资金的主要方案。自 2012 年开始运行以后，截至 2023 年，分两个阶段向 43 个国家的 800 万弱势小农提供资金支持和帮助，其目的在于引导气候和环境资金流向小农，加强农村发展计划中的气候适应，并将气候适应纳入国际农业发展基金的工作重点。捐助方包括：加拿大政府、韩国国际协力机构、芬兰外交部、比利时发展合作组织、挪威外交部、荷兰外交部、瑞典政府、瑞士开发署、英国援助组织等。

d. 森林碳伙伴基金

森林碳伙伴基金开始于 2008 年 6 月，其目的在于帮助 REDD 国家为“REDD + ”体系（“REDD + ”是指减少森林砍伐和森林退化造成的碳排放，保护森林碳储量，可持续管理森林，并增加发展中国家的森林碳储量）做能力建设准备，包括设计监测、报告和核证体系、建立“REDD + ”国家管理制度等。森林碳伙伴基金包括两个基金：准备基金（Readiness Fund）和碳基金（Carbon Fund）。治理结构包括 REDD 国家，捐助机构和碳基金参与机构，市民观察员、国际组织和私营部门，以及独立的技术建议专家组。世界银行行使托管机构和秘书处的职能。

e. 全球能源效率和可再生能源基金

2008 年欧盟委员会决定拨款 8000 万欧元创建全球能源效率和可再生能源基金，以提高发展中国家的能源利用效率和发展可再生能源，并最终遏制全球气候变暖的进程，并调动私有企业加大对提高能效和可再生能源利用的工程项目的投资力度，特别是扩大对小型环保工程项目的投入规模。同时，希望借此加速环境友好型的相关产品和技术的研发与转让，以有助于发展中国家和最不发达国家的人民获得可靠的清洁能源。

全球能源效率和可再生能源基金可以推动私人资本对发展中国家和最不发达国家的提高能效和可再生能源利用项目的投资，特别是对非洲国家的投资。该基金将优先支持那些环境友好型且具有可靠的技术使用跟踪记录的环保技术开发和利用项目。

该基金向非洲、加勒比和太平洋地区、非欧盟的东欧地区、拉丁美洲和亚洲地区等的“地区子基金”注入资金，并将投资重点放在那些被商业投资机构和国际金融机构忽视的金额低于 1000 万欧元的环保项目上。

f. 联合国 REDD 计划

联合国 REDD 计划于 2008 年正式发起。在其 2021～2025 年框架的指导下，致力于实现 4 项成果，包括：实现以森林为基础的减排；从碳市场和其他机制中动员 50 亿美元；动员超过 15 个国家在 2020～2050 年大幅增加其国家自主贡献的森林组成部分；促进一场具有全球性、变革性的基于自然的解决方案运动，以加速气候行动。其目的在于减少碳排放和增加森林碳储量，同时促进国家可持续发展。

g. 市场准备伙伴计划

市场准备伙伴计划开始于 2010 年 12 月，是一个发达国家帮助发展中国家进行碳市场能力建设的平台。市场准备伙伴计划下设市场准备伙伴计划信托基金（PMR Trust Fund），用于为新兴国家和发展中国家进行碳市场试点建设和碳市场工具创新提供资金和技术支持。截至 2023 年，支持方有 11 个，接受资金的执行方国家有 15 个，包括巴西、智利、中国、哥伦比亚、哥斯达黎加、印度、印度尼西亚、约旦、墨西哥、摩洛哥、南非、泰国、土耳其、乌克兰和越南。

h. 生物碳基金

生物碳基金的前两期分别于 2004 年和 2007 年成立，总承付额为 9000 万美元。它是一个公私合营的项目，由世界银行管理，致力于生物多样性保护、改善水服务和社会/体制互惠。投资生物碳基金的参与者包括6个公共部门（包括西班牙、卢森堡、加拿大、意大利、爱尔兰和法国）以及11个私营部门（分布在日本、西班牙、瑞士和法国）。私营部门的参与者包括石油和天然气、公用事业、食品和饮料、钢铁、化学和制药以及农业等行业。生物碳基金代表其参与者购买的减排量随后按参与者在基金中的财务参与比例转让给参与者。

3. 多边气候基金规模

迄今为止，绿色气候基金是全球规模最大的多边气候基金。具体的各个多边气候基金的规模如表2-3所示。从国家来看，根据气候基金更新（Climate Funds Update）统计数据，截至2023年2月，英国为承诺金额和存储金额最多的国家，而印度为接受捐助数额最大的国家。具体捐助金额和受助金额见表2-4和表2-5。

表2-3 多边气候基金金额（按基金划分）

基金名称	承诺金额/百万美元	存储金额/百万美元	批准金额/百万美元	支出金额/百万美元	获批项目数量/项
初始资源调动（Initial Resource Mobilisation，IRM）	10 322.03	8 310.83	5 134.65	2 376.51	458
绿色气候基金	10 001.04	7 164.26	6 523.56	666.11	233
清洁技术基金	7 901.56	7 901.56	5 752.77	1 806.22	170
最不发达国家基金	2 075.02	1 830.31	1 428.99	530.22	312
全球气候变化联盟	1 652.83	1 652.83	891.36	540.14	107
适应基金	1 423.92	1 243.35	996.65	588.88	296
亚马逊基金	1 288.23	1 288.23	679.74	586.12	102
气候适应试点项目	1 155.79	1 155.79	1 029.43	734.70	116
全球环境基金-5	1 152.41	1 147.92	825.88	485.87	233
全球环境基金-6	1 117.16	1 109.43	902.55	207.04	238
全球环境基金-4	1 082.98	1 082.98	930.68	930.68	227
碳基金（森林碳伙伴基金）	874.50	874.50	—	—	0
全球环境基金-8	852.71	852.71	5.45	—	1
中非森林倡议	794.77	572.06	308.43	272.58	26
扩大可再生能源计划	779.34	779.34	680.57	131.43	95
森林投资计划	752.56	752.56	688.09	276.14	59
全球环境基金-7	728.38	728.38	1 725.14	—	243
准备基金（森林碳伙伴基金）	469.99	469.99	314.34	291.11	46
联合国REDD计划	389.80	355.48	353.08	338.03	39

续表

基金名称	承诺金额/百万美元	存储金额/百万美元	批准金额/百万美元	支出金额/百万美元	获批项目数量/项
适应小农农业计划	382.10	331.97	299.70	223.82	45
气候变化特别基金	380.64	373.98	284.91	180.66	73
可持续森林景观的生物碳基金倡议	350.90	237.63	71.00	—	5
全球能源效率和可再生能源基金	281.50	275.50	223.59	89.07	19
刚果盆地森林基金	186.02	164.65	83.11	58.91	37
市场准备伙伴计划	131.50	129.80	82.36	64.37	42
适应小农农业计划＋	93.48	62.96	—	—	0
千年发展目标基金	89.50	89.50	89.52	89.52	18
印度尼西亚气候变化信托基金	26.17	16.70	—	—	0

资料来源：https://climatefundsupdate.org/data-dashboard/

注：统计数据截至 2023 年 2 月，按承诺金额大小排序

表 2-4　多边气候基金金额（按捐赠方划分）

捐赠方	承诺金额/百万美元	存储金额/百万美元	捐赠方	承诺金额/百万美元	存储金额/百万美元	捐赠方	承诺金额/百万美元	存储金额/百万美元
英国	7631.86	6786.74	投资收入	649.75	649.75	私营部门投资者（来自北美洲、欧洲和澳大利亚）	112	112
美国	6971.25	4942.55	瑞士	604.11	545.45	卢森堡	111.44	93.26
德国	6343.94	5709.33	丹麦	590.11	529.88	第 11 届欧洲发展基金中非、加勒比和太平洋地区分配	88.76	88.76
日本	4978.45	4207.20	比利时	559.40	478.97	EC 快速启动资金	84.10	84.10
挪威	3817.33	3523.14	澳大利亚	539.74	539.74	中非、加勒比和太平洋地区项目	46.91	46.91
法国	3555.18	3481.43	欧盟委员会	442.83	297.13	五个欧盟成员国	46.91	46.91
瑞典	2270.46	2215.50	芬兰	426.52	361.83	欧洲发展基金	44.85	44.85
加拿大	1992.62	1987.55	欧盟环境与包括能源在内的自然资源可持续管理专题计划	380.39	380.39	欧盟	42.99	41.69
意大利	872.97	585.29	韩国	321.51	159.65	比利时瓦隆尼亚地区	35.61	35.55
荷兰	776.65	689.56	奥地利	266.37	232.23	比利时法兰德斯区	32.82	32.82
全球货物和挑战计划	763.71	763.71	核证减排量销售额	211.80	211.80	新西兰	31.47	30.87
西班牙	696.62	662.03	爱尔兰	118.54	114.38	墨西哥	26.40	26.40

续表

捐赠方	承诺金额/百万美元	存储金额/百万美元	捐赠方	承诺金额/百万美元	存储金额/百万美元	捐赠方	承诺金额/百万美元	存储金额/百万美元
中国	25.28	25.28	冰岛	6.17	3.86	巴拿马	1	1
俄罗斯	21.81	14.15	哥伦比亚	6	0.80	印度尼西亚	0.77	0.50
印度	16.86	16.86	秘鲁	6	0	卡塔尔	0.50	0.50
比利时布鲁塞尔首都大区	15.37	15.31	印度尼西亚国家收支预算	5.15	2.14	卡塔尔发展基金	0.50	0.50
葡萄牙	13.82	11.99	大自然保护协会	5	5	拉脱维亚	0.47	0.47
捷克	13.82	13.82	BP（英国石油公司）技术风险投资	5	5	罗马尼亚	0.31	0.31
巴基斯坦	11.36	11.36	斯洛伐克	4.32	3.69	智利	0.30	0.30
加拿大魁北克	10.18	10.18	波兰	4.29	4.11	列支敦士登	0.21	0.20
斯洛文尼亚	9.57	9.51	佛兰德斯	2.38	2.38	保加利亚	0.21	0.21
希腊	8.80	7.04	爱沙尼亚	2.24	2.24	立陶宛	0.13	0.13
南非	8.47	8.47	科特迪瓦	2.14	2.14	联合国基金	0.07	0.07
巴西国家石油公司	7.71	7.71	土耳其	1.94	1.94	拉美开发银行	0.06	0.06
巴西	7.49	3.96	塞浦路斯	1.82	1.82	蒙古国	0.05	0.05
摩纳哥	6.75	5.73	法国巴黎	1.34	1.34	孟加拉国	0.05	0.05
匈牙利	6.36	6.32	马耳他	1.10	1.04			
尼日利亚	6.31	5.35	越南	1	1			

资料来源：https://climatefundsupdate.org/data-dashboard/

注：统计数据截至 2023 年 2 月，按承诺金额大小排序

表 2-5　多边气候基金金额（按受赠方划分）

受赠方	批准资助金额/百万美元	已支付金额/百万美元	受赠方	批准资助金额/百万美元	已支付金额/百万美元	受赠方	批准资助金额/百万美元	已支付金额/百万美元
印度	1 679.87	730.26	蒙古国	462.75	60.022 27	智利	294.50	143.703 9
巴西	1 158.22	774.573 7	越南	435.92	121.476 8	摩洛哥	293.11	175.482 9
印度尼西亚	956.17	409.612 1	哥伦比亚	417.83	145.752 9	柬埔寨	259.68	144.471 5
孟加拉国	653.56	182.460 2	乌克兰	397.31	78.69	阿根廷	246.27	169.664
南非	647.74	142.852 5	埃塞俄比亚	390.53	96.997 74	布基纳法索	239.06	72.572 75
墨西哥	561.72	374.481 1	哥斯达黎加	372.48	78.084 09	赞比亚	236.52	117.103 1
中国	531.75	320.1	刚果（金）	368.89	283.56	哈萨克斯坦	227.92	140.659 8
土耳其	506.90	171.99	尼泊尔	325.31	116.668 5	莫桑比克	227.85	157.599 1
埃及	473.42	276.184 1	坦桑尼亚	319.36	56.593 05	卢旺达	224.71	74.184 32

续表

受赠方	批准资助金额/百万美元	已支付金额/百万美元	受赠方	批准资助金额/百万美元	已支付金额/百万美元	受赠方	批准资助金额/百万美元	已支付金额/百万美元
尼日尔	223.39	142.813 4	危地马拉	102.36	25.501 66	毛里求斯	57.57	33.779 76
厄瓜多尔	205.64	80.92	科特迪瓦	100.70	37.760 92	约旦	57.54	29.360 99
加纳	203.82	89.371 7	贝宁	99.19	30.05	塞拉利昂	54.82	22.06
菲律宾	182.64	35.794 33	东帝汶	97.72	35.917 47	安提瓜和巴布达	54.11	17.465 42
马里	182.36	74.018 11	古巴	97.71	31.313 3	加蓬	52.48	40.132 21
巴基斯坦	177.76	59.806 21	刚果（布）	94.84	22.241 39	斐济	51.61	39.747 06
塞内加尔	176.93	53.411 66	亚美尼亚	93.52	32.302 16	圣卢西亚	51.47	20.237 83
乌干达	166.61	79.749 85	格鲁吉亚	92.99	29.247 23	津巴布韦	50.34	19.456 58
塔吉克斯坦	165.84	95.785 94	科摩罗	89.85	40.995 81	马绍尔群岛	48.21	33.09
洪都拉斯	165.36	36.693 76	莱索托	83.68	35.999 4	也门	48.12	6.923 01
肯尼亚	164.85	61.294 64	萨尔瓦多	82.62	43.77	突尼斯	47.81	17.190 99
泰国	160.71	25.957 47	马拉维	82.33	41.093 05	圣多美和普林西比	45.90	16.115 34
马尔代夫	152.01	68.78	马达加斯加岛	82.20	38.28	几内亚	45.83	12.872 42
秘鲁	146.62	62.796 08	吉尔吉斯斯坦	79.75	18.498 44	布隆迪	43.96	18.73
所罗门群岛	142.15	110.588 6	缅甸	77.49	33.682 7	马来西亚	43.63	23.988 33
利比里亚	138.56	51.663 58	毛里塔尼亚	75.53	38.879 99	博茨瓦纳	41.77	4.080 88
海地	137.51	44.188 25	巴巴多斯	75.27	20.91	波斯尼亚和黑塞哥维那	39.67	17.9
巴拉圭	134.51	68.643 7	纳米比亚	73.35	42.88	密克罗尼西亚联邦	39.31	10.371 04
瓦努阿图	133.97	40.063 77	毛里求斯	69.37	33.221 99	安哥拉	35.15	13.440 02
苏丹	131.23	62.248 38	阿富汗	68.55	24.697 07	乌兹别克斯坦	34.98	16.306 93
俄罗斯	129.49	71.24	巴布亚新几内亚	66.95	43.190 18	多米尼克	34.55	13.543 78
萨摩亚	129.29	91.92	乍得	66.41	20.771 54	索马里	33.26	8.804 562
老挝	127.27	70.600 17	吉布提	66.38	42.64	伯利兹	32.91	19.652 59
尼加拉瓜	125.97	35.923 47	汤加	61.25	48.413 87	喀麦隆	31.35	12.905 9
不丹	124.72	59.389 65	基里巴斯	60.47	18.272 26	巴拿马	30.93	29.315 86
斯里兰卡	122.21	65.698 41	牙买加	60.26	38.843 34	瑙鲁	30.55	27.04
玻利维亚	115.55	84.515 8	多哥	59.06	27.061 69	南苏丹	28.41	1
冈比亚	106.18	54.541 4	几内亚比绍	58.06	14.225	中非	28.23	8.31
尼日利亚	104.31	50.018 84	图瓦卢	57.69	38.428 75	摩尔多瓦	27.32	16.123 32

续表

受赠方	批准资助金额/百万美元	已支付金额/百万美元	受赠方	批准资助金额/百万美元	已支付金额/百万美元	受赠方	批准资助金额/百万美元	已支付金额/百万美元
乌拉圭	27.06	22.372 76	塞舌尔	16.32	15.6	纽埃	3.95	0.694 89
多米尼加	26.73	21.607 63	白俄罗斯	16.28	7.85	委内瑞拉	3.64	3.64
厄立特里亚	24.33	6.879 495	塞尔维亚	14.97	5.443 267	巴林	2.32	0.91
特立尼达和多巴哥	23.96	6.556 758	赤道几内亚	13.07	3.163 121	帕劳	2.32	1.37
黎巴嫩	23.93	14.224 08	黑山	11.38	7.896 766	阿曼	2.10	1.15
苏里南	22.32	21.948 38	巴哈马	11.32	2.83	斯威士兰（Swaziland）	2	1.965 88
伊拉克	21.93	6.000 319	阿尔巴尼亚	10.88	3.77	斯洛伐克	0.93	0.93
佛得角	20.94	16.73	叙利亚	10.88	7.667 275	斯威士兰（Eswatini）	0.86	0
圭亚那	20.09	17.389 54	伊朗	9.87	9.836 995	科威特	0.85	0.85
土库曼斯坦	18.97	6.497 828	马其顿	9.38	8.448 176	朝鲜	0.75	0
库克群岛	18.34	13.840 06	圣基茨和尼维斯	7.96	0.630 681	沙特阿拉伯	0.35	0.35
圣文森特和格林纳丁斯	17.96	17.689 78	罗马尼亚	7.32	7.32	利比亚	0.3	0.227 934
阿塞拜疆	17.24	8.577 142	阿尔及利亚	5.57	0.12			

资料来源：https://climatefundsupdate.org/data-dashboard/

注：统计数据截至 2023 年 2 月；按批准资助金额大小排序，批准年份从 2003 年开始；未统计受赠方为全球、区域或多国家的数额；2018 年斯威士兰国王宣布将英文国名由“Swaziland”改为“Eswatini”

案例 2-1　绿色气候基金投资案例①

作为全球最大的气候基金，2023 年 7 月，绿色气候基金组织将投资 2.35 亿美元，为南非的一个水资源再利用基础设施基金提供资金，其中 2 亿美元以贷款形式提供，而余下的 3500 万美元将作为赠款提供，预计这将帮助创建一个近 15 亿美元的项目，该项目也是迄今为止最大的投标，旨在鼓励私人投资者在受气候变化影响的国家投资水利项目。

绿色气候基金表示：“水资源再利用计划将支持构建混合融资方案，并为缺水国家创建一种新的资产类别。南非是最容易受到气候变化影响的国家之一。”绿色气候基金指出，该基金将包括次级和高级贷款、赠款、股权和担保。总体而言，14 亿美元将用于资助项目，6200 万美元将用于支持该计划，1000 万美元将用于提高认识和沟通。

多年来，南非由于疏于维护，每天都面临停电问题，供水质量也随之下降。同时，南非正努力提高自身应对气候变化的能力，因为未来几十年该国大部分地区预计将变得更加炎热和干旱。根据世界银行的数据，南非已成为撒哈拉以南非洲第五个水资源匮乏的国家。

① 本书案例由作者根据网上资料整理而成。

2.3.2　双边机制

1. 含义

根据《公约》、经济合作与发展组织和世界银行的研究，双边渠道的金融机构是指由一国政府创立和主导的，向发展中国家或新兴市场提供援助或者投资的机构。

2. 主要的双边气候基金与机构

1）全球气候伙伴基金——德国、英国和丹麦

全球气候伙伴基金由德国联邦政府环境保护署、自然保护署、核科学与工程研究和德国复兴信贷银行于 2009 年成立，通过公共部门和私营部门的合作，专注于可再生能源和能源效率，主要通过当地的金融机构进行投资，也有直接投资。

全球气候伙伴基金资助主要针对中小企业和私人家庭的项目，包括将温室气体预计排放量至少减少 20%的能源效率项目、可再生能源发电项目。

2）国际气候基金——英国

国际气候基金于 2008 年由英国政府发起，旨在帮助发展中国家向低碳和气候适应型发展转型。英国政府已承诺在 2016～2021 年向该基金提供 58 亿英镑。2019 年，它宣布在 2021～2026 年将帮助发展中国家应对气候变化的投资增加一倍，达到 116 亿英镑。英国通过专门的多边基金，包括金砖国家基金和绿色气候基金，提供了相当大的资金份额。截至 2023 年，基金已在 70 多个国家资助了 300 多个项目。其资金来源于：外交、联邦和发展部，前身为国际发展部；商业、能源和工业战略部；环境、食品和农村事务部。

3）国际气候倡议——德国

国际气候倡议是德国政府有关国际气候融资承诺的重要组成部分。自 2022 年起，国际气候倡议由联邦经济事务和气候行动部与联邦环境、自然保护、核安全和消费者保护部以及联邦外交部密切合作实施。通过国际气候倡议，各国部委协同努力，为发展中国家和新兴国家提供支持，以促进其履行《巴黎协定》所确立的国家自主贡献（nationally determined contributions，NDCs）。这包括采取措施适应气候变化的影响，保护和重建天然碳汇，同时考虑环境、经济和社会问题。国际气候倡议还支持其伙伴国家实现《生物多样性公约》的目标。2008～2022 年，国际气候倡议已在全球 150 多个国家批准了 950 多个气候和生物多样性项目，总资助金额近 60 亿欧元。

4）国家适当缓解行动基金——欧盟

它的捐助方或供资伙伴为德国联邦经济事务和气候行动部，英国能源安全和净零部门，丹麦气候、能源和公用事业部，丹麦外交部和欧盟儿童投资基金会。其目的是为缓解项目提供技术支持和气候融资，旨在使经济和社会的关键部门脱碳，主要关注的三个部门是能源、运输和工业。

5）挪威国际气候与森林倡议——挪威

挪威国际气候与森林倡议自 2008 年由挪威政府成立以来，致力于减少热带森林损失，

以实现稳定的气候、保护生物多样性和推动可持续发展。挪威国际气候与森林倡议由挪威气候和环境部与挪威发展合作署合作管理。其伙伴关系国家包括：巴西、哥伦比亚、厄瓜多尔、埃塞俄比亚、印度尼西亚、圭亚那、利比亚和秘鲁等。挪威国际气候与森林倡议每年通过双边伙伴关系、多边渠道和民间社会认捐3.5亿美元。巴西、印度尼西亚、坦桑尼亚和圭亚那为“REDD＋”活动作出大量认捐。

2.3.3 国家、地区和国家合作基金

1. 含义

一些发展中国家也在建立国家气候基金，为国内应对气候变化的行动提供融资渠道。其主要目标是集合、协调并加强国家对于气候金融的控制权，将现有气候基金项目和那些具有相似目标但是治理和责任安排不同的项目融合在一起，同时整合管理、监控和评估这些资源。它们的资金来源主要是国际金融机构或者国内预算拨款以及国内私营部门。

2. 发展中国家的气候基金举例

1）中国清洁发展机制基金

2006年8月，国务院批准成立中国清洁发展机制基金及其管理中心（以下简称清洁基金）。2007年11月，清洁基金正式启动运行。2010年9月14日，经国务院批准，财政部等7部委联合颁布《中国清洁发展机制基金管理办法》，基金业务由此全面展开。随着经济社会发展和改革的推进，此办法进行了修订。2022年6月28日，经国务院批准，财政部等7部委公布了修订后的《中国清洁发展机制基金管理办法》。

清洁基金是由国家批准设立的政策性基金，按照市场化模式进行运作，是中国也是发展中国家首次建立的国家层面的专门应对气候变化的基金，是中国开展应对气候变化国际合作的一项重要成果。作为我国应对气候变化的创新举措，该机制致力于促进我国在联合国《京都议定书》下的CDM合作，为国家的可持续发展贡献力量。

清洁基金的宗旨是支持国家碳达峰碳中和、应对气候变化、污染防治和生态保护等绿色低碳领域活动，促进经济社会高质量发展，重点支持新兴产业减排、技术减排、市场减排活动，推动应对气候变化事业的产业化、市场化和社会化发展。

清洁基金的来源包括：通过CDM项目转让温室气体减排量所获得的收入中属于国家的部分；基金运营收入；国内外机构、组织和个人捐赠；其他来源。清洁基金通过安排一定规模的赠款支持以下项目活动：与碳达峰碳中和、应对气候变化相关的政策研究和学术活动；与碳达峰碳中和、应对气候变化相关的国际合作和交流活动；旨在加强实现碳达峰碳中和、应对气候变化能力建设的培训活动；旨在提高公众碳达峰碳中和、应对气候变化意识的宣传和教育活动；符合基金宗旨的其他项目。

2）孟加拉国气候变化适应基金

2008年9月，孟加拉国在英国-孟加拉国气候变化会议上发布了首个《气候变化战略与行动计划》（Climate Change Strategy and Action Plan），旨在制订一项提高应对气候冲击

能力、促进低碳和可持续增长的中长期计划，后来在 2009 年进行了更新。2010 年 5 月，孟加拉国政府与发展伙伴、世界银行签署协议，成立孟加拉国气候变化适应基金，它的宗旨在于支持孟加拉国气候变化战略和行动的实施，主要包括：粮食保障、社会安全和健康；综合灾害管理；建设耐气候变化的基础设施；研究和知识管理；减缓气候变化和低碳发展；能力建设。基金来源于捐助方的捐助，包括欧盟、瑞士、澳大利亚国际发展署和美国国际开发署等。

3）巴西国家气候变化基金

2009 年 12 月，卢拉总统批准 2009 年第 12014 号法律，决定建立国家气候变化基金。该项基金旨在为应对气候变化及适应气候变化效应的项目和行动提供资金。按照法律规定，一个由联邦政府和社会各界代表组成的委员会负责管理这项基金。基金的运用有两种方式，即贷款和无须偿还的出资。此基金的 10%由环境部支配，用于第 9478 号法律规定的石油生产设施的改造，6%用于建立新的基金。巴西国家气候变化基金的资金来源包括国家预算、国内和国际公共与私人机构的捐赠和贷款。基金的金融主管单位是巴西国家经济社会发展银行。

4）印度尼西亚气候变化信托基金

印度尼西亚气候变化信托基金是印度尼西亚实施雅加达承诺的一部分，其目标在于实现地摊经济和更强的气候变化适应力，增强政府在处理气候事件方面的有效性和领导力。

印度尼西亚气候变化信托基金由两个基金构成，一是创新基金，资金源于发展伙伴和其他贡献者，流向提供经济社会福利但不提供任何直接回报的应对气候变化活动中；二是改革基金，属于与财政部协调管理的基金，计划使用国内资金、贷款和其他类型的资金，投资于产生直接收入的低碳经济和气候弹性发展的项目。

2.3.4　存在的问题和挑战

1. 全球气候资金量有所上升，但仍存在巨大资金缺口

尽管当前对私人和公共资源所需气候投资的估计存在较大差异，但各机构的统计数据均传递了相同信息：全球气候资金所需的数量远远大于如今已投入的数量。

根据气候政策倡议组织《2021 年全球气候投融资报告》的数据，2019/2020 年气候投融资规模首次突破 6000 亿美元，可能是由于新冠疫情的影响，资金流量增速在过去几年中有所放缓。2017/2018 年至 2019/2020 年间，年度气候资金流量的增长仅比前期增长 10%，前期增长已超过 24%。气候政策倡议组织指出，气候资金流量远未达到估计的需求，保守估计每年为 4.5 万～5 万亿美元，要到 2030 年实现国际商定的气候目标，实现向可持续、净零排放和有韧性的世界过渡，需要每年增加至少 590%的气候融资。

2. 发达国家对发展中国家的气候资金承诺尚待落实

2009 年在哥本哈根联合国气候变化大会上，发达国家出于历史排放原因，承诺到 2020 年每年为发展中国家提供 1000 亿美元的资金以支持其应对气候变化行动，但由于一直没有针对这 1000 亿美元的具体的出资定论，资金的落实情况并不理想。发达国家与发

展中国家就资金是“提供”还是“动员”，是“公共的”还是“公共和私人的”，是否应是官方发展援助之外“新的、额外的”产生了较大分歧。

随后各年度召开的联合国气候变化大会上，1000 亿美元的气候资金支持一直是气候谈判的重点。2015 年 12 月，《公约》的近 200 个缔约方在巴黎气候变化大会上通过新的全球气候协定——《巴黎协定》。根据这一协定，在资金支持方面，在 2020 年以后发达国家向发展中国家每年至少动员 1000 亿美元的资金支持，2025 年前将确定新的数额，并持续增加。《巴黎协定》于 2016 年 11 月 4 日正式实施，1000 亿美元成为发达国家向发展中国家提供资金支持的下限。

3. 气候资金发挥作用的有效性有待提高

受援国的气候变化计划和战略（跨国家、国家内部、地方甚至部门层面）存在混乱和效率低下的问题。受援国行为方（从国家到地方一级）的纵向协调，对于确保其对气候行动的自主权以及气候资金有效地满足其需求和优先事项，通常是必要的。跟踪适应资金也面临巨大挑战，因为很难将官方发展援助下的与复原力有关的活动界定为适应。

此外，衡量和评估适应资金的影响仍然比较初级，包括缺乏国际标准化的方法、数据和基线，以及难以量化适应干预措施的有效性。

课后习题

1. 分析《京都议定书》下建立的 ET、JI 和 CDM 的相同点与不同点。
2. 分析气候基金投资项目的风险因素以及国际气候谈判进程艰难的原因。

第 3 章　气候金融工具

本章导读

本章概括性地介绍气候金融工具的发展背景和常见的气候金融工具，具体包括如下内容：①气候金融工具的起源与产生的基本理论，主要介绍气候金融工具产生和发展的现实背景以及气候金融工具产生的理论基础。②气候金融工具的概念，以常见的绿色信贷、绿色债券、绿色股票、绿色基金及绿色保险为研究对象，重点介绍各类工具的基本概念。③3.3～3.7 节分别介绍绿色信贷、绿色债券、绿色股票、绿色基金及绿色保险的发展背景以及当前国内外市场中常见的工具产品。总的来说，通过对本章的学习，可以对当前常见的气候金融工具的基本情况有充分的了解。

3.1　气候金融工具的起源与产生的基本理论

3.1.1　气候金融工具的起源

气候金融工具的发展离不开气候金融体系的发展，气候金融最初起源于传统金融业务的绿色化转型。实际上，早期由于污染治理等现实问题，绿色金融的概念于 20 世纪 90 年代被首次提出。发达国家在经历了一段经济高速增长的黄金时期之后，环境污染、资源短缺等一系列问题开始逐渐出现，所以在 20 世纪六七十年代，自然资源的浪费使用和破坏自然环境的生产经营引起了欧美公众的抗议，绿色保护的价值取向逐渐影响到公众的消费选择，从而激励企业生产提供绿色消费产品，环境要素逐渐渗透到生产消费领域。后来随着有关环境的法律法规的完善，投资者也认识到环境绩效可能会影响到财务绩效，环境问题可能会给企业带来金融风险，在这一阶段，绿色低碳的概念开始逐渐融入包括金融在内的经济部门的发展中。为解决环境问题，1974 年德国政府主导成立了世界第一家政策性环保银行“生态银行”，专门为难以从传统渠道获得资金的环保项目提供优惠贷款，成为绿色信贷业务的主要发源地。世界各国在绿色金融的浪潮中借鉴德国经验，以传统业务绿色化转型作为发展绿色金融的突破口，通过设立“生态银行”来提供支持绿色产业发展的有效平台。

如今，面对全球性气候风险，绿色金融的内涵也更宽泛，由单纯的环境治理向气候治理延展，促进气候友好型金融发展也成为推动全球经济可持续发展的关键力量。在贸易摩擦此起彼伏的国际环境下，气候金融成为全球金融界难得的共识之一，全球普遍意识到金融发展需要与全球净零碳排放的目标保持一致，从而促进经济的可持续发展。在这一背景下，气候金融领域的国际合作不断加强，由少数发达国家开展和实施转向全球普遍参与。1992 年联合国环境与发展大会以可持续发展为方针制定并通过了《21 世纪议程》；1997 年《京都议定书》使得气候金融理念在世界范围内得以推广。最具里程碑意义的是 2002 年《赤道原则》（Equator Principles）的提出，这项企业贷款准则要求金融机构在向一个项目投资时，要对该项目对环境和社会的可能影响进行综合评估，并且利用金融杠杆促进该项目在环境保护以及周围社会和谐发展方面发挥积极作用。《赤道原则》的签署将气候金融的实践上升到新高度，截至 2022 年 7 月，已有 38 个国家的 134 家金融机构加入《赤道原则》，如花旗银行、巴克莱银行、荷兰银行、汇丰银行等，其中国内共有 9 家银行采用赤道原则。2021 年 G20（Group of 20，二十国集团）可持续金融研究小组恢复设立，提振了全球绿色经济发展信心，促使各国参与到气候金融领域中。

3.1.2 气候工具产生的基本理论

1. 可持续发展理论

随着经济的发展、人口的增长，诸多因素给人类生存的环境带来了越来越大的挑战。从 20 世纪 70 年代起，就有学者开始研究可持续发展问题，随着环境理念深入人心，这一概念已成为共识。可持续发展理论被定义为：发展既应满足当代人的需要，又不对后代人发展的需要造成损害。随着可持续发展理论的逐步完善，它被视为经济、社会和生态三者可持续发展的统一。

绿色发展是实现可持续发展的必要条件，实现经济和社会的可持续发展必将需要金融可持续发展的助力，而发展气候金融则是实现金融可持续发展的必行之策。一方面，气候金融创新性发展新的金融工具，并且在气候金融系统内各产品相互联系、相互协调，长效利用金融资源，从而可以实现自身发展的可持续性。另一方面，气候金融依赖于自身特性，把环保理念贯穿于金融服务的全过程，有效配置社会资源和环境资源，从经济社会发展的源头有效地遏制环境污染。

2. 外部性理论

外部性是一种非市场性效应，指在实体经济活动中生产者或消费者的活动对第三经济主体的影响。这种影响有正反两方面，正向称为外部经济性，逆向称为外部不经济性。典型的外部不经济效应之一就是经济对环境造成的污染。气候金融作为一项目标明确的金融手段，其典型特征是能有效改善环境，将外部不经济性逐渐转变为稳定的外部性。气候金融是实现外部性问题内部化的有效途径之一，其表现在气候金融显著的特征和性质可将经济发展带来的不可避免的环境污染内化为企业治理环境成本。

金融机构将环境理念融入服务的全部环节，避免企业过度追求经济利益而忽视环境问题，迫使其承担相应的环保责任。此外，气候金融的有效实施还可促进企业的技术创新和产业转型升级。金融机构提供的金融服务重视企业所需承担的环保成本，从而迫使企业加快技术革新的步伐，促进高耗能、高污染行业的转型升级，形成经济的良性循环，将外部不经济性转化为稳定的外部效应。

3. 内生金融发展理论

内生金融发展理论是指各区域的金融发展与其内部因素相关，这些因素可能来自政府政策、产权制度、相关法律法规、金融发展自由度以及各区域人口、收入等经济因素。气候金融作为创新性金融手段，其金融工具的合理性需要顶层设计者进行深入的考量，进一步的发展和推动也受到政治因素的影响，无论是从国家层面还是从区域角度，气候金融政策的实施都需要由上至下的推动。从地区角度来说，由于地区的经济发展程度不同，产业结构不一，金融发展的外部环境有着较大的差距，各地区政府在结合当地条件下对相关气候金融政策的推动和实施也存在一定的差异，并且由制度因素带来的影响能进一步影响其他相关因素。因此，制度因素对气候金融发展的影响是极大的，从这一角度来说，内生金融发展理论为气候金融发展提供理论依据是合理的。

3.2　气候金融工具的概念

气候金融工具至今没有一个统一的定义，许多学者常常将其视为绿色金融工具。从狭义上看，重点在于评估环境管理和生命周期影响过程，以确定重点的绿色产业及技术；从广义上看，是针对整个气候金融系统，目的在于形成一种可持续的金融系统，以完成经济转型或维持经济的稳定和增长（国务院发展研究中心“绿化中国金融体系”课题组等，2016）。为应对气候变化等环境问题，信贷市场、证券市场和保险市场积极开发绿色金融产品，实现金融与绿色经济的有机结合。绿色金融工具主要具有资源配置、风险管理和市场定价三大功能。其中，资源配置功能是通过绿色金融工具的创新引导和撬动金融资源向绿色低碳领域倾斜；风险管理功能是通过开发绿色保险、绿色衍生品等金融工具防范金融体系的气候变化带来的物理风险和转型风险；市场定价功能是通过不同产品的定价和市场价格发现功能，引导更多的资金去支持绿色低碳领域。

常见的绿色金融工具主要包括信贷市场中的绿色信贷，证券市场中的绿色债券、绿色股票和绿色基金，以及保险市场中的绿色保险。

3.2.1　绿色信贷的概念

绿色信贷是指为支持环境改善、应对气候变化和资源节约高效利用的经济活动所提供的信贷产品及服务。其具体是指银行在贷款过程中将项目及其运作公司的与环境相关的信息作为考察标准纳入审核机制中。

3.2.2　绿色债券的概念

绿色债券是指将募集资金专门用于支持符合规定条件的绿色产业、绿色项目或绿色经济活动，依照法定程序发行并按约定还本付息的有价证券。狭义的绿色债券专指“贴标绿债”，即经过监管机构的绿色认证、具有绿色标识的债券。此外，还存在一定规模的

“非贴标绿债”，即未经专门贴标但实际募集资金投向绿色产业的债券。“贴标绿债”和“非贴标绿债”共同构成了投向绿色领域的债券，即“投向绿”债券。根据发行方、发行场所及监管机构的不同，绿色债券通常包括绿色金融债券、绿色企业债券、绿色公司债券、绿色债务融资工具和绿色资产支持证券等。①绿色金融债券，是金融机构法人依法发行的、募集资金用于支持绿色产业或绿色项目并按约定还本付息的有价证券。②绿色企业债券，是符合条件的境内企业按规定发行的、募集资金主要用于支持绿色产业或绿色项目的企业债券。③绿色公司债券，是符合条件的节能环保、可持续发展以及应对气候变化等的绿色企业发行的公司债券，募集资金必须投向绿色产业项目。④绿色债务融资工具，是非金融企业在银行间市场发行的，募集资金专门用于节能环保、污染防治、资源节约与循环利用等的绿色项目的融资工具。⑤绿色资产支持证券，是结构化的绿色金融产品，所募集的资金需用于绿色产业项目的建设、运营、收购，或偿还绿色产业项目的银行贷款等债务，即将原始权益人拥有的收费收益权或债权进行绿色资产证券化，或将符合绿色产业支持目录的信贷资产打包入池来募集资金。

3.2.3 绿色股票的概念

“绿色股票”的概念最早由瑞典银行与挪威研究机构“国际气候研究中心”（Center for International Climate Research，CICERO）共同开发，认为被贴绿色标签的公司应有超过 50%的收入和投资来自绿色活动，此概念于 2020 年在欧洲市场推广应用。纳斯达克的“绿色标签”分为绿色股票标签（green equity designation）和绿色股票转型标签（green equity transition designation）两种，前者旨在标识出有超过 50%的收入和投资来源于绿色活动的公司，后者旨在识别致力于绿色转型并将其 50%的投资投向绿色领域的公司。目前股票市场中应用较多的是绿色股指，一般是基于较为成熟的股票指数，研究分析成分股所属公司的ESG表现，进行ESG主题筛选或者赋予不同权重计算得出。

3.2.4 绿色基金的概念

绿色基金是指以促进绿色发展、改善生态环境为目标，投资于能产生环境效益或从事环境相关业务的企业和项目的公募基金产品或其他投资主体。根据投资标的的不同，绿色基金可划分为绿色产业投资基金和绿色证券投资基金，绿色产业投资基金针对股权或绿色产业项目进行投资，绿色证券投资基金针对绿色债券和绿色企业的股票进行投资。

3.2.5 绿色保险的概念

绿色保险即环境责任保险，是以被保险人因污染环境而依法应承担的赔偿或治理责任作为保险标的责任保险，保险对象通常仅限于由自然灾害或意外事故等突发性事件所造成的人身伤亡、财产损害等经济性损失。

3.3　绿色信贷的发展与产品类型

3.3.1　绿色信贷的发展

1974 年德国“生态银行”成立，被认为是绿色信贷的起源。随后各国多家银行借鉴德国经验成立“生态银行”以带动绿色信贷快速发展。2003 年《赤道原则》的实行对信贷市场和整个银行业来说，是最具里程碑意义的事情。首次将项目融资中模糊的环境和社会标准明确化、具体化，使整个银行业的环境与社会标准得到了基本统一，有利于信贷市场的规范，也有利于形成良性循环，从而提升整个银行业的道德水准。对单个银行来说，接受《赤道原则》有利于获取或维持好的声誉，保护市场份额，也有利于良好的公司治理和对金融风险科学、准确的评估，同时还能减少项目的政治风险。对整个社会来说，《赤道原则》可以使环境与社会可持续发展战略落到实处，赤道银行客观上成为保护环境与社会的代理人。

除了《赤道原则》，国际社会还发起了《联合国全球契约》（UN Global Compact）、《联合国环境规划署金融行动》（UNEP Finance Initiative）、《碳披露项目》（Carbon Disclosure Project）、《全球报告倡议》（Global Reporting Initiative）、《联合国负责任投资原则》（UN Principles for Responsible Investment）、《气候原则》（Climate Principles）等，也分别有银行签署加入并承诺遵守。全球主流银行一般还依据国际标准化组织第 207 技术委员会（ISO/TC207）负责起草的 ISO14000 系列环境管理标准，建立内部环境管理体系和有效的激励约束机制。

在上述国际规则的推动下，信贷市场上的主体——银行的战略与措施开始朝着可持续发展转变，金融机构正在逐渐关注环境保护和可持续发展，它们正在努力控制生态退化，同时鼓励消费者采取可持续发展的实践和决策。银行面临的主要挑战在于如何基于市场制订出有效的和意义深远的解决方案，以解决各类环境问题，包括气候变化、滥伐森林、空气质量问题及生物多样性减少，同时确定并获得有益于客户的新的商业机会。

我国政府致力于可持续发展，推动中国绿色信贷迅速发展。1995～2012 年，我国绿色信贷相关政策进行了初始探索。在这一阶段，我国政府主要通过颁布“差异化”的信贷政策来调整产业结构与加强环境保护。中国人民银行于 1995 年率先印发《关于贯彻信贷政策与加强环境保护工作有关问题的通知》，首次提出将环境保护和污染防治作为银行贷款的重要考量因素。2007 年 7 月，国家环境保护总局、中国人民银行、中国银行业监督管理委员会联合印发了《关于落实环保政策法规防范信贷风险的意见》，该文件要求各金融机构必须将企业环保守法情况作为审批贷款的必备条件之一，对未通过环评审批的项目，金融机构不得新增任何形式的授信支持；同时规定对环保部门查处的超标排污、未依法取得许可证排污或未完成限期治理任务的已建项目，金融机构在审查所属企业流动资金贷款申请时，应严格控制贷款。这对我国商业银行的绿色信贷业务作出了全面的基础性要求。2012 年，中国银行业监督管理委员会印发了《绿色信贷指引》，对我国银行业金融机构开展绿色信贷进一步提出了明确要求——银行业金融机构应大力促进节能减排和环境保护，从战略高度推进绿色信贷，加大对绿色经济、低碳经济、循环经济的支持，防范环境和社会风险，并以此优化信贷结构，更好地服务实体经济。该指引标志着我国商业银行绿色信贷制度的加速实施。为完善绿色信贷政策体系和发展框架，我国相继出台了《关于绿色信贷工作的意见》《关于报送绿色信贷统计表的通知》《生态文明体制改革总体方案》《"十三五"节能减排综合工作方案》《关于开展银行业存款类金融机构绿色信贷业绩评价的通知》等文件。在政府推动和政策引导下，我国银行等金融机构大力发展绿色信贷并取得显著成效。

3.3.2 绿色信贷产品

从国外和国内经验来看，目前信贷市场中典型的绿色信贷产品如表 3-1 和表 3-2 所示。

表 3-1 国外商业银行提供气候融资的绿色信贷产品

贷款类型	产品示例
项目融资	转废为能项目（energy from waste project）给予长达 25 年的贷款支持，只需与当地政府签订废物处理合同并承诺支持合同范围外废物的处理
绿色信用卡	向该卡用户购买绿色产品和服务提供折扣及较低的借款利率，卡利润的 50%用于世界范围内的碳减排项目
运输贷款	小企业管理快速贷款（small business administration express loan）以快速审批流程，向货车公司提供无抵押兼优惠条款，支持其投资节油技术，帮助其购买节油率达 15%的 Smart Way 升级套装
汽车贷款	清洁空气汽车贷款（clean air auto loan）向所有低排放的车型提供优惠利率
商业建筑贷款	向绿色项目中的商业或多用居住单元提供 0.125%的贷款折扣优惠
房屋净值贷款	与夏普（Sharp）公司签订联合营销协议，向购置民用太阳能技术的客户提供便捷的融资
住房抵押贷款	结构化节能抵押（energy efficient mortgage）将省电等节能指标纳入贷款申请人的信用评分体系
	生态家庭贷款（eco-home loan）为所有房屋购买交易提供免费家用能源评估及二氧化碳抵消服务，仅 2005 年就成功地抵消了 5 万吨二氧化碳排放

表 3-2 国内商业银行提供气候融资的绿色信贷产品

贷款类型	产品示例
国际发展性金融机构支持的绿色信贷	财政部与德国复兴信贷银行签订贷款协议，中方银行转贷。例如，中德合作国际气候保护项下的能效/可再生能源贷款，由中国进出口银行作为中方转贷行。2012 年，德国复兴信贷银行提供了新一期 4200 万欧元资金开展绿色中间信贷项目，专门用于支持我国中小企业节能减排项目，转贷行为中信银行和长安银行
节能减排固定资产贷款	为节能减排项目固定资产投资发放的贷款。例如，东莞市长安镇路灯改造项目工程正在实施，项目实施企业深圳市某工贸有限公司缺乏资金，无法批量采购设备，兴业银行为其给予专项买方信贷授信额度
节能减排流动资金贷款	银行为节能减排的项目运营、流动资金周转发放的贷款
合同能源管理融资业务	节能服务公司向银行申请融资用于合同能源管理项目建设与运营，以其分享的节能效益作为主要还款来源，以项目未来收益权质押或采用其他担保方式
碳资产质押授信业务	福州市某水力发电有限公司向兴业银行申请了第一笔碳资产质押贷款

续表

贷款类型	产品示例
国际碳保理业务	对于那些获得核证减排量（certified emission reduction，CER）签发的CDM项目开发企业来说，它们获得的CER收益权可以看成应收账款，如果银行或其他金融机构能够为CDM项目开发企业提供一笔有追索权的保理融资，CDM项目开发企业就将CER收益权出售给银行，提前获得应收账款
排污权抵押授信业务	企业以每年30.91吨化学需氧量的污染物初始排放权作抵押向兴业银行申请了贷款，解决了资金紧张的问题

案例3-1　恒生中国——绿色服务促进低碳转型

恒生银行（中国）有限公司（以下简称恒生中国）发行绿色信贷，加快传统行业低碳转型。恒生中国制订《恒生银行（中国）有限公司绿色信贷指引》，涵盖可持续发展与绿色信贷、绿色信贷管理组织架构、绿色信贷管理及监控程序、绿色信贷报告及信息管理机制、绿色信贷内部控制及审计、绿色信贷业绩评价等多方面指引。2021年恒生中国积极支持企业开展深层次、高质量的绿色低碳转型，持续加强绿色信贷服务力度。截至2021年12月31日，恒生中国绿色信贷余额较2020年同期增速达76.7%。例如，2021年11月，恒生中国通过提供量身定制的金融创新产品，助力全球色纺产业领导企业构建原料替代、能源替换等低碳转型路径。向相关企业提供的人民币贸易融资贷款用于支持其在安徽及新疆地区绿色低碳产品的生产及推广。

2021年，恒生中国与位于长三角及粤港澳大湾区的部分绿色住宅项目达成协议，成为首家提供绿色按揭服务的外资银行。恒生中国通过绿色按揭为协议内购买该类绿色住宅的客户提供差异化本外币贷款利率优惠，旨在鼓励客户建立可持续发展的生活方式，促进经济社会发展全面绿色转型。

3.4　绿色债券的发展与产品类型

3.4.1　绿色债券的发展

绿色债券的概念是由欧洲投资银行和世界银行在2007年首次提出的。欧洲投资银行也在2007年发行了世界上第一笔气候意识债券，将募集的资金用于欧洲投资银行为可再生能源或能源效率类项目提供贷款，实现了债券投资价值和环境友好型企业价值的捆绑。全球第一笔真正意义上的贴标绿色债券是由世界银行在2008年发行的，这只债券明确规定所募集的资金必须专项用于应对全球温室效应的绿色项目。后来越来越多的机构加入到绿色债券发展中来。

目前，一些节能环保技术已经发展到较为成熟的阶段，使得更大规模的债券投资成为可能。从监管的角度看，新的金融法规（如“巴塞尔协议III”）可能导致项目更多地从资本市场或项目融资市场进行融资。此外，资产配置策略的变化使得包括养老基金和保险公司在内的倾向于寻求长期固定收益的投资者对绿色债券或气候债券产生需求。机构投资者正在将可持续发展的指标纳入其资产组合中，已开始由上市公司股权扩展到其他的资产种类，这为绿色债券和气候债券的发展提供了机会。

国际范围内绿色债券的发行机构比较分散，主要包括政府机构、国际机构、多边金融机构与投资银行；同时，从事绿色低碳业务的公司也以公司债券或私募债等形式发行绿色债券或气候债券。2015 年末，国家发展和改革委员会办公厅印发了《绿色债券发行指引》，随后我国绿色债券发行势头迅猛。2021 年以后得益于碳达峰、碳中和政策的持续深入推进及相关政策利好，我国绿色债券市场迎来跨越式发展。2022 年我国境内外贴标绿债发行量为 1550 亿美元（折合人民币超过 1 万亿元），同比增长 35%。其中，符合气候债券倡议组织（Climate Bonds Initiative，CBI）定义的绿色债券（即被纳入 CBI 绿色债券数据库的中国贴标绿债）发行量为 854 亿美元，位居全球首位。与此同时，我国大部分绿色债券将于 2025 年前到期，发行规模增长具有潜力。

3.4.2 绿色债券产品

鉴于国内外绿色债券产品存在差异性，为更好地展示国内外绿色债券产品类型，本节从发行主体将绿色债券产品分为政府或多边银行发行的绿色债券、公司发行的绿色债券，这种债券可以是与特定的绿色基础设施项目相联系的资产抵押证券，也可以是具有国债风格的大众型债券，发行人融资后在各种绿色项目之间分配（如世界银行发行的债券）。同时，还存在一些绿色债券使用结构性票据机制（如结构化绿色债券产品），以通胀或其他重要衍生品的收益率来标的其回报率。

1. 政府或多边银行发行的绿色债券

从国内外绿色债券发行情况看，由政府或多边银行发行的绿色债券如表 3-3 所示。

表 3-3　由政府或多边银行发行的绿色债券

机构/区域	简介
世界银行	于 2007 年 12 月发行第一笔绿色低碳债券，面向荷兰、比利时和卢森堡的中小零散投资机构。债券的年利率为不少于 3%的浮动利率，具体利率浮动和一系列市场发展指数挂钩。 于 2008 年 6 月和 9 月分别发行了五年期的和 CER 挂钩的总金额 3150 万美元的低碳债券。债券初始阶段是固定利息，而后期阶段的利息则与 CER 的期货市场价格以及部分 CER 的签发量挂钩。 于 2008 年 11 月通过瑞典银行发行总值 27 亿瑞典克朗（约合 3.5 亿美元）的债券用于支持符合低碳经济项目发展的低碳债券，并于 2009 年 2 月进一步追加发行了 1.5 亿瑞典克朗。债券以高于瑞典政府国家债券 0.25%的利率（即 3.15%）发行，主要购买机构包括瑞典国家养老基金以及美国联合养老基金等。 于 2009 年 12 月联合瑞典银行和瑞士信贷银行发行了 4 年期、年利率 2%、总值 1.3 亿美元，并于 2010 年 1 月追加了 5000 万美元的债券。该债券购买机构主要包括加利福尼亚州立教职人员退休养老系统、瑞典生命保险机构以及瑞典国家养老基金
欧洲投资银行	2007 年发行了第一笔五年期零利率的总额为 6 亿欧元的“气候意识债券”。债券募集的资金主要用于欧洲投资银行可再生能源与能效项目的投资。 2009 年又在瑞士发行了第二笔“气候意识债券”。债券主要由瑞典银行管理，所筹集的资金同样用于可再生能源与能效项目建设。与第一笔“气候意识债券”不同的是，第二笔债券的利率为固定与浮动结合的形式，总价值为 22.5 亿瑞典克朗，其中 17 亿瑞典克朗债券采用 2.95%的固定利率，而剩余 5.5 亿瑞典克朗的债券采用季度浮动利率（3-month Stibor + 10bps）

续表

机构/区域	简介
美国	美国财政部（U.S. Department of the Treasury）2009 年发行了价值 22 亿美元的“清洁可再生能源债券”（Clean Renewable Energy Bonds）支持其若干可再生能源倡导协议。 美国政府 2009 年实施了一项支持地方政府刺激经济发展的举措——发行高利率债券，即“建设美国债券”（Build America Bonds）。这些债券筹集的资金主要用于绿色能源项目，利率最高可达到 35%左右。 美国政府还发行了一种“所有权评估清洁能源”（Property Assessed Clean Energy，PACE）债券，用于支持民用与商用建筑应用清洁与可再生能源。但该债券的发行一定程度上受到了由政策冲突引发的负面影响：美国联邦家庭贷款机构（Federal Home Loans Agency）规定，享受 PACE 债券贷款的家庭无权享受家庭贷款保险，这一规定大大制约了 PACE 债券的发展
中国	2015 年 12 月 22 日，中国人民银行推出绿色金融债券产品，并鼓励金融机构发行绿色金融债券，中国绿色债券市场正式启动。 2023 年 9 月 7 日，中国银行伦敦分行成功发行 3 年期 6 亿美元境外绿色债券，该债券是首笔募集资金全部用于欧洲项目的中资金融机构绿债，也是 2023 年以来欧洲地区单支规模最大的中资绿债

2. 公司发行的绿色债券

国内外公司发行的绿色债券情况如表 3-4 所示。

表 3-4　公司发行的绿色债券

发行年份	债券类型	发行规模/亿美元	注释
2009～2012	认证节能债券项目	3200	为 EE 信用增级债券征税，2010 年后改为直接对债券进行补贴
2009～2010	洁净可再生能源债券项目	2400	为 RE 信用增级债券征税
2008～2010	绿色债券	1896.7	2～10 年期，为气候变化计划融资
2007～2010	气候意识债券	1630	3～8 年期，对 RE 和 EE 进行投资
2010	清洁能源债券	705	3.5～7 年期，投资可再生能源项目和基础设施建设
2006	风电资产证券化	676	20 年期，47 000 万欧元，针对德国和法国的风力发电公司组合，通过应急流动性金融工具（special purpose vehicle，SPV）发行，起初评级 BBB 和 BB +，2010 年由于风力不足被降级为 BB 和 B
2010	水治理债券	645	2～3 年期，用于改善水质、管理和灌溉
2010	风电项目债券	580	25 年期，用于建设 3GW 的风力农场，被穆迪评级为 Ba3 债券
2003	风电资产证券化	370	BBB 评级，用七个美国风力项目的现金流作担保
2006	可再生能源债券	300.8	3 年期，为美国和欧洲的风力农场融资

续表

发行年份	债券类型	发行规模/亿美元	注释
2010	太阳能项目债券	260	发行两批共18年期，以发电量44MW的太阳能公园作抵押，部分由意大利出口信贷机构（Servizi Assicurativi Del Commercio Estero，SACE）作担保
2011	清洁能源债券	193	面向日本投资者，为挪威市政部门的气候变化项目融资

资料来源：Della Croce R，Kaminker C，Stewart F. 2011. The role of pension funds in financing green growth initiatives.

3. 结构化绿色债券产品

除了国家或政府发行的债券，其他固定收益产品如结构化和证券化产品很有可能会成为私营部门融资中的一部分，因为投资者习惯于标的资产。

2008年，法国兴业银行推出了第一个“合成的绿色债券”——环境优化器/顶部绿色债券（Environment Optimizer/Top Green Bond）。本质上，这是一种与Lyxor动态环境基金（Lyxor Dynamic Environment Fund）相关的合成基金，因为它是通过金融工程合成的产品，使用零息债券，到期支付票面价值。在投资者面临环境风险的同时，保护他们的投资资本。

在欧洲，人们越来越关注为实现可再生能源目标的融资缺口，其中机构投资者介入债券市场并开发出创新结构性产品将是一个突破口。以风能行业为例，在过去的几年里，风能项目开始改变以依赖银行资金为主的局面，转向债券化的结构性金融。2010年意大利太阳能公司Montalto di Castro成功发行了该类债券，它是为太阳能项目发行的第一个公开评级的债券。其特点如下：第一，这类债券是资产支持债券，大半投资者是机构投资者。值得注意的是，这些债券被意大利出口信贷机构充分保证，使它们比起资产支持证券更像是担保抵押债券。第二，未担保的部分完全通过欧洲投资银行出售。这种结构性金融可能代表着为可再生能源融资的一个全新模式，并可能预示着可再生能源市场一个庞大的新的流动性来源的出现。

微风债券是世界气候债券的一个重要创新。在2006年之前，CRC（Christofferson，Robb & Company）对冲基金的能源基金收购了430MW的德国和法国风力发电设施。CRC建造了这些设施，所需的资金由一家银行借贷提供。一旦这个组合完成，这家基金就把这个项目出售给叫作“CRC微风债券”的特殊目的机构（special purpose vehicle，SPV），这家机构发行了4.7亿欧元的资产抵押证券，这是第一次直接由证券市场提供融资的国际可再生能源项目。

微风债券的构造使得风力发电厂带来的收入能够支付债券的利息和资本金。这个风力发电厂将风的动能转换成电能，销售电能所得的收入用来偿还CRC微风金融的长期债务，CRC则获得剩下的钱。即使风不是像平时一样大或操作的难度和维修费用高于以往估计，它们仍有足够的资金来支付债券持有人。这些收入相当稳定一致，所以十分符合固定收益投资者的要求。

微风债券是通过SPV发行的第一批绿色资产支持证券（asset-backed security，ABS），在国际资本市场中第一次被用来大规模支持可再生能源。除了微风债券以外，还有两个风力能源支持债券，5.8 亿美元的 Alta Wind 债券和 5.25 亿美元的 Shephard’s Flat Bond。但这些微风债券在 2010 年都被下调评级了，主要是由于风力供应的波动性（由过去平均 4 年的低风力水平导致，事实上，这一低水平严重低于历史水平）。预期未来几年，风能资产证券的融资结构将继续演变成多分档交易，依据从保守到激进变化着的风能的可能性进行承销。

3.5　绿色股票的发展与产品类型

3.5.1　绿色股票的发展

绿色股票的概念最早由瑞典银行和挪威的研究机构 CICERO 合作开发。2020 年 5 月，瑞典房地产公司 K2A 发布了一份绿色股权框架，由瑞典银行担任其结构顾问（structuring advisor），CICERO 提供第三方独立评估，成为全球第一家获“绿股”评估的公司。此后，瑞典银行又为几家公司提供了此项顾问服务，帮助它们设计绿色股权框架，并向市场推广“绿股”概念。2021 年 6 月，纳斯达克在欧洲推出“绿股”标签。同月，获 CICERO“评绿”的过滤技术供应商 NX Filtration 在阿姆斯特丹泛欧交易所上市。2022 年 2 月，德国电商企业 Rebelle 在纳斯达克北欧交易所上市，成为纳斯达克首笔绿股 IPO（initial public offering，首次公开发行）。共有四家公司在 2022 年一季度获得了纳斯达克绿股贴标。2021 年 11 月，菲律宾的一家聚焦可再生能源的不动产投资信托公司 Citicore Energy REIT Corp.获得了 CICERO 的绿股认证，并于 2022 年 2 月在菲律宾证券交易所上市，成为亚洲首笔绿股 IPO。近年来，绿色股票在全球范围内取得了一定的进展，但由于绿色股票相关的概念和股权评估还未在全球范围内形成统一标准，现在仍然处于初级发展阶段。

我国绿色股票的实践目前以绿色股票指数为主。绿色股票指数是以可持续发展理念为核心，在指数样本选择和权重分配上，体现证券发行人在支持环境改善、应对气候变化和资源节约高效利用的经济活动中所面临的机遇和风险。目前绿色股票指数主要包括气候基准指数和绿色主题指数。气候基准指数通常以“双碳”目标或国际上的净零排放目标为选样基本框架，通过对上市公司证券进行超额配置或低配，选择那些碳排放量较低或在气候转型中表现较好的公司，以实现指数的碳中和或达成净零排放的目标。绿色主题指数聚焦细分赛道主题行业，即选取环保、节能、清洁能源、绿色交通、绿色建筑等产业领域证券作为指数投资标的。2021 年 9 月，中共中央办公厅、国务院办公厅印发的《关于深化生态保护补偿制度改革的意见》提出，研究发展基于水权、排污权、碳排放权等各类资源环境权益的融资工具，建立绿色股票指数。近年来，国内各指数机构也致力于增加绿色相关指数供给，形成了气候转型、低碳环保、ESG 等多个细分领域构成的绿色指数体系。

3.5.2　绿色股票产品

当前股票市场中主要以绿色股票指数为主。绿色股票指数是以可持续发展理念为核心，将环境类、具有低碳业务等的上市公司的股价指数化，用于进行投资者的组合投资和环境绩效评估。主要的绿色股票指数如表 3-5 所示。

表 3-5　绿色股票指数

指数名称	具体内容
标准普尔全球环境指数（S&P global environment index）	该指数成分股包括全球最大生态类行业上市公司 30 家，领域包括清洁能源、木材、环境服务和废弃物管理；股票指数——气候变化与环境指数（荷兰银行）。 该指数覆盖 8 个环境产业分支行业，共有不多于 30 只成分股，每半年根据各分支行业的市值变动作出调整，以充分反映每个分支行业的实际增长情况
可持续发展指数（sustainability indexes）	它和其他股票市场指数的编制基本相同，不同点是在样本股的选择上，可持续发展指数综合考虑了经济、社会和环境 3 个方面来选择上市公司。 在可持续发展指数的编制过程中，有两种类型的筛选上市公司的方法，一种是正面指标筛选方法，另一种是负面指标筛选方法。使用正面指标筛选的公司表示在可持续发展的实践上具有领先地位，通常使用特殊的标准评估经济、社会和环境等方面的正面行为。相反，负面指标筛选方法是排除那些特殊经营的公司，如武器制造等。排除的目的是避免样本股中含有环境污染严重、不道德或者社会不友好的公司。这些标准的选择是确定可持续发展指数的基础
道琼斯可持续发展指数（the Dow Jones sustainability indexes，DJSI）	该指数的设立是为了跟踪领先的可持续发展公司的财务业绩。 DJSI 系列中的所有指数采取了相同的企业可持续发展评价体系和各自相应的标准进行评价，包括以下分指数：全球指数、欧洲指数和北美指数。全球指数包括一个综合指数和五个细分的子集指数，细分的子集指数的成分股分别剔除了从酿酒、烟草、武器装备等行业或者所有前述行业获得收入的公司，该指数集合首次颁布于 1999 年 9 月 8 日。欧洲指数，即道琼斯斯托克可持续发展指数，包括一个泛欧指数、一个欧元区指数，以及两个细分的子集指数，细分的子集指数成分股分别剔除了从酿酒、烟草、武器装备等行业或者所有前述行业获得收入的公司，该指数集合首次颁布于 2001 年 10 月 15 日。北美指数包括道琼斯可持续发展北美指数（DJSI 北美）和道琼斯可持续发展美国指数（DJSI 美国），以及两个细分的子集指数，即不纳入从酿酒、烟草、武器装备等行业或者所有前述行业获得收入的公司，该指数集合首次颁布于 2005 年 9 月 23 日
中国低碳指数（China low carbon index）	该指数是北京环境交易所与清洁技术投资基金 Vantage Point Partner 于 2010 年 6 月共同推出的
沪深 300 碳中和指数	该指数是 2022 年 3 月 7 日中证指数有限公司发布的首条以降低碳排放强度为目标的指数。 编制规则：沪深 300 碳中和指数从沪深 300 指数样本中剔除中证 ESG 评价 B 及以下的上市公司，并根据行业及企业的碳中和贡献，将指数权重分布向绿色领域以及碳中和贡献较大的上市公司适当倾斜，促使指数碳排放强度逐年降低，且较沪深 300 指数碳排放强度减少 20%以上

3.6　绿色基金的发展与产品类型

3.6.1　绿色基金的发展

在美国、日本、西欧等地，绿色基金发展较早。不同国家由于市场发育程度的差异，绿色基金表现出不同的形式。在美国和西欧的一些国家，绿色基金的发行主体主要为非政府组织和机构投资者；在日本，则以企业为主。美国最初没有专门设立绿色基金，只在社会责任投资（socially responsible investment，SRI）基金内纳入生态投资。自美国诞生第一只绿色基金 Calvert Balanced Portfolio A 以后，更多的绿色基金在市场相继推出，带来了良好的经济生态效益。在西欧地区，绿色基金属于第三代社会责任投资产品，

1989年以前，西欧绿色基金仅18只，其中英国有13只，资产总额不到10亿欧元，占社会责任投资的比例不到1%。

近年来随着气候变化问题日益严峻，2010年在墨西哥坎昆举行的《公约》第十六次缔约方大会（COP16）上决定设立绿色气候基金，旨在帮助发展中国家适应气候变化。作为《公约》的资金机制，绿色气候基金将为实现《巴黎协定》各国承诺的维持全球气候升温在2℃以下的目标作出资金贡献。根据此前决议，发达国家应在2010～2012年出资300亿美元作为绿色气候基金的快速启动资金，并在2013～2020年每年出资1000亿美元帮助发展中国家积极应对气候变化。经过两年的筹备以及秘书处选址，绿色气候基金于2013年12月4日正式在韩国松岛国际城挂牌成立。相比于其他气候资金机制着重从公共部门筹资，绿色气候基金最大的特色是增加面向私营部门的资金来源。这不仅能减轻发达国家的财政压力，更能扩大资金来源及规模，加快筹资的进度。为此，绿色气候基金秘书处专门设立了一个私营部门来提升基金运作的效率和灵活性。

在我国，绿色基金是一种以对绿色企业或产业进行投资为主的基金，通常是股权投资基金。虽然起步晚，但发展势头强劲。2001年北京青云创业投资管理有限公司成立，2002年该公司组建了国内第一只采取风险投资方式运作、专注于中国环保产业的国际投资基金，主要投资领域包括新能源、环保、节能、新材料、资源综合利用、碳减排等。2011年2月第一只投资于证券市场的绿色基金“兴全绿色投资股票型证券投资基金”正式问世，该基金重点关注绿色科技产业或公司，主要包括清洁能源和环保产业，以及传统产业中积极履行环境责任、致力于向绿色产业转型或在绿色相关产业发展过程中作出贡献的公司。近年来，我国绿色基金发展展现出巨大的市场爆发力。中国绿色基金相关企业注册量从2010年的6家增长至2021年的52家。在绿色私募基金方面，截至2021年三季度末，我国绿色、可持续、ESG等方向的私募基金800只，管理规模3700亿元。截至2020年末，与绿色生态、低碳环保、环境治理、清洁能源等相关的私募基金超过500只，管理规模逾2000亿元。在绿色公募基金方面，自2021年下半年开始，易方达基金、鹏华基金、富国基金、华夏基金、汇添富基金、工银瑞信基金、建信基金、景顺长城基金等50余家公司加大绿色投资布局。截至2021年三季度末，绿色、可持续、ESG等方向的公私募基金数量接近1000只，规模合计7900多亿元，较2020年底规模增长36%。其中，公募基金190多只，管理规模4100多亿元。

3.6.2 绿色基金产品

1. 绿色气候基金

绿色气候基金致力于通过投资低排放和适应气候变化的发展项目来应对气候变化。例如，2019年绿色气候基金批准由联合国粮食及农业组织和智利政府设计的6300万美元的森林项目，以恢复和保护该国五个地区的约25 000公顷的原生林。该项目希望减少110万吨二氧化碳的排放，同时植树造林至少7000公顷，并以可持续的方式管理和保护超过 17 000 公顷的森林。项目涉及的地区包括受火灾影响的 4000 多公顷土地。该项目有助于在这一地区恢复常绿树种，包括橡树和劳利山毛榉等智利本土树种。同时，绿色气候基金提供资金的一项要求是资源分配的惠益要在不同性别的人、土著人和弱势群体间分享，确保项目产生积极的社会和环境影响。因此，有土著社区成员在内的 57 000 多人参与这一项目，从事造林、环境修复和可持续管理等。2023 年绿色气候基金承诺投资 128 亿美元，目标是在不减少树木覆盖的情况下，在科特迪瓦、赞比亚、利比里亚、加蓬、刚果（金）和喀麦隆等 11 个国家实现可可、棕榈油、大豆和橡胶等作物的可持续生产。

2. ESG 主题基金

ESG 主题基金是一种以环境、社会和治理因素为投资标准的投资基金。这三个因素被认为是评估企业综合表现的重要指标。ESG 主题基金的主要目标是挑选那些在环境保护、社会责任和公司治理方面表现出色的企业进行投资，同时避开那些可能会对社会或环境造成负面影响的企业。这种投资方式既有助于推动可持续发展，也可以降低投资风险、提高长期投资回报率。表 3-6 展示了我国 2022 年发行的部分 ESG 主题基金。

表 3-6　ESG 主题基金

基金全称	成立日期	基金类型	资产规模/元
中航瑞华ESG一年定期开放债券型发起式证券投资基金	2022-03-16	债券型基金	999 999 000
景顺长城 ESG 量化股票型证券投资基金	2022-06-06	股票型基金	144 569 111.6
华夏ESG可持续投资一年持有期混合型证券投资基金	2022-03-09	混合型基金	194 929 147.7
东方红 ESG 可持续投资混合型证券投资基金	2022-03-02	混合型基金	434 947 942.4
大成ESG责任投资混合型发起式证券投资基金	2022-06-24	混合型基金	359 516 214.9
华夏沪深 300ESG 基准交易型开放式指数证券投资基金	2022-02-24	股票型基金	291 083 347
富国中证 500ESG 基准交易型开放式指数证券投资基金	2022-07-28	股票型基金	229 486 619
英大中证 ESG120 策略指数证券投资基金	2022-03-15	股票型基金	28 034 070.18
华润元大 ESG 主题混合型证券投资基金	2022-06-23	混合型基金	504 809.12

资料来源：中国经济金融研究数据库（China Stock Market & Accounting Research Database，CSMAR）

3.7　绿色保险的发展与产品类型

3.7.1　绿色保险的发展

面对巨大的气候变化风险，世界保险业应对气候变化的方式已经出现了转变，从消极回避发展到积极应对，力图把气候变化风险转变为气候变化机遇。保险业过去在火灾和地震等灾害风险管理中发挥了领导作用，当前保险公司也极有可能创造出预防损失的方法和产品来为客户、政府和公司自身减轻气候灾害带来的损失，同时减少温室气体排放。

一是保险经营机构的内在行动。各保险经营主体，主要包括保险公司、再保险公司、保险经纪公司、保险代理公司、经纪人和代理人等，越来越关注气候变化并采取相应的行动方案。截至 2020 年 4 月，全球已有 140 多家机构签署了《可持续保险原则》，其中包括占全球保费总额的 25%以上的保险公司，管理资产达 14 万亿美元。《可持续保险原则》也被纳入道琼斯可持续发展指数和富时社会责任指数保险行业标准。越来越多的保险机构积极参与到应对气候变化的行动中来，其行动内容包括开发气候应急产品和服务、提高公众意识、量化并披露气候风险、推动气候因素纳入投资决策等。这些活动的最终目标是降低气候变化给客户带来的损失，并将行业风险降到最低。例如，风险管理解决（Risk Management Solutions，RMS）公司建立了第一个 Cat 预测模型，将气候变化因素加入保险精算模型。保险经纪公司威达信集团（Marsh & McLennan Co.，MMC）制定了《气候披露手册》，与客户签订相关合约，开发新产品。瑞士再保险公司、慕尼黑再保险公司、德国通用再保险股份公司等也都采取了气候变化行动方案。在量化和管理气候变化风险，以及利用市场机制减轻气候灾害造成的损失方面，保险机构的运作模式已经非常成熟。

二是市场其他主体的外在驱动。投资者、政府部门和消费者等保险市场的其他主体为保险业开展积极的应对气候变化行动提供了外在驱动力。当前，投资者越来越关注气候变化，如拥有 3 万亿美元资产的投资公司“气候风险投资者网络”（Investor Network on Climate Risk，INCR）加入碳排放披露项目（Carbon Disclosure Project，CDP）中，INCR 致信全球 30 家最大的保险公司，要求公司提供更好的气候变化信息披露，根据 Mercer2023 年发布的《全球资产管理者调查》，58%的机构投资者认为气候变化是非常重要或相当重要的经济条款，或预期至少在 5 年内会变得更加重要。此外，政府部门和消费者也更加关注气候变化，强烈支持政府采取管制政策，从而给保险市场带来压力。

三是大量创新的气候保险产品。截至 2020 年，全球各类保险业机构已推出了 1148 个针对气候变化的应对活动和应对项目。这些项目已给该行业带来了近 2 万亿美元的收入，占行业总收入的 44%。另外，已有至少 130 种保险产品被投放到市场，以鼓励人们在生活和商业中使用高效能源。例如，创新型环保产品“按里程付费”汽车保险方案（pay-as-you-drive insurance policies）广受欢迎。该方案的汽车保险额并非固定保额，而是依据投保人所行驶的里程数计算的。这种计价方式使全美汽车驾驶里程数减少了 8%，汽油使用量减少了 4%，由汽车事故和交通堵塞带来的经济损失每年减少了 500 亿～600 亿美元。

截至 2020 年，全球范围内已有 26 家保险公司表示，它们所推出的保险项目已达到碳中和的目标。例如，东京海上日动火灾保险股份有限公司从 1999 年开始推出的致力于恢复印度和东南亚国家红树林的环保保险项目，截至 2020 年已接近其恢复 8200 公顷红树林的目标，这些红树林的恢复有效减少了沿海风暴所带来的损失，增加了世界固碳含量。

3.7.2 绿色保险产品

1. 传统绿色保险工具

目前，西方发达国家保险公司开展的“绿色保险”业务主要包括两大类型：一是针对一般企业的环境损害责任保险，这一类企业或机构主要包括废弃物处理、处置、储存、垃圾填埋和焚烧等相关公司，房地产公司，仓储、运输公司，各种类型的制造业，自然资源开发如矿业、石油和天然气公司，工程建设公司，医疗机构及公共管理机构等。这些企业或机构在运行过程中都有可能产生各种污染物，造成环境侵权事故。二是针对专业的环保咨询、设计、工程、服务等相关公司的环境保险。具体而言，绿色保险有以下类型。

1）环境损害责任保险和自有场地治理责任保险

环境损害责任保险（environmental impairment liability insurance）在美国被称为污染法律责任保险（pollution legal liability insurance），是指对于被保险人因其污染环境造成第三人的人身伤害和财产损失而发生的赔偿责任，保险公司承担给付保险金的责任。这类保险并不承保所有的环境损害风险，仅与第三人的人身伤害和财产损失相关联。

自有场地治理责任保险（own-site clean-up insurance），是指如果被保险人因其污染自用的场地，依法负有治理污染的责任并支出治理费用，保险公司将以保险合同约定的赔偿限额为基础，承担保险给付责任。这种类型的保险为被保险人在治理污染事件中所花费的费用提供了补偿，在美国应用很广泛。

2）事故型责任保险和索赔型责任保险

事故型责任保险，指不管索赔是何时提出的，只要事件损失发生在保单有效期内，保险公司就应当承担给付保险金的责任。保险公司为限制其责任承担，在保险合同中通常规定被保险人向保险公司通知索赔的最长期限。索赔型责任保险，指如果在保险合同中约定的追溯日期之后，且在保单有效期内，对被保险人提出了环境责任索赔，那么保险公司应当承担给付保险金的责任。由于“绿色保险”的高风险性，且索赔型责任保险的保险人通常比事故型责任保险的保险人承担较小的风险，因此现代“绿色保险”已经由事故型责任保险发展为索赔型责任保险。

3）强制责任保险和自愿责任保险

强制责任保险又称法定责任保险，是由法律规定必须投保的责任保险。世界上许多国家都对“绿色保险”采取强制投保的形式，如美国、瑞典、德国等针对有毒物质和废弃物的处理、处置可能引发的损害赔偿责任实行强制责任保险。自愿责任保险，是指投保人和保险机构在自愿、平等、互利的基础上，经协商一致订立保险合同的责任保险。是否投保完全由可能造成环境污染的破坏者自主决定，如法国实行自愿责任保险。

保险工具可以转移易受气候变化影响的行业的风险，发挥经济补偿功能和减灾防损的作用。同时，保险业也可以在清洁技术尚不成熟的时期，推动技术和产品的应用。

2. 气候保险工具

农业保险、天气指数保险与巨灾保险是国际保险业在气候变化领域实施的较为成熟的重要避险工具。

1）农业保险

农业保险属于财产险的一种，专为农业生产者在从事种植业和养殖业生产过程中遭受自然灾害和意外事故所造成的经济损失提供保障。在很多发展中国家，农业保险的发展都与减少贫困人口的发展目标相结合，一方面稳定了保费收入，另一方面也降低了潜在的损失风险。例如，非洲风险转移保险可在降低气候变化风险的同时为农作物保险，已经在埃塞俄比亚北部的 5 个区推广实行。这一保险方案由当地保险公司承保，国际再保险公司分保，采用降雨指数来触发赔偿，支付在干旱情况下种植三大粮食作物的农民的损失。现金不足是人们不参与保险的主要原因，这一保险的独特之处在于，它允许农民通过在本区域开展植树等减缓气候变化的行为来抵扣保费。这种“工作报酬”机制使农民即使不支付保费也可以受益。支付现金的农民也可以参与到这一保险中来，以推动市场的发展。

中国的四家保险公司为我国的农业保险发展作出了卓越的贡献。截至 2020 年 1 月，全国农业保险承保的农作物品种有 270 余种，基本覆盖了各个领域。中国银行保险监督管理委员会公布的数据显示，2019 年 1～9 月，农业保险原保险保费收入实现 583 亿元，提供风险保障 3.6 万亿元，农业保险业务规模稳居亚洲第一，成了全球较活跃的农业保险市场之一。

2）天气指数保险

我国天气指数保险研发近年来才引起多方重视。2008 年 4 月，我国农业部推出了与国际农业发展基金、世界粮食计划署合作的“农村脆弱地区天气指数农业保险”项目；很多地区的天气指数保险已经进入研发阶段，如福建省的台风灾害气象指数保险项目、浙江省的水稻农业气象指数保险项目、陕西省的苹果气象指数保险项目等，且已有少数公司尝试经营天气指数保险。更多的国内天气指数保险产品详见表 3-7。

表 3-7　国内部分天气指数保险产品

试点产品		年份	观测指数	地区	开展公司
经济作物	西甜瓜梅雨强度指数保险	2007	降水量	上海	太平洋安信农业保险股份有限公司
	南丰蜜桔冻害气象指数保险	2011	低温	江西	中国人民财产保险股份有限公司
	露地种植绿叶蔬菜气象指数保险	2014	高温、降水量	上海	太平洋安信农业保险股份有限公司
	橡胶树风灾指数保险	2015	台风	海南	中国人民财产保险股份有限公司
	枇杷低温气象指数保险	2016	低温	浙江	中国太平洋财产保险股份有限公司

续表

	试点产品	年份	观测指数	地区	开展公司
经济作物	干旱天气指数保险	2018	干旱	甘肃	天安财产保险股份有限公司
	油茶天气指数保险	2019	干旱、低温、冻害	湖南	中国人民财产保险股份有限公司
	金银花气象指数保险	2020	低温、高温、降水量	河北	中国人民财产保险股份有限公司
	棉花高温气象指数保险	2020	高温	新疆	中国太平洋财产保险股份有限公司
	柠檬天气指数保险	2020	降水、高温	重庆	安诚财产保险股份有限公司
	茶叶综合气象指数保险	2021	低温、高温热害、干旱	浙江	中国人民财产保险股份有限公司
粮食作物	水稻天气指数保险	2009	降水量、高温	安徽	国元农业保险股份有限公司
	小麦种植天气指数保险	2010	降水量、高温	安徽	国元农业保险股份有限公司
	玉米干旱指数保险	2014	降水量	山西	中煤财产保险股份有限公司
	玉米降雨量指数保险	2014	降水量	辽宁	中航安盟财产保险有限公司
	玉米干旱气象指数保险	2015	降水量	北京	中华联合财产保险股份有限公司
	玉米种植业气象指数综合保险	2015	降水、风力、温度	山西	中煤财产保险股份有限公司
	杂粮（谷子）天气指数综合保险	2017	降水量、温度、风速	山西	中煤财产保险股份有限公司
	玉米气象指数大灾保险	2019	降水、气温、风速	吉林	安华农业保险股份有限公司
	谷子天气指数保险	2019	风速、降水	河南	中原农业保险股份有限公司
	小麦干热风气象指数保险	2020	干热风	河南	中国太平洋财产保险股份有限公司
牲畜水产养殖类	獐子岛集团风力指数保险	2013	风力	大连	中国人民财产保险股份有限公司
		2013	风力	山东	中国人民财产保险股份有限公司
	蜂业气象指数保险	2014	降水、气温	北京	中国人民财产保险股份有限公司
	大闸蟹气温指数保险	2014	高温	江苏	中国太平洋财产保险股份有限公司
	扇贝养殖风灾指数保险	2015	风速	山东	太平财产保险有限公司
	海参养殖气温指数保险	2015	气温	山东	太平财产保险有限公司

续表

试点产品		年份	观测指数	地区	开展公司
牲畜水产养殖类	藏系羊牦牛降雪量气象指数保险	2017	降雪量	青海	中国太平洋财产保险股份有限公司、太平洋安信农业保险股份有限公司
	水产养殖台风指数保险	2017	台风	福建	中国人寿财产保险股份有限公司
	小龙虾养殖气象综合指数保险	2017	低温、强降水	湖北	中国人民财产保险股份有限公司
	小龙虾养殖天气指数保险	2019	低温、高温	河南	中原农业保险股份有限公司
	小龙虾天气指数保险	2019	低温、高温	湖南	中华联合财产保险股份有限公司
	牛羊天气指数保险	2019	降雪量、干旱	内蒙古	中国人民财产保险股份有限公司
	鳗鱼气象指数保险	2020	降水量、风速、温度	广东	阳光农业相互保险公司

2012 年，瑞士再保险公司与鼎和财产保险股份有限公司合作，为广东梅雁吉祥水电股份有限公司提供国内首例降水发电指数保险方案，帮助水力发电企业在一定程度上转移天气变化带来的风险，降低局部地区旱灾对水力发电企业造成的巨大损失。

此外，在世界银行和世界粮食计划署的帮助下，马拉维展开了天气保险的项目试点。保险试点为1000户农民提供贷款，让他们购买以天气指数为基础的干旱保险。将保险和贷款进行捆绑，既提高了参保农民的信誉，也提高了他们的农业生产率。

在玻利维亚的北部和中部高原地区，有四个省参加了鼓励降低风险与指数保险机制相结合的保险计划。这一计划中的指数是在气温、降水、湿度、土壤类型等地理环境上与该区域相似的参照田的产量水平。在一组农民中选出技术水平最高的一位，让他来担任其他农民的技术顾问，帮助其他农民降低风险、提高产量。作为顾问的农民的土地即为参照田。可以根据参照田的产量来判断损失是由环境因素带来的，还是由农民可控制的范围内其他因素带来的。若为环境因素导致，则触发保险理赔。

案例 3-2　美国气候保险实践经验——开发气候保险产品规避风险

美国的商业性气象服务起步较早，其成功经验在于有专门的天气保险公司进行运作，公司内有专门的技术人才，以及完整的天气数据为天气保险的发展提供基础。

20 世纪 40 年代，大卫·弗莱德伯格创办了全球第一家面向家庭和企业提供天气保险服务的公司——“天气账单”（Weather Bill），主要通过整合电子商务网站及天气预报分析系统，向公司和个人出售天气保险单。客户购买保险的流程为：①通过地图选择一个想支付的地区天气状况，并设定预想的温度、雨雪量等具体指标；②网站在短时间内查询出该地区的天气预报以及国家气象局记载的以往 30 年的天气数据；③网站根据气候变化作出计算并给出保单价格；④客户根据个人意愿选择是否购买。从事农业生产和加工的个人和企业可以选择多种险种（如雨季险或霜冻险），也可以根据需要选择定制的天气保险。

美国的保险公司除提供天气指数保险外，在一般天气保险方面也开发出了许多创新型的产品，诸如“旅游遇雨保险”“服装销售气候保险”“夏威夷观光天气保险”等。

旅游遇雨保险：如美国游客 8 月份从美国到中国旅游，事先投保 120 美元，在旅游期间，若上午 10 时至下午 4 时下大雨，则保险公司赔偿旅游投保者 6000 美元。

服装销售气候保险：服装公司在购买这类保险合同时，可以注明想在哪些城市免受什么样的天气影响，比如某服装生产商希望芝加哥和纽约的雪不要下得太少，而旧金山的降雨则不要降得太多，因为这种反常的天气会影响服装的销售。服装销售气候保险的保险金额较高，但不少厂商认为愿意通过投保转移该风险。

夏威夷观光天气保险：考虑到日本人喜欢去夏威夷旅游观光，每年超过 100 万人次，于是美国的一家保险公司与一家日本旅行社合作，以去夏威夷观光的日本游客为对象，开发了旅游天气保险。其保险责任是：如果当地从上午 10 时到下午 5 时连续下雨、影响到游客旅游观光时，保险公司每天向投保人退还 1.5 万日元；若在夏威夷停留期间全部都是雨天，则赔偿全部旅行费用。

3）巨灾保险

巨灾是指对人民生命财产造成巨大破坏和损失，对区域或国家的经济与社会产生严重影响的自然事件，主要包括地震、火灾、飓风、洪水、冰雹、冻灾、雪灾、海啸、火山爆发等。巨灾保险正是针对这些重大灾害进行保险。由于巨灾会造成巨大损失并具有突发性，保险公司很有可能在短时间内无法拥有大量资金对巨灾保险进行理赔，因此巨灾保险本身的投保并非难事，解决好灾难发生时的赔付成了重中之重。

在保险业发展之前，很多国家都采用当巨灾发生时对受灾群众进行补贴的方法来解决巨灾问题。随着保险业的发展，有的国家开始转而将补贴转移给了保险行业，或在客户购买财产险时强制投保巨灾保险，但政府并非无节制地对保险行业进行补贴或采取强制措施，而是进行分级补贴，将巨灾保险所造成的损失按损失金额分级，对不同级别的损失予以不同比例的补贴。

为了分散巨灾保险巨大的赔付压力，很多国家的政府或私人也设立了再保险公司，对保险公司的巨灾保险进行再保险，甚至是二次再保险，这样当灾害发生时，部分风险就分给了再保险公司，减轻了保险公司的压力。但很多保险公司由于存在“侥幸心理”，不希望自己的利益被再保险公司分得，从而减少自己在未发生巨大自然灾害时所获得的利益。因此，需要政府采取强制性措施，即制定相关法律明确规定巨灾保险再保险的最低额度，确保在发生巨灾时，风险能够得到有效的分担。

巨灾保险的衍生品可以将风险转移到资本市场，但衍生品的推出需要实施国家或地区拥有成熟的资本市场来消化巨灾带来的市场动荡，同时承担巨大损失。这些衍生品主要包括巨灾债券、巨灾期货、巨灾期权、巨灾权益卖权和巨灾风险互换。

目前，我国巨灾保险的发展处于起步阶段，从国家将巨灾保险确立为一个制度起，因地制宜地推进模式多样、各有侧重的巨灾保险试点探索，大致可分为以深圳市为代表的多灾种巨灾保险试点，以广东省为代表的巨灾指数保险试点，以云南省、四川省为代表的城乡居民住宅地震巨灾保险试点，具体情况如表 3-8 所示。

表 3-8　我国巨灾保险试点（部分）

时间	地点	模式
2014 年 6 月	深圳市	首个巨灾保险试点，采用“共保体”承保模式，每年由市财政全额出资购买巨灾保险，保障深圳行政区域内所有自然人在巨灾后得到灾害救助保险服务
2015 年 5 月	四川省	全国首个以省为单位开展的巨灾保险试点，由四川省居民自主投保、各级财政补贴、赔付到户
2015 年 8 月	云南省大理州	政策性地震指数保险模式，是我国首款指数型巨灾保险制度，首个农房地震保险试点
2016 年 6 月	张家口市	采用公共巨灾保险制度模式，政府全额出资，是人身伤亡、住房损失和财产损失相结合的公共巨灾保险制度
2016 年 7 月	广东省	首创巨灾指数保险的模式，以政府作为投保人和被保险人，以触发巨灾的参数如连续雨量、台风等级等作为支付赔偿的依据
2016 年 8 月	黑龙江省	农业财政巨灾指数保险模式，开创了我国政府与商业保险及再保险公司合作以及应对自然灾害事件引发的农业财政风险的新模式，是首个应用卫星遥感技术和气象监测技术开发的创新型农业指数保险方案
2017 年 6 月	海南省	政策性农业保险，选择 2～3 个市县研究开展巨灾保险试点，探索建立巨灾风险分散机制
2017 年 7 月	湖南省	采用公共巨灾保险制度模式，保费由财政统筹安排，由省、市、县三级财政全额出资
2017 年 8 月	重庆市	采用公共巨灾保险制度模式，巨灾保险是指由政府全额出资购买，并作为投保人和被保险人，用于分担巨灾发生后政府依法应承担的救助责任的保险
2018 年 5 月	上海市	采取政府主导、商业化运营的模式，黄浦区政府作为巨灾保险的投保人，由区政府以财政支付方式缴纳巨灾保险保费
2019 年 5 月	湖北省	在武汉市、十堰市、黄冈市和恩施州试点暴雨洪涝巨灾保险，由政府全额为辖区居民购买保险，对相关人身伤亡和财产损失给予基本经济补偿。其中，传统模式在十堰市、黄冈市和恩施州试点，指数模式在武汉市试点
2020 年 1 月	宁夏回族自治区	采用公共巨灾保险制度模式，政府全额购买巨灾保险，实现人员全覆盖，保险费盈余部分全额计提到巨灾风险专项准备金账户，由市政府指定相关部门进行资金监督管理
2020 年 7 月	武汉市	采用巨灾指数保险模式，建立“巨灾保险＋农业保险”财政政策性保险组合包，由政府财政出资购买，赔款直达财政指定账户，财政依据灾情统筹使用
2022 年 6 月	河南省	以省辖市为单位进行统保，使用实赔型模式和指数型模式两种保险模式，保费由市、县两级财政承担，具体比例由试点省辖市自行确定

案例 3-3　日本巨灾保险实践——设计地震等自然灾害保险

日本的巨大灾害一般是指地震、火山、海啸、风灾和雪灾等，但事实上主要是地震灾害。日本巨灾保险制度设计针对各种自然灾害，火灾、雷击、台风、雪灾、洪水等都在火灾保险范围内，但地震、火山喷发以及由此引起的海啸、火灾等导致的损害不属于火险赔付对象。加入地震保险必须与加入火灾保险或综合保险配套，不能单独加入。

地震保险方面，1964 年，日本新潟发生大地震，造成了巨大的财产损失，引起日本民众和政府对建立地震保险制度的重视，并推动了日本在 1966 年颁布《地震保险法》和《地震再保险特别会计法》，由此，日本地震保险制度正式确立。1972 年和 1975 年，对《地震保险法》进行了修改。1978 年，日本宫城县发生大地震，消费者要求扩大赔偿范围，对半损房屋予以补偿，应消费者要求，日本政府于1980年修改了地震保险制度：增加半损赔偿、规定地震保险能附加在所有的火灾险种上以及提高承保比例和承保限额。1987年，千叶县东方冲发生地震，1989年，伊豆半岛东方冲群也发生地震，促使日本政府于1991年又增加了一部分赔偿。1995年，阪神发生大地震后，日本政府再一次对地震保险制度进行了修改，并于1996年开始实行新的地震保险制度。日本规定地震保险是火灾保险的附加险，保险金额相当于火灾保险金额的30%～50%，并把地震保险分为了家庭和企业两个部分，企业财产地震保险由财产保险公司直接承保，政府不提供财产支持，属于商业保险；而家庭财产地震保险则由财产保险公司和政府共同提供保险保障。保险的责任范围包括地震以及由地震引发的海啸、火灾等灾害所造成的直接或间接的财产损失。按受灾的损害程度按三档进行赔偿：一部分受损则赔偿地震保险金的5%，半损赔偿地震保险金的50%，全损赔偿地震保险金的100%。赔偿责任采取“二级再保险模式”：首先由财产保险公司进行赔偿，超出其赔偿限额的部分由地震再保险公司赔偿，最后，超出再保险公司赔偿限额的部分由政府进行赔偿。21世纪以来，日本政府对地震保险制度进行了不断完善，如2001年引入了保险费率折扣制度，2002年修改了地震保险金的总给付限额。

3. 绿色保险创新产品

绿色交通、绿色建筑、绿色低碳技术、生态碳汇等重点领域的发展至关重要。针对这些领域存在的风险问题，保险行业创新产品和服务，尝试发挥保险保障和风险管理的专业优势，护航绿色交通、赋能绿色建筑、支持绿色低碳技术推广、提升生态碳汇能力、助力基于自然的解决方案（nature-based solution，NbS），为助推绿色社会转型贡献力量。

在绿色低碳技术方面，保险种类较多，涵盖技术研发、知识产权和产品质量三方面相关险种，发展较为成熟。但在绿色交通、绿色建筑、生态碳汇等方面，目前保险产品和服务的创新应用还处于局部、分散的试点探索阶段，还未充分发挥风险保障作用，尚未建立起行之有效的商业模式。

1）绿色交通保险

绿色交通是指能够节约能源、提高能效、减少污染、有益健康、兼顾效率的出行方式，包括乘坐公交及轨道交通等公共交通工具、骑自行车、步行、合作乘车、环保驾车等低碳出行行为。为引导公众优先选择公共交通、步行和自行车等绿色交通方式，降低小汽车通行量，整体提升绿色出行水平，发展绿色交通，保险公司联合车企对传统车险产品进行升级改造，推出绿色创新产品。例如，驾驶行为保险（usage based insurance 或 user behavior insurance，UBI）被称为绿色保险。UBI是根据驾驶人的实际驾驶时间、地点、里程、具体驾驶行为来确定需缴纳多少车险，车主为了获得更大的保费优惠就会减少车辆的使用频率，继而降低二氧化碳的排放量，有可能缓解环境污染问题。UBI 定价模型的技术基础是车联网、智能手机和 OBD（on-board diagnosis，车载诊断系统）等联网设备，OBD是车载监控系统的通信接口。UBI自在美国出现后，目前在国际上的发展已经较为成熟，据不完全统计，截至 2019 年 6 月全球有超过 300 家保险机构推出 UBI 产品。UBI在意大利的渗透率最高，已超过15%，美国的UBI渗透率虽不及意大利，但其 UBI 保费规模位列全球第一，超过半数的保险公司提供 UBI 产品和服务。在政策红利和科技赋能的助力下，我国国内大型险企纷纷试点 UBI，但由于目前尚未形成较成熟的定价模式，且 OBD 的功能不够完善，监测信息和数据分析难以达到一定的精准度。中国太平洋保险（集团）股份有限公司已从美国引进 UBI 车险。随着 UBI 在国际市场上不断应用、我国车联网技术的不断成熟以及监管政策的相继出台，UBI 在我国将迎来全新的发展机遇。

此外，我国还小范围尝试“停驶减免保费”，该保险是借助技术对传统车险产品进行升级改造，将车辆的“使用”和“停放”按天进行了场景切割，提高了风险计算的精准程度。深圳市于 2012 年推出了“爱我深圳、停用少用、绿色出行”行动，对申报绿色出行连续停驶 30 天以上的车主，可以顺延车险合同期限。2017 年，“车车车险”和“安心保险”推出过一款“停驶返钱”的产品，车主在不开车的情况下可按“天”退保费。

2）绿色建筑保险

绿色建筑是能够节约能源，提高资源利用率，为人类提供安全、高效的环境，并且使人与环境相互适应、相互融合的新型建筑。绿色建筑保险作为绿色保险的一个创新品种，可以为绿色建筑行业相关建筑物、产品、装备、工作人员的职业责任等提供风险保障，既从市场监管的角度有力促进了绿色建筑的健康发展，保证建筑各方面性能满足人们安全、舒适、健康的需求，又为建设项目交付后的运行维护提供了保障，提高了人们对绿色建筑与建筑节能的认可度。

绿色建筑保险起源于美国，目前在国际上的发展较为成熟。当前主流的国际绿色建筑保险产品主要分为绿色建筑财产保险和绿色建筑职业责任保险两类。绿色建筑财产保险以绿色建筑资产本身及附属设施、材料、装备为标的；绿色建筑职业责任保险则是以各类绿色建筑专业人员的职业责任风险为标的。美国呈现出绿色建筑财产保险产品多样化的特征。Fireman’s Fund 保险公司是全球第一家绿色建筑保险提供商，从 2006 年开始提供名为“GreenGard”的绿色建筑保险，为美国商用建筑提供绿色建筑风险保障。除 GreenGard 之外，Fireman’s Fund 保险公司的主要绿色建筑保险产品还包括家庭住宅绿色建筑保险、绿色建筑升级财产保险、特定行业绿色建筑财产保险（教育行业、教会建筑等）。2010 年，美国保险服务事务所出台标准示范条款，绿色建筑保险模式成为保险业的主流。相比绿色建筑财产保险，绿色建筑职业责任保险起步稍晚。2009 年 4 月，Argo 保险经纪公司专门开发了绿色建筑职业责任保险，并与劳合社达成一致，为美国绿色建筑委员会成员（包括建筑师、工程师、顾问和专业设计师等）提供 5%的保费折扣，每单保额上限为 100 万美元，若超过需增加新的承保人，并追加附加保险合同。

近几年，我国也不断出台政策推动低碳建筑保险的发展，包括鼓励和支持保险机构创新绿色保险产品和服务这一重点举措。住房和城乡建设部于 2019 年发布了《绿色建筑评价标准》，其中增加了关于建筑类保险的评分要求，肯定了保险机制在绿色建筑产业中的作用。2020 年 4 月，中国建筑节能协会发布了《绿色建筑质量性能保险试点方案》。该方案旨在通过探索、试点、示范和引领，改善城市建筑质量管理和政府管理面临的挑战，从而促进政府和保险业的共赢发展。2021 年 4 月，北京市规划和自然资源委员会发布《高标准商品住宅建设方案评审内容及评分标准》，在建筑品质评分项，“投保绿色建筑性能责任保险，引入风险防控机制”可以得到加分。将绿色建筑性能保险前置到拿地环节，以保证全过程引入风控服务。2022年，住房和城乡建设部印发了《“十四五”建筑节能与绿色建筑发展规划》，提出了“十四五”时期建筑节能和绿色建筑发展的具体指标。

3）清洁技术保险

清洁技术是指能适应低碳经济发展需要，减少温室气体排放，防止气候变暖而采取的一切减碳或者无碳的技术手段，涉及电力、交通、建筑、冶金、化工、石化等相关部门以及在可再生能源和新能源、煤的清洁高效利用、二氧化碳捕获与埋存等领域开发的控制温室气体排放的新技术。由于相关技术尚未经过市场化的验证，需要寻求各种风险转移的途径。目前，在清洁技术保险领域较为创新的实践是慕尼黑再保险公司针对清洁能源技术推出了一系列保险产品。

慕尼黑再保险公司的清洁技术保险产品涉及多种可能影响清洁能源项目效果的因素，如太阳能组件的性能保险、风电厂各种可能的损失保险、多种产品（如锂离子电池、聚光太阳能发电、隔热玻璃等）的性能保险、水电厂水位保险等。这些保险产品可以使清洁技术的设备制造商和开发商免除由产品性能或客观条件导致的可测量、可预计的损失。

例如，慕尼黑再保险公司可以为已经投保光伏组件产品的制造商和规模大于 20MW 的光伏发电厂提供保险。这类保险产品保障了在产品运行效果低于预期时，投资者能够维持稳定的现金流。在为制造商提供产品性能保险时，慕尼黑再保险公司对多项指标都有要求，包括技术的性能、稳定的制造工艺、对制造过程的监测和审核程序等。2011年9月，中国平安财产保险股份有限公司与慕尼黑再保险公司签订合作协议，共同为中国可再生能源行业提供保险解决方案。

慕尼黑再保险公司 2011 年向瑞典太阳能制造商的光伏组件提供性能担保解决方案。在其光伏组件不能达到预计的输出功率的情况下，可提供一项为期 25 年的赔偿支付；同时，协议也担保太阳能组件在前 10 年的输出功率会达到90%，在其余的 15 年里会达到80%。2012年12月，英利绿色能源与慕尼黑再保险公司旗下的专业保险公司签订《组件质量担保保险协议》，此协议将覆盖2012年10月1日至2013年9月30日出售的英利多晶硅组件。

4）林业碳汇保险

森林是最大的陆上生态碳汇资源，具有较高的经济价值和成熟的产业链，是绿色资源中保险保障的主要对象。随着全球碳排放权交易的快速推进，林业碳汇作为抵消企业碳排放的一种高性价比手段，在自愿减排交易市场上备受青睐。林业碳汇项目的产出周期往往较长，短期内收入不稳定，且极易受自然灾害、病虫害的影响，给其产出和收入带来了极大的不确定性。对于林业碳汇所面临的不确定性，保险手段可以成为一种有效的风险管理方式。各国保险机构聚焦森林碳汇功能，积极探索，开发了林业碳汇指数保险、林业碳汇价格保险以及森林碳汇保险等创新型产品，为生态产品价值的实现提供了新路径。具体如下：①林业碳汇指数保险。其以碳汇损失计量为补偿依据，将由火灾、冻灾、泥石流、山体滑坡等合同约定灾因造成的森林固碳量损失指数化，当损失达到保险合同约定的标准时，视为保险事故发生。林业碳汇指数保险赔款可用于灾后林业碳汇资源救助和碳源清除、森林资源培育及加强生态保护修复等有关费用支出。例如，中国人民财产保险股份有限公司于 2021 年 3 月在福建省南平市顺昌县国有林场签下全国首单“碳汇贷”银行贷款型森林火灾保险，为碳汇林提供 2100 万元的风险保障。“碳汇贷”是福建首例以林业碳汇为质押物、全国首例以远期碳汇产品为标的物的约定回购融资项目。②林业碳汇价格保险。针对林业碳汇交易项目开发的保险产品，能够有效防止碳汇林种植企业受到价格极端下跌的波动影响，稳定林业碳汇交易收入，从而保障林业产生的富余价值、生态环保价值、碳汇恢复期耗损、固碳能力修复成本以及碳排放权交易价值。中国人民财产保险股份有限公司 2021 年 5 月推出林业碳汇价格保险，与福建省南平市顺昌县国有林场成功签订。在保险期内，当市场林业碳汇项目价格波动造成保险碳汇的实际价格低于目标价格时，中国人民财产保险股份有限公司将按照合同约定进行赔偿。③森林碳汇保险。其是指以天然林、用材林、防护林、经济林以及其他可以吸收二氧化碳的林木为保险标的，对林木的整个成长过程中可能遭受的自然灾害和意外事故导致吸碳量的减少所造成的损失提供经济赔偿的一种保险。例如，中国人寿财产保险股份有限公司福建省分公司创新开发出林业碳汇指数保险产品。该产品将卫星遥感科技手段与碳汇理论方法学相结合，建立了林业损毁与固碳能力减弱计量的函数模型，并于 2021 年 4 月在福建省龙岩市新罗区出单。该保单年度保费 120 万元，在一年中森林累计损失面积达到 232 亩[①]时，视为保险事故产生，起赔金额 100 万元，最高赔偿 2000 万元。

5）碳交易信用保险及 CDM/JI 项目保险

广泛意义上的碳交易信用保险是当买卖一方因故不能完成交易导致权利人的利益受损后，保险公司根据合同约定提供经济补偿的具有担保性质的保险。

具体到 CDM/JI 项目上，碳减排项目保险主要分为两类：一是为碳减排交易合同中的买方提供保险，若出现卖方无法如期交付符合要求的 CER 或碳交易政策和法律发生突然改变的情况，则买方在合同到期时不能获得协议规定数量的 CER，保险公司将予以赔偿；二是为开发 CDM/JI 项目的企业，即 CER/ERU 卖方提供保险，当 CDM/JI 项目无法达到预期收益或因政策突变等造成意外损失时进行赔偿。

国际上已有美国国际集团和苏黎世保险公司等大型保险公司推出了 CDM/JI 项目保险。例如，苏黎世保险公司为印度的一家电力公司提供 CDM 项目政策保险，以规避 CDM 政策发生重大变化而导致不能如期获得 CER 的风险。由于有保障，投资者为开发该项目的公司提供 1065 万美元的投资款用于建设生物发电厂。该发电厂产生的电力将由当地的国有电力公司购买，并由财政部担保。该生物发电厂原始的内部收益率为 8%，但是加上碳减排额的收益之后，项目的内部收益率升至 12%，得到了节能减排投资商的青睐，项目得以顺利开发。

课 后 习 题

1. 典型气候融资工具有哪些？各自的特点是什么？

① 1 亩≈666.7 平方米。

2. 信贷市场、证券市场和保险市场在应对气候变化的过程中发挥着什么作用？
3. 与天气或气候相关的保险有哪些？请举例。

参考文献

国务院发展研究中心“绿化中国金融体系”课题组，张承惠，谢孟哲，等. 2016. 发展中国绿色金融的逻辑与框架[J]. 金融论坛，21（2）：17-28.

第 4 章　气候风险度量及经济影响

本章导读

气候变化是当今时代面临的突出问题，如何应对气候变化已成为全球热点问题之一。天气模式的改变导致粮食生产方面遭受威胁，海平面不断上升导致灾难性洪灾风险增加，气候变化导致的诸多问题在全球范围内产生了重要的影响。面对如此严峻的气候形势，倘若不及时采取科学有效的应对方式，未来人类适应气候变化影响下的生活将变得更加困难，随之而来的生活成本也将更加高昂。

现有的关键气候指标及相关影响信息都在强调，持续的气候变化、极端天气等气候事件发生的频率和强度增加，以及其带来的重大损失和破坏，都在不同程度上影响着人类、经济和社会。即使采取的减缓措施取得成功，气候变化的负面影响趋势仍将持续数十年。因此，测度气候风险、了解气候风险带来的经济影响显得至关重要。

本章首先介绍气候风险的概念、分类和现状，对气候风险建立初步认识；其次，从国家层面、区域层面和企业层面分别介绍气候风险测度的内容以及常用的模型工具；再次，阐述气候风险对宏观经济和微观经济的影响，从实体经济、农业经济及金融市场三个方面搭建宏观经济影响框架，将微观经济影响的框架主要聚焦在企业、金融机构、家庭和政府等微观主体。通过本章学习，理解如何从不同层面、利用不同方法测度气候相关的风险，并了解气候风险对经济产生的影响。

4.1　气候风险的定义和分类

2021 年 3 月，美国得克萨斯州最大的电力公司布拉索斯电力合作公司破产，经济损失高达 1950 亿美元；澳大利亚悉尼遭受洪水灾害，据澳大利亚保险理事会不完全统计，经济损失超过 6 亿澳元。同年 5 月，印度西北部沿海登陆极强气旋风暴“陶克塔伊”，造成直接经济损失达数十亿美元。可见，气候风险给经济长期稳定增长的目标带来了越来越大的挑战。

4.1.1　气候风险的定义

气候风险是指极端天气、自然灾害、全球变暖等气候因素及社会向可持续发展转型给经济金融活动带来的不确定性（刘瑞霞，2022）。该定义由气候相关财务信息披露工作组（Task Force on Climate-related Financial Disclosures，TCFD）首先提出，之后巴塞尔委员会等国际组织和部分监管机构也提出类似定义。

以巴塞尔委员会对气候风险的定义为例，巴塞尔银行监管委员会就《有效管理和监管气候相关金融风险的指导原则》指出气候变化可能会导致实体风险和转型风险，波及单个银行机构的安全稳定性，从而对银行系统产生更广泛的影响。

根据上述组织机构的定义，可见气候风险对经济金融的影响越来越明显。气候风险已被视为金融风险的一种风险来源，确切地说，气候风险是由气候变化导致的直接或者间接的金融风险的变化，其效果依然体现在传统市场信用和操作风险的变化。

相比于其他一般的经济风险，气候风险具有如下特点。

第一，高度的不确定性。气候变化与信用风险、市场风险相比，具有高度的不确定性，很难预测气候变化对人类生态和经济活动所产生的影响。

第二，更长的时间跨度和长期影响。分析和评估信用风险一般需要预测一年，最多几年的影响，而市场风险预测的时间更短，通常预测 1 天、10 天内的影响，但是气候风险需要预测 5 年、10 年甚至上百年的影响。

第三，非线性。随着时间的推移，气候风险可能会出现不同程度的变化，一旦突破临界点，气候风险影响的严重性和范围都可能大幅增加。

第四，全局性和系统性。气候变化带来的风险是全局性的，会使社会、经济和金融体系相互作用，可能产生系统性效应和连锁效应。

因此，气候风险所带来的影响是巨大的。高度的不确定性、更长的时间跨度和长期影响、非线性、全局性和系统性决定了它对宏观经济和金融机构所带来的危害是巨大的（刘瑞霞，2021）。

4.1.2　气候风险的分类

1）物理风险的定义与来源

气候物理风险指各种与环境和气候相关的自然灾害和事件造成不利后果的可能性。按照气候物理风险的来源可以将其分为四类，分别是各种极端气候灾害、海平面上升、生态环境污染事故、自然资源破坏和短缺。其中，以洪涝、台风、暴风雪、干旱和山火为代表的自然灾害是发生相对频繁、对人类生产生活影响更为直接和显著的一类气候物理风险来源（马骏，2020）。

2）物理风险的发展与现状

国外许多机构实证探究了自然灾害与其造成的损失之间的关系，普遍认为与历史规律相比，由于全球变暖与气候恶化，极端自然灾害事件发生的频率变得更高且更具有破坏性。例如，国际货币基金组织对 1980～2018 年全球自然灾害总损失及保险损失变化趋势进行了分析，结果显示，相比于 20 世纪 80 年代，2018 年自然灾害损失引起的保险索赔已增加了两倍。贝莱德（BlackRock）集团将荣鼎（Rhodium）集团的飓风模型叠加到贝莱德商业房地产抵押贷款支持证券数据库中约 6 万个基础商业地产上，发现 1980 年以来这些财产中任何一处受到 4 级或 5 级飓风袭击的风险中值上升了 137%。由此可见，从较长时期来看，气候物理风险带来的损失呈现上升趋势（侯梦虹，2022）。

2020 年世界经济论坛发布的《全球风险报告》指出，未来十年全球面临的前五大风险首次全部与环境和气候相关，其中，与气候物理风险相关的极端天气事件和自然灾害分别排在第一位和第三位（Brende，2020）。2021 年初，世界经济论坛发布的有关气候方面的研究报告认为，从发生概率和影响程度来看，环境与气候风险仍是未来十年人类社会面临的首要问题，其中极端天气事件相关风险发生的可能性仍排在各类风险的首位，应引起高度关注（Topping and Munoz，2021）。

3）转型风险的定义与来源

转型风险是应对气候变化政策、技术创新、市场情绪及消费者偏好发生改变从而影响企业和资产估值所带来的经济或金融风险，如清洁能源给传统煤炭和石油企业带来的冲击、碳税导致碳密集型企业的经营成本增加等（Acharya et al.，2023）。可见，转型风险主要来源于为应对气候变化和环境挑战的人为因素的转变，包括政策、技术、观念等方面。

4）转型风险的发展与现状

转型过程中，经济体主要面临以“低碳”资产代替“高碳”资产的问题，许多尚在有效期内的“高碳”资产被提前淘汰，成为搁浅资产。央行与监管机构绿色金融网络（Central Banks and Supervisors Network for Greening the Financial System，NGFS）提出，转型风险主要通过资产搁浅的方式引发市场风险和信用风险。例如，碳密集行业产生的搁浅资产不仅影响其产业链上下游，还将影响与其资产有关的企业，搁浅资产的市场价值重估将影响金融机构的资产负债表，从而进一步影响碳密集行业从金融系统获得融资的能力，且由于金融机构和碳密集行业存在交叉持股和相互投资，通过“循环反馈”式传导路径放大风险，形成“气候明斯基时刻”，从而引发系统性金融风险（胡晓玲，2022）。

转型风险又可以分为有序转型、无序转型和温室世界三个方面。NGFS 在 2020 年 6 月发布了一组参考情景，温室世界指所有政策不采纳，气温自然上升 4～5℃所产生的结果。因此，有序转型、无序转型和温室世界这三个定义会对风险管理、压力测试所选择的情景起决定性作用（刘瑞霞，2021）。

5）物理风险与转型风险的关系

如果说气候物理风险是被动接受气候恶化的成本，那么气候转型风险则是主动应对气候变化的代价。通常认为，如果不能有效阻止全球气温的持续上升，将引发更多、更频繁、更严重的自然灾害，即升温与物理风险之间存在正相关关系。转型风险是为了控制气温上升产生的风险，与升温之间存在负相关关系。因此，从理论分析来看，气候物理风险和转型风险之间存在一种此消彼长的关系。英国保险机构 AVIVA 的研究印证了这一观点，这家公司采用 Carbon Delta 公司构建的气候风险评估模型，分析了其持有资产可能受到的气候转型风险和物理风险的影响。结果显示，在 3℃和 4℃等温升较高的情景下，超过 95%的影响来源于物理风险；在 1.5℃和 2℃等温升较低的情景下，转型风险和物理风险的影响基本上持平。

4.2　气候风险测度

气候风险测度通常用于评估气候变化对特定地区、行业或组织产生的潜在影响和风险，通过量化和预测气候风险可以帮助政府、企业和其他利益相关者更好地了解和管理气候相关风险。常见的气候风险测度模型主要包括气候风险评估模型、气候风险指数模型、气候风险场景模型、金融气候风险模型、供应链和业务连续性模型以及社会脆弱性和适应性模型。这些模型通常需要大量数据、专业知识和计算能力来运行，它们常常由气候科学家、政府机构、研究机构和企业使用，考虑到不同层面所涉及的方法和步骤会存在差异性，本节主要介绍国家层面、区域层面和企业层面的风险测度内容及其模型工具。

4.2.1 国家层面

国家层面的气候风险测度通常是广泛的、综合的，旨在评估气候变化对整个国家的影响，主要包括物理风险测度和转型风险测度。

1）物理风险测度

（1）总体气候影响评估。该部分测度主要是由相关国家机构收集和分析历史气象和气候数据，了解国家内部的气候变化趋势，然后评估国家可能面临的物理风险，包括极端气候事件（如洪水、干旱、风暴）、海平面上升、土地退化等，进一步分析物理风险的发生对生态环境和国家经济等各方面造成的影响。

（2）温室气体排放测度。由于建设低碳社会的要求以及绿色发展理念的贯彻，测量和评估国家的二氧化碳、甲烷、氮氧化物等温室气体的排放越来越重要，通过测量了解排放来源，包括能源生产、工业过程、土地使用变化等各个方面，与国际承诺和协议（如《巴黎协定》）进行比较，分析我国温室气体排放的趋势。

2）转型风险测度

（1）能源和资源分析。评估国家的能源结构，这包括化石燃料和可再生能源的使用情况，明确能源使用现状和使用趋势，同时分析能源效率和可再生能源的潜在增长机会，依据分析所得的现实情况，考虑能源和资源的供应和需求，确定能源转型的发展进程并分析国家层面能源转型的经济效益或损失，以便国家层面在能源转型中作出更好的决策。

（2）政策和法规评估。转型过程中往往伴随政策和法规的不确定性，这些不确定性也会给转型带来风险，该内容主要是通过分析国家碳定价、排放目标、可再生能源政策等气候政策和法规，评估这些政策和法规对国家的经济、能源、环境和社会等各个方面的影响，更好地识别政策上的挑战和机会，立足大局，及时关注经济等各方面的变化和发展，并作出合适调整。

（3）气候融资和经济风险测度。因为我国的特殊国情，煤炭、石油等资源归国家所有，所以国家层面必须评估自身面临的气候融资风险，包括投资于高碳行业的风险和资产贬值，进一步分析气候相关风险对就业、产业结构和财政状况等国家层面经济的影响。

4.2.2 区域层面

在区域层面进行气候风险测度需要考虑更具体和局部的因素，以评估气候变化对特定地区的影响，主要包括物理风险测度和转型风险测度。

1）物理风险测度

（1）区域气候风险分析。一种方法是，收集并分析区域范围内的气象和气候数据，包括降雨、温度、风速等信息，通过识别过去几十年内的气候变化趋势，评估区域内可能发生的洪水、干旱、飓风等极端气象事件。另一种方法是，使用地理信息系统（geographical information system，GIS）技术来确定区域内潜在的气候风险，如海平面上升可能导致的海岸侵蚀，或降雨增加可能引发的洪水风险，创建风险地图，标识受威胁的地区和基础设施。

（2）生态系统和资源评估。该部分内容主要是评估气候变化对区域内生态系统和生物多样性的影响，包括林地、湿地、海洋等，分析这些影响对资源供应、水资源可用性等的潜在威胁。

2）转型风险测度

（1）资产脆弱性评估。主要是针对区域内不同类型的资产的脆弱性进行特定评估，包括房地产、农业、基础设施等，通过评估确定哪些资产对气候变化风险更为敏感，以及它们的暴露程度。

（2）社会和经济影响评估。社会和经济影响方面主要是通过了解气候风险对区域内就业、健康、贫困率等社会和经济方面的潜在影响，评估社会群体的脆弱性，以确定哪些群体更容易受到气候风险的影响。

（3）适应策略开发。通过开发适应的策略，减轻区域内的气候风险，如改善水资源管理、建设防洪设施、调整农业种植季节等，然后根据区域差异性气候风险特征制订紧急应对措施和长期气候变化适应策略等全方位风险管理计划。

总之，上述方法可以根据具体的区域情况制定，以便更好地了解和管理气候风险，提高区域的气候适应能力，并降低气候变化的潜在影响。

4.2.3 企业层面

企业层面的气候风险测度旨在评估气候变化对企业经营和战略的潜在影响，包括物理风险测度和转型风险测度两方面的内容，国家和区域层面的部分内容在企业层面同样适用。

1）物理风险测度

（1）气候风险识别。与区域层面的识别法一致，主要是收集气象和气候数据，了解企业所在地区的气候趋势和极端事件发生的可能性，或者获取 GIS 数据，识别潜在的物理风险，如洪水、飓风和海岸侵蚀。

（2）温室气体排放测量和管理。相比国家层面的温室气体测量法，企业的温室气体排放的评估更加微观，主要按照直接排放和间接排放（如供应链排放）的分类标准对企业的温室气体排放进行评估，从而制定适合企业的温室气体管理战略。

2）转型风险测度

（1）能源和资源管理。类似于国家层面的能源资源分析法，该方法主要是分析企业的能源使用情况，以梳理和查找能源效率改进和可再生能源应用的空间，方便企业管理水资源和原材料等资源的使用，特别是在转型过程中合理配置化石能源和可再生能源，以减少资源带来的相关经济风险。

（2）气候政策追踪。企业要跟踪和理解适用于企业的气候政策，分析这些政策对企业经营和财务状况的潜在影响。一方面，尽量降低气候政策的不确定性带来的风险；另一方面，确保自身经营的合规性，特别是能源型企业更应该及时关注气候相关政策的发布。

（3）机会评估。因为气候相关风险会对企业的财务和战略产生影响，包括资产贬值、供应链中断、保险成本增加等方面，所以机会评估主要是通过明确企业可能面临的经营风险和损失，分析气候变化带来新的市场需求、创新产品和服务等商业机会的可能性。

（4）适应策略开发。该内容主要是要求企业制定适应措施和应急计划等气候风险管理战略，并应用到企业战略中。另外，向利益相关方报告企业的气候风险和应对措施，提高内部和外部利益相关方对气候风险的认识，增强透明度和促进合作。

4.2.4 气候风险的宏微观影响分析方法

1）存量流量一致模型

无论是测度物理风险还是测度转型风险，都需要使用气候模型和经济模型来预测未来气候变化的可能影响并进行不同情景下的模拟和预测，以支持国家层面的政策决策，其中存量流量一致模型为常见模型之一。

2007 年次贷危机之后，存量流量一致模型在预测危机方面取得的成功使其重回宏观经济分析的视野。后凯恩斯学派认为，如果没有货币、银行信贷等元素，实体经济的运行在很多情况下是不可理解的，也正是出于这一核心观点的坚持，后凯恩斯学派将存量流量一致模型进一步完善，形成了一套逻辑严密的现代经济社会运行规律的分析框架和方法。研究认为该模型有两个主要特征：第一，模型非常注重会计核算原则，原因是后凯恩斯学派认为利用严格的会计等式可以避免出现经济分析中无意义的结果。第二，后凯恩斯理论将不充分就业认定为经济发展中的常态，因此有效需求决定了存量流量一致模型中的均衡产出。由于上述两个特征，在存量流量一致模型中资产负债表和现金流量表成为分析经济不可缺少的工具，也正是由于这些特性，该模型能够将实体经济和虚拟经济部门自然地融为一体，形成统一的分析框架，弥补了动态随机一般均衡模型将实体经济与货币金融方面相分离的缺陷，被逐渐应用于气候风险研究中。该模型目前可应用于家庭部门、企业部门、银行部门及政府部门等多部门的气候风险模拟测度。

2）气候风险压力测试

企业层面的风险测度使用的常见模型是气候风险压力测试，以 Deloitte（德勤）气候风险压力测试实施方案为例，其关键环节主要包括组合分析、情景拓展、财务影响评估、风险指标度量和实施压力测试并校准（Deloitte，2022；Acharya et al.，2023）。

第一，组合分析。组合分析是搭建气候相关风险压力测试情景中至关重要的第一步。执行气候相关风险压力测试所需的数据、时间和资源比一般宏观经济压力测试更加复杂，鉴于其复杂性，金融企业需提前制定战略决策，确定将要测试哪些投资组合及组合中最易受气候变化影响的行业。在组合分析中，Deloitte 依托 ClimWise 工具对银行具体条线业务开展热图分析，对特定气候情景下的行业、地区和期限进行影响评估，展现整个投资组合的气候风险集中度，从而选择气候风险压力测试的业务范围及业务类型。

第二，情景拓展。和一般宏观经济压力测试一样，气候相关风险分析也在一定情景下进行。气候情景是指用以描述气候相关风险间复杂关系及其环境、经济和社会影响的一系列定性说明，为全面分析所选投资组合，企业应使用多种情景描述各种“假定”情况。监管机构（尤其是发达经济体的监管机构）可能会提供一些情景和数据供企业使用。例如，NGFS 已经结合《巴黎协定》，以控制温度上升的不同幅度作为压力情景的假设基础设置六种不同的气候情景，并提供在不同情景下综合评估模型及宏观经济模型的数据输出结果。

此外，监管机构仍期望金融企业根据自身具体情况建立相关压力情景。在 Deloitte 实施方案中，已引入剑桥计量经济学模型，在监管范围（气候和宏观金融变量）的基础上，结合银行具体业务需求，进一步补充及优化气候情景。

第三，财务影响评估。基于选定的气候压力测试范围及气候情景，构建测试的风险传导模型。碳价格是转型风险的关键驱动因素，但由于碳价格的历史数据时间较短，无法进行统计回归分析。因此，Deloitte 基于微观经济学中的需求供给均衡理论，结合供需弹性来评估碳价格上涨（和能源投资）对利润的影响，其将碳价格及碳税带来的额外成本引入到模型中，建立碳弹性模型，在市场均衡方程中引入额外的碳成本来获得对企业生产成本和收入的不同情景下的影响，进一步将风险因素的影响传导至银行内部评级模型中的重要财务指标。

第四，风险指标度量。Vasicek 模型是一种生命周期 ECL（expected credit loss，预期信用损失）模型，在《国际财务报告准则第 9 号——金融工具》中广泛应用于金融行业。根据气候压力测试方法，将 Vasicek 模型校准到增强的气候情景中，并考量碳冲击的因素。输出碳冲击下最终的风险度量指标，如违约率、违约损失、预期损失、估值变动等。

第五，实施压力测试并校准。收集相应的测试数据，基于构建的风险传导模型实施压力测试，并输出压力测试结果。为消除自上而下分析与自下而上分析之间的重叠，确保所作假设的一致性，应对气候相关风险压力测试的基本方法和最终结果进行校准。企业将基于内部数据来源和现有技术能力进行校准。例如，企业内部的行业数据可用于验证所选行业在不同气候情景中的变化，或者经济学家、行业或气候变化专家的研判可用于调整假设。若缺乏内部数据或技术能力不足，应尽可能研究利用外部数据源。

3）气候变化综合评估模型

综合评估模型起源于 20 世纪 60 年代对世界环境问题的研究。为了解决全球环境问题，必须综合从自然科学到社会人文科学广泛学科的科学见解，系统地阐明问题的基本结构和解决方法，为此引进了“综合评估”的政策评价过程，并开发了作为核心工具的跨多学科的大规模仿真模型，这种模型称为“综合评估模型”。

Nordhaus（2007）将经济系统与生态系统整合在一个模型框架里来评价气候政策，标志着气候变化综合评估模型的发端。

综合评估模型通常是建立在成本-效益分析基础上的，通过引入气候变化的减排成本函数和损失函数，最大化贴现后的社会福利函数，从而得到最优的减排成本路径。综合评估模型对气候政策的评估一般包括六步：对未来的温室气体（或 CO_2 当量）排放在基准情景以及各种可能的减排情景下进行预测，得出未来的温室气体浓度；由温室气体浓度变化得出全球或区域的平均温度变化；评估温升带来的GDP和消费损失；评估温室气体减排的成本；根据社会效用和时间偏好假设评估减排效益；比较分析减排带来的损失和未来的效益增加。Nordhaus（2007）的气候与经济动态综合模型（dynamic integrated model of climate and the economy，DICE）、气候与经济区域综合模型（regional integrated model of climate and the economy，RICE）等都是采用这种分析框架。气候变化综合评估模型按其模型方法可以分为最优化模型、可计算一般均衡（computable general equilibrium，CGE）模型和模拟模型。

A. 最优化模型

气候政策涉及很多最优化问题，如温室气体减排目标、温室气体排放路径、温室气体分配方案、温室气体减排成本、碳税、碳价等。因此，以最优化模型为框架的综合评估模型很多。

最优化模型按其目标函数可以分为福利最大化模型和成本最小化模型。福利最大化模型的原理比较简单，即生产带来消费，同时带来排放；排放引起气候变化，进而产生损失，降低消费。福利最大化模型是通过选择每个时期的减排量，最大化整个时间内贴现的社会福利。DICE、RICE等都是福利最大化模型。成本最小化模型是寻找成本-效率最高的气候政策模型，但需了解有些成本最小化模型明确地包含了气候模块，而有些模型只是选择排放来代表气候模块，选择模型的时候应该注意。

B. CGE模型

CGE模型以微观经济主体的优化行为为基础，以宏观与微观变量之间的连接关系为纽带，以经济系统整体为分析对象，能够描述多个市场及其行为主体间的相互作用，可以估计政策变化所带来的各种直接和间接影响，这些特点使模型在气候政策分析中迅速发展，得到了广泛的应用与认同。CGE模型被用于分析气候政策的影响，关注的焦点包括：减排的经济成本和为实现某一减排目标所必需的碳税水平；碳税收入不同的使用方式对社会经济系统的影响；减排政策对不同阶层收入分配、就业、国际贸易的影响等；减排政策对公众健康和常规污染物控制的共生效益；减排政策灵活性对温室气体减排的效果及相应的社会经济成本等。

C. 模拟模型

模拟模型是基于对未来碳排放和气候条件的预测的模型。模拟模型通过外生的排放参数决定了未来每个时期可用于生产的碳排放量，所以气候结果不受经济模块的影响。模拟模型不能回答哪个气候政策是社会福利最大化的或社会成本最小化的，但是可以评估在未来各种可能的排放情景下的社会成本。气候政策评估涉及环境科学、气象与大气科学、生态学等自然科学，需要对物理世界进行模拟；另外，气候政策一般具有长期性，需要对未来发展情景进行模拟，因此模拟模型也是气候政策评估领域的重要模型方法。

4）气候风险指数法

得益于互联网的快速发展和计算机技术的进步，政府发布的政策文本、社会新闻报道和互联网信息为刻画气候风险提供了数据支撑，大数据挖掘和文本分析技术的发展为测度气候风险提供了技术手段。

近年来，部分研究开始采用文本分析法测度气候变化风险水平。比如，Engle等（2020）基于《华尔街日报》和其他媒体平台有关气候变化的报道，结合文本分析法构建气候新闻指数；Sautner 等（2023）结合文本分析法并运用机器学习识别上市公司财报电话会议记录中与气候变化相关的话题，以此量化公司气候风险暴露程度；Giglio 等（2021）运用文本分析法构建了气候认知指数；姬强等（2022）根据气候风险感知的过程，从气候灾害名称、气候灾害的主管机构热度、应急气候灾害的方式及气候灾害的后果四个维度构建气候风险感知综合指标体系，利用爬虫技术进行关键词的百度搜索量提取，采用广义动态因子模型进行信息提取合成，构造综合的气候风险感知指数；Ma 等（2024）创建了涵盖自然灾害、气候治理、能源转型、气候合作和气候传播的气候变化新闻指数；Lei 等（2023）通过对公司半年度和年度报告的文本挖掘，利用机器学习技术构建扩展气候词典，为中国上市公司提供了一种公司层面的管理层气候关注测度方法；Guo 等（2023）利用自然语言处理和文本挖掘技术，构建了气候政策不确定性指数、气候物理风险指数和气候关注指数三个新的气候风险感知指数；Ma 等（2023）首次综合构建了中国在国家、省份及城市不同层面的气候政策不确定性（Chinese climate policy uncertainty，CCPU）指数。

为更好地了解采用文本分析法构建气候风险指数的过程，本节分别以 Engle 等（2020）构建的美国气候新闻指数，以及 Ma 等（2023）构建的中国气候不确定性指数为例展开介绍。对于美国气候新闻指数而言，首先，Engle 等（2020）量化《华尔街日报》气候新闻报道的强度，将新闻内容与有关气候变化主题的权威文本库进行比较，建立气候变化风险相关词汇库；其次，以新闻媒体的历史新闻数据为基础，采用文本挖掘的方式统计媒体新闻中有关气候变化的文章数量，最终构建气候变化新闻指数以衡量气候风险水平。

Ma 等（2023）基于 2000～2022 年中国 6 家主流新闻报道数据，采用人工审计和深度学习模型相结合的方式识别气候政策不确定性的相关新闻报道，综合构建了中国在国家、省份及城市不同层面的 CCPU 指数，并将 CCPU 指数的频度从月度扩展至日度，丰富了 CCPU 指数的数据类型。该方法基于数据收集、清洗数据、人工审计、模型构建、指数计算与标准化以及技术验证的研究框架，降低了关键词（组）选取偏差对指数构建造成的潜在影响，保证了指数构建结果不受主观人为因素的干扰，可以更为准确地度量 CCPU 水平，为未来围绕气候政策不确定性形成机理、传导路径和经济后果，评估气候政策不确定性对宏观经济、金融系统及环境效应的影响机制提供了数据支撑。

4.3　气候风险的宏观经济影响

气候风险对宏观经济产生了广泛而深远的影响，这些影响涵盖多个方面，主要包括气候风险对实体经济、农业经济和金融市场的影响。

4.3.1　气候风险对实体经济的影响

气候变化等因素对实体经济产生直接的负面影响，具体包括气候变化、水资源短缺、自然资本退化、自然灾害、空气污染、水污染、土壤污染等。气候变化会大幅提高各类自然灾害的发生频率，导致企业的产能下降、成本上升、劳动力缺失、固定资产提前报废、建筑物受损及需求下降等。物理风险按照作用效果和影响时间大体分为两类，一类是风险发生时间持续相对较短，但对实体经济的冲击非常明显，即短时期内会带来巨大的经济损失，如水灾、飓风等；另一类是缓慢发生，对实体经济短期内的影响不十分显著，但长期来看将会制约经济增长潜力和潜在产出能力，对实体经济产生重大影响，具有影响面广、影响范围大等特点，如温室气体排放导致的全球升温、海平面上升等。从行业来看，物理风险将对房地产、石油和天然气、农业、林业、电力、医疗等行业产生重大影响。

由于政策调整、技术更替、消费者偏好变化等人为因素，可能会产生温室气体排放定价提高、市场需求和结构改变等情况，最终导致企业生产成本上升、利润下降、违约风险和概率增加。例如，随着监管力度的加大，高污染排放企业将面临环保处罚、购买配额成本增大等风险，导致企业的经营成本增加、利润下滑、估值下降。又如，伴随清洁能源政策的陆续出台，煤炭、石油等传统能源及其下游、相关配套行业将面临转型压力，设备更新换代需要新技术、新设备，这将增加企业的技术研发、新设备购置成本。

新发展理念深入人心，绿色、环保、低碳已逐步成为新消费模式，消费者在日常消费中更倾向低碳环保的消费品，对传统高耗能产品的需求量逐渐下降，这将影响传统行业的销量、营业收入和利润。从行业来看，转型风险将对煤炭、水泥、钢铁等产能过剩的行业产生重大影响（谭林和高佳琳，2020）。

4.3.2 气候风险对农业经济的影响

农业经济的发展受到各种因素的制约，而气候风险对农业经济的负面影响无疑是最为直接和显著的。特别是随着全球气候变暖不断加剧、气候风险持续上升，气候风险的经济影响越来越受到人们的重视。

首先，气候风险上升会对农业经济产生直接影响。农业是人类直接利用生物、太阳能、土壤、气候等自然力的生产活动。也就是说，气候条件是农业生产的直接投入要素之一，因此气候变化会对农业经济造成直接影响。农业一般包括种植业和养殖业。对于种植业，气候风险上升将提高农作物小穗不育的可能性并降低同化物积累，从而导致农作物产量下降、对农业经济造成损失。对于养殖业，气候风险上升会影响牲畜的发育和繁殖，从而减少牲畜及相关产品的产量。因此，气候风险上升会对农作物和牲畜的生长与繁殖造成直接的不利影响。

其次，气候风险上升会增加相关自然灾害的发生概率和严重程度，进而对农业经济造成负面影响。灾害经济学模型的结果显示，气候变化会增加自然灾害风险分布的均值、方差和相关度，即会增加自然灾害的发生概率和损失程度；相关实证研究的结果也表明，全球气候变暖与旱灾、洪灾等自然灾害的发生概率和严重程度存在显著的正相关关系。关于自然灾害对经济的影响，新古典增长模型已指出，自然灾害会直接损坏产出品，从而最终会对经济造成负面影响。对于农业经济，自然灾害会直接造成农作物的损害和牲畜的死亡，进而给农业经济带来巨大的损失。

最后，气候风险及相关自然灾害还可能影响农业生产要素投入并最终对农业经济造成负面影响。根据新古典经济增长理论，气候风险及相关自然灾害除了直接对产出造成损失外，还会对土地利用、资本存量、劳动力数量和效率等造成不利影响，从而增加了农业生产的边际成本，对农业经济发展造成负面影响。例如，气候风险上升会导致水资源减少，这既会直接影响农业生产，也会给农产品储存造成负面影响。再如，气候风险上升会降低劳动力的效率。有证据表明，气候风险上升会导致受气候风险影响较大的行业（包括农业）的劳动时长降低；气候风险上升导致的制造业劳动效率下降而造成的损失为制造业总产值的 3.50%～4.73%。虽然目前没有研究专门分析气候风险对农业劳动力效率的影响，但是农业属于经济的重要部分，从已有相关研究的结论可以推断，气候风险上升会降低农业劳动力效率，并最终影响农业产出。

另外，需要注意气候风险对农业经济发展的影响存在异质性。一方面，因为人均收入水平较低的地区的农林水利基础设施建设相对不完善，而且应对气候风险的意识和能力都相对有限，所以气候风险对收入水平较低的地区有更大影响；另一方面，因为大部分收入水平较低的地区温度较高，所以更会受到气候风险的负面影响。

4.3.3　气候风险对金融市场的影响

气候风险对金融市场的影响可以细分为对银行业的影响、对保险业的影响、对股票市场和债券市场的影响，通过图 4-1 梳理气候变化的宏观经济影响机理。

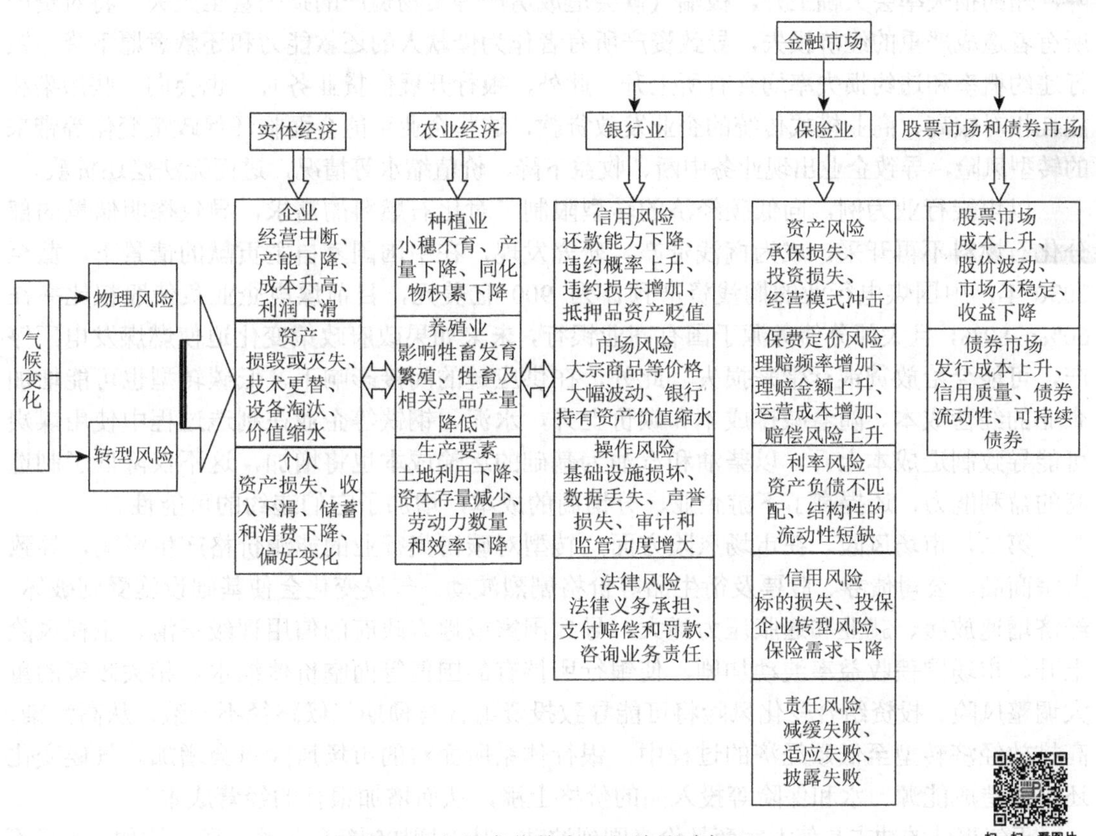

图 4-1　气候变化的宏观经济影响机理

1）气候风险对银行业的影响

气候风险对银行业的影响主要体现在信用风险、市场风险、操作风险、法律风险等方面。

第一，信用风险。气候相关金融风险可能直接或间接地导致抵押品资产贬值或潜在贬值、借款人偿还债务能力恶化、违约概率提高、违约损失增加，从而增加信用风险。

信用风险主要体现在两个方面，一是气候变化带来的物理风险将会使企业的财务负担加重，从而增加银行风险敞口。例如，洪水、风暴的频率和强度的增加，将同时增加洪水区域住宅和商业地产被淹没的概率。二是通过慢性气候变化加快资产贬值速度，增加未来损失预期。根据《2018 中国生态环境状况公报》，我国 471 个监测城市中出现酸雨的城市比例为 37.6%，主要分布在长江以南-云贵高原以东地区。长期酸雨冲刷会加快桥梁、楼房等建筑物的腐蚀速度，可能会导致资产重新定价甚至折价出售，如果这些实物资产作为贷款抵押品，就可能增加贷款人无法偿还贷款时的违约损失。可见，气候变化带来的自然灾害通过影响企业产品销售、降低企业营业收入来影响企业利润率、现金流和还款能力。实物资产作为抵质押品因受气候变化的影响，会产生损毁、破坏甚至灭失的风险。对银行而言，违约概率会有所增加，信用风险增大。

以房地产行业为例，若房产等实物资产为银行抵押物，则项目贷款风险缓释将大幅下降，违约损失率会大幅上升。极端气候会造成房产等实物资产的损失甚至灭失，将对资产所有者造成严重的经济损失，导致资产所有者作为借款人的还款能力和还款意愿下降，银行违约概率和违约损失率均会有所上升。此外，银行开展信贷业务时，也会向一些污染和能耗相对较高、商业模式传统的企业发放贷款，这些企业可能会面临环保政策变化等带来的转型风险，导致企业出现业务中断、收益下降、价值缩水等情况，进而无法偿还贷款。

以煤炭行业为例，向低碳经济的转型限制了对化石燃料的需求，导致探明储量的部分化石燃料不再开采，成为搁浅资产。研究发现，在中国国家自主贡献的情景下，截至 2030 年，中国煤电行业的搁浅资产预计为 900 亿美元，目前煤电企业负债股权比率在 60%～80%，且大部分债务源于国有商业银行，未来如果政府政策变化迫使燃煤发电厂停产，可能会给放贷银行带来损失。此外，在供应链的间接影响下，低碳转型也可能增加企业的经营成本。随着减排成本和碳价上升，水泥、钢铁等企业在制造过程中使用煤炭可能导致制造成本上升，以柴油和汽油为基础的运输成本也将增加，这不仅降低了制造商的盈利能力，还提高了下游企业、分销商的成本，增加了它们违约的可能性。

第二，市场风险。在市场风险方面，转型对碳密集行业的能源价格产生影响，导致大宗商品、公司债券、股票及衍生品等价格剧烈波动。气候变化会使基础设施受到破坏、经济增速放缓、就业和通胀压力增大，导致国家或地方政府的信用评级下滑、主权风险上升、市场国债收益率波动加剧，使银行所持有的国债等面临价值缩水。相关政策的重大调整风险、投资组合变化风险将可能导致投资组合与预期气候路径不一致，从高污染、高排放经济转型至低碳经济的过程中，银行体系所面对的市场风险将会增加。气候变化还可能造成能源、水和保险等投入品的价格上涨，从而增加银行的经营成本。

天气事件的冲击易使大宗商品价格剧烈波动，从而增加银行的汇率风险。比如，干旱不仅会降低农业产出，也会增加土地生产力的重建成本，使农产品价格的国际竞争力下降，出口减少，若农业部门对贸易平衡的影响高于其他部门，就会导致贸易逆差并带动国内实际汇率贬值。由于一国或他国的天气变化都可能影响该国大宗商品相对价格的变化，并引起宏观经济的可变性增加，因此，这容易导致汇率波幅增加，从而扩大银行的市场风险敞口。

第三，操作风险。不断变化的气候条件可能会给商业银行的内部程序、人员和系统带来额外的操作风险，导致银行业务中断或造成损失。恶劣天气事件可能影响业务的连续性，主要包括对银行的分支机构、办公场所、信息网络等基础设施的影响。恶劣天气可能还会导致停电、断网等事件，造成客户数据丢失等情况，这均会产生操作风险。此外，气候变化产生的转型风险可能会给银行机构带来声誉损失。例如，信贷业务中高污染、高排放占比高的银行机构，在外部审计、监管检查的过程中，相关利益方、监管部门会对其所支持企业的转型风险给予更多的关注和审查。

根据《2019 年中国气候公报》，2019 年全国平均气温较常年偏高 0.79℃，为 1951 年以来第五暖年，平均降水量比常年偏多 2.5%。随着城市热岛效应越趋明显，银行建筑对制冷和排水的需求增加，相关基础设施的完好与否直接影响银行的服务和工作效率。例如，银行信息数据中心承担的气候相关操作风险包括：气温上升容易导致 IT 硬件运行效率降低，部件故障率提高；洪水水浸可能导致设备受损、资料流失；暴风雨易造成对架空电缆的破坏，导致业务中断等。

第四，法律风险。近年来，为应对气候变化，中国通过制定《国家应对气候变化规划（2014～2020 年）》，修订《中华人民共和国大气污染防治法》《中华人民共和国节约能源法》等法律法规，逐步加强应对气候变化的规划编制，并完善司法体制建设。气候法学的发展使商业银行需要重新认识气候相关的法律风险。受责任风险的影响，当银行被认为应该对气候变化的后果负责或没有履行相应义务时，可能会被要求支付赔偿或罚款。一方面，随着信息披露受到投资者越来越多的关注，银行出于自身利益有责任将气候变化影响纳入日常的投资信息披露中，否则容易引起法律诉讼。正如 2017 年澳洲联邦银行（Commonwealth Bank of Australia，CBA）股东起诉 CBA 的案件中，股东指控 CBA 在 2016 年年报中没有充分披露气候变化相关风险，违反了澳大利亚公司法。他们认为，CBA 已经意识到或应该意识到，气候变化影响可能会对与 CBA 有经济利益关系的主体的业务和财务状况构成风险，因此，CBA 应该向投资者披露气候变化的相关风险。另一方面，银行为客户提供咨询服务时也需谨慎考虑气候变化的影响。目前，我国商业银行咨询类中间业务存在对风险认识不足等问题。银行作为专业顾问，即使客户没有要求，也有责任根据客户的实际情况就相关且重要的风险问题向客户提出建议。若忽视了气候变化，可能会给客户带来严重、不可逆转的负面影响，银行可能会被认为是专业疏忽，从而增加了咨询业务的法律风险。

2）气候风险对保险业的影响

保险业与气候变化之间的关系非常值得关注，保险业直接承保包括气候变化在内的各类风险事件的损失。一些学者在十多年前就已经提出，气候变化是保险业面对的最大风险，它将会严重影响保险业的未来。联合国环境规划署预测，到 2040 年，气候变化导致的保险赔付金额将达到每年 1 万亿美元；气候变化的责任认定与保险，将成为气候政策和谈判方面的重大问题之一。

气候变化及其风险曾较长时间被保险业（以及整个金融业）忽视，其认为是遥远且不重要的事情，但以下三个事件使这种情况开始改变。其一，2015 年，英格兰银行认为，气候变化的战略挑战是金融业的地平线悲剧（tragedy of the horizon），如果等到气候变化成为金融稳定的决定性问题时再行动，为时已晚。此后，英格兰银行又接连发布了关于气候变化与金融稳定的多份报告和声明。其二，2016 年，G20 绿色金融研究小组（Green Finance Study Group，GFSG）成立，这反映了气候变化已经引起主要国家金融管理部门的重视。其三，2017 年 6 月，金融稳定理事会气候相关财务信息披露工作组发布了一个关于气候变化带来的风险和机遇的信息披露框架，以提供清晰、可比和一致的信息。这表明，关于气候变化问题的全球标准正在形成，气候变化对保险业的影响重大，其影响主要体现在资产风险、保费定价风险、利率风险、信用风险和责任风险等方面。

第一，资产风险。资产风险主要指保险资金使用者不能履行或不能按时履行其合同义务，或者保险资金的使用者信用状况发生不利变动，导致保险公司遭受非预期损失的风险。自然灾害的发生会导致保险机构投资的目标公司的正常生产经营受到影响、企业产量下降、盈利能力下滑、偿付压力增大、违约概率上升，保险公司面临的信用风险会上升。

一是承保损失，包含直接损失和间接损失两类。就直接损失而言，全球气候相关自然灾害事件造成的年均保险损失已从 20 世纪 80 年代的约 45 亿美元增加到 2015～2018 年的约 136 亿美元（按 2018 年的价格水平，调整通货膨胀因素）。虽然天气灾害造成的损失呈上升趋势，主要源于经济增长和城市化所扩大的风险敞口，但气候变化也是重要的影响因素。根据 NatCatSERVICE 自然灾害研究平台的数据，地震等地球物理灾害事件的数量基本保持不变，而与气候相关的自然灾害损失事件的数量则显著增加。如果温度升高 1～2℃，美国农作物的损失将显著增加，农作物保险的费率分别要提高 22%和 57%才能覆盖损失。气候变化不仅会影响财产保险业务，还会影响人类的健康状况和死亡率，从而引起人身保险业务的赔付。例如，根据对 1968～2002 年美国各州面板数据的分析，一年中日均气温在 90℉（等于 32.2℃）以上的天数每增加 1 天，年龄调整后的死亡率将增加 0.11%。按此预测，到 2100 年，气候变化将导致年龄调整后的死亡率增加 3%。

间接损失是气候相关风险的发生率和严重性受“中介渠道”影响所对应的损失。2011 年泰国的洪水造成了 450 亿美元的经济损失和 120 亿美元的保险赔付，其中较大部分赔付是因全球制造业企业的供应链中断等“二阶效应”造成的，如劳合社的营业中断险业务就赔付了 22 亿美元。此外，气候变化还会影响到粮食安全，以及增加在农业、贸易物流、恐怖主义、政治风险等领域的保险产品赔付，形成间接损失。

二是投资业务损失。一方面，IPCC2014 年发布的报告认为，长期来看，全球经济损失会随着温度上升而增加，其中，房地产的贬损对保险投资的影响较大。短期体现为恶劣天气事件、温度升高等会影响投资者的情绪，给投资者带来乐观或悲观等“情绪冲击”，引起资产价格的非理性波动，可能使保险公司蒙受投资损失。另一方面，全球向低碳经济的转型可能导致高碳型资产大幅贬值甚至转为负债，即成为“搁浅资产”，这将导致持有这些资产的保险公司受损。这些领域的资产约占全球权益及固定收益类资产的 1/3。在欧盟的保险公司和养老金于 2015 年对非金融机构的权益类投资中，传统能源行业的占比为 8.72%，而受气候政策严重影响的行业（包括传统能源、传统公用事业、传统能源密集的交通运输业和房地产业）占比为 49.0%。

三是经营模式受到的影响。气候变化的影响具有系统性，表现为不同风险单位出险的相关性增强；同一风险在某些时期发生得更为密集；不同类型风险发生的相关性增强，如 20 世纪末至 21 世纪初期，极端厄尔尼诺和拉尼娜现象的发生率均翻倍。物理风险还可以直接影响一部分资产（如房地产）的价值，并能通过实体经济间接显著影响大部分投资领域。可见，物理风险对保险公司资产负债表的计量越来越重要，特别是对于需要实现资产和负债长期匹配的寿险公司而言。

第二，保费定价风险。保费定价风险主要表现在因气候及自然灾害的发生，被保险人要求索赔的频率有所提高、金额有所增加，保险公司自身也可能遭受气候变化等自然灾害的影响而增加管理运营成本等。保费定价依赖于一系列精算假设，保费定价水平是保险公司保险支付和债务偿付能力的集中体现。严重的环境事件可能使实际发生的偿付情况与预定假设之间存在较大偏差，从而增加定价风险，严重时甚至会影响保险公司商业行为的连续性。以人身险为例，气候变化会导致投保人生活质量和环境的恶化，呼吸系统等相关疾病的发病率、病死率等指标的升高，基于历史大数据的精算可能出现偏差，使保险机构存在超出预期损失的赔偿风险。保险公司自身机构、人员可能会受到气候变化等产生的自然灾害影响，导致其自身偿债能力出现问题，影响正常的到期兑付。

第三，利率风险。利率风险主要指通货膨胀和利率变动影响保险公司资产和负债的价值，导致资产、负债不匹配，产生结构性流动性短缺。当地震、海啸等自然灾害发生时，为应对气候变化对实体经济体的冲击，部分国家央行可能会采取调整利率等相关措施，当利率下调时，保险公司的资产、负债价值都会上升，此时负债价值上升幅度可能会超过资产价值上升幅度。在自然灾害发生时，投保人的风险意识会提升而追加保险的购买，保险公司因保单资金增加被迫购买更多价值更高的资产。

第四，信用风险。对保险公司等机构投资者而言，在传统制造行业、高污染高能耗产业过度集中进行资产配置可能会因企业的转型、倒闭产生较大信用风险。以汽车及其相关行业为例，暴雨、泥石流等自然灾害可能会导致车辆破坏、损毁甚至灭失，以交通运输等为主业的被投标的公司价值遭受极大损失；伴随国家新能源补贴、传统能源汽车限号限行等政策的出台，原有传统能源汽车将存在代际转换和加速折旧的情况，传统汽车生产企业存在转型风险，上述情况均会导致保险公司面临较大的信用风险。气候风险还可能带来房地产、汇率等价格波动，产能过剩行业的市场规模和保险需求下降等，均会导致保险行业市场风险的增加（王向楠，2020）。

第五，责任风险。责任风险主要指当事人在遭受气候变化造成的损失时，会要求他们认为应当承担责任的主体进行赔偿。如果索赔成功且被索赔方已投保了责任保险，则被索赔方的部分或全部成本就转嫁给保险公司。责任风险出现在责任保险业务中，其与立法体制和执法环境高度相关。责任风险的来源对应于应对气候变化的三种责任：减缓失败、适应失败和披露失败。“减缓失败”的索赔依据是被保险人应当对气候变化造成的实物损失承担责任；“适应失败”的索赔依据是被保险人在其行为或决策中没有充分考虑气候变化风险的影响；“披露失败”的索赔依据是被保险人未充分披露与气候变化有关的信息，或以误导的方式披露信息，或在其他方面未遵守与气候变化有关的法规。此外，气候变化相关诉讼是一个新兴和不断发展的领域，目前几乎没有得到支持的判决，因此现阶段气候变化给保险公司带来的责任风险非常小。但随着气候变化的进一步演进和相关司法实践的发展，相关诉讼今后有可能逐步得到司法判决的支持，成为保险业不应忽略的问题（谭林和高佳琳，2020；王向楠，2020）。

3）气候风险对股票市场的影响

气候风险对股票市场产生的影响主要体现在股价波动，包括物理风险和转型风险对股票市场的影响。其中，物理风险对股价波动的影响主要体现在资产贬值、供应链中断及能源成本上升。

第一，资产贬值。气候变化引发的极端气象事件，如洪水、飓风、山火等，可能会损害企业的资产，导致资产贬值，这可能会对相关企业的股票价格产生负面影响。

第二，供应链中断。气候变化对供应链的影响，如干旱使农产品减产或林火破坏原材料供应，可能导致企业生产中断，对股票价格造成不利影响。

第三，能源成本上升。极端天气事件发生导致的能源价格波动，如油价上涨，可能会对高度依赖化石燃料的企业的生产成本产生不利影响，从而影响其盈利能力和股价。

转型风险对股价波动的影响主要体现在能源行业变革、气候政策和法规、投资者压力及消费者偏好等方面。

第一，能源行业变革。政府和投资者追求温室气体减排，可能会导致传统化石燃料行业（如煤炭、石油）出现困境，同时促进可再生能源和清洁技术行业的增长，这可能会影响相关企业的股价。

第二，气候政策和法规。气候政策的制定和调整，如碳定价、排放上限等，可能会对企业的经营产生直接和间接的影响，影响其盈利和市场地位。

第三，投资者压力。越来越多的投资者，尤其是机构投资者，将气候风险纳入其投资决策的考虑因素中。企业如果未能满足投资者对可持续性和气候透明度的要求，可能会面临股价下跌的风险。

第四，消费者偏好。消费者对环保和社会责任的关注逐渐增加，这可能会影响企业的销售和品牌声誉，企业如果未能适应这种消费者趋势，可能会面临市场份额下降的风险。

需要注意的是，气候风险对不同行业和企业的影响程度会有所不同，一些企业可能会因其气候风险管理和可持续性战略而受益，而另一些企业则可能更容易受到负面影响。

4）气候风险对债券市场的影响

气候风险对债券市场的影响越来越显著，主要涉及债券发行、债券定价、信用质量、投资者偏好以及绿色债券和可持续债券市场等方面。

第一，对债券发行的影响。气候风险可能会影响企业和政府债券的发行，企业可能会面临更高的融资成本，因为投资者可能会要求更高的利率来补偿气候风险。发行人可能需要披露气候相关信息以吸引投资者，这可能包括披露温室气体排放情况、气候风险管理策略以及气候相关的财务影响（Acharya et al.，2023）。

第二，对债券定价的影响。市场对气候风险的认识可能会影响债券的定价，如果投资者认为某债券所面临的气候风险较高，那么其市场价格可能会下降，从而导致其收益率上升，气候风险评估可能会成为投资组合管理中的因素，影响投资者对不同债券的投资决策。

第三，对信用质量的影响。气候风险可能会对债券的信用质量产生影响，企业或政府受到气候相关事件的重大损害可能导致信用评级下调，从而增加了债务违约的风险。投资者可能会关注债券发行人的气候风险管理能力，并将其纳入评估信用质量的考虑因素中。

第四，对投资者偏好的影响。越来越多的投资者，特别是机构投资者和 ESG 投资者，将气候风险考虑在内。他们可能更倾向于投资符合可持续性和气候透明度标准的债券。气候风险对投资者的偏好和投资决策可能产生显著影响，从而影响债券市场的流动性和价格。

第五，对绿色债券和可持续债券市场的影响。由于投资者对气候风险和可持续性发展的关注增加，绿色债券和可持续债券市场逐渐崭露头角，这些债券用于融资与环保和社会责任相关的项目，如可再生能源、清洁技术等。投资者可能更倾向于购买这些债券，因为他们与气候风险管理和可持续性目标更加一致（李敏，2017）。

4.4　气候风险的微观经济影响

气候风险对微观经济产生多方面的影响，主要体现在企业、金融机构、家庭及政府层面，图 4-2 直观展示了气候变化对微观经济的影响机理。

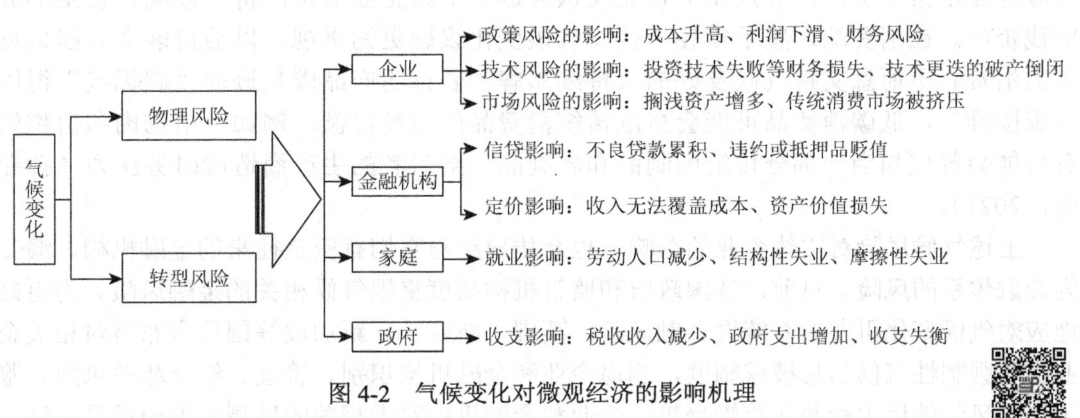

图 4-2　气候变化对微观经济的影响机理

4.4.1　气候风险对企业的影响

气候转型进程中蕴藏着巨大的市场机遇，但是对诸多企业和金融机构来说，带来机遇的同时也会带来冲击和挑战，这些冲击和挑战主要通过政策、技术、市场等几个方面对企业产生影响。

1）政策风险的影响

就政策风险来说，为实现减碳目标，各国政府及相关监管机构都会出台政策措施，推动各行各业进行绿色低碳转型。这将影响企业的生产经营，尤其是给高排放、高能耗企业带来巨大压力。例如，碳排放配额制度的实行及碳排放权交易机制的建立将增加这类企业的排放成本，导致其利润下降，甚至出现亏损，引发财务风险。碳交易范围的扩大和标准趋严，有可能大幅推高碳排放权的价格，加大控排企业面临的财务压力，迫使它们加速转向绿色低碳发展。目前，我国尚处在减碳的初期探索阶段，后续随着分地域、分行业政策措施的出台，政策要求将不断加码，企业将面临更严峻的气候相关政策风险。

2）技术风险的影响

就技术风险来说，在低碳转型的过程中，企业还面临着技术变革带来的不确定性。以交通运输业为例，发展新能源汽车、实现电气化、使用绿色电力是陆上交通业减排的主要路径，这一进程受到清洁能源、电池、储能、智能驾驶等诸多新技术的影响，但未来的技术路径存在高度不确定性。汽车生产商一旦掌握某些关键核心技术，就能大幅度增强其竞争优势和提高行业领先地位，反之则可能被淘汰或面临投资新技术失败等难以预期的财务损失。例如，中国光伏产业在几十多年的发展历程中，经历了数次行业洗牌，其中有一批企业正是因为光伏技术的更新迭代和自身技术落后而破产倒闭，退出了历史舞台。

3）市场风险的影响

就市场风险来说，低碳转型有可能导致市场偏好转向，推动资金流入适应气候变化的领域，流出高排放领域。投资者会对绿色、低碳的资产更为青睐，同时抛售化石能源等碳密集型资产，导致相关行业及供应链上下游企业的资产价格波动，甚至形成搁浅资产。在消费端，鉴于年轻一代对气候变化议题更为重视，以后可能会有越来越多的消费者更愿意支持气候友好的可持续品牌。若标明产品碳足迹的“碳标签”得以大范围推广，低碳消费品可能会挤压传统消费品的市场份额。例如，植物肉和植物奶有可能会替代相当一部分传统肉制品和乳制品，给后者的生产商造成财务压力（孙春明，2021）。

上述气候风险对实体企业的影响，也会传导给与它们有资金往来的金融机构，演变为金融体系的风险。目前，各国政府和监管机构高度重视气候相关的金融风险。为更好地应对气候变化引发的系统性金融风险，英国、新西兰、新加坡等国已宣布将对相关企业实施强制性气候信息披露制度，倒逼企业和金融机构识别、管理、缓释相关风险。鉴于气候风险的巨大威胁和监管趋势，企业和金融机构对于相关的转型风险应尽早关注、识别和防范。

4.4.2　气候风险对金融机构的影响

气候风险对金融机构产生了广泛和深远的影响，这些影响涵盖了银行、保险公司、资本市场和其他金融机构，主要体现在信贷方面和定价方面。

1）信贷影响

金融机构主要作为居民和企业的交易对手受到气候变化的影响，而信贷机制是居民、企业与金融机构之间最主要的风险传导机制，其可能会通过造成金融机构不良贷款累积而引致宏观金融风险，我们将其称为气候变化引致宏观金融风险的信贷机制。具体而言，金融机构向居民和企业借款，气候变化导致居民和企业违约或抵押品贬值，因而使金融机构面临信用风险。

2）定价影响

金融机构对气候风险的错误定价主要通过两个渠道影响金融稳定。

第一，收入无法覆盖成本。例如，保险公司对干旱、洪水、暴风等极端天气事件可能波及的保险产品（如财产保险、农业保险等）的定价偏低，一旦灾害发生，保险公司的赔付金额可能远超收取的保险费用，当灾害以较高强度或较高频次发生时，保险公司将面临大规模的保险索赔和巨大的经营风险。又如，银行如果对气候风险考虑不足，将导致贷款定价过低，或要求的抵押品不足，一旦客户因在极端天气事件中受灾而违约，或其破坏气候的行为导致银行被追究连带责任，银行将难以收回成本。无论是保险公司还是银行，一旦出现经营困难甚至陷入破产，均会对金融稳定带来重大挑战。此外，在受灾情况下，无论是企业、金融机构还是家庭，由于补充资本或谨慎性等原因，各方对流动性的需求均将增大，市场可能出现流动性危机。

第二，资产价值损失。在欠缺对气候风险的考虑时，金融机构往往会高估资产价值，并可能面临突如其来的资产价值大幅下跌。例如，沿河、沿海地区的房地产在洪水、海啸等极端天气事件的影响下，可能突然损毁，变得毫无价值。又如，在低碳经济转型过程中，气候政策的实施、能源技术的跃迁等，均可能使大规模的化石能源以及与化石能源相关的资产突然成为搁浅资产。如果这些损毁或搁浅的资产被非金融部门持有，那么这些部门的违约率将上升，进而使金融部门面临信用风险；此外，这些非金融部门遭受的损失也将通过资产负债表渠道传导至金融部门，使金融部门持有的金融资产价值下跌。如果这些损毁或搁浅的资产是由金融部门持有，那么相关金融机构的资产负债表将恶化，甚至出现金融业务和系统运行中断的情况，在关键金融基础设施或系统重要性金融机构运行中断的情况下，金融稳定将受到重大影响。当然，在气候变化的影响下，资产价值也可能上升。研究发现，在发生自然灾害后，央行可能会通过降低利率来提振经济，利率的下调会同时引起保险公司资产、负债两端的价值上升，但是负债端的价值将上升得更多。但是，无论资产价值因气候变化冲击而发生正向还是负向的变化，这些大幅波动均会带来市场风险和潜在的流动性风险（高睿等，2022；马正宇和宋玉娟，2023）。

4.4.3　气候风险对家庭的影响

从就业角度考察气候变化对家庭造成的负面影响。一方面，气候变化对居民健康和人身安全、家庭财富、生活方式及环境观念等方面的影响均可以通过就业指标体现；另一方面，就业与居民收入和保障相关，直接决定居民部门的流动性和偿债能力，是反映居民部门金融风险水平的关键指标。

第一，气候变化减少劳动力人口。气候变化威胁劳动者及其家人的健康甚至生命安全。劳动者因伤残、疾病或照顾家人而暂时无法参与劳动，甚至永久丧失劳动能力，劳动力人口由此减少。另外，气候变化还将造成贫困，减少家庭在子女营养、医疗和人力资本方面的支出，进而影响子女成年后的健康状况和受教育水平，降低其劳动年限，由此导致劳动力人口（特别是高素质劳动力人口）减少。

第二，气候变化造成结构性失业。当一国通过调整产业结构、能源结构和交通运输体系来应对气候变化时，低效和过剩产能加速淘汰，高耗能、高排放行业将受到严格限制，因此这些行业的劳动者将面临结构性失业。

第三，气候变化造成摩擦性失业。随着气候变化加剧，公众的环保意识增强，对良好生态环境的需求日益强烈。在此背景下，一方面，劳动者或将出于环保责任感放弃供职于高耗能、高排放行业；另一方面，气候变化导致当地贫困加剧、户外休闲时间减少、未来不确定性增加，使得劳动者放弃本地工作并搬离。这均会导致摩擦性失业增加（高睿等，2022）。

4.4.4 气候风险对政府的影响

政府部门主要作为社会救助者受到气候变化的影响，因此从政府收支角度考察气候变化对政府部门造成的负面影响。

从收入端看，气候变化降低产出水平而导致政府税收收入减少。例如，当发生自然灾害时，政府为援助地区度过困难期，会出台相关减免政策，导致政府税收收入减少。

从支出端看，政府对在极端气候事件中受灾和受损的居民、企业及金融机构负有救助责任，因此在极端气候事件发生时，政府要增加支出进行救援，而且灾后在基础设施建设等方面的支出也会增加，政府支出负担加重。

由此来看，气候变化将在减少政府收入的同时增加政府支出。气候变化通过造成政府部门收支失衡进而引致宏观金融风险，我们将其称为气候变化引致宏观金融风险的收支机制（高睿等，2022）。

4.5 案　　例

4.5.1 气候物理风险对沿岸酒店的威胁

MVGM 公司计划在鹿特丹 Wilhelminakade 河沿岸开发酒店项目（图 4-3），但该地区面临多重气候风险，主要集中在默兹河/莱茵河水系的洪水和大海水位上升方面。酒店场地没有堤坝保护，大部分地区仅通过码头抬高地面，而且地势低于 Maasvlakte 2。三种现象可能同时发生，所以导致洪水的主要风险包括高海平面、默兹河和莱茵河的高水位以及降雨引起的河水水位上升。因此公司需要进行潜在气候相关风险评估，以了解项目的可行性和管理潜在风险。

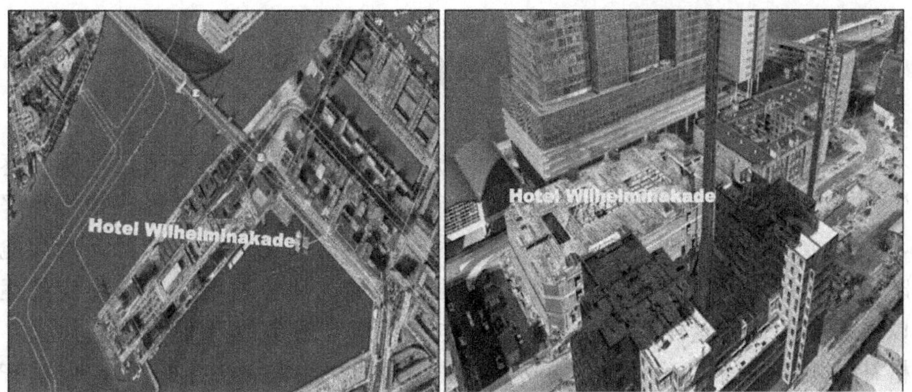

图 4-3　Hotel Wilhelminakade（鹿特丹 Wilhelminakade 酒店）位置图

资料来源：Attoh 等（2022）

扫一扫　看图片

分析显示，酒店可能受到河水水位变化和风暴潮的影响。预测表明，2050 年的海平面将上升 20～40 厘米，而到 2085 年可能上升 45～80 厘米，到 2050 年，河流的最高水位将增加到 40 厘米（采用 1000 年 1 次的重现期）（图 4-4）。尽管在 21 世纪 20 年代，酒店所在位置的洪水风险相对较低，但预计在 21 世纪末会有所增加，到 2085 年，海平面上升 60 厘米时，Wilhelminakade 地区洪水的统计重现期将从 1∶10 000 年增加到 1∶1000 年。

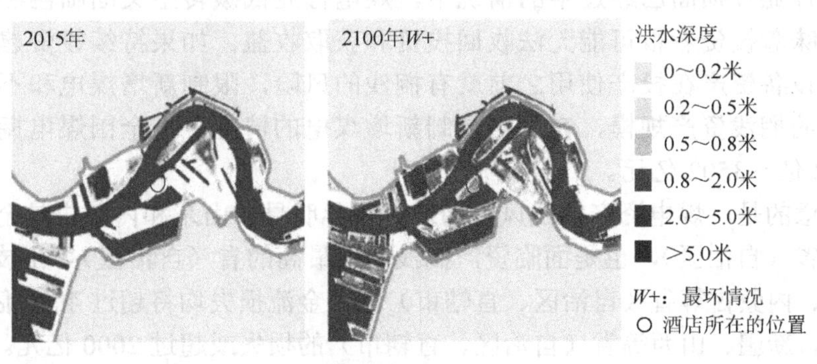

扫一扫　看图片

图 4-4　水位变化预测图

资料来源：Attoh 等（2022）

考虑到酒店的海拔在 3～5.5 米，近年来气候恶化和海平面上升，酒店可能面临越来越频繁的洪水和风暴潮的影响。这可能导致酒店的经营收益受到直接损失，并增加因应对洪水和海平面上升而产生的经营成本。尤其是在 2050 年，河流最高水位预计上升到 4 米时，酒店可能会部分被淹没，因此，酒店是否存在也将成为一个重要问题。

MVGM 公司目前对酒店投资项目进行了细致的气候风险评估，识别出了潜在的洪水和海平面上升风险，这些风险可能对项目的可行性和经济表现产生负面影响。公司需要认真考虑如何管理这些风险，包括可能的保险覆盖、建筑设计和适应措施，以确保酒店项目的长期成功。同时，公司还需要关注气候变化的发展，以及政府和国际社会对气候风险的应对措施，以调整其风险管理策略。

4.5.2 转型背景下煤电行业面临的资产搁浅风险

随着非化石能源占比逐步提升，电力系统对调峰调频需求更为迫切，煤电落实“三改联动”（节能降碳改造、灵活性改造、供热改造）的需求旺盛。我国煤电机组平均服役年限短、高参数机组比例高，改造后虽然有利于更好地消化可再生能源，但煤电自身的满发小时数将持续下降，且改造后的机组将面临更高的单位发电煤耗、更高的运行和维护成本以及更高的设备老化率，改造后的煤电机组运维成本还将上升 30%以上。在没有电力价格补偿机制的前提下，煤电企业现有资产价值将大幅下降，即面临搁浅资产风险。

随着搁浅资产价值更加强调资产市场价值的变动情况，搁浅资产应包含技术改造导致的净收益下降部分。提前退役关停、灵活性改造、碳捕获与封存（carbon capture and storage，CCS）改造三种转型情景虽然都有利于控制煤电的碳排放，但截止到 2022 年底，将导致现役煤电资产的市场价值损失分别达到 1.42 万亿元、3.69 万亿元、3.67 万亿元。这也说明，如果缺乏合理的成本疏导机制，煤电清洁化改造后的灵活性资源价值未能体现，煤电在寿命期内的不当转型对相关企业的资产价值有较明显的负面影响。因此，在灵活性改造及 CCS 技术部署等转型措施下，煤电资产面临的搁浅风险很可能要远远高于预期，甚至高于提前淘汰关停的经济损失。

在煤电行业亏损面已经过半的情况下，煤电行业低碳转型又面临巨额的现金流损失，这也意味着投资者很可能无法收回投资和获取收益。如果持续投资建设新增煤电项目，煤电设备资产在投产使用之前就有搁浅的风险，限制新增煤电和不再新增煤电会降低整体的搁浅资产规模，在严格控制新增煤电的情况下，全国煤电搁浅资产风险将减少 1192 亿～3502 亿元。

值得注意的是，煤电资产搁浅风险的地区差异明显，山东和内蒙古是全国煤电装机规模最大的省（自治区），也是面临资产搁浅风险最高的省（自治区）。在技术改造的情况下，山东、内蒙古等省（自治区、直辖市）净现金流损失均将超过 4000 亿元，江苏、广东、河南、新疆、山西等省（自治区、直辖市）的损失或超过 2000 亿元。

4.5.3 中国建设银行的气候风险压力测试

中国银行业监督管理委员会印发的《商业银行压力测试指引》（2014 年修订版）指出，压力测试是一种银行风险管理和监管分析工具，用于分析假定的、极端但可能发生的不利情景对银行整体或资产组合的冲击程度，进而评估其对银行资产质量、盈利能力、资本水平和流动性的负面影响。从学术界和业界的实践看，气候风险作为一类新型风险，可以通过压力测试方法进行定量评估，分析银行未来可能面临的风险状况。

中国建设银行（以下简称建设银行）面对不断增加的气候风险，采用了气候风险压力测试作为一项关键工具来评估银行资产组合在气候不利情景下的风险状况。2020 年，基于碳排放权交易，建设银行对火电行业开展气候风险压力测试，考察不同碳价（二氧化碳排放配额价格）情景下火电企业面临的风险情况。2021 年，进一步扩展测试范围，将钢铁、水泥和航空业纳入测试。从 2022 年开始，建设银行开展气候风险压力测试主要基于碳交易模式，采用“自下而上”的方式，通过计算企业碳排放量，设定碳价和免费配额比例，测算企业购买额外配额需要付出的成本。企业成本增加后，相关财务指标联动变化，使违约概率上升，预期损失增加，最终计算得到银行的不良贷款率和资本充足率。

1）情景设计

建设银行认识到情景假设的关键性，决定以碳交易为基础进行气候风险压力测试。情景要素包括碳价和免费配额比例，为了设计情景，建设银行可以参考历史模拟法，分析过去碳价的波动情况，或者依靠专家判断法，借助外部机构的预测数据，来确定未来碳价水平，免费配额比例的设定参考碳交易试点地区的配额分配方案。

2）企业碳排放量

为了进行气候风险压力测试，建设银行需要完整准确的企业碳排放量数据，上市公司的信息披露相对完整，因此可以从它们的年报或社会责任报告中获得碳排放量数据。但对于非上市公司，信息披露较少，因此需要通过调查和数据收集，依据《温室气体排放核算方法与报告指南发电设施》进行碳排放量的测算。

3）风险传导路径

建设银行的气候风险压力测试的核心在于建立符合实际情况的风险传导路径。在碳交易情境下，风险传导路径会将碳价和免费配额比例的情景压力传导至企业财务指标，这个过程需要建设银行考虑会计准则要求、企业生产经营方式和银行内部模型等多种因素，以综合设定企业财务指标变化规则。这将导致承压后企业的资产负债表和利润表发生变化，最终通过银行内部模型评估承压后企业的违约概率。

通过进行气候风险压力测试，建设银行能够评估银行资产组合在不利气候情景下的风险状况，包括违约概率、不良贷款率和资本充足率等。这有助于银行更好地理解气候风险对其业务的潜在影响，采取相应的风险管理措施，确保银行的稳健运营和资本充足。

4.5.4 气候风险的连锁反应：咖啡产业何去何从

全球咖啡产业是一个庞大的生态系统，其产业链创造了巨大的经济价值，然而，全球主要的咖啡种植地区面临着各种恶劣天气等天灾病害的严峻考验，不少咖啡农场主都因为不断上涨的种植成本和不断萎缩的市场收益而纷纷选择离开这个产业。

温度的上升会对咖啡造成直接影响。以阿拉比卡咖啡（Coffea arabica）为例，它适宜的温度是 18～21℃，如果温度过高，会让咖啡果实成熟得太快，导致风味物质累积不足。如果持续暴露于 30℃以上的高温，还会对咖啡植株造成明显的伤害。而且，气候变化也不仅意味着温度的升高，天气会变得更加极端，病虫害的威胁也会增加。比如说，一种叫咖啡果小蠹（Hypothenemus hampei）的昆虫就在暖化的环境中更容易繁殖，它会给咖啡种植业带来更多威胁。

2014 年 IPCC 给出的评估结论是，到 2050 年，气候变化带来的温度上升和降水减少会导致中美洲适宜种植咖啡的区域减少 38%～89%，并导致咖啡种植的适宜海拔高度从 600 米上升到 1000 米左右。还有研究者指出，咖啡的另一大重要产地埃塞俄比亚也受到气候变化的显著影响，按目前状况下去，39%～59%的种植地区将会因为气候变化不再适合咖啡种植。

气候变化不仅对咖啡的产量等造成了直接的影响，还间接对咖啡供应链中的各个环节都产生了影响。贸易商、烘焙商、零售商和金融机构都需要面对不稳定的咖啡供应和价格波动，气候变化引发的咖啡价格上涨可能对烘焙商和零售商的利润造成压力，金融机构也面临着与农民贷款和咖啡产业相关的信用风险。

课后习题

1. 简述气候风险的概念。
2. 与一般经济风险相比，气候风险有哪些特征？
3. 简述气候风险的分类及相关概念。
4. 简述气候风险测度的内容。
5. 概述气候风险的经济影响。

参考文献

陈国进，郭珺莹，赵向琴. 2021. 气候金融研究进展[J]. 经济学动态，（8）：131-145.

丁宇刚，孙祁祥. 2022. 气候风险对中国农业经济发展的影响：异质性及机制分析[J]. 金融研究，（9）：111-131.

高睿，王营，曹廷求. 2022. 气候变化与宏观金融风险：来自全球 58 个代表性国家的证据[J]. 南开经济研究，（3）：3-20.

侯梦虹. 2022. 气候物理风险量化分析初探[EB/OL]. http://group1.ccb.com/cn/group/trends/upload/20220720_1658308116/20220720170922712629.pdf[2023-11-20].

胡晓玲. 2022. IIGF 观点|气候转型风险评估研究综述[EB/OL]. https://iigf.cufe.edu.cn/info/1012/5813.htm[2022-09-27].

姬强，赵万里，张大永，等. 2022. 气候风险感知对金融市场的影响：基于中国企业层面的微观证据[J]. 计量经济学报，2（3）：666-680.

李敏. 2017. 气候债券可实现低成本融资和低碳发展[J]. 环境经济，（14）：52-57.

刘瑞霞. 2021. 2021 年 TCFD 现状报告[EB/OL]. https://www.bloombergchina.com/press/pressrelease-20211203/[2023-11-20].

刘瑞霞. 2022. 气候风险信息披露的全球实践[J]. 中国金融，（1）：86-88.

马骏. 2020. 金融机构环境风险分析的意义、方法和推广[J]. 清华金融评论，（9）：16-20.

马正宇，宋玉娟. 2023. 气候变化对金融稳定的影响：理论阐释[J]. 南方金融，1（3）：19-36.

孙春明. 2021. 碳中和背景下的转型风险[EB/OL]. http://www.cnenergynews.cn/guonei/2021/10/25/detail_20211025109267.html[2023-10-25].

谭林，高佳琳. 2020. 气候变化风险对金融体系的作用机理及对策研究[J]. 金融发展研究，（3）：13-20.

王博，宋玉峰. 2020. 气候变化的转型风险对宏观经济和金融稳定的影响：基于存量流量一致性模型视角[J]. 经济学动态，（11）：84-99.

王克. 2023-03-27. 防范资产搁浅风险，煤电需稳妥有序转型[N]. 中国能源报，06.

王向楠. 2020. 气候变化与保险业：影响、适应与减缓[J]. 金融监管研究，（11）：46-61.

魏一鸣，米志付，张皓. 2013. 气候变化综合评估模型研究新进展[J]. 系统工程理论与实践，33（8）：

1905-1915.

于孝建，梁柏淇. 2020. 商业银行气候相关金融风险与管理研究[J]. 南方金融，（10）：3-12.

张大永，张跃军，王玉东，等. 2023. 气候金融的学科内涵、中国实践与热点前沿研究[J]. 管理科学学报，26（8）：1-15.

邹沛江. 2022. 气候转型风险压力测试方法解析[EB/OL]. http://group1.ccb.com/cn/group/trends/upload/20220719_1658223610/20220719174054218916.pdf[2023-10-25].

Acharya V V，Berner R，Engle R，et al. 2023. Climate stress testing[J]. Annual Review of Financial Economics，15：291-326.

Attoh E M N A N，de Bruin K，Goosen H，et al. 2022. Making physical climate risk assessments relevant to the financial sector-lessons learned from real estate cases in the Netherlands[J]. Climate Risk Management，37：100447.

Brende B. 2020. The global risks report 2020[R]. World Economic Forum：1-94.

Deloitte. 2022. 气候相关风险压力测试助力金融机构从容应对变化[EB/OL]. https://www2.deloitte.com/cn/zh/pages/risk/articles/stress-tests-on-climate-related-risk.html[2023-11-20].

Engle R F，Giglio S，Kelly B，et al. 2020. Hedging climate change news[J]. The Review of Financial Studies，33（3）：1184-1216.

Giglio S，Maggiori M，Rao K，et al. 2021. Climate change and long-run discount rates：evidence from real estate[J]. The Review of Financial Studies，34（8）：3527-3571.

Guo K，Li Y C，Zhang Y H，et al. 2023. How are climate risk shocks connected to agricultural markets？[J]. Journal of Commodity Markets，32：100367.

Lei L，Zhang D Y，Ji Q，et al. 2023. A text-based managerial climate attention index of listed firms in China[J]. Finance Research Letters，55：103911.

Ma D D，Zhang Y H，Ji Q，et al. 2024. Heterogeneous impacts of climate change news on China's financial markets[J]. International Review of Financial Analysis，91：103007.

Ma Y R，Liu Z，Ma D，et al. 2023. A news-based climate policy uncertainty index for China[J]. Scientific Data，10：881.

Nordhaus W D. 2007. A review of the stern review on the economics of climate change[J]. Journal of Economic Literature，45（3）：686-702.

Sautner Z，van Lent L，Vilkov G，et al. 2023. Firm-level climate change exposure[J]. The Journal of Finance，78（3）：1449-1498.

Topping N，Munoz G. 2021. Net-Zero challenge：the supply chain opportunity[R]. World Economic Forum：1-45.

第 5 章　气候资产定价

本章导读

第 4 章介绍了气候风险的类型、风险源以及风险冲击，并从宏观和微观两个视角对气候风险的度量方法进行了详细阐述。本章内容将在此基础上进一步介绍气候风险的资产定价。对气候风险进行资产定价的主要目的是更好地管理和防范与气候相关的风险。通过气候风险定价，可以对冲气候变化带来的市场波动和不确定性，降低投资组合的风险；有助于更好地评估资产的真实价值和潜在价值；还有助于引导资本流向更低碳、更可持续的行业、企业和项目，推动绿色金融和低碳转型的发展。总的来说，对气候风险进行资产定价是必要的，它不仅有助于提高企业和投资者的风险管理能力，还有利于推动经济高质量与可持续发展。本章首先从理论层面介绍气候风险如何引入传统的资本资产定价模型，对定价中存在的路径以及投资者偏好等因素进行刻画；其次，从实证层面介绍当前有关资本市场参与者反应、股票市场、债务市场、保险市场、房地产市场等多个重要定价场景的分析与实践。

5.1　传统模型与气候风险引入

5.1.1　经典资本资产定价模型

资产定价理论试图理解不确定支付款项（uncertain payments）所要求的价格或价值。通常，低价格意味着高回报率，所以人们也可以认为这个理论可以解释为什么一些资产的平均回报率高于其他资产。要对一项资产进行估值，我们必须要考虑到它的延迟和支付风险。时间的影响不难计算，而对风险如何进行修正则是影响资产价值更加重要的决定因素。例如，根据 Cochrane（2009）的统计，在截至 2000 年的过去 50 年里，美国股市的年平均实际回报率约为 9%。其中，只有约 1%是来自到期的利率；其余 8%为持有风险所赚取的溢价。不确定性（uncertainty）或风险修正（corrections for risk）使得资产定价变得有趣和具有挑战性。

从一个投资者的角度出发，会考虑存多少钱、消费多少钱以及持有什么样的资产组合。在这个问题中，投资者的边际效用被用于折现未来收益，而资产价格最终反映投资者所期望的折现后收益。最基本的定价等式就源于这个问题的一阶条件的求解。这个条件意味着，当今天少消费一点转而多做一点投资时，消费在今天的边际效用损失应当等于在未来某个时间节点出售投资获得回报时所能产生的边际效用收益。如果资产的价格不满足这个关系，那么消费者将会尽可能多地购买该项资产，因为这意味着未来所能获得的效用收益将远超当前这一点点的消费效用损失。

基于这个简单的想法，让我们进一步在第 t 期去探讨一笔报酬的价值 x_{t+1}。例如，某投资者今天买入一股股票，下一期该投资的报酬是股票价格与其分红之和：$x_{t+1}=p_{t+1}+d_{t+1}$。x_{t+1} 为随机变量，投资者并不能够完全准确地知晓其从投资中所能获得的报酬，但可以估计不同结果出现的可能性[①]。我们通过思考这笔报酬对于一个典型投资者来说具有怎样的价值来为其定价。要做到这一点，我们需要借助一种简便的数学形式来表达投资者究竟想要什么。根据 Cochrane（2009）的阐述，我们可以通过如下效用函数（utility function）定义当前和未来的消费价值，从而模拟投资者的诉求：

$$U(c_t,c_{t+1})=u(c_t)+\beta E_t\left[u(c_{t+1})\right]$$

其中，c_t 表示投资者在 t 期的消费。我们通常使用一种方便直接的指数效用形式：

$$u(c_t)=\frac{1}{1-\gamma}c_t^{1-\gamma}$$

在 γ 趋近于 1 时，有 $u(c)=\ln(c)$。

效用函数衡量的是人们渴望更多消费这一基本特征，而不是衡量对于中间目标（如投资组合回报的均值和方差）的渴望。消费 c_{t+1} 也是随机的，投资者并不确切知道其明天的财富，因此也无法确定其明天的消费。效用函数 $u(\cdot)$ 是递增的，反映投资者对于更多消费的渴望；同时也是凹的，反映额外消费所带来的边际价值是递减的。

这种表达形式同时刻画了消费者的不耐烦（渴望消费）以及对风险的厌恶，使得我们可以量化对现金流风险和延迟的修正。β 被称为主观贴现因子（subjective discount factor)，用其进行折现反映了投资者渴望消费的特性。效用函数的曲率则反映了投资者对风险和跨期替代的厌恶，其更偏好不随时间推移和自然状态变化的稳定的消费现金流。

现在假设投资者可以以 p_t 的价格自由买卖和 x_{t+1} 一样收益的资产，那么应当买卖多少呢？要找到答案，需要定义 e 为投资者原始消费水平（即未购买任何资产），定义 ξ 为投资者选择购买的资产数量；紧接着，投资者所面对的问题则可表示为

$$\max_{\{\xi\}} u(c_t)+E_t\beta u(c_{t+1})$$

$$\text{s.t.}\quad c_t=e_t-p_t\xi$$

$$c_{t+1}=e_{t+1}+x_{t+1}\xi$$

将约束条件代入目标函数，对 ξ 求导并令其等于 0，由此可得最优消费和最优资产组合选择的一阶条件：

$$p_t u'(c_t)=E_t\left[\beta u'(c_{t+1})x_{t+1}\right] \tag{5-1}$$

或者

$$p_t=E_t\left[\beta\frac{u'(c_{t+1})}{u'(c_t)}x_{t+1}\right] \tag{5-2}$$

投资者会不停地买卖资产直到该一阶条件满足。式（5-1）反映了最优化下的一般边际条件：$p_t u'(c_t)$ 为投资者额外购入一单位资产所承受的效用损失；$E_t\left[\beta u'(c_{t+1})x_{t+1}\right]$ 反映

① 注意，这里的报酬 x_{t+1} 指投资者在 t 期进行投资后在 t+1 期所能获得的回报，并没有减去其初始投资的成本。

了投资者从 $t+1$ 期回报中所能获得的效用收益。投资者会不停买卖资产直到边际损失等于边际收益。

式（5-2）则是最为核心的资产定价公式。在给定未来报酬 x_{t+1}，以及投资者消费选择 c_t、c_{t+1} 的情况下，该式说明了期望的资产市场价格 p_t 应当是多少。

5.1.2 气候风险的引入

气候变化是我们这个时代的决定性挑战之一，它可能会影响地球上几乎每个人的健康和福祉。此外，气候变化也为整个经济和金融体系带来了非常大的风险。因此，旨在用于评估和管理未来高风险不确定结果的金融经济学工具，可以帮助社会评估和应对气候变化风险。

从诺贝尔奖得主威廉·诺德豪斯（William Nordhaus）20 世纪 70 年代的开创性工作开始，科研人员研究气候变化与经济之间的相互作用：化石燃料是生产的关键投入，因此经济增长会增加温室气体排放；这些排放引发了气候变化，而气候变化对未来的经济活动有潜在的重大负面影响。然而，气候变化经济学中许多具有金融性质的重要方面，如气候变化风险的定价和对冲、投资者对这些风险的认识和态度以及气候风险对投资决策的影响，在文献中受到的关注较少。事实上，直到 21 世纪，金融经济学的研究人员才开始探索这些问题。这一方面的研究活动的爆发构成了一个新的、快速增长的领域，许多学者称之为气候金融。随着这一研究领域的规模和影响的扩大，气候金融将有助于自然科学和社会科学领域更好地应对气候变化挑战。

为什么要通过金融经济学的视角来研究气候变化？首先，风险和风险偏好在决定应对气候变化的最优政策方面发挥着重要作用。其次，金融市场是缓解和对冲气候风险的主要工具。随着我们向环境可持续的经济发展过渡，它可以通过促进投资资本流向绿色项目、远离棕色行业和公司，来降低气候风险。金融市场在缓解气候风险方面发挥作用的例子包括绿色债券的金融创新和具有气候意识的公募基金数量增加。金融市场也为对冲气候风险提供了一个场所。事实上，金融市场基本的功能之一就是分担和转移风险。虽然气候风险是一种综合风险，但不同的公司和地区面临的气候变化风险的异质性提供了宝贵的风险分担机会。同样，适应性和风险容忍度的异质性使得一些投资者比其他人更适合承担这种风险。

本章接下来的安排如下，我们将通过一个简约的理论模型，探讨如何将气候风险因素引入传统资本资产定价模型中；然后，我们将介绍与气候资产定价有关的实证结果，探索在不同资产中进行气候风险定价的证据；最终，我们将介绍相关案例并作总结。

5.2 气候风险与资产定价：理论模型

5.2.1 模型设定

为了引入经济模型，研究者必须对与气候变化过程和经济相关的不确定性的主要来源有充分认知。可能的来源包括关于未来经济活动路径的不确定性、未来气候的演变以及模型本身的各个组成部分（如捕捉气候与实体经济之间相互作用的模型参数）。每种不确定性来源对均衡价格和风险溢价都有不同的影响。

为了展开讨论，我们首先需要提供一个常规的分析框架，并以此强调未来经济活动路径的不确定性和气候过程演变的不确定性之间的区别。如前所述，两者对资产价格和风险溢价有着截然不同的含义。本章以 Giglio 等（2021b）的研究为例，引入一个简化版本的理论模型。与其他结合气候变化和经济的综合模型一样，Giglio 等（2021b）的模型既指定了经济的动态演变路径，也指定了物理气候的演变过程，且这两个过程都是物理科学中考虑的那些复杂过程的高度简化版本。同时，鉴于对资产价格的兴趣，模型还明确了投资者的偏好。模型假设一个代表性代理人（representative-agent）的卢卡斯树（Lucas-tree）经济，并直接指定均衡消费增长以及气候变化的动态演变过程：

$$\Delta c_{t+1} = \mu + x_t + J_{t+1} \tag{5-3}$$

$$x_{t+1} = \mu_x + \rho x_t + \varnothing J_{t+1} \tag{5-4}$$

$$\lambda_{t+1} = \mu_\lambda + \alpha\lambda_t + \nu x_t + \chi J_{t+1} \tag{5-5}$$

式（5-3）和式（5-4）描述了总消费增长 Δc_t 的演变过程。J_t 是这个经济体中唯一的冲击（本节后续讨论中，我们将对其意义进行更为详细的阐述）。J_t 直接影响消费增长，但也潜在影响系统中的其他变量。x_t 表示时变的预期消费增长，其持续性受到参数 ρ 的影响，其变化还受到变量 J_t 的驱动。参数 $\varnothing$ 捕捉了冲击 J_t 影响未来消费增长路径的方式，从而表征了消费动态，最终在分析风险期限结构和风险溢价方面发挥着重要作用。式（5-5）则描述了在 J_t 条件分布中的动态特征。在任意给定时期内，J_{t+1} 的取值有以下两种情况：有 λ_t 的概率等于 $-\xi \in (0,1)$；有 $(1-\lambda_t)$ 的概率等于 0。根据式（5-5）描述的动态过程，概率本身也是时变的：除了受到一个自回归项的影响外，它还取决于经济活动的滞后测度（x_t）以及当前对 J_{t+1} 的冲击。需要注意的是，在这个简化的框架中，模型及其参数不存在不确定性，因此这个经济体中的风险完全来自 J_{t+1} 的冲击。

虽然这个模型非常简化，但它可以帮助我们对比文献中构建气候风险模型的两种主流方法。第一种方法强调了气候变化作为经济直接风险来源的路径的不确定性。第二种方法的出发点则是观察到气候的演变及其损害与经济活动密切相关，在这种方法中，气候损害的不确定性主要来自对未来经济活动路径的不确定性。当然，在实践中，这两个渠道很可能同时发挥作用。我们将在同一基础模型的框架内探究每个渠道的基本特征。

1. 气候变化路径的不确定性

我们首先探讨一类模型，在这类模型中，不确定性的主要来源是关于未来气候变化的路径。该领域最具代表性的一类论文以气候灾害（即可能对经济产生重大影响的相对低概率灾难性事件）来表示气候风险（Wagner and Weitzman，2016）。这种气候灾难往往是由气候临界点引发的。在 5.2.1 节的模型中，这一观点与将 J_t 解释为已实现的气候灾害的观点相吻合。参数 λ_t 表示气候灾害发生的条件概率，ξ 为灾害的规模。气候灾害的发生也会影响经济的未来路径，因为它直接影响预期的消费增长 x_t。具体而言，当 $\varnothing > 0$ 时，气候冲击的发生不仅立即降低了消费，而且降低了未来的预期消费增长［如 Bansal 等

（2016）的工作所述]；而当$\varnothing < 0$时，气候冲击发生后会产生偏均值回归。在对气候变化进行建模时，后一种情况有一个特别有趣的解释：它捕捉了经济适应气候变化，并以相对更快的速度重建失去产能的能力［参见有关适应气候变化的文献，如 Deschênes 和 Greenstone（2011）、Desmet 和 Rossi-Hansberg（2015）的研究］。通过参数χ，气候灾害的实现也会影响未来的气候风险λ_t。最后，该模型考虑了气候变化和经济之间的反馈效应。这种效应意味着，气候风险会影响经济（当气候灾害发生时），而经济活动也可通过x_t对λ_t的影响（通过参数α调节）影响气候风险：当以消费衡量的经济活动强度较高时，气候风险增加，但当气候冲击出现时，消费降低。在这个模型中，除了气候冲击之外，不存在其他关于经济活动路径的不确定性来源。

2. 经济发展路径的不确定性

正如气候经济学的早期文献所指出的，经济活动本身就是气候变化的驱动因素，因此经济增长的不确定性引起了气候变化的不确定性。在这一方面，典型的模型嵌入了以下形式的事件链：经济经历了正增长冲击，污染与产出同时增加，碳排放的增加加速了气候变化，这反过来又加重了与气候相关的经济损害（Nordhaus，1977，1991，1992）。简而言之，今天更高速的增长会通过气候的反馈渠道对未来的增长产生更大的负面影响。相反，对经济活动的负面冲击（正如新冠疫情期间经历的那样）反而会导致污染减少，气候相关的经济损失减少。通过将J_t解释为对经济活动的冲击，以上观点同样可以使用5.2.1 节中介绍的模型来进行阐述。气候变化损害的标准设定认为，损害程度会随着消费规模的扩大而加剧（Nordhaus and Boyer，2003；Nordhaus，2008）。若假设气候损害是消费的一个常数部分，即$Q_t = \tau C_t$，那么式（5-3）和式（5-4）则表示净消费的动态性（即气候变化损害的总消费净值），J_t则是对经济活动的标准冲击，而式（5-5）则代表了经济活动的时变分布。正如 Giglio 等（2021b）所讨论的，与气候相关的销项税随时间变化（即$Q_t = \tau_t C_t$，τ_t随时间变化）的情况也通过适当改变x_t的动态过程而嵌套在模型中。

综上所述，式（5-3）～式（5-5）为在经济模型中嵌入气候风险提供了两种常见范式：气候灾害的不确定性与经济活动及其气候反馈效应的不确定性。一旦确定了消费、气候变化和气候损害的物理过程，通过为代表性代理人选择一个效用函数，模型就完成了构造。这隐含着一个对经济的随机贴现因子，反过来也就意味着一个均衡资产价格。该简约框架模型可以在许多维度上进一步得到丰富。例如，引入代理人异质性、生产函数、政府气候政策和代理人的现实信息集等①。

5.2.2 投资者偏好的影响

对时间和风险的偏好自然而然在决定贴现率及其期限结构方面发挥着重要作用。首先，重要的一点是建立纯时间偏好率（the rate of pure time preference）。Stern（2007）认为道德因素应该决定这一比率，并建议使用有效取值为零的纯时间偏好系数对所有代际

① Giglio 等（2021a）对此有更为详尽的解读，供感兴趣的读者了解。

给予相同的权重。然而，大多数文献，如 Nordhaus（2007）、Weitzman（2007）的研究，都主张使用大于零的纯时间偏好系数，因为这与观察到的储蓄和投资行为一致。

其次，气候金融文献探讨了一些替代风险偏好。指数效用形式最突出的替代方案是 Epstein-Zin 效用形式（Gollier，2002；Crost and Traeger，2014）。一个 Epstein-Zin 型投资者的边际效用不仅取决于消费增长中一个时期的冲击（如前文所述的指数效用情形），还取决于关于未来消费增长的新信息。在考虑气候风险时，这种偏好形式会产生两个主要结果。第一，它影响气候风险溢价的水平。因为如果气候冲击对代理人的消费增长有长期影响，它就会放大气候冲击的效用后果。第二，它影响着贴现率的期限结构以及减排投资的最佳时机。例如，Daniel 等（2019）的研究表明，随着不确定性的消除，Epstein-Zin 偏好会更早增加缓解气候变化的价值，并导致碳价格随着时间的推移而下降。

5.2.3　模型不确定性

绝大多数的资产定价理论都基于理性预期的这一假设，模型中的投资者可以确切地了解决定他们决策环境的概率分布。在 5.2.1 节中介绍的概念模型就是这种建模方法的一个例子。在气候变化的背景下（很可能也是更普遍的情况下），理性预期这一假设赋予了投资者对其环境不切实际的理解。正如 Hansen（2014）所强调的，经济主体对应该推定哪些信息、应该如何使用这些信息，以及对这些信息的使用有多大的信心往往并不清楚。换句话说，在理性预期模型中，投资者在已知的概率分布中面临随机实现的不确定性。然而在现实中，投资者同样为真实概率分布的不确定性或模糊性（ambiguity）而苦恼。在包含气候风险的经济模型中这个问题尤为凸显。即使在科学界内部，对于经济主体是否确切地知道他们所面临气候风险的性质或严重程度，也存在重大分歧。正如 Lemoine（2021）所述，不确定性是气候变化的根本，如今的温室气体排放将影响几个世纪的气候，将所造成的损害内部化的排放价格取决于不确定的未来生产力和消费增长、不确定的未来温室气体排放、不确定的排放将在多大程度上导致气候变暖，以及不确定的气候变暖影响消费和环境的渠道。

近年来，气候经济理论开始使用不确定性决策理论的工具来对气候经济模型所面对的不确定性（或模糊性）进行探讨。在考虑不确定性的模型中，投资者通常根据先验模型权重和他们观察到的数据，以贝叶斯（Bayesian）的方式为模型分配概率权重；再根据基于模型后验权重和随机的复合不确定性进行储蓄和消费决策。投资者偏好则通过递归偏好，或者更直接地通过稳健的或厌恶不确定性的偏好，与模型中的不确定性相互作用①。

在具有递归偏好的模型中，相对于具有相同偏好结构但没有不确定性的模型，不确定性（特别是关于温度上升带来的经济损失的不确定性）将碳的社会成本提高了一个数量级。从模型不确定性的角度来看，控制气候相关经济损失的参数是随机变量。因此，不确定性以模型参数与代理人消费间协方差的形式引入了一种影响资产价格的新途径。

① Brock 和 Hansen（2018）对此有更为详尽的讨论。

这意味着，除了在没有不确定性的标准模型中由随机冲击产生的其他效应外，包含不确定性的模型进一步引入了预防性储蓄和风险溢价效应。如果将损害的不确定性视为一种复合彩票，那么当代理人抽中一个特别不利的损害参数时，碳减排将变得特别有价值，同时碳的社会成本会更高（只要相对风险厌恶系数像传统宏观和金融模型中所设定的那样大于1）[①]。

面对模型的不确定性，贝叶斯经济主体会根据逐步获得的新数据来更新其对所处环境的信念。由于贝叶斯后验遵循鞅（martingale），这些更新从学习者的角度来说就构成了持久冲击。正如 Johannes 等（2016）指出的那样，这些信念更新冲击对于具有递归偏好的代理人来说尤其危险。因此，相对于没有不确定性或具有非递归效用的基准模型，风险溢价被放大了。信念更新的持续影响导致模型不确定性随着时间的推移而累积，部分抵消了对遥远未来损害折现后的影响。

5.2.4 未来展望

气候变化将是未来我们社会面临的首要问题。金融与经济学的研究学者目前已经开始将注意力转向探索气候变化影响金融市场的多种形式。在气候、经济和资产价格间的关系建模，以及探索气候风险在金融市场中定价的多样性方面，当前已经取得了很大进展，但仍有许多工作要做。

在建模方面，计算能力的进步将允许研究学者以越来越复杂的方式对气候变化和实体经济之间的各种反馈循环进行建模。虽然这些模型的基本经济机制与本章中讨论的内容类似，但这些建模进展将为碳社会成本等重要研究对象提供全新或改进的量化方法。

在实证方面，不同的资产类别，特别是股票资产的气候风险暴露应对措施有很大的改进空间。在未来几年，企业增加的气候相关信息披露（无论是监管机构强制要求的还是大型机构投资者要求的）将为衡量企业面临的各种气候风险提供新的机遇。在没有企业直接披露新数据的情况下，也可以更具创造性地利用现有数据，如卫星图像以及企业年报和财报电话会议中的文本，来衡量企业气候相关状况，以改善气候风险暴露应对措施。同样，更复杂的投资者情绪分析可以改善我们对负面气候新闻的衡量方法，包括分别识别气候物理风险和转型风险新闻的能力等。总之，这些改进将帮助我们构建越来越有效的气候投资组合策略。

探索气候风险通过其对资产价格的影响，可能在多大程度上影响金融稳定是一个重要问题。这个问题的答案在很大程度上取决于这些风险在金融机构和投资者的投资组合中的集中度。衡量这种集中度是一个重要而有价值的研究议题。要做到这一点，我们需要更好地衡量资产层面的风险敞口，然后将其汇总到投资组合层面。这些信息将使金融机构能够更好地管理其气候风险敞口，监管机构也将更有效地确保这些风险不会对金融稳定构成威胁。

---

① Olijslagers 和 van Wijnbergen（2019）对此有更为详尽的讨论。

5.3　气候风险与资产定价：实证证据

5.3.1　资本市场参与者反应

资本市场以及其参与者对于经济的发展和增长至关重要，他们提供了长期资金，促进了经济增长和创新，分散了风险，提高了透明度，并帮助形成了资本。那么，面对日益严峻的气候变化挑战，资本市场及其参与者是否对其有充分认知并采取相应的应对措施？本节将从投资者、学界及监管者的角度出发，对当前研究的一些进展进行介绍。

1. 投资者认知及应对策略

气候风险可能对投资者的投资组合公司产生巨大影响。气候变化引起的极端天气事件或海平面普遍上升将对部分公司产生直接成本。例如，保险公司在沿海地区的保险财产面临更高的损失风险，食品生产商面临持续干旱的风险。其他公司可能会受到为应对气候变化而实施的政策和法规的负面影响。例如，化石燃料公司可能会受到碳定价或碳排放限制的不利影响。与气候变化有关的技术创新也威胁到一些在传统行业运营的企业商业模式。例如，电动或燃料电池驱动的汽车可能会颠覆传统汽车制造商。投资组合公司面临的这些风险可广泛分为物理、监管和技术层面的气候风险，它们有可能对许多投资管理公司客户、养老金受益人和机构投资者股东的利益产生不利影响。当然，气候变化也为投资组合公司及其机构投资者提供投资机会，如在可再生能源或储能领域内的机会。

尽管越来越多的经验证据表明投资者应该考虑到气候因素，但将气候风险纳入投资过程是具有挑战性的，因为目前还未建立有效的投资工具和实践流程。例如，包括机构投资者在内的许多市场参与者发现气候风险难以定价和对冲，这可能是因为气候风险的系统性、投资组合公司缺乏信息披露，以及在寻找合适的对冲工具等方面所面临的种种挑战。

基于此，Krueger 等（2020）通过调查问卷的形式，研究了投资者如何看待气候风险、他们对气候风险的看法是否存在系统的横截面变化，以及他们管理这些风险的战略，从而更好地了解机构投资者在其投资决策中是否以及如何考虑气候风险。更具体地，参加调查的 439 名受访者中有 1/3 在其所在机构中担任高管职位，因此了解气候风险对其机构的作用。研究样本还包括 48 名来自管理资产规模超过 1000 亿美元的机构的受访者，这些大型机构管理者可能对其投资组合公司的气候政策产生深刻影响。此外，受访者的机构位于世界各地，这使得调查能够从全球的视角来看待气候风险的作用。该项调查涉及四个关键领域：气候风险在投资决策中的作用、气候风险管理、与气候风险有关的股东参与，以及气候风险对资产定价的影响。

调查结果表明，机构投资者认为气候风险，特别是监管风险，已经日益显现，并对他们的投资组合公司产生了不容忽视的财务影响。存在长期偏好、具有更大资产规模和以 ESG 为导向的投资者认为，应对气候风险的更好方式是风险管理和参与，而不是撤资。当前将气候风险纳入投资决策仍然具有不小的挑战性，但机构投资者在推动企业减少碳排放、为低碳经济做好准备等方面已然发挥作用。最后，调查结果表明，与投资者面临的其他风险相比，气候风险的重要性排名第五。大多数投资者预计到21世纪末全球气温将上升，一些投资者甚至认为气温上升的程度将超过《巴黎协定》中2℃的目标。

2. 学界、监管者的认知及应对策略

对气候变化风险的日益认识促使了相关金融研究的激增以及监管者的持续关注。根据气候科学家的说法，在管理气候变化所带来的金融和经济风险方面，确立研究议程的时间非常紧迫。因此，对当前信念的调查可以使研究人员和监管者确定一致的研究和关注领域，并在有希望的方向上协调一致。为此，Stroebel 和 Wurgler（2021）展开了一项针对部分金融经济学家、金融从业人员，以及监管机构和中央银行等公共机构的经济学家的匿名全球调查。

在收到的 861 份调查回复中，第一个显著的特点是受访者对一系列重要气候主题的意见相对一致。这些共识是在涵盖了受访者专业角色、地理区域、对气候变化的关注程度、对气候金融的专业兴趣程度以及毕业年份等诸多差异因素的基础上达成的。因此，考虑到该调查充足的样本量以及各分组条件下一致的反应，其结果提供的受访者气候信念方面的结论相对可靠。其中，最为重要的四点如下。

（1）大多数受访者认为，资产价格低估了气候风险，而不是高估了气候风险。

（2）受访者认为监管层面的风险是2021～2025年投资者和企业面临的与气候相关的最大风险，而物理层面的风险是2021～2050年的最大风险。

（3）机构投资者被视为金融机制中最强大的变革力量。在非金融机制中，碳税和政府补贴被认为是最有效的。

（4）大多数受访者认为，气候风险的实现与经济状况无关，而相信相关性的受访者往往认为气候变化与良好的经济状况有关。

此外，该调查还收集了对缓解气候变化项目的社会贴现率和气候融资中最重要的研究主题的看法。总体而言，调查结果提供了金融学者、专业人员和决策者对气候金融的见解。调查结果突显了监管风险的重要性、资产市场对气候风险的低估，以及机构投资者在推动变革方面的作用。最后，调查还揭示了受访者对气候风险和经济状况之间的相关性的不同看法。

5.3.2 气候风险与股票市场

在了解气候变化对股票资产价格影响的时候需要注意，实际上存在多种不同类别的气候风险，而这些风险并不一定会同时出现。从广义上来说，气候风险一般可以分为物理风险和转型风险两类。接下来，我们将对这两类风险及其对股票市场的影响进行更为细致的阐述。

1. 物理风险

气候变化的物理层面风险主要指的是由气候变化对经济活动造成直接物理损失的风

险。它既包括由高温、地震、洪灾、山火等突发性灾害引起的迅速、短暂的物理风险，又包括由海平面上升和温室效应等引起的缓慢、持续的物理风险。例如，海平面上升对靠近海洋的企业生产设施造成的破坏威胁，气温上升对农业经济作物造成的干旱减产威胁等，均被视为物理层面的气候风险。

Bansal 等（2017）基于美国和全球股票市场的研究发现，持续的温度变化对总财富有显著的负向影响，并在股票市场上带来正的风险溢价。具体来说，该研究首先将美国股票市场的股票按其账面市值比和规模进行排序并划分为 25 个投资组合。基于这些投资组合，研究发现在控制了市场和消费增长风险后，股票对气温波动的风险敞口为负，即温度升高会降低股票估值。利用平均超额收益与气温贝塔（Beta）之间的截面关系进行研究发现温度变化风险的市场价格显著为负，这意味着气温的长期上升是一种糟糕的经济状况。鉴于股票的气温贝塔也是负的，气温风险在股票市场上具有正溢价。同时，该研究还发现，与全球变暖相关的长期气温风险溢价随着温度的上升而显著增加。在过去 80 年中，长期气温风险敞口的单位标准差溢价翻了一倍，从 0.2%左右提升至 0.4%左右。

Bansal 等（2017）进一步基于 39 个国家股票市场数据确认了其研究结果的一般性：在控制了全球和本地风险因素后，气温对股票估值有显著的负向影响。随着时间的推移，这种负向影响的强度愈发增加：股票价格对气温波动的弹性从 2000 年前早期样本的 –1.6%左右变化到整个样本期间的–7.6%。这表明，气温上升对经济状况的影响变大了，而且这种负面影响是由气温长期变化的趋势驱动的，这与全球变暖密切相关。该研究也对碳排放的社会成本进行了量化估计，并发现气温对经济增长的长期负向影响意味着碳排放的巨大社会成本。具体来说，通过计算，碳的社会成本大约是 100 美元/吨，在该研究进行的时间节点，这相当于每加仑［1 加仑（美制）=3.785 43 升］天然气征收约 20%的税。即便在假设气温只影响产出水平而不影响长期增长的情况下，碳的社会成本仍然约有 40 美元/吨的水平。因此，即便气候风险看似在遥远的未来，其带来的代价在当前已不容忽视。

2. 转型风险

气候变化的转型层面的风险主要指的是在整个社会经济体向低碳和净零排放转型时伴生的政策、成本和市场运营等方面的风险。科学家普遍认为，需要采取强有力的监管行动来避免气候变化可能带来的灾难性后果。气候变化主要是由化石燃料的燃烧引起的，因此任何监管都必须以大幅遏制企业的碳排放为目标。然而，气候监管政策是否应当、如何以及何时实施均具有高度不确定性。限制碳排放的监管可以通过碳税、限额交易计划或排放限制来实施，所有这些都对企业有不同的影响。

这种气候政策的不确定性会对经济体中不同的企业产生不同的影响。不确定性可能与碳密集型企业最相关，因为这些企业最受旨在遏制排放的政策的影响。对于这些企业来说，限制碳排放的监管可能会导致资产搁浅或业务成本大幅增加。如果银行因气候相关的资本要求而减少融资，碳密集型企业也可能面临融资限制。然而，碳密集型企业将在多大程度上受到监管的影响还非常不确定。这种不确定性使得投资者很难量化碳排放对公司的影响。

因而，对于投资者来说，一个重要的问题是：从横截面上来看，企业碳排放是不是一个已经反映在股票回报和投资组合持有决策中的重大风险。两项重大进展表明，答案很可能是正向的。第一，2015 年《巴黎协定》中，195 个缔约方承诺将全球变暖幅度控制在与工业化前水平相比 2℃的范围内。第二，金融业越来越多地参与到应对气候变化的行动中。机构投资者越来越多地追踪上市公司的温室气体排放，与公司接触以减少其碳排放。

即使美国在特朗普政府时期退出了《巴黎协定》，其他缔约方的承诺仅部分可信，不久的未来仍有可能引入对碳排放的重大限制。主要受此限制影响的是经营过程中产生高碳排放的企业，或经营活动与价值链中其他高碳排放企业高度相关的企业。鉴于这些发展，人们预计碳排放的风险将反映在股票回报的横截面上。然而，相当多的怀疑仍然存在。

对气候变化缺乏完全的共识自然增加了碳风险尚未反映在资产价格中的可能性。为此，Bolton 和 Kacperczyk（2021）通过考察不同企业和行业碳排放对股票收益的影响，系统地探讨了投资者是否要求碳风险溢价。碳排放可能主要有以下一些原因影响股票回报。

首先，碳排放与化石燃料能源的使用有关，而股票收益又会受到化石燃料能源价格和大宗商品价格风险的影响。相对而言，碳排放过高的公司可能会面临碳定价风险和其他限制排放的监管干预措施。最依赖化石能源的公司也更容易受到低成本可再生能源的技术替代风险的影响。因此，前瞻性投资者可能会为持有不成比例的高碳排放企业的股票以及由此带来的更高的碳风险寻求补偿，从而使得企业碳排放与其股票回报之间在横截面上产生正相关关系。这也被称为碳风险溢价假说。一个有趣的问题是：碳排放是否被视为系统性风险因素，碳风险溢价又是否与该风险因素的载荷有关？一方面，如果旨在遏制排放的预期监管干预措施统一适用于所有区域，那么碳排放可能是系统性风险因素。例如，如果引入一项大规模的碳税，这将是系统性冲击，会影响到所有高碳排企业。另一方面，大多数监管干预措施可以在州、行业等层面以分散独立的方式引入，同时，显著影响碳排放的可再生能源技术改进也可能主要针对特定的业务或部门而非全体。在这种情况下，碳排放不会被认为是系统性风险因素。

其次，金融市场对碳风险定价的效率低下，与碳排放相关的风险定价过低。碳风险可能不会被大多数投资者完全采纳，他们习惯性地通过局部和本地思维来看待未来的企业现金流预测，忽视了关于全球变暖及其伴随风险的信息。可以肯定的是，金融分析师通常使用的现金流预测情景并未参考碳排放及其未来可能的定价。这一原因被称为市场无效假说。需要探讨的一个重要问题是，金融市场是否低估了碳风险以至于关心碳排放和气候变化的负责任的投资者可以“通过做好事而做好事”？

最后，高碳排企业股票类似其他“罪恶股票”（sin stocks）；有社会责任感或有道德的投资者会避开这些企业，以至于被抛弃的企业会带来更高的股票回报。与之相应的关键问题是，投资者如何确定要剥离的企业？他们究竟是在企业层面上观察碳排放，还是将企业划分为更广泛的类别，如按他们所从事的行业进行划分？即使是最关心气候变化的社会责任投资者也可能会仅仅关注某些高碳排行业的信息，如能源和电力等行业，不会过多地关注其他行业的状况。例如，像洛克菲勒兄弟基金（Rockefeller Brothers Fund）

这样的知名投资者承诺从化石燃料公司撤资，而他们主要关注的是从沥青砂中提取煤炭和石油的能源公司。总而言之，这一原因被称为撤资假说。

Bolton 和 Kacperczyk（2021）的研究表明碳排放显著正向影响股票收益，缓解气候变化与减少碳排放之间存在着直接的联系。无论是通过生产产品和提供服务，还是通过使用产品，不同企业都会受到遏制碳排放政策和可再生能源技术冲击的不同影响。研究还表明，投资者已经在考虑这些横截面差异，并为碳风险定价。此外，碳溢价不能通过罪恶股票撤资假说来解释。撤资仅仅在石油和天然气、公用事业和汽车等少数行业中以粗糙的方式进行。同样值得注意的是，没有证据表明碳溢价与排放强度有关。最后，对于没有发生显著撤资行为的行业，在企业层面都存在强劲、持续和显著的碳溢价。

5.3.3　气候风险与债务市场

除了股票市场，债务市场中气候风险的影响同样值得关注。本节将着重介绍气候风险在以下几个重要债务市场中的情况：银行信贷、市政债及公司债，并探讨当前研究的一些进展。

1. 银行信贷

在过去几十年里，对环境敏感的贷款明显增加，这些贷款人在作出贷款决定时会考虑到借款人对环境的影响，从而对受影响企业的债务资本成本产生影响。在企业所面临的环境问题中，与气候变化相关的问题备受关注①。具体来说，投资者对资产的消费偏好会影响资产的价格。这意味着，投资者对社会责任投资的兴趣和偏好会影响资产价格。如果足够多的股东出于对环境问题的考虑而不投资于企业，这些被排除在外的企业的预期回报就会增加。同样，如果大量贷款人不向有环境问题的公司贷款，且这些公司不能或不容易转向其他融资来源，受影响的公司最终可能会为其银行贷款支付更高的利率。基于这样的观点，企业的环境状况显著影响其债务资本成本。

在贷款决策中考虑社会和环境问题的贷款机构数量如今已经大幅增加。大量来自联合国环境规划署声明签署国的银行已经采用了赤道原则②，已同意在项目融资中考虑社会和环境问题。Cogan（2008）的报告称，世界各地的许多大型上市银行已经开始将气候变化问题纳入其贷款决策，一些银行在其贷款组合中明确规定了减少温室气体排放的目标，在其调查中，40 家银行中有 29 家参与了清洁能源和可再生能源贷款。

贷款人可能对企业的包括气候变化应对策略在内的环境状况敏感，因为借款人可能面临相关监管、合规和诉讼风险，这可能会导致更高的信用风险。此外，贷款机构通过向有环境问题的公司放贷可能直接面临两个额外风险：有关贷款机构责任的法律可能使贷款机构面临诉讼风险，以及与环境不良企业有关联所带来的声誉损失风险。

---

① 企业的环境状况包括两个受到广泛关注的领域。一个领域包括大多数国家政府已经规定并要求报告的环境问题（例如，有毒化学物质和危险废物的排放）。另一个领域包括尚未受到大多数国家政府监管但未来极有可能监管的领域，如气候变化的应对。企业的温室气体排放和碳足迹就属于这一类。

② 详情见：http://www.equator-principles.com/。

对大型上市公司来说，银行信贷也是债务融资的重要来源。如果有相当数量的贷款人采取环境敏感的贷款政策，可能会对借款人的债务资本成本产生影响。一方面，一些贷款机构可以根据企业的环境状况而不向其提供贷款，这可能是出于社会责任的考虑，也可能是为了避免潜在的贷款机构责任和声誉风险。另一方面，其他一些贷款机构可能会对风险进行定价，并对发放给有环境问题的企业的贷款收取更高的利率，以补偿贷款给这些企业可能面临的责任和声誉风险。

从债务资本成本来看，Chava（2014）利用面向美国本地企业发放的银行贷款大样本进行研究并发现，对于存在环境担忧的企业，银行会从贷款中收取更高的利率。对个别环境问题的进一步分析表明，银行相当关心企业碳排放和其他一些与气候变化相关的环境问题。此外，对于存在环境问题的借款企业，参与其银团贷款（Syndicate loan）的银行较少。银团贷款规模与企业环境表现之间没有非常显著的关系。这表明，一些贷款机构可能会避免贷款给有环境问题的企业，特别是有严重排放问题的企业。仅有薄弱的证据表明，更多的银行贷款给那些从对环境有益的产品中获得大量收入的企业。这意味着，贷款人似乎会避开有环境问题的企业，但不一定会涌向有环境优势的企业。

Do 等（2021）在已有文献建立的贷款定价模型中加入另一层气候风险——干旱风险，来考察银行在制定贷款价格时是否考虑了以往的干旱水平。其以 1984～2016 年的私人银行贷款为研究样本，结果表明，银行对干旱地区的企业收取更高的贷款利率。这种溢价对食品行业的借款企业来说更加明显。进一步的分析表明，某些因素可以缓解气候变化引起的干旱风险对食品行业企业贷款利差的影响。从贷款人银行的角度来看，并非所有银行对干旱风险的定价都是一致的；与经验较少的贷款机构相比，在向受干旱影响的借款人放贷方面经验较多的贷款机构收取的干旱风险溢价较低。从借款人企业的角度来看，与未参与评级的企业相比，评级为投资级的借款企业在干旱条件下的贷款价格上涨幅度较小。这一发现可以说明，借款企业的信用评级可以揭示其风险管理策略的质量，而有更高评级的企业往往采取更复杂的多样化和对冲策略。

2. 市政债

气候变化带来的潜在财务损失引起了投资者越来越多的关注，虽然保险公司能够通过每年重新定价的政策来适应不断增加的风险，但其他投资无法像保险公司那样迅速应对潜在的气候变化成本。例如，预计将受到因气候变化而导致的海平面上升严重影响的地区和城市将无法避免地产生许多与修复受损基础设施有关的费用，这就引出了一个重要的问题：当气候变化风险无法轻易解决时，投资者是否会为气候变化风险定价？

市政债券市场为研究这一问题提供了一个有用的背景，因为市政当局无法像企业那样规避气候变化风险。例如，如果特斯拉认为它在上海的工厂有被海平面上升破坏的风险，它可以将工厂搬迁到一个气候变化风险较小、财务后果较小的地方。然而，上海城市本身无法重新安置，因此无法轻松降低气候变化风险。从这一点来说，投资者在投资市政债券而不是公司债券或股票时，更有可能考虑到气候变化风险。此外，市政债券在期限结构上具有异质性。这一特征导致不同期限债券的预期气候变化风险不同。与两年的时间维度相比，气候变化引起的海平面上升可能会在二十年的时间维度上造成更多的损害，因此期限较长的市政债券更有可能受到气候变化的影响。如果投资者担心气候风险，那么更有可能受到气候变化影响的市政当局应该面临更高的风险，其发行的长期市政债券的成本也将显著增加。当然，若发行的债券期限较短，投资者则不太可能对其要求溢价。

为了探讨气候变化风险如何影响市政当局这一问题，Painter（2020）研究了地方气候变化风险敞口对市政债券发行成本的影响。在该研究中，风险敞口是利用海平面上升的预期年平均损失占 GDP 的百分比来衡量的；而发行市政债券的成本则是利用初始债券收益率（initial bond yield）和年化总价差（annualized gross spread）之和来衡量的。研究发现，当地区的气候风险增加 1%时，当地政府长期债券的年化发行成本就会显著增加 23.4 个基点。这种额外的发行成本从经济意义上来说是巨大的，因为气候风险增加 1%，平均而言年化发行成本总额会增加 170 万美元。另外，在观察短期债券时，该研究发现气候债券和非气候债券的发行成本没有显著差异。这些结果表明，投资者能够识别出受气候变化影响的风险较高的投资项目，并且市场对这种风险进行了定价。

3. 公司债

我们在前文已经讨论过，对于公司股票表现而言，投资者已经意识到了气候风险的影响，并要求企业进行补偿。除此之外，公司债券状况以及如何受气候风险影响同样值得注意，这主要有以下几点原因：第一，与股票不同，公司债券的上行潜力有限，但面临的下行风险很大。由于未来的气候政策和法规主要构成碳密集型企业的下行风险，不确定的气候政策的影响可能对债券投资者比对股票投资者更重要。第二，以美国为例，公司债券的客户主要是机构投资者，他们经验丰富，在投资碳密集型公司时可能会考虑到碳风险。第三，公司债券在许多重要维度上各不相同，如信用评级和期限。不同债券特征的异质性使我们能够更多地揭示碳风险定价的潜在渠道。第四，快速增长的公司债券市场规模和其可能存在的脆弱性表明，探讨气候风险对公司债券的影响是一个重要的问题，且具有深远的政策意义。

债务融资构成了企业资本结构的重要组成部分，这突显了研究碳排放如何影响企业债务融资成本的必要性。此外，公司债券市场变得越来越透明，公司债券的规模不断扩大、流动性有所改善，公司债券在机构投资者的投资组合中扮演着越来越重要的角色，大量资金在近一段时期内大量涌入债券基金就是证明。因此，加强我们对碳排放与公司债券预期回报之间关系的理解至关重要。

Duan 等（2023）的研究发现，碳排放强度较高的公司债券的未来收益显著较低。该影响不能用其他债券或公司特征或已知股票或债券风险因素的敞口来解释。通过考察收益可预测性的来源，该研究发现，碳密集型企业发行的债券表现不佳不能完全用机构投资者的撤资来解释。相反，研究证据揭示，虽然碳排放强度可以用以预测未来现金流意外减少、公司信誉恶化和更频繁发生的负面环境事件，但投资者在公司债券市场对碳风险反应不足。鉴于公司债券发行的增加和居民流向债券基金投资的增加，公司债券市场中碳排放的非效率定价会对气候应对政策和金融稳定产生重要影响。

Huynh 和 Xia（2021）探讨了与气候变化有关的新闻冲击对债券定价的影响，结果表明气候变化新闻系数越大的公司债券在未来的收益会越低，这表明投资者对气候风险对冲潜力越大的债券的需求也越大。该研究还发现，投资者愿意为环境绩效较好的公司发行的债券支付更高的价格，这表明当市场关注气候变化风险时，旨在改善环境绩效的公司政策会获得回报。

5.3.4 气候风险与保险市场

由于全球变暖预计将增加极端天气事件的频率和严重程度，巨灾损失可能会因气候变化而增加。一些适应气候变化的措施（如建设防洪基础设施）被提出和实施，以此来限制经济影响和减少风险。气候变化和保险业主要以两种方式相互影响。首先，保险业可以通过有效的风险分担机制为社会抵御气候变化作出贡献。其次，保险业本身很可能成为气候事件风险暴露加剧的受害者，这要求在设定预估和风险管理时充分考虑气候风险。

一方面，如果气候变化增加了自然灾害损害分布的尾部，那么它可能会给保险行业带来挑战，因为尾部代表着难以承保的极端损害。如果极端天气事件的数量由于气候变化而增加，那么在现有的保险安排下，未来与天气有关的损失的保险索赔预计也会增加。如果这些保费没有充分调整以应对更高的风险，这可能会给保险公司的经营带来问题。另一方面，如果反映气候风险增加的保险费高于居民愿意支付的金额，自然灾害风险的可保性可能会受到阻碍。如果自然灾害损失不在保险安排的范围内，要求政府承担的公共赔偿将增加。

在过去数十年中，全球自然灾害的经济损失和保险损失已经迅速增加。有迹象表明，气候变化可能是报告损失增加的原因。例如，Botzen 和 van den Bergh（2008）研究表明，在荷兰由于没有私人洪水保险，随着洪水事件近年来更加频繁地发生，政府日益面临作为最后的保险机构来提供赔偿的压力，虽然政府对灾害损失进行赔偿是由法律规定的，但荷兰政府越来越不愿意提供这种赔偿，而是刺激新的私人保险发展，以缓解预算压力。

除了公共预算的考虑之外，从经济效率的角度来看，缺乏私人保险是否可取也是值得探讨的。私人保险公司在传导气候变化风险方面发挥更大的作用，将为减少经济损失提供更好的激励。人们普遍认为，政府现有的适应措施不足以应对气候变化。因此，保险可以通过在个人之间分散风险，从而在缓解气候变化的负面影响方面发挥重要作用。扩大个人气候灾害保险范围将提高经济效率。然而，政府有必要继续在保险安排中发挥作用，以克服私人市场中存在的气候灾害可保性问题。此外，为应对日益增加的气候风险，必须对降低风险的措施（如堤坝基础设施）进行大量公共投资。

Botzen 和 van den Bergh（2008）研究指出，当前气候保险情况非常复杂，因为它既与气候风险相关，又受到家庭面对潜在灾难性气候风险时支付能力不足等因素的困扰。该研究建议，需要建立一个公共-私人共同保险制度并由政府担任极端损害的再保险人，以此改善风险分散状况、为家庭提供更多的财务保障，并最终通过基于风险调整的保险费用为缓解气候风险提供更好激励。

从供给侧建立起公私合作保险制度后，是否在需求端存在足够的需求是一个关键问题。Botzen 和 van den Bergh（2012）以荷兰洪灾保险市场为例，对此进行了检验[①]。具体来说，该研究对沿海和其他易受洪水影响区域的大约1000名屋主进行了明确的偏好调查。在调查过程中，该研究涉及了对保险需求选择实验的应用和混合 logit 回归估计方法的使用，从而对洪水保险需求进行了全面分析。研究发现：首先，在当前气候条件下，相当大比例的屋主愿意支付洪水保险，并且平均支付意愿超过了保险精算上的公平保费（fair premium）。其次，研究证据表明应该避免“撒玛利亚困境”（Samaritan's dilemma），也就是说，如果政府能够可靠地避免赔偿气候风险损失，预计对相关气候保险的需求反而将增加[②]。再次，气候风险感知对保险需求的影响似乎比基于地理特征实际受到气候风险影响的程度更重要。最后，如果气候变化导致灾害发生概率适度增加，提供气候保险仍然是有利可图的，但如果发生概率增加过多，提供气候保险就没有利润了。如果气候变化导致灾害概率大幅增加，保险公司根据风险调整保费，保险的需求会显著下降。究其原因，居民保险支付意愿的增加幅度小于损失预期值的上升幅度。如果气候变化风险的预期影响能够实现，这可能会对未来的保险市场产生深远的影响；如果保险公司需要大幅上调保费以反映风险的增加，保险的市场渗透率可能会下降；保险的市场渗透率下降可能会损害保险公司分担风险的能力，最终破坏分散气候风险社会成本的功能。

该研究有以下几点重要意义：第一，建立一个可持续的保险安排意味着，不仅仅应当关心和考虑当前的保险需求，考虑到气候变化风险难以准确预测和估计的特点，对未来需求可能如何发展进行研究同样是必要的。第二，考虑到逆向选择的潜在问题，只有具有高气候风险的个人才需要购买相应的气候保险产品。第三，应当测算气候风险造成损害后，政府补偿的可获得性对保险需求的影响。第四，应当确定影响气候保险需求的其他因素，从而获得保险产品需求的完整情况并相应定价。

5.3.5　气候风险与房地产市场

投资者如何看待和贴现长期风险现金流和灾难，是一系列公共政策讨论的核心，也是理解投资者如何为金融资产定价的核心。然而，这一结果在未来现金流具有显著不确定性和投资者信念具有异质性情况下的延展程度尚不清楚。气候风险是当前人类面临的较为突出的长期风险之一，那么它将如何影响市场为长期现金流定价呢？回答这个问题很重要，因为市场在缓解气候灾难方面可以发挥关键作用：当前对预期的气候风险进行定价可以降低气候变化感知不强和充分感知的人们之间由信息差导致的财富转移的可能性，并降低未来资产价格极端波动的可能性。

Bernstein 等（2019）以气候变化引起的海平面上升作为长期风险，房地产资产作为长期现金流代表，实证探讨了长期风险下市场为长期现金流的定价行为。房地产投资是

---

① Botzen 和 van den Bergh（2012）认为，研究气候变化对荷兰洪灾保险市场的影响是一个很好的例子，并具有广泛的代表性。主要有三点原因：其一，在许多国家洪水都是造成自然灾害损害的主要原因之一；其二，保险行业具有重大的经济重要性，就收入而言，它是全球最大的行业之一；其三，气候变化造成的影响本就是全球性的。

② 撒玛利亚困境指对未来面临气候风险时会获得援助的预期可能诱使人们忽视气候风险，减少对于预防气候风险的措施的投入（包括购买气候保险等）。

一项持久的投资，而且通常被视为家庭最重要的资产。气候风险，尤其是海平面上升风险，对房地产市场产生的影响不容忽视。房地产市场是一个高度敏感的市场，任何环境变化都可能对其产生重大影响。首先，气候风险可能直接导致房地产价值的下降，如靠近海岸线的房产可能会被淹没或受到更频繁的风暴和海浪侵袭。其次，气候风险也可能影响房地产市场的交易。海平面上升可能导致居民房产偏好的改变，进而影响他们对房产的需求；此外，银行贷款政策的改变、保险费用的上涨等，也都可能影响到房地产市场的交易。

科学界当前一致认为海平面上升是一种严重的气候风险，但海平面上升的幅度和时间是不确定的。例如，Stocker 等（2014）发布的广为人知的报告内包含了许多外部研究人员对海平面上升最坏情况的预测：下个世纪，全球平均海平面上升幅度在不足一米到超过两米不等。这些预测意味着严重的后果。例如，Hauer 等（2016）发现，1.8 米的海平面上升将淹没目前 600 万美国人居住的地区，地产信息服务商 Zillow 的工作也表明，近 1 万亿美元的沿海住宅房地产面临风险（Rao，2017）。这种风险是高度集中的，会给受影响的社区带来潜在的灾难性后果。房地产投资具有持久性，并且房地产迄今为止是许多家庭最主要的资产，这使得海平面上升以及由其造成的预期后果成为数以万计居民首要担忧的问题。然而，正如我们上面讨论的那样，气候风险（包括海平面上升风险）的长期性和不确定性使其定价成为一个无法准确回答的经验问题。行为偏差和有限理性似乎不仅会影响家庭的金融决策，而且当气候感知者向非感知者出售房产时，关于海平面上升的信念的异质性会减弱沿海房地产适用的气候风险折扣。

Bernstein 等（2019）的研究表明，海平面上升风险是沿海部分地区房地产市场的首要考虑，但不适用于所有沿海地区。证据表明，由海平面上升风险敞口造成的资产折扣是由经验丰富的投资者驱动的，他们对当地人如何看待气候变化影响并不敏感，但会将他们获取的有关气候变化的新信息纳入其购房决策。在不太成熟的买家中，尽管住房可能构成他们储蓄非常重要的一部分，但很少有对海平面上升风险敞口要求资产折扣的证据。因此，即使经验丰富的投资者对预期的海平面上升风险敞口的影响进行了完美的定价，但在不太成熟的细分市场中，当前房价未能充分反映海平面上升风险。除非采取适当策略来减轻海平面上升的影响，否则这将增加沿海社区遭受巨大财富冲击的可能性。

虽然海平面上升是沿海房主首先关注的问题，但它们并不是气候变化给房地产价值带来风险的唯一渠道。气候变化的另一个突出风险是许多地区山火发生的危险程度越来越大。例如，Jeffery 等（2021）的报告发现，美国近 776 000 套房屋面临山林野火破坏的极端风险，相关重建成本价值超过 2210 亿美元。许多风险最大的房产位于加利福尼亚州大都会地区，但得克萨斯州和科罗拉多州的房产也有潜在的风险。Garnache 和 Guilfoos（2019）探索了此类野火风险是否被定价，并发现当房屋位于山林野火风险区域时，房价会下降。

由于大多数住宅房地产是用抵押贷款购买的，气候风险也将影响这些抵押贷款的估值。与此一致，近期的研究表明，山林野火风险等灾害导致抵押贷款违约增加（Issler et al.，2020）。同样，Ouazad 和 Kahn（2019）提供的证据表明，感知到的气候风险将影响银行是否进行抵押贷款证券化的决定。这一发现表明，美国政府通过房利美（Fannie Mae）和房地美（Freddie Mac）为抵押贷款支持证券提供违约风险担保的时候，可能会直接受到房地产市场气候风险的影响。

为了确定气候风险的定价，Giglio 等（2021b）还基于文本信息构建了一个衡量住房市场对气候风险关注程度的指标。为了构建这一随时间和空间而变化的衡量指标，该研究分析了大型在线房地产信息服务商 Zillow 对待出售和出租房产的文本描述。由此产生的气候关注指数是通过计算包含“飓风”“洪水”等与气候风险相关词语和短语的待售房产描述的比例来构建的。大多数待售房产的描述中都包括一些强调其受气候风险影响较小的描述（如“不在洪涝区”“它很高”“很干燥”等描述）。这并不奇怪，如果待出售的房产不受气候风险的影响，这是值得在介绍中强调的事情，特别是在潜在买家更加关注气候风险的地区和时间段。从空间变化来看，沿海地区对气候风险的关注程度更高，平均风险暴露程度更高。在时间维度上，较大的自然灾害发生后，对气候风险的关注度显著增加。通过使用这些数据，Giglio 等（2021b）表明，虽然洪涝区的房产与其他类似的房产相比通常会溢价交易，但在高度关注气候风险的时期，这种溢价会减少。

5.4　案　例

5.4.1　投资者与“气候行动 100 + ”倡议

“气候行动 100 + ”是一项由机构投资者主导的倡议，旨在确保世界上最大的一些温室气体排放企业在气候变化问题上采取必要行动。具体来说，截至 2023 年 10 月，这些资产管理规模合计近 68 万亿美元的 700 多名投资者，正在致力于让企业积极参与改善气候变化的治理、减少碳排放以及加强与气候有关的财务披露，从而创造长期股东价值。“气候行动 100 + ”于 2017 年 12 月启动，随即便引起了全世界的关注。自此以来，“气候行动 100 + ”已成为有史以来全球投资者共同参与的规模最大的气候变化倡议，影响力与日俱增，其标志如图 5-1 所示①。

图 5-1　“气候行动 100 + ”标志

资料来源：“气候行动 100 + ”官网

① 有关“气候行动 100 + ”的更多介绍见其官网：https://www.climateaction100.org/。

对于受关注企业，“气候行动 100 + ”有三大以实现减排、改善治理、加强与气候有关的财务披露和制订过渡计划为目标的明确承诺。具体来说，机构投资者要求受关注企业：①实施强有力的气候治理，明确规定董事会对气候变化风险和机遇的职责和监督工作；②采取行动减少整个价值链的温室气体排放；③提供更加细致的气候信息披露和实施能够稳健达成目标的转型计划。以加入“气候行动 100 + ”的嘉实基金为例，其在可持续投资声明中提及，“积极应对气候变化相关的风险及机遇，引导金融资源不断流向支持绿色低碳转型和契合可持续发展的领域和企业，创造对环境、社会的长期积极影响”[①]。

在投资者如何与企业合作方面，“气候行动 100 + ”制定统一的公司参与整体议程。在该议程下，投资者以独立受信人身份推动各次参与，制定针对各个公司的参与重点和策略，并付诸实施。投资者参与的形式多种多样，如投资者可以向企业发送正式信函、与公司董事会和高管就相关问题进行会晤等。如果通过诸如上述非公开形式的对话方式无法解决问题，投资者也可以通过公开方式向企业提出有关应对气候变化的相关诉求，如在年度股东大会上提交股东决议，或行使投票权要求企业管理层承担相应的责任。

在支持投资者参与方面，“气候行动 100 + ”通过其全球指导委员会确立战略重点、治理方式和基本框架，并通过委员会下属各区域工作组分别支持一部分重点受关注企业的参与工作，为投资者提供资源，并帮助确保参与有效。各区域工作组主要由下列支持倡议的投资者联盟领导：亚洲投资者气候变化联盟（Asia Investor Group on Climate Change，AIGCC）领导亚洲区域、总部位于美国的非营利组织 Ceres 领导北美区域、投资者气候变化联盟（Investor Group on Climate Change，IGCC）领导澳大利亚及邻近区域、机构投资者气候变化联盟（Institutional Investor Group on Climate Change，IIGCC）领导欧洲区域，以及联合国负责任投资原则（Principles for Responsible Investment，PRI）领导其他多个区域。

意大利国家电力公司（Enel）的相关进展就展现了“气候行动 100 + ”倡议所取得的进展。“气候行动 100 + ”发布的《2022 年进展更新：气候行动 100 + 五年历程》报告显示，“一年前，意大利国家电力公司仅披露六项指标。今年，该公司披露了所有指标，且 100%满足披露要求，成为全球第一家满足《基准》所有披露指标要求的公司”[②]。

总之，由投资者发起组织并协调的“气候行动 100 + ”倡议在推动企业采取实质性的气候行动、加强投资者的参与和合作、提升评估的精准性和国际合作力度、推动实现全球净零排放的目标与可持续发展等方面，发挥了重要的作用。

5.4.2　央行碳减排支持工具

中国人民银行于 2021 年 11 月 8 日宣告创设推出碳减排支持工具这一结构性货币政

① 有关《嘉实基金可持续投资声明》的详情见 https://static.jsfund.cn/lcj/zipfile/noshare/a1b87583e9944d1da62fad518b6dcaf6/HaverstFund_sustainable_Investment_statement.pdf?v=1111111111111。

② 有关报告详情见 https://www.climateaction100.org/wp-content/uploads/2023/02/CA-100-Progress-Update-2022-Simplified-Chinese.pdf。

策工具，以稳步有序、精准直达方式，支持清洁能源、节能环保、碳减排技术等重点领域的发展，并撬动更多社会资金促进碳减排①。具体来说，中国人民银行通过碳减排支持工具向金融机构提供低成本资金，引导金融机构在自主决策、自担风险的前提下，向碳减排重点领域内的各类企业一视同仁提供碳减排贷款，贷款利率应与同期限档次贷款市场报价利率（loan prime rate，LPR）大致持平。碳减排支持工具发放对象暂定为全国性金融机构，人民银行通过“先贷后借”的直达机制，对金融机构向碳减排重点领域内相关企业发放的符合条件的碳减排贷款，按贷款本金的60%提供资金支持，利率为1.75%。为保障碳减排支持工具的精准性和直达性，中国人民银行要求金融机构公开披露发放碳减排贷款的情况以及贷款带动的碳减排数量等信息，并由第三方专业机构对这些信息进行核实验证，接受社会公众监督。

碳减排支持工具的推出将发挥政策示范效应，引导金融机构和企业更充分地认识绿色转型的重要意义，鼓励社会资金更多投向绿色低碳领域，向企业和公众倡导绿色生产生活方式、循环经济等理念，助力实现碳达峰、碳中和目标。例如，刘慧心（2021）的研究报告显示，在贷款利率方面，碳减排贷款利率远低于其报告期内4.6%的企业贷款加权平均利率，起到了定向降低减碳企业债务融资成本的作用。

5.4.3 “卡特里娜”飓风重创美国保险业

2005年8月，“卡特里娜”飓风在巴哈马群岛附近形成，其后于8月24日升级为飓风，并于美国佛罗里达州登陆，强度为小型飓风。随后数小时，该飓风进入墨西哥湾，并于4日后升级为五级飓风。“卡特里娜”于8月29日在密西西比河口登陆时为极大的三级飓风。风暴潮对美国路易斯安那州、密西西比州及亚拉巴马州造成灾难性的破坏。用来分隔庞恰特雷恩湖（Lake Pontchartrain）和路易斯安那州新奥尔良市的防洪堤因风暴潮而决堤，该市80%的地方遭洪水淹没。强风吹及美国内陆地区，阻碍了救援工作。“卡特里娜”飓风整体造成的财产损失可能高达1080亿美元，同时造成约1200人丧生，成为美国史上破坏最大的飓风之一②。

“卡特里娜”飓风造成了严重的人员和财产损失，美国经济也不可避免地受到一定影响，而其中受影响最为严重的行业是保险业，根据 Hartwig 和 Wilkinson（2010）的统计报告，即便在此灾害发生五年后，它仍然是当时全球保险业历史上最大的单一损失事件，估计造成411亿美元的保险损失（按2009年美元计价则为451亿美元），其中，需向企业支付的索赔约占一半，这是一个相当大的份额。遭受到损失的六个州共产生约170万起索赔，其中120万起索赔是针对个人财产，如房产等。此外，还有约34万辆受损车辆的索赔和15万笔商业索赔。这些数字还没有包括由美国国家洪水保险计划（National Flood Insurance Program）承保的161亿美元洪水损失，也未包括海上能源设施20亿～30亿美元的保险损失。

---

① 有关央行碳减排支持工具的详情见 https://www.gov.cn/xinwen/2021-11/08/content_5649848.htm。

② 有关“卡特里娜”飓风的更多详情见 https://www.nationalgeographic.com/environment/article/hurricane-katrina。

对于财产、意外险保险公司和再保险公司来说，“卡特里娜”飓风也将被铭记为最重要的事件，这一年美国承保的巨灾损失达到创纪录的 619 亿美元，是有史以来最高的年度巨灾损失。2005 年“卡特里娜”飓风的强度促使保险公司、再保险公司和公共政策制定者重新审视美国应当如何应对灾难性气候风险导致的经济后果。

“卡特里娜”飓风不仅彰显了保险和再保险行业在帮助个人和企业做好应对气候变化准备，并从潜在气候风险灾难影响中恢复过来等方面发挥的重要作用；还彰显了私有保险公司在应对气候风险过程中扮演的重要角色（即为受灾害影响的社区提供了快速、有效的经济复苏手段）。

课后习题

1. 气候资产定价模型与传统金融资产定价模型的典型差异？
2. 气候资产定价模型受到哪些典型因素的影响？

参考文献

刘慧心. 2021. IIGF 观点|碳减排支持工具解析[EB/OL]. https://iigf.cufe.edu.cn/info/1012/4388.htm[2023-11-20].

Bansal R，Kiku D，Ochoa M. 2017. Price of long-run temperature shifts in capital markets[R]. NBER Working Paper 22529.

Bansal R，Ochoa M，Kiku D. 2016. Climate change and growth risks[R]. NBER Working Paper 23009.

Bernstein A，Gustafson M T，Lewis R. 2019. Disaster on the horizon：the price effect of sea level rise[J]. Journal of Financial Economics，134（2）：253-272.

Bolton P，Kacperczyk M. 2021. Do investors care about carbon risk？[J]. Journal of Financial Economics，142（2），517-549.

Botzen W J W，van den Bergh J C J M. 2008. Insurance against climate change and flooding in the Netherlands：present，future，and comparison with other countries[J]. Risk Analysis，28（2）：413-426.

Botzen W J W，van den Bergh J C J M. 2012. Monetary valuation of insurance against flood risk under climate change[J]. International Economic Review，53（3）：1005-1026.

Brock W A，Hansen L P. 2018. Wrestling with uncertainty in climate economic models[R]. Becker Friedman Institute for Economics Working Paper 2019-71.

Chava S. 2014. Environmental externalities and cost of capital[J]. Management Science，60（9）：2223-2247.

Cochrane J. 2009. Asset Pricing：Revised Edition[M]. Princeton：Princeton University Press.

Cogan D G. 2008. Corporate governance and climate change：the banking sector[R]. A Ceres Report.

Crost B，Traeger C P. 2014. Optimal CO_2 mitigation under damage risk valuation[J]. Nature Climate Change，4（7）：631-636.

Daniel K D，Litterman R B，Wagner G. 2019. Declining CO_2 price paths[J]. Proceedings of the National Academy of Sciences，116（42）：20886-20891.

Deschênes O，Greenstone M. 2011. Climate change，mortality，and adaptation：evidence from annual fluctuations in weather in the US[J]. American Economic Journal：Applied Economics，3（4）：152-185.

Desmet K，Rossi-Hansberg E. 2015. On the spatial economic impact of global warming[J]. Journal of Urban Economics，88：16-37.

Do V，Nguyen T H，Truong C. et al. 2021. Is drought risk priced in private debt contracts？[J]. International

Review of Finance，21（2）：724-737.

Duan T H，Li F W，Wen Q. 2023. Is carbon risk priced in the cross-section of corporate bond returns？[J]. Journal of Financial and Quantitative Analysis，1-35.

Garnache C，Guilfoos T. 2019. A city on fire？Effect of salience on risk perceptions[R]. Working Paper，University of Oslo.

Giglio S，Kelly B，Stroebel J. 2021a. Climate finance[J]. Annual Review of Financial Economics，13：15-36.

Giglio S，Maggiori M，Rao K，et al. 2021b. Climate change and long-run discount rates：evidence from real estate[J]. The Review of Financial Studies，34（8）：3527-3571.

Gollier C. 2002. Discounting an uncertain future[J]. Journal of Public Economics，85（2）：149-166.

Hansen L P. 2014. Nobel lecture：uncertainty outside and inside economic models[J]. Journal of Political Economy，122（5）：945-987.

Hartwig R P，Wilkinson C. 2010. Hurricane Katrina：the five year anniversary[J]. Insurance Information Institute Report.

Hauer M E，Evans J M，Mishra D R. 2016. Millions projected to be at risk from sea-level rise in the continental United States[J]. Nature Climate Change，6（7）：691-695.

Huynh T D，Xia Y. 2021. Climate change news risk and corporate bond returns[J]. Journal of Financial and Quantitative Analysis，56（6）：1985-2009.

Issler P，Stanton R，Vergara-Alert C，et al. 2020. Mortgage markets with climate-change risk：evidence from wildfires in California[R]. Working Paper，SSRN 3511843.

Jeffery T，Yerkes S，Morre D，et al. 2021. The 2019 wildfire risk report[R]. Corelogic Report.

Johannes M，Lochstoer L A，Mou Y. 2016. Learning about consumption dynamics[J]. The Journal of Finance，71（2）：551-600.

Krueger P，Sautner Z，Starks L T. 2020. The importance of climate risks for institutional investors[J]. The Review of Financial Studies，33（3）：1067-1111.

Lemoine D. 2021. The climate risk premium：how uncertainty affects the social cost of carbon[J]. Journal of the Association of Environmental and Resource Economists，8（1）：27-57.

Nordhaus W D. 1977. Economic growth and climate：the carbon dioxide problem[J]. The American Economic Review，67（1）：341-346.

Nordhaus W D. 1991. To slow or not to slow：the economics of the greenhouse effect[J]. The Economic Journal，101（407）：920-937.

Nordhaus W D. 1992. An optimal transition path for controlling greenhouse gases[J]. Science，258（5086）：1315-1319.

Nordhaus W D. 2007. A review of the stern review on the economics of climate change[J]. Journal of Economic Literature，45（3）：686-702.

Nordhaus W D. 2008. A Question of Balance：Weighing the Options on Global Warming Policies[M]. New Haven：Yale University Press.

Nordhaus W D，Boyer J. 2003. Warming the World：Economic Models of Global Warming[M]. Cambridge：MIT Press.

Olijslagers S，van Wijnbergen S. 2019. Discounting the future：on climate change，ambiguity aversion and Epstein-Zin preferences[R]. Working Paper 13708.

Ouazad A，Kahn M E. 2019. Mortgage finance in the face of rising climate risk[R]. National Bureau of Economic Research.

Painter M. 2020. An inconvenient cost：the effects of climate change on municipal bonds[J]. Journal of

Financial Economics，135（2）：468-482.

Rao K. 2017. Climate change and housing：will a rising tide sink all homes？[R]. Zillow Research.

Stern N H. 2007. The Economics of Climate Change：the Stern Review[M]. Cambridge：Cambridge University Press.

Stocker T F，Qin D，Plattner G K. et al. 2014. Climate change 2013：the physical science basis[R]. IPCC.

Stroebel J，Wurgler J. 2021. What do you think about climate finance？[J]. Journal of Financial Economics，142（2）：487-498.

Wagner G，Weitzman M L. 2016. Climate Shock：The Economic Consequences of A Hotter Planet[M]. Princeton：Princeton University Press.

Weitzman M L. 2007. A review of the Stern review on the economics of climate change[J]. Journal of Economic Literature，45（3）：703-724.

第 6 章 碳交易市场理论

本章导读

本章回顾了国内外碳交易市场背景，明确了碳交易市场的基本概念、功能及重要地位，基于气候经济学理论与经济学理论，阐述了碳交易市场的理论基础及基本原理，明确了碳交易市场的核心要素、设计逻辑及原则。具体包括如下内容：①碳交易市场理论基础，主要介绍碳交易市场背景及公共物品理论、外部性理论、科斯定理等碳交易市场理论；②碳交易市场基本原理，主要介绍碳交易市场形成机制与碳交易市场价格形成机制；③碳交易市场的核心要素，主要介绍覆盖范围与配额总量、配额分配机制和抵消机制等碳交易市场核心要素；④碳交易市场的设计逻辑与原则，主要介绍设计和实施碳交易市场的四个阶段：准备和参与阶段、创建市场阶段、运行市场阶段、合作与扩大阶段。总之，通过对本章的学习，将可以对碳交易市场的原理、核心要素及设计逻辑进行充分的了解。

6.1 碳交易市场理论基础

碳排放权交易（简称碳交易）是以降低二氧化碳（carbon dioxide）为主的温室气体排放为导向的重要市场机制，基于公共物品理论、外部性理论、科斯定理等理论基础，碳交易市场利用温室气体排放权所具有的稀缺性、商品性、排他性和交易性等市场特征，将温室气体排放权作为商品进行买卖，引导市场主体采取低碳经济模式。本节着重介绍碳交易市场提出背景及碳交易市场理论基础。

6.1.1 碳交易市场背景

1. 碳交易市场是全球应对气候变化的重要工具

近百年来，受人类活动和自然因素的共同影响，世界正经历着以全球变暖为显著特征的气候变化，其引发一系列气候相关灾害，如极端天气事件、冰川融化、海平面上升和生态系统破坏。随着这些气候相关灾害对全球经济、社会和生态系统产生越来越大的影响，国际社会日益意识到采取共同应对措施减少和防范气候风险的重要性与紧迫性。

碳交易市场是利用市场机制控制和减少温室气体排放，推动绿色低碳发展的一项制度创新，是全球应对气候变化的创新性解决方案。20 世纪 90 年代以来，随着人类逐渐认识和日益重视气候变化问题，各国政府积极介入气候相关事务，推动国家间协作，气候变化问题从单纯的科学问题上升到了经济和政治问题。1992 年，纲领性文件《联合国气候变化框架公约》正式发布。1997 年，人类历史上首次以法规的形式限制温室气体排放的《京都议定书》顺利通过，从而构建起了应对气候变化的国际制度框架。受全球经济增长乏力和《〈京都议定书〉多哈修正案》迟迟未生效等因素影响，以 CDM 为代表的《京都议定书》下的市场机制运转陷入了困境。

在此背景下，碳交易市场逐渐在全球范围内得到推广和应用。其中最为成功和影响深远的是 2005 年启动的欧盟排放交易体系（European Union emissions trading system，EU ETS）。作为全球最大和最成熟的碳交易市场，其为参与者提供了强有力的经济激励，并推动了低碳技术的研发和应用。世界各国纷纷开始建设并发展碳交易市场（emissions trading system，ETS），截至 2022 年底，全球共有 28 个碳交易市场正式运营。实践表明，碳交易市场是以较低成本实现特定减排目标的政策工具，与传统行政管理手段相比，既能够将温室气体控排责任压实到企业，又能够为碳减排提供相应的经济激励机制，降低全社会的减排成本，并且带动绿色技术创新和产业投资，为系统处理好经济发展和碳减排的关系提供了有效工具。

总体而言，碳交易市场不仅代表了一种具有前瞻性的市场化解决方案，也是全球合作应对气候变化不可或缺的一环，有望在全球气候治理中发挥越来越重要的作用。从中长期来看，全球碳交易市场将呈现出广度、深度持续加强以及国际合作稳步发展的稳中向好形势，碳交易市场机制将不断优化与完善，表现在覆盖行业持续扩大、温室气体范围逐渐全面、免费配额比例分阶段降低、拍卖配额份额适时增加等方面。

2. 碳交易市场是我国实现“双碳”目标的关键工具

气候变化是全人类的共同挑战。作为全球最大的发展中国家之一，中国克服自身经济、社会等方面的困难，实施了一系列应对气候变化战略、措施和行动，参与全球气候治理。2021 年 12 月 8 日，习近平在中央经济工作会议上提出，“推进碳达峰碳中和是党中央经过深思熟虑作出的重大战略决策”①，是我们对国际社会的庄严承诺，也是推动高质量发展的内在要求。

近年来，中国充分发挥市场机制作用，持续推进全国碳交易市场建设，建立温室气体自愿减排交易机制，碳交易市场已成为我国实现“双碳”目标的关键工具。2011 年，《国家发展改革委办公厅关于开展碳排放权交易试点工作的通知》发布，同意北京、天津、上海等七个地区开展碳排放权交易试点。随着七个试点地区碳排放权交易工作的深化和全国碳排放权交易体系的建设，全国碳交易市场的各项准备工作已经就绪。2021 年 7 月 16 日，全国碳排放权交易市场启动上线交易，覆盖二氧化碳排放量约 45 亿吨，成为全球覆盖温室气体排放量规模最大的碳交易市场。《全国碳排放权交易市场第一个履约周期报告》显示，全国碳交易市场第一个履约周期碳排放配额累计成交量达 1.79 亿吨，累计成

① 《习近平：实现“双碳”目标，不是别人让我们做，而是我们自己必须要做》，http://politics.people.com.cn/n1/2022/0523/c1001-32428031.html[2022-05-23].

交额为 76.61 亿元。全国碳交易市场的减排效果已初步显现，企业的减排意识和能力也得到了有效提高。

加快建设完善全国碳排放权交易市场成为实现“双碳”目标的重要内容。2021 年 9 月，《中共中央 国务院关于完整准确全面贯彻新发展理念做好碳达峰碳中和工作的意见》提出，加快建设完善全国碳排放权交易市场，逐步扩大市场覆盖范围，丰富交易品种和交易方式，完善配额分配管理。

作为全球碳减排的参与者、贡献者和引领者，中国将进一步扎实做好全国碳交易市场建设各项工作，坚持全国碳交易市场作为控制温室气体排放政策工具的基本定位，持续完善制度机制，提升监管水平，强化数据质量管理，丰富交易品种和交易方式，有效发挥市场机制对控制温室气体排放、促进绿色低碳技术创新的重要作用，逐步建立起公开透明、规范有序、监管有效的具有国际影响力的碳市场。

6.1.2　碳交易市场相关理论

1. 公共物品理论

一般的物品通常可以根据排他性和竞争性分为四种：私人物品、俱乐部物品、公共资源和公共物品，如表 6-1 所示。排他性是指只有对商品支付价格的人才能够使用该商品。竞争性是指如果某人已经使用了某个商品，其他人不能同时使用该商品。其中，物品性质不是一成不变的。例如，根据是否收费以及是否拥挤，道路的物品性质会发生转变。当道路不收费时，不拥挤的道路上增加一辆行驶车辆不会影响其他车辆的行驶，此时道路具有非竞争性与非排他性，是典型的公共物品。当过多的行驶车辆导致道路拥挤时，此时道路具有竞争性，具备公共资源特性。

表 6-1　一般物品的性质与分类

性质	竞争性	非竞争性
排他性	私人物品 （衣服、拥挤的收费道路等）	俱乐部物品 （消防、不拥挤的收费道路等）
非排他性	公共资源 （石油资源、拥挤的不收费道路等）	公共物品 （国防、不拥挤的不收费道路等）

对于公共物品而言，公共物品的最优供给数量必须具备以下条件：提供公共物品的社会边际收益等于社会边际成本。为此，需要了解每个人对增加单位产出的支付意愿，即个人的边际收益，在此基础上，通过加总该公共物品所有消费者的边际收益即可得到总的边际收益。如图 6-1 所示，D_1 和 D_2 分别是两个消费者对某公共物品的需求曲线，鉴于公共物品具有非竞争性，公共物品的市场需求曲线 $D_{总}$ 就是每个人需求曲线的垂直相加，即 $D_{总}=D_1+D_2$。$S_{总}$ 是与公共物品的边际成本相一致的供给曲线，它与 $D_{总}$ 的交点 E 决定该公共物品的均衡产量 Q_0。在 E 点社会边际成本等于社会边际收益，实现了帕累托最优。但是，在实际生活中，任何一个消费者消费一单位公共物品的机会成本为零，因

此，人们往往倾向于隐瞒自己从公共物品消费中所得到的实际边际效用从而逃避应支付的成本，导致市场提供的公共物品数量往往低于最优数量，即市场难以实现资源的有效配置，即“市场失灵”现象。

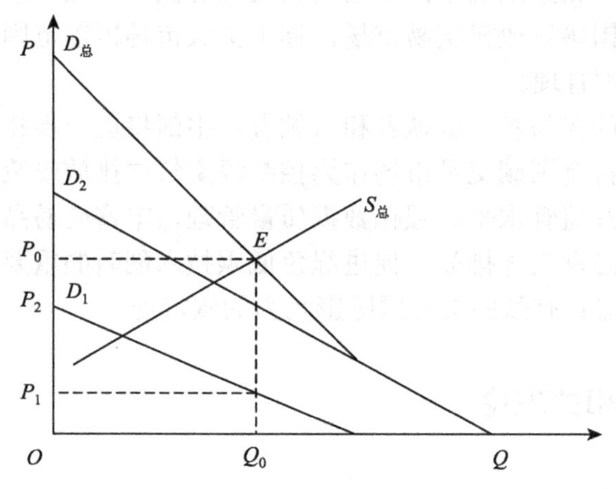

图 6-1　公共物品的供给和需求

全球碳排放的环境容量具备公共物品和公共资源的双重属性。一方面，全球碳排放的环境容量具有明显的非排他性，其不归任何个体或地区所有，也无法排除任何个体或地区使用碳排放空间。另一方面，全球碳排放的环境容量逐渐从非竞争性转变为竞争性。在工业革命以前，煤炭等化石燃料没有大规模应用，人类活动排放的二氧化碳并不会对碳排放容量空间造成影响，具有非竞争性特征，此时，其属于纯公共物品。伴随工业化进程的推进，碳排放的环境容量无法满足人类需求，碳排放容量空间公共资源属性逐渐显现。

大量温室气体的排放导致全球升温，导致海洋变暖和酸化、冻土融化、极端灾害增多、生物多样性锐减等一系列气候灾害事件，严重危及人类生存和持续发展。同时，这种影响具有非排他性和非竞争性，是一种具有公共性的、使人类受害的产品，任何国家和地区均难以避免。鉴于碳排放是一种公共劣品或公共不良物品，常伴随无人负责、过度供给的现象。

立足气候治理角度，不参与气候治理的国家存在明显的“搭便车”动机。具体而言，温室气体全球排放、全球扩散的现状决定了其具备全球性，如果某个国家不参与气候治理，碳排放的环境容量也会被参与全球气候治理的国家所提供，因此非参与国既可以不承担参与全球气候治理需要支付的各项成本，又可以享受全球气候治理带来的有益成果。除非存在强有力的手段使所有国家将气候变化的影响纳入经济社会发展的考虑，否则追求经济增长的国家不会全力推动全球气候治理进程以实现人类共同的长期利益。因此，如何分配碳排放的环境容量需要考虑其全球性公共物品这一特性。

2. 外部性理论

1920 年，庇古在《福利经济学》一书中首次提出“外部性”概念，指出外部性存在负外部性和正外部性。负外部性指某一经济主体的行为使他人受损，却无须承担代价。对于负外部性，经济主体行为的社会成本会大于其私人成本。以图 6-2（a）为例，假设某一高耗能企业存在过量碳排放，其社会成本包括企业自身成本与环境污染导致的外部成本。因此，社会成本曲线在供给曲线上方，二者之差就是受到污染物影响的其他人的外部成本。从社会福利视角出发，企业的最优生产水平为社会成本曲线和需求曲线的交点的生产水平 Q_1，而当企业不考虑外部性时，此时，企业的最优生产水平是供给曲线和需求曲线的交点决定的生产水平 Q_0。此时，企业忽视了其生产活动的负外部性，存在过度供给，使 $Q_0>Q_1$。

同理，如果某个经济主体的行为使他人受益，受益者却无须付出花费，就产生了正外部性。对于正外部性的分析，经济主体行为的社会成本会大于其私人成本。图 6-2（b）显示了经济主体行为的社会成本。因为外部成本的存在，社会成本曲线在经济主体需求曲线之上，二者之差反映经济主体的行为给他人带来的成本。当正外部性存在时，从整个社会的角度考虑，最适合的生产水平应该是社会成本曲线和供给曲线的交点，生产水平是 Q_1。而当企业忽视了其正外部性，生产水平为 Q_0，将造成企业供给不足，使 $Q_0<Q_1$。

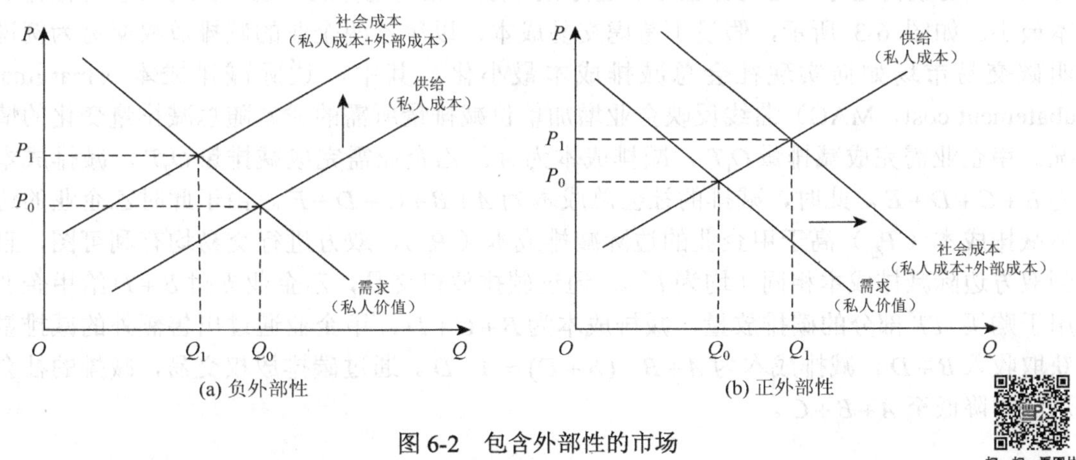

图 6-2　包含外部性的市场

温室气体排放具备典型的负外部性特征，即企业为追求自身利益的最大化，在生产和消费过程中并未考虑全社会由温室气体排放所带来的危害增加的成本。鉴于碳排放对气候变化的影响是长期的，其负外部性危害是深远的。单一国家解决全球负外部性的治理问题的能力和动机有限，即使有部分国家自觉进行负外部性治理，但只要还有其他当事国不参与治理，主动治理的国家的积极性就可能受挫，全球负外部性的治理效果会大打折扣。因此，碳排放引起的全球负外部性需要各国合作解决。

3. 科斯定理

科斯定理是一种产权理论，由斯蒂格勒根据科斯于 1960 年发表的《论社会成本问题》提炼得到。科斯定理颠覆了此前依靠政府解决外部性的观点，提供了以市场机制来解决外部性问题的新思路：只要产权界定清晰，无须政府干预，仅仅依靠市场交易就能够有效解决污染的外部性问题。科斯定理由三大定理组成。

科斯第一定理：在市场交易成本为零的情况下，不管初始产权如何配置，当事人之间的谈判都会导致资源配置实现帕累托最优。该定理只在交易成本为零且初始产权界定清晰的前提假设下才成立，而在现实情况下，交易成本往往大于零，由此引出下述定理。

科斯第二定理：在市场交易成本大于零的情况下，初始产权界定的不同将导致不同的资源配置效率。因此，初始产权分配方案的选择对于优化资源配置效率至关重要。

科斯第三定理：在市场交易成本大于零的情况下，产权的合理及清晰界定有助于降低交易成本，改善经济效率。产权制度是进行市场交易的基础，在不同的产权制度下交易成本可能存在差异。此外，产权制度的设计也需要消耗资源，产生成本。因此，产权制度的确定要综合考虑各种产权制度下的交易成本与制度设计成本，选择最具成本效益的产权制度。

碳交易市场是在科斯定理的基础上设计形成的，其通过明确界定碳排放权、允许碳排放权在市场参与主体间的交易，通过碳交易市场对资源的优化配置实现社会成本最小化。碳排放权交易的原理在于只要交易带来的净收益高于交易成本，企业通过交易有利可图，交易就会进行，直至各企业的边际减排成本相同则停止交易，此时社会总减排成本最小。如图 6-3 所示，假设不考虑交易成本，以甲乙两企业的碳排放权交易为例说明碳交易市场如何实现社会总减排成本最小化。其中，边际减排成本（marginal abatement cost，MAC）曲线反映企业增加单位减排量所需的成本随总减排量变化的情况。甲企业需完成减排量O_1T，减排成本为A；乙企业需完成减排量O_2T，减排成本为$B+C+D+E$。此时，减排的社会总成本为$A+B+C+D+E$。由于此时乙企业的边际减排成本（$P_乙$）高于甲企业的边际减排成本（$P_甲$），双方进行交易均有利可图，直到双方边际减排成本相同（均为P^*）。通过碳排放权交易，乙企业支付$B+D$给甲企业用于购买 TT^*部分的碳排放量，减排成本为$B+C+D$；甲企业通过出售额外的减排量获取收入$B+D$，减排成本为$A+B-(B+D)=A-D$。通过碳排放权交易，减排的社会总成本降低至$A+B+C$。

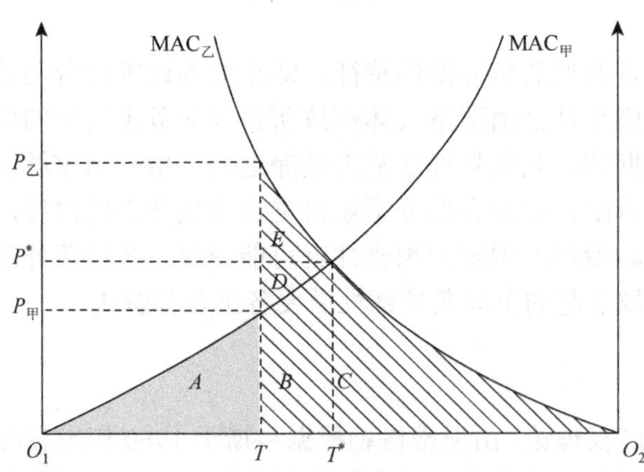

图 6-3 碳交易市场最小化减排成本示意图

6.2　碳交易市场基本原理

与传统的实物商品市场不同，碳交易市场是一种全新的环境经济政策工具，其最大的创新之处在于通过合理分配减排资源，发挥市场“奖优淘劣”在资源配置中的决定性作用，促使企业淘汰落后产能或加大研发投资。碳交易市场的基本原理包括碳交易市场形成机制及碳交易市场价格形成机制。其基本原理如图 6-4 所示。

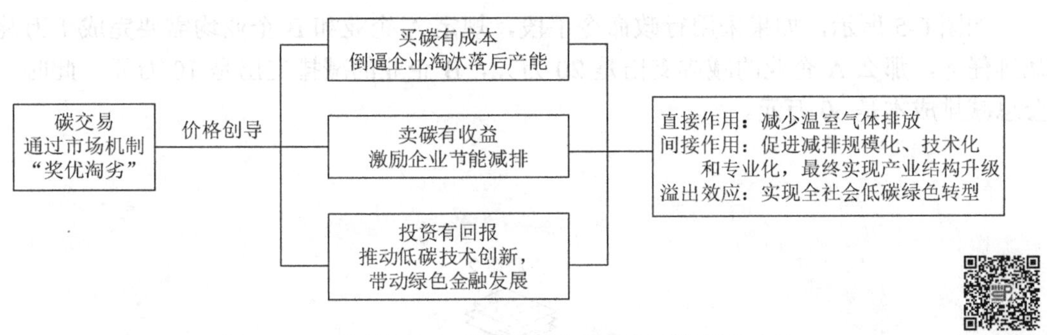

图 6-4　碳排放权交易体系通过市场机制“奖优淘劣”

6.2.1　碳交易市场形成机制

1. 基于配额交易的碳市场[①]

基于配额交易的碳市场是以碳配额（也称作碳排放权）作为交易对象[②]，碳配额根据市场参与者的供需关系进行自由竞价的市场。具体来看，相关部门通过立法或其他有约束力的形式设定企业温室气体排放上限，并依据一定的原则和方式将碳配额分配给相关企业。企业的碳排放量不能超过其持有的碳配额，如果企业的碳排放量大于碳配额，则被视为没有完成履约责任，必须受到惩罚，同时，多余的碳配额可以在各种市场主体之间进行交易。在碳排放总量控制约束下，减排成本较高的企业愿意到市场上去购买碳配额以满足需要，减排成本低的企业则进行较多的减排并获取减排收益，最终减排由成本较小的企业承担，从而使得在既定减排目标下的社会整体减排成本最小化。

下面举例说明不同碳减排成本的企业如何利用总量控制交易机制实现低成本减排。假定全社会减排目标是 2 万吨 CO_2，社会只有 A 和 B 两家企业。其中，两家企业的减排成本不同，A 企业的减排成本是 20 元/吨，B 企业的减排成本是 10 元/吨。采用行政命令与碳交易市场两种减排方式的对比见表 6-2。

① 为了便于阅读，本书中提到的“碳市场”即指“碳交易市场”。除非特别指明，后文提到的“碳市场”均代表这一概念。

② 碳配额是指为控制温室气体排放而设定的、允许某个实体在规定的时间内释放到大气中的碳排放量的上限。简而言之，它就是一个碳排放许可证，允许持有者在一定时间内排放特定数量的温室气体。

表 6-2　两种减排方式对比

减排方式	单位	A 企业	B 企业	全社会
行政命令	减排总量/万吨	1	1	2
	减排成本/万元	20	10	30
碳交市场	减排总量/万吨	0	2	2
	减排成本/万元	15	5	20

如图 6-5 所示，如果采用行政命令手段，规定 A 企业和 B 企业均需要完成 1 万吨的减排任务，那么 A 企业的减排支出是 20 万元，B 企业的减排支出是 10 万元，此时，社会总减排成本是 30 万元。

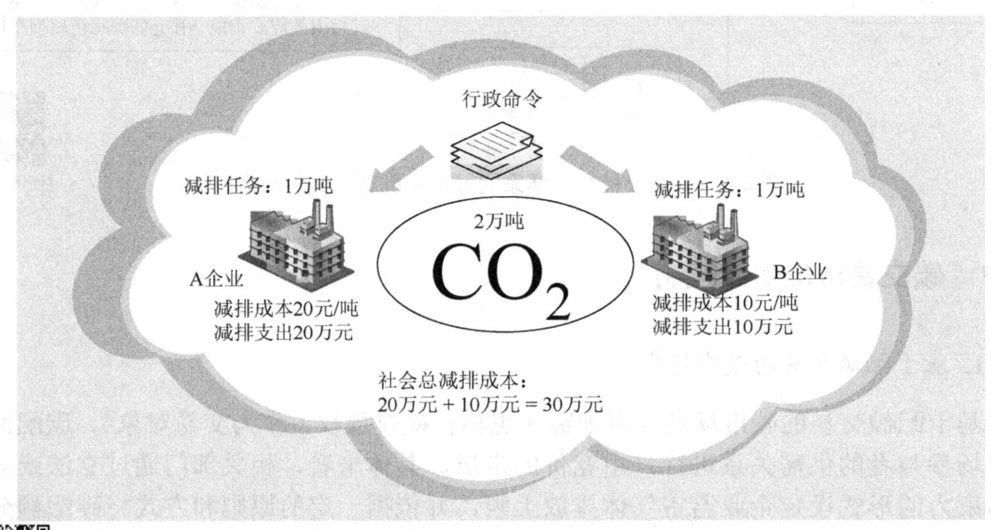

扫一扫　看图片

图 6-5　采用行政命令手段的减排成本

如图 6-6 所示，当采用基于配额交易的碳市场机制时，全社会减排目标同样为 2 万吨 CO_2，A、B 两家企业仍然各分得 1 万吨的碳配额。假设碳交易市场机制已经成熟，碳价为社会平均减排成本，即 15 元/吨。这意味着，当 A、B 两家企业各自减排 1 万吨时，全社会的碳减排成本为 30 万元，平均减排成本为 15 元/吨。

B 企业减排成本（10 元/吨）低于碳价，其可以通过出售碳配额获取收益，因此 B 企业有较强的减排动力。假设 B 企业承担 2 万吨的减排任务，其减排成本是 20 万元。由于 B 企业超额完成 1 万吨减排任务，并以市场碳价出售，B 企业获得 15 万元的减排收益，故其减排成本降至 5 万元。

而 A 企业的减排成本为 20 元/吨，高于 15 元/吨的市场碳价。因此，A 企业倾向于通过购买碳配额完成减排任务。在这种情况下，A 企业需花费 15 万元购买 1 万吨的碳配额，此时，其减排成本为 15 万元，低于行政命令手段下 20 万元的减排成本。

综上所述，全社会的减排成本为 A 企业的 15 万元加上 B 企业的 5 万元，总计为 20 万元，这远低于采用行政命令手段的 30 万元。因此，通过碳交易市场，社会可以最终实现减排目标，并使各控排企业都能节约减排成本，从而形成多赢的局面。

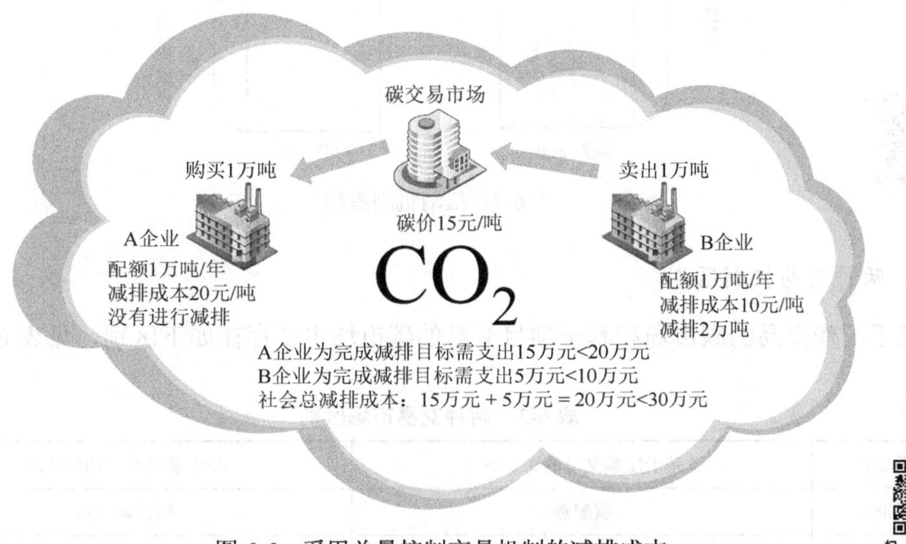

扫一扫　看图片

图 6-6　采用总量控制交易机制的减排成本

2. 基于项目交易的碳市场

基于项目交易的碳市场是对基于配额交易的碳市场的补充。碳减排项目是持有者主动发起的碳减排活动，其创造的碳减排量可用于抵消持有者的碳排放量。广义来说，碳减排项目是可以避免或减少碳排放的缓解活动（如防止砍伐森林、能源效率提升项目等）。当碳项目的实际碳排放量低于常规情景下的碳项目额度时，项目持有者可以出售碳项目多余的减排量。碳项目提供了减排履约的灵活性安排，碳项目买方可以通过为减排成本较低的地区或部门提供资金来抵减自身的排放量，进而降低买方的减排成本。

从认证源看，碳项目机制分为三大类：国际机制、独立机制和地方机制。国际机制是根据《京都议定书》和《巴黎协定》等国际条约建立的信贷机制，包括 CDM、JI 和正在建设中的可持续发展机制（sustainable development mechanism，SDM）；独立机制是由非政府实体管理的碳减排机制，目前体量较大的有自愿核证减排标准（verified carbon standard，VCS）和黄金标准（gold standard，GS）；地方机制是每个国家或地区出台的碳减排机制，如中国国家核证自愿减排（China certified emission reduction，CCER）交易机制和美国加利福尼亚州合规补偿计划，这些机制只适用于特定司法管辖区。

核证减排量的需求主要来自两个方面：在基于配额交易的碳市场中，核证减排量可以部分代替碳配额来完成履约责任，以降低履约成本，即碳抵消机制（图 6-7）；在基于项目交易的碳市场中，企业或个人可以购买核证减排量，从而中和自身的碳排放，以此履行社会责任。

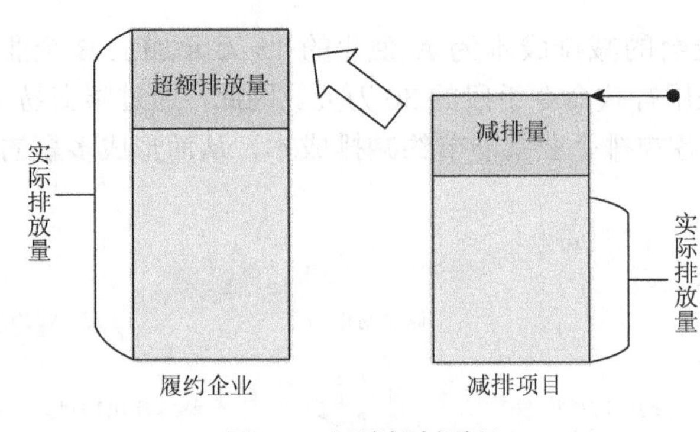

扫一扫 看图片

图 6-7 抵消机制原理

3. 两种交易机制区别

基于配额交易的碳市场和基于项目交易的碳市场主要存在如下区别，见表 6-3。

表 6-3 两种交易市场区别

市场要素	基于配额交易的碳市场	基于项目交易的碳市场
交易商品	碳配额	核证减排量
交易系统	碳交易市场	碳交易市场、自愿减排系统
交易目的	满足企业低成本履约的需求	满足企业社会责任的市场需求

第一，交易商品不同。基于配额交易的碳市场是以碳配额（也称碳排放权）作为交易对象，基于项目交易的碳市场以核证减排量作为交易对象。两者交易商品的区别如下：就性质而言，碳配额针对的是绝对值，核证减排量针对的是减排量，是相对值；就创建方法而言，碳配额是事先创建的，通过立法或其他有约束力的形式进行提前设定，而核证减排量是事后产生的，由项目产生的减排量需要经过相关部门的核证与认证，才会形成可用于交易的核证减排量；就数量而言，碳配额的数量是确定的，每年的碳配额数量在开始交易之前便已确定，而核证减排量需经核证与认证才能知道准确的数量。

第二，交易系统不同。基于配额交易的碳市场的范围通常仅限于特定地域或区域，如欧盟碳排放权交易体系目前覆盖了欧洲经济区和欧洲自由贸易联盟国家的 11 000 多家发电厂和来自能源密集型行业（铝、铁、水泥、玻璃生产等行业）与商业航空业的工厂。而碳项目机制具有明显的跨地域特性，其中，最典型的代表是 CDM 项目，其通过项目开发产生的核证减排量具备在全球大部分地区流通的能力。此外，存在其他一些自愿性减排标准，如核证减排标准和黄金标准，这些标准支持在全球范围内的项目开发，并且所产生的减排量也能在国际市场上进行交易。类似地，中国的 CCER 在满足一定条件的情况下，也可以在不同碳交易市场之间实现流通。

第三，交易目的不同。基于配额交易的碳市场主要交易目的是企业履约，而基于项目交易的碳市场不仅能满足排放企业履约的需求，还可以满足其他企业和个人践行社会责任的需求。特别是核证减排标准和黄金标准等自愿减排标准，它们的主要用途就是满足履行企业社会责任的市场需求。在基于配额交易的碳市场中，核证减排量交易是碳配额交易的有效补充。为了保障碳市场的配额需求和减排效果，各碳交易市场通常会对核证减排量的使用数量进行限制，如中国大部分碳交易试点对 CCER 的使用比例要求均限制在 10%以内。

在两种交易体系中，基于配额交易的碳市场实际上是碳市场的主体。因此后文将主要从基于配额交易的碳市场的原理出发，介绍碳市场的核心要素和设计步骤。

6.2.2　碳交易市场价格形成机制

碳交易市场的价格形成机制是碳交易市场有效运行的核心。碳交易市场中的碳配额价格作为一种“价格信号”，能够起到推动碳减排资源优化配置、最小化全社会碳减排成本、促进绿色低碳产业投资、激励企业低碳转型与绿色低碳技术创新等重要作用。

碳配额价格取决于碳交易市场中特定时间点上碳配额供给和需求的动态平衡。从图 6-8 碳交易市场价格形成机制可以看出，当碳市场中的配额供给数量确定不变时，碳配额需求数量的增加（减少）意味着碳配额需求曲线右移（左移），使得新均衡状态下的碳配额价格随之上涨（下跌）。

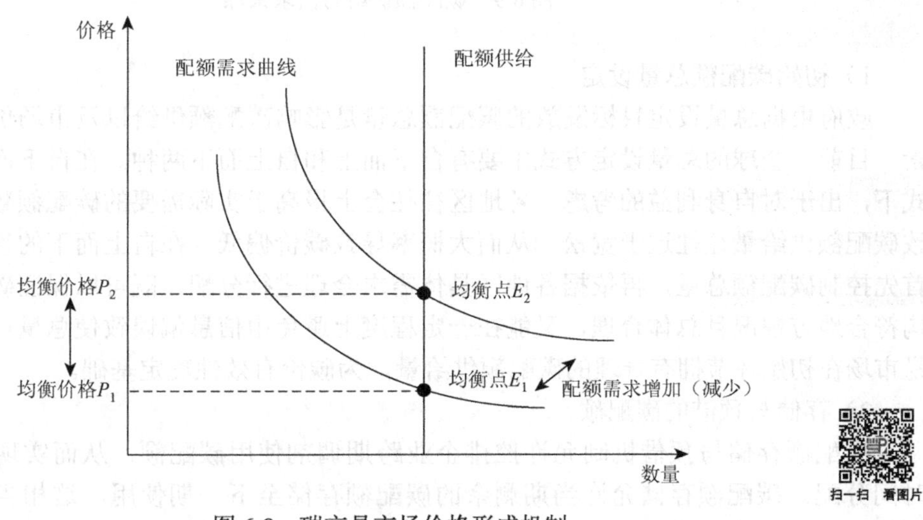

图 6-8　碳交易市场价格形成机制

特定时间点上碳市场配额供给和需求的主要来源分别为政府发放的碳配额总量和控排企业的履约需求，此外，存储与预借机制、抵消机制、市场稳定储备（market stability reserve，MSR）机制以及连接机制等顶层设计也会影响碳配额的供给与需求（图 6-9）。

1. 碳配额供给来源

目前市场上的碳配额供给在很大程度上取决于政策制定者设置的条件与交易机制，其中政府当期发放的碳配额总量是最主要的碳配额供给来源，除此以外，其他碳交易体系的制度设计与实施也会影响碳配额供给情况。

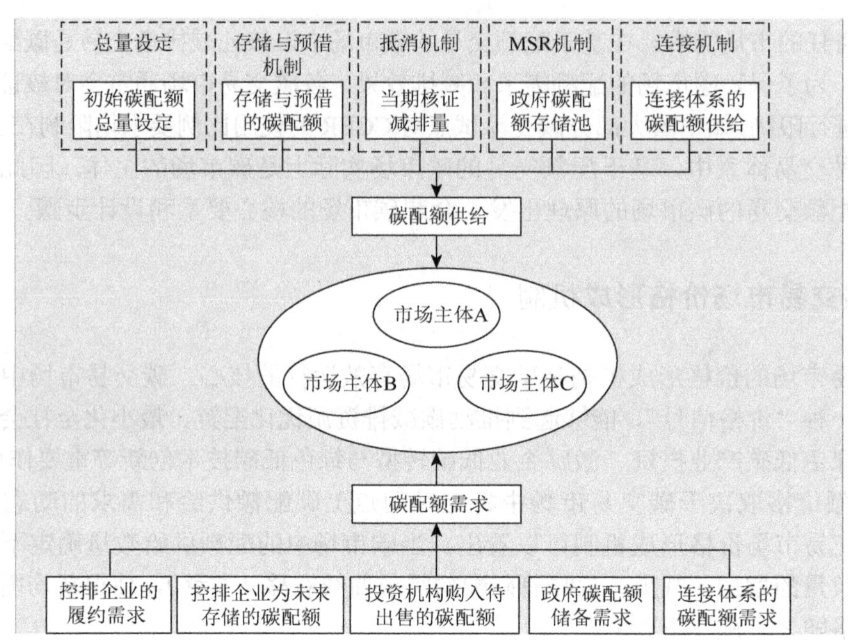

图 6-9 碳配额供给与需求来源

1）初始碳配额总量设定

政府根据总量设定目标发放的碳配额总量是影响碳配额供给以及市场价格的关键因素。目前，全球的总量设定方式主要有自下而上和自上而下两种。在自下而上的设定方式下，出于对自身利益的考虑，各地区往往会上报高于实际需要的碳配额数量，从而导致碳配额供给量往往过于宽松，从而大概率导致碳价偏低。在自上而下的设定方式下，首先控制碳配额总量，再依据各地区具体需求合理进行分配，既可以保证碳配额分配结构符合地方情况且总体合理，又能在一定程度上避免由信息偏误致使总量过松，使碳交易市场在初始环节拥有合理的碳配额供给量，为碳价有效性奠定基础。

2）存储与预借的碳配额

碳配额存储与预借机制允许控排企业跨期调剂使用碳配额，从而实现碳配额的跨时间分配。碳配额存储允许当期剩余的碳配额存储至下一期使用，这相当于增加下一期的碳配额供给。碳配额预借允许控排企业在当期碳配额不足时，预先使用下一期的碳配额，这相当于增加当期的碳配额供给。因此从以往履约期结转（存储）或从未来履约期预支（预借）的碳配额量会影响特定时间点上碳配额的供给水平，这在一定程度上平抑了跨期碳价格。

3）当期核证减排量

抵消机制具体介绍请见 6.3.3 节。碳抵消使用的核证减排量来源于碳交易市场覆盖范围以外的排放源，如碳减排或碳封存项目。因此，抵消比例越高，抵消机制的核证减排量使用越多，市场供应就越多。在其他条件不变的情况下，这将导致碳价下降。未来随着碳配额政策趋于收紧，核证减排量将成为提供碳配额来源和稳定碳价的重要手段。

4）政府碳配额存储池

MSR 机制被政府设计用来应对需求侧冲击和碳配额过剩问题，旨在稳定碳市场信心。在具体操作上，政府每年将截至上一年底碳交易市场的累积过剩碳配额的一部分转入 MSR，当市场出现碳配额短缺或碳配额价格连续偏高时，则从 MSR 中提取一定数量的碳配额，注入一级市场中。这种做法有效地缓冲了突发的需求冲击，防止碳交易市场价格过度波动。

5）连接体系的碳配额供给

市场连接是指一个碳交易市场允许受管控实体使用其他一个或多个碳交易市场中的碳配额以达到履约的目的，从而实现碳配额的跨空间分配。因此，当不同碳交易市场之间建立起连接体系后，其他碳市场则会成为当前碳市场的碳配额供给来源之一。

2. 碳配额需求来源

碳配额的需求主要取决于覆盖范围内控排企业的履约需求。此外，控排企业及其他市场参与者的存储与投资行为、政府的 MSR 机制以及市场连接体系，也会对碳配额需求产生影响。

1）控排企业的履约需求

控排企业的履约需求是影响碳市场价格的重要因素，并与企业的实际生产情况密切相关。履约是控排企业的强制性义务，在履约周期内，控排企业需要获得足够的碳配额来抵消其实际的碳排放量。若所持有的碳配额不足，那么控排企业则必须在市场上购买更多的碳配额，以满足履约需求。

2）控排企业为未来存储的碳配额

控排企业出于对未来产能或产量扩大的规划，或是对未来碳价上升的预期，可能会存储当年清缴后剩余的碳配额，甚至在碳市场上购买碳配额，以便未来用于抵消碳排放量或在市场上出售获利。

3）投资机构购入待出售的碳配额

金融属性是碳市场的重要属性，可以为市场参与者提供保值、增值和资金融通的功能。在全球节能低碳的大趋势下，碳市场也受到众多投资机构的关注。这些机构投资者在碳市场中产生了投资需求。一方面，机构投资者可以通过碳交易获得更多的盈利机会；另一方面，机构投资者的参与为碳市场注入了新的活力，提高了碳市场流动性，进而加强了碳市场的资金融通和价格发现功能。

4）政府碳配额储备需求

为维持碳市场上碳配额数量适度与碳价稳定，政府会将碳市场的累积过剩碳配额总数的一部分转存入 MSR 作为调控碳配额。此外，一些碳市场还设置了碳配额回购制度。这种储备机制可以吸纳市场上的过剩碳配额，防止碳价大幅下跌，并为未来可能出现的不可预期需求提供缓冲。

5）连接体系的碳配额需求

外部连接会对处于连接体系中的碳市场形成碳配额需求。当连接体系中不同碳市场之间的价格存在差异时，市场参与者会倾向于从碳价较低的碳市场中购买碳配额用于履约，或将其在碳价较高的碳市场中出售以获得盈利。

6.3 碳交易市场的核心要素

碳交易市场的核心要素包括覆盖范围、配额总量、配额分配、排放监测、报送与审查、履约考核、抵消机制和交易机制，如图 6-10 所示。本节将重点介绍：覆盖范围与配额总量、配额分配机制和抵消机制。此外，价格或供给调整机制（price or supply adjustment mechanisms，PSAMs）作为一种价格稳定机制，是灵活调整碳价和维护碳交易市场稳定运行的重要手段，本节将介绍一些主要的 PSAMs 工具。

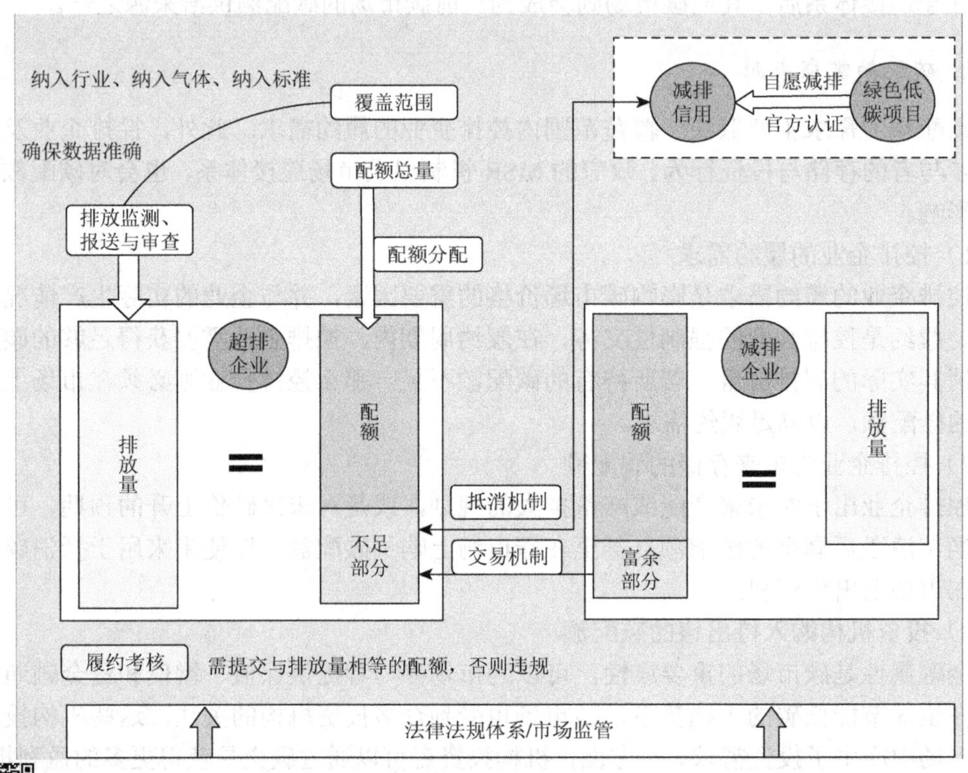

图 6-10 碳交易市场的核心要素

6.3.1 覆盖范围与配额总量

1. 碳交易市场覆盖范围

碳交易市场的覆盖范围涉及碳交易市场包含的温室气体种类、国民经济行业类型、排放源边界以及覆盖对象的纳入标准。在碳排放权交易体系建设过程中，覆盖范围是需要首先考虑的设计要素。

广泛的覆盖范围有利于确保达成减排目标，提高减排的成本效益，并降低由覆盖范围差异导致的部门间竞争扭曲和国内碳泄漏。此外，它还可以提高碳交易市场的流动性与有效性。但过大的覆盖范围也会带来一系列挑战，如交易和行政管理成本升高、跨区域碳泄漏风险增加、监管难度加大等。从国际碳交易市场建设经验来看，确定覆盖范围时，通常采取“抓大放小”和分批逐步拓宽管控范围的思路。随着碳交易市场机制的逐渐成熟，覆盖范围将不断扩大或调整。

1）覆盖行业和气体种类

一般而言，碳交易市场应重点纳入排放量大、易于监管的行业和气体。同时，应考虑覆盖现有措施无法提供充足经济激励推动其减排的行业，以及减排可以带来协同效益的行业。例如，道路运输行业的减排不仅有助于减少大气污染，还可以缓解交通拥堵。此外，为保证碳交易市场的稳定与有效运行，需选择排放核算和监测明确且成本合理的行业，覆盖大型排放实体，并设置相应准入门槛，排除小型、分散或偏远的排放源。

2）碳排放监管

合理设置排放监管点，能够以较低的监控成本实现更精准的排放量测量和更有效的减排激励与监控。供应链中的若干环节都可以作为排放监管点，包括排放点、上游与下游。排放点指物理上温室气体排放到大气中的点，如发电和工业设施所在处。上游是指供应链中排放点之前的环节，通常是最开始由开采商、进口商及提炼商对某种化石燃料进行商品化的地方，如燃料分销终端和大型提炼设施。下游则是指供应链中排放点之后的环节，即直接将温室气体释放到大气中的设施或实体，如建筑物等。

一般而言，监管点应设置在可监测、可强制履约且被监管的实体能直接减排的地方，或设置在能够通过成本传递影响排放的地方。至今，多数碳交易市场的设计选择在排放点或供应链上游设置监管点。虽然有时也会将监管点设置在下游，但这可能会大幅提高监控成本。

3）准入门槛

设定准入门槛可以在保证碳交易市场所覆盖的排放量和减排机会不会明显减少的基础上，大幅减少受管控实体的数量，消除小型企业的履约成本，同时最大限度地降低行政管理和气候投融资监测、报告与核证（measurement，reporting and verification，MRV）成本。在设置准入门槛时，需要在设置较低准入门槛与较高的行政成本之间权衡利弊，考虑纳入门槛内外的实体间的竞争扭曲以及碳泄漏问题，结合碳交易市场所在司法管辖区具体情况调整准入门槛。

2. *碳交易市场总量设定*

1）排放总量概念界定

碳交易市场的排放总量是政府在规定时间跨度内发放的碳配额上限数量。总量分为两类：绝对总量和相对总量。绝对总量是指规定重点排放单位可获得的配额数量上限。相对总量，又称强度总量，是针对每单位产出或投入所规定发放的配额数量。总量类型的确定依赖于多种因素，包括经济体减排目标的性质、政策制定者的气候雄心水平、未来经济增长的不确定水平、数据可得性等。

2）总量设定方法

如图 6-11 所示，目前主要的排放总量设定方法包括自上而下法与自下而上法。自上而下法由上一层级根据宏观减排潜力和减排成本设定排放总量，下一层级根据上一层级的排放总量确定其排放总量。相对地，自下而上法则通过加总下一层级排放总量或控制目标总量来确定上一层级的排放上限或总量。此外，部分碳交易市场在实践中采用了混合法。混合法是对自上而下法和自下而上法的结合。首先，自下而上收集数据，整理分析后初步设定排放总量；然后，考虑行业层面的预期贡献与减排难度，对排放总量进行适当调整。为了确定最合适的总量设定方法，政策制定者需要综合考虑国家或地区的减排目标水平和司法环境。

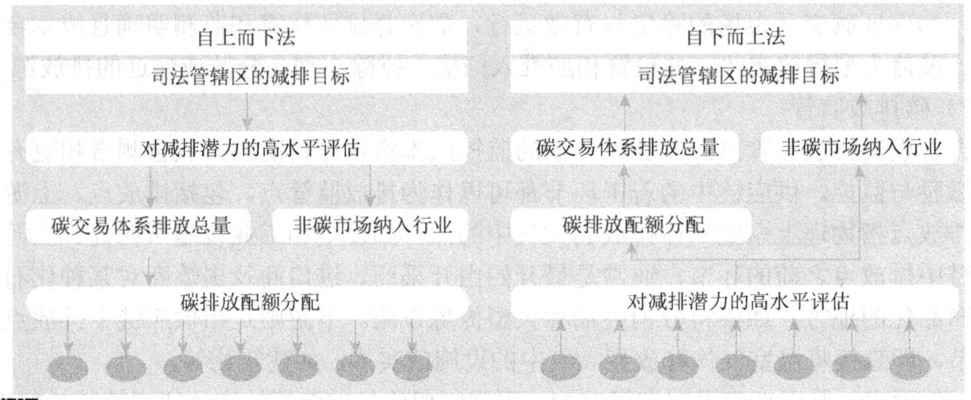

图 6-11 配额总量设定的两种方法

6.3.2 配额分配机制

配额分配是碳交易市场的核心，配额分配方法决定了企业如何参与和应对碳交易，包括生产决策、新增投资地点选择及排放成本分摊决策等。如何因地制宜地对配额进行分配，将对推动碳交易市场建设、兼顾企业发展和减排起到决定性作用。配额分配包括历史排放法、历史强度法和基准线法三种免费分配方法以及拍卖法。表 6-4 阐述了这四种分配方法的含义及优缺点。

表 6-4 四种碳配额分配方法的比较

分配方式	碳配额量	优点	缺点
历史排放法	历史排放基数	计算简单，对数据要求低	变相奖励历史排放高的企业；未考虑减排发展趋势
历史强度法	历史强度值×减排系数×企业当年实际产出量	计算简单，适用于产品类型较多的行业	存在不公平，变相奖励历史排放量高的行业
基准线法	行业基准×企业实际产出量	相对公平；为行业减排树立明确标杆	计算复杂，对数据要求高；仅适用于产品单一的行业
拍卖法	政府对碳配额进行拍卖，出价高的企业获得	增加政府收入；分配更有效率；解决寻租问题	增加企业成本

1. 历史排放法

该方法使用历史排放基数来分配固定数量的配额，又称祖父法。历史排放法可以为搁浅资产提供补偿，鼓励提前减排行动，是处于平稳过渡期碳交易市场的一种简单易行的分配方式。然而，这种方法未考虑碳排放强度，这意味着历史排放高的企业可能受到不当奖励，赚取超额利润的可能性增加。此外，它无法奖励先期减排行动者，存在“鞭打快牛”现象，并且其在碳泄漏防范方面的效果有限。

2. 历史强度法

该方法根据企业当年实际产出量、历史强度值、减排系数等分配配额。它介于基准线法与历史排放法之间，通常是在缺乏行业和产品标杆数据的情况下确定配额分配的过渡性方法。该方法可有效防止碳泄漏，奖励先期减排行动者，但可能增加行政管理的复杂性。

3. 基准线法

该方法根据行业排放基准与当年企业实际产出量分配配额。其中，基准线是指“碳排放强度行业基准值”，是某行业在特定生产水平下的单位活动排放量。确定这一基准值需要综合考虑技术水平、减排潜力和排放控制目标等多种因素。若能够保证基准线设计的连贯性、一致性与审慎性，采取行业基准线法可持续激励减排实体以高成本效益的方式达到减排目标，并且能够奖励先期减排行动者。然而，该方法耗时长久且对数据要求较高，在防范碳泄漏方面的效果可能好坏参半，企业仍有获得超额利润的可能性。

4. 拍卖法

配额拍卖是政府通过举办拍卖活动，向企业有偿分配配额的方法。该方法具有众多优势，包括增加政府公共收入、降低市场扭曲风险、助力碳价发现、提高碳交易市场流动性与透明度、奖励先期减排行动者等。但是，该方法也存在一些弊端。例如，它对防范碳泄露效果甚微，且无法补偿搁浅资产损失，提高了小型企业的参与成本。

事实上，没有任何一种分配方式能够同时满足政策制定者追求的所有目标。因此，多数碳交易市场并非以单一形式分配所有配额，而是采用混合模式（即免费分配与拍卖相结合）。一般来讲，混合分配模式能够确保那些被认为切实存在碳泄漏风险的行业，通过适当的免费配额分配免于碳泄漏。

6.3.3 抵消机制

为了有效实现减排目标，碳项目抵消机制（也称作抵消机制）应运而生。此机制主要涉及特定碳减排项目，这些项目产生的减排量经过核查后，可在碳交易市场中交易，用于抵消控排企业的碳排放量。与碳配额不同，碳配额是由碳交易市场政策制定者分配给控排企业的排放许可量，而碳抵消额度是减排项目自身排放与其基准线排放的差额经认证后获得的，抵消机制提供了一种企业低成本履约的方式。在碳交易市场中，符合签发条件的项目减排量可以代替碳配额，帮助控排企业完成配额清缴义务。

对于整个碳交易市场来说，尽管抵消机制是一种补充机制，但也发挥了重要作用。第一，在碳交易市场初期，抵消机制可以促进更多的企业参与到市场中，有利于丰富市场参与主体和交易品种，提升市场活跃度；第二，由于项目减排量价格一般低于碳配额价格，抵消机制可以有效降低控排企业的履约成本，提高碳交易市场稳定性；第三，抵消机制对碳减排项目提供支持，刺激清洁能源产业发展，助推“双碳”目标的实现。

1. 抵消的来源

碳抵消使用的减排量来源于那些不在碳交易市场覆盖范围内的排放源所产生的碳减排或碳封存。碳抵消必须具有“额外性”，即所使用的任何减排量或清除量都必须是“额外的”。换句话说，如果不存在抵消机制，这些减排量或清除量就不会发生。可参与碳抵消机制的项目通常分为两种：①采用化石能源替代等方式实现的碳减排，如风电、光伏、垃圾焚烧等可再生能源项目；②通过吸收大气中的二氧化碳达到减排效果，如林业碳汇、碳捕获利用与封存（carbon capture utilization and storage，CCUS）技术等。

2. 抵消的限制措施

为避免市场供应量过大，中国各试点碳交易市场和全国碳交易市场在允许使用抵消比例的基础上，都进一步对项目类型、来源和时间进行了严格限制。各试点地区抵消比例从3%到10%不等，如表6-5所示。试点地区的实践经验为全国碳交易市场引入抵消机制提供了可行性参考。全国碳交易市场抵消比例设置为不超过应清缴碳排放配额的5%，并鼓励使用可再生能源、林业碳汇、甲烷利用等项目减排量。

表6-5　中国试点碳市场抵消机制对比

试点	抵消比例	项目类型/来源/时间等限制条件
上海	≤3%	①非水电项目。②非长三角项目CCER≤2%。③2013年1月1日后实际产生的减排量
北京	≤5%	①非水电项目及非减排氢氟碳化物、全氟碳化物、氧化亚氮、六氟化硫气体的项目。②>50%来自北京项目CCER。③2013年1月1日后实际产生的减排量
广东	≤10%	①二氧化碳或甲烷气体的减排量占项目温室气体减排总量的50%以上；非水电项目，化石能源的发电、供热和余能利用项目；CDM注册前产生的减排量。②≥50%来自广东项目CCER或碳普惠核证自愿减排量。③时间限制暂无
深圳	≤10%	①风电、光伏、垃圾焚烧发电、农村户用沼气和生物质发电项目；清洁交通减排项目；海洋固碳减排项目；林业碳汇项目；农业减排项目。②风电、光伏、垃圾焚烧发电项目指定地区：广东（部分地区）、新疆、西藏、青海、宁夏、内蒙古、甘肃、陕西、安徽、江西、湖南、四川、贵州、广西、云南、福建、海南等省区；全国范围内的林业碳汇项目、农业减排项目；其余项目类型需来自深圳市和与深圳市签署碳交易区域战略合作协议的省份和地区。③时间限制暂无
湖北	≤10%	①农村沼气、林业类项目。②100%来自湖北项目CCER。③项目计入期：2015年1月1日至2015年12月31日
天津	≤10%	①仅来自减排二氧化碳气体的项目；非水电项目。②优先使用京津冀地区项目CCER。③2013年1月1日后实际产生的减排量

续表

试点	抵消比例	项目类型/来源/时间等限制条件
重庆	≤8%	①项目类型限制暂无。②区域限制暂无。③2010 年 12 月 31 日后实际产生的减排量（碳汇除外）
福建	≤10%	①用于抵消的林业碳汇项目减排量不得超过当年经确认排放量的 10%；其他类型项目及安排不得超过 5%。②CCER 须本省行政区产生，且非来自重点排放单位。③须来源于非水电项目。④仅来自二氧化碳和甲烷气体的项目减排量。⑤项目应当是 2005 年 2 月 16 日之后开工建设

资料来源：公开数据整理

6.3.4　价格稳定机制

为防范碳价异常波动风险，帮助碳交易市场更好地抵御冲击，常采用 PSAMs。PSAMs 有助于司法管辖区建设一个可预测且有效的市场，以确保碳价维持在一定水平以支持长期脱碳，但又不会导致减排成本过高。针对碳价过低，可以采取的 PSAMs 包括：设定拍卖底价、硬性价格下限，或在配额价格之上再征收额外费用等。针对碳价过高的应对方法包括：建立成本控制储备（cost containment reserve，CCR）机制或硬性价格上限等。同时，PSAMs 通过建立基于数量（如可被存储的配额）的分级响应机制，进一步管理配额供应。

1. 应对碳价过低的调整措施

1）设定拍卖底价

拍卖底价是对配额拍卖进行限制，以确保拍卖价格不能低于预先设定的价格。设定拍卖底价之所以受欢迎，部分原因是通过这种方式进行碳价或配额供应调整相对容易。但是，如果绝大多数配额不是通过拍卖方式分配，则可能会限制拍卖底价的效力。在这种情况下，设定拍卖底价只能对整个市场做出相对较小的调整。

2）硬性价格下限

硬性价格下限可通过直接干预来实施，即司法管辖区以某个既定价格无限回购配额。这可能提供一个开放的选择：或企业以固定的价格出售配额，或主管机构在二级市场上回购配额以维持碳价。到目前为止，这项干预措施由于引入了不必要的复杂性，通常不建议使用，特别是通过拍卖或其他低风险、更温和的干预形式来实施 PSAMs 更容易。

3）征收额外费用

征收额外费用是在连接的或多管辖区的体系中增加碳交易市场排放成本的一种方式，也可用于确保独立碳交易市场中的最低排放成本。当减排指标以低于配额的价格交易时，这种方式可以用来增加借助抵消机制履约的成本。在额外收费机制下，受管控实体需向政府支付额外费用，这一费用（或精准或近似）反映市场价格与目标碳价之间的差异。虽然这种方式有助于保障碳价的稳定性，但其实际效果取决于额外费用随碳交易市场价格变动而发生相应变化的频率。变化频率越高，碳价的稳定性就越高。

2. 应对碳价过高的调整措施

1）CCR 机制

CCR 机制通过调整碳配额供给实现对碳价的灵活调整。当碳交易市场的碳价超过一定水平时，会从 CCR 中释放碳配额作为辅助的成本控制手段。额外配额注入的来源最初是配额分配和/或拍卖中扣留的仍未售出的配额（如因未达到拍卖底价而未售出），这些配额属于排放总量控制目标的一部分。为在一段时间内稳定碳价，同时避免形成潜在投机机会（如通过持有配额获利），在设置价格水平随时间上涨的速率时，通常会参考具有类似风险的其他投资市场的回报率。政府按既定价格出售的配额数量通常有限，而 CCR 为配额价格提供了软上限。

2）硬性价格上限

硬性价格上限是通过直接干预实施的，这种干预中，一个司法管辖区以预定的价格提供无限数量的配额。这可能提供一个开放的选择，对于企业来说是以固定的价格购买配额，对于主管机构来说是在二级市场上出售配额以维持碳价，该措施为实体购买配额所支付的价格设定了绝对上限。由于无限数量的配额将被释放以维持价格上限，实施价格上限对体系总量的确定性会产生不利影响。

6.4　碳交易市场的设计逻辑与原则

设计和实施碳交易市场包含十个步骤，如图 6-12 所示。这十个步骤大致可以概括为以下四个阶段：准备和参与阶段、创建市场阶段、运行市场阶段、合作与扩大阶段。在碳交易市场设计、运行和维护的过程中，需要制定一套评价标准，确保碳交易市场设计能够切实对减排做出贡献，遵循成本有效性、公平性、灵活性和政策一致性等原则。

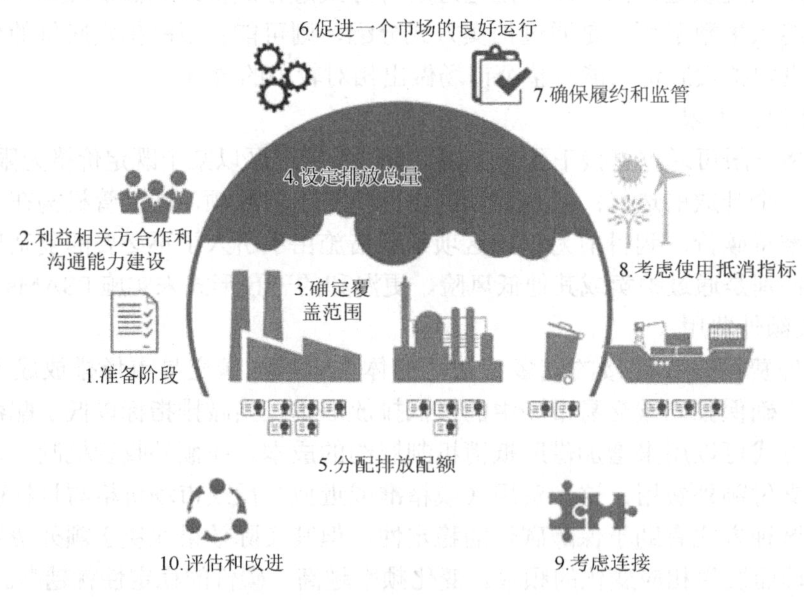

扫一扫　看图片

图 6-12　设计和实施碳交易市场的十个步骤

资料来源：《碳排放权交易实践手册：设计与实施第二版（中文版）》

6.4.1　准备和参与阶段

第一步：准备阶段。

在实施碳交易之前，明确碳交易市场的目标以及其在气候政策组合中发挥的潜在作用至关重要。首先，政策制定者需要确定在司法管辖区内建立碳交易市场的目标，并对它们进行优先级排列：通常包括碳交易市场对所在地区低碳转型和可持续发展的贡献、愿意支付的成本、协同效益、对财政收入的贡献等。其次，需要考虑碳交易市场与相关政策的重叠和相互作用。既有和新生的配套政策都可能会影响碳交易市场的运作，这包括减排效果、碳价水平和市场的分配效应等。如图 6-13 所示，配套政策可能增强碳交易市场的有效性（补充型政策），或与已有的激励措施产生重复（重叠型政策），或在某些情况下消解碳交易市场的激励效果（反向型政策）。在拟定碳交易市场的法律框架之前，主管机构必须仔细考虑所有相关政策的相互作用和重叠性，确保其与先前政策的连贯性和一致性。此外，政策制定者还要提升公众对减排必要性的认知和接受度，从而为碳交易市场的开展和有效实施创造有利条件。

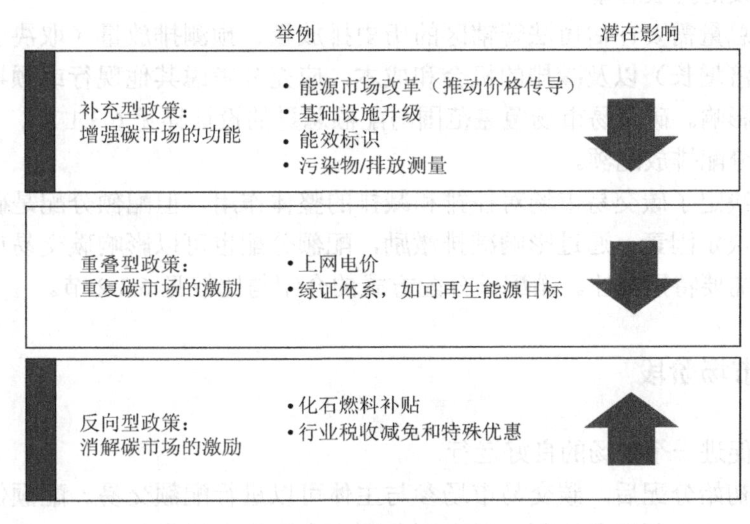

图 6-13　配套政策对碳交易市场成效的影响

第二步：利益相关方合作和沟通能力建设。

碳交易市场建设需要来自公众和政府的支持，同样也需要政府和各类市场参与者的通力合作。这种合作应建立在共同认知、相互信任和充分沟通的基础之上。政策制定者与其他政府部门以及外部利益相关方的沟通方式，尤其是其公开透明的程度，将决定碳交易市场的可持续发展活力。碳交易市场评估中考虑利益相关方的意见和建议将有助于不断完善碳交易市场，政府、企业及各类社会组织等利益相关方的参与应贯穿碳交易市场的规划、设计、启动和运行全流程。

6.4.2 创建市场阶段

第三步：确定覆盖范围。

政策制定者在确定碳交易市场的覆盖范围时，应考虑各行业间、排放源之间的主要差异。重要的考虑因素包括：辖区内温室气体排放情况及发展趋势、排放密集型行业的市场结构、不同排放源 MRV 的能力和成本以及现有的监管结构和政策体系。最后还应考虑限制碳价传导的非价格壁垒，以及国际市场参与和潜在协同效益等因素。

一般来说，更为宽泛的碳交易市场覆盖范围可以鼓励更多低成本减排措施的实施，实现全社会以最低成本减排，还可以降低竞争扭曲（即将具有竞争关系的企业和行业置于相同的市场规则下）和增强市场流动性。但更大的覆盖范围也可能会带来较大的监管负担，尤其是对小而分散的各类排放源的监管难度相对较大。因此需要处理好覆盖范围、额外的行政成本和交易成本等因素间的平衡关系。目前，解决这个问题的通常做法包括：设置准入门槛以规避小型排放设施的纳入；对供应链中排放最为集中的环节进行监管；等等。

第四步：设定排放总量。

设定排放总量需要评估司法管辖区的历史排放量、预测排放量（取决于预期的排放强度改善和经济增长）以及减排的机会和成本，应充分考虑其他现行或预期政策对碳交易市场成效的影响。碳交易市场覆盖范围与配额总量的设计详见 6.3.1 节。

第五步：分配排放配额。

排放总量决定了碳交易市场对控排和减排的整体作用，但配额分配是碳交易市场分配效应的重要决定因素。通过影响减排激励，配额分配也可以影响碳交易市场的整体运行效率，因此需要特别关注。碳配额分配方式的介绍与比较见 6.3.2 节。

6.4.3 运行市场阶段

第六步：促进一个市场的良好运行。

完成配额初始分配后，碳交易市场参与主体可以进行配额交易。配额价格由供需决定，供给主要由政策制定者控制，需求则主要来自各类市场参与主体。反过来，全社会的经济和技术发展趋势也会影响这一平衡。这意味着配额价格会随着时间的推移而不断发生变化。运行良好的碳交易市场能够根据外部时间和信息变化有预见性地调整价格水平，对于碳交易市场按照预期运行至关重要，PSAMs 提供了多种灵活调整碳价的工具，具体介绍详见 6.3.4 节。

第七步：确保履约和监管。

碳交易市场还需要建立强有力的履约和执法机制，以防止不履约行为的发生。缺乏履约和监管保障，威胁到的不仅是碳交易市场的减排成果，也会影响市场基本功能的实现，并给所有参与主体带来巨大的经济风险。在碳交易市场运行初期建立一套有效的 MRV 系统将有力促进市场运行及履约工作的开展，这涉及确定受管控实体、开发具体的排放监测方法学和指南等一系列相关的法律和行政考量。排放报告可以借助现有的来自能源生产、燃料特性、能源使用、工业产出和交通运输等方面的数据收集来开展。

6.4.4 合作与扩大阶段

第八步：考虑使用抵消指标。

碳交易市场可以允许受管控实体使用减排指标（来自未覆盖行业的减排或排放清除项目所产生的指标）抵消其履约义务。这样，即使受管控实体排放量可能会更高，但却不会损害整体减排结果。增加的排放量被其他的减排平衡抵消了，这为受管控实体提供了新的低成本履约指标来源，并可以显著降低控排企业的履约成本。抵消机制的详细介绍见6.3.3节。

第九步：考虑连接。

连接指在有限制或无限制的情况下，一个辖区内的碳交易市场允许其受管控实体使用另一辖区发放的配额完成履约，或允许一个辖区发放的配额在另一个辖区的碳交易市场中用于履约。连接提高了减排范围的灵活性，可以利用大量来自本地之外的减排机会，这将降低实现排放目标的总成本。同时，连接还可以提高市场流动性和碳价的可预测性，有助消除碳泄漏和竞争力方面的顾虑，推动气候政策领域的国际合作。

连接也会带来风险。一方面，连接削弱了司法管辖区对本地碳价的控制，使其潜在性地暴露在外部的冲击之下；另一方面，连接降低了对于辖区内减排水平的管控（包括当地协同效益的潜在损失），也限制了司法管辖区对碳交易市场设计的自主权。因连接引起的配额价格变化可能会带来配额发放方面的问题，同时也可能意味着大量的资金转移。

连接需要碳交易市场间“相互信任”，并在设计要素上具备一定程度的兼容性。结构性设计要素，即体系的自愿或强制属性以及排放总量设定的方式，必须一致。其他的设计要素，如PSAMs、抵消的使用和环境完整性、配额存储和预借规则等，无须绝对一致，但必须在连接的体系之间体现可比性。

第十步：评估和改进。

碳交易市场运行需要监管者和市场参与者承担新的角色和责任、纳入新的体系和制度、启动一个有效的交易市场。全面启动前，逐步引入碳交易市场，如建立碳交易市场试点、分步纳入不同行业、逐步提高减排目标和加强政府干预等方式。

碳交易市场的设计是一个随着环境的发展和经验的增加，而不断自我完善的过程。因此，政策制定者应制定相应的政策和制度体制，推动碳交易市场以具有可预测性和建设性的方式不断变革。碳交易市场效果的评估包括经常的针对性评审和定期综合性评审。这两种方式都对实现碳交易市场的持续完善和改进具有重要的作用与意义。针对性评审主要针对碳交易市场的具体方面，更多地涵盖技术细节。综合性评审则在更高的层面上展开，如碳交易市场是否实现预期目标，以及如何改进基本要素设计等，这些评估随之带来的任何可能的变化都要与政策不确定性风险相平衡。通过建立透明的和可预测的工作流程可以消解部分政策不确定性风险，使得碳交易市场的改变可以被高效宣传和实施。

6.4.5 碳交易市场的设计原则

碳交易市场的设计原则包括：通过限制排放对减排做出贡献、减排的成本有效性、职责分明和透明度、因地制宜、稳健性、与其他政策的兼容性、始终保持政策的一致性、公平性、政策的可预测性、政策的灵活性、行政成本有效性、与其他司法管辖区的兼容性等。以下讨论其中一些较重要的原则。

1. 通过限制排放对减排做出贡献

环境完整性可能是评估碳交易市场是否成功的核心标准。这需要将足够严格的排放限制和有效的MRV相结合，以确保排放报告数据的准确性、排放总量目标的严格执行和对长期碳价水平的足够信心，从而持续推动低碳投资。尽量降低碳泄漏风险（指将生产或投资转移到碳交易市场之外，导致整体排放量增加）是环境有效性的另一个决定因素，但确保排放配额的完整性也很重要，如从排放总量目标之外进入体系的可用于抵消的减排指标。

2. 减排的成本有效性

经济效率和成本有效性是碳交易市场设计的核心。碳交易市场的目的是在给定的减排目标下，尽量将减排成本降至最低。在时间跨度和地理范围上减排的灵活性越大，低成本减排的潜力就越大。碳交易市场在覆盖行业之间实现最低成本减排的有效性，也可能受到其他影响这些行业排放的政策（如能源）的整合程度的相互作用。

3. 职责分明和透明度

强有力的MRV系统、执法健全和完备的注册登记制度设计，能够确保体系透明和分工明确。设计决策过程必须是透明的，这样能够建立起利益相关方对碳交易市场的信任和理解，同时允许市场参与者和投资者提前做好准备。

4. 稳健性

现有碳交易市场的经验表明，必须在体系中建立适当的机制对价格和配额供应数量的冲击进行管理，并且需要在碳交易市场设计阶段就加以考虑。虽然碳价出现波动是合理且可预期的，以便向市场参与者传递减排成本的价格信号。但因外部冲击、监管不确定性和市场不完善而导致碳价过度波动时，可能需要对市场进行干预。政策制定者必须根据当地情况衡量可接受的碳价波动水平，并据此制定PSAMs，以确保碳价信号的连续性和体系的稳健性。

5. 与其他政策的兼容性

碳交易市场在辖区内气候政策框架中的定位越明确，越可能高效实现预定的减排目标。因此，有必要对既有和拟议的气候及能源政策进行评审，以避免由政策重叠而造成的重复努力，以及由反向政策带来的不必要成本。碳交易市场设计还应与既有配套政策保持一致，最大限度地提高效益和降低成本。

6. 公平性

公平和公正是环境政策设计中必须考虑的重要概念。如果没有政治支持，碳交易市场是不可能实施的。确保公平地对待所有参与方，特别是在对成本和利益的分配上，是获得和维持支持的核心，从而使利益相关方对体系的持续运行建立信心。

7. 政策的灵活性

因为气候变化挑战的长期性以及各种经济和科学领域存在不确定性，所以需要保持政策的灵活性，并允许决策者根据不断变化的条件对总体目标、实现目标的时间表以及具体的设计要素进行灵活调整。然而，政策的灵活性和可预测性之间通常会存在一些角力。

8. 行政成本有效性

覆盖范围、监管点的选择、数据报送和履约的频率以及对于履约和执法的要求等，都是直接影响行政成本的主要因素。在降低交易成本和达到理想状态的职责分明和透明度之间，特别是对于 MRV 的要求，需要谨慎权衡利弊。

课后习题

1. 碳交易市场形成机制有哪些？不同形成机制之间有何差异？
2. 碳市场价格形成机制是什么？
3. 科斯定理是如何运用到碳交易市场的？
4. 碳交易市场的核心要素有哪些？这些要素是如何支撑碳市场运行的？
5. 碳交易市场设计和实施的具体步骤是什么？

参考文献

蓝虹. 2022. 碳交易市场概论[M]. 北京：中国金融出版社.

清华大学中国碳市场研究中心，北京中创碳投科技有限公司. 2019. 地方政府参与全国碳市场工作手册[R]. 北京.

唐人虎，陈志斌，等. 2022. 中国碳排放权交易市场：从原理到实践[M]. 北京：电子工业出版社.

张跃军. 2019. 碳排放权交易机制：模型与应用[M]. 北京：科学出版社.

World Bank. 2022. State and trends of carbon pricing 2022[R]. Washington D C.

第 7 章　碳交易市场实践

本章导读

本章介绍了国际碳市场和中国碳市场的发展历程、运行现状以及价格特征，分析了碳市场对经济、环境、社会的影响。具体包括如下内容：①国际碳市场运行现状与价格特征，主要介绍全球碳市场发展历程与运行现状，并以最为成熟的 EU ETS 为例介绍其发展历程、运行现状与价格特征；②中国碳市场运行现状与价格特征，主要介绍中国碳市场的发展历程，分析中国试点碳市场和全国碳市场的运行现状与价格特征，总结全国碳市场建设成效并提出未来展望；③碳市场对经济环境社会的影响效果，主要分析碳市场机制对经济、环境治理与可持续发展以及社会的影响。总之，通过对本章的学习，可以充分了解碳市场的实际运行情况和综合影响效果。

7.1　国际碳市场运行现状与价格特征

碳定价机制的兴起最早可以追溯到《京都议定书》，其对减排义务的划定及提出的 CDM 催生了碳排放权交易，碳定价机制也由此诞生。然而，碳市场的发展并非一蹴而就的，其中 EU ETS 作为全球碳市场的先行者，在运行过程中探索并积累了丰富的经验，为后续其他碳市场的建设提供了启示。本节将梳理全球碳市场的发展历程与运行现状，并着重介绍 EU ETS 的四个发展阶段与运行现状，分析欧盟碳价格的历史走势、价格特征及其影响因素。

7.1.1　全球碳市场发展历程

1.《京都议定书》时期

20 世纪末，全球气候变化问题愈发严峻。为应对该挑战，1997 年 12 月，《联合国气候变化框架公约》第三次缔约方大会在日本京都召开，149 个国家和地区的代表通过了《京都议定书》。这是《联合国气候变化框架公约》下的第一份具有法律约束力的文件，也是人类历史上首次以法规的形式限制温室气体排放的文件，于 2005 年 2 月正式生效。《京都议定书》遵循“共同但有区别的责任”原则，采取自上而下的减排机制，强制要求发达国家和地区在 2008～2012 年承诺期内温室气候排放量与 1990 年相比至少减少 5%（不同国家和地区有所不同）。

《京都议定书》还建立了旨在促进缔约方遵守约定的三种灵活履约机制（表 7-1）——ET、JI 和 CDM。其中，ET、JI 两种机制是发达国家和地区之间实行的减排合作机制，CDM 是发达国家与发展中国家和地区之间的减排机制。

表 7-1　《京都议定书》中三种履约机制对比

履约机制	参与主体	开展形式	交易原理	交易标的
ET	发达国家和地区之间	直接贸易	总量控制与交易机制	配额排放单位
JI	发达国家和地区之间	项目合作	基线信用原理	减排单位
CDM	发达国家和地区与发展中国家和地区之间	项目合作	基线信用原理	核证减排量

自《京都议定书》生效后，碳交易市场发展迅速，各国及地区开始纷纷建立区域内的碳交易市场以实现碳减排承诺，在 2005 年至 2015 年的 10 年间，遍布四大洲的 17 个碳交易市场建成。

然而，《京都议定书》也具有一定的局限性：首先，存在公平性问题。《京都议定书》仅对附件 2 中的部分发达国家规定了强制减排义务与较高的减排目标，一方面，没有各国都认可的公平的分配标准；另一方面，世界上最主要的温室气体排放国（如美国以及经济快速发展的几个发展中国家）没有被纳入强制减排范围，导致各缔约方始终无法在《京都议定书》第二承诺期的目标上达成共识。其次，存在碳泄漏问题。《京都议定书》对不同国家和地区的差异化减排目标会导致减排成本较高国家或地区的生产转移到其他不承担强制减排义务的国家或地区，从而导致碳泄漏现象。

2. 《巴黎协定》时期

2015 年 12 月，全球 195 个缔约方通过了历史上首个关于气候变化的全球性协定，即《巴黎协定》，这也是在《联合国气候变化框架公约》下，继《京都议定书》后第二个具有法律约束力的协定。《巴黎协定》的目标是各成员方加强对气候变化威胁的重视与全球共同应对，将全球平均气温较工业化前水平升高程度控制在 2℃之内，并为将温升幅度控制在 1.5℃之内而努力。与《京都议定书》自上而下的强制减排模式不同，《巴黎协定》采用自下而上的模式，由各成员方上报自主贡献，促使全球气候治理模式发生了根本性的改变。

其中，《巴黎协定》第六条旨在为以碳市场为主的国际气候治理合作机制敲定细则。然而，直至在 2021 年底召开的《联合国气候变化框架公约》第 26 次缔约方大会上，各缔约方才就分歧最大的《巴黎协定》第六条实施细则达成一致。细则的通过标志着国际气候治理的新机制从概念步入实施阶段。研究表明，第六条引入的遵约灵活性，可将各成员方在自主贡献报告中承诺的 2030 年减排目标所需的总成本每年大约减少 3000 亿美元。

《巴黎协定》确立了 2020 年后全球应对气候变化制度的总体框架，进一步推动了全球气候变化治理的国际合作，并在政治上达成了广泛的共识，为国际碳市场发展注入强心剂。此后，全球碳市场逐渐恢复蓬勃的发展态势。例如，日本东京都碳市场、哈萨克斯坦碳市场、加拿大魁北克省碳市场以及中国地方试点碳市场等区域性碳市场不断兴起和发展，并在低碳经济转型中发挥关键作用。

案例 7-1　全球气候治理面临政治挑战

1997 年 12 月，包括美国在内的公约缔约方在日本京都就发达国家减少温室气体排放达成协议（即《京都议定书》）。然而，《京都议定书》的执行情况并不完全理想，一些发达国家没有达到或未能履行其减排承诺。尽管在 1998 年由前总统克林顿领导的美国政府在《京都议定书》上签字，但该议定书一直未提交参议院批准。2001 年，美国总统布什刚上任就宣布美国单方面退出《京都议定书》，理由是该议定书存在“致命缺陷”，会给美国经济发展带来过重负担，并且发展中国家也应该承担减排义务，此举引起国际社会一片哗然。此外，加拿大自由党政府于 2002 年签署加入《京都议定书》，但保守党自 2006 年执政至今一直对执行《京都议定书》持消极态度。2011 年 11 月 12 日，加拿大宣布正式退出《京都议定书》，成为继美国之后第二个签署后又退出的国家。

《巴黎协定》与《京都议定书》有着相似的命运。2017 年 6 月 1 日，美国前总统特朗普宣布美国退出《巴黎协定》，并于 2020 年 11 月 4 日正式退出，成为首个退出《巴黎协定》的缔约方。不过，在退出《巴黎协定》107 天之后，拜登政府宣布美国于 2021 年 2 月 19 日正式重返该协定，并承诺美国到 2050 年实现零排放的目标。

从《京都议定书》到《巴黎协定》，美国两度选择退出，其气候政策的不确定性给全球气候治理的未来走向蒙上了一层阴霾，使得全球气候治理进程面临着复杂的政治挑战。

7.1.2　全球碳市场运行现状

根据国际碳行动伙伴组织（International Carbon Action Partnership，ICAP）2023 年 3 月发布的《全球碳排放权交易：ICAP 2023 年进展报告》，全球碳市场在后疫情时代、俄乌冲突及能源危机等多重挑战下，展示了对外界冲击的韧性，并在这些波动中保持稳步发展，主要呈现以下特征。

1. *在不同政府层级平稳运行，部分市场间建立初步连接*

目前，全球碳市场的政府实施层级呈现出多样性和复杂性（图 7-1）。首先，从城市、省/州、国家到政府间区域性国际组织等不同政府层级均有碳市场运行。例如，中国现运行的碳市场包括了北京、深圳等城市级试点碳市场，湖北、广东等省级试点碳市场，以及全国性碳市场。这些不同层级碳市场的覆盖范围也存在一定差异。EU ETS 是目前全球最大的跨国家碳市场，涵盖 30 个欧洲国家。其次，不同层级的碳市场之间存在一定交叉关联。例如，在北美，许多省级或州级碳市场同时运行，其中一些碳市场已与其他国内碳市场或国际碳市场建立了相互连接机制。

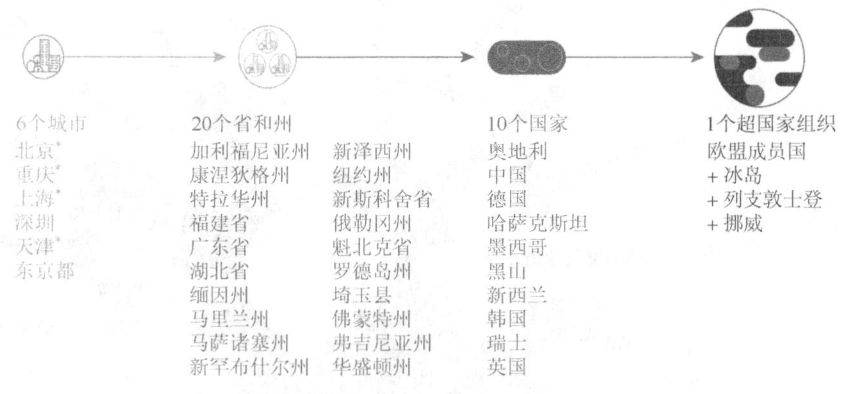

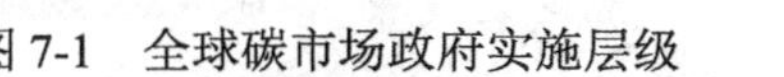
图 7-1 全球碳市场政府实施层级

资料来源：《全球碳排放权交易：ICAP 2023 年进展报告》
*北京、重庆、上海、天津是中国行政区划中的省级行政单位；超国家组织为欧盟成员国以及冰岛、列支敦士登和挪威组成的欧洲经济区

2. 管辖范围不断扩大，覆盖全球 17%的温室气体排放

《全球碳排放权交易：ICAP 2023 年进展报告》显示，与上一年度相比，全球碳交易市场的数量以及覆盖洲际范围均有增加。截至 2023 年 1 月，全球共有 28 个碳市场正在运行，比 2022 年增加 3 个（包括奥地利、黑山和华盛顿州碳市场），覆盖了全球 17%的排放量、近 1/3 的人口和 55%的全球生产总值。

此外，包括哥伦比亚、印度尼西亚和越南等在内的 8 个碳市场正在建设中，预计未来几年内投入运行。同时，还有 12 个司法管辖区亦开始考虑建设碳市场，其中，尼日利亚是首个考虑建设碳市场以助力缓解气候变化问题的非洲国家，代表了非洲在碳市场建设方面实现了大跨步质变。这些行动表明越来越多的政府致力于使用碳定价工具在全球范围内应对气候变化。

3. 覆盖范围不尽相同，电力工业成重点控排行业

图 7-2 整理了 2023 年所有正在运行的碳市场所覆盖的行业，其中最外层环中的数字表示碳市场覆盖的排放总量比例，行业的上游覆盖范围用箭头表示。电力和工业是全球各碳市场重点纳入减排的行业，其次是建筑和交通行业。其中，新西兰碳交易体系覆盖行业范围最为广泛，包含电力、工业、建筑、交通、国内航空、废弃物、林业。

从碳交易市场覆盖温室气体排放比例上看，加拿大新斯科舍省碳市场、魁北克省碳市场、加利福尼亚州碳市场覆盖的当地温室气体排放比例较高，但实际覆盖排放量较小；从覆盖温室气体排放量大小上看，中国全国碳市场、欧盟碳市场、中国试点地区、韩国碳市场覆盖的温室气体排放量较大。

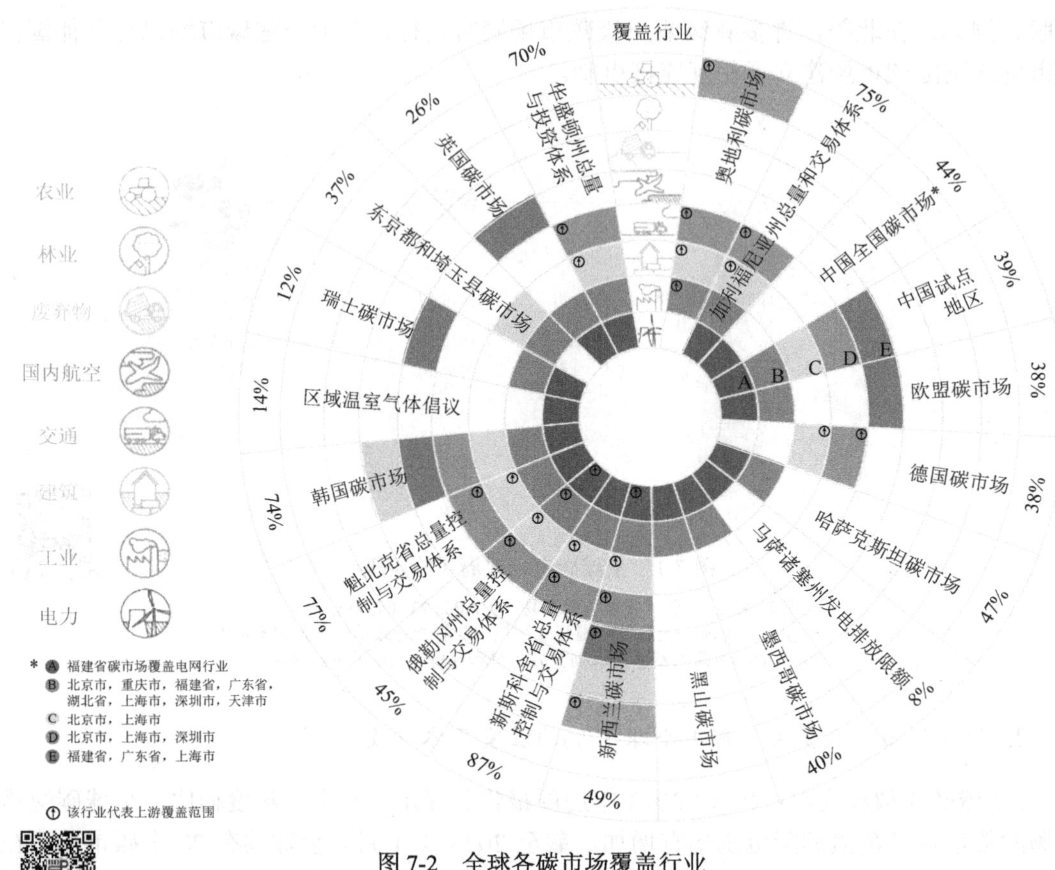

图 7-2 全球各碳市场覆盖行业

资料来源：《全球碳排放权交易：ICAP 2023 年进展报告》

4. 交易规模再创新高，交易价格持续增长

根据路孚特（Refinitiv）发布的《2022 年全球碳市场年报》，2022 年全球大型碳市场①再创新高，碳排放权的交易额达到创纪录的 8650 亿欧元（约合 9289 亿美元），共交易 125 亿吨碳配额。尽管受到俄乌冲突和能源危机的影响，交易量较 2021 年减少了 21%，但由于碳价持续上涨，全球碳市场交易额仍实现了可观增长。在众多碳市场中，EU ETS 的交易规模位居全球首位，碳交易额达 7514.59 亿欧元，占全球总量的 87%。中国碳市场已经成为全球累计配额交易量的第二大市场，交易额总计 5.04 亿欧元，但距离欧盟仍有较大差距。

在交易价格方面（图 7-3），EU ETS 价格位居全球领先水平，英国在 2021 年推出独立的碳市场后，其碳市场价格甚至超过 EU ETS。北美碳市场，包括西部气候倡议（Western Climate Initiative，WCI）和区域温室气体倡议（Regional Greenhouse Gas Initiative，RGGI）等价格，平均碳价也超过历史最高水平。亚太地区，新西兰碳市场价格再创新高，继续领跑亚太地区其他碳市场，韩国碳市场价格 2019 年之后则出现下跌，中国 2022 年全国

① 包括欧盟、英国、中国、韩国、新西兰，以及美国的两大区域碳市场（包括 WCI 和 RGGI）。

碳市场加权平均价格为 55.3 元/吨（约 8 欧元/吨），较 2021 年高出近 30%，但仍处于较低水平。

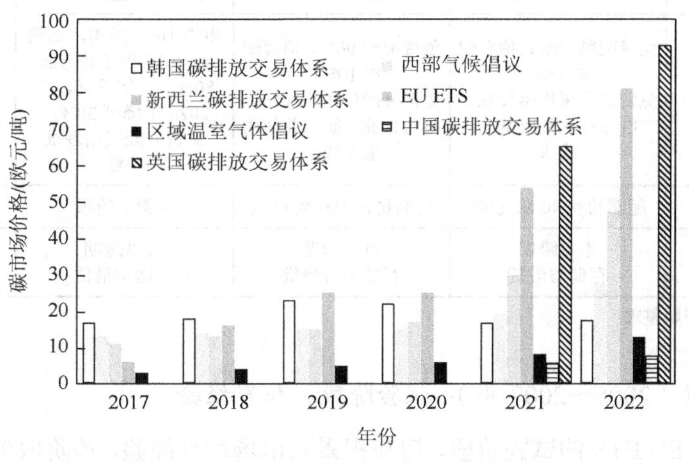

图 7-3　2017～2022 年全球大型碳市场价格

资料来源：路孚特《2022 年全球碳市场年报》

7.1.3　EU ETS 发展历程

EU ETS 作为欧洲气候政策的基石，于 2005 年 1 月正式启动，是全球历史最悠久、规模第二大的碳交易市场，对欧洲气候治理具有重要作用。目前，EU ETS 已经完成前三个阶段的建设，步入第四阶段（2021～2030 年）。在其发展过程中，EU ETS 曾存在数据管理体系不完善、配额分配方法不科学、碳价低迷难以激励企业减排等问题。欧盟通过建立 MRV 管理体系、用基准线法取代历史排放法、逐步收紧配额政策、完善碳价调控体系等措施，循序渐进地解决上述问题。下面简要概述 EU ETS 各阶段的制度发展历程，各阶段的具体制度如表 7-2 所示。

表 7-2　EU ETS 不同发展阶段情况

类别	第一阶段	第二阶段	第三阶段	第四阶段
减排目标	完成《京都议定书》中承诺减排额度的 45%	在 1990 年的基础上减排 8%	2020 年较 1990 年至少减排 20%	2030 年较 1990 年至少减排 55%
覆盖国家	欧盟成员国	欧盟成员国，冰岛，列支敦士登，挪威	欧盟成员国，冰岛，列支敦士登，挪威	同第三阶段
覆盖行业	电力及供热为主的能源生产行业以及能源密集型行业	新增航空业	新增化工行业和电解铝行业等	同第三阶段
覆盖气体	CO_2	CO_2、N_2O	CO_2、N_2O、PFCs	同第三阶段
国家间配额分配	自下而上的国家分配方案	自下而上的国家分配方案	自上而下的国家履行措施	自上而下的国家履行措施

续表

类别	第一阶段	第二阶段	第三阶段	第四阶段
总量设定	20.96 亿吨	20.49 亿吨	每年线性递减 1.74%	每年线性递减 2.2%
配额分配	免费配额 95%，拍卖配额 5%； 免费分配采用祖父法，电力行业采取基准线法	免费配额 90%，拍卖配额 10%； 免费分配使用祖父法，电力行业、航空业使用基准线法	电力 100%拍卖，制造业 2013 年免费分配 80%，逐年下降，至 2020 年降至 30%； 免费分配采用基准线法	电力 100%拍卖；总配额的 43%免费分配，至 2026 年降至 0； 免费分配采用基准线法
惩罚机制	超额罚款 40 欧元/吨	超额罚款 100 欧元/吨	同第二阶段	同第二阶段
跨期使用规则	不可跨期 存储与借贷	可以跨期 存储不可借贷	可以跨期 存储与借贷	同第三阶段

资料来源：公开资料整理

1. 第一阶段（2005～2007 年）：试验阶段，积累经验

第一阶段为 EU ETS 的试验阶段，旨在积累碳市场运行经验。该阶段的覆盖行业主要集中在发电和能源密集型行业的 CO_2 排放。受制于数据体系不完善，该阶段主要采用祖父法（即历史排放法）对配额进行免费分配（占 95%）。该阶段的碳市场制度设计存在许多不足之处：①尚未建立碳排放核查体系，致使排放数据质量较差；②祖父法变相奖励历史排放量高的企业，产生"鞭打快牛"的不公平现象；③配额严重过剩，且未用完的配额无法顺延至下一阶段，导致该阶段末碳价持续下滑并接近于零，价格机制几近失效。

2. 第二阶段（2008～2012 年）：履约阶段，体系建设

该阶段主要目的是帮助欧盟各成员国实现在《京都议定书》中的减排承诺，即到 2012 年相较 1990 年减排 8%。相比于第一阶段，第二阶段 EU ETS 覆盖的国家、行业和气体类型均有所增加，配额总量和免费比例均有一定下降，对未履约企业的罚款金额从 40 欧元/吨升至 100 欧元/吨。

3. 第三阶段（2013～2020 年）：改革阶段，体系完善

该阶段的显著特征是在总结前两个阶段发展问题的基础上进行改革。一是将以国家分配方案为核心的自下而上配额分配模式，改为由欧盟统一制定排放配额，并分配给各成员国的自上而下分配模式；二是免费分配方式向拍卖形式逐步过渡；三是严格限制信用抵消机制；四是建立 MSR 机制。EU ETS 建设经验表明配额总量紧缩和提高拍卖配额比例是实现减排的良策，2020 年末 EU ETS 所覆盖的行业碳排放量已较 2005 年下降 43%。

4. 第四阶段（2021～2030 年）：稳定阶段，常态发展

该阶段旨在加强减排措施，推动 EU ETS 常态化发展，充分发挥碳价格信号引导效应，实现减排目标①。这一阶段的重要特征是实施更加严格的碳排放控制措施和更有针对

① 2020 年 12 月，欧盟就减排新目标达成一致，即到 2030 年温室气体排放量比 1990 年减少 55%，并在 2050 年实现"碳中和"。

性的碳泄漏规则。欧盟要求每年配额总量减少 2.2%，且不能再使用碳信用抵消（即核证减排量抵消），同时强制将流通配额总数的 24%转存入 MSR，碳配额进一步紧缩。对于碳泄漏风险较小的行业，预计 2026 年后将逐步取消免费分配。伴随免费碳配额逐步减少，欧盟本土高耗能企业碳排放成本不断提升。为应对不断提升的碳排放成本对本土企业国际竞争力的负面效应，欧盟积极推进碳边境调节机制（carbon border adjustment mechanism，CBAM），具体参见案例 7-2。

案例 7-2　EU ETS 的重要补充机制——CBAM

EU ETS 是对欧盟成员国国内碳密集生产活动的管控。然而，在只有部分国家实施严格的碳减排行动的情况下，欧盟成员国的碳密集型产业将在国际贸易背景下逐渐丧失竞争力，同时增加碳泄漏风险。在此背景下，CBAM 应运而生，旨在通过对部分进口商品的碳排放量征收税费，从而调整欧盟内外产品的碳排放成本差异，以降低碳泄漏风险，维护产品公平竞争秩序。

作为全球首个碳关税制度，CBAM 于 2023 年 10 月开始试运行，过渡期持续至 2025 年 12 月 31 日。在过渡期内，进口商仅需履行排放报告义务，欧盟在此期间不征收任何费用。2026 年，欧盟将正式起征“碳关税”，并在 2034 年之前全面实施。CBAM 在初期仅覆盖水泥、电力、化肥、钢铁、铝和氢等六个行业相关产品，但欧盟委员会将在过渡期结束前对 CBAM 产品适用范围进行评估和调整，未来可能会延伸至更多行业。

欧盟实施 CBAM 将对中国出口欧盟的企业带来一定程度的影响。从短期来看，CBAM 的实施初期对中国企业的总体影响较为有限。中国与欧盟之间没有电力贸易，对欧盟出口的化肥、水泥、氢气规模非常小，主要受影响的将是钢铁及铝行业的产品，直接造成相关产品出口成本的上升。从长期来看，一方面，随着 CBAM 覆盖范围的不断扩大，将对中国出口带来一定程度的负面冲击；另一方面，也将激励中国企业增加应对气候变化的投入，减少碳排放，最终有助于实现国家提出的“双碳”目标。

7.1.4　EU ETS 运行现状与价格特征

1. EU ETS 运行现状

1）参与主体多元，覆盖范围广泛

截至 2022 年，EU ETS 覆盖了 30 个欧洲国家（包括 27 个欧盟成员国，以及冰岛、挪威和列支敦士登）的 11 000 多个排放主体，主要涵盖电力、工业、化工等高耗能制造行业以及航空业，约占欧盟温室气体排放总量的 40%，并在 2020 年和瑞士实现市场连接。

2）碳配额总量逐年收紧，配额分配逐渐市场化

目前，EU ETS 的碳配额总量从前两个阶段的自下而上转变为自上而下的设定方式，且在 2013～2020 年和 2021～2030 年分别按照 1.74%和 2.2%的比例逐年递减。同时设有 MSR 机制对二级市场流通配额进行调控，配额总量趋于收紧。在配额分配方式方面，从 2021 年起，欧盟范围内约 57%的配额上限被拍卖，其余免费提供，电力行业配额则全部拍卖。

3）碳交易产品体系丰富，碳期货交易活跃

依托欧盟发达的金融体系和金融机构对碳市场的广泛参与，欧盟的碳市场产品体系已趋于完善。其中，现货包括欧盟碳排放配额（European Union allowance，EUA）、欧盟航空碳排放配额（European Union aviation allowance，EUAA）、核证减排量（certified emission reduction，CER）和减排单位（emission reduction unit，ERU）。金融衍生品主要有基于 EUA 的欧洲碳排放配额期货、欧洲碳排放配额期权、基于 EUAA 的欧洲航空碳排放配额期货和基于核证减排量的核证减排量期货。除现货、期货和期权外，还包括碳远期、掉期、互换、价差、碳指数等其他金融衍生品。

在碳交易产品中，碳期货的交易规模最大。根据欧洲能源交易所的数据，近年来欧盟碳期货交易量占碳交易总规模的 90%以上，远超同期碳排放配额现货交易量。完善的碳金融衍生品体系为企业提供了碳价格风险对冲工具，也提高了碳市场的流动性和定价效率。

总体来看，得益于交易制度的完善和交易主体的多样性，EU ETS 已发展为全球交易规模最大的碳市场，自 2005 年运行以来，其交易量约占全球总交易量的 3/4，2022 年交易量约占全球总交易量 87%。活跃的碳交易促进了价格发现机制的形成，强化了碳价对企业低碳转型的激励作用。

2. EU ETS 历史价格走势与特征

自 2005 年 EU ETS 成立以来，碳价总体呈波动上涨趋势，且总体价格水平在全球碳市场中位居前列。2022 年，EUA 平均价格为 81.24 欧元/吨，碳价格信号较为强劲。纵观欧盟碳价的历史走势（图 7-4）可以发现，受不同阶段的机制设计、宏观经济、能源与政策因素影响，EU ETS 价格主要呈现以下阶段性特征。

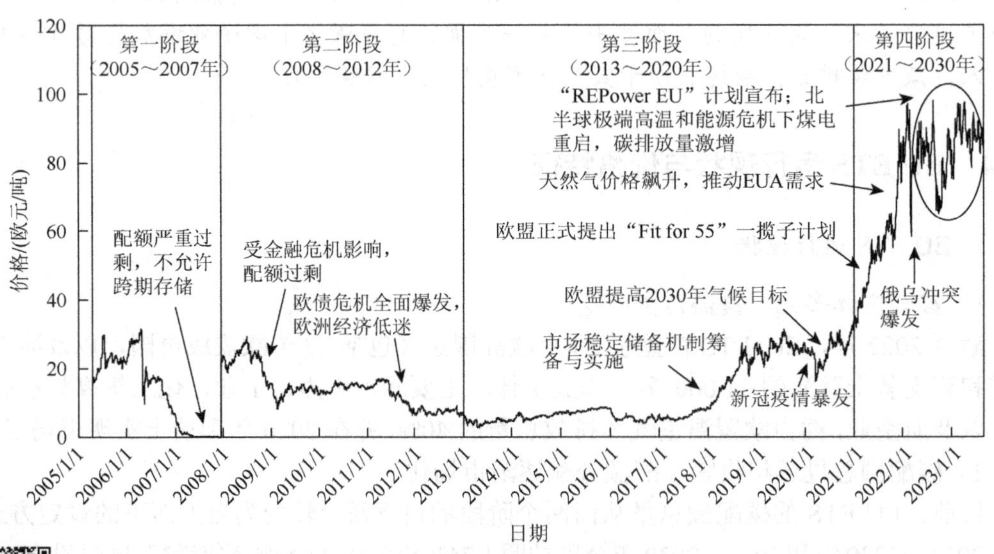

扫一扫 看图片

图 7-4 EU ETS 价格走势与影响因素

资料来源：Wind 数据库

1）初期碳价下跌，经历长期低迷

EU ETS 建立之初，由于采用自下而上的总量设定方式，各成员国自行设定排放配额上限，导致配额供给严重过剩。此外，由于第一阶段（2005～2007 年）的配额不允许留至下一阶段继续使用，第一阶段末期的 EUA 价格一路下跌，在 2007 年几乎跌至零。

到了第二阶段（2008～2012 年），受 2008 年金融危机影响，经济增长放缓，能源消费随之下降，欧洲企业排放量大幅下降，配额供给过剩问题凸显，EUA 期货价格迅速跌至不足 10 欧元/吨。随后欧债危机的全面爆发使得碳价再度下跌。此时碳市场机制尚不成熟，缺乏灵活的碳价调节机制，因此 EUA 价格在很长一段时间内一直处于低迷状态，长期维持在 10 欧元/吨内。但欧盟吸取第一阶段的教训，允许配额从第二阶段沿用至第三阶段，避免了碳价在第二阶段结束时出现暴跌至近零的局面。

2）市场机制逐渐完善，碳价陆续回升

进入第三阶段（2013～2020 年）后，欧盟进行了 EU ETS 的机制改革。为了应对需求侧冲击和配额过剩，欧盟先是在 2014 年实施了核减机制（backloading）[①]，又在 2019 年正式开始执行 MSR 机制，即当碳市场中流通的配额量超过 8.33 亿吨时，则在拍卖时将相当于当前配额量的 12%放进储备；当配额量低于 4 亿吨时，则从储备中调出 1 亿吨投放市场。一系列机制改革提振了市场信心，对碳价形成有效支撑，碳价大幅回升至 20 欧元/吨以上。

3）气候行动雄心勃勃，碳价屡创新高

由于新冠疫情暴发，2020 年碳价短期跌至 15 欧元/吨之下。但此后受欧盟雄心勃勃的 2030 年气候目标以及“Fit for 55”（“减碳 55”）气候立法的影响，欧盟碳价一路走高。为了加快绿色转型，欧盟于 2019 年 12 月正式推出了“欧洲绿色新政”，将 2030 年的排放目标从相对于 1990 年下降 40%提高到 55%。2021 年，欧盟委员会根据新的目标提出了一揽子名为“Fit for 55”的立法提案，其中包括受到各方瞩目的 CBAM 的法案细则。更为严苛和雄心勃勃的气候计划对欧盟碳价起到了很强的支撑作用，碳价屡创新高，突破 95 欧元/吨。

4）能源市场波动，碳价高位震荡

2022 年以来，欧盟碳价呈高位宽幅震荡格局，其直接原因在于能源市场的剧烈波动。一方面，俄乌冲突引发金融市场动荡和避险情绪，碳资产遭到抛售，碳价一度出现“腰斩”，从 2 月 23 日的 94.43 欧元/吨一路暴跌至 3 月 7 日的 57.72 欧元/吨；另一方面，地缘危机冲击下飙升的能源价格（图 7-5）给工业生产企业带来了资金压力，导致一些企业需要卖出多余的碳配额来缓解现金流的压力，进一步压低了碳价。

在俄乌冲突与能源危机背景下，欧盟坚定表态保持碳市场作为气候政策的基石，并宣布“REPower EU”（重启赋能欧盟）的计划，通过节能、生产清洁能源以及欧洲能源

① backloading 是 EU ETS 为了稳定碳价格而采取的一项临时性措施。具体来说，它是将原定在 2013 年到 2015 年拍卖的 9 亿吨碳配额延后至 2019 年和 2020 年再进行拍卖。这样做的目的是减少短期内市场上的配额供应，从而提高碳价格，更好地发挥碳市场的功能和激励效果。

图 7-5 2022 年欧洲荷兰所有权转让中心（Title Transfer Facility，TTF）天然气期货价格走势

资料来源：Wind 数据库

供应的多样化等方面，提高欧洲的能源独立性，这才重新稳定市场信心。自 2022 年 3 月初以来碳价回升，并保持在 80 欧元/吨左右水平。

随后，极端高温天气和能源危机推动欧盟碳价进一步上涨。一方面，受北半球夏季高温干旱天气影响，欧洲国家水电、风电等低碳电力出力明显下降，对化石燃料发电的需求持续攀升；另一方面，俄乌冲突开始后，暴涨的用气成本和可能出现的天然气断供风险导致德国、法国等欧洲主要国家宣布重启煤电。高涨的碳排放需求支撑着欧盟碳价持续走高，并抬高了市场对欧盟碳价的未来预期。

7.2 中国碳市场运行现状与价格特征

“双碳”目标体现出中国积极应对气候变化、承担国际责任的决心，碳排放权交易市场则是助力中国实现高效减排、推动“双碳”目标达成的重要工具。中国碳市场历经 CDM、地方试点碳市场到全国碳市场发展及完善三个阶段。目前，我国碳市场的发展取得了长足进步，全国碳市场已成为全球覆盖碳排放量最大的碳市场。但与国际先进碳市场相比，我国碳市场仍处于发展初期，市场建设与完善面临着不小挑战。本节将介绍中国碳市场的发展历程，分析中国试点碳市场以及全国碳市场的运行现状、价格特征及其背后成因，探讨中国碳市场的发展趋势。

7.2.1 中国碳市场发展历程

1. CDM 阶段

2005～2010 年，在《京都议定书》框架下，中国作为发展中国家不承担强制减排任务，主要通过 CDM 进行减排，并将减排单位转变为有价商品向具有强制减排任务的发达国家出售获益。2005 年 1 月 25 日，我国批准首个 CDM 项目，自此 CDM 经历短期的经验积累后迅速进入快速发展阶段。截至 2010 年 12 月 31 日，中国有 1145 个项目获联合国 CDM 执行理事会批准注册成功，占全球总数的 42.32%，年减排量达 2.6 亿吨二氧化碳当量，占全球已注册项目预期年减排总量的 62%。中国逐渐发展成为全球最大的 CDM 卖方市场。

经历了几年的蓬勃发展后，受后《京都议定书》时代谈判形势不明朗、金融危机爆发、EU ETS 第三阶段对抵消机制的限制等因素影响，欧盟等发达经济体对 CDM 的接受程度与需求量逐渐收紧，中国 CDM 项目发展陷入了停滞，出现注册通过率低、大量注册成功项目无法获得核证减排量签发等问题。

尽管 CDM 的繁荣期不长，但该阶段的摸索为中国与全球碳市场协同积累了有益的经验。中国作为全球最大的 CDM 卖方，在不断开发多种类型 CDM 项目的过程中大幅提升了本国企业的减排意识，推进了绿色减排技术的进步和发展。同时，在与发达国家的合作中，中国企业逐渐积累了一定的气候治理技术和资金，为促进后续碳交易市场的发展打下了基础。

案例 7-3　中国 CDM 项目发展：以广能瓦斯发电项目为例

中国企业积极开发 CDM 项目，通过国际合作争取到资金和技术，在获得经济效益的同时，实现了我国环境、经济和社会效益的可持续发展。

以四川华蓥山广能（集团）有限责任公司（以下简称广能）瓦斯发电项目为例。该项目是利用甲烷浓度为 10%～30%的煤矿瓦斯进行发电，并于 2009 年 12 月 1 日正式启动。在项目实施前，该煤矿开采项目的矿井所有抽排的低浓度煤矿瓦斯都被直接通风排放进入大气，没有任何形式的甲烷销毁或利用，并且由华中电网提供与项目输出电量相等的电力。这也是该项目的基准线情景。广能瓦斯发电项目减排量来自两方面：①销毁基准线情景中排空的煤矿瓦斯中的甲烷；②替代华中电网中由化石燃料电厂提供的同等电量产生的排放。该 CDM 项目年均减排量为 728 296 吨二氧化碳当量。该项目经历了项目申报、国家发展和改革委员会备案、联合国 CDM 执行理事会注册、第三方项目审定机构现场核查以及联合国 CDM 执行理事会签发核证减排量等一系列重要且复杂的流程后，广能瓦斯发电项目最终获得核证减排量的国际交易资格。

广能瓦斯发电项目于 2016 年完成首笔交易，将 2013～2014 年产生的并经联合国 CDM 执行理事会签发的 52.23 万吨核证减排量出售给一家荷兰企业，获得交易收益 17.32 万欧元（合人民币 120 余万元）。该 CDM 项目收益不仅缓解了短期内广能集团的经营压力，同时激励企业未来通过温室气体减排创造持续性收益。

2. *地方试点碳市场阶段*

随着《京都议定书》后续谈判遇冷和 CDM 遭遇瓶颈，中国开始进行碳交易市场的试点运行。2010 年 10 月，《国务院关于加快培育和发展战略性新兴产业的决定》印发，首次提出要“建立和完善主要污染物和碳排放交易制度”。2011 年 10 月，《国家发展改革委办公厅关于开展碳排放权交易试点工作的通知》印发，同意北京市、天津市、上海市、重庆市、广东省、湖北省、深圳市开展碳排放权交易试点。各试点在两年内陆续开始交易，之后市场建设稳步推进，2018 年在福建成立了第 8 个碳交易试点市场。

地方试点碳市场依据自身情况探索了行业覆盖范围、配额总量设定和分配、履约机制等碳交易体系设计的核心要素，广泛纳入包括电力、钢铁、水泥等 20 多个行业，近 3000 个重点排放单位，为全国碳交易市场的建设和实施奠定了坚实基础。

3. 全国碳市场发展及完善阶段

在七个试点碳市场启动后，2013 年 11 月中国共产党十八届三中全会通过的《中共中央关于全面深化改革若干重大问题的决定》进一步提出推行碳排放权交易制度。2014 年底，国家发展和改革委员会发布《碳排放权交易管理暂行办法》，首次明确了全国统一碳交易市场的基本框架。2017 年 12 月，国家发展和改革委员会印发《全国碳排放权交易市场建设方案（发电行业）》，标志着全国碳市场正式启动。2021 年 1 月 1 日起，全国碳市场步入第一个履约周期，标志着中国碳交易发展进程正式进入新阶段。

截至 2022 年 12 月 31 日，全国碳市场已顺利完成首个履约期。首期内，全国碳交易市场仅纳入了发电行业，覆盖除西藏、香港、澳门、台湾以外的全国 30 个省区市的 2162 家重点排放单位。就碳价而言，全国碳交易市场的碳价格从最初高于市场预期的 48 元/吨的开盘价一度跌至 38.5 元/吨，随着履约期的临近，成交量和成交总额双双走高，在 2021 年 12 月 31 日以 54.22 元/吨的收盘价结束。截至 2022 年 12 月 31 日，碳配额累计成交量达 2.29 亿吨，累计成交额达 104.74 亿元。全国碳交易市场总体情况向好，促进温室气体减排和推动经济社会绿色低碳转型的作用初步显现。

7.2.2 中国试点碳市场运行现状与价格特征

全国碳交易市场区域范围跨越中国东、中、西部，各试点经济结构、资源禀赋各有不同，各试点碳市场的机制设计与运行状况也存在一定的差异。总体而言，北京、天津、上海、重庆、广东、湖北与深圳七个试点碳市场自建立至今运行情况良好，为全国碳交易市场的建设提供了丰富经验。

1. 试点碳市场运行现状

1）试点碳市场交易概况

2022 年内，七个试点碳市场累计完成线上配额交易总量约 3472.72 万吨，达成交易额约 20.20 亿元。表 7-3 展示了各个试点碳市场自开市以来累计线上配额成交情况。

表 7-3　七个试点碳市场累计线上配额成交情况

试点	开市日期	成交总量/万吨	成交总额/亿元	2021 年成交均价/（元/吨）	2022 年成交均价/（元/吨）
北京	2013/11/28	1 815.31	12.29	56.42	87.57

续表

试点	开市日期	成交总量/万吨	成交总额/亿元	2021 年成交均价/（元/吨）	2022 年成交均价/（元/吨）
天津	2013/12/26	2 380.79	5.88	21.96	32.40
上海	2013/11/26	1 943.39	6.39	30.71	56.58
深圳	2013/06/18	5 429.89	14.11	24.08	34.67
广东	2013/12/19	19 063.20	46.52	20.56	76.39
湖北	2014/04/02	8 211.21	20.25	22.99	47.37
重庆	2014/06/19	1 047.19	0.96	18.28	39.29

资料来源：《中国碳市场回顾与最优行业纳入顺序展望（2023）》

从成交总量和成交总额来看，广东碳市场的碳配额成交总量和成交总额最高，其次是湖北碳市场。重庆碳市场的成交总量和成交总额最低，北京和上海碳市场的成交总量相当，但北京碳市场成交总额接近上海碳市场的两倍，这主要是由于北京碳市场的配额价格平均水平相对更高。

从 2022 年成交均价来看，北京碳市场在各试点碳市场中居于首位（87.57 元/吨），紧随其后的是广东碳市场（76.39 元/吨），而天津碳市场均价最低（32.40 元/吨），其他碳市场均价则位于 30～60 元/吨。此外，与 2021 年成交均价相比，各试点碳市场成交均价均有上升。

2）交易活跃度“潮汐”现象明显，交易量差异较大

目前，我国试点碳市场日交易量呈现出明显的“潮汐现象”，即临近履约截止日期前，各试点成交量显著放大；年度履约完成后，成交量明显缩小。这主要是由于当前我国碳市场交易主要来自强制履约的政策驱动。从各试点碳市场线上交易量占比来看（图 7-6），2022 年，广东碳市场交易量占比最高，达到 48.24%，重庆碳市场则占比最低，仅为 2.67%。此外，近年来，天津、深圳碳市场交易量占比呈上升趋势，湖北碳市场波动较大，广东碳市场呈现下降趋势。

2. 试点碳市场价格特征

1）全球横向比较：中国碳价总体水平偏低

理论上，碳价应等于边际减排成本，从而充分发挥碳市场的资源配置效率。从中国各试点碳市场年度配额成交均价来看，2022 年七个试点碳市场平均价格仅为 53.47 元/吨（约 7.56 欧元/吨），最高的北京碳市场碳价也仅为 87.57 元/吨（约 12.38 欧元/吨），虽然相对于 2021 年有所上涨，但仍远低于国际水平。根据路孚特发布的《2022 年全球碳市场年报》，欧盟碳市场 2022 年底的价格达到约 90 欧元/吨，在欧盟、英国、北美、新西兰、韩国等全球主要碳市场中，中国市场碳价最低。过低的碳价难以约束化石能源消费，对激励控排企业进行技术革新和低碳转型的作用有限。

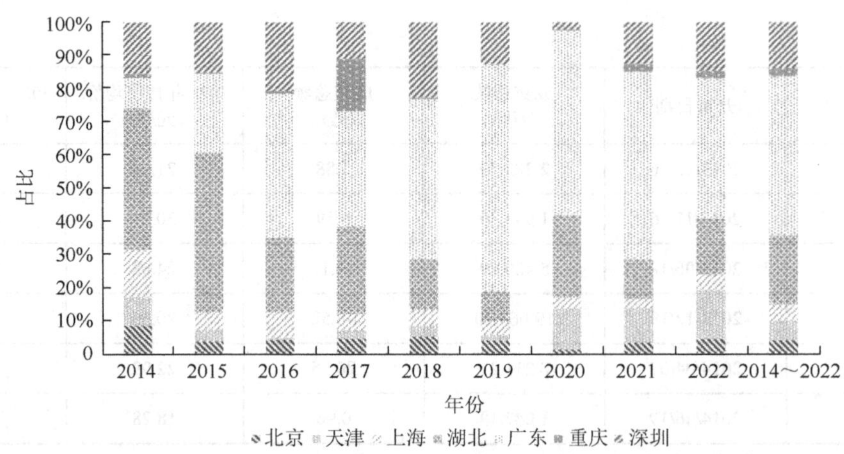

图 7-6 中国七个试点碳市场年度线上交易量占比情况（2014～2022 年）

资料来源：《中国碳市场回顾与最优行业纳入顺序展望（2023）》

2）国内横向比较：中国碳价空间均衡性较差

中国试点碳市场的交易价格还存在空间均衡性差的问题，即区域差异显著。从图 7-7 绘制的 2013～2022 年七大试点碳市场日均成交价格变动趋势可见，各试点碳价差异较大。其中，北京碳价总体平均水平位居首位，价格稳中有升，最高时超过 140 元/吨；上海碳价则基本处于较高水平；近年来广东碳价也稳步上升，跻身前列；湖北碳价处于中等水平且较为平稳，但累计交易量最高，市场较为活跃；天津和重庆这两个试点市场的碳价处于较低水平，且由于交易量较低，碳市场缺乏活力，碳价在低位波动；深圳碳价波动幅度较大，早期处于较高水平，但 2020 年以来价格始终在低位震荡。

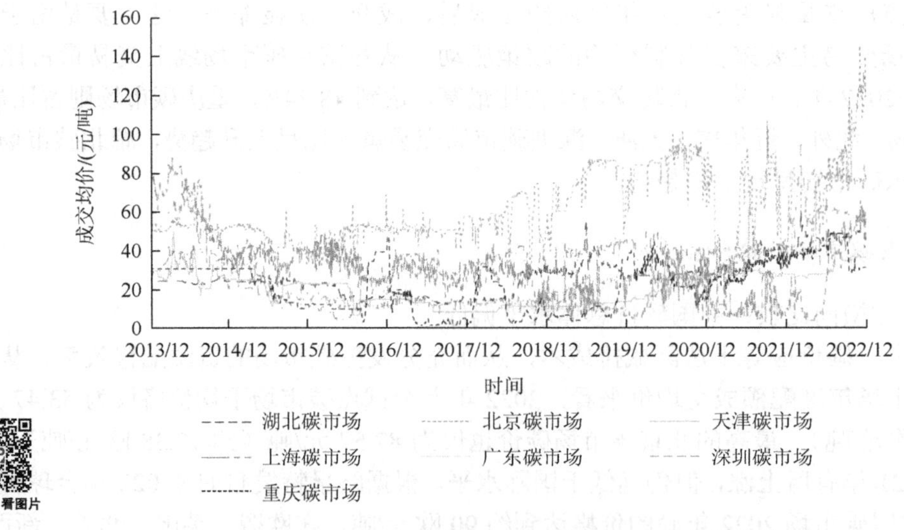

图 7-7 2013～2022 年中国试点碳市场日均成交价格走势

资料来源：《中国碳市场回顾与最优行业纳入顺序展望（2023）》

3）纵向比较：中国碳价走势稳定性较弱

从理论上讲，合理的碳价格波动应该呈现收敛性，即指随着时间推移，碳价的波动由较为剧烈转为在一个较为稳定的值上下或在较小范围内波动。从图 7-7 可以看出，近年来，上海、湖北、北京和广东的碳价波动相对较小，并逐渐实现收敛，近年来在均值水平上下波动。然而，深圳和重庆的碳价时高时低，呈波浪式震动，至今未实现收敛。天津的碳价则处于较为低迷的状态，变化较小。这些结果表明，中国部分碳试点市场的价格走势容易出现剧烈的波动，难以形成稳定的预期。

3. 试点碳市场价格特征成因分析

1）碳政策力度过弱，碳金融体系尚未形成

碳价高低会影响企业碳减排积极性，阻碍技术革新与企业低碳转型。我国碳价总体水平较低的原因主要在于中国碳政策的缺失及力度过弱，且缺乏完善的碳金融体系。

首先，在碳政策方面，中国的碳交易市场中政策设定较为宽松、市场机制不完善、林业碳汇抵消占比不高，这些是造成碳价低迷的重要原因。与世界上绝大多数国家的碳交易模式不同，中国没有设定碳排放总量上限，而是建设了一个“排放绩效系统”，这实际上给了企业更多时间以采取措施降低碳排放强度。此外，配额分配方式仍以免费分配为主，拍卖比例占比较低，约为 5%，加之市场参与主体类型单一且数量有限，使得市场交易量低迷，难以形成有效的碳价支撑。

其次，在碳金融体系方面，目前我国碳市场中的交易产品仅为碳配额，交易产品种类单一，尚未形成丰富、完善的碳金融体系。而 EU ETS 实践表明，碳期货等衍生品有助于碳市场的价格发现和风险管理，能够在非履约期吸引更多的二级市场投资者参与，提高控排企业参与积极性与市场流动性，促进碳市场的定价效率。

2）交易规则差异大，经济发展与能源结构各异

碳价的区域均衡性较差会导致不同地区企业的竞争力产生差异，不利于企业间的公平竞争，从而容易导致地区间碳泄漏的发生，同时也不利于全国碳市场互联互通。造成中国碳价均衡性较差的主要原因在于：第一，地方碳市场制度不同。不同地方试点碳市场在覆盖范围、配额分配机制、监管机制以及处罚机制等方面各不相同，减排政策越严格的地区，碳价相对也就越高。第二，经济水平与产业结构不同。一般来说，经济发展水平更高且产业结构中第二产业占比更大的地区，其碳排放量会更多。第三，能源结构与环保投入不同。不同地区的能源禀赋和区位条件不同，其能源结构也存在差异。一般而言，如果一个地区的能源结构合理，它的碳排放量会相对较低。同时，如果当地企业在环保方面的投入越多，碳排放量会相应降低，因此该地区减排成本会增加，从而导致碳价更高。

3）政策依赖度较高，市场机制尚未成熟

我国碳价稳定性较弱，这意味着碳价存在较大的波动性，这增加了覆盖企业的减排风险，从而抑制了碳市场交易主体的积极性。这主要是由于以下几个原因。

首先，我国多数控排企业对于碳减排的重要性认识不足，同时也缺乏足够的碳交易经验。这导致企业在碳市场中的自发交易意愿不强，主要以履约为核心驱动力，致使碳市场交易活跃度不高，碳价连续性较差。

其次，我国的碳市场机制尚未完全成熟，缺乏市场价格稳定机制此类灵活调控措施。事实上，欧盟、美国加利福尼亚州、新西兰以及韩国碳市场为了防止因配额价格过高而导致企业生产成本上升，或因碳价剧烈波动引发市场过度投机，它们都采用了各种市场稳定机制。例如，美国加利福尼亚州和新西兰采用了“拍卖底价+MSR 机制”的双保险制度。然而，我国尚未完全建立这样的机制，而在市场建设初期、缺乏相关经验时，价格稳定机制尤为必要。

7.2.3 中国全国碳市场运行现状与价格特征

1. 全国碳市场运行现状与价格特征

截至 2022 年 12 月 31 日，中国全国碳市场 2022 年内碳配额累计成交量达到 5085.88 万吨，其中，大宗协议交易占比 87.84%，挂牌协议交易占比 12.16%。累计成交额为 28.12 亿元，挂牌协议交易成交均价为 58.08 元/吨，与 2021 年的 46.60 元/吨相比，增长了 24.64%。

1）重点排放单位地理分布集中

从 2022 年纳入全国碳排放权交易配额管理的重点排放单位分布情况（图 7-8）可以看出，重点排放单位主要分布在东北综合经济区、黄河中游综合经济区和东部沿海综合经济区。这种分布与各地区的资源禀赋、经济发展与产业结构是相互关联的。

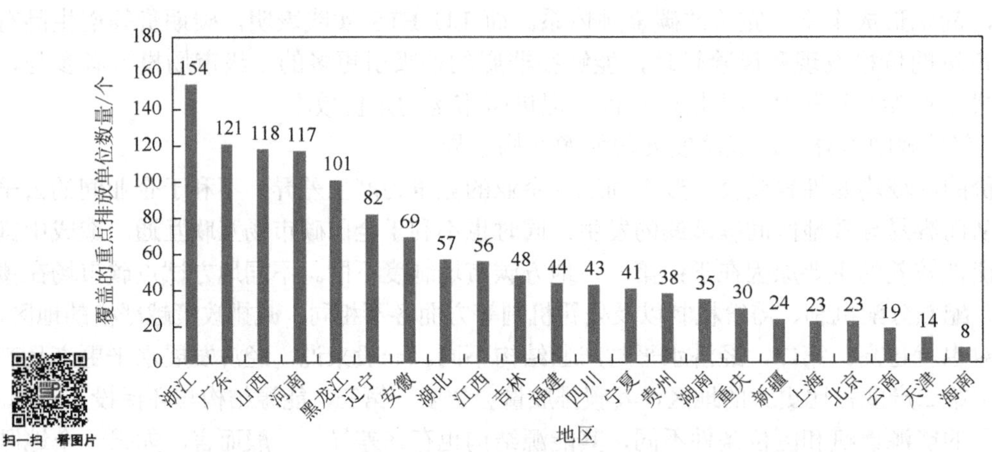

图 7-8 2022 年纳入全国碳排放权交易配额管理的重点排放单位分布情况（部分）

资料来源：《中国碳市场回顾与最优行业纳入顺序展望（2023）》

2）交易量呈现明显的“潮汐现象”

从 2022 年成交量来看，全国碳市场呈现明显的“潮汐现象”（图 7-9）。年初的 1 月和 2 月，碳市场的成交量达到了高峰，分别为 786.3 万吨和 167.0 万吨，共占全年总成交量的 19%。这一现象主要由于第一个履约周期刚刚结束，此时交易量正处于波峰。3 月至 10 月，交易量明显减少，绝大部分月份的交易量低于 150 万吨。然而，到了 11 月和 12 月，交易量明显增加，分别达到 729.8 万吨和 2625.3 万吨，这两个月的交易量累计占据全年的 65.8%。

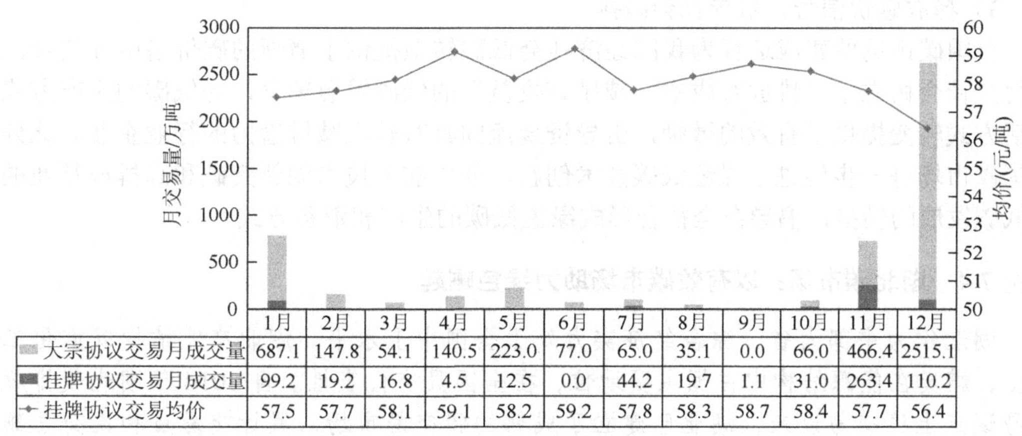

	1月	2月	3月	4月	5月	6月	7月	8月	9月	10月	11月	12月
大宗协议交易月成交量	687.1	147.8	54.1	140.5	223.0	77.0	65.0	35.1	0.0	66.0	466.4	2515.1
挂牌协议交易月成交量	99.2	19.2	16.8	4.5	12.5	0.0	44.2	19.7	1.1	31.0	263.4	110.2
挂牌协议交易均价	57.5	57.7	58.1	59.1	58.2	59.2	57.8	58.3	58.7	58.4	57.7	56.4

图 7-9　全国碳市场 2022 年月交易量与交易均价

资料来源：上海环境能源交易所

3）交易价格稳中有升

如图 7-9 所示，2022 年，全国碳市场的线上交易价格整体波动相对稳定，主要集中在 58 元/吨上下，相较于 2021 年的 47 元/吨稳中有升。全国碳市场价格波动性（年度最高成交价格与最低成交价格之差）为 13.36 元/吨，低于所有试点碳市场的价格波动性。但总体而言，全国碳市场价格水平仍然处于较低水平，且主要反映的是履约压力下短期的市场供需情况，尚未形成连续有效的碳定价。清华大学测算显示，目前我国全经济尺度的边际减排成本大概是 7 美元，这与目前碳配额均价大致相符。随着我国朝“双碳”目标迈进，预计温室气体的减排需求将持续增加，因此减排成本也可能逐渐提升，这意味着我国碳市场的配额价格仍有上升空间。

2. 全国碳市场建设成效

1）推动低碳转型与能源结构调整

全国碳市场通过市场机制手段，首次在全国范围内将减排责任压实到企业，初步实现了对燃气、超临界、热电联产等高效率低排放机组的正向激励。经统计，2022 年电力行业单位火电发电量碳排放强度较 2005 年下降 36.9%。与此同时，也推动了即将纳入全国碳市场的钢铁、有色金属、建材等重点排放行业的低碳转型进程。此外，全国碳市场的第一个履约周期内，通过其抵消机制，为风电、光伏、林业碳汇等 189 个自愿减排项目的相关主体创造了约 9.8 亿元的收益，这对于推动我国能源结构调整和完善生态补偿机制起到了积极作用。

2）发挥碳定价功能，降低减排成本

全国碳市场通过免费配额分配以及市场交易，既降低了减排难度较大的重点排放单位的减排成本，也促使火力发电企业提高发电效率并优化机组结构，引导市场逐步淘汰减排成本高、技术落后的发电机组。

3）释放碳价信号，引导社会减排

全国碳市场的建成运行为我国经济社会低碳转型提供了清晰的碳价格引导信号。这使得全社会树立了“排放有成本，减排有收益”的低碳发展理念，为低碳的生产方式和生活方式转变提供了有效的激励，引导资金流向具有较大减排潜力的行业企业。此外，全国碳市场进一步促进了绿色低碳技术创新，催生前沿技术创新突破和高排放行业的绿色低碳发展的转型，倡导在全社会形成绿色低碳的生产和消费方式。

案例 7-4　湖北碳市场：以有效碳市场助力绿色崛起

湖北作为中部大省，综合经济实力处于全国中上水平。湖北产业结构以重化工业为主，煤炭在能源结构中占据主要地位，在全国具有代表性。自 2014 年湖北碳排放权交易试点上线交易以来，湖北已建立了成熟的碳交易市场，累计交易量和成交总额占全国半数以上，远高于其他试点，是全国最活跃的碳市场。截至 2021 年 3 月，湖北碳市场共纳入 373 家年能耗 1 万吨标准煤以上的工业企业，总排放量为 2.73 亿吨，约占全省的 45%；涉及电力、钢铁、水泥、化工等 16 个行业，占第二产业产值比重的 60%，有效覆盖了工业领域的温室气体排放。除了控排企业，湖北碳市场还成功吸纳了 375 家投资机构和 10 389 名个人。

通过科学的配额分配，碳市场已有效地促使企业实现了显著减排。从 2014 年至 2019 年，16 个行业中，除电力和化纤行业外，14 个行业排放量下降，二氧化碳累计减排 4246 万吨。此外，湖北碳市场秉持开放的发展理念，激发市场活力，发挥市场功能，对于湖北实体经济起到重要支撑作用。湖北企业在多年碳市场交易实践中，已能运用碳交易工具实现低成本的节能减排，并积累了丰富的碳资产管理经验。

以葛洲坝集团水泥有限公司为例，该公司作为 2014 年首批进入湖北碳市场交易的企业，在第一年购买配额方面的支出高达 3000 多万元。这一高额成本倒逼其开始规划节能减排的发展战略，通过一系列的措施，如淘汰落后产能、稀土永磁电机改造、建立能源管理体系和大数据监控平台、大规模利用工业废渣作为原材料等，公司取得显著的减排成果。从 2015 年到 2020 年，公司生产 1 吨熟料的煤耗下降了 12%，电耗下降了 7%，单位产品的综合能耗达到了国际先进水平。同时，公司还主动成立了专业部门进行碳资产交易管理，2020 年，中国葛洲坝集团水泥有限公司购买碳配额的单价比碳市场均价低了 9.6%，每年的碳配额支出金额从先前的千万元级降至百万元级。

3. 中国碳交易市场展望

全国碳市场自线上交易启动后，成为全球覆盖排放量规模最大的碳市场。但由于全国碳市场处于发展初期，仍存在诸多不足。未来要进一步推进全国碳交易市场发展还需要从以下几个方面进行改进。

1）强化顶层设计，完善碳交易立法

当前《碳排放权交易管理办法（试行）》还存在一些问题。首先，其层次不明确，缺乏清晰的管理规则，导致执行时的困惑和不确定性。其次，对违约企业的惩罚力度不足，未能有效威慑违规行为，缺乏对违约企业的严厉处罚机制，降低了对环境保护的有效支持和促进作用。此外，碳排放权的资产属性定义模糊，使得碳资产相关的交易财税处理和权益保护纠纷缺乏明确的法律依据。这给市场参与者带来了困扰，也制约了碳交易市场的进一步发展。

为了促进碳交易市场的健康发展，有必要进行全面的顶层设计。首先，应该完善碳交易相关的法律法规，明确市场参与主体的职责和义务，规范市场行为。其次，制定碳交易的法规条例，明确市场运行中各个要素和情况，并确保碳交易相关部门的协调配合和监管任务的落实。这样可以有效规范碳交易市场的运作，提高交易的透明度和可预测性，为参与者提供更稳定的交易环境。

2）扩大交易主体和交易产品

目前，全国碳交易市场仅涵盖发电行业。为了加快碳减排步伐，应该加快其他高排放行业（如钢铁、有色、建材、石化、化工、造纸、航空）的碳排放数据收集工作。针对这些行业，应明确碳排放配额，并结合经济社会发展状况，逐步将它们纳入全国碳交易市场，以扩大市场容量。

在进一步扩大交易主体和产品范围的同时，应将 ESG 纳入企业的重要组成部分，并将其纳入成本模型中进行考虑和测算。通过从源头上激励企业重视碳减排，促进更多市场主体参与碳交易市场，从而推动企业在碳减排方面采取积极行动，提升低碳转型的速度和效果。

3）丰富配额分配方式，创新碳交易产品

不同的分配方式将对市场效果和效益分配产生重大影响，并影响市场配置优势的发挥。碳交易市场在初期阶段，采取免费配额发放的方式可以提高企业的参与度。然而，随着碳交易市场的成熟，应该综合考虑各行业和地区的承受能力以及减排技术发展水平，逐步增加通过拍卖配额的比例，以激励企业积极参与减排。

此外，需要进一步挖掘碳市场的金融属性，加快推出碳期货、碳回购等交易工具，为金融机构发行绿色金融和碳资产提供产品支撑，吸引更多的主体参与到碳交易中，提高碳市场流动性与活跃度。同时，这也要求相关部门和金融机构加强协作，共同推动碳交易市场的蓬勃发展，为未来的碳减排目标做出积极贡献。

4）完善碳市场监督机制，防止内部交易和市场操作

碳排放数据的质量主要依赖于 MRV 体系。目前我国的 MRV 体系尚不完善、缺乏专业人才，导致数据质量参差不齐，难以支撑一个公平、公正的碳交易市场。

为减少歧义并确保数据的可信度和一致性，应完善 MRV 机制，抓紧制定国家标准，规范碳排放数据核算、报告和核查的技术规范。在报告方面，除了传统的纸质报告外，还可以通过简化电子提交流程来进行改进，这将有利于数据监测和验证程序。在核查方面，充分发挥市场力量，建立可持续的第三方核查制度。培育第三方核查机构和人员，提升其技术水平，逐步建立规范的监管和认可制度。通过实施这些增强措施，可以保证碳排放数据的质量，从而提高碳市场的运行效率和可信度。

7.3 碳市场对经济、环境和社会的影响效果

作为人类社会应对气候变化而采取的环境经济政策，碳排放权交易对实施国家乃至全球的经济、环境和社会都产生了深远影响，这些影响可能是积极的（Wu et al.，2022），也可能是消极的（Lin and Jia，2019），具体取决于多个层面多种因素，本节将从不同角度具体讨论碳市场对经济环境社会的影响效果。

7.3.1 经济影响

1. 对成本和收益的影响

一方面，碳交易会增加生产成本。首先，碳市场形成的碳价格会沿产业链传导，导致隐含碳产品生产成本（或机会成本）增加（Wu et al.，2017）。其次，由于电力、石油等能源生产行业受到碳市场的规制，能源价格可能会上升，从而增加了产品的生产成本。因此，一般而言，碳强度或者能源强度越高的产品，其成本增加越显著。

另一方面，碳交易也可以带来收益（Chen et al.，2020）。不同经济主体的边际减排成本和初始配额存在差异。当经济主体的实际碳排放量低于其配额时，它们可以通过出售剩余的配额获取利润。此外，由于政府在不同产业之间的初始配额分配具有差异，某些行业可能会出售未使用的配额，进而获得利润。

综上，碳交易的成本效应和收益效应表明，碳排放权的商品属性及市场机制能够让经济主体参与到环境资源配置中，基于利润最大化的原则使用和转让碳配额。

需要指出的是，尽管碳交易在短期内可能增加生产成本，但从长远的角度看，它会推动环境改善和资源的节约利用，从而降低未来的减排成本。可见，碳交易短期内的成本上升，会让经济主体更加注重资源的节约和环境的保护，从而在长期内有效地促进环境、资源和经济的协调发展。

案例 7-5　特斯拉与一汽大众的碳积分交易

交通部门是中国碳排放的主要来源之一，为限制汽车领域的碳排放，中国采取的碳积分政策为双积分政策：燃料消耗量积分与新能源汽车积分，对于这两个积分分别设立达标值。对于燃料消耗量积分，设定的是油耗标准。若生产的燃油车油耗高于油耗标准，产生负积分；若生产的燃油车油耗低于油耗标准，产生正积分。对于新能源汽车积分，设定的是新能源汽车销售占比。若销售的新能源汽车数量占比小于达标值，产生负积分；若销售的新能源汽车数量占比大于达标值，产生正积分。

在新能源汽车碳积分交易中，2020 年，特斯拉首次实现全年盈利，获得 6.9 亿美元正向利润。其中，特斯拉通过出售碳排放积分获得 15.8 亿美元的营业收入。2021 年，特斯拉净利润达到 55.24 亿美元，出售碳积分收入为 14.65 亿美元。从 2012 年到 2021 年的 10 年间，特斯拉的累计碳积分销售收入高达 53.4 亿美元，如果没有这些碳积分收入，特斯拉在

2020 年仍然处于亏损状态，无法跨越市场的准入门槛，公司就不会在 2021 年实现持续成长。

相比之下，2020 年一汽大众欠下了 132 万个负积分。据知情人士透露，大众方面为了满足国内环境法规的双积分政策，以 3000 元/分的单价向特斯拉购买了积分。这也就意味着，一汽大众单单是补齐 2020 年在碳积分上欠下的大窟窿就花费了近 40 亿元。

2. 对产业结构的影响

对于满足同样需求的商品，碳强度越高，其市场竞争力受到碳市场的负面影响就越显著。这种成本增加引起的相对竞争力变化将导致部分产品的市场份额减少，甚至被其他替代商品（包括国内替代产品及进口品）淘汰，从而改变该类产品的行业生产和就业水平。

因此，长期来看，碳交易可以倒逼产业转型升级。碳价格信号可能会使碳排放密集型行业的产品竞争力下降，部分市场份额也可能逐渐被低碳产品所替代。同时，碳市场机制为低碳产品和低碳技术提供了增长空间，即为产业结构向绿色低碳方向转型提供了新的动力（Zang et al.，2020）。

短期来看，碳交易对部分行业的出口产生负面影响。以中国为例，中国的出口行业主要包括加工业、制造业、化工等排放密集型产业，相关产品存在大量的直接碳排放和间接碳排放。国内碳价格形成后，这些出口产品的生产成本相对提高，致使这些产品在国际市场上的出口竞争力受到负面影响。如果引入与发达国家相同水平的碳价格，中国的产业竞争力受损会比发达国家更加严重。

总之，虽然碳市场短期内可能对部分行业的市场份额、就业和出口有负面影响，但从长期角度来看，它有助于产业结构调整。

案例 7-6　深圳试点经验：碳交易可促进产业优化

深圳是全国 7 个碳交易试点省市中唯一的计划单列市，2013 年 6 月 18 日在全国率先启动碳市场。深圳碳市场对纺织业，化学和化学品原料，金属表面处理，食品饮料农副产品加工，文教、工美、体育和娱乐用品制造业，橡胶和塑料制品业等传统行业的影响较大，2013～2015 年的碳排放量平均下降率分别为 19.8%、33.5%、29.8%，平均万元工业增加值碳强度下降率分别为 53.2%、116.1%、57.7%。

2013～2015 年试点碳市场时期，636 家管控企业超额完成了深圳市“十二五”规划要求的年均碳强度下降目标，实现了碳排放总量和碳强度的双重下降，充分证明了通过市场机制能有效倒逼企业自发地提高节能减排技术，推动节能减排、能源结构调整和产业转型。

这说明，在碳市场机制的作用下，传统行业原有的粗放式发展模式得到了约束，自然地遵从经济规律调整企业的产品结构，在单位增加值下能耗最低，或者在单位能耗下增加值最高，最终实现了排放量和排放强度的双重下降。

3. 对区域均衡发展的影响

碳市场的初始配额分配具有显著的财富分配效应，其实质是减排成本在各个区域和各个企业的分担。因此，碳市场需要兼顾效率与公平，以缩小区域差距并促进区域协调发展。

区域发展不均衡是中国经济发展的一个长期特点。不同地区资源禀赋、生产优势和经济发展水平的差异，造成了不同区域、不同行业的减排潜力和难度迥异，减排成本也因此呈现出差异性（Wu et al.，2023）。经济较发达的地区边际减排成本较高，而中西部经济欠发达地区减排成本较低。边际减排成本较低的西部地区，经济承受力较弱，同时还要承担生态保护责任，因此减排的宏观经济影响往往较大，且不易计入直接减排成本，而这些间接成本正是政策设计时应该重点关注的。

由于各地区各行业的减排成本曲线的巨大差异，建立全国统一碳市场可以带来显著的成本节约效应。随着市场条件的成熟，全国统一碳市场的成本有效性将进一步显现。未来，内蒙古、贵州、青海、宁夏和新疆等西部生态脆弱地区基本上都可以通过碳交易获得额外的净收益，可有效解决长期讨论的生态补偿和转移支付问题。从碳交易中获取的收益可以激励这些地区发展绿色能源和低碳产业，反过来，通过碳交易获得的收益又可以用来弥补减排投入。

这说明，碳交易能够带来总成本的节约效益，促进西部地区的可持续发展，东部地区在降低减排成本的同时，还能实现资金流向西部地区，达到促进西部经济发展和生态环境保护的目的。因此，全国碳市场在协调区域均衡发展方面可以发挥独特作用。

案例 7-7　CDM 项目推动我国西部地区发展

CDM 林业碳汇项目是在《京都议定书》规则下的一种合作机制，通过发达国家与发展中国家合作，助力发达国家实现部分温室气体减排义务，同时帮助发展中国家实现可持续发展。

我国是全球最大的 CDM 项目供应国，且我国 CDM 项目主要集中在西部地区。截至 2016 年 8 月的数据显示，在国家发展和改革委员会已批准的 5074 个 CDM 项目中，有 2638 个获批项目位于西部 12 个省市区，达到获批项目总数的 51.99%。作为生态资源富集区，西部地区森林面积占全国森林面积的 60.29%，草原总面积占全国的 84.37%。

未来，随着我国碳交易市场的建立发展，碳排放权交易的种类和方式不断丰富，特别是森林碳汇和草地碳汇等交易类型的壮大发展，西部地区将成为强有力的碳汇供给方，通过有效的碳汇交易，为地区发展募集更多的资本支持。

7.3.2　环境影响

碳交易给环境带来的最直接影响就是二氧化碳排放的减少。碳交易是推动实现“双碳”目标的重要手段，具有总量控制碳排放的优势。与传统的行政手段相比，碳交易充分发挥市场配置资源的作用，将温室气体控排责任压实到企业，鼓励企业加强碳排放管理，并利用市场机制发现合理碳价，为企业碳减排提供灵活选择。

开发和采用减排技术是企业应对碳排放压力的关键，包括减碳、替碳、固碳、埋碳等。这些技术正在迅速发展，并涌现出各种低碳、零碳甚至负碳技术。碳减排技术的集成创新有助于低碳、降碳的解决，可以促进二氧化碳在产业链和产业间、区域间和园区内的匹配、共享和利用，让工业生产中排放的二氧化碳也可以“变废为宝”。

在中国，“零碳”概念逐渐被认可，并在全国多地进行实践，如零碳园区、零碳小镇、零碳企业等。零碳并不意味着完全没有碳排放，而是通过碳减排、碳抵消等措施，实现二氧化碳排放无限接近于“零”的过程。

碳交易给环境带来的另外一个积极影响是大气污染物的减少。化石燃料燃烧产生的大气污染物与温室气体具有“同根同源同过程”的特性，因此，碳中和与清洁空气目标具有内在一致性。虽然能源、环境、气候具有同源性特点，但在能源生产和消费的不同环节，碳减排效果不同。例如，光伏发电是低碳的，但光伏发电材料硅的生产却是高能耗、重污染的。因此，要特别重视节能减污降碳的协同性，注重全生命周期碳足迹评价。

碳交易市场建立后，环保压力促使中国进行气候和能源政策改革，加强环保治理。构建清洁低碳能源体系是主要路径，通过推动能源生产和消费革命，优化能源结构，提升非化石能源比例，推动天然气、氢能等清洁能源替代，这将有助于从源头上减少温室气体和大气污染物的排放量。

此外，碳交易对促进可再生能源发展和保护森林资源有重要引导作用。抵消机制是碳配额交易的补充手段，指通过建设碳减排项目，吸收和储存大气中的二氧化碳，这部分被吸收的二氧化碳可用于抵消工业生产产生的二氧化碳。而碳减排项目多为可再生能源项目和林业碳汇项目。在市场机制的调控下，碳交易将推动资金向可再生能源项目和碳汇项目流入，从而促进可再生能源发展、扩大森林面积。

知识拓展　碳排放权交易降低了中国的 $PM_{2.5}$ 吗?

CO_2 和 $PM_{2.5}$ 具有相同的来源，因此减少 CO_2 排放的行动通常会减少空气污染物的排放。为此 Liu 等（2021）利用 2005～2017 年中国 297 个城市的月度 $PM_{2.5}$ 浓度和天气数据，估算了中国碳排放权交易体系通过降低 $PM_{2.5}$ 产生的协同效益，研究结果发现以下结论。

第一，中国的碳排放权交易体系使实施碳排放权交易体系的城市 $PM_{2.5}$ 浓度平均降低了至少 4.8%；这种减排效应在夏季最强，夏冬两季的减排效应分别为 11.6%和 2.1%。

第二，碳排放权交易体系试点对其周边 300 千米范围内的周边非试点城市具有正向溢出效应，尤其是顺风方向的周边非试点城市，这主要是企业采取减排活动和调整产业结构的结果。

第三，碳交易规模越大、碳交易价格越高的地区，中国碳排放权交易体系试点的协同效益越大。

第四，中国排放交易体系导致的 $PM_{2.5}$ 浓度下降提高了居民健康水平，同时，有助于节约经济成本。

7.3.3 社会影响

1. 对就业的影响

碳市场引发的就业效应可分为三部分：一是产出效应，即碳试点影响企业产值变化，进而导致就业变化；二是要素替代效应，企业在减排压力下通过提升环境治理投资水平，引发就业规模变化；三是技术效应，即企业选择绿色研发进而影响就业。具体来说，要素替代效应的末端治理能明显增加企业就业，而产出效应和技术效应都存在正负两方面的影响。图 7-10 具体展示了碳市场如何通过这三种效应影响就业水平。

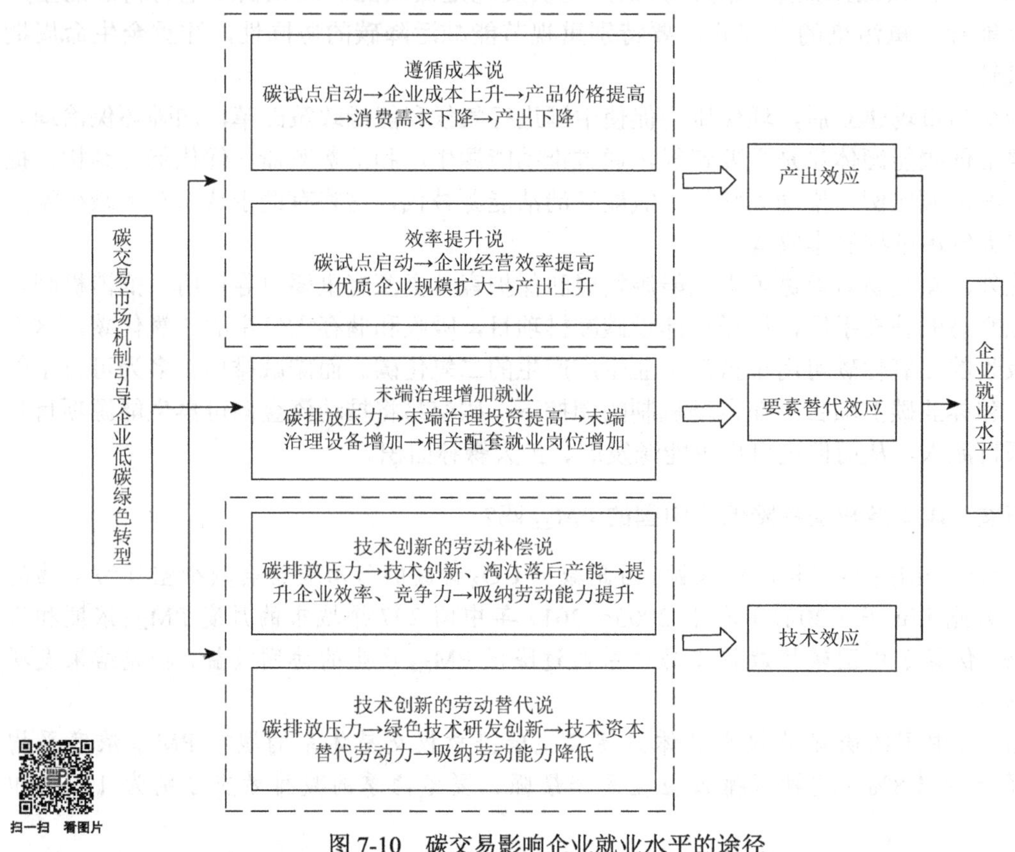

图 7-10 碳交易影响企业就业水平的途径

产出效应是指环境规制通过影响企业生产规模和产出来改变就业水平（王锋和葛星，2022）。碳市场的产出效应有正负两方面影响（Liu et al.，2017）。所谓负面影响，就是当企业受到严格的碳排放限制时，其运营成本可能会增加，进而导致产品价格上涨。随着价格上涨，消费者的购买意愿可能会降低，从而导致产量下降，致使企业裁减员工。而正面影响是指，在成本倒逼与碳交易收益引导的双重作用下，企业会提升内部经营效率，有限资源从低效率企业转移至高效率企业，会让优质企业规模扩张，从而促进就业增加。

要素替代效应是指碳交易为企业带来减排压力，企业需要实施环境治理投资，从而改变对劳动力的需求。增加末端治理投资能创造就业，末端治理环节中会存在相关减碳配套设施的安装、操作和维护，延长企业生产环节，增加企业就业岗位，还会刺激相关绿色低碳环保设备产业的发展。伴随绿色产业规模扩大，就会进一步提升就业水平，这是扩大企业劳动力吸纳能力的主要途径。

技术效应是指碳交易会刺激企业绿色技术研发，从而影响就业水平。一方面，技术创新可以淘汰落后设备、改进生产技术，提高企业生产效率和竞争力，使企业在获取行业优势地位后吸纳更多就业；另一方面，绿色技术进步趋向使用更少资源来实现更多产出，这可能导致技术、资本对劳动力的进一步替代，从而降低就业水平。

值得注意的是，在碳交易情景下，某些国家、地区和行业也可能会出现较为严重的失业问题。例如，经济发展较为落后的地区通常依赖于传统的资源密集型产业和高耗能、高排放产业，这些产业往往吸纳了大量的劳动就业，碳交易将倒逼企业升级转型甚至被淘汰，这些产业的流失会带来失业问题。

然而，随着许多高碳行业就业岗位的消失，一些低碳技术和服务行业会产生新的就业岗位。但是，传统行业的许多员工由于缺乏技能，很难迅速转移到低碳行业。因此，将传统行业工人转变为绿色产业工人是一个重要的政策挑战。

案例 7-8　“碳中和”激发低碳人才需求

随着碳达峰、碳中和、碳交易、减污降碳、低碳出行等概念的出现，“绿色低碳”成为热门话题。碳管理工程师、建筑节能咨询师、综合能源服务员等一批新职业应运而生，越来越多的传统行业从业者加入绿色新职业中来。

在 2022 年版《中华人民共和国职业分类大典》中，共标识了 134 个绿色职业，约占职业总数的 8%。其中，节能环保领域 17 个，清洁生产领域 6 个，清洁能源领域 12 个，生态环境领域 29 个，基础设施绿色升级领域 25 个，绿色服务领域 45 个。

据湖北省发展和改革委员会统计，仅碳交易试点期间，参与湖北碳市场的各类服务机构就达到 1400 家，注册资本超过 2100 亿元，从业人员约 50 000 人。未来，全国碳市场规模将持续扩大，预计会提供近 20 万个就业岗位。

中国石油和化学工业联合会数据显示，预计“十四五”期间中国需要的“双碳”人才数量为 55 万名至 100 万名。

2. 对提高农民收入的影响

碳市场的建设还将促进农业生产方式的转型和现代化，有利于中国农村地区的收入增长和就业创造，提高农民的可支配收入。

中国的碳市场交易对象包括碳配额和 CCER。七大碳交易试点皆允许 CCER 以抵消交易的方式进入碳交易市场，抵消比例为碳配额的 5%～10%。

CCER 项目供应方通常在县域或农村地区实施国家鼓励的绿色、低碳、环保类项目。CCER 项目的设立能够发挥节能减排效应，同时，CCER 交易能够为项目供应方带来收益，进而带动项目所在地提高收入水平。

实际上，CCER 项目可显著提高项目地区农村居民收入，且增收效果客观。据湖北省政府披露，2015～2017 年，湖北省低收入地区的农林类 CCER 累计成交 71 万吨，为农民增收 1016 万元，在通过植树造林吸碳减碳的同时为当地农民带来收益，使“绿水青山”变成了“金山银山”（赵展慧，2017）。

知识拓展　CCER 是否有效提高了中国农村收入水平？

Zhang 等（2023）基于 2006～2017 年中国 1782 个县域的数据，对 CCER 交易的农村创收效果进行了实证研究。研究发现以下结论。

第一，在样本期内，CCER 交易使农村居民人均纯收入每年至少增加了 2.5%，即 187.5 元人民币。

第二，CCER 交易在中西部地区具有更大的创收效果，中西部地区由于具有天然的地理优势，为可再生能源发展提供了适宜的条件，导致该地区的 CCER 项目较多。

第三，与 CCER 项目的实施相比，交易 CCER 项目产生的减排带来了更显著的创收效果。CCER 交易可以激励项目供应商和企业参与项目，从而实现农村收入水平可持续增长。

课后习题

1. 《联合国气候变化框架公约》下具有法律约束力的协定有哪些？请简单阐述其核心内容。
2. 请简要介绍 EU ETS 发展历程中各阶段的碳市场机制设计及其调整动机。
3. 中国试点碳市场的价格特征及其背后成因分别是什么？
4. 中国建设全国碳市场可以发挥哪些作用？
5. 碳市场运行对经济环境社会的主要影响有哪些？

参考文献

蓝虹. 2022. 碳交易市场概论[M]. 北京：中国金融出版社.

王锋，葛星. 2022. 低碳转型冲击就业吗：来自低碳城市试点的经验证据[J]. 中国工业经济，（5）：81-99.

赵展慧. 2017-12-20. 全国碳排放交易体系启动中国碳市场会是什么样?[N]. 人民日报，（15）.

Chen Z L，Yuan X C，Zhang X L，et al. 2020. How will the Chinese national carbon emissions trading scheme work? The assessment of regional potential gains[J]. Energy Policy，137：111095.

Lin B Q，Jia Z J. 2019. What will China's carbon emission trading market affect with only electricity sector involvement? A CGE based study[J]. Energy Economics，78：301-311.

Liu J Y，Woodward R T，Zhang Y J. 2021. Has carbon emissions trading reduced $PM_{2.5}$ in China?[J]. Environmental Science & Technology，55（10）：6631-6643.

Liu Y，Tan X J，Yu Y，et al. 2017. Assessment of impacts of Hubei Pilot emission trading schemes in China：a CGE-analysis using Term CO_2 model[J]. Applied Energy，189：762-769.

Refinitiv. 2023. Carbon market year in review 2022[R]. London.

Wu F，Wang S Y，Zhou P. 2023. Marginal abatement cost of carbon dioxide emissions：the role of abatement options[J]. European Journal of Operational Research，310（2）：891-901.

Wu P，Jin Y，Shi Y J，et al. 2017. The impact of carbon emission costs on manufacturers' production and location decision[J]. International Journal of Production Economics，193：193-206.

Wu Q，Ma Z，Meng F X. 2022. Long-term impacts of carbon allowance allocation in China：an IC-DCGE model optimized by the hypothesis of imperfectly competitive market[J]. Energy，241：122907.

Zang J N，Wan L，Li Z，et al. 2020. Does emission trading scheme have spillover effect on industrial structure upgrading?Evidence from the EU based on a PSM-DID approach[J]. Environmental Science and Pollution Research，27：12345-12357.

Zhang Y J，Liu J Y，Woodward R T. 2023. Has Chinese Certified Emission Reduction trading reduced rural poverty in China?[J]. Australian Journal of Agricultural and Resource Economics，67：438-458.

第8章　碳金融市场

本章导读

本章概括性梳理碳金融市场的定义与分类，从碳市场交易工具、碳市场融资工具、碳市场支持工具三个方面阐述碳金融市场的运作机制与产品功能，并对碳金融市场风险评估及管理进行介绍。具体包括如下内容：①碳金融市场概况，主要介绍碳金融产品分类与特征，以及我国碳金融发展政策背景和理论基础；②碳市场交易工具，主要介绍碳期货、碳期权的定义及产品功能；③碳市场融资工具，主要介绍碳债券、碳资产抵质押融资的定义及产品功能；④碳市场支持工具，主要介绍碳指数、碳保险、碳基金的定义及产品功能；⑤碳金融市场风险管理，主要介绍碳金融风险的定义及类型，以及碳金融风险评估和管理。总之，通过对本章的学习，将可以对碳金融市场及碳金融产品进行充分的了解。

8.1　碳金融市场概况

全球气候变化已成为当今经济社会可持续发展的核心挑战和新动力，兼有政策导向性、学科交融性、利益兼容性等特征的碳金融市场逐步成为我国促进碳减排、实现低碳发展的重要工具。深入了解碳金融市场现状，积极推动碳金融市场发展，对于加速我国经济结构转型和体系优化、实现经济社会绿色低碳循环发展具有重要意义。

8.1.1　碳金融定义

1. 碳金融

20世纪90年代，为了降低日益恶化的环境问题对人类生存的负面影响，国外经济学者试图从经济理论的角度对环境问题进行思考。金融作为现代经济的中心，如何利用“金融”手段解决环境问题也就成为各界关注的热点。世界银行1999年成立首个碳基金，欧洲气候交易所（European Climate Exchange，ECX）2005年陆续推出碳配额（即碳排放权）的期货期权等，使得碳配额具有金融产品的属性，碳金融便应运而生。然而，当前国际上并未对碳金融形成统一定义。欧洲复兴开发银行将碳金融的概念界定为，用于碳市场体系中帮助温室气体减排项目融资的活动，主要涉及与CDM和JI有关的金融活动。世界银行则将碳金融定义为“向可以购买温室气体减排量的项目提供资源”。Labatt和White（2007）认为，碳金融本质上是环境金融的一个分支，是一种涉及碳配额交易和相关减排活动的金融安排。

目前，国内对碳金融的定义有广义和狭义两种理解。吴玉宇（2009）提出碳金融是服务于温室气体减排的金融活动。王遥（2010）认为碳金融是应对气候变化的重要环节，是实现可持续发展、减缓和适应气候变化、灾害管理三重目标的低成本路径，是低碳经济发展的核心经济手段。郑扬扬（2012）将碳金融定义为以减少温室气体排放为目的的各种金融制度安排和金融交易活动，主要包括碳排放权及其衍生品的交易和投资、低碳项目开发的投融资以及其他相关的金融中介活动。陈诗一（2019）则将碳金融定义为，运用金融资本去驱动环境权益的改良，以法律法规为支撑，利用金融手段和方式在市场化的平台上使得相关碳金融产品及其衍生品得以交易或者流通，最终实现低碳发展、绿色发展、可持续发展的目的。

总之，碳金融的定义一般包括三个方面：①代表绿色金融的一个分支；②探讨与碳限制社会有关的社会财务风险与机会；③预期会产生相应的基于市场的工具，用于转移环境风险和完成环境目标。本书采用的碳金融定义为：一种积极应对气候变化、降低温室气体排放、推动低碳绿色发展，并转移气候风险的金融策略。

2. 碳金融市场定义

碳金融市场是指金融化的碳市场（蓝虹，2023）。广义的碳金融市场泛指所有服务于减少温室气体排放的碳交易市场及其相关金融制度安排，包括低碳项目的投融资、碳配额及其衍生品的交易和投资，以及其他相关的金融中介服务。狭义的碳金融市场特指碳交易市场层面的碳金融活动，如基于碳配额的金融现货、期货、期权交易。

碳金融市场帮助企业规避或降低由碳排放政策带来的经营风险，控制由企业违约导致的信用风险和市场变化所带来的市场风险。同时，它也为投资者提供了盈利机会。简而言之，它有两大核心功能：风险控制和收益管理。要实现这两大功能，碳金融市场需要一个合理的层次结构。碳金融市场的一般结构见图 8-1。

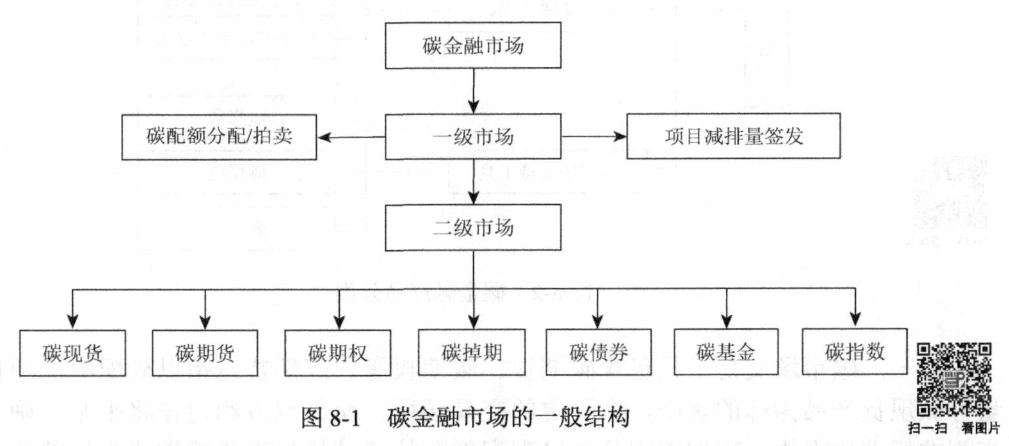

图 8-1　碳金融市场的一般结构

一级市场是指碳配额的发行市场或初级市场，是碳配额首次分配或出售给企业所形成的市场，包含项目减排量签发和碳配额分配与拍卖。该市场的主要参与者是政府和企业。政府负责制定政策和法律法规、搭建交易平台，企业是指参与管控的企业，也是需要履行减排义务的企业。本书第 6 章和第 7 章介绍的碳交易市场则为碳金融市场的一级市场。

二级市场包含碳现货、碳期货、碳期权、碳掉期、碳债券、碳基金和碳指数等。该市场主体包括政府、商业银行、保险公司和企业。商业银行通过碳金融产品实现减排项目的投融资及相关支持服务，保险公司提供保险业务。本章内容主要针对碳金融市场的二级市场。

为了确保碳金融市场的高效运行，一级市场和二级市场需要协同发展。一个市场的资源配置效率（如碳价的有效性和稳定性）和市场运行效率（如流动性和权威性）常常被视为判断碳金融市场成熟度的关键指标。

8.1.2 碳金融产品分类与特征

1. 碳金融产品分类

碳金融产品是碳金融市场各类主体进行交易的对象，根据不同角度有多种分类。根据传统金融产品分类标准，碳金融产品直接分为碳金融基础产品和碳金融衍生产品。根据中国证券监督管理委员会 2022 年 4 月发布的《碳金融产品》标准（JR/T 0244—2022），碳金融产品可分为碳市场交易工具、碳市场融资工具和碳市场支持工具三大类，如图 8-2 所示。

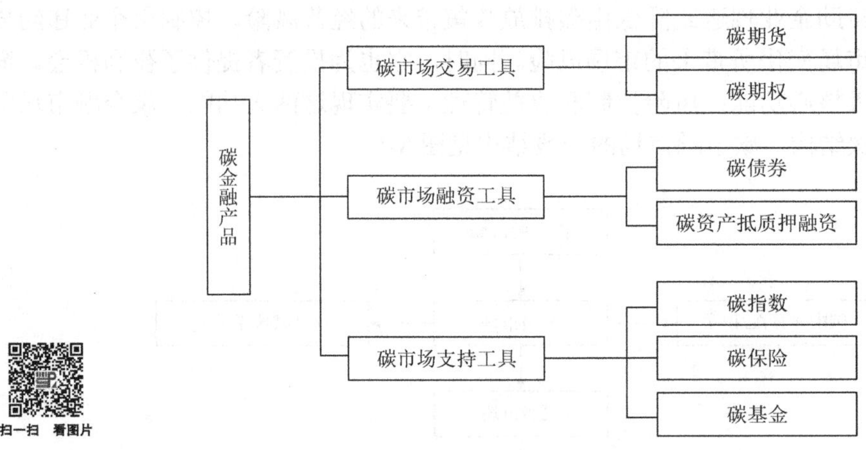

图 8-2　碳金融产品分类

第一，碳市场交易工具包含碳期货、碳期权等。碳期货是指以碳配额及项目减排量等碳现货产品为标的资产，在固定的交易场所，交易双方约定在将来某一确定时点交割的标准化合约。碳期权则是指以碳配额和核证减排量现货或期货为标的资产，约定买方有权在将来某一确定时点以特定价格买入或者卖出一定数量标的资产的标准化或非标准化合约。

第二，碳市场融资工具包含碳债券、碳资产抵质押融资等。碳债券是指符合碳债券监管要求的融资主体为低碳经济项目筹集资金，向投资者发行，承诺在约定时间支付一定比例的利息，并在到期时偿还本金的一种有价证券。碳资产抵质押融资是指碳资产的持有者（即借方）将其拥有的碳资产估值后作为质物或抵押物，向资金提供方（即贷方）进行抵质押以获得一定折价的贷款，到期再还本付息解押的融资合约。

第三，碳市场支持工具包括碳指数、碳保险和碳基金等。碳指数通常是指碳价格指数，也包括所有碳配额和碳市场交易相关经济指标的构建与测算，投资者可以借助碳指数分析碳排放市场的运行情况。碳保险是指为降低气候变化给经济社会带来的风险的保险业务或产品。碳基金则是由政府、企业、个人或金融机构投资设立，专门集合投资者资金用于全球范围内购买投资温室气体减排项目和交易，从而获取收益的投资工具，其收益通常与碳价变化或减排项目收益挂钩。

2. 碳金融特征

碳金融是一种促进碳减排、实现低碳发展的金融创新。它既具有传统金融工具和手段的特征，又兼有气候变化与碳减排领域的基本特点和气候治理的特有属性，主要表现在利益兼容性、政策导向性、学科交融性等方面。

1）利益兼容性

碳金融作为以促进全球气候治理和碳减排为主要目的的金融创新工具，兼顾经济增长、金融、低碳发展与社会福祉等多方利益，它不仅是经济和金融工具的创新，也是利益分配方式的创新。碳金融的利益兼容性以可持续发展为目的，兼容低碳发展与经济利益，通过金融举措激励市场主体自主采取最佳方式进行碳减排或碳交易，从而获得经济和环境的双收益。

2）政策导向性

碳金融通过市场主体自主衡量低碳成本并进行减排或交易，如碳配额及其衍生品交易、碳汇项目投融资等，以弥补低碳政策的不足，激励市场主体有效减排。此外，碳金融能够降低低碳产业融资成本，促进低碳产业发展，从而引导产业结构不断优化。因此，碳金融既是低碳政策的重要补充，又需要政策的大力支持，具有一定的政策导向性，有效完善的碳金融政策能够规范碳金融市场行为，促进碳金融市场发展。

3）学科交融性

碳金融包括低碳发展和金融工具等内容，是金融学、环境学、经济学等多种学科交融的理论创新和工具创新。首先，碳金融具有金融的基本属性和一般特征。其次，碳金融综合考虑气候治理、环境保护、经济可持续发展等，其管理思想遵循环境经济与金融市场管理的基本思想。最后，碳金融以市场机制解决低碳发展问题，运用经济学理论方法促进经济发展与低碳发展之间的协同性。

4）范围广泛性

随着国际市场愈发广阔，国际贸易和资本流动的范围不断扩大，跨国的金融活动日趋频繁，国际金融合作愈加紧密，碳金融也将呈现国际化特征。此外，由于碳金融的范围越来越广、国际性日益加强，它也将受到全球经济形势、汇率国际股价、期货价格等影响，不确定性或风险也在逐渐增加。

5）动态变化性

随着“双碳”目标的持续推进，其细分领域不断消失或增加，服务“双碳”目标的碳金融必然会随之发生变化。同时，随着经济社会发展和科学技术进步，采用相对标准界定的绿色低碳领域和非绿色低碳领域也在发生变化，清洁生产或节能技术等可能会被划分至不同领域。因此，以上因素决定了碳金融的发展呈现出持续变化的态势。

8.1.3 碳金融发展政策

1. *中央层面*

2016 年 8 月，中国人民银行、财政部、国家发展和改革委员会、环境保护部、中国银行业监督管理委员会、中国证券监督管理委员会、中国保险监督管理委员会印发了《关于构建绿色金融体系的指导意见》，这是首个国家层面对碳金融体系建设的指导意见。该意见明确提出，“发展各类碳金融产品。促进建立全国统一的碳排放权交易市场和有国际影响力的碳定价中心。有序发展碳远期、碳掉期、碳期权、碳租赁、碳债券、碳资产证券化和碳基金等碳金融产品和衍生工具”。2020 年 10 月，生态环境部、国家发展和改革委员会、中国人民银行、中国银行保险监督管理委员会、中国证券监督管理委员会印发了《关于促进应对气候变化投融资的指导意见》，支持机构及资本积极开发与碳配额相关的金融产品和服务，有序探索运营碳期货等衍生产品和业务。

2021 年 5 月，生态环境部等八部门联合印发《关于加强自由贸易试验区生态环境保护推动高质量发展的指导意见》，CCER 交易市场的推出为碳金融发展打造了新的平台。2022 年 1 月，生态环境部等五部门印发《农业农村污染治理攻坚战行动方案（2021—2025 年）》。方案明确，“大力发展农业农村绿色金融，引导社会资本以多种形式参与农业农村污染治理项目投资建设。鼓励有条件地区依法建立农村生活污水垃圾治理农户付费制度”。2022 年 4 月，中国证券监督管理委员会发布碳金融产品的行业标准，明确碳金融产品的分类，并给出具体的碳金融产品实施要求，为金融机构开发、实施碳金融产品提供指引。2023 年 2 月，中国人民银行发布的《2022 年第四季度中国货币政策执行报告》指出，积极发挥结构性货币政策工具作用，并行实施碳减排支持工具和支持煤炭清洁高效利用专项再贷款，支持经济向绿色低碳转型。

2. *地方层面*

碳交易试点市场运行后，一些试点地区对碳金融创新持鼓励态度，如 2015 年 3 月北京市要求完善碳排放权交易制度，开展碳金融创新，鼓励重点排放单位、投资机构和金融机构之间开展碳排放配额抵押式融资、回购式融资和配额托管。2021 年 10 月，上海市印发《上海加快打造国际绿色金融枢纽服务碳达峰碳中和目标的实施意见》，推动金融市场与碳交易市场合作与联动发展，促进以碳配额为基础的各类场外和场内衍生产品创新。

2021 年 12 月浙江省印发《中共浙江省委 浙江省人民政府关于完整准确全面贯彻新发展理念做好碳达峰碳中和工作的实施意见》，旨在推动碳金融产品服务创新，鼓励社会资本设立绿色低碳产业投资基金，支持符合条件的绿色企业上市融资和再融资。2022 年 7 月，广东省印发《广东省发展绿色金融支持碳达峰行动的实施方案》，鼓励金融机构探索开展碳配额交易产品的融资服务，为纳入配额管理的单位提供与节能减碳项目相关的融资支持，同时争取在广东建立碳期货市场。2022 年 8 月上海市、江苏省和浙江省联合印发《长三角生态绿色一体化发展示范区碳达峰实施方案》，鼓励创新气候投融资和碳金融等工具，依托数字化技术与碳金融深度融合，同时利用大数据、区块链等先进技术，助推碳普惠纳入碳交易市场。

8.1.4 碳金融理论基础

1. 环境金融理论

环境金融学是 1997 年在国外兴起的一个新术语，《美国传统辞典》将其定义为：环境金融学作为环境经济的一部分，主要研究如何使用多样化的金融工具保护环境、保护生物多样性。它不仅要求金融业引入环境保护理念，更强调金融业关注生产过程和人类生活中的污染问题，为环境产业发展提供相应的金融服务和产品。环境金融搭建了环境与金融连接之桥，使日益严重的环境问题和各国经济发展的需求相协调。碳金融属于环境金融中独树一帜的发展模式，是金融与环境问题中的大气排放问题相结合的产物，它贯彻了环境金融的相关理念，并纵向进行深化和创新。

2. 交易成本创新理论

交易成本创新理论的主要代表人物是 John R. Hicks（约翰 • R. 希克斯）和 Jurg Niehans（于尔格 • 尼汉斯）。他们将交易成本、货币需求和金融创新联系起来，认为不同的货币需求会产生不同金融工具的需求，交易成本的高低使经济主体存在不同的需求预期，金融成本的高低是判断金融业务和金融工具是否具有实际应用价值的重要因素。

碳金融创新的核心目标是减少碳排放、实现“双碳”目标，进而降低碳排放企业的交易成本。碳排放企业会通过比较碳减排成本、超额碳排放成本、购买碳配额成本和超额碳排放生产能够带来的收益等，决定是否采用金融创新手段实现碳减排。同时，我国正在全面促进绿色发展，助力实现“双碳”目标，超额碳排放成本将会不断增大，而超额碳排放生产能够带来的收益逐步缩小。因此，企业为了降低超额碳排放成本，通常会选择践行可持续发展理念、主动开展金融创新，综合考虑生产活动的经济效益、生态效益和社会效益。

3. 制度创新理论

制度创新理论的代表人物是 Lance E. Davis（兰斯 • E. 戴维斯）、Allen Wallis（艾伦 • 沃利斯）和 Douglass C. North（道格拉斯 • C. 诺思）。他们认为，创新是一种制度改革，其与经济制度相互影响、互为因果，在金融领域内由制度变革引致的任何金融市场的变动都可以视为金融创新。因此，政府行为能够促使金融制度发生变化。

对碳金融制度而言，微观层面的目标是使控排企业降低成本增加利润，宏观层面的目标为促进产业结构升级、维护金融体系稳定，最终实现高质量发展。1997 年 12 月，《京都议定书》首次以国际性法规的形式限制发达国家温室气体排放，为碳金融制度创新奠定了法律基础。

8.2 碳市场交易工具

碳市场交易工具是指在碳交易基础上，以碳配额和碳信用为标的的金融合约。碳市场交易工具主要包括碳期货、碳期权等。碳市场交易工具在活跃碳现货及其衍生品市场、创造更丰富的投资策略和组合、稳定碳交易市场中发挥了不可或缺的作用。

8.2.1 碳期货

1. 定义与特征

碳期货是指以碳配额及项目减排量等碳现货产品为标的资产，在固定的交易场所，交易双方约定在将来某一确定时点交割的标准化合约。碳期货是为应对碳现货市场风险而衍生出的一种碳金融产品。当碳现货价格强烈波动时，市场参与者的避险情绪和投机意识高涨，将大量涌入碳期货市场。

碳期货的核心特征是“标准化”，其基本要素包括交易平台、合约规模、保证金制度、报价单位、最小交易规模、最小/最大波幅、合约到期日、结算方式、清算方式等。碳期货合约的以上基本要素由交易所——交易平台统一制定，实行集中买卖，以公开竞价方式达成定价。

2. 产品功能

碳期货延续普通期货的两大功能——价格发现和风险规避，加之其可交易属性，还拥有投机获利功能。

1）价格发现

碳期货市场具备价格发现的能力。碳期货是标准化合约，市场中价格信息公开透明、全面准确，交易更加公平公正，场内交易和公开实时竞价也利于碳期货价格的形成。由于碳期货价格反映的是碳现货未来的价格，是市场对未来碳价形势的预判。而当预期价格形成后，投资者的选择会依据预期价格做出调整和改变，会对碳现货市场的供求关系产生影响，并最终在当前碳价中得到体现。另外，参与碳期货市场的交易者往往具备专业的知识和丰富的经验，他们根据基本面和技术分析做出的投资决策可以合理科学地引导预期价格的形成。

2）风险规避

碳期货的初始功能是转移价格风险。在各种影响因素下，碳现货市场价格可能处于不断波动的状态，难以预判未来价格涨跌带来的盈亏。此时，交易者可以通过碳期货进行方向相反、数量相等的头寸交易，即可实现“套期保值”以抵消价格风险。例如，某一排放企业由于生产量的变动，在未来特定时间点可能存在碳排放配额不足或者剩余的情况，而市场碳价格又在波动，则该企业可以通过碳期货市场锁定未来价差以规避风险。同时，标准化的交易和交易所的监管也规避了违约风险。

3）投机获利

碳期货为投资者提供了投机获利的金融工具。碳期货流动性强、市场份额大，从事风险交易投机者会积极参与其中，他们可以将碳现货和碳期货组合操作进行投资获利，从价格波动中获取超额收益。投机者通过多头或空头进行单方向投机或者进行跨市场、跨品种、跨期限套利。投机者的参与可以提高市场的活跃度和交易量，套利者的参与则有利于平抑市场碳价格的波动。碳期货市场可能会受到不适当的投机行为影响，如无实际碳排放配额的卖空交易，这种行为可能引发碳金融市场的波动。

总而言之，碳期货作为一种关键的碳金融工具，在推动我国的碳金融和低碳经济发展方面扮演着关键角色，同时也有助于增强我国在全球碳经济领域的碳定价权。

3. 案例分析

目前国际上主流的碳期货主要包括欧洲气候交易所的 EUA[①]期货、CER 期货，以及可在美国洲际交易所（Intercontinental Exchange，ICE）进行交易的英国碳配额、CCA[②]和区域温室气体倡议配额（Regional Greenhouse Gas Initiative allowance，RGGIA）等期货。

案例 8-1　欧洲气候交易所碳期货产品——EUA 期货

欧盟碳市场是全球范围内最活跃的碳市场，对其他碳市场的发展具有参考价值，而碳期货也正兴起于此。欧洲气候交易所最先于 2005 年 4 月同碳现货一起推出碳期货产品——EUA 期货。EUA 期货的基本合约要素如表 8-1 所示。EUA 期货自推出以来就迅速发挥其增强碳市场流通的作用，交易量和交易额持续快速增长，远远超过碳现货。截至 2022 年 1 月 3 日，EUA 期货成交量高达 871.48 亿吨，总成交额 1.55 万亿欧元，已成为欧盟碳市场上的主流交易产品。

除了增强市场流通性，EUA 期货也稳定了 EUA 现货价格。在 2007 年欧盟碳交易初期，企业还没有意识到碳价格管理的重要性，市场供过于求，EUA 现货价格急速下跌，交易量缩减，市场情绪低迷，碳排放主体的积极性受到打击。但 EUA 期货价格和交易量始终平稳，并帮助 EUA 现货价格趋于平稳，充分发挥了碳期货的价格发现功能。

表 8-1　EUA 期货标准合约

期货合约要素	期货合约要素内容
交易品种	EUA
交易单位	1000 个二氧化碳排放配额/手
报价单位	欧元/吨
最小变动价位	0.01 欧元/吨

① EUA 表示 European Union allowance（欧盟碳配额）

② CCA 表示 California carbon allowance（加利福尼亚碳配额）

续表

期货合约要素	期货合约要素内容
每日价格最大波动限制	不限制
合约交割月份	大多在季月，即3月、6月、9月、12月
交易时间	遵循当地交易所交易时间
最后交易日	在合约交割月份的最后一个星期
交割日	最后交易日后三天
交易模式	$T+0$
最低交易保证金	遵循交易所相关规定
交割方式	实物交割

资料来源：欧洲气候交易所

中国的碳期货交易起步较晚，发展较慢，在国际碳交易领域缺乏决定性的定价影响力，这又进而制约了我国碳期货市场的发展速度。而碳期货是碳市场重要组成和不可或缺的部分，碳配额的获取和清缴履约存在时滞性问题，碳期货正是解决该问题的完美工具之一。在“双碳”目标背景下，碳期货的高流动性等特点将有助于中国成为全球最大的碳衍生品市场，加快实现我国建设世界碳交易中心的目标。同时，碳期货的发展为碳市场提供价格发现、风险规避等功能，这也有助于提高控排企业节能减排的积极性，维护碳市场发展的有效性和稳定性，有利于我国与发达碳市场国家和地区争夺碳定价权。

案例 8-2　中国碳期货市场实践

借鉴国际上的成熟碳期货品种开发经验，积极推出碳期货产品势在必行。2021年4月，中国证券监督管理委员会宣布广州期货交易所举行揭牌仪式，标志着全国性的碳期货交易市场的成立。中国证券监督管理委员会批准了广州期货交易所两年期品种计划，明确将碳配额等16个期货品种在广州期货交易所进行研发上市。目前，广州期货交易所正在积极筹备碳配额期货产品的研发和上市工作，为发展碳期货市场提供有力支撑，但离真正开展碳期货交易仍有一段距离。

8.2.2　碳期权

1. 定义与特征

碳期权是以碳配额和核证减排量现货或期货为标的资产的标准化或非标准化合约，约定买方有权在将来某一确定时点以特定价格买入或者卖出一定数量标的资产的权利。碳期权作为期权的一类，实质上是一种买卖权。买方支付一定数额权利金，以获得在约定期内或到期日以特定价格出售或购买一定数量标的物的权利；卖方获得权利金，并承担在买方行权时履约可能造成损失的风险。

根据交易场所的不同，碳期权还可分为场内碳期权和场外碳期权。场内碳期权一般为标准化合约，与碳期货一样由专业的交易所拟定；场外碳期权一般为非标准化合约，由碳期权的买卖双方自由商定。碳期权的基本要素包括交易单位、协定价格（也称执行价格）、最小变动价位、合约月份、最后交易日和履约日等。对于非标准化合约，可以参考北京绿色交易所在 2016 年发布的《碳排放权场外期权交易合同（参考模板）》。国际主要碳市场的碳期权交易已较为成熟，而我国的碳期权交易起步相对较晚，目前已开展交易的碳期权均为场外期权，并委托交易所负责监管碳期权权利金和监督碳期权合约的执行。

2. 产品功能

碳期权作为碳期货功能的延伸和发展，具有与碳期货相同的风险规避和价格发现的功能。同时，由于其交易权利和义务的不对称性，碳期权还拥有降低资金成本的功能。

1）价格发现

碳期权有助于完善碳期货市场的价格发现功能。通过更加丰富、灵活、复杂的交易策略，碳期权可以提供更多的价格信息，从而增强市场活力。碳期权的权利金和协定价格能够比较准确地反映市场投资者对未来碳标的价格变动趋势的预判。在一个公开、公平、高效、竞争的市场中，碳期权价格通过双方在公开或集中竞价市场上的交易，产生一个统一的交易价格。这种交易过程提供了市场价格信息，影响供求关系，并导致新的价格形成。这一过程不断循环，有助于使价格趋向合理水平。

2）风险规避

碳期权可以使投资者既保留未来潜在收益，又可规避市场出现不利变化带来的损失。碳期权交易一般伴随着其碳标的的交易操作，具有较大的灵活性。例如，一家金融机构担心它持有的碳期货价格下跌，但又希望保持碳期货头寸以追求潜在的价格上涨收益，而不愿轻易出售。在这种情况下，该机构可以支付一小笔权利金，购买平值看跌期权。在碳期权到期日之前，如果标的碳期货价格下跌，该机构可以通过行使期权控制损失，使其损失不超过支付的权利金。如果标的碳期货价格上涨，该机构则不会行使期权，权利金将成为损失，但持有的标的碳期货可以继续获利。此外，还可以通过买卖不同期限、不同执行价格的看涨碳期权和看跌碳期权的组合来锁定利润、规避不确定风险。因此，碳期权为碳市场交易参与者提供了提前锁定交易价格、防范价格风险、进行套期保值的工具。

3）资金成本降低

碳期权可以实现投资者降低资金使用成本的需求。由于碳期权的权利金相较于碳期货的保证金更少，因此在使用相同金额的条件下，碳期权可以控制的合约数量更多；或可以使用更少的权利金控制相同数量的合约，为投资者提供更大的杠杆作用。同时，将碳期权看涨看跌的类型与买卖方向相组合，再配合标的资产进行操作，可以降低资金使用成本，为投资者提供更多的投资机会和投资策略。

3. 案例分析

碳期权也同样兴起于欧洲，首只碳期权是欧洲气候交易所在 2005 年推出的 EUA 期权，其源于全球金融市场动荡所带来的避险需求。该期权与 EUA 期货同时在欧盟碳市场上线，欧盟碳市场的现货和金融衍生工具几乎同步推出，而我国采取的是分步走战略。但至今，场外碳期权交易较少，而场内标准化碳期权仍迟迟未出，我国碳期权市场亟须扩大交易品种，为投资者提供更多的投资机会。碳期权产品及市场功能的愈加多元化、复杂化，可以充分发挥其价格发现和风险规避等功能，活跃市场交易，维护碳市场的繁荣与稳定。

案例 8-3　中国首次碳配额期权交易

国内首次碳配额期权交易为 2016 年 6 月深圳招银国金投资有限公司、北京京能源创碳资产管理有限公司和北京环境交易所（现名为北京绿色交易所）正式签署的碳配额期权合约，交易量为 2 万吨二氧化碳当量的碳配额。该碳期权为场外期权，由交易双方结合自身需求，根据碳市场现状及预期，创新设计并完成碳期权合约内容要素，委托北京环境交易所监管权利金与期权合约的执行。

8.3　碳市场融资工具

碳市场融资工具是指以碳资产为标的进行各类资金融通的碳金融产品，主要包括碳债券、碳资产抵质押融资等。企业可以利用预计获得的碳收入或拥有但闲置的碳资产，通过发行碳债券或碳资产抵质押融资，创造新的融资渠道。可见，碳金融产品不仅在二级市场发挥作用，也在融资市场充当重要角色。

8.3.1　碳债券

1. 定义与特征

碳债券是指符合碳债券监管要求的融资主体（如政府、企业、金融机构等）为低碳经济项目（如与碳资产经营和管理活动相关的业务）筹集资金，向投资者发行，承诺在约定时间支付一定比例的利息，并在到期时偿还本金的一种有价证券。

碳债券的主要价值来自碳减排项目未来可预期的稳定现金流，这些项目需要国家核准并符合自愿减排认证要求。碳债券的金额、期限、信用增强措施、利率等，通常会根据项目的总投资、建设时间、预期收益和回收期等情况设计。

碳债券相较于普通债券，最显著的特征是紧紧围绕低碳经济项目投融资，投向明确。而碳债券的核心特征是将低碳经济项目产生的碳信用收入与债券利率水平挂钩，可以采取固定利率加浮动利率的产品设计方案，将碳信用收入的一定比例用于浮动利息的支付，满足交易双方的投融资需求。

2. 产品功能

将碳资产与金融产品结合起来，可以降低企业项目融资成本，扩展融资渠道，加速投资项目的建设进程，促进融资方式创新。同时，这也有助于提高金融市场对碳资产和碳市场的了解和接受程度，推动整个碳金融体系的发展。

1）降低融资成本

碳债券可以为低碳项目开拓更低成本的融资渠道。碳债券作为一种直接投融资工具，主要依托项目基础碳资产的收益，同时也附带在交易所出售碳债券实现的收益。碳债券以市场的形式为发行人如控排企业等提供资金支持，既可以满足债券购买者主动承担应对全球气候环境变化的责任需求，又可以有效降低发行人的综合融资成本。

2）引导投资低碳化

碳债券是在政策法规支持下发行的，可以有效为低碳经济引流。碳债券通过将碳资产与金融产品嫁接，在符合现行金融体系的运作要求下，使债券投资者可以通过投资碳债券间接参与碳交易市场，将碳交易的经济收益与社会引领示范效应结合，满足政府大力推动低碳经济的导向性需求。同时，对于新型虚拟碳交易市场有扩容的作用，碳债券的大规模发行将最终促进整个金融体系和资本市场向低碳经济导向下的新型市场转变。

3. 案例分析

作为绿色债券的子类，碳债券在我国起步较早，但发展较缓慢。但自从“双碳”目标提出以来，碳债券市场的规模不断扩大，碳转型债券、碳中和债券等都如雨后春笋般涌现。

案例 8-4　中国首只碳债券

2014 年 5 月我国首只碳债券——中广核风电附加碳收益中期票据（以下简称中广核碳债券）正式推出。该碳债券由中广核风电有限公司作为发行人，上海浦东发展银行股份有限公司和国家开发银行股份有限公司作为承销商，同时得到了中广核财务有限责任公司和深圳排放权交易所的财务顾问支持。该碳债券的发行金额为 10 亿元，发行期限为 5 年，利率采用“固定利率+浮动利率”的形式。其中，浮动利率部分与发行人下属 5 个风电项目所属公司在债券存续期内实现的碳资产（CCER）的交易收益正向关联，即发行利率为 5.65%+（0.05%～0.20%）。

中广核风电有限公司是一家专业从事风电项目的投资开发、工程建设和生产运维的国有企业，致力于环境保护和节能减排。上述五个项目分别是装机均为 4.95 万千瓦的内蒙古商都项目、新疆吉木乃一期、甘肃民勤咸水井项目、内蒙古乌力吉二期项目，以及装机容量为 3.57 万千瓦的广东台山（汶村）风电场。根据评估机构的测算，当 CCER 市场均价区间在 8～20 元/吨时，预计上述投资项目每年产生的碳减排收益为 50 万～300 万元。

中广核碳债券是中国碳金融市场的突破性创新，也是对国内碳金融发展的一次尝试。它填补了国内在与碳市场相关直接融资产品的空白，并明确表明投资者对碳交易市场以及发行人附带的碳收益潜力充满信心。中广核碳债券的成功经验可以为未来更多节能减排企业提供借鉴，帮助它们进一步拓展商业模式，并拓宽融资渠道。

碳债券除了可以募集低碳项目的投资，还能满足企业对于转型项目的低成本融资需求，同时以市场化手段进一步吸引资金关注并投向绿色产业，更好地推动“双碳”目标的实现。

案例 8-5　中国首只碳资产转型债券

2023 年 2 月，无锡华光环保能源集团股份有限公司在银行间市场发行“23 华光环保 SCP004”（转型/碳资产）债券，由宁波银行无锡分行和兴业银行无锡分行共同承销，该碳债券为国内首只碳资产转型债券。碳资产转型债券是一种专门用于融资环境改善和应对气候变化的工具，旨在支持低碳转型项目的发展。该碳资产转型债券发行规模为 2 亿元，期限为 268 天，利率采取“固定利率+浮动利率”的结构。其中，浮动利率挂钩全国碳排放配额（Chinese emission allowance，CEA）收益率，募集资金全部用于无锡华光环保能源集团股份有限公司天然气热电联产项目。该项目每年预计可实现节能 22.04 万吨标准煤，减少二氧化碳排放量 96.73 万吨。该碳资产转型债券的收益率挂钩碳排放配额收益率，将生产要素与金融工具创新性结合，能加强投资者对企业低碳转型项目的支持，为企业低碳转型发展拓展了融资渠道。

8.3.2　碳资产抵质押融资

1. 定义与特征

碳资产抵质押融资（主要包括碳配额和核证减排量）的持有者（即借方）将其拥有的碳资产估值后作为质物或抵押物，向资金提供方（即贷方）进行抵质押以获得一定折价的贷款，到期再还本付息解押的融资合约。而抵押与质押的最大区别在于是否将转移担保碳资产的占有权，抵押物的占有权为借方拥有，而质物则必须转移给贷方占有。

鉴于我国抵质押基础交易体系已经相对成熟，碳资产抵质押融资得到了最大的推动。通过将闲置的碳资产作为抵押物或质物，企业可以以较低的利率获得融资。因此，碳抵质押贷款是市场上最受欢迎的碳金融产品之一，我国八大碳市场交易所都可提供碳配额抵质押融资服务。

2. 产品功能

碳资产抵质押融资是企业以碳资产作为担保，获得金融机构融资的业务模式，有助于企业盘活碳资产，加快碳资产流通速度。

1）盘活碳资产

碳资产抵质押融资有助于企业更加灵活地管理所属碳资产。在碳市场交易机制下，碳资产被赋予市场价值，企业可以将所拥有的碳资产抵质押以提前变现，这有助于减少资金占用压力，有效盘活碳资产。碳资产抵质押是一种适应碳市场的新型融资方式，能够更好地激励控排企业对节能减排的积极性，提升其碳资产管理水平，增大减排力度。

2）加快碳资产流通速度

碳资产抵质押融资可以将企业在未来所需（如用以抵消碳排放等），但现阶段拥有却闲置的碳资产投入碳市场流通，有助于活跃碳市场，加快碳资产流通速度。同时，由于抵质押的碳资产已在交易所登记，属于企业的现有资产，在交易期间又由交易所监管，因此交易双方的违约风险较小，更受企业和投资者的青睐。

3. 案例分析

目前，我国基于项目的碳资产抵质押融资案例较多，而基于碳配额交易下的碳资产抵质押融资起步相对较晚。碳资产抵质押融资作为一种新型的碳市场融资方式，对于企业的节能减排具有积极影响，不仅有助于环境保护，还能为企业带来经济上的益处，进而实现双重效益。

案例 8-6　中国首笔碳配额质押贷款交易

2014 年 9 月，湖北宜化集团有限责任公司以 211 万吨碳排放配额作为质押担保，和兴业银行武汉分行签署了碳资产质押贷款协议，湖北碳排放权交易中心为该笔交易提供质押物登记存管和资产委托处置服务，这是国内第一笔碳配额质押贷款交易。依据当时湖北碳市场平均成交价格和双方约定的质押率系数，创设碳配额资产的风险管理和价值评估模型，湖北宜化集团有限责任公司最终获得了 4000 万元质押贷款。碳资产的质押方式将进一步发挥碳金融资产属性和碳金融功能属性，充分调动碳资产，促进企业的可持续发展。

案例 8-7　中国首单 CCER 未来收益权质押贷款

2021 年 2 月，上海农商银行编订了 CCER 未来收益权价值评估及质押操作的相关制度，将 CCER 未来收益权纳入银行押品范围。同年 12 月，晶科电力科技股份有限公司全资子公司——晶科电力有限公司与上海农商银行签署了国内首单 CCER 未来收益权质押贷款。该碳资产质押融资的成功交易，有效地盘活了企业现有的碳资产，拓宽了晶科电力科技股份有限公司的增信和融资方式，并进一步发挥了市场化生态补偿机制作用，为“双碳”目标的实现提供新动能。

此外，由于碳价波动会加剧碳市场潜在风险，在进行碳资产抵质押贷款业务时，部分商业银行额外要求企业提供固定资产为补充抵押物。例如，2014 年 11 月，建设银行湖北省分行与华能武汉发电有限责任公司签署的 3 亿元碳配额质押贷款协议中，企业固定资产抵押占总抵押物的绝大部分。

8.4　碳市场支持工具

碳市场支持工具是指为碳资产的开发管理和市场交易活动提供量化服务、风险管理及产品开发的金融产品，主要包括碳指数、碳保险和碳基金等。碳支持工具及相关服务可以为各方了解碳市场趋势提供风向标，同时为管理碳资产提供风险管理工具和市场增信手段。

8.4.1　碳指数

1. 定义与特征

碳指数通常是指碳价格指数，反映碳市场总体价格或某类碳资产价格变动及走势，是重要的碳价观察工具，也是开发碳指数交易产品的基础。碳指数通常由金融机构、相关科研院或高校等组织，根据指标方面的某项科学方法进行计算并公布，如国际上使用的巴克莱资本全球碳指数（Barclays capital global carbon index，BCGCI）、北京绿色金融协会推出的中碳指数等。

但广义上，碳指数不仅是碳交易市场的价格指数，也包括所有碳配额和碳交易相关经济指标的构建和测算。例如，以北京大学汇丰商学院公布的“孔氏碳指”为代表的碳减排指数、以标普500碳效率指数和上证180碳效率指数为代表的碳效率指数等。

2. 产品功能

碳指数有着传统金融市场指数的特点与功能，但其重点在于对碳配额或碳交易市场的运行情况进行度量，因而碳指数也具有不同于传统金融市场指数的特殊性。碳指数主要有反映碳交易市场价格走势、提供投资选择、打破碳交易市场壁垒、抑制投机因素和反映企业减排成本五个功能。

1）反映碳交易市场价格走势

价格指数最基础的功能在于直接反映总体或分类金融市场交易价格的基本走势，进而间接体现投资者的心理预期和市场情绪。类似地，碳指数主要反映整体碳交易市场或者某类碳资产价格的变动和走势，也在一定程度上体现了参与碳交易市场投资者的心理预期，可以作为分析碳交易市场的工具和基本资料。

2）提供投资选择

碳指数的投资功能主要体现在两个方面：一方面是指数化投资。相比于直接投资单一股票，碳指数在交易过程中通过追踪指数设计投资组合的成本相对较低，同时能够分散投资风险，因而往往能够获得更稳定的收益。另一方面，指数可以作为金融衍生工具的标的资产。以碳指数作为投资标的资产，在此基础上设计基金、期货和期权，能够为碳交易市场参与者提供更丰富的投资工具。

3）打破碳交易市场壁垒

碳交易市场是一个新兴的、专业度较高的市场，对普通投资者来说，碳金融相关专业知识的缺乏是其进入碳市场的一大壁垒。因此，由专业机构开发的、代表碳市场运行情况的碳指数能满足投资者参与碳市场的需求。这也是碳指数不同于一般价格指数的特殊功能。

4）抑制投机因素

碳配额这类商品存在特殊性，即其使用价值仅限于控排企业，因此对于一般投资者而言，进入碳市场的交易目的主要是赚取差价。在这样的动机驱使下，投资者的市场操作难免会带有投机性。指数的计算方式能够放大经济政策、市场周期等系统性因素，从而对投机带来的影响进行有效抑制，因此更能凸显出碳市场的规律性走势。

5）反映企业减排成本

由于碳市场的配额总量和总市值基本取决于政府调控，碳市场的总市值并没有重要的金融含义。碳指数反映的碳价格信息，更多代表的是企业的减排成本。企业减排成本的提高，会导致其对碳配额的需求增加，进而导致碳价的提高，这也是碳指数与一般价格指数的明显区别。

案例 8-8　复旦碳价指数的市场预测表现

2021 年 11 月 7 日，复旦大学经济学院推出复旦碳价指数。该指数首批包括五项指数，分别为 CEA 价格指数、全国 CCER 价格指数、北京和上海 CCER 价格指数、广州 CCER 价格指数、其他地方试点 CCER 价格指数。

然而，由于全国碳市场初步运行，历史交易数据相对匮乏，其预测准确性仍有提升空间。如表 8-2 和图 8-3 所示，2021 年 12 月末复旦碳价指数预测，2022 年 1 月，全国碳市场碳配额价格有 95%的概率落在 43.90～48.56 元/吨，然而 1 月实际收盘价均值达 57.78 元/吨，最低价均值也在 55.64 元/吨，与预测值相去甚远。

表 8-2　复旦碳价指数预测数据（2022 年 1 月）

产品类型	买入单价/(元/吨)	卖出单价/(元/吨)	买入价格指数	卖出价格指数	中间价/(元/吨)
CEA 价格指数	43.90	48.56	109.75↑	109.57↑	46.23
全国 CCER 价格指数	36.20	41.03	91.00↓	98.70↓	38.62
北京和上海 CCER 价格指数	36.07	41.05	111.33↓	110.67↓	38.78
广州 CCER 价格指数	37.53	43.80	123.86↓	120.83↑	40.67
其他地方试点 CCER 价格指数	33.33	37.70	147.48↓	139.63↓	35.52

资料来源：复旦大学、平安证券研究所

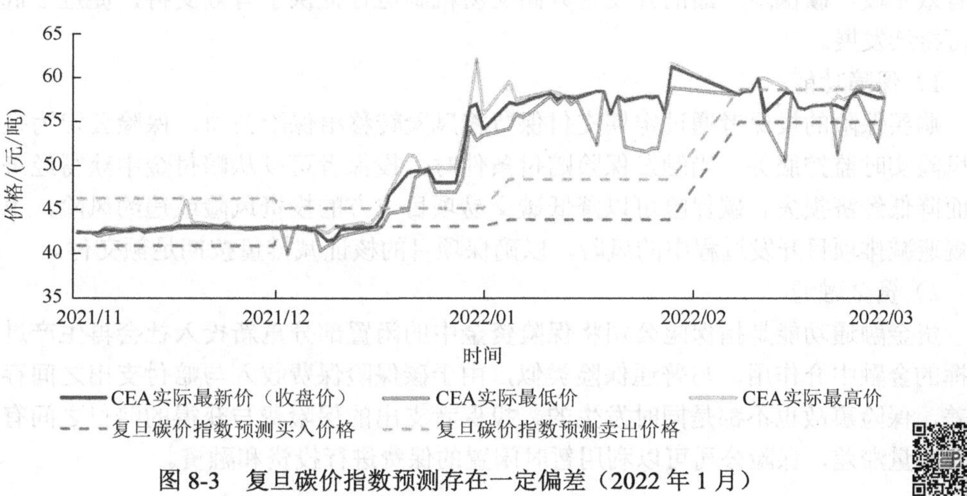

扫一扫　看图片

图 8-3　复旦碳价指数预测存在一定偏差（2022 年 1 月）

资料来源：Wind 数据库、复旦大学、平安证券研究所

随着全国碳市场的有序运行，作为基于市场参与主体真实交易意愿形成的碳价指数，复旦碳价指数能够引导市场形成科学有效的价格信号，降低交易者信息搜集和监督成本，同时也有助于统一各碳市场的定价规则，增强碳市场的流动性，提高碳市场定价效应，充分发挥碳市场的价格发现和资源配置功能。

8.4.2 碳保险

1. 定义与特征

广义上的碳保险指的是应对气候变化造成经济社会损失的保险业务或产品，既包括保障和支持碳交易市场的碳配额交易保险、碳汇保险，也包括促进碳减排、减缓气候变化的低碳能源、低碳交通、低碳建筑、低碳技术保险等，同时涵盖由气候相关风险而造成的资产、生计和生命损失的气候保险。

近年来，随着国内外对碳保险的研究不断深入以及碳交易市场的不断发展，围绕碳交易市场的碳保险概念逐步清晰。2007 年联合国以《联合国气候变化框架公约》和《京都议定书》这两个国际条约为基础对碳保险进行界定，认为碳保险是为 CDM、JI、低碳项目评估及开发和碳排放信贷担保等活动提供风险保障的保险产品，主要承担保险清缴风险、碳信用风险、碳融资风险、碳损失风险等。中国证券监督管理委员会 2022 年 4 月发布的《碳金融产品》标准将碳保险定义为“为降低碳资产开发或交易过程中的违约风险而开发的保险产品”，是碳交易市场的一种支持工具和风险管理工具。

2. 产品功能

作为一种特殊的风险管理方式，碳保险伴随着低碳经济而出现，是预防和降低风险的有效手段，碳保险产品的开发也为碳交易机制运行提供了有效支持，促进了低碳经济的可持续发展。

1）保障功能

购买保险的投保者通过定期支付保费将风险转移给保险公司，保险公司为投保者提供风险实时监控服务，当触发保险赔付条件时，投保者可以从赔付金中获得经济补偿，进而降低经济损失。碳保险可以降低碳交易项目双方的投资风险或违约风险，也可以有效规避减排项目开发过程中的风险，以确保项目的核证减排量按期足额交付。

2）资金融通

资金融通功能是指保险公司将保险资金中的闲置部分重新投入社会再生产过程中所发挥的金融中介作用。与普通保险类似，由于碳保险保费收入与赔付支出之间存在时间滞差，保险事故也不都是同时发生的，投保者支出的保险费与获得的赔付之间有时也存在着数量滞差，保险公司可以利用暂时闲置的保费进行投资和融资。

案例 8-9　全国首单政策性林业碳汇指数保险

2021 年 5 月，由中国人寿财产保险股份有限公司开发的全国首单政策性林业碳汇指数保险在福建省龙岩市新罗区试点落地。该保险覆盖约 323 万亩林地的每年 100 余万吨固碳量，可为新罗区林业产业提供 2000 万元的碳汇损失风险保障。

林业碳汇指数保险是根据当地森林树种、胸径等数据，计算出蓄积量，再换算出生物量，最后根据含碳率，得出固碳量。在保险服务期间，保险公司通过卫星遥感技术，以光谱形式呈现森林植被生长情况，监测日常固碳状态。该险种以碳汇损失计量为补偿依据，将因火灾、冻灾、泥石流、山体滑坡等合同约定灾因造成的森林固碳量损失指数化，当损失达到保险合同约定的标准时，视为保险事故发生，保险公司按照约定标准进行赔偿。

相较于传统的森林保险只是保障具象的各类树木，林业碳汇指数保险则着眼于森林所带来的固碳功能，目的是保障林业所产生的直接经济价值以外的富余价值，因此在保障对象、保险金额、受益人、赔款用途和生态意义上，与传统森林保险存在本质区别。

8.4.3　碳基金

1. 定义与特征

从广义上来说，碳基金是由政府、企业、个人或金融机构投资设立，专门集合投资者资金用于全球范围内购买投资温室气体减排项目和交易，从而获取回报的投资工具。广义碳基金主要包括狭义碳基金、碳项目机构和政府采购计划三种投资载体。其中，狭义碳基金主要是指在碳交易市场产生初期，利用公共或私有资金在市场上购买京都机制下碳金融产品的投资契约。而随着碳交易市场发展，资金投资范围也同时拓展到非京都机制下产生的碳信用产品。

碳基金的投资主体多元化，具有集合理财、专业化管理、独立托管等特点，这也构成了碳基金与其他碳金融工具的主要区别。同时，相比于投资基金，碳基金的投资标的既可以是实业部门，即低碳项目方，也可以是与节能减排相关的股票或碳信用，碳基金投资目标的特殊性使得其投资组合的构建更具有专业性。此外，碳基金还具有投资方式多样性的特点，不仅可以通过注资或者股权投资的形式支持低碳项目的开发和运行，还能在碳交易的二级市场从事碳信用交易。

2. 产品功能

碳基金通过对 CDM、JI 等项目提供资金支持，从而实现其核心的减排功能。但在此过程中，碳基金也会面临着技术成熟度不足、企业参与不积极、技术替代成本高等低碳技术推广中的常见问题。针对这些问题，碳基金提供资金支持的功能又可进一步划分为帮助与支持重点减排企业或项目制订碳能效管理计划、支持节能减排技术创新、进行战略研究和提供信息支撑等。

1）帮助与支持重点减排企业或项目制订碳能效管理计划

碳基金主动联系目标企业并通过出资帮助其进行能源调查，为每个企业列出一定数量的优先节能和提高能效的领域，针对重点高能耗机构，碳基金则开展直接合作，帮助与支持重点减排企业或项目有针对性地制订碳能效管理计划。在此基础上，碳基金也为企业和相关项目提供必要的资金支持，用于碳能效管理计划的执行。

2）支持节能减排技术创新

支持节能减排技术创新是碳基金在直接提出解决方案的基础上派生出来的功能。碳基金可以通过与高校、科研机构合作共同研制有替代性、高效率的低碳技术。此外，碳基金也可以对应用低碳技术的企业进行投资，引导企业将资金用于节能减排技术的改造和升级，实现低碳生产。

3）进行战略研究和提供信息支撑

碳基金在低碳经济发展过程中同时也担当战略研究的角色。目前，碳基金针对欧盟排放贸易计划、海上风能、全球气候变化的企业影响等问题已经出版了研究报告，为企业和公共机构提供适应低碳经济的参考资料。此外，碳基金还依据自身的知识储备为目标企业和公司提供丰富的信息支撑，帮助其完成繁杂的核证手续。

案例 8-10　中国首只私募碳基金——嘉碳开元基金

2015 年 3 月 14 日，嘉碳开元基金由深圳嘉碳资本管理有限公司（以下简称嘉碳资本公司）发行，产品包括嘉碳开元投资基金和嘉碳开元平衡基金（以下分别简称投资基金和平衡基金），分别针对 CCER 和配额市场。根据募集简章，投资基金和平衡基金的规模分别为 4000 万元和 1000 万元。

其中，投资基金有限合伙人认缴点为 50 万元，一般合伙人（嘉碳资本公司）的出资额则为 40 万元，运行期限 3 年，经投资人同意最多可延长 2 年。这笔基金将用于投资 CCER 项目，保守和乐观估计的年化收益率达到了 28.0%及 45.0%。而另一项针对配额市场的平衡基金，有限合伙人认缴点则为 20 万元，运行期限 10 个月，保守和乐观年化收益率分别为 25.6%及 47.3%。保守估计的收益率计算来自二级市场直接出售 CCER 获得的收益，而乐观情况则来自以掉期方式换取配额出售，并预计配额价格为 50 元。同时，基金 CCER 项目来源有直接购买和投资开发两种模式。其中前者为在一级市场直接购买已签发的 CCER，后者则是自行投资 CCER 项目开发，再将获得签发的 CCER 进行市场运作。

8.5　碳金融市场风险管理

相比于传统金融，碳金融的最大不同在于其以碳交易市场为基础，而碳交易市场是对管制高度依赖的市场，因此，碳金融活动的交易主体除了需要面对金融业的普通风险之外，还面临开展碳金融业务特有的风险。此外，当前中国碳金融仍处于起步阶段，碳金融业务不确定性较大，相关管理经验不成熟，碳金融风险较为突出。因而，加强碳金融业务的风险管理逐渐成为金融机构未来风险管理中的重要内容。

8.5.1　碳金融风险定义及类型

碳金融风险指的是商业银行、保险公司、证券公司、基金信托公司、企业、政府机构等各类碳金融交易主体在从事主要碳金融活动过程中，由于外部环境、碳交易产品特性以及自身行为的不确定性可能遭受的损失。

《巴塞尔协议》框架下我国商业银行的风险管理范畴包括信用风险、市场风险、流动性风险及操作风险，但是商业银行在传统金融业务中不仅面临上述风险，也面临政策风险、宏观经济变动风险、政治风险和法律风险，就开展碳金融业务而言，其还面临包括技术风险和项目风险在内的独特风险。

1）信用风险

信用风险是指在交易过程中交易对手未能按时履行合约义务或者信用资产质量变化造成当事人损失的可能性。碳金融的信用风险多集中于商业银行的 CDM 项目，在碳金融市场中，信息不对称的普遍存在，使商业银行在 CDM 项目选择时更容易产生“逆向选择”等问题，而且碳金融相关专业技术的封闭性容易导致 CDM 项目的债务方产生道德风险，从而给商业银行等信贷主体带来损失。

2）市场风险

碳金融市场风险主要源于利率、汇率、碳交易商品特殊性带来的碳交易价格波动，以及由此带来的碳金融资产价格变动。此外，各国、各地区的碳金融交易机制、交易品种和相关制度安排也存在较大差异，客观上增加了交易成本和市场因子波动的不确定性，造成碳价的异常波动。

3）流动性风险

流动性风险是指商业银行不能及时满足客户或其他类型现金需求而引发的风险。商业银行碳金融业务的流动性风险主要体现在碳配额抵押贷款和 CDM 项目融资中。无论是碳排放抵押贷款还是 CDM 项目融资都必须以获得碳配额或者 CDM 注册认证为前提，不可避免地导致项目周期长和多发性风险，由此产生额外的交易成本，进而引发此类贷款项目再融资风险或者项目进程中的大额存款提前支取风险。

4）操作风险

操作风险是商业银行面临的一种特别风险，通常是指银行内部业务流程运转错误、相关业务人员操作不当、银行内部系统故障以及银行外部突发事件引发的非正常损失。以 CCER 为例，企业参与温室气体自愿减排交易项目应准备项目设计文件和申请材料，委托合格第三方核定机构开展项目审定，经主管机构审查备案，按照要求进行监测，在减排量产生以后，由第三方核证机构进行减排量核证，最终由主管机构完成减排量备案签发。在此过程中，项目操作周期长、涉及主体多、流程较为复杂，容易导致碳金融业务运作出现失误，导致操作风险敞口加大。

5）政策风险

政策风险主要是指碳金融业务面临的政策因素而导致资产损失的风险。碳金融作为一类具有经济价值的资源标的物进行交易，由国际及本国政策决定其市场稀缺性和价值性。而且，由于投资交易过程复杂、运作周期漫长、中间过程涉及的国家及企业很多，每一环节政策的变动均可能对后续环节造成影响，进而降低投资者的市场信心和投资回报率，最终使碳金融活动遭受重大冲击。

6）宏观经济变动风险

宏观经济周期性波动通常会对企业的生产经营和规模扩展等产生直接影响，也间接影响企业能源消耗和碳排放总量。企业在其不同发展阶段所产生的能耗量、排放量也不同，当经济处于高速发展的繁荣期时，企业的能耗和排放量必然比衰退期高，碳价格必然随之走高；经济衰退期则相反。

7）政治风险

国家之间的政治冲突在很大程度上会引发碳金融市场的流动性风险，进而在较长一段时间影响碳配额、监管、资源的合理分配和利用，甚至一些国家政局的动荡也会加速碳金融风险的形成和传导。

8）法律风险

中国碳金融市场政策法规目前还不够完善，对碳金融交易没有足够的法律支持或政策保障。随着基于配额的气候交易逐步增加，税收政策、监管政策、风险管理和市场准入等方面的法律法规需要完善，交易纠纷解决机制、交易双方的权利和义务以及法律授权等关键问题也亟待解决。

9）技术风险

技术风险是指低碳技术的不确定性间接引发的碳金融交易主体损失的可能性。现阶段低碳经济仍属于新兴领域，低碳的相关产业标准和技术开发在我国乃至全球范围内都尚未成熟，大量的节能减排技术仍处于小规模试点阶段。在无法确定低碳技术成熟稳定性的现实背景下，相关项目技术风险势必会间接引发绿色信贷的供给方的贷款风险。

10）项目风险

项目风险是指低碳项目从申请审批到结项过程中所有可能发生的风险给碳金融交易带来的不确定性进而导致损失的发生。在碳金融业务中主要体现为其特有的碳配额风险和 CDM 项目风险。以 CDM 项目为例，CDM 项目从计划实施、具体运营和执行，到项目预算控制等方面的不确定性都是其风险渠道，并表现出高度的项目运作相关性和项目流程的繁杂性，导致 CDM 项目自身收入的不确定性和相关碳金融主体收益的不确定性。

8.5.2 碳金融风险评估

《巴塞尔协议》是巴塞尔委员会制定的在全球范围内的主要银行资本和风险监管标准，在银行风险管理、金融监管领域有着重要的地位。由于信用风险、市场风险、流动性风险和操作风险在《巴塞尔协议》中被认为是最基础的四大风险，因此，本节主要对碳金融市场中这四大风险类型的评估方法进行阐述。

1. 碳金融信用风险评估

一般而言，可以根据交易对手违约概率和违约损失度量碳金融信用风险，考虑采用信用评分法和信用评级法这两种传统的信用风险度量方法。此外，还可以根据碳信用资产价值的变动度量碳金融信用风险，主要使用信用评分法、信用评级法和一些现代信用风险度量方法。其中，在现代信用风险度量方法中最为普遍运用的是信用计量（credit metrics）模型、信用组合观点（credit portfolio view，CPV）模型、KMV（Kohn-Merchant-Vasicek，科恩–麦钱特–瓦西塞克）模型等方法，但这些方法都有严格的理论假设，在具体运用中也需要满足一定的外部条件。

2. 碳金融市场风险评估

VaR 即在险价值（value at risk），其具体含义指在一定的时间内和一定的置信水平下，资产或者资产组合可能遭受的最大损失。在碳金融市场风险度量中，VaR 模型以及建立在 VaR 模型基础之上的广义自回归条件异方差（generalized autoregressive conditional heteroskedasticity，GARCH）模型等较为常用。VaR 具体表达式为

$$P(L > \mathrm{VaR}) = 1 - C \tag{8-1}$$

$$P(L \leqslant \mathrm{Va}R) = C \tag{8-2}$$

其中，C 表示置信水平。

然而，碳交易市场规则不断变动、完善，交易规模有限以及交易时间较短，因此在运用该方法时相关的数理统计假设存在不足，仍有待时间的检验。另外，也有一些学者在计量中利用 Copula 函数、蒙特卡罗模拟等较为复杂的模型来进行市场风险度量，但同样需要注意该方法对数据分布的特征要求，碳金融交易未必都能满足。

碳金融市场的另一个重要风险因子是利率变动，利率变动带来的损失通常采用久期模型度量。具体来说，久期就是债券或者债务资产未来各期现金流的加权平均到期期限。其表达式为

$$D = \frac{\sum_{t=1}^{n} \frac{t \times \mathrm{CF}_t}{(1+r)^t}}{\sum_{t=1}^{n} \frac{\mathrm{CF}_t}{(1+r)^t}} \tag{8-3}$$

其中，D 表示债券或者债务资产的久期；CF_t 表示 t 时期的现金流，对其用市场利率 r 进行贴现。因此，式（8-3）的分母本质上就是债券的市场价值。

在对久期公式进行式（8-4）的调整变形后，可以获得修正久期 D^*，修正久期可以直接解释碳债券市场价值由于利率不利波动而遭受损失的程度。

$$D^* = \frac{D}{1+r} \tag{8-4}$$

3. 碳金融流动性风险评估

碳金融流动性风险的度量主要针对资产和负债的流动性风险。资产流动性风险度量常采用买卖价差衡量其交易成本，也可以考虑采用平仓费用衡量一定资产组合的总体流动性风险。另外，综合考虑市场风险因子和流动性风险因子的流动性调整 VaR 也可以被用来测度资产流动性风险。负债流动性风险度量主要考虑的是碳金融交易主体，尤其是相关碳信贷、碳债券发行人的资金来源稳定性和期限结构的合理性，通常采用指标体系、缺口分析和期限结构分析法进行测度。

4. 碳金融操作风险评估

碳金融操作风险的度量方法具体分为定性分析法和定量分析法。定性分析法主要包

括自我评估法、关键风险指标法和计分卡法。其中，自我评估法通常涵盖组织架构、人力资源、风险流程及外部市场环境等。关键风险指标法主要指运用一系列能够表现风险变化的定期监控统计指标衡量操作风险。计分卡法是指金融机构赋予每一个操作风险损失事件一个数值，并依照此数值对相应的操作风险进行比较排序，从而进一步预估操作风险的预期损失。定量分析法较为常用的是基本指标法、标准法和高级计量法。使用这些定量分析法进行测度时都需要将金融机构的业务划分为八个业务条线，因此，定量分析法适合金融机构已经成熟的金融业务。

8.5.3 碳金融风险管理

碳金融风险管理是指金融机构或投资者在风险识别和评估的基础上，综合平衡风险管理的成本与收益，采取合适的应对政策或措施降低风险带来的影响。碳金融风险管理方法和手段在本质上与传统金融风险管理手段没有显著的差别，可以概括为风险规避、风险转移、风险承担和风险对冲等策略。

1. 碳金融风险规避策略

碳金融风险规避是指碳金融交易主体及时发现可能存在的风险源并进行有针对性的风险规避。以常见的碳金融信用风险为例，在国家层面可以建立信息披露机制，以此规避逆向选择行为的发生；商业银行等金融机构应该加强针对碳信贷项目的贷前审核，针对技术不是很成熟或者市场前景非常不明朗的项目，可以考虑拒绝发放贷款或者提高利率应对。

2. 碳金融风险转移策略

碳金融风险转移策略是指通过购买某种金融产品或者采用其他合法的经济措施将风险转移给其他经济主体的一种策略。采用碳金融风险转移策略只是将风险从一个经济主体转移到另一个经济主体，并未改变整体风险水平，因此这种风险通常是其他方法无法解决或者消除的系统性风险。

3. 碳金融风险承担策略

碳金融风险承担策略是指金融机构理性地主动承担风险，以风险准备金、自有资本等内部资源弥补可能发生的损失。通常来说，针对那些发生概率极小且不可保的碳金融风险，或者虽然发生概率较高，但是损失程度较低且风险事件之间相互独立的风险可以采用此种策略。

4. 碳金融风险对冲策略

碳金融风险对冲策略是指金融机构通过投资或购买某种与标的资产收益负相关的资产或衍生品，以冲销标的资产潜在损失的一种策略。碳交易相关衍生品作为碳金融市场中的业务创新，可用于对冲碳金融基础产品的市场价值波动风险。

课后习题

1. 简述国际碳金融分类以及主流的碳金融产品。

2. 基于狭义和广义的角度，简述碳金融市场的概念，以及发展碳金融市场的重要意义。

3. 以碳债券为例，简述碳市场融资工具的功能。

4. 比较碳期货和碳期权的异同，简述碳金融产品的交易过程。

5. 思考分析我国碳金融市场的发展前景及可能存在的问题。

6. 简述碳金融风险的主要类型和管理措施。

参考文献

陈诗一. 2019. 绿色金融概论[M]. 上海：复旦大学出版社.

蓝虹. 2023. 碳金融概论[M]. 北京：中国金融出版社.

吴玉宇. 2009. 我国碳金融发展及碳金融机制创新策略[J]. 上海金融，（10）：26-29.

郑扬扬. 2012. 我国发展碳金融的路径选择[J]. 金融理论与实践，6：70-75.

王遥. 2010. 碳金融：全球视野与中国布局[M]. 北京：中国经济出版社.

Labatt S，White R R. 2007. Carbon Finance：The Financial Implications of Climate Change[M]. Hoboken：Wiley.

第9章　天气衍生金融工具市场

本章导读

本章主要聚焦于气候金融中的一类重要的金融创新，即天气衍生品。短期天气事件和长期气候变化带来的气候风险已成为人类社会面临的全球性、系统性风险，对人类生产生活和生态系统影响深重。天气衍生品作为对冲短期天气风险而开发出的新兴金融衍生工具，已成为天气风险管理体系的重要组成部分。本章将概括性介绍天气衍生金融工具及其市场概况。具体包括如下内容：①天气衍生金融工具市场的形成；②天气衍生金融工具，主要介绍天气衍生金融工具的定义、特征和分类；③天气衍生金融工具市场，主要介绍天气衍生金融工具市场中的场外市场与场内市场、市场参与者类型和市场功能；④天气衍生金融工具市场的发展趋势。总之，通过对本章的学习，将对天气衍生金融工具市场有较为全面的了解。

9.1　天气衍生金融工具市场的形成

天气衍生金融工具最早出现于1997年的北美能源行业。该年的厄尔尼诺暖冬事件促使科氏工业（Koch Industries）与安然公司（Enron Corporation）签订全球首个天气互换合约。这一以场外交易（over the counter，OTC）形式签订的天气衍生金融工具交易合约受到媒体高度关注与宣传。随着其他能源公司竞相效仿，天气衍生金融工具市场逐渐诞生。能源市场管制放松，以及资本市场和保险市场的融合是驱动天气衍生金融工具市场诞生的两大主要原因。能源价格长期以来受到天气情况的高度影响，但激烈的市场竞争并没有给能源生产商留出转移负面天气冲击的定价空间。厄尔尼诺冬季异常温和的气温迫使能源公司创建天气衍生金融工具以对冲风险。同一时期，巨灾债券数量不断增长并被引入芝加哥期货交易所（Chicago Board of Trade，CBOT），这标志着资本市场与保险市场的融合。天气衍生金融工具是这一融合逻辑的延伸，各大公司对冲天气风险的主动意识就此觉醒。

在市场发展初期，天气衍生金融工具主要以一对一OTC形式交易。随着交易量和交易额的迅速扩大，降低交易成本、提高流动性和降低信用风险等方面的市场诉求日益迫切。芝加哥商品交易所（Chicago Mercantile Exchange，CME）率先于1999年9月建立可以交易标准天气衍生金融工具的电子平台以及面向四个美国城市的制热/冷指数期货与期货期权合约。此举奠定了芝加哥商品交易所在标准化天气衍生金融工具市场的领军地位。2001年，伦敦国际金融期货期权交易所（London International Financial Futures and Options Exchange，LIFFE）紧随其后推出了面向英国三个城市的每日气温汇编指数合约，并通过其电子交易平台LIFFE Connect进行交易。此后，东京国际金融期货交易所、芬兰赫尔辛基证券交易所、美国洲际交易所等越来越多的交易所开始挂牌交易天气衍生金融工具。

尽管这些场内交易的尝试在初期几经波折，但是天气衍生金融工具的交易方式最终实现了 OTC 向场内交易的发展。

在场内交易与 OTC 的相互补充下，天气衍生金融工具市场规模不断扩大。据天气风险管理协会（Weather Risk Management Association，WRMA）统计，2000 年至 2013 年，天气衍生金融工具交易量年均增长率达到 3.2%左右，剔除受经济影响的 2007 年和 2009 年，交易量呈逐年增长趋势。截至 2013 年，全球天气衍生金融工具市场的交易总额突破 520 亿美元。芝加哥商品交易所作为全球领先的天气衍生金融工具供应商，同样报告了天气衍生金融工具市场近年的强劲增长态势。该交易所内，2020 年天气期货合约名义持仓金额已达 7.5 亿美元，同比增长 60%；天气期权合约名义持仓金额已达 4.8 亿美元，同比增长 143%；截至 2020 年 12 月，未平仓合约超过 29 000 份，同比增长 175%。

随着天气衍生金融工具市场的发展，市场参与者不再局限于能源行业，交易目标也逐渐分异。天气衍生金融工具的需求方分为天气风险的套期保值者、套利者和投机者，套期保值者大多来自天气风险敏感的农业、建筑业、交通运输等行业；套利者和投机者则包含基金、银行、保险公司和再保险公司等金融机构；天气衍生金融工具的供给方主要有混业经营公司、银行、交易经纪人和辅助机构。在交易品种方面，天气衍生金融工具日趋多元化。可供交易的品种涉及天气期货、天气期权和天气互换等多个类别，而标的物除传统的温度指数外，还发展出湿度、降水量等天气指数。在地理范围方面，天气衍生金融工具市场不断扩张并表现出全球化趋势。欧洲和亚太地区的发达国家先后建立起天气衍生金融工具市场，第三世界国家也在尝试进行天气衍生金融工具方面的实践，如联合国世界粮食计划署（World Food Programme，WFP）在埃塞俄比亚试点天气衍生品。

尽管天气衍生金融工具市场诞生已有二十余载，但在全球很多经济体中仍处于空白或新兴起步阶段。当前，全球极端天气事件的发生频率和强度显著增强，对天气风险的日益关注已成为金融产品需求的一个主要驱动因素。气候相关财务信息披露工作组（Task Force on Climate-related Financial Disclosures，TCFD）发现，越来越多的信用评级机构、公司和其他机构正在审查自身的天气风险敞口[①]。与此同时，美国商品期货交易委员会（Commodity Futures Trading Commission，CFTC）下属市场风险咨询委员会（Market Risk Advisory Committee，MRAC）的气候相关市场风险小组在 2020 年发布的一份重要报告强调，利用衍生品市场管理天气相关风险的需求越来越大，这些风险直接来自天气变化的影响。可以预计，天气衍生金融工具市场未来将席卷全球，并为影响全球经济发展的复杂天气风险管理研究做出重大贡献。

9.2　天气衍生金融工具

天气衍生金融工具是天气衍生金融工具市场各类主体进行交易的对象，具有特定的内涵和特征，同时也包含不同的种类。

① Task Force on Climate-related Financial Disclosures. https://www.fsb-tcfd.org/[2023-12-28].

9.2.1 天气衍生金融工具定义

天气衍生金融工具又称天气衍生品，是公司或个人用于对冲与干旱、飓风、季风及高温等恶劣天气条件相关的财务损失风险的金融工具。天气衍生金融工具的卖方同意承担灾害风险以换取溢价。如果在合同到期前没有发生损害，卖方将获利。相反，如果发生某种天气相关事件或买方因天气事件而遭受任何经济损失，天气衍生金融工具的买方将按照衍生品合同约定收到衍生品卖方的货币付款。温度、降雨和风暴等意外天气对于农业、能源、娱乐、建筑、旅游等诸多行业的盈利能力和营业收入有一定影响，而意外天气的发生又很少会直接引发价格调整。这使得天气风险造成的收入损失无法得到弥补。天气衍生品是用于对冲潜在的天气风险的金融工具，未来将成为众多行业的关键性投资。例如，农业公司可能会使用天气衍生金融工具来对冲由雨水过多或过少、温度突然波动或破坏性风暴导致的歉收；旅游公司也可以通过天气衍生金融工具对冲恶劣天气对旅游收入减少的影响。

一般的天气衍生金融工具可以被规范化为七种要素，分别为合约类型、合约期限、标的指数、获得天气数据的官方气象站、合约的执行价格、合约的报价单位、期权费和最大支付额度。

（1）合约类型，指衍生工具的类型，常见的包括期货合约、期权合约、互换合约等。

（2）合约期限，即合约的有效期限，可以分为短期或长期，根据交易者的需求和市场情况而定。

（3）标的指数，合约的价格或价值基于特定的气象指标，如温度、降水量、风速等，这些指标反映了天气变化的情况。

（4）获得天气数据的官方气象站，用于采集天气数据的气象站点，这些站点通常由官方机构负责维护和发布天气数据。

（5）合约的执行价格，是进行交易的价格，也就是衍生品的价格基准。

（6）合约的报价单位，是交易时使用的货币单位或其他计量单位，用于确定合约的价格和价值。

（7）期权费，对于期权合约来说，期权费是买方支付给卖方的权利金，用于购买或出售标的物。

（8）最大支付额度，是指在合约到期时，保险公司或交易对手需要支付的最大金额。

这些要素共同构成了规范化的天气衍生金融工具，使得交易变得透明、标准化，并为市场参与者提供了交易与风险管理的便利性。

9.2.2 天气衍生金融工具特征

衍生金融工具一词是指一种金融合约，其价值取决于标的资产、资产组或基准。衍生金融工具可以在场内或场外市场在两方或多方之间进行交易。这些合约可用于交易任意数量的资产并承担相应的风险。衍生金融工具的价格来自标的资产的波动。衍生金融工具通常用于进入某些市场，并可能用于降低风险（对冲）或承担风险并期望获得相应的回报（投机）。衍生金融工具可以将风险（以及随之而来的回报）从风险厌恶者转移到风险寻求者身上。

衍生金融工具的主要特点包括以下几项。

（1）杠杆交易：传统衍生金融工具允许投资者用较少的资金参与更大规模的交易，从而提高投资回报率。然而，杠杆也意味着风险加大，可能导致巨大损失。

（2）风险管理：传统衍生金融工具可以用于管理金融市场的风险。例如，期权可以用于对冲或保护投资组合免于价格波动的风险。

（3）投机交易：传统衍生金融工具也可用于投机目的，即通过预测市场走势来赚取差价盈利。投机交易风险较高，需要谨慎操作。

（4）流动性：相对于一些实物资产，传统衍生金融工具通常更具有流动性，可以在市场上快速买卖。

今天的传统衍生金融工具基于各种各样的交易，发展出了更多的用途。市场上有许多不同类型的衍生品可用于风险管理、投机和杠杆交易。衍生品市场是一个持续增长的市场，提供几乎满足任何需求或风险承受能力的产品。天气衍生金融工具正是其中的一种较新型风险管理工具。它可以帮助使用者购买或者出售与天气相关的风险，如温度、降雨、降雪等风险。并且天气衍生金融工具不同于传统的衍生品，它们没有原始的可以交易的标的资产，它的标的主要是一些天气指数等。一般的金融衍生品都是以股票、债券、外汇以及一些商品作为标的资产。

与传统衍生金融工具相比，天气衍生金融工具具有以下显著特征。

（1）天气敏感性。天气衍生金融工具的价值与天气因素相关。它们的基础资产可能是与天气相关的指数、天气数据或碳排放配额等。天气衍生金融工具允许投资者在天气条件发生变化时进行投资和风险管理。

（2）风险管理工具。天气衍生金融工具常用于管理与天气相关的风险。例如，天气衍生品可以用于农业保险，帮助农民在恶劣天气条件下获得赔偿。碳排放衍生品可以用于管理企业或国家的碳排放风险，并推动减排措施。

（3）天气政策驱动。随着全球对天气变化的关注不断增加，政府和国际组织颁布了各种天气政策。天气衍生金融工具也受到这些政策的影响，如碳市场的建立和天气相关法规的实施。

（4）新兴市场。天气衍生金融工具属于新兴市场，发展潜力巨大。随着投资者对可持续发展和天气风险的关注增加，天气衍生金融工具的需求也在不断增长。

（5）复杂性和技术性。与传统衍生金融工具相比，天气衍生金融工具在设计和计价上可能更加复杂，并需要相关的天气数据和模型支持。因此，投资者在参与天气衍生金融工具交易时需要具备相应的专业知识和技术能力。

需要注意的是，天气衍生金融工具的市场相对较新，仍在发展中。尽管它们可以为投资者提供管理天气风险和参与可持续发展的机会，但也面临一些挑战，如数据不确定性、监管风险和市场流动性等。因此，投资者应谨慎评估这些工具并了解相关风险。

另外一类经常与天气衍生金融工具进行比较的金融资产为天气保险。同样作为天气风险管理的有效手段，天气保险在对冲天气风险方面与天气衍生品形成良好互补。然而，二者却有显著区别。衍生品合同和保险合同的主要区别在于，保险合同的持有人必须证明他因天气而遭受了经济损失才能得到赔偿。如果持有人不能证明这一点，保险公司将拒绝支付。天气衍生品的支付仅基于天气的实际结果，而不管它如何影响该衍生品的持有者。例如，因为天气保险是一种保险产品，可以为农民提供在遭受天气灾害造成作物损失时的经济补偿。农民支付保险费用，并在遭受天气灾害时向保险公司提出索赔。保险公司根据合同约定的规定和农田的实际受灾程度，支付相应的赔偿给农民。而天气衍生品想要获得支付无须拥有任何对天气敏感的产品，只要客观存在此天气灾害，任何购买此天气衍生品的人都可受益于此，因此天气衍生品更加灵活且适用范围更广。

本质上，天气衍生金融工具与天气保险存在以下几方面差异。

（1）风险类型差异。天气保险主要涉及实际的农作物损失或其他与天气灾害相关的损失。它覆盖的风险是特定事件导致的实际损失。而天气衍生金融工具更关注金融市场对于天气变动的预期和波动性，其风险是与天气指标的变化和价格波动相关的。两者在风险类型上存在明显差异。

（2）合约履行效率及方式差异。天气保险通常是根据事后的损失情况进行索赔和理赔，需要对受灾情况进行核实和评估。因此，理赔过程相对较长，合约履行相对较慢。而天气衍生金融工具是通过交易和结算系统进行交易和结算的，具有高效性和即时性。

（3）风险转移差异。天气保险通过保险公司承担农民遭受的损失，实现了风险转移。农民支付保费，将风险转移到保险公司。而天气衍生金融工具实质上是金融衍生品，投资者通过交易合约对冲或进行投机，风险并未实际转移，而是通过市场交易实现风险的转移和分散。

虽然天气保险和天气衍生品有不同的特点与应用范围，但它们在对冲天气风险方面可以互相补充。天气保险可以帮助农民管理实际的农业风险，而天气衍生品可以提供更灵活的风险管理工具，满足其他行业和市场参与者的需求。

9.2.3 天气衍生金融工具分类

1. 天气期货

天气期货是一种衍生金融工具，其价格和价值基于各类气象指标，如温度、降水量、风速等。它允许投资者在未来的某个时间点，以事先约定的价格进行买入或卖出，从而对冲或投机天气相关的风险。最常见的天气期货是基于温度变化，当然也有很多其他天气指标，如累计降雨或者降雪超过了一定设定值的天数等。衡量温度变化的标的指数一般基于制热（heating degree day，HDD）指数和制冷（cooling degree day，CDD）指数。这两个指数来源于能源行业，主要作用就是描述温度相对于温度基准线的偏离情况。HDD 指数测量的是平均温度低于标准摄氏温度的天数，而 CDD 指数测量的是平均温度高于标准摄氏温度的天数。大部分以温度为标的的天气期货是计算在一个期间内累计的 HDD 指数或者累计的 CDD 指数。而天气期货的合约期限也是多种多样的，有一周、一个月、一个冬季或夏季。

举例来说，一个天气期货合约，其标的指数是某个特定地区的平均夏季温度（以 CDD 指数计算），该合约的期限为三个月。投资者可以选择以某个价格购买该合约，如果在合约到期时该地区的平均夏季温度高于某个预定的水平，即累计 CDD 指数超过设定，则投资者将获利。相反，如果温度低于该水平，即累计 CDD 指数未超过设定，则投资者将亏损。天气期货作为一种金融工具，可以帮助相关行业和利益相关者管理与天气变动相关的风险。一家企业担心自家水稻因持续晴热高温而减产，为了规避风险，企业可以根据自身情况买入温度指数期货。如果出现异常高温，则温度指数相应上涨，企业平仓后就能获利，在一定程度上可以对冲高温带来的减产风险。

常见的温度指数都是基于一个或多个气象站对实际天气的观测值。大部分的合约都是基于一个气象站的，还有一部分合约会采集多个气象站的数据之后计算加权平均值。很多合约的指数都在总的框架下进行不同程度的创新，如除去周末的观测值或者对于特殊的日期施以两倍的权重等，这些都是为了满足不同投资者对于风险管理的需要。需要注意的是，天气期货市场目前相对较小且不成熟，存在较高的风险和波动性。投资者在参与天气期货交易时应该进行充分的了解和具备相关知识，并谨慎评估相关风险。

2. 天气期权

天气期权是一种衍生金融工具，与传统的期权合约类似，它允许持有者有权在未来的某个时间点以事先约定的价格购买或卖出特定的以天气指数为单位的标准化和非标准化合约。根据持有者的预期和策略，天气期权分为两种类型：看涨期权（call option）和看跌期权（put option）。天气期权涉及买卖双方，双方设定一个合同期限和一个天气指数合约。对于天气看涨期权，持有看涨期权的投资者有权利但没有义务在未来的特定时间以约定的价格购买天气指数合约。如果在合约到期时，合约实际的价格高于约定价格，则持有者可以行使期权，购买标的合约并获得利润，净利润需要减去期权费。如果实际价格低于约定价格或达不到约定价格，则持有者可以选择不行使期权。

看涨期权可以买入也可以卖出。假设一家中国新能源公司主要从事太阳能发电业务。该公司在某个地区建设了几个大型太阳能电站，并依赖于阳光充足的天气条件来产生收入。然而，如果未来几年该地区的平均日照时间增加，将对太阳能发电能力和利润产生积极影响，但是平均日照时间减少会对公司产生负面影响。为了降低日照变化的不确定性可能产生的损失，中国新能源公司可以选择出售日照看涨期权。假设公司出售了一份未来 3 年内日照看涨期权，行使价设定为每天 8 小时。如果实际日照超过设定的行使情况，该公司将支付给期权交易对手方一定的费用，当日照未超过设定行使价，该公司将净获得一笔期权费。期权费可以作为额外的收入，以补偿潜在的利润损失或用于其他投资。

对于天气看跌期权，持有看跌期权的投资者有权利但没有义务在未来的特定时间以约定的价格卖出标的天气指标合约。如果在合约到期时，实际的价格低于约定价格，则持有者可以行使期权，以约定的价格卖出标的指标并获得利润。如果实际价格高于约定价格，则持有者可以选择不行使期权。对于看跌期权也同样有丰富的应用场景。假设中国某地区的冬季是主要的旅游季节，旅游情况受到当年雪量的影响。一家度假村负责提供滑雪场地和相关服务。然而，如果冬季降雪量低于正常水平，将会对度假村的收入产生不利影响。为了管理这样的风险，度假村可以选择购买降雪量看跌期权。假设度假村购买了一份冬季降雪量看跌期权，行使价为正常降雪量的 80%。如果实际降雪量低于正常降雪量 80%的水平，度假村将从期权交易对手方获得赔偿。这些赔偿款项可以用来弥补收入损失或进行其他相关投资。通过购买降雪量看跌期权，度假村可以获得一定程度的保护，减少无法控制的天气因素对业务的不利影响。这种期权帮助度假村管理天气风险，确保在降雪量低于预期时能够得到一定的经济补偿。

3. 天气互换

天气互换通常为涉及两方的合同，该合同规定交易双方约定在未来某一期限相互交换各自持有的与天气相关的资产或现金流。这样的合同可以帮助公司进行风险管理，减少由天气变化引起的损失，稳定组织在天气条件不稳定时的现金流。这种合同是基于特定的天气参数和相应的支付规定来进行的。以泳装制造商为例，它们可能面临着夏季销售额受天气影响的不确定性。为了稳定它们的现金流，它们可以购买与夏季平均温度相关的天气互换合约。这样，如果夏季的平均温度低于某个预定的触发点，泳装制造商将收到一笔补偿；而如果夏季的平均温度高于触发点，泳装制造商将向卖方支付一笔费用。

一种常见的天气互换基于特定时间段内的 HDD 指数或 CDD 指数的累计数量，约定了天气指数买方和天气指数卖方之间的支付义务交换，这种交换根据实际温度与参考温度的差异来确定。假设一家能源公司希望保护自己免受天气变化的影响。它们与一个风险承担者达成了天气互换合约，该合约根据某个地区的 HDD 指数来进行交易。合同约定，如果 HDD 指数低于某一个下阈值，那么该公司将向风险承担者支付一笔金额；而如果 HDD 指数高于某一个上阈值，风险承担者将向该公司支付一笔金额。假设合约中规定下阈值为 500 个供暖日，而实际的 HDD 指数为 480 个。根据合约规定，该公司需要向风险承担者支付一笔费用，金额取决于超出阈值的 HDD 指数差额和合约名义本金。

4. 天气领口期权

在天气领口期权（collar option）中运用套保策略类似于传统的套保策略，但是针对的是天气指数或其他与天气相关的衍生品。在这种情况下，投资者可以使用天气领口期权来限制天气指数的正向和负向收益，并对标的资产的潜在波动进行对冲。天气领口期权通过购买保护性的看跌期权和出售看涨期权来构建。具体而言，投资者持有一种与天气指数相关的衍生品，如天气期货或者对天气敏感的资产。然后，他们购买一个虚值的看跌期权，以降低标的资产（即天气指数）下跌的风险，并通过出售一个虚值的看涨期权来限制标的资产上涨时的收益。这样，投资者可以在一个指定的范围内限制天气指数的回报。这种策略的目的是保护投资者免受天气条件变化带来的负面影响。

例如，一个电力公司依赖于气温变化来决定电力需求和市场价格。在高温天气下，电力需求增加，供应不足可能导致电力价格上涨。相反，在低温天气下，需求减少，过剩的供应可能导致电力价格下跌。因此，这家电力公司希望限制在温度波动时可能面临的损失。为了实现这一目标，该电力公司可以使用天气领口期权。其可以购买一个虚值的看跌期权，其标的资产是与气温相关的指数，如某个地区的气温指数。这样，当气温上升时，看跌期权会获得收益，从而部分抵消电力需求增加带来的成本上升。同时，为了对冲风险，电力公司可以出售一个虚值的看涨期权，对应同样的气温指数。这样，当气温下降时，看涨期权可能会被行使，但通过出售看涨期权，电力公司可以限制自身在电力需求减少时的潜在损失。通过使用天气领口期权，这家电力公司可以在特定的温度范围内限制其业务的风险。当温度波动时，该公司可以通过期权交易获得一定的收益或补偿，从而帮助平衡损失与成本的影响。

总之，天气领口期权是一种对冲策略，旨在限制投资者对天气指数或其他与天气相关的衍生品的正向和负向风险。它通过购买保护性看跌期权和出售看涨期权来限制回报范围，并帮助投资者管理与天气条件波动相关的风险。

9.3 天气衍生金融工具市场概述

天气衍生金融工具市场分为场内市场和场外市场两类，其特征、交易状况和承担的风险类别各不相同。市场中的天气衍生品交易者可按其交易目的划分成不同类型。天气衍生金融工具市场具备多重功能满足全部参与者的交易需要。

9.3.1 场外市场与场内市场

与其他金融工具交易市场一样，天气衍生金融工具市场也分为场内市场和场外市场。在1997年北美能源行业金融创新的推动下，天气衍生金融工具场外市场率先形成，而后为缓解信用风险、流动性差和交易成本高昂等问题，场内市场应运而生，并以1999年芝加哥商品交易所建立的天气衍生金融工具市场为标志。尽管场内市场是促进天气衍生金融工具交易不可或缺的组成部分，但是由于其交易品种较少，市场交易仍以OTC为主。

1. 场外市场与场内市场的基本特征

场外市场也称OTC市场，主要特点是没有集中的交易场所，买卖双方通过电话或计算机系统进行双边交易。场外市场合约由交易者协商确定，不仅拥有与场内市场合约类似的参数，而且可以包含更复杂、更独特的支付函数和条件，体现了定制性和灵活性。期权是场外市场经常交易的合约品种。如果天气指数在合约到期时高于事先约定的行权值，则看涨期权的买方获得收益。反之，看跌期权的买方获得收益。合约收益通常可变，其金额随天气指数与履约值之间的偏差递增。

场内市场也称交易所市场，是一个公开、标准化、受监管的多边交易平台。场内市场合约以标准合约条款为特征，包含交易单位、合约期限和参考气象站等信息。场内市场同时提供期货和期货期权合约。期货合约是在未来某一特定日期买卖标的天气指数价值的协议。期货期权本质上是期权，它赋予期权买方签订一份期货合约的权利，而非义务。更具体地，看涨期货期权给予买方以特定执行价格和日期购买一份期货合约的权利，而看跌期货期权给予买方卖出一份期货合约的权利。

场外市场交易合约灵活多样，而场内市场交易合约具有标准化特征。为直观展示二者差异，下面依次给出两类合约的具体实例以供比较。第一个是KeySpan公司的OTC合约，其2006年年报有如下描述：

> 2006年，我们订立了HDD看跌期权，以减轻2006/2007年冬季供暖季节（2006年11月至2007年3月）正常天气波动对KEDNE财务状况和现金流的影响。当实际温度低于4159 HDD，或者比最近20年正常天气情况下的平均温度高出约5%时，这些看跌期权将使KeySpan获益最高37 500美元/HDD。KeySpan将从购买这些看跌期权中获得最高1500万美元的收益。这些期权的净溢价成本为170万美元，将会在供暖季节摊销。由于2006年第四季度的天气比平时温暖，KeySpan获得了910万美元与天气衍生品相关的收益。

第二个是芝加哥商品交易所场内交易的季度欧洲HDD期权，表9-1给出了其具体特征和规格。

表9-1　芝加哥商品交易所天气期权合约说明书

特征	说明
最小价格波动	1个指数点（每份合约20英镑-伦敦希思罗机场）[a]，1个指数点（每份合约20欧元-所有其他地区）
定价单位	每个指数点以英镑计价（伦敦希思罗机场），每个指数点以欧元计价（所有其他地区）
交易时间	周一至周五：早8:30至下午3:15
最后交易日/时间	期货合约月份之后的第二个交易所营业日上午9:00
合约月份	HDD：11月至次年3月和12月至次年2月
执行价格区间	HDD：1～8500个指数点区间内的任意指数波动 参见芝加哥商品交易所规则407A01.E
执行程序	欧式-参见芝加哥商品交易所规则407A02
产品编码	天气产品编码
交易规则手册	芝加哥商品交易所407A
最低交易量	参见芝加哥商品交易所最低交易阈值
供应商代码	报价供应商符号清单
标的合约	一份芝加哥商品交易所欧式季度HDD合约

资料来源：Hoornaert（2018）

a）1个指数点表示天气指数的单位变动，而"每份合约20英镑-伦敦希思罗机场"表示每份合约的价值，即每个指数点的变动对应着合约价值中的20英镑的变化。更简单地来说，即当天气指数变动1个指数点时，每份合约的价值将相应地变化20英镑。如果天气指数变动了2个指数点，那么每份合约的价值将变化40英镑，以此类推

2. 场外市场与场内市场的交易现状

OTC市场从地域分布来看，可分为北美、欧洲和亚太三个主要组成部分。其中，北

美市场活跃度最高，交易规模最大。三个市场的交易现状呈现两大不同之处。第一，交易者构成存在差异。北美市场的参与者多为能源行业的大型公司，而其他行业公司的交易量较小；欧洲市场的参与者也以能源公司居多，同时包含一些农业、零售业和旅游业公司；日本市场的参与者覆盖行业广泛，但以旅游业和娱乐业公司为主。第二，合约交易方式不同。北美市场流行的上限合约交易方式由专门的经纪人公司负责；欧洲市场除能源公司偏好选择专门的经纪人公司交易外，其他参与者更倾向于选择银行交易。

芝加哥商品交易所构建了全球领先的天气衍生金融工具场内市场，并推出基于不同天气指数的天气衍生金融工具。天气指数种类众多，包含温度、风、雨、雪和日照时间等。其中，温度指数合约是天气衍生金融工具场内市场和场外市场的支柱。这是因为温度更容易测量，也可以获得可靠的历史定价数据。此外，温度变量的空间波动性小于其他天气变量，有利于降低基差风险。芝加哥商品交易所基于三个地区分别推出了月度温度指数和季度温度指数期货合约。这三个地区依次是：美国的芝加哥、纽约和亚特兰大等15个城市，欧洲的伦敦、巴黎和阿姆斯特丹等5个城市，以及亚洲的东京和大阪2个城市。以美国地区的月度温度指数期货合约为例，冬季月度温度指数期货合约交易期间是每年10月至次年5月，夏季月度温度指数期货合约交易期间是每年5月至10月。冬季和夏季温度指数期货合约的标的分别为HDD指数和CDD指数，单位为华氏温度，最小温度值变化为1，赔付率为每单位20美元，交割货币为美元。HDD指数和CDD指数均以65℉[①]为临界值，当平均气温低于65℉时，HDD指数合约的买方获得收益。反之，CDD指数合约的买方获得收益。其他两个地区的温度指数期货合约设定与之类似，此处不再赘述。基于上述三个地区的温度指数期货合约，芝加哥商品交易所还推出了欧式天气期货期权合约。与期货合约不同，这些期权合约在交易所内的NASDAQ-100pit交易，而非电子交易平台。

3. 场外市场与场内市场承担的风险及其不同之处

天气衍生金融工具市场虽然已经有了极大发展，但是尚未真正起飞。这中间有商业模式、监管要求等市场方面的原因，但更重要的是天气衍生金融工具作为套期保值品进行交易时所附带的复杂风险，主要包括信用风险、基差风险、流动性风险和操作风险。

信用风险是每一笔衍生品交易的固有风险，对冲难度最大。OTC的信用风险高于场内交易。究其原因，OTC是双边交易，并不强制集中清算，而场内交易将信用风险转移给中央对手清算机构（central counter parties，CCPs），由其管理抵押品并代表缔约方衡量交易对手的风险敞口。尽管如此，场内交易仍然存在信用风险。抵押品结算发生于风险敞口测算之后，因而存在剩余抵押品与风险敞口不匹配的情况。

基差风险是天气衍生金融工具的又一重要风险。当合约标的指数指向的区域与套期保值者希望覆盖的区域不一致时，或者指数与套期保值价值不充分相关（如以温度指数套期保值光照时长）时就会产生这种风险。OTC与场内交易均存在基差风险，但其成因

① 华氏温度和摄氏温度的换算公式：华氏温度=32+摄氏温度×1.8。

并不相同，依次源自流动性和灵活性问题。具体而言，场外合约理论上能够按需定制以避免区域不一致导致的基差风险，但这类定制合约通常面临严重的流动性风险。因此，场外市场的套期保值交易仍然以温度指数合约为主。与其他天气变量相比，受温度影响的交易者更多，温度指数合约的流动性相对更好。场内合约经过标准化设计并指定基础指数的类型，但这些基础指数仅覆盖几个区域。这意味着其他区域的套期保值交易者需要承担指数选择和区域差异带来的基差风险。

流动性风险是指天气衍生金融工具缺乏交易对手方的风险，对衍生品定价有重大影响。流动性风险主要涉及场外市场，但场内市场也存在一定的流动性风险。指定地点的基础指数包含固有的流动性问题，加之目前天气衍生金融工具市场交易者多为套期保值者，缺乏套利和投机者来提供流动性。此外，流动性与衍生品定价有关，流动性不足使市场缺乏高质量天气衍生金融工具定价数据。当市场通过溢价来补偿衍生品估值挑战时，天气衍生金融工具对交易者的吸引力下降，进而其流动性问题愈发严重。

操作风险是合约在执行到结算阶段缺乏效率和可靠性而导致交易者遭受财务损失的风险。在天气衍生金融工具交易中，冗余中介将提高参与成本，而降低操作效率。市场需要持续不断地调整数据以尽可能保证市场参与者之间的信息一致性。这有助于降低信用风险，但却会提升市场参与成本。操作不可靠性主要来自人为失误或资不抵债交易者的行为。场内交易统一以 CCPs 为交易对手，因而更容易潜藏操作风险。

综上所述，天气衍生金融工具的场外市场和场内市场各有利弊，且二者利弊互相排斥，很难找到两个市场共有的优点。

9.3.2 天气衍生金融工具市场参与者类型

按交易目的，天气衍生金融工具市场的交易者分为三个类型：套期保值者、套利者和投机者。

套期保值者参与天气衍生金融工具交易的目的在于对冲或平滑天气风险敞口。例如，能源公司可以出售 HDD 期货合约来管理在温和天气条件下收入下降的风险。假设 ABC 公司在芝加哥地区以 0.08 美元/千瓦时的价格出售电力。在冬季正常天气条件下，ABC 公司预计电力销售量为 10 亿千瓦时，收入为 8000 万美元。然而，厄尔尼诺暖冬事件可能降低用电需求，进而给 ABC 公司带来收入下降风险。基于历史回归，ABC 公司发现其销售额与 HDD 指数正相关，敏感系数为 0.8，即 HDD 指数的 1%变化将导致收益变化 0.8%。HDD 期货合约以 HDD 指数点报价，最小价格波动为一个 HDD 指数点。假设该期货合约的 HDD 指数为 1250，而一个 HDD 指数点的价格为 20 美元，则合约价格为 25 000 美元（1250×20 美元）。ABC 公司的最优对冲策略是卖出 2560 份（$\frac{80\,000\,000\times0.8\%}{1250\times20\times1\%}$）HDD 期货合约。这样，当冬季天气温和，而 HDD 指数的实际值稳定在 1150 时，ABC 公司的销售额下降 512 万美元（$\frac{(1250-1150)\times100}{1250}\times80\,000\,000\times0.8\%$ 美元），但这一缺口将被 HDD 期货交易的 512 万美元（$2560\times(1250-1150)\times20$ 美元）盈利所抵消。适当使用天气衍生金融工具不仅能够稳定收入现金流，而且有助于控制成本。例如，啤酒消费在夏季达到季节性高峰，而凉爽的天气会削减啤酒销量。啤酒零售商可以交易天气衍生金融工具来更有效地控制库存成本。

套利者是通过同时针对两个或两个以上彼此价格存在相关性的天气衍生金融工具进行相反头寸的交易，利用其相对价差获取无风险收益的市场参与者。理想的天气衍生金融工具市场应该由公司驱动，这些公司寻求对冲相同或相反数量的各类天气风险。套利者承担的风险很小，因为他们只需要收集价差信息，并将天气风险从一个套期保值者传递给另一个套期保值者。

投机者与套期保值者相反，其交易天气衍生金融工具的目的不是规避风险，而是通过承担风险来换取获得高收益的可能性。与套利者不同，投机者是根据自身判断利用单一天气衍生金融工具交易合约的价格波动赚取利润。例如，F 基金管理公司认为不会出现暖冬事件，因而投机性地买入 ABC 公司出售的 HDD 期货合约并成为其交易对手方。这样，当冬季天气寒冷，而 HDD 指数实际值稳定在 1350 时，F 基金管理公司将获得 512 万美元（$2560\times(1350-1250)\times 20$ 美元）盈利。当然，如果发生暖冬事件，F 基金管理公司需要为其投机行为承担亏损。对于投机者（可能是银行、保险公司、再保险公司、能源公司或对冲基金）而言，天气衍生金融工具与其他形式的保险或投资无关，因而极具吸引力。保险公司可以以较低的成本发行天气衍生金融工具，因为相对其他形式的保险产品，发行天气衍生金融工具给公司增加的整体风险较少。类似地，对冲基金可以搭配投资部分天气衍生金融工具，因为这些衍生品的收益与其他金融资产（如股票和债券）不相关。

将天气衍生金融工具市场交易者划分为以上三个类别是对现实情况的一种简化。实际上，许多套期保值者也进行套利或投机交易，原因有三：一是为了在套期保值前充分了解市场；二是为了向其他交易者掩饰套期保值意图以获取谈判优势；三是为了赚取利润。同样，如果投机者认为现有的投机行为使其持有过多风险，他们也可能成为套期保值者或套利者。套期保值者和非套期保值者交易形成的市场称为一级市场，而非套期保值者与其他非套期保值者交易形成的市场称为二级市场。两个套期保值者之间也有可能直接交换合约，以同时对冲彼此的天气风险。然而，这种情况罕见，因为很少有两家公司的天气风险完全相等且相反。

9.3.3　天气衍生金融工具市场功能

天气衍生金融工具是为应对天气变化而产生的金融创新，是促进全球低碳发展和增强人类社会应对天气变化韧性的金融工具，是在绿色金融基础上的进一步聚焦。得益于天气衍生金融工具无可替代的作用和重要性，其市场自诞生以来便展现出良好的增长力。正确认识天气衍生金融工具市场的功能，可以进一步加深对这一市场的理解。

1. 规避风险

天气衍生金融工具是为对冲天气风险而开发出来的以温度、降雨、降雪、风等天气指标为基础标的的金融衍生品，因而规避风险是其首要功能。这一功能通过套期保值实现，即拥有天气风险敞口的公司根据自身需求在衍生品市场买进或卖出基于特定天气指数的天气衍生金融工具，并在未来某一时间对冲平仓，从而在天气风险来临并造成不利冲击时获得天气衍生金融工具市场的盈利冲抵。

天气衍生金融工具可以规避天气风险对公司收入的直接影响。例如，游乐园签订有关降雨的天气合约以对冲雨天游客减少的风险；电力公司出售温度指数合约以规避暖冬电力销售额下降的风险。同时，天气衍生金融工具也可以对冲天气风险对公司收入的间接影响或成本。例如，建筑公司签订温度指数合约以规避极端天气的施工延误风险；航空公司使用天气衍生金融工具减少天气原因造成的出港延误或取消等意外成本。对于天气敏感型公司而言，天气衍生金融工具规避风险的功能至关重要。首先，它提高了收入稳定性，损失和破产风险进而随之降低；其次，它在降低公司股价波动性的同时有助于提高股价；最后，公司可以凭借改善的财务业绩申请更低利率的贷款。

2. 反映天气变化

传统金融衍生工具的标的物通常是有价格的资产，其交易者通过竞争性定价使得市场具有价格发现功能，即场内交易的衍生品市场能够预期未来标的资产现货价格的变动，从而发现未来的现货价格。然而，天气衍生金融工具以本身没有价格的天气指数为标的物，其交易者的竞争性定价使市场能够反映天气变化，而非发现现货的未来价格。天气衍生金融工具市场中的众多交易者将自身有关天气变化的信息和经验带到市场中，通过判断、分析和预测天气走势给出自己的合理报价。天气衍生金融工具场内市场的建立进一步提高了市场透明度，有助于形成公正价格。

哥伦比亚大学的Schlenker和Taylor（2019）发表的一篇文献研究了芝加哥商品交易所的天气衍生金融工具市场与主流共识天气模型之间的数学关系，结果表明天气衍生金融工具市场完全纳入了天气模型的预测。换言之，市场准确地反映了天气变化，并且能够为市场参与者提供有关未来天气和天气趋势的信息，以及对冲损失。通过观察21世纪初以来的期货价格，他们的研究和分析还表明，美国各地的天气期货市场指数显示了统计上显著和可比较的变暖趋势。正如Schlenker和Taylor（2019）所言，“当金钱受到威胁时，很难找到愿意与科学共识对赌的交易方”。

3. 资产配置

区别于传统金融衍生品，天气衍生金融工具作为一类全新的金融资产在资产配置方面极富潜力。分别以大宗商品、股票、固定收益证券和其他天气衍生金融工具为有效前沿，一项天气衍生金融工具可以通过多种方式参与创建能够获得盈利的投资组合。

天气与大宗商品价格之间存在相关性。例如，持续晴热高温会导致大豆或玉米减产，进而通过供求渠道影响其价格。因此，在大宗商品交易的投资组合中根据自身情况适当引入天气衍生金融工具可能同时达到降低风险和提高收益的作用。然而，在考虑股票、固定收益证券或二者结合的投资组合时，情况恰恰相反。正是因为天气衍生金融工具与更广泛的金融资产之间缺乏相关性，它才能够在股票和固定收益证券的投资组合中起到降低风险的作用。遵循同样的逻辑，天气衍生金融工具基于许多不相关的天气指数，因而其多元化可能创造出低风险高收益的天气衍生金融工具投资组合。需要注意的是，天气事件对当地经济影响巨大，且同一国家内部不同地区之间的天气指数高度相关。基于国内视角，投资者可能不会发现天气衍生金融工具在改进投资组合方面的潜力。然而，Yang 等（2011）的数理统计结果显示，国际天气指数与股票市场指数之间的相关性为零或很小。这表明从国际角度来看天气衍生金融工具确实是一种有价值的多元化投资工具。天气衍生金融工具市场的全球化扩张可能吸引更多的投资者，并将市场推向更高水平。

9.4　天气衍生金融工具市场的发展趋势

天气衍生金融工具市场经过二十多年的发展，已经在一些发达国家和发展中国家运作相对成熟。纵观其发展历程，大致呈现出四个主要趋势：首先，参与者类型日趋多样化，除早期的能源行业外，农业、金融、建筑、零售、交通等各行业公司纷纷加入其中；其次，交易规模和交易量迅猛增长，仅芝加哥商品交易所 2020 年的天气衍生金融工具期货和期权持仓价值就高达 12.3 亿美元；再次，交易品种不断丰富，包括期货、期权、互换和领口期权，标的涵盖气温、飓风、降雪和霜冻等不同的天气指数；最后，市场全球化趋势初现端倪，美国、伦敦、日本、芬兰等欧洲和亚太地区国家先后建立起场内标准化天气衍生金融工具市场，而第三世界国家也跃跃欲试。

与境外市场相比，我国目前尚未开发标准化的天气衍生金融工具。然而，我国幅员辽阔，地形地貌复杂，天气类型多样，大部分地区季风特色鲜明，寒、暖、干、湿的季节变化大。这些特点使得我国常年面临种类多、分布广、频率高、强度大的气象灾害。《2022 年中国气候公报》显示，2022 年我国自然灾害以洪涝、干旱、风雹、地震和地质灾害为主，台风、低温冷冻和雪灾、沙尘暴、森林草原火灾和海洋灾害等也有不同程度发生，农作物受灾面积 12 071.6 千公顷，直接经济损失达 2386.5 亿元。受近年来全球变暖趋势的叠加影响，我国天气灾害和极端天气的发生频率不断上升，而国民经济运行中的天气避险需求持续增长。

幸运的是，我国建立天气衍生金融工具市场的呼声一直存在，而完善的气象系统为相关产品的研发提供了良好的基础条件。作为气象大国，我国拥有门类齐全、布局合理的气象综合观测系统。根据 2022 年 9 月中国气象局报道，我国气象综合观测系统包含 7 个大气本底站，25 个天气观象台，7 万多个地面自动气象观测站，120 个高空气象观测站，236 部新一代天气雷达和 7 颗在轨运行风云气象卫星。我国的雷达监测网规模世界第一，并且我国还是世界上少数同时拥有极轨和静止气象卫星的国家。针对如此规模庞大且管理难度高的气象观测系统，我国已经建成覆盖气象观测业务全流程的质量管理体系，并且取得了 ISO9001 认证证书，实现气象观测质量管理与国际接轨。

从政府部门来看，与天气衍生金融工具市场开发有关的各类顶层设计文件和具体实施意见陆续印发。例如，2021 年中国气象局、国家发展和改革委员会共同编制的《全国气象发展“十四五”规划》指出，要“发展天气指数保险、天气衍生品和气候投融资新产品”。从地方政府来看，财政支持的天气灾害风险保障机制被写入各地气象灾害防御条例，天气衍生金融工具的研发也开始纳入议程。例如，为贯彻《国务院关于印发气象高质量发展纲要（2022—2035 年）的通知》精神，各地政府先后发布了加快推进气象高质量发展的实施意见。其中，湖南省政府明确表示要积极开发金融、保险和农产品期货气象服务；广东省政府提出要探索建设天气投融资研究机构，发展碳信用气象服务技术，支持广州期货交易所研发上市天气期货，开展新能源产业极端天气风险规避服务。

从金融衍生品市场来看，天气衍生金融工具的研发和上市成为各大期货交易所争相“抢滩”的赛道。自 2002 年以来，我国开始派遣人员到美国和日本考察天气衍生品市场，展开对天气衍生品的研究。2002 年，大连商品交易所与国家气象中心签署了合作协议，综合分析了国内 70 个城市近 30 年的温度变化特征、降水情况和霜冻情况。在 2006 年，它们完成了温度指数期货合约和相关规则的设计。然而，由于各种原因，我国并未推出标准化的天气衍生品合约。2021 年 5 月，大连商品交易所与国家气象中心续签了战略合作协议，重点关注积温、降水等主要农作物产量预测指数编制以及其他温度指数和相关衍生品的研发。同年 6 月，郑州商品交易所率先与国家气象信息中心签署战略合作框架协议，提出将充分发挥各自专业优势，深入挖掘气象数据价值。据悉，双方将以服务实体经济发展为导向，利用气象历史数据，结合我国天气特征，尝试编制并应用天气指数，努力推动天气衍生金融工具的研发上市，并为市场培养一批“期货+气象”复合型人才。2022 年 3 月，大连商品交易所提出，将天气指数衍生品纳入其指数板块业务拓展的重点品种。目前，大连商品交易所已经与国家气象中心联合编制出包含我国多个城市的月度累计平均温度（cumulative average temperature，CAT）指数、HDD 指数和 CDD 指数。这些指数分别表征某地某月的 CAT、供暖及制冷需求，对农业生产、交通运输、电力及能源行业有重要作用。

天气衍生金融工具市场的开辟一方面可以为公司发展提供抵御天气风险的有效渠道，另一方面可以为城乡居民的闲散资金提供新的投资标的，从而助力实体经济和金融市场平稳健康发展。然而，国内对冲天气风险的迫切需求既是机遇，也是挑战。未来我国发展天气衍生金融工具市场应当着眼于以下四个方面：一是充分利用气象相关历史数据，提高中长期气象预报准确性并为天气指数编制和应用提供基础资料；二是根据实体经济发展的实际需求，借鉴国外市场先进经验对拟推出的天气衍生金融工具进行设计和甄选；三是尽早建立标准化天气衍生金融工具市场，完善做市商制度以提高交易者积极性；四是关注市场发展初期政府宏观调控的重要性，加大政策扶持力度并疏通政策传导机制。

课后习题

1. 与传统衍生金融工具相比，天气衍生金融工具具有哪些不同特征？天气衍生工具与天气保险有哪些异同点？

2. 天气衍生金融工具市场有哪些主要参与者？这一市场具有哪些主要功能？

3. 简述天气衍生金融工具市场的形成与发展。

参考文献

Hoornaert A. 2018. Hedging weather risk using weather derivatives[D]. Ghent：Ghent University.

Schlenker W，Taylor C A. 2019. Market expectations about climate change[R]. National Bureau of Economic Research Working Paper.

Yang C C，Li L S，Wen M M. 2011. Weather risk hedging in the European markets and international investment diversification[J]. Geneva Risk and Insurance Review，36：74-94.

第 10 章　天气期权与期货定价

本章导读

本章将进一步概述天气衍生品中天气期权与期货合约的标的资产，介绍传统衍生品定价模型以及其在天气衍生品中的应用。由于天气衍生品标的资产的独特性，发展出了针对天气期货与期权的定价模型，本章将介绍这些定价方法及其应用。具体包括如下内容：①天气期货与期权合约标的资产，主要介绍天气期货与期权合约的标的资产以及基于这些标的资产的具体天气衍生品；②传统衍生品定价模型及应用，主要介绍传统定价模型及其基本原理、模型假设，以及对天气衍生品定价的效果评价与原因剖析；③天气期货与期权定价模型及应用，主要介绍针对天气衍生品的定价模型，包括不同定价方法、模型与参数估计等，以及其在天气期货与期权中的应用。总之，通过对本章的学习，将对天气衍生品标的资产和相关定价模型有较为充分的了解。

10.1　天气期货与期权合约标的资产

与传统金融衍生品相比，天气衍生品合约的标的资产具有特殊性。本节将具体介绍天气期货与期权合约标的资产的概念、分类与应用案例。

10.1.1　标的资产概述

天气期权与期货是两种新兴的金融衍生品，它们的标的资产很特殊，是一组气象指标——天气指数，合约中常见的有气温（温度）指数、降水量指数、日照指数、飓风指数、霜冻指数等。这些新型金融衍生品旨在帮助投资者管理天气相关风险，同时也为投资者提供了新的获利机会。

天气期权的价值取决于未来某个与天气相关的指标。这种期权的买方有权（但无义务）在特定的未来日期对这些天气风险进行买卖。例如，如果一个电力公司担心炎热的夏季可能导致电力需求上涨，从而需要购买额外的燃料来满足需求，它可能会选择购买一个天气期权，该期权根据气温涨幅给予支付。如果夏季比预期更热，电力公司就可以从期权中获得收益，以覆盖额外燃料的成本。天气期权的交易方式与传统的期权类似，投资者可以买入或卖出天气期权。如果投资者认为标的资产的价格将上涨或下跌，可以选择相应的看涨或看跌期权。

图 10-1 展示了温度指数看涨期权买方的损益。其中，假设该温度指数看涨期权的执行温度为 K，到期温度指数为 X，则该看涨期权买方的支付函数为

$$P(X)=D\times\min\left((X-K),0\right)=\begin{cases}0, & X<K\\ D\times(X-K), & X\geqslant K\end{cases} \tag{10-1}$$

其中，D 表示每个温度指数对应的货币值。如果到期温度 X 低于 K，则买方不执行该期权，支付为 0，损失期权费；如果到期温度 X 高于 K，则买方执行该期权，支付为 $D\times(X-K)$，净收益为 $D\times(X-K)-$ 期权费。

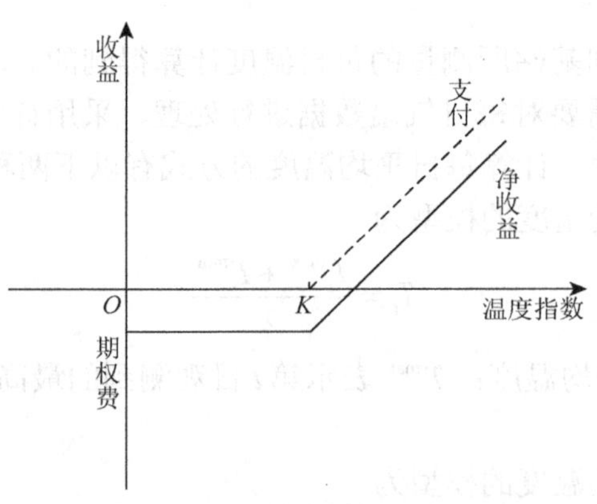

图 10-1　温度指数看涨期权买方的损益

与天气期权相似，天气期货买卖双方会根据某个天气指数的未来数值来确定交易价格。例如，如果一个农场主担心干旱可能影响其玉米产量，他可能会选择卖出一个基于降水量的期货合约。如果降水量低于期货合约所规定的数值，农场主可以从期货交易中获得收益，以弥补其由干旱导致的收入损失。总之，与传统期货类似，投资者可以选择多头或空头头寸。如果投资者认为标的资产的价格将上涨，可以选择买入多头头寸，反之则可以选择卖出空头头寸。

图 10-2 展示了买入温度指数期货对应的损益。其中，假设该温度指数期货报价的温度指数为 K，即时的温度指数预期为 X，则买入该期货的损益为

$$P(X)=D\times(X-K) \tag{10-2}$$

其中，D 表示单位温度指数对应的货币值。

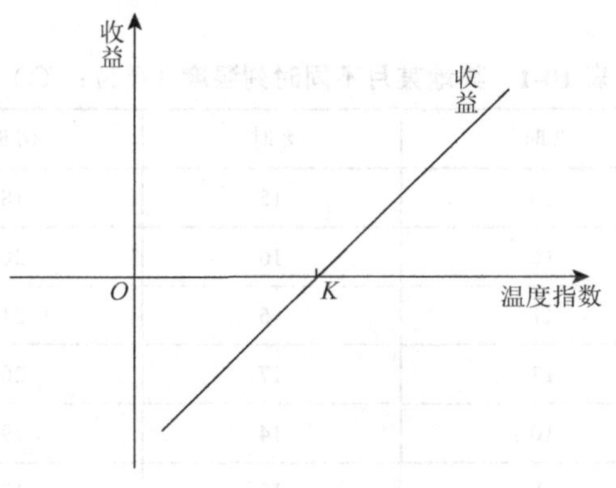

图 10-2　买入温度指数期货的损益

目前，最主流的是以温度为标的资产的温度指数期权和期货合约。本节以常见的气温期权和期货为例介绍其定义和定价方法。

10.1.2 常见标的资产

1. 月平均温度指数

温度指数是基于不同基站所测量的每日温度计算得到的。基站所得到的温度不是连续而是离散的。因此，需要对每日气温数据进行处理，采用计算每日平均温度的方式来计算每日的温度。具体地，计算每日平均温度的方式有以下两种。

第一种计算每日平均温度的模型为

$$T_t = \frac{T_t^{\max} + T_t^{\min}}{2} \tag{10-3}$$

其中，T_t 表示第 t 日的平均温度；$T_t^{\max}$ 表示第 t 日观测到的最高温度；$T_t^{\min}$ 表示第 t 日观测到的最低温度。

第二种计算每日平均温度的模型为

$$T_t = \frac{T_t^2 + T_t^8 + T_t^{14} + T_t^{20}}{4} \tag{10-4}$$

其中，T_t 表示第 t 日的平均温度；T_t^2 表示第 t 日 2 时观测到的温度值；T_t^8 表示第 t 日 8 时观测到的温度值；T_t^{14} 表示第 t 日 14 时观测到的温度值；T_t^{20} 表示第 t 日 20 时观测到的温度值。

基于每日平均温度，月平均气温 H_m 可以表示为

$$H_m = \frac{1}{d_m}\sum_{t=1}^{d_m} T_t \tag{10-5}$$

其中，T_t 表示第 t 日的平均温度；d_m 表示第 m 月的天数。

例 10-1 若某地某月不同时刻的温度值如表 10-1 所示，且假设每日最高温度和最低温度均出现在 2 时、8 时、14 时及 20 时中，则该地该月 6 日的平均温度为多少？当月的平均温度为多少？

表 10-1 某地某月不同时刻温度（单位：℃）

日期	2 时	8 时	14 时	20 时
1 日	10	15	18	16
2 日	12	16	20	17
3 日	11	16	21	15
4 日	12	17	20	15
5 日	10	14	19	15
6 日	9	13	17	16

续表

日期	2 时	8 时	14 时	20 时
7 日	12	15	19	15
8 日	12	16	20	17
9 日	11	17	22	18
10 日	10	15	21	14
11 日	9	14	19	13
12 日	10	16	20	15
13 日	11	17	22	16
14 日	12	18	24	17
15 日	13	16	20	17
16 日	13	17	22	16
17 日	12	18	21	17
18 日	12	16	21	17
19 日	10	17	23	15
20 日	11	14	20	13
21 日	9	13	19	16
22 日	9	16	23	17
23 日	10	17	23	18
24 日	12	18	24	19
25 日	12	16	22	15
26 日	13	19	25	18
27 日	11	15	28	14
28 日	10	16	24	15
29 日	12	17	22	16
30 日	12	18	24	16

根据第一种每日平均温度的模型，即式（10-3），6 日的平均温度为

$$T_6 = \frac{17+9}{2} = 13\ ℃ \tag{10-6}$$

当月的平均温度为

$$H_m = \frac{1}{30}\left(\frac{18+10}{2} + \frac{20+12}{2} + \cdots + \frac{22+12}{2} + \frac{24+12}{2}\right) = 16.25\ ℃ \tag{10-7}$$

根据第二种每日平均温度的模型，即式（10-4），6 日的平均温度为

$$T_6 = \frac{9+13+17+16}{4} = 13.75\ ℃ \quad (10\text{-}8)$$

当月的平均温度为

$$H_m = \frac{1}{30}\left(\frac{10+15+18+16}{4} + \cdots + \frac{12+18+24+16}{4}\right) = 16.125\ ℃ \quad (10\text{-}9)$$

2. HDD 指数

HDD 指数是气温衍生品中的一种指标，用于衡量供暖需求的大小。它的定义是：当室内温度低于某个基准温度时，用于将室内温度升高到该基准温度所需的供暖能量的累计值。通常，基准温度取为 18℃或 65℉。

在计算 HDD 指数时，需要首先确定每天的平均气温，然后将它与基准温度相减，得到当天的制热度数。将所有的制热度数累加起来，可以得到一段时间内的 HDD 指数值。

具体地，HDD 指数的计算公式为

$$\text{HDD}_t = \max\left(T_{\text{base}}^{\min} - T_t, 0\right) \quad (10\text{-}10)$$

其中，HDD_t 表示第 t 日的 HDD 指数；$T_{\text{base}}^{\min}$ 表示设定的基准温度。显然，当第 t 日的温度高于基准温度时，HDD 指数为 0。

HDD 指数是用于衡量供暖需求的指标，通常用于气温衍生品的交易和风险管理。投资者可以根据 HDD 指数的变化来判断某个地区的供暖需求是否增加或减少，从而对相关的气温衍生品进行交易。此外，HDD 指数还可以用于评估供暖系统的效率，以及制订供暖计划和定价策略等方面。

在天气衍生品市场中，一般并不会直接采用 HDD 指数进行交易，而是采取累计制热指数 $\text{HDD}(t_0, t_M)$。从 t_0 日到 t_M 日的累计制热指数 $\text{HDD}(t_0, t_M)$ 为

$$\text{HDD}(t_0, t_M) = \sum_{t=t_0}^{t_M} \text{HDD}_t \quad (10\text{-}11)$$

其中，HDD_t 表示第 t 日的 HDD 指数；t_0 和 t_M 分别表示累计区间开始和结束的日期。

例 10-2 若某地某月不同时刻的温度值如表 10-1 所示，且假设每日最高温度和最低温度均出现在 2 时、8 时、14 时及 20 时中，HDD 指数的基准温度为 18℃，则该地该月 6 日的 HDD 指数为多少？6 日到 8 日的累计 HDD 指数为多少？根据第一种每日平均温度的模型进行计算。

根据例 10-1 可知，第一种每日平均温度的模型得到的 6 日平均温度为 13℃。类似计算可得，7 日的平均温度为 15.5℃，8 日的平均温度为 16℃。

根据式（10-10），6 日的 HDD 指数为

$$\text{HDD}_6 = \max(18 - 13, 0) = 5 \quad (10\text{-}12)$$

7 日的 HDD 指数为

$$\text{HDD}_7 = \max(18 - 15.5, 0) = 2.5 \quad (10\text{-}13)$$

8 日的 HDD 指数为

$$\text{HDD}_8 = \max(18-16,0) = 2 \tag{10-14}$$

根据式（10-11），6 日到 8 日的累计 HDD 指数为

$$\text{HDD}(6,8) = \sum_{t=6}^{8} \text{HDD}_t = 5 + 2.5 + 2 = 9.5 \tag{10-15}$$

3. CDD 指数

CDD 指数是气温衍生品中的另一种指标，用于衡量空调需求的大小。它的定义是：当室内温度高于某个基准温度时，用于将室内温度降低到该基准温度所需的空调能量的累计值。与 HDD 指数一致，基准温度取为 18℃或 65℉。

在计算 CDD 指数时，需要首先确定每天的平均气温，然后将它与基准温度相减，得到当天的“制冷度数”。将所有的制冷度数累加起来，就得到了一段时间内的 CDD 指数值。

具体地，CDD 指数的计算公式为

$$\text{CDD}_t = \max\left(T_t - T_{\text{base}}^{\max}, 0\right) \tag{10-16}$$

其中，CDD_t 表示第 t 日的 CDD 指数；$T_{\text{base}}^{\max}$ 表示设定的基准温度。显然，当第 t 日的温度低于基准温度时，制冷指数为 0。

CDD 指数是用于衡量空调需求的指标，与 HDD 指数一样可以用于气温衍生品的交易和风险管理。投资者可以根据 CDD 指数的变化来判断某个地区的空调需求是否增加或减少，从而对相关的气温衍生品进行交易。此外，CDD 指数还可以用于评估空调系统的效率，以及制订空调生产计划和定价策略等方面。

与 HDD 指数一致，天气衍生品市场中一般并不会直接采用 CDD 指数进行交易，而是采取累计制冷指数 $\text{CDD}(t_0,t_M)$。从 t_0 日到 t_M 日的累计制冷指数 $\text{CDD}(t_0,t_M)$ 为

$$\text{CDD}_s(t_0,t_M) = \sum_{t=t_0}^{t_M} \text{CDD}_t \tag{10-17}$$

其中，CDD_t 表示第 t 日的 CDD 指数；t_0 和 t_M 分别表示累计区间开始和结束的日期。

例 10-3　若某地某月不同时刻的温度值如表 10-1 所示，且假设每日最高温度和最低温度均出现在 2 时、8 时、14 时及 20 时中，CDD 指数的基准温度为 18℃，则该地该月 26 日的 CDD 指数为多少？26 日到 28 日的累计 CDD 指数为多少？根据第一种每日平均温度的模型进行计算。

根据第一种每日平均温度的模型，即式（10-3），26 日的 CDD 指数为

$$\text{CDD}_{26} = \max\left(\frac{25+13}{2} - 18, 0\right) = 1 \tag{10-18}$$

27 日的 CDD 指数为

$$\text{CDD}_{27} = \max\left(\frac{28+11}{2} - 18, 0\right) = 1.5 \tag{10-19}$$

28 日的 CDD 指数为

$$\mathrm{CDD}_{28}=\max\left(\frac{24+10}{2}-18,0\right)=0 \tag{10-20}$$

根据式（10-17），26 日到 28 日的累计 CDD 指数为

$$\mathrm{CDD}(26,28)=\sum_{t=26}^{28}\mathrm{CDD}_t=1+1.5+0=2.5 \tag{10-21}$$

4. 其他温度指数

CAT 指数用于衡量某一地区一段时间内的气温情况。它的定义是：将每天的平均气温累加起来，得到该地区的累计日平均温度。

与其他气温指数不同，CAT 指数并没有明显的供暖或空调需求的概念，它更多地用于衡量气温的总体水平。此外，CAT 指数也可以用于评估某个地区的天气条件，以及预测未来的气温趋势等方面。

具体地，从 t_1 日到 t_2 日的 CAT 指数的计算公式为

$$\mathrm{CAT}(t_1,t_2)=\sum_{t=t_1}^{t_2}T_t \tag{10-22}$$

其中，T_t 表示第 t 日的平均温度。

能源温度（energy degree day，EDD）指数用于衡量能源需求的大小。它的定义是：当室内温度高于基准温度时，用于将室内温度降低到该基准温度所需的空调能量，加上当室内温度低于基准温度时，用于将室内温度升高到该基准温度所需的供暖能量的累计值。通常，基准温度取为 18℃或 65℉。

具体地，从 t_1 日到 t_2 日的 EDD 指数的计算公式为

$$\mathrm{EDD}(t_1,t_2)=\sum_{t=t_1}^{t_2}\left(\mathrm{HDD}_t+\mathrm{CDD}_t\right) \tag{10-23}$$

其中，HDD_t 和 CDD_t 分别表示第 t 日的 HDD 指数和 CDD 指数。

生长温度（growing degree day，GDD）指数用于衡量植物生长的适宜程度。它的定义是：当日平均气温高于某个基准温度时，植物生长所得到的“生长度数”，累加得到的总和。通常，基准温度取决于植物的种类，不同的植物有不同的基准温度。

具体地，从 t_1 日到 t_2 日的 GDD 指数的计算公式为

$$\mathrm{GDD}(t_1,t_2)=\sum_{t=t_1}^{t_2}\max\left(T_t-T_{\mathrm{base}}^{\max},0\right) \tag{10-24}$$

其中，T_t 表示第 t 日的平均温度；$T_{\mathrm{base}}^{\max}$ 表示某作物生长的基准温度，不同的作物有不同的基准温度值。

例 10-4 若某地某月不同时刻的温度值如表 10-1 所示，且假设每日最高温度和最低温度均出现在 2 时、8 时、14 时及 20 时中，HDD 指数和 CDD 指数的基准温度都为 18℃，GDD 指数的基准温度为 15℃，则该地该月 26 日到 28 日的 CAT 指数、EDD 指数以及 GDD 指数为多少？根据第一种每日平均温度的模型进行计算。

根据式（10-22），26 日到 28 日的 CAT 指数为

$$\mathrm{CAT}(26,28)=\sum_{t=26}^{28}T_t=\frac{25+13}{2}+\frac{28+11}{2}+\frac{24+10}{2}=55.5 \tag{10-25}$$

根据式（10-23），26 日到 28 日的 EDD 指数为

$$\mathrm{EDD}(26,28)=\sum_{t=26}^{28}\left(\mathrm{HDD}_t+\mathrm{CDD}_t\right)=0+0+1+1+1.5+0=3.5 \tag{10-26}$$

根据式（10-24），26 日到 28 日的 GDD 指数为

$$\begin{aligned}\mathrm{GDD}(26,28)&=\sum_{t=26}^{28}\max(T_t-15,0)\\&=\max(19-15,0)+\max(19.5-15,0)+\max(17-15,0)=10.5\end{aligned} \tag{10-27}$$

5. 其他标的资产

除了气温指数外，天气期权和期货的标的资产还可以是其他气象指数，如降水量指数、日照指数和霜冻指数等。这些指数都能够反映出不同天气条件下的生产和消费需求，因此在农业、能源、水资源等领域中具有广泛的应用。

降水量指数是衡量降水量的一个指标，通常被用于衡量干旱或洪水等极端天气事件的风险。在天气期权和期货市场中，降水量指数可以作为标的资产，投资者可以根据降水量指数的变化来进行交易和风险管理。例如，在干旱地区，农民可以购买降水量期权来保护他们不会因为作物受干旱影响而受损失。

日照指数是衡量日照时间的一个指标，通常被用于衡量光照不足或过剩的风险。在天气期权和期货市场中，日照指数也可以作为标的资产。例如，在太阳能行业中，日照期权可以作为太阳能发电量的衍生品，投资者可以购买日照期权来保护他们的投资免受日照不足或过剩的影响。

霜冻指数是衡量霜冻频率和强度的一个指标，通常被用于衡量农作物受霜冻的风险。在天气期权和期货市场中，霜冻指数也可以作为标的资产。例如，在葡萄酒行业中，霜冻期权可以作为葡萄收成量的衍生品，投资者可以购买霜冻期权来保护他们的投资免受霜冻的影响。

除了上述气象指数外，还有其他的气象指数可以作为天气期权和期货的标的资产，如风速指数、湿度指数、气压指数等。这些指数都能够反映出不同天气条件下的生产和消费需求，因此在各个领域中都具有广泛的应用。投资者可以根据自己的需求和市场情况选择合适的气象指数作为标的资产，并进行相应的交易和风险管理。

10.1.3　天气期货与期权应用

本节主要对芝加哥商品交易所现存的天气期货与期权进行举例介绍。

1. 天气期货

月度温度指数期货合约包括 HDD 期货和 CDD 期货。HDD 期货和 CDD 期货是基于 HDD 指数和 CDD 指数的期货合约。

月度温度指数期货合约的基础资产为美国各个地区的HDD指数和CDD指数，其价格反映了未来某个月份内美国的HDD指数和CDD指数预期值。每个月初，芝加哥商品交易所会发布该月份的HDD指数和CDD指数预期值，该值将用于计算该期货合约的价格。表10-2展示了月度温度指数期货合约主要条款。

表10-2　月度温度指数期货合约主要条款

特征	说明
标的资产	月累计温度指数值（HDD或CDD）
合约单位	20美元×HDD（CDD）指数
报价方式	美元/HDD（CDD）指数点数
最小变动价位	一个HDD（CDD）指数（20美元每张合约）
合约月份	HDD：10月至次年4月。 CDD：4月至10月
交割方式	现金交割
交易时间	星期日下午5:00至星期五下午3:15。 每日交易于下午3:15至5:00停止
气温地点	亚特兰大、芝加哥、辛辛那提、达拉斯、拉斯维加斯、明尼阿波里斯、纽约、波特兰、萨克拉门托

资料来源：芝加哥商品交易所

季度温度指数期货合约也包括HDD期货和CDD期货。表10-3展示了季度温度指数期货合约主要条款。

表10-3　季度温度指数期货合约主要条款

特征	说明
标的资产	季累计温度指数值（HDD或CDD）
合约单位	20美元×HDD（CDD）指数
报价方式	美元/HDD（CDD）指数点数
最小变动价位	一个HDD（CDD）指数（20美元每张合约）
合约月份	HDD：11月至次年3月、12月至次年2月。 CDD：7月至8月、5月至9月
交割方式	现金交割
交易时间	星期日下午5:00至星期五下午3:15。 每日交易于下午3:15至5:00停止
气温地点	亚特兰大、芝加哥、辛辛那提、达拉斯、拉斯维加斯、明尼阿波里斯、纽约、波特兰、萨克拉门托

资料来源：芝加哥商品交易所

例10-5　某期货投资者在HDD报价为900美元的价位上买入了一份以月累计HDD为标的期货合约。一段时间后，该期货投资者以960美元的价位卖出该合约。假设该交易不存在交易费用，则该投资者的收益为多少？

根据期货合约的定义，该投资者的收益为

$$20\times(960-900)=1200(\text{美元}) \tag{10-28}$$

例 10-6　某空调生产企业预计 2024 年 7 月能够销售空调 10 000 台，每台平均售价为 800 美元，即总收入为 800 万美元。然而，该公司担心因为 2024 年 7 月温度比往年低而销售额下降，于是决定使用月度 CDD 期货进行套期保值操作。通过调研发现，该企业的销售量与月度 CDD 期货的相关关系为 0.6，即 CDD 下降 1%时，销售量下降 0.6%。假设在 2023 年 12 月，2024 年 7 月的月度 CDD 期货价位为 500 点，假设这意味着根据历史数据预计 2024 年 7 月的平均温度为 75℉。由于 CDD 下降 1%时，一份 CDD 期货合约的价值下降 500×20×1%＝100 美元，相应销售收入下降 8 000 000×0.6%＝48 000 美元，因此避险比率为 48 000÷100＝480。故该公司可以以 500 点的价位卖出 480 份 2024 年 7 月的 CDD 期货合约。在这种情况下，在不考虑相关费用的情况下，无论 2024 年 7 月气温如何，公司的收入都不会发生变化，即可将收入锁定在 800 万美元。

假设 2024 年 7 月的平均气温只有 70℉，则合约到期时，结算的 CDD 为（70–65）×31＝155。该公司在期货上的收益为（500–155）×20×480＝3 312 000 美元；而低的气温导致该公司销售收入减少 8 000 000×0.6×（500–155）/500＝3 312 000 美元。由此，在期货市场上的收益正好与销售收入的减少相抵消。

假设 2024 年 7 月的平均气温达到 90℉，则合约到期时，结算的 CDD 为（90–65）×31＝775。该公司在期货上的亏损为（775–500）×20×480＝2 640 000 美元；而高的气温导致该公司销售收入增加 8 000 000×0.6×（775–500）/500＝2 640 000 美元。由此，在期货市场上的亏损正好与销售收入的增加相抵消。

2. 天气期权

月度温度指数期权合约包括针对 HDD 和 CDD 的期权。HDD 期权和 CDD 期权是基于 HDD 指数和 CDD 指数的期权合约。表 10-4 展示了月度温度指数期权合约主要条款。

表 10-4　月度温度指数期权合约主要条款

特征	说明
标的资产	月累计温度指数值（HDD 或 CDD）
最小变动价位	一个 HDD（CDD）指数（20 美元每张合约）
报价方式	美元/HDD（CDD）指数点数
交易时间	星期一至星期五：上午 8:30 至下午 3:15
最后交易日期/时间	期货合约月份后第二个交易日的上午 9 点
合约月份	HDD：10 月至次年 4 月。 CDD：4 月至 10 月
执行价格区间	HDD：1～3200 个指数点中的某个指数点。 CDD：1～1500 个指数点中的某个指数点
期权种类	欧式期权

资料来源：芝加哥商品交易所

表 10-5 展示了季度温度指数期权合约主要条款。

表 10-5　季度温度指数期权合约主要条款

特征	说明
标的资产	季累计温度指数值（HDD 或 CDD）
最小变动价位	一个 HDD（CDD）指数（20 美元每张合约）
报价方式	美元/HDD（CDD）指数点数
交易时间	星期一至星期五：上午 8:30 至下午 3:15
最后交易日期/时间	期货合约月份后第二个交易日的上午 9:00
合约月份	HDD：连续的最少 2 个月，最多 7 个月，包括 10 月至次年 4 月的月份。 CDD：连续的最少 2 个月，最多 7 个月，包括 4 月至 10 月的月份
执行价格区间	HDD：1～16 000 个指数点中的某个指数点。 CDD：1～7 500 个指数点中的某个指数点
期权种类	欧式期权

资料来源：芝加哥商品交易所

例 10-7　继续以例 10-6 中的企业为例，说明使用期权进行风险规避的基础上，还有获利的可能性。该企业最终选择通过购买气温期权而不是期货来进行套期保值。于是，该公司于 2023 年 12 月以 500 点的行权价格买入例 10-6 中气温期货的看跌期权 480 份，行权日为 2024 年 7 月 31 日。该公司进行套期保值操作后，就可以保证其在 2024 年 7 月的收入可达到预期的 800 万美元，并可能因为气温的变化而获得额外的收益。

假设 2024 年 7 月的平均气温只有 70°F，则在 7 月 31 日，月度 CDD 指数为（70–65）×31＝155。此时，该公司可行使期权，即以 500 的价格卖出 480 份期货，同时以 155 的市场价买回该期货进行平仓，从而实现收益为（500–155）×20×480＝3 312 000 美元；而低的气温导致该公司销售收入减少 8 000 000×0.6×（500–155）/500＝3 312 000 美元。由此，在期权市场上的收益正好与销售收入的减少相抵消。

假设 2024 年 7 月的平均气温达到 90°F，则在 7 月 31 日，月度 CDD 指数为（90–65）×31＝775，高于该公司所购期权的行权价格。因此该公司放弃行使期权，即期权的收益为 0 美元（不考虑期权费用）；而高的气温导致该公司销售收入增加 8 000 000×0.6×（775–500）/500＝2 640 000 美元。此时该公司的总销售收入为 8 000 000＋2 640 000＝10 640 000 美元，获得了高于预期 800 万美元的收入。由此，该企业利用期权进行套期保值不仅有效地规避了气温风险，还保留了获利的可能性。

最后，需要指出的是，我国目前尚未开展标准化的天气期货和期权交易，但随着我国农业、能源、旅游和零售等天气敏感型行业的逐步发展，国民经济运行中的天气避险需求在持续增长。为了未来推出天气期货和期权合约，我国正在积极进行天气衍生品研发，并已编制温度指数。

例如，2021 年 6 月，郑州商品交易所与国家气象信息中心签署战略合作框架协议，双方将充分发挥各自专业优势，全面启动天气指数编制与应用、天气衍生品研发上市、“期货+气象”复合型人才培养等系列合作。

2022 年 3 月，大连商品交易所表示，将天气指数衍生品作为其指数板块业务拓展的重点品种之一。目前，大连商品交易所与国家气象中心联合编制的温度指数包括我国多个城市的月度 CAT 指数、HDD 指数和 CDD 指数。图 10-3 展示了 2014～2023 年的北京月度 CAT 指数，图 10-4 展示了北京月度 HDD 指数和月度 CDD 指数。

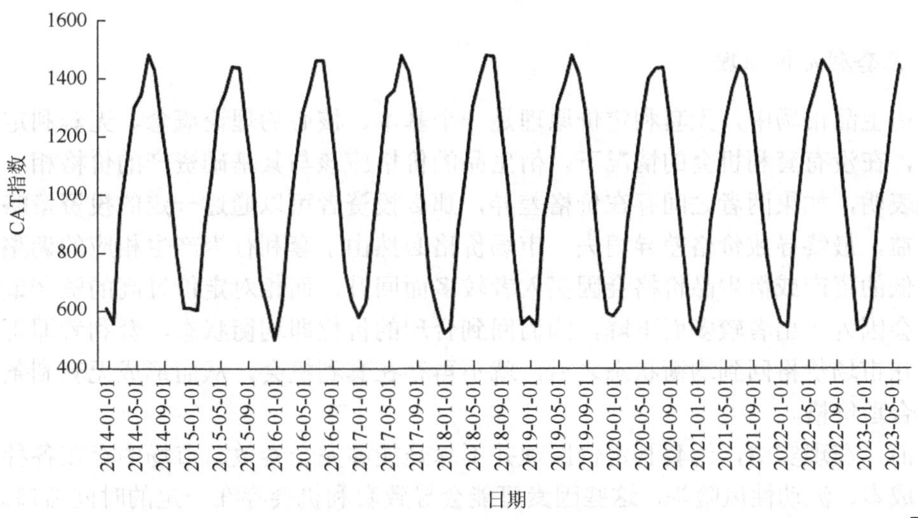

图 10-3　北京月度 CAT 指数

资料来源：大连商品交易所

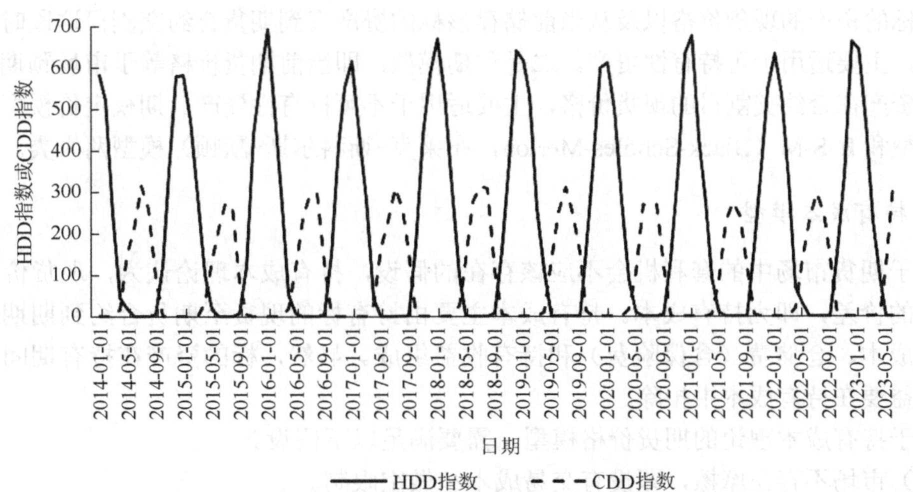

图 10-4　北京月度 HDD 指数和 CDD 指数

资料来源：大连商品交易所

10.2　传统衍生品定价模型及应用

传统衍生品已经形成了较为完善的定价方法，本节将对定价模型的基本原理和假设条件，以及其在天气衍生品定价中的应用进行介绍。由于天气衍生品标的资产的特殊性，传统模型并不完全适用于天气衍生品定价。

10.2.1 基本原理和模型假设

1. 无套利定价原理

在衍生品市场中，无套利定价原理是一个基本、核心的理论概念。无套利定价原理指的是，在没有套利机会的情况下，衍生品的价格应该与其基础资产的价格相一致。这个原理表明，如果两者之间存在价格差异，那么投资者可以通过一定的投资策略来实现套利收益，最终导致价格差异消失。市场价格必然由于套利行为产生相应的调整，相对定价过低的资产或衍生品价格会因买入者较多而回升，而相对定价过高的资产或衍生品价格则会因为卖出者较多而下降，因而回到合理的价位即均衡状态，套利者即可以因此获利。在市场价格回到均衡状态之后，就不再存在套利机会，从而形成无套利条件下衍生品的合理价格。

然而，在现实中，无套利定价原理并不总是能够完全奏效。市场中存在各种因素，如交易成本、流动性风险等，这些因素可能会导致套利机会存在一定的时间窗口。此外，无套利定价原理也不一定能够预测市场中的所有价格变动。因此，在实践中，投资者需要结合市场实际情况，通过风险管理和资产配置来合理应对市场波动。

基于无套利定价原理，期货定价模型主要有两大类。一是持有成本模型，即期货价格取决于标的资产的现货价格以及从当前储存该标的资产直到期货合约交割日这段时间内的总成本，主要适用于可持有性资产。二是预期模型，即当前期货价格等于市场预期的该合约标的资产在合约交割日的现货价格，主要适用于不可持有性资产。期权定价模型包括二叉树模型和B-S-M（Black-Scholes-Merton，布莱克-斯科尔斯-默顿）模型两大类。

2. 持有成本模型

基于期货市场中的套利机会不应该存在的假设，持有成本理论认为，现货价格和期货价格的价差，即为持有成本。持有成本主要由持有标的现货至期货合约到期期间的资金占用成本、仓储费（含保险费）和持有收益组成。显然，标的资产在持有期间产生的持有收益要在持有成本中扣除。

基于持有成本理论的期货价格模型，需要满足以下假设。

（1）市场不存在摩擦，即没有交易成本和做空限制。

（2）市场是完全竞争的。

（3）市场不存在套利机会。

（4）市场参与者均能够以无风险利率借贷资金。

（5）投资者是理性人，且不承担对手违约风险。

对于持有期内不产生收益的投资类商品，如黄金，其期货定价公式可以表示为

$$F = S\mathrm{e}^{cT} = S\mathrm{e}^{(r+u)T} \tag{10-29}$$

其中，F 表示期货价格；S 表示现货价格；c 表示持有成本率；r 表示无风险利率；u 表示仓储费（含保险费）率；T 表示期货合约期限。

例 10-8　若某商品现价为 8000 元，无风险利率为 3%，仓储费（含保险费）率为 3%，则 6 个月后到期的该商品期货理论价格为多少？

根据式（10-29），6 个月后到期的该商品期货理论价格为

$$F = 8000 \times \mathrm{e}^{(3\%+3\%)\times\frac{6}{12}} = 8243.64 \tag{10-30}$$

对于消费类商品，考虑到持有期的便利收益，其期货定价公式可以表示为

$$F = S\mathrm{e}^{cT} = S\mathrm{e}^{(r+u-y)T} \tag{10-31}$$

其中，F 表示期货价格；S 表示现货价格；c 表示持有成本率；r 表示无风险利率；u 表示仓储费（含保险费）率；y 表示便利收益率；T 表示期货合约期限。

例 10-9　若某商品为现价为 3000 元，无风险利率为 3%，仓储费（含保险费）率为 5%，便利收益率为 4%，则 3 个月后到期的该商品期货理论价格为多少？

根据式（10-31），3 个月后到期的该商品期货理论价格为

$$F = 3000 \times \mathrm{e}^{(3\%+5\%-4\%)\times\frac{3}{12}} = 3030.15 \tag{10-32}$$

股票指数可以看作是支付一定股息的投资资产指标。股指期货价格可以表示为

$$F = S\mathrm{e}^{cT} = S\mathrm{e}^{(r-q)T} \tag{10-33}$$

其中，F 表示股指期货价格；S 表示股指现货价格；c 表示持有成本率；r 表示无风险利率；q 表示股息率；T 表示期货合约期限。

例 10-10　若某股票指数为 4000 点，无风险利率为 3%，指数年股息率为 2%，则 6 个月后到期的该股指期货理论价格为多少？

根据式（10-33），6 个月后到期的该股指期货理论价格为

$$F = 4000 \times \mathrm{e}^{(3\%-2\%)\times\frac{6}{12}} = 4020.05 \tag{10-34}$$

3. 预期模型

对于标的资产为不易保存的商品或根本不存在可交割的标的资产的期货品种，以及产生持续供给进入交割环节的商品，持有成本很难计算，持有成本模型的应用存在局限性。为了解释和寻找期货理论价格，出现了预期模型。根据预期模型，期货价格应等于未来现货价格的预期，即 $F = E(S_T)$。否则，就会存在无风险套利交易机会。

例如，市场预期铁矿石未来 6 个月的现货市场价格为 6000 元/吨，而当前市场上 6 个月到期的期货价格为 7000 元/吨。假设市场的预期是准确的，则投资者可以卖出铁矿石期货，等合约到期时买入铁矿石进行交割，会获得 1000 元/吨的利润。反之，投资者可以买入铁矿石期货进行获利。总之，通过投资者参与，铁矿石期货价格会逐渐趋近于市场未来现货价格的预期。

4. 二叉树模型

二叉树模型，又称二项式模型，是期权定价领域中比较简单，却又非常实用的一种方法。该模型推导比较简单，非常适合说明期权定价的基本概念和思想，既可以用来对

典型的不支付红利的欧式期权进行公平定价，也可以将该模型修改后对美式期权及支付红利的期权进行定价。

二叉树模型建立在一个基本假定的基础上，即在给定的时间间隔内，标的资产的价格运动只有两个可能的方向：上涨和下跌。模型的主要思想是，在无市场摩擦、无信用风险、无套利机会、无利率风险及投资者可以以无风险利率借入或贷出资金等理想的市场情形假设下，通过构造无风险的交易组合，使得这一组合在期权到期时的价值无不确定性，由此得到这组交易组合的成本，进而得出期权价格。由于可以把一个给定的时间段细分为更小的时间单位，二叉树模型适用于处理更为复杂的期权。以下以单步二叉树模型和两步二叉树模型为例进行介绍。

1）单步二叉树模型

假定某资产在 0 时刻的价格（当前价格）为 S_0，对以此资产为标的资产、到期日为 T、执行价格为 K 的看涨期权的当前价格进行计算。我们已知在 T 时刻，该资产的价格变化只有两种可能：上涨到 uS_0（$u>1$），期权价格为 $C_u=\max(0,uS_0-K)$；下跌到 dS_0（$d<1$），期权价格为 $C_d=\max(0,dS_0-K)$。资产价格变动的单步二叉树模型如图 10-5 所示。

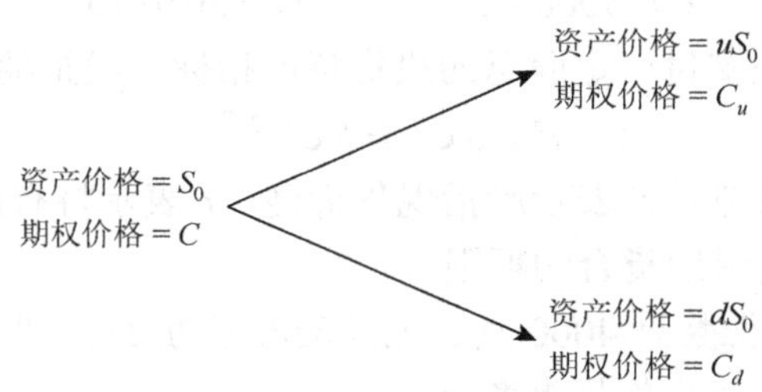

图 10-5 资产价格变动的单步二叉树模型（步长为 T）

假设一个组合由 Δ 份该资产和一份看涨期权的空头组成（其中 Δ 也叫套保比例），则初始成本为 ΔS_0-C。如果该资产价格上涨，则在期权到期时该交易组合的价格为

$$uS_0\Delta-C_u \tag{10-35}$$

如果该资产价格下跌，则在期权到期时该交易组合的价格为

$$dS_0\Delta-C_d \tag{10-36}$$

当两种情况下组合的价格相等，即组合价格不受资产价格波动的影响时，说明组合是无风险的，此时有

$$\Delta=\frac{C_u-C_d}{uS_0-dS_0} \tag{10-37}$$

同样，由交易组合的无风险性知其收益率一定等于无风险利率 r，故它在 T 个月时的贴现值等于其初始成本。我们考虑连续复利，则有

$$(uS_0\Delta-C_u)\mathrm{e}^{-rT}=S_0\Delta-C \tag{10-38}$$

将 Δ 代入，可得

$$C=\mathrm{e}^{-rT}\left[pC_u+(1-p)C_d\right] \tag{10-39}$$

其中

$$p=\frac{\mathrm{e}^{rT}-d}{u-d} \tag{10-40}$$

当资产价格由单步二叉树给出时，可以用式（10-39）来对看涨期权进行定价。

例 10-11　标的资产为不支付红利的股票，当前价格为每股 10 美元，已知一年后的价格或者为 15 美元或者为 5 美元。计算对应的 1 年期、执行价格为 12 美元的欧式看涨期权的价格。设无风险年利率为 4%，考虑连续复利。

根据题意，有

$$uS_0=15,\ dS_0=5,\ T=1 \tag{10-41}$$

进而有

$$u=1.5,\ d=0.5,\ C_u=3,\ C_d=0,\ \mathrm{e}^{rT}=1.0408 \tag{10-42}$$

因此

$$p=\frac{1.0408-0.5}{1.5-0.5}=0.5408 \tag{10-43}$$

相应的期权价格为

$$C=\frac{0.5408\times 3}{1.0408}=1.5588 \tag{10-44}$$

2）两步二叉树模型

我们可以将以上的分析推广到两步二叉树的情形，即将总时间段分为两个时间间隔。我们继续考虑以上例子，期权期限变为 $2T$，在第一个时间间隔末 T 时刻，资产价格仍以 u 或 d 的比例上涨或下跌。如果其他条件不变，则在 $2T$ 时刻，该资产有三种可能的价格，具体情况如图 10-6 所示。

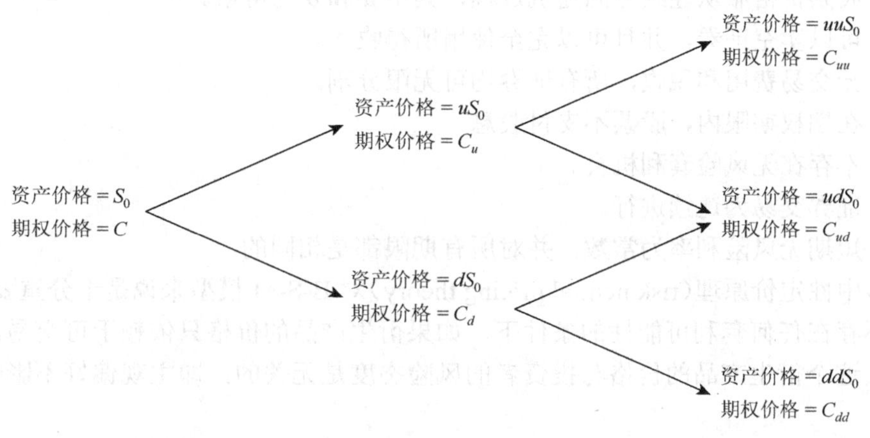

图 10-6　资产价格变动的两步二叉树模型（步长为 T）

为了求得 0 时刻的期权价格，使用倒推的方法，重复利用单步二叉树的原理：由于 T 时刻的价格来自 $2T$，故有

$$C_u=\mathrm{e}^{-rT}\left[pC_{uu}+(1-p)C_{ud}\right],\ C_d=\mathrm{e}^{-rT}\left[pC_{ud}+(1-p)C_{dd}\right] \tag{10-45}$$

其中

$$p = \frac{e^{rT} - d}{u - d} \tag{10-46}$$

再利用单步二叉树的期权公式，即可得出期权价格 C。

例 10-12 接上例，假设期权的期限变为 2 年，用两步二叉树模型求解期权的价格。则

$$uuS_0 = 22.5,\ udS_0 = 7.5,\ ddS_0 = 2.5 \tag{10-47}$$

第 2 年期权的价格为

$$C_{uu} = 10.5,\ C_{ud} = 0,\ C_{dd} = 0 \tag{10-48}$$

T 时刻期权的价格为

$$C_u = 5.46,\ C_d = 0 \tag{10-49}$$

因此期权的价格为

$$C = \frac{0.5408 \times 5.46}{1.0408} = 2.84 \tag{10-50}$$

5. B-S-M 模型

B-S-M 模型是一种衡量欧式期权价格的数学模型，由费希尔·布莱克（Fischer Black）、梅伦·斯科尔斯（Myron Scholes）和罗伯特·默顿（Robert Merton）于 1973 年提出。该模型是金融学中最广为使用的定价模型之一，也是现代金融工程学的基础之一。

前面介绍的二叉树模型和 B-S-M 模型，是两种相互补充的方法，前者虽然过于简单，但是随着要考虑的价格变动数目的增加，二叉树模型的分布函数越来越趋向于正态分布，使得二叉树模型和 B-S-M 模型相一致。

B-S-M 模型的基本假设如下。

（1）股票价格服从连续时间随机过程，其中 μ 和 δ 为常数。

（2）可以卖空证券，并且可以完全使用所得收入。

（3）无交易费用和税收，所有证券均可无限分割。

（4）在期权期限内，股票不支付股息。

（5）不存在无风险套利机会。

（6）证券交易为连续进行。

（7）短期无风险利率为常数，并对所有期限都是相同的。

风险中性定价原理（risk neutral pricing theory）对 B-S-M 模型来说是十分重要的原理。在市场不存在任何套利可能性的条件下，如果衍生产品的价格只依赖于可交易的标的资产，那么这个衍生产品的价格与投资者的风险态度是无关的，即主观偏好不影响衍生品价格。

风险中性定价原理的核心思想是，如果市场是风险中性的，那么衍生品的价格应该等于其未来支付的现值的期望值，折现率为无风险利率。换句话说，风险中性定价原理将衍生品价格的确定归结为未来现金流的期望值，而不是实际的风险情况。因为风险偏好决定预期收益率 μ，所以在风险中性世界中，所有证券的预期收益率 μ 都等于无风险利率 r，即投资者不要求任何的风险补偿或风险报酬。同样地，所有现金流也都可以通过无风险利率进行贴现求得现值。故根据上面的原理，我们可以预测，B-S-M 定价公式中不

会体现出投资者的风险厌恶，即不会出现 μ，而只可能含有无风险利率 r。

在上面的假设和思想的基础上，B-S-M 定价公式中无红利标的资产欧式看涨期权的定价公式为

$$C = SN(d_1) - K\mathrm{e}^{-rT}N(d_2) \tag{10-51}$$

无红利标的资产欧式看跌期权的定价公式为

$$P = K\mathrm{e}^{-rT}N(-d_2) - SN(-d_1) \tag{10-52}$$

其中，

$$d_1 = \frac{\ln(S/K) + \left[r + (\sigma^2/2)\right]T}{\sigma\sqrt{T}} \tag{10-53}$$

$$d_2 = \frac{\ln(S/K) + \left[r - (\sigma^2/2)\right]T}{\sigma\sqrt{T}} \tag{10-54}$$

其中，S 表示无收益标的资产的当前价格；σ 表示无收益标的资产的价格波动率；r 表示无风险利率；K 表示欧式看涨期权的执行价格；T 表示欧式看涨期权的到期时间；C 表示欧式看涨期权的价格；$N(\cdot)$ 表示标准正态概率值。

B-S-M 公式中有 5 个输入变量，除了资产的价格波动率 σ 外，其他 4 个变量都可以从市场信息中直接得到。价格波动率用于度量资产所提供收益的不确定性，我们可以用资产价格的历史数据来估计它。

例 10-13　假设某资产（不支付红利）的市场价格为 60 美元，无风险利率为 4%，该资产的年波动率为 10%，求执行价格为 60 美元、期限为 1 年的欧式看涨期权和看跌期权的价格。

由题意可知

$$S = 60,\ K = 60,\ T = 1,\ r = 0.04,\ \sigma = 0.1 \tag{10-55}$$

$$d_1 = \frac{\ln\left(\frac{60}{60}\right) + (0.04 + 0.01/2)}{0.1\times\sqrt{1}} = 0.45 \tag{10-56}$$

$$d_1 = \frac{\ln\left(\frac{60}{60}\right) + (0.04 - 0.01/2)}{0.1\times\sqrt{1}} = 0.35 \tag{10-57}$$

有

$$N(d_1) = 0.6736,\ N(d_2) = 0.6368 \tag{10-58}$$

因此，欧式看涨期权和看跌期权的价格分别为

$$\begin{aligned} C &= 60\times0.6736 - 60\times0.6368\mathrm{e}^{-0.04\times1} = 3.71 \\ P &= 60\times(1-0.6368)\mathrm{e}^{-0.04\times1} - 60\times(1-0.6736) = 1.36 \end{aligned} \tag{10-59}$$

10.2.2 传统衍生品定价模型的应用

1. 传统模型与天气期货定价

首先，考虑持有成本模型，如果将其应用于天气期货，由于天气期货的特殊性质，仓储成本可以忽略不计，因为天气期货并不需要实际的物理存储。因此，在计算天气期货的持有成本时，主要考虑的是资金占用成本。资金占用成本的计算通常基于持仓时间和利率水平。持有天气期货的时间越长，资金占用成本就越高。此外，利率水平也会影响资金占用成本的大小。当利率较高时，资金占用成本也会增加，因为投资者可以利用这些资金来获得更高的回报。

例如，根据持有成本模型，若 HDD 指数为 300 点，每点价值为 20 美元，对应的无风险利率为 5%，则 6 个月后到期的 HDD 期货理论价格应该为 $F = 300 \times 20 \times e^{5\% \times 6/12} = 6151.89$ 美元。假设定价满足无套利原理，到期时，HDD 指数应为 $6151.89 \div 20 = 307.59$。然而，HDD 指数是根据真实的气温计算所得的，而不是由市场供求关系决定的。因此，使用持有成本模型对天气期货进行定价并不合适。对于天气期货，由于其价格受到天气等实际因素的影响，需要采用其他的定价模型。

其次，预期模型也可以考虑用来对天气期货进行定价。根据预期模型，天气期货价格应等于未来指数价值的预期。否则，就会存在无风险套利交易机会。例如，根据气温预测，未来 6 个月的 HDD 指数为 400 点，而当前市场上 6 个月到期的 HDD 期货价格为 9000 美元。假设市场预期是准确的，则投资者可以卖出 HDD 期货，等合约到期时再从现货市场上买入 HDD 期货进行平仓，从而获得 $9000 - 400 \times 20 = 1000$ 美元的套利利润。相反，如果 HDD 期货价格低于 8000 美元，投资者则可以买入 HDD 期货进行获利。最后的结果是天气期货价格逐渐趋近于市场未来现货价格的预期。

应当注意到，以上使用持有成本模型和预期模型的基础是假设气温指数存在一个完备的现货交易市场。然而，天气期货的标的物如 HDD 指数或 CDD 指数是不可交易的。相应地，研究者提出了一定的解决方法。例如，Geman（1999）通过强调能源价格与天气的依赖关系，建议用能源合约代替投资组合中的天气指数。Hamisultane（2008）则认为这是不合理的，因为这些合约还没有足够的流动性。

2. 传统模型与天气期权定价

为了探究传统模型对天气期权定价的可能性，首先对二叉树模型进行分析。二叉树模型的基本思路是通过建立标的资产价格随时间变化的连续二叉树来反复进行复制和折现，从而确定期权在特定时间节点的公允价值。其关键就在于能获取标的资产随时间价格变化的信息。而对于天气期权来说，这种信息是很难获取或者不存在的。天气事件的随机性高，其参数难以近似建立模型。此外，二叉树模型在定价期权时还需要一种可交易的标的资产，用来反映期权的公允价值。但天气期权不依附于任何特定的交易标的，而是根据气象或者环境信息直接确定期权价值。这一点违背了二叉树模型本身的设定。

这使得二叉树模型在定价天气期权时存在局限，其定价效果难以满足实际要求。

继续考虑使用 B-S-M 模型对天气期权进行定价。例如，假设某年 2 月的累计 HDD 指数基于某地气象数据，一份看涨期权的执行价格（K）为 700，每个指数点的支付为 20 美元。如果气象数据呈对数正态分布特征，预计的平均值（μ）为 710，以其自然对数计算的 HDD 指数的标准差为 0.07（σ），则可以写成

$$C = 20\times\left[710\times N(d_1) - 700\times N(d_2)\right] \tag{10-60}$$

d_1 和 d_2 表示累积正态分布值，则

$$d_1 = \frac{\ln\left(\frac{710}{700}\right)+\frac{(0.07)^2}{2}}{0.07} = 0.2376,\ d_2 = \frac{\ln\left(\frac{710}{700}\right)-\frac{(0.07)^2}{2}}{0.07} = 0.1676 \tag{10-61}$$

相应地，

$$N(0.2376) = 0.5939,\ N(0.1676) = 0.5665 \tag{10-62}$$

因此，

$$C = 20\times(710\times 0.5939 - 700\times 0.5665) = 502.38 \tag{10-63}$$

如果无风险利率为 3%，则该期权在期限开始时（前一年）的价值计算如下：

$$C_P = 502.38\,\mathrm{e}^{-0.03\times 1} = 487.53 \tag{10-64}$$

如果 HDD 指数从 710 下降到 705，则有

$$C = 447.30,\ C_P = 434.08 \tag{10-65}$$

可知，HDD 指数下降了 0.704%，相应的天气期权价格下降了 10.963%。因此，指数值和期权价值的变化不是线性关系，而是凸关系。如果采取积极的投资组合管理策略，这样的凸关系会在不同期限的天气衍生品之间产生套利机会。这违背了 B-S-M 模型的基本假设。

3. 传统模型对天气衍生品定价的评价

基于前面的分析，可以得出结论：传统的衍生品定价模型并不能够直接适用于天气衍生品的定价。相关研究也有类似的发现。接下来，通过综述这些研究，评估传统衍生品定价模型在天气衍生品定价方面的表现，并从模型原理和假设的角度分析其不适用原因。

Richards 等（2004）认为，无套利模型并不适合用于天气衍生品的定价，因为天气不是一种可交易的资产，而是一种状态变量，如气温，因此无法形成无风险对冲。此外，由于与天气相关的风险是不可分散的，B-S-M 模型也不适合。Botoş 和 Ciumaş（2012）分析了 B-S-M 模型是否以及如何适用于天气衍生品，发现不适用，主要原因是天气衍生品的标的资产是不可交易的。Hamisultane（2008）也有类似的观点，并进一步指出，由于天气指数与其他金融资产的价格相关性较弱，很难通过替代相关资产来解决这一问题。Young 和 Zariphopoulou（2002）指出尽管 B-S-M 模型在完全市场上的定价比较成功，但是在天气衍生品市场这种不完全市场下并不适用。Davis（2001）和 Brix 等（2002）同样指出，天气衍生品市场是一个不完全的市场。Cao 和 Wei（2000）以及 Geman 和 Leonardi（2005）也研究了传统模型与天气衍生品定价的问题，但结果并不令人满意。Meissner 和

Burke（2011）则认为B-S-M模型在一定程度上来说是一个合适的天气衍生品定价模型，但仍存在一定的局限性。

具体地，传统衍生品定价模型不适用于天气衍生品的原因如下。

（1）作为标的资产的天气指标（如温度、风或降水量）并非标准的可交易的金融资产。

（2）天气并不像金融资产一样呈现价格演变，因此它们的“波动”与金融资产的“随机漫步”不同。例如，温度等天气指标更有可能只保持在特定的狭窄区间内。

（3）天气与金融资产不同，其并不具有“随机”的特性。天气具有固有的特性，在短期内具有可预测性，在长期内则围绕历史平均水平呈随机性。

（4）天气相关市场尚未完全发展，相关的对冲工具和天气衍生品的流动性都相对有限。

（5）天气衍生品对应的标的资产，即天气指数，如HDD指数和CDD指数，都不符合正态分布的要求。

10.3 天气期货与期权定价模型及应用

本节将介绍针对天气衍生品的特征发展出的适用性定价方法：燃烧分析法和气温预测法。气温预测法是一系列通过对温度进行建模和预测的方法的统称，由于预测方式不同发展出了不同模型类别及参数估计方法。

10.3.1 天气衍生品定价模型

对天气衍生品的公允价值或真实价值进行定价，一般可以遵循两种定价方法：第一种方法称为燃烧分析法；第二种方法则是气温预测法，这种方法更为复杂，因为它的目的是对温度进行建模和预测。

1. 燃烧分析法

燃烧分析法（burn analysis）又称历史模拟法，由Garman等（2000）提出，并应用于天气衍生品的定价问题，早期也被广泛应用于资产定价问题中，该方法的实施和计算过程都非常简单，也很容易理解，该方法只需要具有代表性的天气数据源，通过对过去已知的历史气象数据进行处理并获得数据特征，从而推断未来价格。该方法的步骤可以简单概括为：首先，选取一段时间内的历史气温数据进行指数化处理，如计算HDD指数和CDD指数等；其次，在对指数进行修正后，通过得到的历史气温指数模拟出未来气温指数，得到每段时期的价格，进而求其平均值；最后，通过价格贴现以得到每段时间的天气衍生品的定价。目前这种方法在天气衍生品定价中使用得较少，主要由于其局限性较为明显。一方面是该方法假设未来季节的气温变化可能与历史样本中的任何一个季节相似，包括极端事件，如厄尔尼诺现象。因此，燃烧分析法要求所选取的历史气温数据必须是有代表性的，否则未来的气温变动可能不符合过去气温数据的假设，这也将导致容易出现小样本的情况，使得单个观察对结果产生强烈影响。另一方面主要在于该方法没有纳入对温度的预测，定价准确度并不理想。

2. 气温预测法

1）O-U 模型

Dornier 和 Queruel（2000）、Alaton 等（2002）提出使用奥恩斯坦-乌伦贝克（Ornstern-Uhlenbeck，O-U）模型来描述气温的变化，该模型可由式（10-66）描述：

$$\mathrm{d}T_t = \mathrm{d}S_t + \alpha(S_t - T_t)\mathrm{d}t + \sigma_t \mathrm{d}W_t \tag{10-66}$$

其中，T_t 表示 t 时刻的气温；

$$S_t = A + Bt + C\sin(\omega t + \phi) \tag{10-67}$$

表示气温的长期变化函数，$A + Bt$ 表示的是气温的长期线性趋势，而 $C\sin(\omega t + \phi)$ 表示的是气温的季节性变化，或者说是周期性变化；常系数 α 表示气温的均值回复速率；波动率 σ_t 被假定为可测量且有界的函数；W_t 则表示布朗运动过程。由于我们知道该模型中正弦函数的周期对应为 1 年，因此可以得到 $\omega = 2\pi/365$。模型（10-66）将去季节性趋势的气温变化与其水平值（level）进行回归。在 Dornier 和 Queruel（2000）的研究中，尽管他们允许波动率 σ_t 随时间变化，但在对美国芝加哥的 20 年日平均气温的分析中假设波动率是恒定的。贝泓涵等（2022）则同时考虑了时变的均值回复速率和时变波动率，对我国的天气衍生品定价进行了实证分析。时变的天气衍生品定价模型在近年来开始得到关注，有兴趣的读者可以自行查阅相关资料。

Alaton 等（2002）假定波动率为每月变化的分段常数函数，如式（10-68）所示：

$$\sigma_t = \begin{cases} \sigma_1, & t\text{在1月} \\ \sigma_2, & t\text{在2月} \\ \vdots & \vdots \\ \sigma_{12}, & t\text{在12月} \end{cases} \tag{10-68}$$

他们收集了布罗马机场（Bromma airport，瑞典斯德哥尔摩附近）的 40 年的日平均气温序列，来拟合 O-U 模型。他们观察到，气温在每个月内的波动几乎恒定，这也验证了他们对波动率函数的选择。此外，他们使用维纳过程作为 O-U 过程中的噪声，理由是认为气温变化率的分布近似为正态分布，然而，并没有提供正态性的统计检验，在某些极端天气变化下，气温数据的正态分布假设极有可能会被拒绝，因此需要考虑其他非正态模型。

Benth 和 Šaltytė-Benth（2005）随后提出了基于 Lévy 噪声的广义 O-U 过程定价模型，定义为

$$\mathrm{d}T_t = \mathrm{d}S_t + \alpha(S_t - T_t)\mathrm{d}t + \sigma_t \mathrm{d}L_t \tag{10-69}$$

模型（10-69）与模型（10-66）的唯一区别就在于模型（10-69）将布朗运动过程 W_t 替换为了 Lévy 过程 L_t，该过程的变化服从广义双曲分布类别，这是一类非常灵活的分布，可以对偏度和（单边）厚尾进行建模，并且其概率密度和特征函数是明确已知的①。

① 具体的 Lévy 过程较为复杂，因此本书不再赘述，有兴趣的读者可以参考 Benth 和 Šaltytė-Benth（2005）的方法自行学习。

2）时间序列定价模型

Campbell 和 Diebold（2005）运用了自回归（autoregression，AR）模型来对气温变化进行建模，这一模型在拟合和预测金融资产时间序列中也被广为应用。与 O-U 定价模型相似的是，他们也通过在自回归模型中融入气温的趋势、季节性和周期性变化来建模，不过，不同的是，尽管 O-U 模型中的均值回复过程可以反映气温的大部分特征，但是却忽略了对气温的自相关性的刻画，因此，Campbell 和 Diebold（2005）构建了自回归模型，其中，对季节性的波动变化采用傅里叶序列来近似，而周期性的波动变化采用 GARCH 过程，通过对不同气温变化成分的组合，构建模型（10-70）：

$$T_t = \text{Trend}_t + \text{Seasonal}_t + \sum_{l=1}^{L} \rho_{t-l} T_{t-l} + \sigma_t \varepsilon_t \tag{10-70}$$

其中，

$$\text{Trend}_t = \sum_{m=0}^{M} \beta_m t^m \tag{10-71}$$

$$\text{Seasonal}_t = \sum_{p=1}^{P} \left(\sigma_{c,p} \cos\left(2\pi p \frac{d(t)}{365}\right) + \sigma_{s,p} \sin\left(2\pi p \frac{d(t)}{365}\right) \right) \tag{10-72}$$

$$\sigma_t^2 = \sum_{q=1}^{Q} \left(\gamma_{c,q} \cos\left(2\pi q \frac{d(t)}{365}\right) + \gamma_{s,q} \sin\left(2\pi q \frac{d(t)}{365}\right) \right) + \sum_{r=1}^{R} \alpha_r (\sigma_{t-r}\varepsilon_{t-r})^2 + \sum_{s=1}^{S} \beta_s \sigma_{t-s}^2 \tag{10-73}$$

假设残差 ε_t 为标准正态分布，$d(t)$ 是时间 t 的重复阶跃函数，在从 1 到 365 的整数中循环（即对应 1 年的 365 天，适用于日度气温的建模，相应地，在应用中需要剔除闰年中 2 月 29 日的数据），滞后阶 L、M、P、Q、R 和 S 可以通过信息准则等方式来确定。

Campbell 和 Diebold（2005）是在 AR 模型中考虑了气温的趋势和季节性等因素而建立模型，相较之下，Caballero 等（2002）则是考虑到了气温的长记忆性，因此运用了刻画长记忆性的自回归分整移动平均（autoregressive fractionally integrated moving average，ARFIMA）模型。长记忆性指序列的当期值是由过去无穷期的冲击共同构成，可通过过去无穷期冲击值的多项式函数的加权和来表示，而 AR、移动平均（moving average，MA）、自回归移动平均（autoregressive moving average，ARMA）和自回归单整移动平均（autoregressive integrated moving average，ARIMA）模型只能刻画序列的短记忆性或有限记忆性，即当前序列值只反映过去若干期的冲击。Caballero 等（2002）构建气温 T 的 ARFIMA(p, d, q)模型如式（10-74）所示：

$$\Phi(L)(1-L)^d T_t = \Psi(L)\varepsilon_t \tag{10-74}$$

其中，

$$\Phi(L) = \phi_0 + \phi_1 L + \phi_2 L^2 + \cdots + \phi_p L^p \tag{10-75}$$

$$\Psi(L) = \psi_0 + \psi_1 L + \psi_2 L^2 + \cdots + \psi_q L^q \tag{10-76}$$

L 表示滞后算子，有 $L^p T_t = T_{t-p}$；$\Phi(L)$ 表示 p 阶的 AR 滞后算子；$\Psi(L)$ 表示 q 阶的 MA 滞后算子；d 表示待估计的分整阶数，模型的平稳条件为 $|d| < 0.5$。为了更好地理解分数差分，算子 $(1-L)^d$ 可以展开为式（10-77）所示的幂级数形式：

$$(1-L)^d = \sum_{k=0}^{\infty} \frac{\Gamma(d+1)}{\Gamma(k+1)\Gamma(d-k+1)} (-1)^k L^k \tag{10-77}$$

其中，$\Gamma(\cdot)$ 表示伽马（Gamma）函数。ARFIMA 模型中自回归和移动平均分量的存在使模型能够捕获气温序列的短记忆性和高频行为，而式（10-77）控制长记忆性，这使得 ARFIMA 模型能够准确地对气温变化序列的长记忆过程进行建模。

3）蒙特卡罗模拟定价法

蒙特卡罗模拟（Monte Carlo simulation）又称随机抽样或统计实验法，属于计算数学的一个分支，在各个学科领域都有着广泛的应用。蒙特卡罗模拟定价法在金融工程领域和传统金融衍生品的定价中也是一种广为运用的方式，该方法同样适用于对天气衍生品的定价，并且在对天气衍生品的定价中往往能有较好的效果（Alaton et al.，2002）。

具体而言，蒙特卡罗模拟基于给定的气温模型和参数，通过产生大量的伪随机数，模拟出成千上万甚至更多条路径，模拟出未来多期的气温变化，从而计算相应的气温期权和气温期货的价格与对应收益。当我们模拟未来某个时间段内的气温变化时，我们可以将当前观测到的气温作为模拟的初始值，也可以在我们希望得到模拟定价结果的时刻开始模拟，并以该时刻的预期平均气温为初始值。随后，初始值在给定的模型和参数下随时间不断变化，模拟出未来各个时刻的气温变化和衍生品价格，参数一般基于历史气温数据进行估计，如均值和波动率等。对于期权而言，还要考虑在某时刻的价格下投资者是否会行权，从而得到对应的收益。然后，需要考虑贴现因素，因此一般会利用贴现率，如无风险利率等，对衍生品收益逐步逆向贴现得到当前时刻的衍生品的公平定价。最后，众多路径的变化中均包含随机因素，即模拟气温变化中的各种不确定性变化，因此，一般需要将模拟的多条路径的结果进行平均从而得到当前时刻的期望定价。

4）均衡定价模型

Cao 和 Wei（2000）在 Lucas（1978）的均衡资产模型的基础之上，考虑了天气衍生品和股利在商品市场与金融市场上的均衡，提出了对天气衍生品的均衡定价模型，并应用于 HDD 指数和 CDD 指数等气温衍生品的定价中。在均衡状态下，金融市场和商品市场都出清，因此总消费等于风险股票产生的股息。那么，在给定了股票代理人的偏好、股息和天气变量时，天气衍生品的价格或者未定权益（contingent claim）就可以通过均衡定价模型进行估值。

Cao 和 Wei（2000）认为，对日度气温的建模必须考虑以下特征：第一，模型必须能够捕捉到气温的季节性和周期性变化；第二，每日的气温变化必须在某一个“正常”的平均温度附近，或者说不会超出该“正常”范围，如上海夏季的气温不太可能达到 30℉（约–1℃）；第三，模型应该在预测未来气温的变化路径中发挥关键作用；第四，模型应该包含气温变化的自回归特征，即气温较高的一天之后很可能又紧跟着一天高温，反之亦然；第五，气温的波动幅度一定是冬季大、夏季小；第六，模型必须反映出长期的气温趋势，如全球变暖趋势。

Cao 和 Wei（2000）认为尽管均值回归过程能够刻画气温变化中的大多数特征，但单因素扩散过程无法将气温新息中的自相关性纳入进来，这一点与 Campbell 和 Diebold（2005）相似。因此，他们采用离散自回归模型，将日气温的去均值和去趋势残差定义为 $U_{\text{yr},t}$

$$U_{\mathrm{yr},t}=T_{\mathrm{yr},t}-\hat{\hat{T}}_{\mathrm{yr},t} \tag{10-78}$$

其中，$T_{\mathrm{yr},t}$ 表示第 yr 年内的第 t 天的气温，$\mathrm{yr}=1,2,\cdots,\mathrm{Yr}$，$t=1,2,\cdots,365$；$\hat{\hat{T}}_{\mathrm{yr},t}=\frac{1}{t_2^m-t_1^m+1}\sum_{t=t_1^m}^{t_2^m}T_{\mathrm{yr},t}^m-\frac{1}{\mathrm{Yr}}\frac{1}{t_2^m-t_1^m+1}\sum_{\mathrm{yr}=1}^{\mathrm{Yr}}\sum_{t=t_1^m}^{t_2^m}T_{\mathrm{yr},t}^m$，称为调整的平均气温，$T_{\mathrm{yr},t}^m$ 的右上角标则表示对应的第 m 个月，$m=1,2,\cdots,12$，t_1^m 和 t_2^m 为第 m 个月内的第一天和最后一天。用文字来表述，$\hat{\hat{T}}_{\mathrm{yr},t}$ 就是第 yr 年的第 m 个月内平均气温与 t 所对应的第 m 个月的历史平均气温的差值①，这样既达到了去均值（demean）的目的，又达到了去趋势（detrend）的目的。

接下来，均衡定价模型主要基于气温的残差过程、代理人偏好和股息。首先，假定日度的气温残差 $U_{\mathrm{yr},t}$ 服从以下的 k 阶自回归过程：

$$U_{\mathrm{yr},t}=\sum_{i=1}^{k}\rho_i U_{\mathrm{yr},t-i}+\sigma_{\mathrm{yr},t}\varepsilon_{\mathrm{yr},t} \tag{10-79}$$

$$\sigma_{\mathrm{yr},t}=\sigma_0-\sigma_1\left|\sin\left(\frac{\pi t}{365}+\phi\right)\right| \tag{10-80}$$

$$\varepsilon_{\mathrm{yr},t}\sim \mathrm{i.i.d.}\ N(0,1) \tag{10-81}$$

其中，$\varepsilon_{\mathrm{yr},t}$ 刻画的是气温变化的随机性。

然后，代理人的效用被假定为

$$U(c_t,t)=\mathrm{e}^{-\rho t}\frac{c_t^{\gamma+1}}{\gamma+1} \tag{10-82}$$

其中，时间偏好率 $\rho>0$，风险参数 $\gamma\in(-\infty,0]$。

最后，总股息 δ_t 假定服从如下马尔可夫过程：

$$\ln\delta_t=\alpha+\mu\ln\delta_{t-1}+v_t \tag{10-83}$$

其中，$1-\mu$ 度量的是股息变化的均值回复速率，有 $\mu\leqslant 1$，而残差项 v_t 满足式（10-84）：

$$v_t=\sigma\varepsilon_t+\sigma\left(\frac{\varphi}{\sqrt{1-\varphi^2}}\xi_t+\sum_{j=1}^{s}\eta_j\xi_{t-j}\right) \tag{10-84}$$

其中，ε_t 表示独立同分布的正态残差，反映由除气温以外的其他所有因素引起的冲击。ξ_t 及其滞后项是由式（10-79）～式（10-81）所刻画的气温变化的新息，$0\leqslant s<+\infty$。在该模型设定下，股息和气温变化之间的同期相关性为 φ，滞后项反映了气温对总股息或经济产出的滞后影响。当某个未来时刻 t 使得所有滞后阶均领先于当前时刻时，条件方差 v_t^2 则为 $\sigma^2\left(1+\frac{\varphi^2}{1-\varphi^2}+\sum_{j=1}^{s}\eta_j^2\right)$，该条件方差将总股息的波动分解为三个部分：除气温以外的其他所有因素引起的波动 σ^2、当前的气温引起的波动 $\sigma^2\frac{\varphi^2}{1-\varphi^2}$ 以及气温的滞后影响

① 为了更好理解，举例来说，如观测到 2001 年 1 月～2020 年 12 月的日气温，我们计算 2001 年第 1 天的 $\hat{\hat{T}}_{2001,1}$，就需要先计算这 20 年中的所有 1 月（第 1 天对应 1 月）的平均气温（共 31×20 个观测值取平均），如为 0℃；再计算 2001 年当年的 1 月的平均气温（共 31 个观测值取平均），如为−2℃。因此，就得到 $\hat{\hat{T}}_{2001,1}=-2-0=-2$（℃）。

引起的波动$\sigma^2\sum_{j=1}^{s}\eta_j^2$。由此，对于任意 j，在 t 时刻的总股息的新息与 t–j 时刻的气温新息之间的相关性为$\eta_j\bigg/\left(1+\dfrac{\varphi^2}{1-\varphi^2}+\sum_{j=1}^{s}\eta_j^2\right)$，当$\varphi=0$且$\eta_j=0$时，股息则完全独立于气温变化。

3. 气温预测模型参数估计方法

现有学者构建了许多不同种类的气温预测模型，不过构建模型只是第一步，模型中仍有许多参数有待估计，只有得到了参数的有效估计值，我们才可以进行气温的预测以及进一步对气温期权等天气衍生品进行定价。因此，接下来，我们将简单介绍几种参数估计方法。首先，针对最为常用的 O-U 模型，我们具体介绍该模型中的长期趋势、波动和均值回复速率的估计，然后针对时间序列模型和均衡模型，我们介绍具有代表性和一般性的参数估计方法，即极大似然估计。

1）长期趋势项估计

对于 O-U 模型［式（10-66）］中的长期变化趋势 S_t［式（10-67）］，我们可以将其转化为线性函数

$$S_t=\theta_1+\theta_2 t+\theta_3\sin(\omega t)+\theta_4\cos(\omega t) \tag{10-85}$$

其中，ω=2π/365，而待估计的参数向量$\boldsymbol{\Theta}=(\theta_1,\theta_2,\theta_3,\theta_4)$便可以通过普通最小二乘（ordinary least squares，OLS）方法进行估计，即

$$\min_{\boldsymbol{\Theta}}\left\{S_t-\left[\theta_1+\theta_2 t+\theta_3\sin(\omega t)+\theta_4\cos(\omega t)\right]\right\} \tag{10-86}$$

从而，可以计算得到式（10-67）中的参数：

$$A=\theta_1 \tag{10-87}$$

$$B=\theta_2 \tag{10-88}$$

$$C=\sqrt{\theta_3^2+\theta_4^2} \tag{10-89}$$

$$\phi=\arctan\left(\frac{\theta_4}{\theta_3}\right)-\pi \tag{10-90}$$

系数 B 反映的是气温的线性上升或线性下降趋势的程度，而正弦函数的系数 C 则可以告诉我们：平均而言，夏季的最高气温与冬季的最低气温之间的差额约为 $2C$。

2）气温波动率估计

对于 O-U 模型的波动率σ_t的估计，Alaton 等（2002）提出了两种估计方法。对于给定观测到的第μ个月（共有N_μ天）的气温为T_j，$j=1,2,\cdots,N_\mu$。第一种估计方法是使用气温的二次变差：

$$\hat{\sigma}_\mu^2=\frac{1}{N_\mu}\sum_{j=0}^{N_\mu-1}(T_{j+1}-T_j)^2 \tag{10-91}$$

其中，$T_0=T_{N_{\mu-1}}$，即上个月最后一天的气温。

第二种估计方法是通过将式（10-66）进行离散化并将离散方程视为回归方程，从而得出波动的估计。对于给定的月份μ，其对应的离散方程为

$$T_j = S_j - S_{j-1} + \alpha S_{j-1} + (1-\alpha)T_{j-1} + \sigma_\mu \varepsilon_j,\ j = 1, 2, \cdots, N_\mu \tag{10-92}$$

其中，残差项$\left\{\varepsilon_j\right\}_{j=1}^{N_\mu}$服从独立的标准正态分布。假定有经长期趋势调整后的气温$\tilde{T}_j \equiv T_j - (S_j - S_{j-1})$，我们可以将式（10-92）转化为

$$\tilde{T}_j = \alpha S_{j-1} + (1-\alpha)T_{j-1} + \sigma_\mu \varepsilon_j \tag{10-93}$$

式（10-93）可以看作当天气温对前一天气温的回归方程。由此，根据 Brockwell 和 Davis（2009）的方法，我们可以得到波动的有效估计为

$$\hat{\sigma}_\mu^2 = \frac{1}{N_\mu - 2}\sum_{j=1}^{N_\mu}\left(\tilde{T}_j - \hat{\alpha} S_{j-1} - (1-\hat{\alpha})T_{j-1}\right)^2 \tag{10-94}$$

不过，这里仍需要均值回复速率α的估计，这一点我们将在下一小节继续介绍。

3）均值回复速率估计

气温序列的观测值之间的间隔（一般为一天）显然大于零，因此可以使用 Bibby 和 Sørensen（1995）的鞅估计的方法来估计均值回归参数α。对于一段时间，如为n天内的气温观测值，可以令如下方差为零。

$$G_n(\alpha) = \sum_{t=1}^{n}\frac{\dot{b}(T_{t-1};\alpha)}{\sigma_{t-1}^2}\left\{T_t - E\left[T_t \middle| T_{t-1}\right]\right\} \tag{10-95}$$

可以得到α的有效估计量$\hat{\alpha}_n$，即有$G_n(\hat{\alpha}_n) = 0$。其中，σ_{t-1}^2为第$t-1$天的波动率，$\dot{b}(T_{t-1};\alpha)$为方程

$$b(T_{t-1};\alpha) = \frac{\mathrm{d}S_t}{\mathrm{d}t} + \alpha(S_t - T_t) \tag{10-96}$$

对α的一阶导数，即$\dot{b}(T_{t-1};\alpha) = S_t - T_t$。那么，对于式（10-95），我们只需要确定期望$E\left[T_t \middle| T_{t-1}\right]$，可对式（10-66）在$t \geqslant p$的区间数求积分，得

$$T_t = (T_p - S_p)\mathrm{e}^{-\alpha(t-p)} + S_t + \int_p^t \mathrm{e}^{-\alpha(t-p)}\sigma_t\,\mathrm{d}W_t \tag{10-97}$$

故可以得到

$$E\left[T_t \middle| T_{t-1}\right] = (T_{t-1} - S_{t-1})\mathrm{e}^{-\alpha} + S_t \tag{10-98}$$

因此，代入式（10-95），便有

$$G_n(\alpha) = \sum_{t=1}^{n}\frac{S_{t-1} - T_{t-1}}{\sigma_{t-1}^2}\left(T_t - (T_{t-1} - S_{t-1})\mathrm{e}^{-\alpha} - S_t\right) \tag{10-99}$$

进一步，我们便得到

$$\hat{\alpha}_n = -\ln\left(\frac{\sum_{t=1}^{n} Y_{t-1}(T_t - S_t)}{\sum_{t=1}^{n} Y_{t-1}(T_{t-1} - S_{t-1})}\right) \tag{10-100}$$

为$G_n(\hat{\alpha}_n) = 0$的唯一零解，其中

$$Y_{t-1} \equiv \frac{S_{t-1} - T_{t-1}}{\sigma_{t-1}^2},\ t = 1, 2, \cdots, n \tag{10-101}$$

4）极大似然估计

极大似然估计法在计量经济学理论中占据很重要的地位，因为极大似然原理比最小二乘原理更本质地揭示了通过样本来估计总体参数的内在机理，极大似然估计广泛应用于计量模型的参数估计中，我们在前面提到的预测气温的时间序列模型和均衡模型也都是通过极大似然估计法来估计参数（Caballero et al.，2002；Campbell and Diebold，2005；Cao and Wei，2000）。

极大似然估计法基于不同的总体产生不同的样本这一事实，认为任一被研究的样本有更大概率来自某个特定的总体而不是其他总体。假设从总体中进行 N 次随机抽样得到样本容量为 N 的样本观测值，在任意一次随机抽取中，样本观测值都以一定的概率出现。如果我们已经知道总体的参数，那么通过变量的频率函数就可以计算其概率。如果只知道总体服从某种分布但分布参数未知，那么通过随机样本可以求得总体的参数估计量。以正态分布的总体为例，每个总体都有自己的分布参数期望和方差，如果已经得到 N 个样本观测值，那在这些可供选择的总体中，就需要确定哪一个总体最有可能产生已经得到的 N 个样本观测值，或者说哪一个产生的概率最大。因此，就要对每个可能的正态总体取得 N 个样本观测值的联合概率进行估计，然后选择其参数能够使得联合概率最大的那个总体，这个联合概率函数也称为似然函数（likelihood function）。在已经取得样本观测值的情况下，使似然函数取得极大值的总体分布的参数所代表的总体具有最高的概率来产生这些样本观测值，该总体参数就是所求的参数。这种通过将似然函数极大化来求解总体参数估计量的方法便是极大似然法。

我们简单介绍一下极大似然估计法的原理。首先，假设总体的概率密度函数为 P，并已知其类型，但含有未知参数（向量）$\boldsymbol{\theta}$，需要通过从该总体中抽取的随机样本 $\boldsymbol{y}=(y_1, y_2, \cdots, y_N)^{\mathrm{T}}$ 来估计参数 $\boldsymbol{\theta}$。联合密度函数给定为

$$L(\boldsymbol{y};\boldsymbol{\theta})=\prod_{n=1}^{N}P(y_n) \tag{10-102}$$

该联合密度函数可以看作未知参数 $\boldsymbol{\theta}$ 的函数，也是样本的似然函数。

极大似然估计的原理就是寻求参数的估计值 $\hat{\boldsymbol{\theta}}$，使得所给样本观测值的似然函数值在这个参数值下达到最大值，$\hat{\boldsymbol{\theta}}$ 就被称为极大似然估计量。

在 $L(\boldsymbol{y};\boldsymbol{\theta})$ 关于 θ_i（$i=1,2,\cdots,m$，m 为未知参数个数）的偏导数存在时，要使 $L(\boldsymbol{y};\boldsymbol{\theta})$ 取得最大值，则 $\boldsymbol{\theta}$ 必须满足，对于任意 i，存在 θ_i，使得

$$\frac{\partial L(\boldsymbol{y};\boldsymbol{\theta})}{\partial \theta_i}=0 \tag{10-103}$$

由此可求解未知参数 $\boldsymbol{\theta}$ 的极大似然估计值 $\hat{\boldsymbol{\theta}}$。

$L(\boldsymbol{y};\boldsymbol{\theta})$ 和其对数值 $\ln L(\boldsymbol{y};\boldsymbol{\theta})$ 在同一点取极值，因此 $\hat{\boldsymbol{\theta}}$ 也可以通过求其对数的极值，即

$$\frac{\partial \ln L(\boldsymbol{y};\boldsymbol{\theta})}{\partial \theta_i}=0 \tag{10-104}$$

来进行求解。在对数形式下，乘积将变为求和，使得计算变得更为简便，而 $\ln L(\boldsymbol{y};\boldsymbol{\theta})$ 则称为对数似然函数。

这样一来，估计未知参数$\boldsymbol{\theta}$就变为对$L(\boldsymbol{y};\boldsymbol{\theta})$的优化问题。上述解析方法只能在概率密度函数$P$有明确解析表达式时使用。在没有$P$的明确解析表达式的一般情形下，只能采用数值解法，需要迭代计算求解参数估计值的近似值。数值解法在求解

$$\frac{\partial \ln L(\boldsymbol{y};\boldsymbol{\theta})}{\partial \boldsymbol{\theta}}=0 \tag{10-105}$$

时，首先假设$\tilde{\boldsymbol{\theta}}$为参数向量的精确解，采用泰勒展开，取一阶近似，并设$\hat{\boldsymbol{\theta}}$为参数空间上的任意一点，则可将$\dfrac{\partial \ln L(\boldsymbol{y};\boldsymbol{\theta})}{\partial \theta_i}$表示为

$$\left.\frac{\partial \ln L}{\partial \boldsymbol{\theta}}\right|_{\boldsymbol{\theta}=\tilde{\boldsymbol{\theta}}}=\left.\frac{\partial \ln L}{\partial \boldsymbol{\theta}}\right|_{\boldsymbol{\theta}=\hat{\boldsymbol{\theta}}}+\left.\frac{\partial^2 \ln L}{\partial \boldsymbol{\theta}\partial \boldsymbol{\theta}^{\mathrm{T}}}\right|_{\boldsymbol{\theta}=\hat{\boldsymbol{\theta}}}(\tilde{\boldsymbol{\theta}}-\hat{\boldsymbol{\theta}}) \tag{10-106}$$

其中，对数似然函数的一阶导数$\dfrac{\partial \ln L}{\partial \boldsymbol{\theta}}$称为得分向量或雅可比向量（Jacobian vector），二阶导数$\dfrac{\partial^2 \ln L}{\partial \boldsymbol{\theta}\partial \boldsymbol{\theta}^{\mathrm{T}}}$称为海塞矩阵（Hessian matrix）。令$\left.\dfrac{\partial \ln L}{\partial \boldsymbol{\theta}}\right|_{\boldsymbol{\theta}=\tilde{\boldsymbol{\theta}}}=0$，可得

$$\tilde{\boldsymbol{\theta}}\approx\hat{\boldsymbol{\theta}}-\left(\left.\frac{\partial^2 \ln L}{\partial \boldsymbol{\theta}\partial \boldsymbol{\theta}^{\mathrm{T}}}\right|_{\boldsymbol{\theta}=\hat{\boldsymbol{\theta}}}\right)^{-1}\left.\frac{\partial \ln L}{\partial \boldsymbol{\theta}}\right|_{\boldsymbol{\theta}=\hat{\boldsymbol{\theta}}} \tag{10-107}$$

于是，得到迭代公式

$$\boldsymbol{\theta}^{(l+1)}\approx\boldsymbol{\theta}^{(l)}-\left(\left.\frac{\partial^2 \ln L}{\partial \boldsymbol{\theta}\partial \boldsymbol{\theta}^{\mathrm{T}}}\right|_{\boldsymbol{\theta}=\boldsymbol{\theta}^{(l)}}\right)^{-1}\left.\frac{\partial \ln L}{\partial \boldsymbol{\theta}}\right|_{\boldsymbol{\theta}=\boldsymbol{\theta}^{(l)}} \tag{10-108}$$

这样，我们就可以求得$\boldsymbol{\theta}^{(l)}$（$l=1,2,\cdots$）的收敛值

$$\lim_{l\to\infty}\boldsymbol{\theta}^{(l)}=\tilde{\boldsymbol{\theta}} \tag{10-109}$$

即为所求的极大似然估计。

在实际应用中，式（10-108）中的海塞矩阵的逆矩阵的计算量是相当大的。其计算方式也有许多，近似的方法可节省时间但缺少严密性，而严密的计算方法又会耗费较长时间，因此需要权衡而定，具体计算方法这里不再展开，有兴趣的读者可以自行查阅相关书籍和文献。

10.3.2 天气衍生品定价模型应用

基于气温预测模型构建和估计，我们可以进一步利用定价模型对气温期货和期权等天气衍生品进行定价。我们将以 HDD 指数和 CDD 指数的衍生品定价为例。

1. 期货衍生品定价

从期初t_0到到期日t_M的累计 HDD 指数和累计 CDD 指数分别为

$$\mathrm{HDD}(t_0,t_M)=\sum_{t=t_0}^{t_M}\mathrm{HDD}_t \tag{10-110}$$

$$\mathrm{CDD}(t_0, t_M) = \sum_{t=t_0}^{t_M} \mathrm{CDD}_t \tag{10-111}$$

假设期货到期日为t_M，单位指数的名义价值为S，由于不存在机会成本和其他成本，不考虑贴现，那么，在t时刻（$t \in [t_0, t_M]$），HDD 的期货价格为

$$F_{\mathrm{HDD},t} = S_{\mathrm{HDD},t}\mathrm{HDD}(t_0, t_M) \tag{10-112}$$

其中，$S_{\mathrm{HDD},t}$表示t时刻的 HDD 指数的现货价格。同理，CDD 指数的期货价格为

$$F_{\mathrm{CDD},t} = S_{\mathrm{CDD},t}\mathrm{CDD}(t_0, t_M) \tag{10-113}$$

$S_{\mathrm{CDD},t}$则为 CDD 指数在t时刻的现货价格。

在 Cao 和 Wei（2000）的均衡定价框架下，设 HDD 指数和 CDD 指数期货的交割价格为X_{HDD}和X_{CDD}，那么它们各自在t时刻的期货价格分别为

$$F_{\mathrm{HDD},t} = \mathrm{e}^{-\rho(t_M - t)} E_t\left(\frac{\delta_{t_M}^{\gamma}\left(\mathrm{HDD}(t_0, t_M) - X_{\mathrm{HDD}}\right)}{\delta_t^{\gamma}}\right) \tag{10-114}$$

$$F_{\mathrm{CDD},t} = \mathrm{e}^{-\rho(t_M - t)} E_t\left(\frac{\delta_{t_M}^{\gamma}\left(\mathrm{CDD}(t_0, t_M) - X_{\mathrm{CDD}}\right)}{\delta_t^{\gamma}}\right) \tag{10-115}$$

2. 期权衍生品定价

在传统期权定价范式下，HDD 指数和 CDD 指数的期权同样可以基于现货价格与无风险利率得到。对于 HDD 指数的欧式期权而言，设期权合约到期日为t_M，执行价格和t时刻的现货价格分别为K_{HDD}和$S_{\mathrm{HDD},t}$，那么，对应t时刻的 HDD 欧式看涨期权价格为

$$C_{\mathrm{HDD},t} = \mathrm{e}^{-r_f(t_M - t)} S_{\mathrm{HDD},t} \mathbb{E}^{\mathbb{Q}}\left(\max\left(\mathrm{HDD}(t_0, t_M) - K_{\mathrm{HDD}}, 0\right)\right) \tag{10-116}$$

其中，$\mathbb{E}^{\mathbb{Q}}\left(\max\left(\mathrm{HDD}(t_0, t_M) - K_{\mathrm{HDD}}, 0\right)\right)$表示在期初到合约到期日的风险中性条件下的 HDD 期权期望收益，上角标$\mathbb{Q}$表示风险中性测度，即$\mathbb{Q}$测度；r_f表示无风险利率，即投资天气衍生品的机会成本。

在相同条件下，t时刻的 HDD 看跌期权价格则为

$$P_{\mathrm{HDD},t} = \mathrm{e}^{-r_f(t_M - t)} S_{\mathrm{HDD},t} \mathbb{E}^{\mathbb{Q}}\left(\max\left(K_{\mathrm{HDD}} - \mathrm{HDD}(t_0, t_M), 0\right)\right) \tag{10-117}$$

同样，对于 CDD 欧式期权而言，设合约到期日为t_M，执行价格和t时刻的现货价格分别为K_{CDD}和$S_{\mathrm{CDD},t}$，那么，对应t时刻的 CDD 欧式看涨期权和看跌期权的价格分别为

$$C_{\mathrm{CDD},t} = \mathrm{e}^{-r_f(t_M - t)} S_{\mathrm{CDD},t} \mathbb{E}^{\mathbb{Q}}\left(\max\left(\mathrm{CDD}(t_0, t_M) - K_{\mathrm{CDD}}, 0\right)\right) \tag{10-118}$$

$$P_{\mathrm{CDD},t} = \mathrm{e}^{-r_f(t_M - t)} S_{\mathrm{CDD},t} \mathbb{E}^{\mathbb{Q}}\left(\max\left(K_{\mathrm{CDD}} - \mathrm{CDD}(t_0, t_M), 0\right)\right) \tag{10-119}$$

在 Cao 和 Wei（2000）的均衡定价框架下，t时刻的 HDD 指数的看涨期权和看跌期权的价格分别为

$$C_{\mathrm{HDD},t} = \mathrm{e}^{-\rho(t_M - t)} \delta_t^{-\gamma} E_t\left(\delta_{t_M}^{\gamma} \max\left(\mathrm{HDD}(t_0, t_M) - K_{\mathrm{HDD}}, 0\right)\right) \tag{10-120}$$

$$P_{\mathrm{HDD},t}=\mathrm{e}^{-\rho(t_M-t)}\delta_t^{-\gamma}E_t\left(\delta_{t_M}^{\gamma}\max\left(K_{\mathrm{HDD}}-\mathrm{HDD}(t_0,t_M),0\right)\right) \tag{10-121}$$

那么，类似地，CDD 指数的看涨和看跌期权价格则为

$$C_{\mathrm{CDD},t}=\mathrm{e}^{-\rho(t_M-t)}\delta_t^{-\gamma}E_t\left(\delta_{t_M}^{\gamma}\max\left(\mathrm{CDD}(t_0,t_M)-K_{\mathrm{CDD}},0\right)\right) \tag{10-122}$$

$$P_{\mathrm{CDD},t}=\mathrm{e}^{-\rho(t_M-t)}\delta_t^{-\gamma}E_t\left(\delta_{t_M}^{\gamma}\max\left(K_{\mathrm{CDD}}-\mathrm{CDD}(t_0,t_M),0\right)\right) \tag{10-123}$$

课后习题

1. 传统衍生品定价模型都有哪些？为何不适用于天气衍生品定价？
2. 针对天气衍生品的定价方法包括哪两类？
3. 气温预测模型在天气衍生品定价中有哪些应用？

参考文献

贝泓涵，朱良富，王文洋，等. 2022. 考虑风险市场价格的天气衍生品定价研究[J]. 系统工程理论与实践，42（12）：3265-3278.

Alaton P，Djehiche B，Stillberger D. 2002. On modelling and pricing weather derivatives[J]. Applied Mathematical Finance，9（1）：1-20.

Benth F E，Šaltytė-Benth J. 2005. Stochastic modelling of temperature variations with a view towards weather derivatives[J]. Applied Mathematical Finance，12（1）：53-85.

Bibby B M，Sørensen M. 1995. Martingale estimation functions for discretely observed diffusion processes[J]. Bernoulli，1（1/2）：17-39.

Botoş H M，Ciumaş C. 2012. The use of the Black-Scholes model in the field of weather derivatives[J]. Procedia Economics and Finance，3：611-616.

Brix A，Jewson S，Ziehmann C. 2002. Weather derivative modelling and valuation：a statistical perspective[M]. Jewson S，Brix A，Ziehmann C. Climate Risk the Weather Market. Cambridge：Cambridge University oress：127-150.

Brockwell P J，Davis R A. 2009. Time Series：Theory and Methods[M]. Berlin：Springer Science & Business Media.

Caballero R，Jewson S，Brix A. 2002. Long memory in surface air temperature：detection，modeling，and application to weather derivative valuation[J]. Climate Research，21（2）：127-140.

Campbell S D，Diebold F X. 2005. Weather forecasting for weather derivatives[J]. Journal of the American Statistical Association，100（469）：6-16.

Cao M，Wei J. 2000. Equilibrium valuation of weather derivatives[D]. Kingston：Queens University，Kingston.

Davis M. 2001. Pricing weather derivatives by marginal value[J]. Quantitative Finance，1（3）：305-308.

Dornier F，Queruel M. 2000. Caution to the wind[J]. Energy and Power Risk Management，13（8）：30-32.

Garman M，Blanco C，Erickson R. 2000. Weather derivatives：instruments and pricing issues[R]. Financial Engineering Associates.

Geman H. 1999. The Bermuda Triangle：weather，electricity and insurance derivatives[R]. Insurance Weather Derivatives：From Exotic Options to Exotic Underlyings.

Geman H，Leonardi M P. 2005. Alternative approaches to weather derivatives pricing[J]. Managerial Finance，31（6）：46-72.

Hamisultane H. 2008. Which method for pricing weather derivatives?[EB/OL]. https://hal.archives-ouvertes.fr/halshs-00355856/document[2021-02-21].

Lucas R E. 1978. Asset prices in an exchange economy[J]. Econometrica，46（6）：1429-1445.

Meissner G，Burke J. 2011. Can we use the Black-Scholes-Merton model to value temperature options?[J]. International Journal of Financial Markets and Derivatives，2（4）：298-313.

Richards T J，Manfredo M R，Sanders D R. 2004. Pricing weather derivatives[J]. American Journal of Agricultural Economics，86（4）：1005-1017.

Young V R，Zariphopoulou T. 2002. Pricing dynamic insurance risks using the principle of equivalent utility[J]. Scandinavian Actuarial Journal，（4）：246-279.

第 11 章　企业气候投资

本章导读

从本章开始将进行气候金融与公司金融部分的学习，具体而言，该部分将分为企业气候投资、企业气候融资以及企业气候可持续发展战略三章内容分别进行讨论。作为该部分的第一章，本章讨论的主题是企业气候投资。本章主要分为四节内容，分别为企业气候投资概述、企业气候投资策略管理、企业气候投资风险管理以及企业气候投资业绩评价。首先，本章具体阐述了气候投资的相关定义；梳理了企业气候投资发展的动因以及企业气候投资发展的阻碍并回顾了当前国内外气候投资领域相关的政策背景。其次，本章分析了企业如何通过综合风险管理框架识别、评估并应对气候相关风险，强调了适应性战略在保护企业免受气候变化不利影响中的作用。最后，本章探讨了评估气候相关投资表现的多元方法，包括财务和非财务指标的应用，指出了它们在确保长期可持续发展中的重要性。

11.1　企业气候投资概述

气候变化给企业的生产经营带来了一系列的挑战。频繁出现的极端天气给企业的生产和供应链的稳定带来了风险。气候变化导致的能源价格波动对能源密集型行业造成严重的冲击。此外，气候变化还可能破坏企业实物资产的价值从而出现大量搁浅资产，绿色转型带来的经济或金融不确定性也将严重威胁企业的稳定和发展。在缓解气候问题方面，企业气候投资已成为一项有效的应对工具。

11.1.1　气候投资的含义

气候投资是指将资金投入到与气候变化相关的项目、倡议和技术中，旨在减轻气候变化的影响，推动低碳经济转型，促进可持续发展。这一概念具有国际性特点，涉及全球范围内的行动，与国际气候谈判、全球减排目标的设定以及全球应对气候变化的行动密切相关。

气候投资涵盖了多个层面，既包括国际气候谈判中发达国家向发展中国家承诺提供的“气候资金”，也包括全球应对气候变化框架下各种渠道的资金的汇聚、流动和分配。这包括资金的来源、传递途径、投资工具，以及涉及的投资领域和保障性措施等要素。

11.1.2 气候投资的范围

气候投资所涵盖的范围主要包括减缓和适应两个方面，分别是减轻气候变化影响以及应对气候变化的挑战。在减缓气候变化方面，涉及多个关键领域，其中包括调整产业结构，积极促进战略性新兴产业的发展；优化能源结构，积极推动非化石能源的广泛应用；实施碳捕集、利用与封存试点示范项目，同时严格控制工业、农业、废弃物处理等非能源领域的温室气体排放；加强森林、草原等碳汇的保护与增加。在适应气候变化方面，重点集中在提升农业、水资源、林业、生态系统、海洋、气象、防灾减灾等关键领域的适应能力；同时也需要加快基础设施建设、提高科技能力等。

减缓气候变化类项目是针对减少人类活动所产生的温室气体排放而设立的，以实现减轻气候变化影响、遏制气候变化发生的目标。此类项目不仅需要从供给侧考虑，还需兼顾消费侧的调整。根据国际能源署的模型预测，共有六种减排途径有助于实现将全球升温控制在2℃以内的目标。这些途径包括：提高终端燃料使用效率和能源效率（即节能）；广泛应用可再生能源；推广碳捕集与封存技术；替代传统终端燃料，如引入氢能或电动交通工具；发展核能；以及提升发电效率和燃料替代技术。此外，减缓气候变化类项目还涵盖了土地利用、土地利用变化及森林（land use, land use change and forestry，LULUCF）的管理等领域。

适应气候变化类项目着眼于已经发生的气候变化，通过增强自身抵御能力，更好地适应和减少气候变化对人类生命、财产和健康所带来的影响和损失。这种项目涵盖了农业、水资源、海洋、卫生、气象等五个关键领域，分为六个主要方面的工作，包括：高效使用稀缺水资源；采用能够抵御极端气候环境的建筑标准；加强防洪工程的建设与提升；培育适应干旱环境的农作物；选择能够抵御风暴和火灾的森林树种与管理模式；以及设立土地走廊来协助物种迁移。欧盟早在2004年就开始关注气候变化适应政策的制定，对气候政策的目标、行动和影响进行分析。然而，关于适应性投（融）资的定义以及如何衡量适应性投（融）资的问题，目前国际上存在着激烈的讨论，尚未形成统一的评估方法。尽管国际上存在针对气候适应投（融）资的标准，但对于量化气候适应水平的方法仍未统一。因此，对于各领域的气候适应投资，包括脆弱性分析等，仍急需大量研究支持标准的构建。

此外，应对气候变化所涉及的气候投资范围不仅涵盖金融市场中的气候投资服务和产品，还包括政府部门以及各商业机构所进行的与气候风险管理和可持续发展相关的气候友好投资。

由上文所述，我们知道，气候投资即将资金直接投入到与气候变化减缓和适应相关的项目或金融投资产品中，以推动低碳经济的发展和全球气候变化的应对。气候投资的覆盖范围相当广泛，包括早期项目的高风险投资、建设阶段的资本投资、成熟运营后的资产并购交易，以及整个项目生命周期内的风险管理。

11.1.3 气候投资的投资者

气候友好项目的投资者群体十分多样，包括企业、天使投资人、风险投资基金、私募基金、共同基金、致力于气候友好事业的基金会，以及国际多边机构和政府公共部门等。这些投资者的目标和风险偏好各不相同，因此目前尚缺乏一个统一的气候投资认证标准体系来评估这些不同类型的气候友好项目。

随着全球气候问题的加剧，各国纷纷提出了应对气候变化的政策和行动计划。在这个背景下，气候投资不仅为投资者带来了商业机会，也为国家和全球的可持续发展提供了动力。越来越多的国家和地区开始重视气候投资，鼓励金融机构和企业积极参与，同时也强调了气候投资对于推动经济结构调整、促进创新、提升国际竞争力的积极作用。随着相关政策的不断完善和落实，气候投资领域将继续成为引领可持续金融发展的重要方向。

11.1.4 气候投资使用的手段

在气候投资领域，使用的主要手段包括可持续投资、ESG 投资、责任投资和影响力投资，这些手段在投资决策中考虑环境、社会和治理因素，呈现出显著的内在联系。尽管这些手段在定义上存在一定的重叠，但通常情况下，符合责任投资和影响力投资标准的企业往往也在 ESG 实践方面表现出色。更进一步细分的话，责任投资和影响力投资都属于可持续投资的范畴，甚至可以被视为 ESG 投资的具体表现之一。

在《联合国气候变化框架公约》下，气候投资被视为可持续投资的一个重要子集，致力于支持应对气候变化的减缓和适应行动。这一投资领域的资金来源丰富，主要包括公共和私营等多种融资渠道。依据气候投资的目标，可分为减缓投资和适应投资两个方向，分别旨在推动减缓气候变化和提升适应能力。此外，根据融资来源和投资去向，还可以进一步细分为私营气候投资和公共气候投资。私营气候投资通常涵盖了一系列旨在应对气候变化的投资活动，主要集中在不受过多政府干预的经济领域。这一部分涵盖了多种行为主体，如个人、企业、机构投资者、金融机构以及慈善机构等。相比之下，公共气候投资则侧重于通过税收和政府收入来筹集资金，用于推动气候变化相关项目的开展，涵盖国际和国内范围的投资项目。

案例 11-1 气候投资方式——气候基金

气候基金作为一种气候投资方式，近期在国际、国内均引起了广泛的关注。以 2021 年 3 月 29 日为例，远景科技集团与红杉资本中国基金合作成立了总规模达 100 亿元的碳中和技术基金，旨在投资和培育全球领先的碳中和技术企业，从而构建出零碳新工业体系。这标志着国内首次由绿色科技企业与风险投资机构合作成立的巨额碳中和技术基金的兴起。

在此重要背景下，国际著名评级机构晨星（Morningstar）发布了题为《气候变化时代的投资 2022》的报告。该报告深度研究了以气候为核心的基金在全球范围内的发展态势，展示了气候基金在各个市场上的快速增长，详尽论述了气候基金是如何融入与气候相关的要素，并将其整合到投资者的投资组合中的。晨星根据不同的投资目标、政策导向、多样性以及行业风险，将气候基金细分为五个具体类别，以便更好地理解其特点和投资策略。

（1）低碳类别。低碳基金旨在投资那些相对于参考基准在碳强度和（或）碳足迹方面实现降低的公司。这类基金通常在推广中强调其低碳战略，并将量化的碳减排目标纳入投资策略之中。

（2）气候意识类别。气候意识基金偏向于投资那些在其商业战略中已经考虑到气候变化的公司，这些公司更为积极地准备迎接向低碳经济的过渡。

（3）绿色债券类别。绿色债券基金专注于投资那些用于推动绿色经济转型的项目融资的债务工具，这类债务工具符合国际资本市场协会所设定的绿色债券原则。

（4）气候解决方案类别。气候解决方案基金的目标是投资那些通过其产品和服务为低碳经济转型做出贡献，并将在这一转型过程中受益的公司。

（5）清洁能源/技术类别。清洁能源/技术基金致力于投资那些有助于或促进清洁能源转型的公司，该类别包括可再生能源领域以及电网基础设施的改进、能源储存、能源传输和分配，以及创新技术。

这些细分类别为投资者提供了更具针对性的选择，能够更好地满足他们的投资目标和风险偏好。此外，案例还凸显了绿色科技企业与创投机构合作成立碳中和技术基金的典型模式，对于推动气候友好投资在全球范围内的发展具有积极的借鉴意义。政策方面，随着气候议题的凸显，投资者和企业应充分利用这一机遇，积极参与气候投资，为实现全球气候目标做出积极贡献。

11.1.5　企业气候投资发展的动因

在当前背景下，中国的气候投融资工作正处于初步发展阶段。从政策层面到实际执行，相关的政策体系和标准体系亟待进一步完善。近三十年来，为了促使各国共同应对气候变暖，国际社会围绕保护气候的目标、原则、责任、义务、资金、技术、能力建设等经历了多轮艰难曲折的谈判，先后达成一系列共识和协定。

根据目前的研究进展，可以总结出推动企业气候投资发展的几个关键动因。

1. 开展气候投资业务符合企业的根本利益

企业积极开展气候投资业务的重要目标是将气候变化因素纳入其经营决策中。根据经济学分析的基本假设，企业的经营决策是基于收入、风险、成本和费用等因素来权衡的。气候相关风险可能会减少企业的收入，增加企业的成本，进一步，企业营业收入的下降以及成本的增加会导致企业重要财务指标（如资产收益率、财务杠杆率、成本收入比）的恶化，这些财务指标的恶化会导致企业经营风险的上升。

2. 减缓气候变化和适应气候变化领域成为金融机构新的业务增长点

减少碳排放不光是企业承担社会责任的表现，更是提升经营效益和投资回报的有力措施。金融机构正在积极关注与探索减缓气候变化和适应气候变化领域的商业潜力，将其视为创造新的业务增长机会的领域。气候变化既带来金融机构的经营风险，也孕育着新的商机。国际金融公司（International Finance Corporation，IFC）在 2018 年的分析中指出，到 2030 年，全球城市中的气候投资机会主要集中在废弃物处理、可再生能源、公共交通、城市水务、电动汽车和绿色建筑等领域，总投资额预计可达 29.4 万亿美元，其中东亚及太平洋地区预计达到 17.5 万亿美元。尽管如此，全球气候变化适应资金投入仍然严重不足，同时也缺乏一套衡量的标准。

3. 强化气候风险管理将促进金融稳定

国际清算银行敦促各国央行在防范金融风险时纳入气候变化分析，以防范“绿天鹅”事件的发生。当今，气候变化所引发的不可预期和无法预测的极端事件，将给经济社会发展带来多重风险，对货币稳定和金融稳定产生影响。因此，在开展气候投融资的过程中，关注气候风险管理有助于降低金融机构自身的运营风险和系统性风险。

4. 有效降低银行和客户的碳足迹有助于降低项目成本和费用

一方面，可以通过减少金融机构运营过程中的碳排放来提升社会责任形象，并降低相关成本。另一方面，可以通过绿色贷款等气候投融资方式，支持项目减少大量碳排放，从而实现能源节约。以兴业银行深圳分行为例，《2020 年环境信息披露报告》显示，该分行在绿色贷款领域取得了积极成果，支持的项目年节约标准煤达 6769 吨，年减排二氧化碳达 14 094 吨，首次向国内金融机构披露了自身投融资活动的碳足迹信息。

这些因素共同推动着中国气候投融资的发展，但也需要不断地政策支持和创新，以充分释放其潜力，为应对气候变化做出积极贡献。

11.1.6 企业气候投资发展的阻碍

此外，根据目前国内外气候投资发展的实际情况，我们可以看到企业气候投资发展面临着一些障碍。

1. 企业气候投资正外部性缺乏补偿

企业气候投资通常具有正外部性，能够带来广泛的社会效益，但这些效益难以直接转化为经济利益，导致项目在融资过程中面临挑战。

2. 投资规模大、收益率较低、回收期长

前期投资规模大、投资收益率相对不高、投资回收期较长等特点也是气候投融资项目面临的障碍之一。G20 报告指出，可再生能源项目往往比传统能源项目的建设成本更高，如兴建节能建筑的前期投资高于普通建筑，兴建太阳能或风力电站的前期资本投入与运营支出所占比例更高。这使得一些投资者可能对项目的长期可行性产生疑虑。

3. 项目需要额外融资认证

气候投资项目向银行申请融资时，往往需要额外认证，这导致银行在向气候投融资项目提供贷款时面临额外的成本和监管风险，从而降低了其积极性。在商业银行层面，当前我国银行业在人才结构方面存在不足，缺乏熟悉绿色金融、气候投资相关政策以及产品设计运营的专业人才，也缺乏专业人才进行环境和社会风险评估，这对气候投融资相关业务的顺利开展构成了障碍。

4. 政策与实施顶层设计不完善

我国在引导金融机构参与气候投融资业务方面尚未建立明确的政策引导和实施指导体系。目前的法律法规对于气候投融资的规定存在监督制约不足、强制约束性较弱的问题，使得金融机构的操作行为难以受到有效约束。虽然有关气候投融资的文件存在，如《绿色信贷指引》和《绿色债券评估认证行为指引（暂行）》等，然而，这些文件更多的是引导金融机构积极参与气候投融资活动，而对具体实施细节并未进行明确规定。政策启示方面，应建立更加完善的顶层设计，为金融机构参与气候投融资业务提供明确的政策框架和指引。

5. 企业 ESG 信息披露机制尚需完善

金融机构在参与气候投资业务时，ESG 信息披露的重要性不言而喻。然而，我国金融机构在这方面起步较晚，披露质量、披露意识与国际水平相比存在差距，导致信息不对称问题突出。金融机构的 ESG 信息披露质量相对较低，需要不断提升应对气候变化风险的能力。此外，披露意识不足也是问题之一，一些金融机构对于重要的 ESG 问题认识较为初级，甚至选择性地披露信息，造成了信息不对称。为解决这一问题，金融机构应提升 ESG 信息披露的质量和广度，确保投资者能够准确识别气候变化风险。

6. 业务模式不健全，金融机构参与深度不足

在气候投融资领域，金融机构的业务模式存在缺陷，影响了其参与深度。首先，气候产品与服务不足，金融机构缺乏创新意愿，导致部分气候友好型项目在融资过程中难以获得足够的资源支持。其次，金融机构内部缺乏有效的气候投融资业务流程机制，导致对气候投资认识简单，缺乏安排。金融机构在参与气候投资业务时，应加强对资金流向的引导，确保资金流向节能环保、低碳领域，并在贷后管理方面加强识别和防范。

7. 碳市场机制不完善，金融产品减排作用有待发挥

我国的碳交易市场仍存在一些问题，碳交易产品较为单一，衍生品应用频率有限，限制了金融机构在气候投资中的作用。目前的碳市场还需进一步扩大，以涵盖更多行业，扩大金融机构的参与空间，从而更好地推动低碳经济发展。

综上所述，虽然气候投融资领域面临一些挑战，但随着政策不断完善和金融机构的积极参与，相信会有更多的创新举措和改革措施出现，推动气候投资领域的健康发展。政策方面应加强顶层设计，建立完善的政策引导体系；同时，金融机构应提升 ESG 信息披露质量，完善业务模式，更好地参与气候投资业务。

案例 11-2　欧洲加大气候科技领域投资

截至 2022 年的统计数据显示，欧洲气候科技领域的风险投资额已达到 183 亿美元，占据了欧洲初创企业投资总额的近两成份额。欧盟委员会先前发布了“绿色协议产业计划”，旨在引导资金流向欧盟绿色产业，这一计划鼓励资本投向可持续发展领域。

此外，德国还宣布成立价值 100 亿欧元的“未来基金”，旨在大规模引导资本投资相关产业领域。结合德国在 2021 年承诺的其他措施，未来几年内，德国将为绿色产业初创公司提供约 500 亿欧元的资金支持。这一举措将进一步促进欧洲绿色科技领域的发展。

比利时的农业生物技术公司艾菲拉成立于 2017 年，其主营业务是开发化学农药替代品。该公司致力于利用微生物菌株开发新的解决方案，帮助农民在种植玉米和小麦等作物时减少对化肥和农药的依赖。2023 年，该公司成功完成了 7000 万欧元的融资，这将有助于加速其创新产品的推广和可持续农业的发展。

瑞典初创公司埃克斯杰尔专注于发展太阳能电池技术。该公司于 2023 年推出的一款可弯曲的太阳能电池板可以应用于自行车头盔、便携式扬声器、耳机等小型设备，这些设备可以在室内进行充电。埃克斯杰尔的联合创始人兼首席执行官乔瓦尼·菲利认为，如果这种室内充电技术得到更广泛的应用和发展，未来家用电器可能不再需要插座来充电。该公司所研发的柔性太阳能电池板采用了一种特殊的纳米材料，其导电性远高于通常用于柔性太阳能电池板的材料。2021 年，欧洲专利局还为该公司颁发了欧洲发明家大奖。截至 2023 年 3 月，该公司已成功融资近 5000 万欧元，并计划设立第二家工厂，预计每年将生产 250 万片太阳能电池板。

欧洲气候科技专项基金“2150”的联合创始人雅克表示，欧洲气候科技领域在工业监管、研发等方面具备强大的竞争力，市场前景好，因此具有一定的投资吸引力。这些投资和创新举措不仅有望推动气候科技的发展，还将对气候变化应对和可持续发展目标的实现产生积极影响。

11.2　企业气候投资策略管理

气候变化作为全球可持续发展的重要议题，已经成为责任投资的重要组成部分，受到全球机构投资者的广泛重视。在监管和信息披露方面，2015 年，国际清算银行的金融稳定委员会成立了气候相关财务信息披露工作组，为公司的气候相关信息披露提供建议，使得利益相关者更为了解公司的碳相关资产的集中度和气候相关风险敞口，也为资产所有者的投资决策提供保障。

11.2.1　企业气候投资策略的构成

企业气候投资策略主要包括规范筛选、优质筛选、负面排除、可持续主题投资、ESG 整合、影响力投资和股东参与七大类。

1. 规范筛选

规范筛选是企业气候投资策略的重要组成部分，它涉及评估和选择符合 ESG 标准的公司或项目。这一策略的目的是确保企业投资者投资的标的公司在环境和社会责任方面表现良好，并符合可持续发展的原则。在规范筛选中，投资者通常会使用一系列指标和评估工具来评估潜在投资对象的 ESG 绩效。这些指标可以包括碳排放水平、能源利用效率、废物管理、水资源管理、劳动力关系、供应链透明度等。通过对企业的 ESG 表现进行评估，投资者可以判断企业是否符合投资标准，以及其气候风险和机遇。

规范筛选还可以基于国际标准和框架，如联合国全球契约，环境、社会和治理指南等。这些标准提供了一种共同的衡量企业在 ESG 方面的表现的方式，有助于投资者更准确地评估企业的可持续性。除了考虑企业自身的 ESG 表现外，规范筛选还可以关注企业所处行业的特定环境和社会影响。例如，对于能源行业，投资者可能更关注企业的碳排放、清洁能源比例以及可持续采矿等方面。通过将行业因素纳入考虑范围，规范筛选可以更全面地评估企业的气候风险和机遇。

2. 优质筛选

优质筛选是企业气候投资策略的一部分，其重点是选择具备长期增长潜力、稳定盈利能力和良好治理结构的企业。在企业气候投资中，考虑到气候变化对企业经营的风险和机遇的影响，选择那些能够适应并从中受益的优质企业是至关重要的。

优质筛选强调长期增长潜力。投资者会评估企业的战略规划、产品创新能力、市场竞争力等因素，以确定企业是否能够持续发展并在气候变化背景下获得增长机会。例如，企业可能通过转型为低碳产业或提供可持续解决方案来适应气候变化，并从中获得战略优势。

稳定盈利能力也是优质筛选的关键考量因素。投资者会考察企业的财务状况、盈利稳定性以及现金流情况，以确保企业具备稳定的收入来源和健康的财务状况。这是因为气候变化可能带来一系列风险，如气候灾害、政策变化等，影响企业的盈利能力。选择具备稳定盈利能力的企业可以降低投资风险。

良好的治理结构也是优质筛选的重要考量因素之一。投资者会关注企业的董事会结构、高管团队、股东权益保护等方面，以确保企业具备良好的透明度、问责制和决策机制。这些因素有助于提升企业的治理水平，减少潜在风险，并增强投资者对企业的信心。

另外，优质筛选还需要结合气候变化对企业的影响进行评估。这包括了解企业是否具备适应气候变化的能力，如通过减少碳排放、提高资源利用效率和采用可持续经营模式等。同时，也需要考虑企业是否能够从气候变化中获得商业机会，如投资可再生能源、清洁技术等新兴产业。

综上所述，优质筛选是企业气候投资的重要步骤，通过评估企业的长期增长潜力、稳定盈利能力、良好的治理结构和适应气候变化的能力，投资者可以选择那些具备竞争优势和可持续发展潜力的企业进行投资，推动低碳经济转型。

3. 负面排除

负面排除是企业气候投资策略中的一项重要措施，其目的是排除与气候变化相关的高风险行业或公司。通过将这些行业或公司从投资组合中排除出去，投资者可以降低碳排放和气候风险，并提高整体投资组合的可持续性。

在负面排除的过程中，投资者通常会针对高碳排放行业进行筛选，例如煤炭、石油和天然气开采等。这些行业由于其高碳排放量和对化石燃料的依赖，面临着较大的气候风险。因此，投资者选择将这些行业排除在外，以减少对碳排放较高企业的投资，同时避免相关行业的潜在风险。另外，负面排除还可以考虑与气候变化无关但有其他环境和社会问题的行业或公司。例如，投资者可能避免投资于参与森林砍伐、水资源污染、人权侵犯等行为的公司。这种排除方式反映了投资者对可持续发展和道德责任的关注，鼓励投资者选择那些在环境和社会问题上表现良好的企业进行投资。

负面排除还可以基于国际标准和指导方针，如联合国全球契约，环境、社会和治理指南等。这些指南提供了一系列的准则和原则，帮助投资者确定需要排除的行业或公司类型，并为投资决策提供指导。通过负面排除，投资者能够明确表示其对气候变化和可持续发展的承诺，并将投资与碳排放高风险行业分离开来。这不仅有助于降低投资组合的碳足迹，还可以推动企业向绿色低碳转型，并鼓励行业实施更加环保和可持续的绿色发展理念。

总之，负面排除是企业气候投资策略中的重要组成部分，通过排除与气候变化相关的高风险行业或公司，投资者可以降低碳排放和气候风险，增加投资组合的可持续性，并推动低碳经济转型。

4. 可持续主题投资

可持续主题投资是企业气候投资策略的一部分，其侧重于支持与气候变化和可持续发展密切相关的行业和领域。这种投资方法的目的是通过投资那些在解决气候变化问题和推动可持续发展方面具有积极影响的企业，推动低碳经济的发展。

可持续主题投资包括以下几个方面。①可再生能源：投资者可以选择太阳能、风能、水能等领域的企业。这些公司致力于开发和推广可再生能源技术，减少对有限资源的依赖，以及减少环境污染。②清洁技术：投资于清洁技术行业的公司，如能源储存、能源效率改进、智能网格等。这些技术有助于提高能源利用效率、降低碳排放，并促进可持续发展。③节能环保：投资于节能环保行业的企业，如可持续建筑、节能设备制造等。这些企业致力于减少资源消耗、降低废物产生，并改善环境质量。④可持续农业和食品：投资于可持续农业和食品行业的企业，如有机农业、可持续渔业等。这些企业致力于推动环保农业实践，减少化学农药的使用，以及提供健康和可持续的食品选择。⑤环境服务：投资于提供环境监测、碳排放核算、生态恢复等环境服务的企业。这些公司为其他行业提供关键的环境支持，有助于促进可持续发展和提高气候变化适应能力。

通过可持续主题投资，投资者不仅可以获得经济回报，还可以推动低碳经济转型、减少碳足迹，并为解决气候变化问题和实现可持续发展目标做出贡献。然而，需要注意的是，可持续主题投资也需要对所选投资对象进行严格的尽职调查和评估，以确保其符合可持续发展原则，并能够产生预期的社会和环境效益。同时，投资者还需要密切关注行业发展趋势、政策环境和技术创新等因素，以及评估投资风险和回报潜力，以做出明智的投资决策。

5. ESG 整合

ESG 整合是企业气候投资策略中的一个关键要素，它指的是将环境、社会和治理因素纳入投资决策和资产管理过程中。通过综合考虑这些因素，投资者可以更全面地评估企业的绩效、风险和潜力，并促使企业实施更可持续的经营和管理。

ESG 整合中，投资者通常会采用一系列方法以评估和整合 ESG 因素。这些方法包括但不限于以下几个方面。①ESG 评级和数据：投资者可以利用供应商提供的 ESG 评级和数据，对企业的 ESG 表现进行量化评估。这些评级和数据可以提供有关企业在环境、社会和治理方面的绩效信息，帮助投资者了解企业的强项和改进空间。②ESG 集成分析：将 ESG 因素与财务因素结合，进行综合性的投资分析。投资者会考虑 ESG 因素对企业价值链的影响，如供应链稳定性、员工满意度、品牌声誉等。通过将 ESG 因素与财务因素相互关联，投资者可以更好地评估企业的综合风险和机会。③产业和行业比较：投资者可以将企业的 ESG 表现与同行业表现最佳者进行比较。这有助于评估企业在行业中的位置，并发现所处行业的 ESG 领导者和落后者。通过参考行业标杆，投资者可以鼓励企业改善其 ESG 表现，追求更可持续的经营。④主动对话和股东提案：投资者可以与企业进行主动对话，并提出 ESG 相关问题或股东提案。这种对话可以促使企业更加重视 ESG 问题，并推动企业改进其 ESG 绩效。通过行使股东权益，投资者可以影响企业决策和管理层行为，引导企业朝着更可持续的方向发展。

通过 ESG 整合，投资者能够将 ESG 因素纳入投资决策过程，从而获得更全面、更准确的企业评估。这不仅有助于降低投资风险，还能为投资者提供与 ESG 目标一致的投资选择，推动企业改善其 ESG 表现，并推动低碳经济和可持续发展的实现。

6. 影响力投资

影响力投资是企业气候投资策略中的一种方法，其目的是通过投资和参与来推动企业改善其气候表现与实现可持续发展。与传统的以金融回报为主的投资不同，影响力投资旨在同时追求环境、社会和治理方面的积极变革。

影响力投资可以采取多种方式，包括但不限于以下几个方面。①对话和合作：投资者可以与所投资企业进行对话和合作，就气候变化和可持续发展问题提出建议和共同解决方案。通过与企业管理层交流，投资者可以促使企业更加重视 ESG 问题，并在其经营战略中考虑气候因素。②提供资源和支持：影响力投资者可以为企业提供资源和支持，帮助它们向绿色低碳转型。这可以包括财务支持、技术咨询、市场渠道开拓等方面。通过提供资源和支持，投资者可以帮助企业克服转型过程中的难题，推动其向可持续发展目标迈进。③股东权益行使：作为股东，影响力投资者可以行使其权益，参与企业决策和管理层监督。通过在股东大会上提出问题、提出决议或提名董事等方式，投资者可以推动企业改善其ESG绩效，并促使公司采取更可持续的经营实践。④社会影响力投资：影响力投资还可以包括对非营利组织或社会项目的投资。这种投资方法旨在通过支持参与社会创新和解决社会问题的机构，推动社会变革和可持续发展。

影响力投资下，投资者不仅追求经济回报，还希望通过投资和参与来推动企业在环境、社会和治理方面的改进。影响力投资可以促使企业更加关注气候变化和可持续发展问题，加速低碳经济转型，推动企业向更可持续的未来迈进。同时，它也为投资者提供了一种积极参与和影响企业决策的方式，以实现其气候和可持续目标。

7. 股东参与

股东参与是企业气候投资策略的一部分，它强调投资者在企业决策和管理层决策中的积极参与。作为股东，投资者拥有一定的权益和影响力，可以通过参加股东大会、提出决议和对企业管理层进行监督等方式，参与并影响企业的战略决策和ESG实践。

股东参与的主要目的是推动企业改善其气候表现和实现可持续发展。股东参与的具体方式主要有以下几方面。①参加股东大会：投资者可以参加企业召开的股东大会，并在会议上发表自己的观点和提出问题。通过与其他股东互动交流，投资者可以表达对企业气候风险和机遇的关注，并鼓励企业加大在气候变化和可持续发展方面的努力。②提出决议：作为股东，投资者有权利向企业提出决议，促使企业在特定的问题上采取行动。这些决议可以涉及气候变化目标、减排计划、可持续经营指标等。通过提出决议，投资者可以引起企业和其他股东对气候问题的关注，并推动公司在该领域采取积极措施。③对董事会进行监督：作为股东，投资者可以参与对企业董事会的监督和评估。投资者可以提名独立董事、审查董事会的构成和治理结构，确保企业具备良好的治理机制和透明度。通过监督董事会，投资者可以确保企业在气候变化和可持续发展方面有适当的决策和管理。④长期对话和合作：股东可以与企业管理层进行长期的对话和合作，就气候变化和可持续发展问题进行深入交流。通过建立良好的沟通渠道，投资者可以理解企业的战略规划、风险管理和可持续性实践，同时也可以提出自己的观点和建议，鼓励企业加强其气候和可持续性努力。

从投资规模来看，负面排除和ESG整合策略是目前全球最主要的责任投资策略。负面排除的内容除武器、烟草、赌博、色情等不符合道德标准的领域外，近年来也增加了高碳排放的化石燃料行业。2019年，欧盟可持续金融技术专家组制定的巴黎协议一致基准中，排除了煤炭、石油、天然气行业的公司和特定的电力公司，越来越多的欧盟投资机构或将参照相应标准制定排除策略。同时，养老基金等投资机构通过对气候变化带来的潜在风险和机会进行全面分析，将其整合至投资全流程中，推动ESG整合策略的快速发展。

从投资规模的增速来看，可持续主题投资策略增长最为迅猛，2016～2020年投资规模增长605%。可持续主题投资主要包括可再生能源、水资源管理、能源效率等方面的主题投资，可持续主题投资的飞速发展与机构主动采取相关行动应对气候变化密不可分。根据欧洲可持续投资论坛（European Sustainable Investment Forum，Eurosif）对可持续主题投资策略的调查，欧洲投资者对气候、能源使用效率和可再生能源的关注度较高，占比较大的领域包括气候变化（18%）、水资源管理（17%）、可再生能源（12%）、能源效率（11%）等。另外，可持续交通系统、废物利用、土地利用、农林业等主题也被投资者所青睐。

11.2.2　企业气候投资策略发展措施

1. 战略层面：制定减排目标和行动规划

企业以及投资机构在对自身的碳排放水平进行测算的基础上，参照相应的国际标准，制定投资组合的减排目标和规划。2015～2016 年的《巴黎协定》为各国提供了气候变化行动的总体目标。以此为依据，2019 年，欧盟可持续金融技术专家组发布了两种气候基准及对应的减排技术指标，为成员机构投资者提供建议。

近年来，越来越多的养老基金和主权财富基金开始对基金的碳排放进行测算，并在年度报告中披露和跟踪碳排放情况变化。常用的指标包括碳足迹（carbon footprint）、碳排放量（carbon emission）、碳强度（carbon intensity）等。

在此基础上，碳中和已成为越来越多机构投资者的长期规划目标。2021 年 3 月，全球 22 家资产所有者通过气候变化机构投资者小组（Institutional Investors Group on Climate Change，IIGCC）承诺，到 2050 年之前实现投资组合的净碳排放为零，涉及 1.2 万亿美元资产。一些养老基金甚至提出更早实现碳中和的时间，如纽约州共同退休基金（New York State Common Retirement Fund，NYSCRF）和瑞典第四养老储备基金（The Fourth Swedish National Pension Fund，AP4）明确提出，计划于 2040 年实现净零碳排放（碳中和）。通过设定 3～10 年的中期碳排放目标，养老基金和主权财富基金能够有效地跟踪基金实现目标的路径。通常以自身历史排放水平或全市场组合（参考组合）作为基准指标，如新西兰养老基金（New Zealand Superannuation Fund，NZSF）提出，到 2025 年，实际投资组合比参考组合的碳强度减少 40%；荷兰公共部门集体养老金（Algemeen Burgerlijk Pensioenfonds，ABP）提出，到 2025 年，股票投资组合的碳排放量比 2015 年的水平降低 40%；澳大利亚 Aware Super 基金提出，到 2023 年股票投资组合的碳排放量降低 30%。

2. 执行层面：资产配置考虑气候因素

企业气候投资策略的具体做法主要包括以下两点。

一是运用气候情景分析和压力测试。气候变化会影响各类资产的风险收益特征，在资本市场假设中应充分考虑气候变化给各类资产带来的风险和机会，针对未来不同的气候变化路径对投资组合进行情景分析和压力测试，以确保投资组合有足够的韧性应对气候变化问题。

二是在投资目标中加入气候变化目标。除了传统的收益率、波动率等指标之外，加入气候变化指标，如碳足迹、碳强度、化石燃料储备敞口、投资组合中净零排放比例等。投资组合在资产类别多样化的基础上，从气候角度考虑，对能源投资组合进行多样化能源配置，逐步提高可再生能源比例，降低化石燃料比例。

11.2.3 企业气候投资的影响因素

影响企业投资者寻求有效气候投资的因素主要来源于以下几个方面。

1. 技术和运营业绩的证明

在新兴技术领域，展示技术和运营表现至关重要。这些新兴技术需要可靠的事实依据来支持它们所提供的解决方案是否符合市场需求（如电池技术的能量密度增加，或直接空气碳捕集技术的热量和水需求降低）。投资者通常希望尽可能接近真实世界的条件（如通过连续生产来复制产量性能，而不是在实验室进行一次性生产）。投资者还更倾向于接受客观的第三方验证结果，而不是企业内部测试结果。为了吸引后期的私募股权资本，新兴技术应该明确并确保其商业规模生产和应用的路径，即使尚未完全验证。

这些技术还应展示达到性能和成本阈值的切实可行的途径，以及在其前进路线图中适当计算风险的基础，充分利用早期项目部署和其他技术的类似历程的启示。例如，截至 2023 年 3 月，美国、欧盟、英国和中国已启动 99 个绿色氢能项目，这些项目帮助证明了大规模电解的技术和经济可行性。

2. 成本竞争力

与现有产品和其他颠覆者相比，任何解决方案都应具有实现成本优势（或在市场中持久的溢价地位）的可行途径。实现成本优势的关键因素包括学习速度加快、规模经济和设计改进。例如，与内燃机汽车相比，新型大众市场电动汽车在一些市场上具有成本优势。

3. 企业自身需求

解决方案应满足客户的近期需求，使其愿意购买或做出承购承诺。例如，液化天然气开发商通常会与燃料生产和服务供应商签订 5 年以上（通常是 10 年到 15 年）的购买协议。在自愿碳市场，特别是碳清除，前沿气候公司已获得多家公司的预先购买承诺，以加快项目开发，改善创新者获得资本的途径。类似的趋势也体现在液体清洁燃料领域：电制液体燃料项目开发商（如用于航运业脱碳的电子甲醇）在设计第一个项目之前，就已经确定并锁定了承购。了解和利用下游脱碳需求和承诺往往是确保企业自身需求的关键。

4. 领导业绩和吸引人才的能力

领导团队应具备驾驭下一轮快速增长的经验和技能。例如，应该有一个吸引和培养人才的令人信服的计划。早期的高增长公司必须超越最初吸引投资者的技能组合，迅速建立有效部署下一轮资本的能力。对于资本密集型气候解决方案而言，这一要求涉及资本项目执行、项目融资、承购谈判和劳动力管理等能力，而这些能力并未被早期技术颠覆者所重视。例如，为了支持首批设施的快速建设，先进电池制造商从汽车、半导体和太阳能行业聘请了经验丰富的运营领导者。

5. 获得政策支持和激励的能力

旨在促进各经济体能源转型的政策是当今评估以气候为重点的投资机会的核心考虑因素。这些政策对个别解决方案的经济可行性的影响也是如此。虽然以往的政策有助于气候技术的历史性采用，但如果没有激励措施或政策，越来越多的技术将难以为投资者创造价值，这可能会在宏观层面（支持整个行业的采用）和微观层面（产品或资产层面）影响市场。

受益于宏观政策利好的技术包括可持续航空燃料，这是航空公司计划实现政府规定的去碳化任务的一种方式。更广泛地说，在欧盟，一系列绿色技术正受益于更高的排放交易计划价格。

6. 超大规模的准备

具有颠覆性的气候技术公司往往因其技术创新而备受赞誉，但许多高管（以及他们的投资者）都认为，快速扩展执行能力对公司的成功更为关键。对气候技术的需求往往会超过处于成长阶段的公司的交付能力，这就需要扩大制造能力，建立高效而有弹性的供应链，简化运营流程，大规模招聘和录用人才，并建立外部合作伙伴关系。

虽然资本密集型公司过去通常采用线性方法来建设和扩大规模（如一次建设一个工厂），但气候技术领域的公司正在采用一些方法，这些方法大大缩短了产品上市时间，并实现了以往只有数字公司才能实现的指数式增长。关键概念包括并行扩展、快速标准化和模块化。例如，电动汽车制造商正在开发标准的模块化生产线，以便在产品开发时轻松升级和增加附加功能，并快速扩建设施。

7. 融资路线和低成本资本目标

气候技术公司应该明确其融资路线以及扩大企业的低成本资本，后者主要包括低成本股权、项目融资和大规模债务。这一因素对于资本密集型气候解决方案（如氢、碳捕获和电池制造）尤为重要，因为它们需要筹集大量资金，建设许多首创设施和项目，并帮助投资者和贷款人以实现其规模化愿望。

从风险资本（为技术开发和首次示范提供资金）到项目融资和债务资本（为首创项目和未来增长提供资金），跨越“死亡之谷”将是一个特殊的挑战。在这一过程中取得成功的公司有几个标志：信用良好的客户明确而坚定的需求；获得原料或投入材料的保障；实现生产、成本和增长目标的良好记录；以及拥有具有明确、稳定现金流的项目或融资工具的能力。

8. 创造和利用生态系统的能力

复杂工业部门的去碳化需要改造整个价值链，这就需要跨行业联盟和合作，超越公司的典型界限。例如，为了克服供应链的不确定性，汽车和电池生产商与矿山签订了直接协议，以确保生产电动汽车所需的锂和其他关键原材料。竞争对手之间的合作（如美国的碳捕集中心联盟）也正在成为一种分担资本负担和提供规模化解决方案的模式。

11.2.4 企业气候投资策略案例

案例 11-3 NZSF 的气候投资策略

新西兰政府于 2016 年签署了《巴黎协定》，承诺到 2030 年，温室气体排放比 1990 年的水平降低 11%。同时，新西兰政府制定目标，在 2050 年实现所有温室气体（除生物甲烷外）净零排放。作为新西兰的主权财富基金，自 2016 年起，NZSF 开始采取针对气候变化的投资策略，以应对气候变化带来的投资风险和机遇。

NZSF 气候变化策略的核心目标之一是降低投资组合的碳排放强度和化石燃料储备。2016 年 NZSF 制定的目标是到 2020 年实现基金的碳排放强度降低 20%，以及被投公司的化石燃料储备减少 40%。NZSF 在 2019 年提前实现该目标后，于 2020 年制定新的目标：到 2025 年实现基金的碳排放强度降低 40%，被投公司的化石燃料储备降低 80%。

NZSF 采用了总组合管理和参考组合投资模式，在气候变化投资上的原则也体现为从总组合角度考虑气候风险和机会，以减少碳排放的比例。NZSF 认为对传统能源行业的撤资仅是应对气候问题的策略之一，不足以影响全球气候问题，故而更加倾向于采用积极的投资策略。NZSF 的气候变化投资策略包含以下四个方面。

（1）减少排放。NZSF 对投资组合的碳足迹进行年度测算，制定降低投资组合的碳排放密度和化石燃料储备的阶段性目标，通过排除特定高碳排放强度的公司，令实际组合的碳排放风险敞口显著低于参考组合。这一策略主要针对投资组合中的全球股票资产。值得注意的是，NZSF 没有简单粗暴地排除所有化石燃料公司，从总组合的角度减少排放也并不意味着减少所有高碳排放强度公司的敞口，而是从投资机会实际出发，在决策过程中更为灵活。

（2）分析和整合。NZSF 将气候变化因素融入投资框架中，尤其是主动投资决策中，主要包含四方面。

一是考虑极端气候对实物资产的物理影响，包括木材、农地、收费公路等。

二是建立基于气候变化问题的估值框架，包括如下五个步骤。

第一，明确被投公司的核心活动、经营环境、财务驱动和地理位置。

第二，明确气候变化给被投公司带来风险和机会的来源，包括六个方面：向低碳经济转型的科技发展；资源的可得性；极端气候带来的实质性破坏；可持续发展相关法规和政策对公司成本造成的影响；转型过程中经济和社会因素带来的供求变化；气候变化带来损失和赔偿对责任方的负债影响。

第三，通过分析风险和机会来源，可以进一步对气候变化问题进行评估和分类，从而采取不同的分析方法。例如，针对实质性风险和机会，进行量化分析；针对非实质性风险和机会，对气候变化的影响进行方向性判断。

第四，通过调整现金流、终值和贴现率的方式，将实质性风险和机会融入公司估值分析中。

第五，进行投资后，对被投公司的气候变化相关实践进行投后监控，定期回顾上述气候变化分析。

三是运用情景分析方法测算气候变化对投资业绩的可能影响。NZSF 将 2100 年气温上升 3℃作为基准情景，针对更高气温变化（4℃）和更低气温变化（2℃）情景，测试投资组合的稳健性和敏感度。

四是对现有投资项目的风险和收益特征进行回顾和再评估，如 NZSF 在对某自然灾害再保险公司进行案例研究后，发现其灾害风险定价模型中并未充分考虑气候变化，NZSF 随即退出了这项投资。

（3）积极参与。发挥积极股东作用，通过投票方式影响被投公司的碳排放水平，提高应对气候变化风险的能力。在新西兰本国的直接投资项目中，NZSF 运用自身的领导者角色，可以有效控制投资项目的碳排放风险；在海外股票投资中，NZSF 与其他气候变化多边倡议和组织合作，共同发挥影响力。

（4）主题投资。寻找在全球经济向低碳过渡时期受益的投资标的，如可再生能源、基础设施、绿色建筑、蛋白质替代品和农业技术等。

案例 11-4　荷兰汇盈资产管理公司的可持续投资

2020 年，荷兰最大的养老金基金资产管理公司荷兰汇盈资产管理公司（APG Asset Management N.V.，简称 APG）制定了 2020～2025 年的可持续投资政策，制定了 2025 年要实现的目标。其中，在气候变化方面的投资目标包括：股票投资组合的二氧化碳排放量比 2015 年减少 40%，退出对煤矿和焦油砂公司的投资，以及将 150 亿欧元投资于可再生能源等。

气候变化是影响 APG 资产负债管理和战略性资产配置（strategic asset allocation，SAA）的重要因素。APG 采用情景分析和压力测试的方法，将气候变化融入投资决策体系。APG 采用两种气候情景：一是政府采取行动少、绿色科技发展慢的当前政策情景，对应气温升高 3.7℃；二是政府采取行动达到《巴黎协定》目标的可持续发展政策情景，对应气温升高 2℃。

在制定 SAA 时，APG 对投资组合进行气候压力测试，评估气候变化对投资组合的潜在影响，评估这些情景下投资组合的敏感度。APG 认为，由于气候风险具有多方面的非线性特征，因此不使用定量建模方法。APG 根据过去的情况使用类比物理破坏和政府大力干预（如自然灾害和战争）的方法，来大致了解气候变化可能对资产产生的影响范围。

APG 在宏观经济模型中加入了气候变化因子，预测在不同气候情景下未来的经济增长、通胀和其他经济变量的变化路径。为了监控气候变化和经济转型速度，APG 运用气候仪表盘，对 20 个指标进行跟踪（如化石燃料需求、可再生能源投资等），得出当下气候变化风险处于何种阶段。

在股票和债券投资方面，APG 对 26 个行业在短期（2022 年）、中期（2030 年）、长期（2040 年）三个不同时间期限下的气候风险和机会进行分析。APG 使用信号灯模型，每两年对各个行业在不同情景下和不同期限下的特定指标进行打分，不同情景下对应的分值差异越大，表明气候风险或机会越大。对于主权债，APG 运用类似方法分析了各国的气候风险，形成对各主权债券投资的风险评估。

在实物资产方面，APG 运用全球房地产可持续评估体系（Global Real Estate Sustainability Benchmark，GRESB）和房地产碳风险监控（Carbon Risk Real Estate Monitor，CRREM），对房地产投资组合的气候变化风险进行监测和管理。APG 是 GRESB 的联合创始人。这一基准对房地产和基础设施的能源效率与温室气体排放提出要求。在实物资产投资组合中，APG 要求投资团队参照 GRESB 的投资绩效，并不断加强对投资组合风险的监测与管理。私人房地产投资标准是，投资经理承诺参与 GRESB 年度调查，并在 3 年内达到高于 GRESB 平均分数的水平。在此基础上，APG 争取 GRESB 评分在 40%分位以上的最高分数（4 星或 5 星评级）。APG 将 GRESB 评级 4 星及以上的投资视为可持续发展投资，这些投资在 ESG 表现方面高于平均水平，有助于应对气候变化。APG 每年审查整个房地产投资组合的 GRESB 分数，对于 GRESB 表现不佳的项目，积极行使股东权利，参与可持续投资实践的改善。

2019 年，APG 联合其他机构共同设立了 CRREM，对各个国家每类建筑物的转型风险进行评估。截至 2023 年，CRREM 覆盖欧洲、北美、亚太地区的 28 个国家的各类商业地产和住宅，成为 APG 衡量房地产投资的气候变化风险的重要工具。

案例 11-5　加拿大养老金计划投资委员会的可持续投资之路

加拿大养老金计划投资委员会（Canada Pension Plan Investments Board，CPPIB）从 2008 年起探索可持续投资，2017～2018 年开始专门针对气候变化进行投资。虽暂未设定明确的长期碳减排目标，但其在实践可持续投资和应对气候变化方面具有鲜明的特点，包括完善的治理结构和采用积极投资策略等。

1. 治理结构

CPPIB 将可持续投资理念与现有投资体系进行整合，建立横跨所有资产类别的 ESG 投资体系。在投前和投后都配备专门的可持续投资团队与其他投资团队进行充分合作，即时审视、评估投资决策过程中潜在的 ESG 相关风险和机遇，并展开持续监控。从组织架构上，CPPIB 设立了多个层级、分工明确的可持续投资相关部门，包括以下五个。

（1）可持续投资小组（Sustainable Investing Group）：与其他投资团队紧密合作，在投资决策过程中充分考虑 ESG 因素，在代理投票和参与过程中提供相关信息。

（2）气候变化指导委员会（Climate Change Steering Committee）：审议通过气候变化项目的整体策略，辅助整个机构在所有气候变化相关问题上的改革和实施。

（3）可持续投资委员会（Sustainable Investing Committee）：由各部门的高级代表组成，讨论通过《可持续投资政策》和《代理投票的原则和指引》两份文件，并提交董事会审议。

（4）投资策略和风险委员会（Investment Strategy and Risk Committee）：是管理层委员会，负责监督投资组合设计和投资风险框架是否一致，同时监督具体投资交易行为的 ESG 风险和声誉风险。

（5）投资决策委员会（Investment Decision Committee）：负责审查投资部门推荐的主

要交易，并根据战略性企业事务和风险（如包括气候变化在内的重大 ESG 风险和声誉影响）权衡特定交易的风险和回报。

可持续投资小组与各个投资部门协作，通过投前尽职调查和投后监控，令 ESG 因素贯穿投资全流程。在公开市场投资方面，可持续投资小组负责：①提供针对各上市公司的 ESG 研究报告，针对公司的政策、业绩、ESG 实践、信息披露、监督机制等方面提供详尽的信息；②建立各行业的 ESG 实质性框架，并在行业内部细致分析对公司业绩产生显著影响的 ESG 因素；③建立 ESG 数据库，对 ESG 信息进行系统性的监测；④参与被投上市公司股东大会，进行代理投票。

在私人市场投资方面，可持续投资小组对潜在的直投项目进行细致的 ESG 评估，这一评估过程涉及 45 个领域，主要议题包括环境、健康和安全、劳工人权、社区关系、网络安全和数据保密、商业信誉、公司治理等。针对具体项目特征，可持续投资小组和相关投资部门协作，选择最重要的议题进行评估。

在与普通合伙人和外部投资经理合作方面，CPPIB 在建立合伙人和委托投资关系之前，要求对方填写 ESG 尽职调查问卷，对其关于气候变化和其他 ESG 因素的投资方法进行全面了解。普通合伙人和外部投资经理需要每年对 CPPIB 提出的监测问题进行回应，普通合伙人需要每半年向有限合伙人顾问委员会汇报最新的 ESG 实践情况。

2. 投资策略

CPPIB 高度重视气候变化问题，2017～2018 年设立气候变化项目。气候变化项目是一个跨部门、持续多年的战略项目，涉及总组合管理、财务分析和风险、各投资部门、技术和数据等多个部门。

CPPIB 的气候变化项目运作主要包括以下四个方面：一是总组合管理部门将气候变化风险整合到投资策略和组合设计中，通过能源转型和气候变化情景分析，对气候相关物理风险和转型风险对投资组合产生的冲击进行量化分析。

二是风险管理团队监测投资组合的碳足迹，并对多种气候情景下投资组合的表现进行压力测试（气温上升 1.5℃、2℃、3℃、4℃），也采用了其他权威机构的压力测试指引。此外，风险管理团队自上而下评估气候变化对 GDP 和市场各行业的冲击，自下而上评估被投公司面临的碳定价和极端气候风险对估值的影响。

三是主动股票投资团队和实物资产团队自下而上评估具体投资项目的实质性气候风险和机会。

四是多个投资团队多角度挖掘投资机会。例如，主题投资团队从 2019 年开始研究针对气候变化的投资策略，挖掘在向低碳经济转型过程中，消费者偏好、工业生产和法规变化带来的投资机会，如蛋白质替代品等。能源和资源投资团队的一个重点投资方向是碳捕集、利用与封存。电力和可再生能源投资团队进行多项可再生能源公司的风险投资和收购。2017 年到 2020 年，CPPIB 在可再生能源公司上的股权和债权敞口从基金资产的 0.02%上升到 1.5%。

此外，CPPIB 是全球首个发行绿色债券的养老基金，为投资新能源提供更多融资机会。2018 年，CPPIB 开始发行绿色债券，截至 2020 财年末，CPPIB 共发行 4 只绿色债券，包括1只募资15亿加元的绿色债券、2只各募资10亿欧元的绿色债券，以及1只5亿美元的浮动利率债券。

CPPIB不仅将自己视为公司的投资者，还视为公司治理的积极参与者。CPPIB运用股东权利积极参与的核心领域包括气候变化、水资源、人权、管理层薪酬和董事会有效性等16个方面。通过多种方式参与公司管理，推动公司落实其应承担的环境、社会责任和公司治理责任。CPPIB采取的参与方式主要包括直接参与、合作性参与和代理投票。

CPPIB对投资组合中的公司提出明确的要求，包括有效的董事会、激励一致性、遵守代理投票原则和指引、披露对气候变化的实质性影响、明确表述公司如何通过整合ESG提高回报或降低风险、具备主动发现早期风险和机会并及时寻找解决方案的企业文化等。

CPPIB倾向于与公司协作实现其可持续投资实践，不直接排除化石燃料行业，但在以下情况下会采用排除和退出策略：一是公司的管理策略或对ESG问题的忽视对其业务的长期可持续性发展造成损害；二是ESG问题导致的公司品牌和声誉风险过高，超过投资带来的风险调整后收益；三是基于法律法规要求，包括禁止公司涉及杀伤性地雷和集束弹药等业务。

11.3 企业气候投资风险管理

11.3.1 企业气候投资风险的含义

企业气候投资风险是一个多维度的概念，深入探讨其定义及其对当代商业实践和金融决策的影响至关重要。在当前的环境下，企业需要重新审视其投资策略和业务运营，确保能够应对与气候变化相关的各种挑战。在本节中，我们将详细解析企业气候投资风险的各个方面，包括其来源、特征、影响范围及时间维度。

企业气候投资风险指的是由气候变化引起的一系列不确定因素，这些因素可能直接或间接影响企业的财务状况、运营状况、战略布局、声誉和法律合规性等。这些风险不仅包含了当前已经显现的影响，还包括了未来可能加剧的、尚未完全显现的趋势和影响。

1. 企业气候投资风险的来源与特征

物理风险：这些风险源于气候变化直接造成的自然灾害，如海平面上升导致的洪水、温度升高引发的极端天气等。这些自然现象可能导致企业资产损失，影响企业的物理设施，甚至威胁员工安全。长期而言，物理风险还可能改变资源分布，导致原材料短缺，进而影响生产成本和商品价格。

转型风险：随着全球逐步向低碳经济转型，相关的政策、法规和技术变革将给所有行业带来深刻影响。企业需要投资新技术，调整业务模式和产品组合，以满足碳排放标准、环保要求和市场需求的变化。这不仅可能导致资本开支增加，还可能使某些现有资产和技能过时。

责任风险：由于气候变化，企业可能面临来自各方的诉讼。如果公司未能遵循新的环保法规，或未能充分披露气候风险，则可能会面临监管处罚和声誉损失。此外，投资者和消费者也越来越关注企业的气候责任，企业的社会形象和市场定位可能因其在应对气候变化方面的表现而受到影响。

2. 企业气候投资风险的影响范围

直接影响：气候变化直接影响企业的运营和财务表现。例如，极端天气事件可能导致生产设施损坏，原材料短缺可能导致供应链中断，新的环保法规可能增加运营成本。

间接影响：气候变化还可能通过影响企业的利益相关方（如供应商、客户、社区等）间接影响企业。例如，如果供应商受到严重的气候影响，企业可能需要寻找替代供应来源，这会增加成本并影响生产效率。此外，企业的客户受气候变化影响而改变消费偏好，也可能影响企业的销售。

3. 企业气候投资风险的时间维度

短期风险：一些气候风险可能迅速显现，给企业带来即时的财务和运营压力。例如，极端天气事件可能突然发生，企业需要立即应对设施损坏或运营中断的问题。

长期风险：气候变化的某些影响可能是渐进的，其完整影响可能需要数年甚至数十年才能显现。例如，全球变暖可能导致某些地区的生态系统逐渐改变，影响当地的农业生产和水资源供应。企业需要预测这些长期变化，并在战略规划中加以考虑。

4. 风险的复杂性和交叉影响

企业气候投资风险的复杂性在于，这些风险往往相互关联，形成复杂的影响网络。例如，政策和法规的变化可能推动技术革新，进而影响市场竞争格局；物理风险的显现可能加速社会对环境责任的关注，增加企业的责任风险。

因此，企业在评估和管理气候投资风险时，不能仅考虑单一风险的影响，而是需要全面分析各种风险如何通过复杂的路径影响企业，以及这些风险如何相互作用。这需要一个跨学科的方法，并结合科学、技术、经济和社会学的知识对企业气候投资风险的复杂性与交叉影响进行评估。

11.3.2　企业气候投资风险的类别

在 11.3.1 小节中，我们提到企业气候投资风险是由气候变化引起的不确定性因素，并可能对企业的多个方面产生影响。在这个基础上，本节将进一步深入探讨这些风险的具体类别，分析它们的特征和产生的后果，以便企业更好地识别、评估和管理这些风险。

企业面临的气候投资风险是多元且复杂的，这些风险可以从多个维度进行分类，包括它们来源的自然因素、社会经济因素，以及它们对企业的影响方式等。下面，我们将详细讨论几类主要的企业气候投资风险。

1. 物理风险

急性物理风险：这些风险源自气候变化引发的极端天气事件，如飓风、洪水、极端高温等。这类风险的特点是发生突然，影响集中，往往给企业的人员安全、设施、生产和供应链等方面带来直接损害。例如，洪水可能导致工厂设施受损，生产中断，甚至员工伤亡，给企业造成巨大的经济损失。

慢性物理风险：与急性物理风险不同，慢性物理风险是由气候变化长期趋势造成的，如海平面上升、温度变化和降水模式的改变等。这些风险可能导致一些地区的资源稀缺（如水资源），农业生产能力下降，甚至整个生态环境退化。企业可能面临原材料成本上升、运营地点重新评估等长期挑战。

2. 转型风险

政策与法律风险：随着全球对气候变化问题的关注增加，各国政府可能出台更加严格的减排政策和法规，如碳税、排放交易制度和能效标准等。这些政策可能导致企业运营成本增加，需要更大的投资来应对政策要求，同时还可能因不合规而面临罚款或诉讼。

市场与技术风险：气候变化和低碳转型可能改变市场需求和消费者偏好，促使新技术和解决方案出现。企业需要不断创新，适应市场的转变。那些不能及时调整战略的企业可能会失去市场份额，甚至面临被淘汰的风险。

声誉风险：公众、投资者和利益相关者对企业的气候行动越来越关注。企业的气候政策、碳排放情况、绿色产品等都可能影响其声誉和品牌价值。如果企业未能展现其气候行动的责任和决心，可能会损害其社会形象，影响消费者和投资者的信心。

3. 责任风险

诉讼风险：随着气候意识的觉醒和法律体系的完善，企业可能面临未能妥善应对气候变化引发的诉讼。例如，如果企业的环境信息披露不充分或具有误导性，投资者和利益相关方可能会采取法律行动，寻求赔偿。

合规风险：合规风险涉及企业在全球不同地区运营时必须遵守的法律和规定。随着各国政府强化气候相关的法规，企业可能需要投入更多资源来确保各项活动符合新的法规要求，减少合规风险。

11.3.3 企业气候投资风险的识别

在 11.3.2 小节中，我们详细探讨了气候投资风险的各个类别及其对企业运营和战略的潜在影响。理解这些风险的性质和来源是构建有效风险管理框架的基础。本小节将集中讨论如何识别企业面临的气候相关风险，这是气候风险管理过程中至关重要的一步，它能帮助企业更具针对性地制定应对策略，并有效分配资源以减轻这些风险的潜在影响。

1. 识别的重要性

气候变化带来的不确定性和多变性使得企业必须采取行动，识别潜在的气候风险，确保企业能够在不断变化的环境中保持韧性并抓住由此产生的机遇。只有通过系统性和持续的风险识别，企业才能够理解哪些业务部门、地理区域、供应链环节或战略决策可能受气候变化的影响，从而采取合适的预防和缓解措施。

2. 风险识别过程

气候风险识别是一个动态、迭代和多层次的过程，以下是主要步骤。

建立跨部门团队：识别气候风险需要多学科知识，因此首先需要组建一个包括环境科学、财务、运营、法律和战略规划等领域的专家团队。这个团队负责梳理企业的核心业务活动，确定可能受气候变化影响的区域。

数据收集：团队需要收集与企业运营相关的气候数据，这可能包括历史和预测的气候模式、极端天气统计、碳排放报告、行业基准，以及相关的政策和法规变化等。这些数据可以来自公共部门、科研机构或第三方服务提供者。

初步风险筛选：通过分析收集的数据，团队可以识别出一系列潜在的气候风险。这个阶段不追求完整性，而是尽可能广泛地标识风险点。例如，通过对比历史数据和未来预测，可能发现某些生产区域正面临日益严重的水资源短缺。

深入分析与验证：对初步筛选的风险点，团队需要进行更深入的分析。这可能涉及与地方团队、供应商、客户或行业伙伴的讨论，以验证风险的实际影响和可能性。这个阶段可能还需要专业的气候风险评估工具或模型来量化风险。

记录和分类：所有已识别的风险需要被详细记录下来，并根据其性质、影响程度、紧迫性等进行分类。这有助于企业优先考虑资源分配和风险应对措施。

3. 内外部因素的考量

在风险识别过程中，企业不仅要考量内部因素，如企业资产的地理分布、技术能力、现有的应对措施等；还要深入了解外部环境因素，这包括政策变化、行业动态、市场需求、社会期望等。例如，政府的碳减排政策可能给高排放的企业带来额外的合规成本，而消费者对可持续产品的偏好也可能影响企业的产品策略。

4. 持续性与动态性

值得注意的是，气候风险识别不应是一次性活动。由于气候科学、相关政策和技术的快速发展，企业需要定期重新评估气候风险，确保风险管理措施的及时性和有效性。同时，企业也应该利用先进的数据分析和人工智能技术，提高风险识别的精确度和预测能力。

总结而言，气候风险识别是企业气候风险管理的关键第一步。一个系统、全面和动态的风险识别过程，能够帮助企业更早发现风险，更有效地规划资源和应对策略，从而在应对气候变化的长期征程中保持竞争力和韧性。

11.3.4　企业气候投资风险的度量

在我们探索了企业如何识别气候相关风险之后，接下来的挑战是如何量化这些风险，将其转化为可以理解和比较的指标。度量风险是整个风险管理过程中的核心部分，它涉及将定性的风险描述转化为可以量化的财务或非财务指标。通过这种方式，企业可以更准确地理解气候变化对其业务的潜在影响，制定出更有针对性的策略，并将这些信息整合到其长期的商业规划和投资决策中。

在决策过程中，不确定性是一个关键因素，而不确定性通常与风险相伴随。对于企业来说，能够将风险量化，意味着可以更清晰地了解各种风险因素对业务的潜在负面影响，从而做出更明智的投资决策。此外，风险度量还可以帮助企业更有效地分配资源，加强风险管理，减少潜在的经济损失，并为利益相关者（包括投资者、监管机构等）提供必要的透明度。

1. *度量方法的选择*

风险度量不是一种单一的、固定的过程，而是需要根据企业的具体情况、行业特点、风险类型以及信息可用性来定制。常见的度量方法包括但不限于以下几点。

风险敏感性分析：通过分析不同气候相关变量（如温度升高、海平面上升）的变化对企业财务表现的影响，来评估企业对这些变量的敏感性。

情景分析：根据一系列假设的未来情景（如符合《巴黎协定》的低碳转型情景或更极端的气候变化情景），评估企业的表现和适应性。

价值链分析：深入分析企业的供应链，识别由气候变化导致的供应链中断、成本增加或资源短缺对企业的影响。

碳定价模型：用来评估不同的碳排放成本对企业盈利能力和投资回报的影响，特别是在碳税或排放交易制度下。

2. *度量过程*

虽然具体的度量方法可能有所不同，但企业通常可以遵循以下基本步骤。

确定度量目标和框架：明确度量风险的目的（如制订内部战略规划、遵守监管要求或向投资者披露风险信息）以及将要使用的度量框架或工具（如特定的风险模型、标准或指南）。

数据收集与处理：包括收集与所评估风险相关的内部数据（如操作数据、财务数据）和外部数据（如气候模型、行业基准数据）。在这一步中，数据质量和完整性是至关重要的，因为它们直接影响度量结果的可靠性。

应用度量方法：使用选择的方法或工具进行实际的风险度量。这可能需要专业的分析技能和适当的技术支持。例如，进行情景分析可能会使用到高级的计算模型，并且需要基于不同情景的假设进行多次模拟。

分析和解释结果：度量结果需要通过内部的讨论和分析来解释，这可以帮助企业理解这些风险是如何与其业务活动、战略目标或财务表现相关联的。在这一步，企业还需要考虑风险度量的限制和不确定性，这可能来自数据不完整、模型假设或外部环境的不确定性。

报告和行动计划：最后，企业需要将度量结果整合到其风险管理和决策过程中。这可能包括制订风险响应计划、调整业务策略，或与利益相关者（如董事会、投资者或监管机构）沟通风险信息。

3. 度量的挑战和应对策略

度量气候相关风险面临多种挑战，如数据的缺乏或不确定性、方法的复杂性、需要跨学科的专业知识等。企业应采取以下策略来应对这些挑战。

持续改进和验证：风险度量方法和工具需要不断更新和改进，以反映最新的科学发现、政策变化或市场条件。此外，企业应定期验证其风险度量结果，通过与历史数据或行业基准的比较，来检查其方法的准确性和可靠性。

跨部门合作：鉴于气候风险度量的复杂性，需要不同部门之间紧密合作。例如，风险管理部门、财务部门、运营部门和战略规划部门需要协同工作，以确保度量过程的完整性和准确性。

外部合作和学习：企业可以通过与外部咨询机构、学术机构或其他企业的合作，来提高其风险度量的质量和精度。这不仅可以帮助企业获得更专业的知识和资源，还可以通过学习和借鉴其他组织的最佳实践来提高其自身能力。

透明度和沟通：企业需要建立一套有效的内部沟通机制，确保风险度量的结果被正确地理解和使用。同时，与外部利益相关者（如投资者、客户、监管机构等）的沟通也同样重要，这不仅有助于提高企业的信誉度，也有助于获得外部的支持和资源。

企业气候投资风险的度量是一个复杂但至关重要的过程，涉及多个步骤和各种方法。企业需要根据自己的特点和条件选择合适的度量方法，并面对数据、方法和沟通等方面的挑战。通过不断改进、合作和提高透明度，企业可以提高风险度量的有效性，更好地应对气候变化带来的不确定性和风险。

11.3.5 企业气候投资风险管理措施

在前面小节中，我们深入探讨了企业气候投资风险的含义、类别、识别和度量。企业在理解了气候风险的内涵及其可能产生的影响之后，必须采取有效措施来管理这些风险，确保企业的长期可持续发展。本小节将集中讨论企业如何通过各种管理措施来应对气候变化所带来的投资风险。

1. 综合风险管理框架的建立

企业在探索气候风险时，首先要迈出的步伐是构建一个全面的风险管理框架。这个框架不是孤立的文档或流程，而是一个与企业整体战略相融合、动态的系统，旨在捕捉和反映与气候相关的风险和机会。

在这个框架中，政策和流程不再是抽象的概念，而是构成企业日常决策和长期战略的实际指南。它们引导着如何识别可能影响财务和运营稳定性的风险，如何评估这些风险对业务的具体影响，以及如何有效地传达相关信息，以确保所有层级的员工都能参与到风险的管理中来。

此外，责任的分配也是确保风险管理有效运作的关键。这不仅仅是指定个人或部门来处理风险，更是建立一种文化，即在这个组织中，每个人都明白自己在应对气候变化中的角色。高层领导需要通过他们的决策和支持，展示风险管理的重要性，而员工则需要被赋予必要的资源和培训，以在自己的职责范围内做出贡献。

最后，集成系统的建立确保了风险管理策略的连续性和一致性。将气候风险管理整合到企业的整体风险管理体系和业务决策流程中，不仅可以减少重叠和矛盾，还可以帮助员工更好地理解风险是如何影响他们日常工作的，以及他们如何在自己的位置上做出有意义的改变。

2. 风险转移策略

在气候风险管理的实践中，风险转移是一个复杂但必不可少的组成部分。企业需要认识到，不是所有的风险都可以通过内部措施被完全消除或控制。在这种情况下，风险转移成为一种确保企业持续稳定运营的关键策略。

在实践中，风险转移可能涉及多种方法和工具，但目标都是将潜在的负面影响最小化。例如，对于物理风险，如极端天气事件，企业可能会转向保险解决方案。正确的保险策略可以帮助企业在发生不可预测的天气事件时，保持财务稳定，继续运营。然而，这需要企业与保险提供商紧密合作，确保它们理解可能发生的风险，并提供合适的覆盖范围。

此外，金融衍生品也是风险管理的重要工具。通过市场机制，企业可以对冲一些不可控的风险，如商品价格的波动或监管变化。正确的对冲策略可以帮助企业减少外部变化对其运营和利润的影响，提高企业的韧性和市场竞争力。

3. 风险缓解措施

风险缓解是企业气候风险管理的另一关键领域，要求企业积极采取行动，通过内部变革来减少气候变化的潜在影响。这通常涉及对企业运营的根本改变，需要投资、创新和员工参与。

提高能源使用效率是企业可以采取的关键缓解措施之一。这不仅仅是减少碳足迹，通过投资于可再生能源和提高能源效率，企业还可以显著减少运营成本。此外，采用清洁能源技术可以提高企业的市场形象，吸引那些越来越多的关注可持续性的客户和投资者。供应链管理是另一个重要领域，需要企业的特别关注。气候变化对供应链的潜在影响可能是深远的，影响物流、生产成本和市场访问权限。通过与供应商合作，优化供应链设计，并采用更可持续的原料和生产方法，企业不仅可以减轻气候风险，还可以提高整体的供应链韧性。实施多供应商策略也是减少供应中断风险的有效方法。

总而言之，企业必须采用多层面的策略来管理其气候风险。从建立全面的风险管理框架，到实施风险转移和缓解措施，每一个步骤都要求企业领导层的全面承诺和跨部门的合作。通过这种方式，企业可以保护自己免受气候变化的最糟糕影响，同时寻找新的机会，为一个更加可持续的未来做出贡献。

4. 适应性战略

在当前和未来的商业景观中，适应性战略是企业对抗气候变化不可逆转影响的关键所在。这些战略涵盖了准备和应对那些已经无法避免或是即将到来的物理风险，这些风险可能来自极端天气事件或更长期的气候趋势变化。企业的适应能力不仅关乎生存，它还涉及保持竞争力和实现可持续发展目标。

在这方面，基础设施的升级和强化是至关重要的。企业的物理资产，如工厂、仓库、办公室或运输设施，可能面临气候变化加剧的风险，包括洪水、飓风或极端温度变化。通过投资于更加坚固的建筑材料，改进建筑设计，或将关键基础设施搬迁到较安全的地带，企业可以显著降低这些风险对其运营的潜在影响。这种前瞻性的思维也促使企业审视其物理资产的位置和可持续性，从而减少可能的未来成本。

业务连续性计划在适应性战略中也起着核心作用。随着气候变化加剧，企业可能会更频繁地面对导致短期运营中断的事件。制订全面的业务连续性计划，意味着企业必须预见可能的灾难情景，并制定详尽的应对策略。这包括确保关键业务功能能够在灾难发生时继续运行或快速恢复，以及保护员工安全。它还需要企业与保险公司、地方政府和行业伙伴建立紧密的合作关系，以共同应对这些挑战。

此外，企业适应性战略的另一个方面是其供应链的韧性。这意味着需要与供应商一起工作，了解它们可能面临的气候风险，并鼓励它们采取自己的适应措施。通过建立多样化的供应商网络，企业可以减少对单一来源的依赖，从而降低由气候变化引起的供应中断风险。

总体而言，适应性战略要求企业进行全面的风险评估和资源投资，这不仅可以保护它们免受当前的气候变化影响，还可以使它们为未来可能的环境变化做好准备。通过持续的努力和创新，企业不仅可以保护自己免受气候变化的威胁，还可以在新的气候现实中寻找机会。

5. 绿色和气候友好型投资

随着全球对气候变化问题的关注不断增加，企业采取积极策略，即通过绿色和气候友好型投资以减缓气候变化所带来的影响变得越来越重要。这些投资策略不仅表现了企业的社会责任感，还可能为其带来经济利益，因为这些领域正日益获得消费者和投资者的青睐。

绿色融资：为环境友好型项目筹集资金已经成为一种趋势，企业可以通过多种方式获得绿色融资。例如，发行绿色债券，这是一种专门用于资助环境项目的固定收益产品，能吸引那些希望资助可持续项目的投资者。此外，一些金融机构提供绿色贷款，对环境项目提供低利率的贷款。企业应建立清晰的绿色项目准则和报告流程，以确保资金的透明度和其绿色承诺的履行。

气候友好型投资：投资于低碳技术、可再生能源项目或其他有助于减缓气候变化的资产，长期来看，这些投资可以减少企业的环境足迹，提高其运营效率，从而实现成本节约并获得新的收入来源。例如，投资于太阳能或风能项目不仅能减少碳排放，还可以通过能源销售创造收入。企业在进行此类投资时需要进行全面的成本效益分析，考虑政策变动、技术进步和市场动态对投资回报的影响。

6. 持续监测和报告

有效的风险管理需要企业建立健全的监测和报告机制，这不仅有助于评估风险管理策略的成效，也提高了对外部利益相关者的透明度和信任。

性能指标：企业需要定义和监测与气候风险管理相关的关键绩效指标（key performance indicator，KPI）。这些指标可能包括碳排放减少量、能源效率改善情况、可持续项目投资回报率等。通过持续监测这些关键绩效指标，企业可以及时了解风险管理绩效和进度，发现问题，并进行必要的调整。

透明度：公开透明的报告有助于增强利益相关者对企业的信心。这意味着企业不仅要定期发布其气候风险和管理措施的详细报告，还要确保数据的准确性和一致性。有效的报告还应包括企业如何识别机会并将气候变化整合到其长期战略中。

审查和改进：企业风险管理策略和流程的持续成功依赖于定期的审查和反馈机制。企业应设立内部审查程序（如内部审计和管理评审），来评估气候风险管理策略的有效性。根据这些审查的结果以及外部环境的变化（如新的科学发现、技术进步或政策变动），企业应做出必要的战略和操作调整。

以上措施的实施需要企业领导层的坚定承诺和全体员工的积极参与。通过综合性的风险管理措施，企业不仅能够保护自己免受气候变化的负面影响，还能在转型和适应过程中寻找到新的商机和增长点。

7. 培训和文化建设

员工的知识储备和态度在企业气候风险管理中起着关键作用。因此，培训和文化建设是加强企业整体气候风险管理能力的重要组成部分。企业通过定期培训，确保员工了解气候变化的基本知识、企业的气候风险暴露以及他们在日常工作中可以采取的具体措施来帮助减轻风险。这种认识的提高不仅可以帮助员工在遇到潜在风险时做出更明智的决策，还能激发他们提出创新的解决方案。

企业文化在风险管理中起着至关重要的作用。一个以可持续性为核心价值的企业文化可以鼓励员工积极参与到气候风险的管理中来。这包括鼓励开放讨论、分享最佳实践和奖励那些有助于降低企业气候风险的行为。同时，企业领导层需要通过自己的行动为员工树立榜样，这包括参与高层战略讨论、批准必要的资源分配，以及在公开场合展示对气候风险管理的承诺。领导层的这种积极参与会向整个组织传达一个明确的信息，即气候风险管理是企业战略的重要组成部分。

此外，一个高效的沟通机制在企业的组织内部起着至关重要的作用。这种机制不仅确保了信息的顺畅流动，还使得员工和管理层之间的反馈能够被及时纳入考虑，从而提高了组织的决策效率和响应速度。在沟通方法上，可以开展研讨会或圆桌讨论等形式的活动，为企业内部提供一个开放、平等的交流平台。在这里，员工和管理层可以就气候投资的问题进行深入探讨，分享经验和见解，共同寻找解决方案。

通过上述措施，企业可以构建一个强大的气候风险管理体系，这不仅可以减轻气候变化对企业的负面影响，还可以捕捉到由此产生的机会。在实施这些措施时，企业需要保持灵活性，以适应不断变化的市场条件和气候科学的最新发现。最重要的是，企业必须认识到气候风险管理是一个持续的过程，需要定期审查和调整策略，以应对新的挑战和机遇。通过积极主动的风险管理，企业不仅为自己创造了一个更加安全、可持续的未来，同时也为整个社会的福祉做出了贡献。

11.4　企业气候投资业绩评价

随着全球气候变化问题的日益严峻，企业气候投资已成为企业社会责任和可持续发展战略的核心内容。在这个背景下，企业气候投资业绩的评价不仅反映了企业对气候变化响应的即时效果，更关乎其长远发展和社会形象。深入探讨其内涵和重要性，有助于加强我们对这一复杂议题的理解。

11.4.1　企业气候投资业绩评价的含义及意义

企业气候投资业绩评价涉及对企业在气候相关投资方面表现的系统分析和评估。这不仅包括财务层面的回报评估，更广泛地，还需要考量环境、社会和治理方面的综合影响。通过这种评价，企业可以量化和展示其气候投资对减缓气候变化、适应环境变化、提升社会福祉，并最终推动可持续发展的贡献。

企业气候投资业绩评价并非单一指标的衡量。它是一个包含多个方面的综合评价体系，旨在全面反映企业气候投资的成果。这个评价体系通常涵盖以下几个核心内容。

环境效益：评价企业气候投资项目是否有效减少温室气体排放，改善生态环境，提升资源利用效率，等等。

社会效益：衡量气候投资对社区、员工、消费者及更广泛利益相关者福祉的影响。

经济效益：分析气候投资对企业自身经济绩效的贡献，包括是否带来成本节约、是否开拓新的收入来源、是否增强了市场竞争力等。

风险管理：考察企业通过气候投资实施的风险缓解策略的有效性，以及对未来潜在气候相关风险的预见性和准备情况。

此外，评价还需要一个透明和可验证的过程，以确保数据的准确性和评价结果的可信度，从而为内外部利益相关者提供可靠的信息来源。

同时，在全球气候议程日益突出的今天，企业气候投资业绩评价具有多重重要意义。

提升企业责任和声誉：系统的业绩评价显示了企业对气候行动的承诺和成果，有助于树立其作为社会责任企业的形象，从而获得利益相关者，特别是环保意识更强的消费者和投资者的信任和支持。

促进资源的有效配置：通过业绩评价，企业可以更清晰地了解哪些气候投资项目有效，哪些不够理想，从而有针对性地调整资源配置和投资重点，确保每一笔投资都能发挥最大效益。

增强风险管理能力：评价过程使企业更好地认识并理解气候变化对其运营的潜在威胁，进而可以制定更为周全的风险应对策略，减少气候变化可能带来的经营中断和财务损失。

推动持续改进和创新：定期的投资业绩评价促使企业不断反思和学习，推动它们在气候相关领域持续改进和创新。这不仅有助于企业的气候投资目标实现，还可能激发新的业务模式和市场机会的产生。

满足监管和市场要求：随着全球对气候问题的关注度提高，政府和市场对企业的气候行动有更高的期待和更严的要求。全面且规范的气候投资业绩评价，有助于企业应对日益增长的外部压力和标准。

综上，企业气候投资业绩评价作为一种战略工具，对企业自身的可持续发展战略、市场竞争力，以及全球气候行动都具有深远的影响。它要求企业超越传统的利润最大化思维，多维度全面衡量和反思其在应对全球气候挑战中的角色和责任，从而在促进社会、环境和经济价值的平衡发展中扮演更积极、更具建设性的角色。

在实施评价的过程中，企业还需注意方法的选择和数据的准确性，确保其气候行动的真实性和有效性。同时，随着气候科学和相关技术的进步，企业应持续更新评价标准和工具，以更精准地反映其气候投资的实际效果和社会影响。

通过这种深入且持续的自我审视和外部沟通，企业不仅可以增强自身的适应力和竞争力，还能为全球应对气候变化的努力贡献力量，实现在可持续发展路径上的长期成功和领导力。这不仅是对企业未来发展的投资，更是对人类共同未来的负责和承诺。

11.4.2 企业气候投资业绩评价的基本原则

在 11.4.1 小节中，我们详细探讨了进行企业气候投资业绩评价的重要性和必要性。接下来我们将深入讨论进行这种评价所需遵循的基本原则。

企业在应对气候变化的投资中，不仅要关注其经济效益的最大化，更需要关注这些投资对环境、社会以及公司长远发展的影响。因此，在进行气候投资业绩评价时，公司必须遵循一些基本原则，以确保评价过程的公正性、透明性和准确性，从而做出更加可持续和负责任的决策。

1. 全面性

企业的气候投资业绩评价应该是全面的，这意味着在评价过程中需要考虑所有相关的气候因素和影响。评价不应仅仅集中在单一的气候目标（如减排）上，而是应该涵盖企业活动对气候的多方面影响，包括直接和间接的影响、正面和负面的影响。此外，全面性原则还要求企业要审视其投资项目是如何符合全球气候目标（如《巴黎协定》），以及与其他相关的环境和社会目标的一致性的。

全面性原则要求企业不仅要分析当前的投资决策对气候的影响，还需要预测未来可能出现的风险和机遇。例如，随着新技术的出现和消费者偏好的变化，企业的某些气候相关投资可能变得不那么有利。全面的评价能帮助企业预见这些变化，做出更有远见的决策。

2. 一致性

为了使不同时间点和不同企业之间的评价结果具有可比性，确保评价的一致性至关重要。这需要企业遵循统一的标准或指南来评估效果，包括使用相同的度量和报告方法。通过这种方式，利益相关者可以更容易地理解和比较不同企业的气候投资绩效，从而做出更明智的决策。

一致性也要求企业在不同时间点使用相同的评价标准和过程，以跟踪和比较其绩效的变化。这种长期的视角可以帮助企业理解其气候战略的效果，并据此调整战略。

3. 透明性

透明性是任何评价体系的基石，对于气候投资业绩评价尤其如此。企业需要清楚地说明其评价标准、方法和结果，包括其所依赖的数据和假设。这不仅可以提高评价的可信度，还可以使利益相关者更容易理解企业的气候绩效和挑战。

透明性还要求企业公开其气候相关风险和不确定性，以及它们是如何影响评价结果的。这可以帮助利益相关者更全面地理解企业的气候投资绩效，并据此做出决策。

4. 前瞻性

企业气候投资的业绩评价不应只关注当前的成果，还应展望未来，这意味着企业需要分析其当前的气候投资是如何定位它们应对未来气候变化的挑战和机遇的。通过前瞻性分析，企业可以识别未来可能的风险和机遇，制定适应未来变化的战略。例如，随着全球向低碳经济转型，某些传统产业可能面临重大风险，而清洁能源、电动交通等领域可能会出现新的投资机遇。前瞻性评价可以帮助企业识别这些趋势，提前做好准备。

此外，前瞻性原则也强调企业应对气候变化的长期承诺。企业应制定长期的气候战略，并将其融入商业模式和企业文化中。这可能包括设定长期的减排目标、投资研发新技术、培训员工以适应低碳经济等措施。通过这些措施，企业不仅可以应对当前的气候变化挑战，还可以为未来的转型做好准备。

5. 科学性和客观性

气候投资业绩评价必须基于科学的方法和客观的数据。这意味着企业在做评价时，需要使用验证过的方法，基于可靠的数据和假设。科学性和客观性原则要求企业不可因为主观偏见或短期利益而做出错误的投资决策。

为了做到这一点，企业可能需要与外部专家合作，如学术机构、咨询公司或非政府组织。这些组织可以提供最新的科学研究、行业数据和评价方法，帮助企业做出更准确的评价。同时，企业也应该考虑第三方审核，以验证其评价过程的科学性和准确性。

6. 持续性

企业气候投资业绩评价应该是一个持续的过程，而不是一次性的活动。这意味着企业需要定期审查和更新其评价标准和方法，以反映新的科学发现、政策变化或市场趋势。持续的评价过程可以帮助企业及时调整气候战略，持续改进其气候投资的绩效。

例如，随着气候科学的进步，我们对气候变化的影响和成本有了更深入的理解。企业需要将这些新的信息纳入其评价过程，以确保其战略是基于最新的科学依据。同样，随着政策和市场的变化，企业的投资机会和风险也可能发生变化。通过持续的评价，企业可以更灵活地应对这些变化，抓住新的机遇。

综上所述，企业进行气候投资业绩评价时，应遵循全面性、一致性、透明性、前瞻性、科学性和客观性、持续性等原则。只有通过这样的评价，企业才能确保其气候投资不仅对环境有益，而且能促进其长期的商业成功和可持续发展。

11.4.3 企业气候投资业绩评价的方法

在本小节中，我们将深入探讨企业如何通过各种评价方法来衡量和分析其气候相关投资的表现。在这个过程中，企业不仅需要关注财务层面的回报，更要平衡和理解非财务方面的影响，以确保其气候策略的全面性和长期可持续性。这需要一个多维度的评价体系，涵盖从财务指标到环境、社会及公司治理的各种因素。

1. 财务评价指标

财务评价指标在投资决策中起着不可替代的作用，特别是在气候相关的投资中，这些指标不仅反映了项目的经济效益，还体现了企业对气候变化挑战的响应能力。在此背景下，我们必须深入理解各种财务指标的内涵、计算方法和在气候投资评估中的具体应用。

投资回报率（return on investment，ROI）和净现值（net present value，NPV）：这两个指标是衡量投资的经济效益的传统方法，它们通过对比投资收益和成本来评定投资的财务效果。然而，在气候相关投资中，仅凭这两个指标是不够的。企业需要将碳排放权的成本、未来可能产生的环境补偿费用，以及节能减排设备的折旧费用等因素纳入成本计算之中。此外，由于气候投资项目通常周期较长，预期收益的不确定性也更高，企业在进行 NPV 计算时，需要采用合适的折现率，确保对未来现金流的合理预测。对于 ROI，企业不仅要考虑项目直接的经济回报，还要评估节能、减排带来的间接经济效益，如政府补贴、碳交易收入等，这些都可能显著提高项目的实际投资回报。

风险调整资本回报率（risk adjusted return on capital，RAROC）：RAROC 是一个综合性指标，它在评估投资回报的同时，还充分考虑了投资相关的风险。在气候相关投资中，RAROC 的计算更显复杂和重要。首先，企业需要识别和评估与气候相关的各种风险，包括政策变化、碳定价波动、极端天气事件等对项目收益的潜在影响。其次，企业要对这些风险进行量化，并将其纳入 RAROC 计算之中，确定在各种风险情景下项目的预期收益。通过 RAROC，企业不仅可以理解项目的风险和回报，还可以比较不同项目的风险承受度，优化资本配置。

现金流量分析：气候相关投资往往需要大量前期资本支出，但可能长时间才能实现收益回报。企业在评估这类投资时，需要进行详细的现金流量分析。这包括估算项目的初始投资、运营成本、维护费用、政府激励措施、税收优惠、节能减排带来的节约等，以及它们在项目生命周期中的时间分布。现金流量分析可以帮助企业预测项目何时能够实现盈亏平衡，达到正向现金流，从而制订合理的财务计划和风险管理策略。

在气候投资的财务评价中，传统指标需要与气候变化的长期影响和不确定性相结合。这要求企业不仅要有全面、深入的财务分析能力，还需要对气候科学、环境政策和碳市场有足够的理解。只有这样，企业才能做出真正符合其长期可持续发展目标的投资决策。

2. 非财务评价指标

虽然财务指标是重要的评价工具，但它们无法全面反映气候投资的全部影响。非财务评价指标弥补了这一空白，提供了更全面的评估。非财务评价指标在评估企业气候投资的业绩时起着至关重要的作用，它们确保企业在追求经济利益的同时，也兼顾了环境、社会和公司治理等方面的影响。下面，我们将详细探讨这些非财务评价指标的重要性和应用。

碳排放减少量：这是评估企业气候投资效果的核心指标之一。企业需要通过实施各种减排措施，如提升能源效率、采用清洁能源等，来减少其温室气体排放。评估这一指标时，不仅要考虑直接减排量，还要估算项目实施可能带来的间接减排效果，例如改变消费者行为、推动供应链伙伴减排等。为此，企业可能需要采用生命周期分析等方法，全面计算项目的总体碳足迹。

资源使用效率：气候投资项目通常旨在提高资源利用的效率，包括能源、水资源、原材料等。通过减少资源浪费和提升循环利用率，企业不仅可以降低运营成本，还可以减小对环境的压力。因此，企业需要定期测量和报告相关的关键绩效指标，如单位产出的能源消耗、水回收率、废物循环使用率等，以评估项目在提高资源使用效率方面的成效。

气候风险抵御能力：随着气候变化的影响日益显著，企业必须提高其抵御极端天气事件和其他气候相关风险的能力。这可能涉及基础设施的强化、供应链的多元化、应急预案的制定等措施。企业应评估其气候投资项目在增强这一能力方面的贡献，如减少极端天气导致的生产中断次数、缩短恢复时间、降低相关的修复成本等。

社会和环境影响：企业的气候投资不仅会影响其经济表现，还会对周边社区和整个生态系统产生影响。这可能包括创造就业、改善当地居民的健康和安全、保护生物多样性等。企业需要通过社会影响评价（social impact assessment，SIA）和环境影响评价（environmental impact assessment，EIA）等工具，来识别和量化这些影响。同时，与利益相关方的积极沟通也是必不可少的，这有助于企业理解其项目对当地社区的实际影响，收集反馈，并采取措施优化项目设计。

员工和利益相关方的参与度：员工和其他利益相关方（如供应商、客户、社区成员）的支持和参与，对气候投资项目的成功至关重要。企业应该评估这些群体对项目的态度和参与程度，如通过员工满意度调查、客户反馈、社区参与度调查等。此外，企业还可以设立特定的培训和教育计划，提高员工对气候变化和可持续发展问题的意识，鼓励他们积极参与到企业的绿色转型中来。

总而言之，非财务指标提供了一种评估企业气候投资影响的全面视角，强调了经济利益之外的价值。通过结合财务和非财务指标，企业可以对其气候相关项目进行全方位评估，不仅考虑短期的经济回报，还能确保其长期的可持续发展目标得以实现。

11.5 本章小结

本章在 11.1 节中深入探讨了企业气候投资的相关重要概念，阐述了当今国内外气候投资发展的动因与阻碍，同时较为详细地梳理了相关气候投资领域的国内外政策沿革。具体地，我们首先对企业气候投资进行了概述，明确了气候投资的定义以及企业气候投资发展的动因和气候投资发展的阻碍。

本章在 11.2 节深入研究了企业气候投资策略。我们详细介绍了企业气候投资策略的构成，强调了企业在制定气候投资策略时应主要考虑包括规范筛选、优质筛选、负面排除、可持续主题投资、ESG 整合、影响力投资和股东参与在内的七大类基本气候投资策略。随后，分别从战略层面和执行层面阐述了企业气候投资战略的发展措施，归纳出影响企业投资者寻求有效气候投资的八个因素。最后，通过丰富的实际案例，研究了企业气候投资的实际应用。

本章在 11.3 节中深入讨论了企业全面识别和评估与气候相关风险的必要性，这些风险可能源于物理的、转型的或责任的因素。通过实施综合的风险管理框架和策略，企业可以减轻这些风险对其运营、财务状况和声誉的潜在影响。此外，适应性战略的采纳使企业不仅能够抵御气候变化的即时影响，还能在不断变化的市场环境中保持韧性和竞争力。

最后，本章在 11.4 节讨论了如何通过一系列财务和非财务指标来全面评估企业气候相关投资的表现。财务指标，如 ROI 和 RAROC，是核心的衡量工具，用于评估投资的经济效益和财务可行性。同时，非财务指标，如碳排放减少量、资源使用效率及社会和环境影响等，用于评估投资对环境、社会和整体可持续性的影响。这种全面的评价方法促使企业不仅关注短期经济利益，还关注长期的可持续发展目标。

课后习题

1. 解释什么是气候投资，并说明其在应对气候变化和可持续发展方面的重要性。

2. 我国目前企业气候投资主要面临哪些问题？

3. 选择一个能源密集型行业，分析气候变化对该行业的影响以及企业可以采取的气候投资措施。

4. 讨论企业在推动可持续发展方面所面临的社会责任，以及如何通过气候投资来履行这一责任。

5. 简述微观层面影响企业气候投资的主要因素有哪些。

6. 列举至少三种企业可能面临的气候相关风险，并讨论企业如何通过风险转移策略来应对这些风险。

7. 解释为什么企业在评估气候相关投资时，需要同时考虑财务和非财务指标。这两类指标有何不同？

8. 设计一个小型案例研究，模拟一家公司实施气候风险管理和气候投资评估的过程。案例中应包括风险识别、评估、管理措施的制定，以及如何使用财务和非财务指标来评估投资绩效。

第 12 章　企业气候融资

本章导读

在全球气候变化的背景下，企业在发展过程中逐渐面临越来越多的气候挑战，比如需要应对能源转型带来的变化、应对极端天气带来的自然灾害和突发事件、减少企业碳排放、开展可持续发展与绿色发展项目等。党的二十大报告指出，“高质量发展是全面建设社会主义现代化国家的首要任务”①。作为国家力量的延伸，企业能否实现高质量的发展关乎经济民生福祉。在全球气候变化以及联合国提出的 17 个可持续发展目标的大背景下，企业的高质量发展应当是可持续的，经济效益可持续与社会效益可持续并举。在企业应对气候变化发展的要求下，随之而来的是对于开展气候项目的融资需求，本章将对企业气候融资进行介绍。

企业进行气候融资的目的必然是进行气候转型相关的投资活动，第 11 章我们已经介绍了企业的气候投资。融资是投资过程的第一个环节，是投资的起点。任何一项涉及资金投入的经济活动，首先需要考虑融资。即使企业自身有足够的资金投入，不需要向其他外部投资者融资，那也体现为从企业内部融资，即内源融资。因此，企业的气候融资规模取决于它的气候投资规模，是根据预期的气候投资需要而确定的；反过来，实际的融资规模、融资方式、融资成本等又影响最终实际投资的规模和效益。

气候融资与气候投资研究的对象就是一个企业同其他企业之间资金流动的规律和途径，或者说是企业气候资金由非平衡向平衡状态运动的过程。气候融资与气候投资的关系非常密切，因此人们经常用“气候投融资”这个概念来描述广义的气候融资过程。

本章的 12.1 节对企业气候融资进行概述，包括融资的概念、气候融资的简介，以及企业气候资金的主要来源和用途；12.2 节介绍企业气候融资的主要方式，并通过对应的案例进行阐述；12.3 节主要对企业的气候融资风险和风险管理措施进行概述；12.4 节从多边开发银行角度对企业的气候融资情况进行介绍，多边开发银行是各国政府和企业进行气候融资时最主要的资金提供者，以支持国家和地区推进气候转型并实现气候目标；12.5 节为本章小结。图 12-1 所示为 2019～2020 年全球的气候融资统计情况，在本章中我们将进一步展开分析，并结合案例更好地了解企业气候融资。

① 引自 2022 年 10 月 26 日《人民日报》第 1 版的文章：《高举中国特色社会主义伟大旗帜　为全面建设社会主义现代化国家而团结奋斗》。

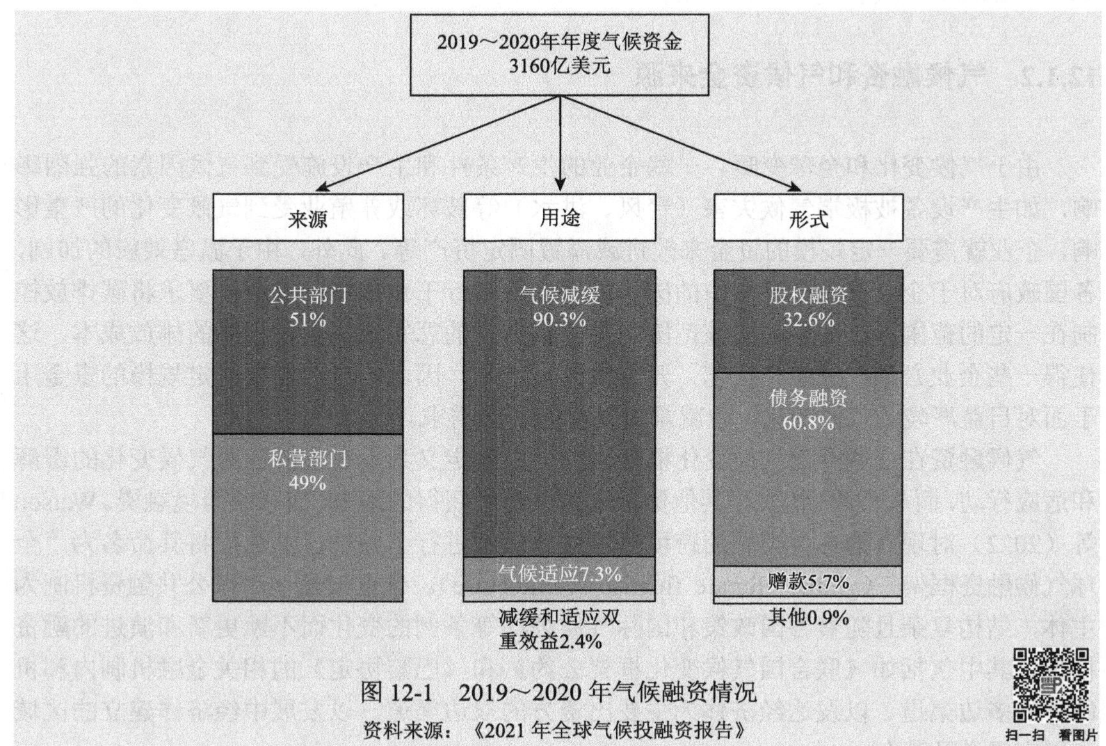

图 12-1 2019～2020 年气候融资情况

资料来源：《2021 年全球气候投融资报告》

12.1 企业气候融资概述

12.1.1 融资的基本概念

融资，就是指通过各种方式和渠道融通资金的活动。更广义和具体地来说，融资是指融资主体依据资金余缺的需要，运用一定的融资方式、手段和工具，实现资金的筹集、转化、运用、增值和回偿等融资活动的总称。融资活动所产生的经济关系，本质上是一种货币信用关系。在融资过程中有五个重要环节，即资金的筹集、转化、运用、增值和回偿，它们依次相连、缺一不可，构成融资活动的系统性主体环。

融资主要包括直接融资和间接融资。就企业而言，直接融资是指企业通过发行债券、股票等信用工具，吸收社会剩余资金，并将其转化为资本，直接投入特定项目的融资方式。直接融资的优点如下。①资金效益较高。一般来说，效益高的企业信誉较好，它发行的债券或股票收益率较高，对投资者的吸引力较大。②促进企业提高资本使用效率。面向社会直接融资则必须直接向投资者负责，这就促使企业转换经营机制，讲求资金使用效率。③可以把社会中的部分消费资金转向长期性生产建设资金。④帮助投资者拓宽投资渠道，分散投资风险。

相比于直接融资而言，企业间接融资是主要通过银行等金融中介所进行的信贷活动，即企业向银行贷款的融资方式。银行贷款资金的主要来源则是银行面向社会吸纳的闲置资金，以银行存款的形式存在。

12.1.2 气候融资和气候资金来源

由于气候变化和全球变暖，一些企业的生产条件和生产设施受到气候因素的强烈影响，如生产设备被极端气候灾害（台风、洪水）等破坏或养殖业受到气候变化的严重影响，企业就需要一定规模的资金来改进或添置固定资产等。此外，由于温室效应的加剧，各国政府对于企业在生产过程中的碳排放等行为实行干预措施，企业被要求将碳排放控制在一定的范围内，如果超出该范围则将面临高昂的惩罚或需支付极高的排放成本，这使得一些企业必须改进生产工艺，开发减排技术等。因此，企业需要一定规模的资金用于面对日益严峻的气候变化，也就是对气候融资的需求。

气候融资在《联合国气候变化框架公约》中被定义为旨在支持应对气候变化的缓解和适应行动，而从公共、私人和其他资金来源渠道所获得的地方、国家或跨境融资。Watson等（2022）对现有的各种类别的跨境气候融资机制进行了归纳，汇总后将其命名为“全球气候融资框架”（global climate finance architecture）。该框架是一个以公共融资机制为主体，结构复杂且随着各国政策和国际气候公约等条例的变化而不断更新和演进的融资框架，其中包括如《联合国气候变化框架公约》和《巴黎协定》的相关金融机制内和机制外的多边渠道、以发达经济体为主要出资方的双边渠道、以发展中经济体建立的区域和国家渠道及基金。

企业气候融资资金的主要来源可以分为公共部门和私营部门两大主体。近几年来，公共部门与私营部门对气候融资的贡献比例一直接近于1∶1的关系。

1. 公共部门

公共部门对企业的气候融资资金主要来源于：①开发性金融机构（development financial institution），开发性金融机构参与的企业气候融资是公共部门气候融资资金的主要组成部分，其中，最主要的资金来源是多边开发性金融机构（multilateral development financial institution）。例如，许多多边开发性金融机构承诺，到2025年时，其融资中50%的资金将与气候有关，同时还设有专门针对气候适应性融资的额外目标。②政府部门的气候资金，主要融向低碳交通领域，并且部分是以赠款的方式提供的。③多边气候基金，如绿色气候基金和全球环境基金等，其气候资金主要融向农业及其他土地利用项目、气候适应性项目或具有减缓和适应气候变化双重效益的项目。

2. 私营部门

私营部门对企业的气候融资资金主要来源于：①企业，企业是私营部门气候融资资金的最大来源，一方面是企业自身的内源融资，另一方面是对其他企业进行的气候投资。然而，由于近年来商业金融机构以及个人投资者在气候相关投融资活动中的参与度持续上升，来自企业端的投融资资金占比则呈现出不断下降的趋势。②金融机构（银行），金融机构在气候融资方面有着较高增速，且银行贷款正逐渐倾向企业的清洁能源资产。不过，部分银行对传统化石燃料产业的年均贷款仍然较高，银行整体的投融资策略仍然有待进行调整，以更加符合低碳和应对气候变化的可持续发展战略。③家庭住户，家庭住户为私营部门第三大气候资金来源，主要涉及新能源汽车领域。④机构投资者和公募私募基金，机构投资者倾向于对企业的可再生能源项目进行再融资或收购，因此资金主要流向可再生能源领域。尽管机构投资者的总体资金规模较大，但其较低的风险偏好，也倾向于规模更大的项目，同时缺乏在气候相关领域投融资的政策激励，从而导致机构投资者在私营部门气候融资总额中所占的份额一直较低。

12.1.3　企业气候融资的资金用途

企业气候融资的用途主要可以分为两类：一类是气候减缓性融资，即企业为减少温室气体排放和减缓气候变化而进行的融资；另一类是气候适应性融资，即企业为增强对生产活动中减少温室气体排放以及对气候变化影响的适应性而进行的融资。

以 2019～2020 年为例（表 12-1），全球用于减缓气候变化的资金占气候融资资金总规模的约 91%，而气候适应资金只占了 7%，另外还有 2%的气候融资资金则流向了具有减缓与适应气候变化双重效益的领域。在减缓气候变化资金中，对于能源供给领域的融资是最主要的组成部分（2019～2020 年的年度融资均值约 3320 亿美元，占比 58%），同时也占全部气候融资资金的 53%。用于适应气候变化的资金在 2019～2020 年的年度融资约为 460 亿美元。由于气候适应性活动往往存在跨行业、跨领域的特点，即大多数的气候适应性活动并不单单属于某一个行业类别，因此气候适应资金中最大的份额用于其他及跨行业项目（2019～2020 年的年度融资均值约 220 亿美元，占总适应资金的 48%），第二则是供水及污水处理项目（2019～2020 年的年度融资均值约 170 亿美元，占比 37%）。

表 12-1　2019～2020 年全球减缓气候变化、适应气候变化类项目融资规模（按用途划分，单位：十亿美元）

板块	2019 年	2020 年
1.减缓气候变化类项目	566	576
农业、林业、土地使用、渔业	7	9
建筑、基础设施	35	22
能源系统	321	342
工业	9	5
信息交流技术	0.1	0.1
其他、跨行业	21	17
交通	169	177
垃圾	1	3
供水及污水处理	2	1
2.适应气候变化类项目	42	49
农业、林业、土地使用、渔业	5	4
建筑、基础设施	1	1

续表

板块	2019 年	2020 年
能源系统	1	0.2
工业	0.03	0.01
信息交流技术	0.25	0.24
其他、跨行业	19	25
交通	2	1
垃圾	0.01	0.02
供水及污水处理	15	19

资料来源：《2021 年全球气候投融资报告》

注：每一类项目中的数字是四舍五入后的，因此合计数据可能存在误差

虽然用于适应气候变化的融资规模总体比减缓气候变化类的资金要少得多，但已经在逐年增加，出现了积极的趋势。全社会提升适应气候变化能力的紧迫性也在不断提高，这也是适应性资金需要不断增长的体现。气候适应资金的主要来源是公共部门，因此在气候适应资金的总体规模增加的同时，其在各个行业领域中的用途分配也相较于减缓气候变化资金而言更加均衡。不过，目前针对适应气候变化的资金总额仍远远低于应对现有和未来气候变化所需的融资规模。联合国秘书长古特雷斯表示，在第 26 届联合国气候变化大会召开之前，所有的捐赠者和多边开发银行应该保证在 2024 年之前将 50%左右的气候融资资金用于适应气候变化。据联合国环境规划署发布的《2022 年适应差距报告》的估计，到 2030 年，发展中经济体每年的气候适应成本将在 1600 亿美元到 3400 亿美元之间，且公共部门仍将是适应资金的主要来源，且承担几乎所有的适应资金来源。

12.2　企业气候融资方式

近年来，在绿色金融体系的持续发展和政策支持下，绿色信贷、绿色债券等绿色金融工具撬动气候融资资金的能力不断显现，在企业气候融资中的作用也越发明显。虽然气候金融工具相较于绿色金融而言仍处于起步阶段，但在绿色金融工具的不断创新下，近年来我国气候融资信贷余额在绿色信贷余额中的占比持续增加，成了我国绿色信贷中最主要的组成部分，为我国企业气候转型提供了充分的气候融资资金支持。

本节将介绍企业气候融资的主要方式，包括企业的内源融资、股权融资、债权融资（如绿色信贷和绿色债券）以及其他方式（绿色基金和绿色保险）。

12.2.1　内源融资

内源融资也称内部融资或收益留用融资，是企业通过将自身的留存收益和资产折旧转化为投资的过程。内源融资即为企业通过筹集内部资金来获取融资资金的方式，同时也是企业挖掘内部资金潜力、提高内部资金使用效率的过程。

企业内源融资的特点主要有：①自主性，内源融资是从企业的自有资金中融资，企业在使用时具有较大的自主性；②有限性，内源融资的资金规模必然要受企业内部资本积累能力的影响，因而融资规模受到较大限制；③低成本性，内源融资相较于企业外部融资而言，具有更低的融资成本，不需要向外部投资者支付股利和利息等报偿；④低风险性，内源融资不存在支付危机，故风险较其他任何融资方式都要低。

企业内源融资的途径主要是基于留存收益。留存收益是指企业将已实现的利润的一部分甚至全部都保留下来，从而作为融资重新投入企业。留存收益是由提取公积金和未分配利润形成的资金，其具体方式是企业对当期的利润不进行分配，将盈利的一部分用于发放现金股利，向股东发放股票股利。留存收益的实质是所有者向企业追加投资，因而对企业而言是一种融资活动。例如，留存收益可以用于公司的生产发展基金、新产品试制基金、后备基金、职工福利基金、职工奖励基金。前三项在一定条件下将再转化为生产经营资金，随着公司经济效益的提高，公司自留资金的数额将日益增加。

尽管从企业角度而言，内源融资具有低成本和低风险等优点，但是其最主要的问题就在于融资规模的有限性，企业通过内源融资方式获取低成本的资金必然有限。但是在企业气候融资过程中，通过内源融资方式筹集的资金往往是不充分的，由于企业面对适应气候变化和进行气候转型的需要，在生产中一般需要较大的技术研发和更新，或者需要对生产设备进行大规模的重置或更新，以达到减缓和适应气候变化的根本目的。比如，企业需要降低产品生产中的碳排放以满足政府所规定的碳配额要求，因为企业不仅需要大量的长期气候资金来完成产品从研发到生产以及相关零部件的更新迭代，也需要一定的短期资金来帮助企业在当前的生产排放活动下完成过渡，比如在碳交易市场中购买碳配额以补足现有缺口。

12.2.2　股权融资

股权融资是指由企业的股东让出部分企业所有权，通过引进新的股东来给企业筹资，使总股本增加的融资方式。通过股权融资所获得的资金，企业无须还本付息，取而代之的是通过股权融资的新股东将以持有公司股票的方式获得资产的增值并承担相应风险，同时也可以获得股利。股权融资具有以下几个特点：①永久性，企业通过股权融资获得的资金具有永久性，无到期日，不需归还；②不可逆性，企业采用股权融资不需要归还本金和利息，投资人若要收回资金，则需要通过二级流通市场来出售公司股票；③无负担性，企业通过股权融资并没有固定的股利负担，是否支付股利以及支付多少股利需要根据公司的经营情况而定。股权融资按融资渠道来划分则主要可以分为公开市场发售和私募发售两大类。

因此，股权融资自然成了气候融资的一种方式，当企业为应对气候变化，如开展减缓气候变化类项目或适应气候变化类项目需要筹资时，就可以通过股权融资的方式来募集所需资金以推动企业气候转型发展。总体而言，在气候领域，股权融资的规模并不如债权融资，占总体资金的比例并不大。此外，通过股权融资方式筹集的气候资金主要流向可再生能源项目。

案例 12-1　丝路基金融资参股亚马尔液化天然气一体化项目

亚马尔液化天然气一体化项目（简称亚马尔项目）是中国提出“一带一路”倡议后在俄罗斯实施的第一个特大型能源合作项目，也是全球最大的集天然气的勘探、开发、液化、运输和销售为一体的一体化项目之一。亚马尔项目的资金来源包括俄罗斯、中国、法国、德国、日本、意大利等多国的金融机构，是一个多方共同参与的宏大项目。2015 年上半年，由于外部政治风险，俄罗斯对外融资环境遭受较大冲击，且当时国际原油价格进入周期性调整，投资者纷纷减少对上游油气田项目的投资，亚马尔项目因此陷入资金困境。在“一带一路”倡议的背景下，丝路基金经过充分调查和审慎评估，关键时刻通过股权融资，购买了亚马尔项目 9.9%的股份，并且向项目股东诺瓦泰克公司提供了为期 15 年、总额约 7.3 亿欧元的贷款，对该项目给予的总体资金支持超过 20 亿美元。此次融资最为重要的一点在于，丝路基金的入股对项目起到了增信作用，帮助项目获得了更多银行贷款，从而保障了项目的顺利建设，并实现提前投产，使得俄罗斯能源开发规划顺利进行。

亚马尔项目是可持续投资助力高质量共建“一带一路”的典型项目，也是中国能源合作的一个典型项目。从气候变化和绿色发展的角度来看，亚马尔项目完全遵守国际环保标准，是共建绿色丝绸之路的典范，该项目为全球，尤其是亚太地区提供了优质的清洁能源，项目每生产一吨液化天然气的碳排放量仅为 0.26 吨，该排放量在全球同类液化天然气项目的平均排放水平（0.25 到 0.7 不等）中处于极优秀的水平。亚马尔项目也运用国际标准，推行生物保护计划，科学评估项目建设对水文、渔业以及珍稀物种的影响，注重保护项目周边陆地及海洋的生态系统和生物多样性。亚马尔项目在创造良好社会效益的同时，也积极践行社会责任，项目配套建造了港口、航道等基础设施，促进了当地的经济社会发展，促进了中俄两国民心相通，也为中俄共建冰上丝绸之路打下了基础。

12.2.3　绿色信贷

绿色信贷是指各个国家为缓解环境和气候问题，抑制高污染和高排放企业的扩张并推动绿色低碳和环保产业的发展而制定的贷款及相应的制度安排。绿色信贷具体表现为政府通过制定差异化的借款利率，对高污染企业实行惩罚利率（即利率较高），对环境友好型企业实行优惠利率，来限制高污染企业的融资渠道以阻止该类企业过大地扩张规模，甚至是推动其退出市场，以推动产业结构实现绿色转型，从而达到缓解气候问题的效果。

绿色信贷是中国绿色金融体系中起步最早的领域，目前是中国绿色融资渠道中最重要的一环。在银行等金融机构支持的绿色信贷中，大约 90%的比例都涉及气候领域。在我国绿色信贷规模持续稳步增长的同时，这几年来我国对绿色信贷的相关制度也在不断建设和完善，尤其是绿色信贷统计制度得到了进一步规范，以有助于气候融资信贷的专项统计。

此外，在国际绿色信贷相关政策中，有一条准则名为赤道原则，该原则要求金融机构在进行项目投资时需要对该项目的环境社会影响做出评估。该原则虽然并不具备法律效力，也并非硬性施加于金融机构，但如今在国际项目的融资中已经得到广泛应用，逐渐成为国际融资项目中的行业标准和国际惯例。

接下来，我们介绍几个绿色信贷案例。

案例 12-2　中国国家开发银行贷款支持斯里兰卡莫勒格哈坎达水库项目

斯里兰卡莫勒格哈坎达水库项目是斯里兰卡最大的水利枢纽项目，位于该国中部省东北部。项目所在地是原内战的冲突地区，再加之季风影响使得地区间干湿差异较大，项目所在地区也成了缺乏灌溉用水和饮用水的旱区，该地区的水资源匮乏一直是斯里兰卡政府关心的重点民生问题。该项目总投资为 2.52 亿美元，融资需求为 2.14 亿美元，于 2012 年开工建设，中国电力建设集团有限公司承建，中国国家开发银行为该项目提供贷款支持。

斯里兰卡政府从 2001 年开始就对莫勒格哈坎达水库项目开展可行性研究，但由于内战不断、施工环境复杂、缺少融资渠道等因素，项目迟迟难以开工。对此，中国国家开发银行发挥其中长期大额贷款的优势，运用市场化手段构建融资机制，积极推进水库项目的开发评审。2012 年，中国国家开发银行在仅仅半年的时间内就实现贷款承诺、合同签订和贷款发放，有力推动该项目落地，为斯里兰卡人民带来诸多福祉。第一，作为向斯里兰卡中部和东部省供应灌溉和饮用水的水利枢纽，该项目能够为斯里兰卡 24%左右的水稻种植区提供灌溉用水。第二，项目带动了周边地区农业、渔业和电力产业的发展，为百姓拓宽了就业渠道、增加了工作种类，极大地增加了人民收入，改善了民生。第三，该项目有效地调节水资源的不均衡，提高了水资源的分配和利用效率，改善了生态环境，同时也为斯里兰卡应对干旱等极端气候情况提供了基础条件，加强了周边企业的适应气候变化和防范气候灾害风险的能力。

2019 年，该项目入选首届“全球减贫案例征集活动”最佳案例，同时也为可持续融资和气候融资项目提供了有益经验。第一，该项目提供了很好的银政合作参考，将银行的融资优势与政府的组织协调优势有效结合。项目实施过程中，中国国家开发银行充分发挥了在基础设施融资方面的丰富经验，并在提供大额长期贷款方面拥有优势，与斯里兰卡政府的组织协调优势相互结合。一方面，中国国家开发银行凭借其在基础设施建设领域丰富的实施经验，仅用了半年时间就实现贷款承诺、合同签订和贷款发放，赢得了斯里兰卡政府及民众的信任、认可和默契配合。另一方面，斯里兰卡政府全力协调项目环评、征地拆迁、移民安置、融资审批、商法谈判等事项，斯里兰卡民众也在项目的推进和落实过程中积极配合，这给中国国家开发银行迅速落实融资资金创造了有利的条件。第二，银企合作使得银行的资金优势和企业的技术优势充分发挥，做到强强联合。项目承建商中国电力建设集团有限公司是综合性大型跨国企业，在国内和国际水利工程领域具备丰富的项目实施经验和极强的项目开发能力。承建商通过精准的勘测和精心的设计，有效克服了在莫勒格哈坎达水库项目中坝体设计和施工标准等方面的一道道技术难关，形成了一套完备可行的方案。但再好的方案，也需要资金的支持，由于融资迟迟未能落实，企业被迫承受着成本上涨、工期延迟的风险。在融资方面，中国国家开发银行大额融资方案的及时跟进解除了斯里兰卡政府和承建商对资金的后顾之忧，银企合作使得项目顺利落地、推进和完成。第三，该项目从财务可持续性、可持续发展和气候变化方面提供了良好的案例。中国国家开发银行为该项目提供的2.14亿美元是一笔长期贷款，且利率较低，基于6个月LIBOR（London interbank offered rate，伦敦同业拆借利率），仅略高于中国国家开发银行的筹资成本，极大减轻了斯方的还款负担。此外，项目建成后即交付斯方运营，目前运作经营良好，每年还款两次，现金流非常健康，预计到2027年完成全部还本付息。水库项目的可持续性为斯里兰卡在经济、社会、绿色发展和应对气候变化多维度的可持续性方面提供了有力支撑。

案例 12-3　哈萨克斯坦风电项目

札纳塔斯100兆瓦风电项目是哈萨克斯坦最大，也是整个中亚地区最大的风电厂项目。该项目位于哈萨克斯坦南部的札纳塔斯镇，由中国电力国际有限公司和哈萨克斯坦Visor（维索尔）投资公司联合建设运营，2020年9月实现首批风电机并网发电。

2020年10月，该项目获得欧洲复兴开发银行、亚洲基础设施投资银行、中国工商银行以及绿色气候基金的融资支持，总计9530万美元。其中，欧洲复兴开发银行在哈萨克斯坦可再生能源框架下融资约2480万美元，亚洲基础设施投资银行融资约3430万美元，中国工商银行提供了1330万美元贷款支持，绿色气候基金提供了2290万美元优惠贷款。这几笔贷款有力地支持了哈萨克斯坦可再生能源技术的市场渗透，该项目预计每年可减少26.2万吨的二氧化碳排放，促进哈萨克斯坦达成绿色减排目标。此外，该项目也有助于解决当地和周边地区的就业问题，为群众提供绿色就业岗位。

从融资角度来说，该项目是欧洲复兴开发银行首个风电项目，也是哈萨克斯坦最大的一个风电项目。同时，该项目也是哈萨克斯坦首个由商业银行（中国工商银行）提供融资支持的可再生能源项目。作为项目的发起方和主要出资方，即欧洲复兴开发银行提供了一笔长期贷款，且是本地货币（哈萨克斯坦坚戈）贷款，并从绿色气候基金调动了优惠融资，助力札纳塔斯风电项目的建设和运营，促进能源转型和降低碳排放，应对气候变化发展。

案例 12-4　“气候贷”产品

2022年8月25日，浙江省温州卓森电气有限公司（简称卓森公司）成功申请到中国工商银行乐清支行的“气候共富贷”，共计200万元。这笔贷款资金将用于气候转型发展所需的设备采购和产品迭代升级，来帮助企业实现绿色低碳发展。这是浙江省首个工业“气候贷”金融产品，为气候友好型工业企业发展提供有力支撑。“气候贷”是气候投融资的一种，支持企业绿色低碳发展，助力“双碳”目标实现。

12.2.4　绿色债券

绿色债券是指企业通过债券方式进行融资，将所得资金用于促进企业在环境保护和可持续发展、开发绿色低碳产品和技术、减缓和适应气候变化、遏制自然资源枯竭、保护生物多样性、治理环境污染等关键领域的项目，或为这些项目进行再融资而专门发行的债券。

世界上第一只绿色债券于 2007 年由欧洲投资银行发行，也是第一只气候意识债券（climate awareness bond，CAB）。该批气候意识债券募集资金 6 亿欧元，期限为 5 年，面值 100 欧元，为零息债券，募集资金用于欧洲投资银行为可再生能源或能源效率类项目提供贷款。该债券的本金和到期赎回金额均为 100 欧元，该债券设计了额外收益部分，作为债券持有人收益的来源。债券到期时能够获得的额外收益与良好环保领袖欧洲 40 指数（FTSE4Good Environmental Leaders Europe 40 Index）在债券存续期间的涨跌幅相挂钩，且设定了最低收益率，为债券票面的 5%，保证了债券至少 5%的收益率。债券做挂钩的良好环保领袖欧洲 40 指数衡量的是欧洲 40 家最为环境友好型企业的市场价值表现，通过这样的创新设计，气候意识债券被构建为一个股票挂钩型债券。除此之外，若到期日的额外收益超过债券面值的 25%，债券持有者将有权使用超过该收益部分的金额在欧盟碳市场中购买或废除相应金额的碳配额，以强化碳市场的减排效益。

首单气候意识债券的创新收益机制实现了绿色债券投资价值和环境友好型企业价值的捆绑，即该债券的投资者可通过对气候友好型项目提供资金支持，享受环境友好型企业潜在价值增长带来的红利，同时也能够保障最低 5%的固定收益，具有良好的风险回报。在债券募集资金支持气候项目的过程中，也能间接提高环境友好型企业的市场表现，从而提高投资者回报率，继而刺激更多的投资者参与气候意识债券投资，形成循环的正向激励。

早期，绿色债券的发行人主要集中在国际组织，且发展速度缓慢。到 2013 年后，绿色债券快速发展，目前绿色债券的发行主体不仅包括多边开发性金融机构和多边开发银行，也包括地方政府和企业等。2014 年，国际资本市场协会（International Capital Market Association，ICMA）为确保绿色债券健康发展，联合上百家金融机构共同制定推出《绿色债券原则》（Green Bond Principles，GBP）。此外，气候债券倡议（Climate Bonds Initiative，CBI）组织发布了《气候债券标准》（Climate Bonds Standard，CBS）。截至 2023 年底，GBP 已更新至 2021 年版本，CBS 已经更新至 4.0 版本，两者是全球主要的绿色债券认定标准。不过，两者不同的是，CBS 设定了认证机制而 GBP 则没有，该认证机制是允许发行人在债券发行前后都可以通过第三方认证机构进行验证以申请为贴标绿债。进一步，绿色债券则可以划分为贴标绿债和非贴标绿债，对应的非贴标绿债则是指债券在发行时未经过专门的贴标，但是企业通过该债券实际募集的资金同样投向绿色领域。

近年来我国绿色债券的发行保持着强劲的增长势头，且发行主体更为广泛，绿色债券在品种创新方面更为多样化，做了许多有益的尝试，比如在疫情期间探索发行了疫情防控绿色资产支持证券、绿色类房地产投资信托基金、绿色商业票据支持证券等创新产品，有效提升了绿色资产支持证券的创新能动性，丰富了绿色金融产品市场的层次性和多样性。

我国绿色债券的发展不仅表现为发行数量和规模的增长，绿色债券的支持范围也得到了进一步拓展。中国银行就率先定价发行了本币和外币的蓝色债券，既是中资机构中发行的首只蓝色债券，同时也是全球所有商业机构中的首只。蓝色债券所募集的资金用于支持海洋相关的污水处理项目和海上风电项目等，因此被命名为“蓝色”。兴业银行香港分行则是发行了中资股份制银行的首只境外蓝色债券。

在绿色债券相关的政策支持和措施方面，我国已经在积极出台相应文件和政策鼓励与引导绿色债券的发展。比如，2020 年 7 月，中国人民银行、国家发展改革委、中国证券监督管理委员会更新了《绿色债券支持项目目录（2020 年版）》（征求意见稿），之后在 2021 年 4 月正式发布了《绿色债券支持项目目录（2021 年版）》，统一了国内绿色债券市场的支持项目和领域，将煤炭清洁利用、火力发电等国际争议较大的类别予以剔除，从而促进了国内与国外绿色债券分类标准的协同。又比如，2020 年 11 月，沪深证券交易所发布指引，针对绿色公司债券等创新债券产品品种出台了专门的政策指引，以对绿色债券市场的创新起到一定的鼓励和引导作用，促进我国绿色债券市场的积极良好发展。

绿色债券不仅帮助企业获得了更多的融资机会和资金，同时也对投资者具有较强的吸引力，为市场提供了良好的流动性。Tang 和 Zhang（2020）通过收集 28 个国家的企业在 2007～2017 年发行的绿色债券的数据，对发行公告时的企业股票收益和发行产生的影响进行了实证研究。结果发现股票价格对绿色债券的发行具有积极反应，不仅如此，在企业发行绿色债券后，企业的股票流动性也获得显著改善。该研究结果表明，企业发行绿色债券对股东是有利的。Flammer（2021）则发现投资者对企业绿色债券的发行公告会产生积极反应，而且这种正面反应对首次发行绿色债券的企业和第三方认证的债券来说更为强烈。另外，发行人会提高发行后的环境绩效（如更高的环境评级和更低的碳排放），也就是说，企业发行绿色债券的同时也将可信地呈现它们对环境的承诺。Hu 等（2022）从定价角度探讨了绿色溢价（greenium），绿色溢价也就是指绿色债券在一级市场上以较低的收益率发行，并在二级市场上以较低的收益率交易。该研究表明中国的绿色债券市场中存在较大的绿色溢价，其规模远大于其他国际绿色债券市场。因此，这也说明发行绿色债券确实能够为企业提供相对较低的融资成本。

接下来，我们介绍几个绿色债券的相关案例。

案例 12-5　潍坊渤海水产综合开发有限公司发行企业债发展可持续渔业

2019 年 5 月，国家发展改革委核准批复山东省潍坊市潍坊渤海水产综合开发有限公司发行公司债券不超过 9 亿元，债券期限为 10 年，采用固定利率形式，单利按年计息，每年付息一次，到期一次还本。筹集的资金中，有 3.7 亿元用于海上粮仓-扇贝养殖项目，3.1 亿元用于海上粮仓-贝类养殖项目，2.2 亿元用于补充营运资金。海上粮仓是渔业可持续发展的重要方向，该企业发行绿色债券开展以上项目主要是为了减少生产过程中的污水排放、减少废气排放、更新低能耗设备等，从而将渔业生产对海洋的环境影响降至最低，并最大限度减轻对海洋生态环境的影响，保护生物多样性与减缓气候变化。该绿色债券并非认证的贴标绿债，但仍用于绿色发展，因为可归类为非贴标绿债，同时支持海洋生态可持续，因此也可以认为是蓝色债券。该债券的发行和海上粮仓项目的建设对推动地方渔业经济发展和促进渔业可持续发展具有积极的作用。

案例 12-6　清洁空气债券

清洁空气债券（clean air bond，CAB）的概念，最早诞生于 2020 年 6 月。为促进绿色发展金融创新，在国家发展改革委、财政部指导下，亚洲开发银行与中国投融资担保股份有限公司（简称中投保）创造性地提出清洁空气债券产品，以推动国内气候债券标准与国际接轨，助力中国绿色债券市场进一步参与改善空气质量的金融活动，以推动我国空气质量提升和减少碳排放。通过投保结合，清洁空气债券将成为我国绿色债券的新工具，为助推我国碳减排提供长期稳定的金融支持。

2022 年 6 月，浙江安吉两山国有控股集团有限公司成功发行清洁空气债券，发行规模共计 8 亿元，期限 7 年，发行利率为 3.6%，由中信建投证券股份有限公司及国金证券股份有限公司担任承销商，债券募集的资金主要用于垃圾填埋场生态修复、固废综合处置中心及建筑垃圾分拣中心等，从而改善空气质量，创造“清洁空气”环境。

该清洁空气债券获得绿债认证，同时也获得气候债券倡议组织认证，通过亚洲开发银行评估审核，募投项目符合亚洲开发银行项目标准、国内绿色债券标准、绿色产业标准及国际气候债券倡议组织标准等四重标准，该债券被认定为合格的清洁空气债券产品。中投保不仅可为债券提供增信支持，还将使用亚洲开发银行项目二期资金参与债券认购。

该绿色债券所募集的资金用于支持安吉静脉产业园建设项目，以提升安吉全县废弃物处理能力和绿色发展水平。作为中国首只落地的清洁空气债券，安吉绿债对促进国内绿色债券工具多样化、推动空气质量改善和温室气体减排等具有重要意义。

12.2.5　绿色基金和绿色保险

全球气候金融创新实验中心（The Global Innovation Lab for Climate Finance）基于多个实际案例表明气候融资方式不只局限于传统的股权投资和债权融资，还有如绿色基金和绿色保险，这两种气候融资方式在近年来也已经逐渐发展成熟。

1. 绿色基金

绿色基金是指专门针对节能减排战略、低碳经济发展、环境优化改造项目而建立的专项投资基金，其目的在于通过资本投入促进节能减排事业发展。

在 2020 年以来的疫情影响下，绿色基金经历了一段时期的低迷，后来在中央到地方一系列政策的支持下，绿色基金发展有所提速。中央层面印发了《关于构建现代环境治理体系的指导意见》和《关于统筹做好疫情防控和经济社会发展生态环保工作的指导意见》等文件，鼓励与支持绿色基金的成立，进一步促进气候融资，以满足企业应对气候变化发展的资金需求。

国家绿色发展基金的设立，也进一步刺激了市场的绿色投融资热情。国家绿色发展基金是我国生态环境保护领域第一个国家级政府投资基金，于 2020 年 7 月 15 日设立，在上海揭牌运营，首期募资规模达到 885 亿元，在首期存续期间主要投向长江经济带沿线 11 个省市，将有效缓解环保行业融资难的困境，引导社会资本流向环境保护、生态修复、能源效率提升、清洁能源和绿色交通等气候相关领域。

2. 绿色保险

绿色保险又称为生态保险或环境污染责任保险，是在市场经济条件下进行环境和气候风险管理的一个基本手段。有效运用这种保险工具，对于促使企业加强环境和气候风险管理，减少污染和超标排放等事故的发生，及时补偿和有效保护受害者权益等方面，都可以产生积极的效果。

随着我国绿色金融体系的逐步建立、改革和完善，保险业的绿色保障能力日益明显，绿色保险产品持续不断创新，各机构陆续推出具有地方特色的创新保险产品，为企业绿色发展和转型提供了有力保障，有效地发挥了保险在我国绿色发展进程中的支持作用，支持了绿色低碳领域的发展。

案例 12-7　企业碳排放权抵押贷款保证保险

中国建设银行广州花都支行联合广州人保财险和广州碳排放权交易所，推出了国内第一款针对企业碳排放权抵押贷款的保证保险，即对企业的碳排放权抵押贷款提供信用担保。通过引入保险公司的风险担保机制，该保险可以有效地帮助企业提高碳排放权抵押贷款业务的信用水平，从而降低贷款业务审批的通过难度，这是我国在碳保险上的重要探索。

案例 12-8　节能保险

美洲开发银行提出了节能保险（energy savings insurance）这一金融工具，来帮助解决中小企业在提升能源效率时遭遇的融资困难问题。由于绝大多数中小企业在对资本密集型节能投资潜力进行评估时缺乏一定的能力，同时，投资者对中小企业在节能投资中的偿债能力也缺乏信心，因此中小企业在节能方面的融资难度往往较高。如果中小企业使用的节能技术或产品未能达到预期的节能效果，可能会对企业造成一定损失并影响其偿债能力，节能保险则将会自动补齐这一差距导致的资金缺口，为企业在节能转型中的风险提供一定的保障。如此一来，节能产品供应商可以通过为相关产品或技术购买节能保险来打消中小企业对节能效果的疑虑，从而提高节能产品在中小企业中的普及率，促进中小企业节能环保。节能保险这一融资工具在 2016 年提出之后迅速在拉丁美洲国家中得到了广泛的应用，之后也逐渐推广到多个其他国家和地区，节能保险已经撬动了巨大的气候投融资资金。

案例 12-9　减碳保

2021 年 4 月，人保财险青岛分公司与青岛立信达能源服务有限公司签署了全国首个“减碳保”建筑节能责任保险保单，为青岛蓝海大饭店的节能改造项目运营期提供三年累计 300 万元、每年 100 万元节能指标风险保障。“减碳保”由节能服务企业为节能改造工程项目投保，项目参保后，保险公司将负责组织第三方风控服务机构，对项目改造的全过程进行监督，并在运营期通过一定的技术手段对承保项目的节能指标进行监测。如果项目的节能指标在运营期内未能达到约定值，那么保险公司将依据保险合同对项目的节能整改费用进行赔偿，或对超标能耗进行经济补偿。节能项目通过“减碳保”不仅解决了企业在节能改造中资金紧张的问题，同时提升了业主的改造意愿，增加了第三方公信力，打消了投资人的顾虑。

一方面，“减碳保”可为业主提供节能保证，增强业主的节能减碳意愿。另一方面，该保险产品也能为节能服务企业增信，还可结合绿色信贷，解决项目资金紧缺等问题。“减碳保”通过第三方对项目节能量的审计及能耗平台数据为碳排放核查提供数据基础，同时保单的出险情况也能够为碳交易市场运行提供一定的企业信誉保障，具有重要的推广意义。

“减碳保”的签署，目的在于有效减轻节能企业在能源改革中的资金压力，并为实行节能改造的项目提供可靠性背书。通过与人保财险进行合作，青岛立信达能源服务有限公司以绿色保险这一创新机制作为增信途径，为客户提供具有监管保障的节能服务，增强客户实行节能改造的意愿。同时，“减碳保”在提升企业信誉方面开创了一种新途径，在未来可以通过与绿色信贷等机制相结合，进一步减轻节能型企业的融资压力。

12.3　企业气候融资风险

融资是企业经营中一项重要的经济活动。企业需要关心如何能够最经济、最有效、最安全地融入资金，从而做出融资决策。但在企业实际的融资过程中，各种不确定因素的存在，导致了融资风险的客观存在。这就要求企业必须重视融资风险，加强对融资风险的管理，从而提高融资效益。

12.3.1　企业融资的一般风险

融资风险，也称为财务风险。企业在举债经营的情况下，必须按期付出一定数量的利息（固定或浮动）。这样，当企业经营状况良好时，经营的资本报酬率高于融资利率，举债经营可为企业带来较高的收益，企业的股票持有者也由此获得较高的报酬。但当经营状况不佳甚至亏损时，企业仍需支付这笔利息，从而导致企业的收益产生大幅度下降，而股票持有者也因此受到损失。融资方式的不同，造成了资本结构的不同，给企业以及该企业的股票持有者带来了融资风险。一般而言，企业的融资风险可以分为如下两类。

1. 企业支付能力下降的风险

企业的支付能力是指企业清偿到期债务本息的能力。这类风险从产生的原因上可分为如下两类。①支付性融资风险，是指企业在特定的时点上，现金流出量超过现金流入量而产生的到期不能偿付债务本息的风险。这是一种支付风险，表现为某项债务或某一时点的债务不能及时偿还，这种风险对企业以后各期的融资影响不大，与企业收支是否盈余无直接关系。这种风险可能是由投资不当引起的，表现为财务收支计划与实际不符合而出现支付危机；也可能是资本结构安排不当所致，如在资产收益率较低时安排了较高的债务，或者在债务的期限上安排不合理而引起某一时点的偿债高峰等。②经营性融资风险，是指企业在收不抵支的情况下出现的不能偿还到期债务本息的风险。如果企业发生亏损，就会减少企业净资产，从而减少作为偿债保障的资产总量，在负债不变的情况下，企业亏损越多，以资产偿还债务的能力就越低。如果企业亏损状况得不到及时扭转，势必会造成经营性融资风险，从而造成企业陷入财务困境而导致破产，表现为企业破产清算时的剩余财产不足以支付债务。

2. 企业自有资金经济效益不稳定的风险

企业的借款利息随着融资规模的增加而增加，导致费用总水平的上升。在企业息税前利润率下降或者借款利率超过息税前资金利润率时，企业的自有资金利润率就会以更快的速度降低，甚至发生亏损。这是一种由于借款而可能使企业经济效益下降的风险。

12.3.2 企业融资风险的一般影响因素

除了企业自身的经营决策不合理等因素外，一些市场因素也有可能导致企业产生融资风险。简单来说，企业融资风险的影响因素主要可以分为以下类别。

1. 企业资本结构的合理性

在企业经营收益（又称息税前净收益）增加时，提高债务资本（即借入长期资金）的比例会放大企业的净资产收益率，因此需要合理的资本结构；当企业的经营收益小于债务利息时，提高债务资本比例会成倍地缩小企业的净资产收益率，甚至导致企业丧失偿债能力，从而引发融资风险。

2. 预期收益的不确定性

预期收益的不确定性主要是因为企业投资风险的存在。由于竞争激烈，市场形势复杂多变，企业的投资收益自然会存在不确定性，由此产生了融资风险。

3. 利率波动

利率波动对企业融资风险的影响主要表现为企业在不恰当的时间或以不恰当的方式融得资金，从而使融资成本提高和融资风险增加，导致企业蒙受损失。例如，在企业融资时，当前利率水平偏高而利率预期在未来会调低，若企业仍以较高的利率水平融得资金，那么，在利率调低后就要负担较高的利息；再如，如果预计市场利率将要调高，企业应当采用固定利率的形式进行融资，若用浮动利率的形式融资，在利率调高后，就会增加利息成本。

4. 汇率波动

由汇率波动引起的企业融资风险是指企业在涉外经济活动中（一般通过外汇交易），由于外汇汇率的变动，以外币计价的资产或负债的价值随之变动而蒙受损失的可能性。由于国际政治经济形势的复杂多变，汇率本身具有不确定性且波动较大，汇率变动产生的风险对企业融通外汇资金后的债务偿还能力具有很大的影响。

5. 通货膨胀

通货膨胀是指由货币供应量过多而造成的货币贬值、物价上涨的经济现象。持续的通货膨胀将使企业的资金需求不断膨胀，资金供给持续发生短缺，货币性资金不断贬值，实物性资金相对升值，资金成本不断升高，从而给企业融资带来风险。

6. 企业信誉

企业信誉是企业在长期的经营过程中给投资者和消费者树立的形象，如果企业长期在经济活动中的声誉较好，在社会上有较高的信誉，那么企业在融资时，资金来源渠道一般就会较宽，融资方式也会比较灵活，融资成本和风险则随之降低；反之，信誉较差的企业在融资时，特别是进行长期性的大规模融资时，会因为较低的信誉而受到种种限制，融资成本较高，风险也就增大。

此外，市场风险、宏观经济风险和政治风险等对企业融资风险也有重要的影响。

12.3.3 企业气候融资下的风险影响因素

在企业筹集气候资金时，会产生比一般融资风险更多的风险影响因素，主要可以分为以下几类。

1. 气候变化

由于企业所筹集的气候资金主要用于减缓和适应气候变化，因此气候变化和气候的不确定性是使得企业在气候融资过程中产生融资风险的最主要因素。如果气候变化超出企业的预期，从而使得企业投资的气候项目无法产生预计的收益，企业偿债能力下降，给企业的气候融资带来风险。

2. 政策不确定性

企业气候融资同样也受到政府的气候相关政策的影响。由于全球的气候计划才起步不久，许多气候和减排政策的制定在度上难以把握，可能存在较大的气候政策不确定性和相关的经济政策变化。比如，在企业运用气候融资资金改进相关减排技术后，政策的变化导致对企业的减排要求变得更加严格，从而降低了企业的资本效率和收益，给企业带来了气候融资风险。

3. 供应链风险

应对气候变化需要的是整个社会系统的共同努力，企业想要提升减缓气候变化和适应气候变化的能力可能不仅需要自身做出相应的改革，同时还需要上下游企业在应对气候变化方面共同努力。比如，企业原来的某类产品在生产过程中的排放较高，并且相关的上游企业（如提供产品配件或是负责某项工艺技术）在能耗和排放方面也都偏高，那么企业不仅要面对自身气候融资带来的风险，也要考虑到供应链中的上下游企业的气候转型能力，建立可靠的供应链关系来降低气候融资风险。

4. 气候友好能力

企业的气候友好能力类似于企业在应对气候变化方面的声誉。气候友好能力，顾名思义，即对气候是否友好，指的是企业在生产运营过程中是否具有相对较低的碳排放水平和对气候变化具有较低的影响。一般而言，气候友好型企业（climate-friendly company）要比气候不友好型企业（climate-unfriendly company）更容易获得较低的气候融资成本，具有较低的气候融资风险。这是因为投资者会认为气候友好型企业在减缓和适应气候变化上有更强和更稳定的能力，因此更愿意向该类企业提供气候资金。

12.3.4 企业气候融资下的风险管理措施

1. 支付性融资风险的管理

支付性融资风险属于企业财务管理上的“责任”，这种风险对企业所造成的危害相对来说比较小，只对企业债权人造成债权回收上的影响，而对企业所有者的直接影响不大，并不足以导致企业面临破产等终极风险。即使在许多管理先进的企业中，支付性融资风险也是无法完全避免的，但从维护良好的信誉来考虑，企业应该尽量降低支付性融资风险。

对于支付性融资风险的管理，应该注意企业资产与资金来源之间的合理搭配，同时应该安排好企业的现金流量。从理论上说，如果企业的借款期限与企业的生产经营周期能够互相匹配，企业的还本付息一般不会出现问题，所以按资产运用期限的长短来安排和融通相应的债务资金是企业回避风险的有效方式。但是，在现实中往往会出现财务激进主义和财务保守主义现象。财务激进主义是指利用短期借款来满足企业长期资产占用的资金需求，从而形成支付性融资风险；财务保守主义是指利用主权资本或长期负债来满足企业长期资产和一部分短期资产占用资金的需求，从而丧失了财务杠杆利益或扩大投资的机会。财务激进主义和财务保守主义都是极端和偏激的做法，对于企业的正常发展都不利，在实际财务工作中应当尽量避免。

企业在应对气候变化和进行气候融资的过程中，可能会面临由气候变化导致的生产运营成本增加，如需要支付较高的碳税或是需要支付员工较高的高温补贴等，这些都会对企业的现金流产生影响从而导致企业支付性风险的发生。因此，企业在对气候融资的支付性风险管理中，需要考虑气候的周期性或者季节性变化导致的现金流减少。不仅如此，在企业的气候融资中，债权人，尤其是市场投资者，他们能否按时获得对企业进行气候投资的回报对于企业而言非常重要。因为当发生支付性融资风险使得企业在应对气候变化方面的信誉降低时，投资者会认为企业是气候不友好的，从而使得企业在未来再进行气候融资时，融资成本和风险大大提升。

2. 经营性融资风险的管理

经营性融资风险主要来自两个方面：一是经营获利能力降低；二是企业财务管理不当。对于经营性融资风险的管理，主要是在努力提高企业的获利能力及优化企业的资本结构的同时，对已陷入严重经营风险的企业实施债务重组。

但是，在企业气候融资过程中，由于企业应对气候变化时极有可能面临技术革新或生产运营的根本性改变，企业在此过程中有较大的可能性经历一定时间的获利能力降低。因此，对于进行气候融资的企业而言，更有必要从另一方面来防止企业产生经营性融资风险，也就是企业在气候融资中更需要加强财务管理和提升对企业资本结构进行优化的能力。

12.4　多边开发银行在气候融资中的作用

在企业气候融资中，银行等金融机构扮演了极为重要的金融中介的角色，能够有效降低个人、机构或是政府与企业之间的信息不对称。一方面，银行在评估企业减缓气候变化类项目和适应气候变化类项目时，能够为企业提供充足的气候融资资金和较为优惠的利率；另一方面，大量的绿色偏好型的投资者手中掌握一定的闲散资金，却难以判断企业的气候行为和相应的风险，因此将资金汇入银行。在气候融资中，多边开发银行最为关键，因为在气候投融资中，需要大量资金的国际流动，以帮助发展中国家在加速经济增长的同时能够筹措到必要的资金来发展气候项目和获得可持续发展。多边开发银行能够有力地支持发展中国家与新兴经济体降低二氧化碳等温室气体的排放，并增强其气候变化适应能力。相较于一般银行，多边开发银行能提供期限更长、更稳定且更优惠的资金，与气候项目契合度高。更重要的是，多边开发银行介于国家预算与社会资本之间，能够在投资者不愿投资的领域提供战略性投资，如在企业降低碳排放和应对气候灾害等方面，多边开发银行也能在国家预算削减时补足空缺，且可以提供担保增信，增加当地资本投入，以扩大气候融资规模，在撬动社会资本方面具有独特优势。此外，多边开发银行能够以更大规模、更丰富的投资经验为基础提供技术援助，从而提高气候项目的价值与可融资性。

12.4.1　世界银行集团

在各国企业气候融资方面，世界银行集团（World Bank Group，WBG）是投融资规模最大的多边开发银行之一。世界银行集团在 2020 年的气候投融资规模达到了 220 亿美元，远超其他多边开发银行。同时，世界银行集团的气候融资资金中有超过 95%的比例投向了中低收入经济体，这一点与欧洲投资银行等多边开发机构不同，它们有近 90%的气候融资资金是投向高收入国家的。因此，世界银行集团更倾向于帮助经济发展水平较低的国家来建立气候友好型发展模式并提高气候韧性。

世界银行集团于 1944 年 7 月在美国召开的布雷顿森林会议上被提出建立，共有近 200 个成员国，其主要目标是致力于通过长期贷款和技术援助等方式来帮助发展中国家减少贫困、促进繁荣。世界银行集团下设五大机构，其中最为主要的一个附属机构是国际复兴开发银行（International Bank for Reconstruction and Development），也即我们所知的“世界银行”，其主要目标是向中等收入国家政府和信誉良好的低收入国家政府提供贷款。

另外四个则是国际金融公司、国际开发协会（International Development Association）、多边投资担保机构（Multilateral Investment Guarantee Agency）、国际投资争端解决中心（The International Center for Settlement of Investment Disputes）。

近几年来，世界银行集团积极提出气候政策，并推动相应的气候投融资活动以致力于实现气候目标。2016 年，世界银行集团发布了“世界银行集团 2016～2020 年气候变化行动计划”（World Bank Group Climate Change Action Plan 2016-2020），加大在可再生能源、气候智能型农业、绿色交通等气候相关领域的行动力度，并设立了目标——到 2020 年，世界银行集团将帮助发展中国家增加 30 吉瓦（1 吉瓦=1×10^6千瓦）可再生能源，为 1 亿人建立早期预警系统，协助至少 40 个国家制定气候智能型农业投资计划。该行动计划旨在加快 2016～2020 年这 5 年全球应对气候变化的步伐，帮助各个国家履行在《巴黎协定》中的承诺。具体来说，世界银行集团将围绕四个主要优先领域展开业务：①支持对气候相关的政策和制度进行改革，如支持各国将气候投融资计划转化为行动，以及提供咨询服务和发展政策性业务等让各国将气候变化因素纳入政策制定和实施；②对全球各类资源进行整合并加强与各国监管部门的合作，使世界银行集团成为绿色银行的标杆，为各国企业及项目提供气候贷款，同时推动绿色债券市场的发展；③扩大气候行动，世界银行集团联合多部门在气候领域开展全方位的投资合作，通过投融资和咨询服务等方式向各国推广气候融资资金的必要性和重要性；④与合作伙伴创建、共享和实施新的应对气候变化的解决方案。

世界银行集团在 2021 年更新了 2021～2025 年气候变化行动计划，新计划指出，气候变化已经成为当代人类最为严峻的挑战之一，世界银行集团将保持与《巴黎协定》的目标一致，致力于整合气候变化问题与经济发展，最大限度地发挥气候融资的影响。新计划显示，世界银行集团在 2021～2025 年将把 35%的资金用于气候变化领域，相比上一周期提升 9 个百分点，这其中一半的气候融资资金将专门用于支持各国企业培育对气候变化的抵御能力。世界银行集团还表示将大幅增加气候融资、注重气候投融资结果与影响力、改进和扩大气候与发展诊断方案、降低关键领域和行业（如能源、粮食、交通等）的排放和气候脆弱性、支持淘汰煤炭的转型、确保气候融资流向与《巴黎协定》目标一致。

12.4.2 亚洲开发银行

亚洲开发银行（Asian Development Bank，ADB，简称亚行）成立于 1966 年 12 月，总部位于菲律宾。截至 2023 年底，亚行共有 68 个成员，其宗旨是促进亚洲和太平洋地区的经济发展与合作，实现亚太地区的繁荣、包容、有韧性与可持续，同时继续努力消除极端贫困。亚行主要通过提供贷款、技术援助、赠款和股权投资等方式协助其成员推动社会和经济发展。同时通过促进政策交流、提供咨询服务，以及利用官方、商业和出口信贷资源开展融资业务，充分发挥其援助效果。

由于各类灾害的发生和不断加剧的气候变化，亚行一直在积极帮助亚太地区减轻气候变化影响，提升国家和地区应对气候变化的适应能力并推动其经济社会发展。早在

2011 年，亚行牵头开展气候变化项目，帮助国家制定有效、高效的应对气候变化威胁的方案。在其制定的《亚洲开发银行长期战略框架 2008—2020》中，亚行将气候变化纳入规划和投资中，确保亚太地区的经济增长和可持续发展。为了帮助发展中国家提高减缓和适应气候变化的行动力和承担能力，亚行通过一系列减缓气候变化与适应气候变化基金提供优惠性资源，设立了气候变化基金（Climate Change Fund，CCF），以帮助发展中成员实现更有效的融资，来应对气候变化。亚行还制定并发布了《2030 战略》，提出将扩大对各国或地区在气候领域的支持，确保到 2030 年时，75%的业务将用于支持减缓和适应气候变化，此期间亚行累计气候融资资金计划将达到 800 亿美元，以推动实现繁荣、包容、有韧性与可持续的亚太地区。

12.4.3　欧洲复兴开发银行

欧洲复兴开发银行（European Bank for Reconstruction and Development，EBRD，简称欧银），成立于 1991 年。欧银最初成立时的目标为协助“后冷战”时代的中东欧国家向市场经济发展，现今已经演变为向受援国提供大量直接投资，同时推动银行体系改革与更广泛的市场化建设。近几年，气候投融资与低碳转型等议题正逐渐成为欧银的重心之一。欧银气候资金的受援国以中东欧国家为主，与非洲、中南美洲相比、其经济相对发达。

欧银在 2015 年启动了“绿色经济转型”（Green Economy Transition，GET）计划，主要目标为：到 2020 年将欧银的绿色融资额从过去十年平均每年投资总额的 25%增长到 40%。欧银在 2018 年还与绿色气候基金启动了 10 亿美元的合作计划，该合作计划是为了推动发展中国家气候行动和绿色转型而设立的，可以通过引入国际资金和优惠融资条件，撬动各国公共部门和私人部门资本投入气候友好型项目。

12.4.4　美洲开发银行

美洲开发银行（Inter-American Development Bank，IDB，简称美开行）成立于 1959 年，是世界上最早成立的区域性多边开发银行。美开行主要提供贷款及技术援助给拉丁美洲和加勒比地区的成员国政府和企业，旨在促进区域内成员国的经济社会发展。美开行在其“2025 愿景”中提出的五个明确目标之一，就是帮助其各成员国增强减缓和适应气候变化的能力。美开行承诺在未来将通过一揽子投资计划帮助拉丁美洲和加勒比地区落实其大量的气候融资需求以应对气候变化的物理与转型风险。此外，美开行还积极尝试运用公共部门资金和外部气候融资资金来撬动私营部门资本，支持更多私营企业积极发展气候相关项目。

整体而言，美开行将大部分资金用于应对气候变化和可持续发展，将较容易受到气候变化影响的中南美洲地区作为主要融资对象，多数气候融资资金投向中低收入国家，且以公共部门为主。

12.5 本章小结

本章围绕企业气候融资，讲述了气候融资的概念和主要用途，将企业气候融资方式分为了内源融资、股权融资、绿色信贷、绿色债券、绿色基金和绿色保险等类别，并提供了一些融资统计和案例与不同的气候融资方式相对应，以帮助读者更深入地了解企业气候融资及其重要性。目前而言，用于应对气候变化领域的企业信贷、债券等工具，其实并没有和传统的绿色融资工具有明确的区分和界定，因此本章虽然以“绿色”来描述相关的气候融资方式，但所介绍的案例均为与企业应对气候变化的融资相关的案例。此外，本章还对企业融资的一般风险进行了概括，同时介绍了几种在企业气候融资过程中可能影响融资风险的气候融资特定因素，揭示了气候融资的一般性与特殊性。最后，本章就多边开发银行在气候融资中的作用展开介绍，强调了多边开发银行在国际气候融资中的突出地位和不可替代的作用，并简单介绍了几个最具代表性的国际多边开发银行以及它们的气候融资对象和特点。本章的目的在于帮助读者对企业气候融资有一个基本的了解，使读者能够清楚气候融资和企业一般融资的区别，并识别企业气候融资中融资风险的复杂成因。

课后习题

1. 请简述气候融资的概念。
2. 企业进行气候融资的用途可以分为几类？分别是什么？
3. 请举例说明不同用途的企业气候融资。
4. 请阐述企业气候融资的主要方式。
5. 请简述企业气候融资中可能存在的风险影响因素。
6. 为什么多边开发银行的气候资金支持对象以发展中国家为主？

参考文献

Flammer C. 2021. Corporate green bonds[J]. Journal of Financial Economics，142（2）：499-516.

Hu X L，Zhong A，Cao Y D. 2022. Greenium in the Chinese corporate bond market[J]. Emerging Markets Review，53：100946.

Tang D Y，Zhang Y P. 2020. Do shareholders benefit from green bonds？[J]. Journal of Corporate Finance，61：101427.

Watson C，Schalatek L，Evequoz A. 2022. The global climate finance architecture[EB/OL]. https://climatefundsupdate.org/wp-content/uploads/2023/03/CFF2-2023-ENG-Global-Architecture.pdf[2023-03-31].

第 13 章　企业气候可持续发展战略

本章导读

企业战略是以未来为基点，为获得长久的竞争优势而做出的全局性的重大决策和筹划。其目的是帮助企业建立和维持持久的竞争优势，从而助力企业去实现长期生存和发展的目标。一个有效的战略可以帮助企业规划未来的发展方向、提高竞争力，并实现长期成功。

当前我国正处于社会经济转型发展的关键时期，可持续发展已经成为高质量发展的重要动力和抓手。可持续发展的本意是在追求经济发展的过程中着力节约资源并且保护环境，为今后发展留有余地，实现人口、经济、社会等多方面的协调发展。可持续发展不单单是政府的责任，作为经济发展和转型发展的主体，企业自身的可持续发展也有着十分重要的意义。如何应对日益迫切的经济转型任务并采取可持续的发展战略，是企业当前所面临的重大挑战，从长远看，可持续发展也是企业发展的一大机遇。

目前传统化石能源仍占据全球能源消费结构的主流，然而在化石能源逐步枯竭的同时，其带来的生态环境问题也日益严重，受到社会广泛关注，经济和社会发展承受了巨大压力。新能源相较传统化石能源具有低碳、清洁的特点，使用新能源是助力经济转型、可持续发展的重要手段。企业在实施可持续发展战略的过程中，通过新能源的使用可以有效减少企业的能源消耗量、提高企业经济效益，为生产经营注入“绿色动力”。

绿色创新活动一般具有周期长、投资大、风险高等特点，同时其具有双重外部性，再加上现阶段我国相关制度和市场调节还不够完善，企业在气候可持续发展战略过程中实施绿色创新面临系列挑战。

本章的 13.1 节首先将介绍企业气候可持续发展战略概述，13.2 节和 13.3 节将从企业气候可持续发展战略的外部和内部环境分析等方面进行介绍。接着，13.4 节系统介绍企业气候可持续发展战略管理。13.5 节和 13.6 节将从新能源使用和绿色创新两个具体角度介绍企业气候可持续发展战略。在介绍过程中将结合企业案例，让同学们更好地学习和了解企业气候可持续发展战略。

13.1　企业气候可持续发展战略概述

气候可持续发展涉及社会、经济和环境的综合发展，其强调在保护环境的前提下，通过对资源和技术的合理利用，促进经济增长和社会进步，为未来世代创造更好的生活条件。

任何一个想要在竞争激烈的市场上实现长久发展的企业都离不开能够最大化资源、环境等要素利益的稳定生产经营模式。这种模式可以被称为企业生产经营的“均衡状态”，而静态的、短暂的均衡在现如今激烈的市场竞争中并不能满足企业的战略目标。因为企业在短期内受到环境和政策等的影响与约束做出的决策只能用来在短期内规避风险，这种决策并不能帮助企业实现自身的可持续发展。在企业的生产经营过程中，如何能够保持长效均衡状态并且实现资源要素的最优配置、环境保护和经济发展的长期均衡，此即需要企业实施可持续发展战略。

企业气候可持续发展战略是社会可持续发展的一个部分，即在企业生产经营过程中实施可持续发展战略。企业通过采取适当的经营管理措施和策略，在满足当前经营需求的同时，不损害自然资源的可持续利用，促进企业自身的长期发展和持续进步。

13.1.1 企业气候可持续发展战略的含义

企业气候可持续发展战略是企业为应对气候变化的挑战，在企业可持续发展的框架下，通过资源的有效使用、降低碳排放、改善社会公平性和提高经济稳定性等途径，实现环境、社会和经济三个方面的平衡。

企业气候可持续发展战略是为了使企业符合现代市场经济发展和自身发展需求，同时兼顾气候变化的影响，为企业提供长远发展的动力和方向所采取的一种经营手段，也是为了企业能够得到长远的发展、永续经营在企业生产经营过程中的一项管理手段。

企业气候可持续发展战略是企业成功的关键要素之一。它不仅有助于企业获得可持续发展和长期利润，同时也能够为社会和环境带来积极影响。企业应当把气候可持续发展战略的实施视为企业运营的核心目标，以确保企业在未来能够发挥更大作用，并且对社会和环境做出积极的贡献。

13.1.2 企业气候可持续发展战略的特征

随着时代的不断发展，多变的市场环境中，企业气候可持续发展战略的定义也发生了一些变化。但同时，其有几项特征却显得越来越突出。

1. 全局性

企业气候可持续发展战略是指导企业整体发展的规划，具有全局性的特点。由于其考虑的是企业的整体利益和长远发展，而不是局部或短期的利益，因此在制定战略的同时，决策者需要从全局出发，考虑企业的各个方面，包括产品研发、生产、销售、人力资源等。

2. 长远性

企业气候可持续发展战略的制定需要考虑未来的市场变化和竞争环境，以及企业的长期目标。企业制定和实施战略时，需要着眼于未来的长期发展，而不是仅仅关注眼前的短期利益。企业气候可持续发展战略需要具有长远性的特点，以便自身在未来市场中保持领先地位。

3. 竞争性

企业需要在竞争对手面前展示自己的优势和特点，同时考虑竞争对手的动向和策略，以及行业的竞争格局和趋势，以赢得市场份额和客户信任。因此，可持续发展战略需要具有针对性和可操作性，以便在竞争中取得优势，获得相对于竞争对手的竞争优势。

4. 创新性

企业需要通过创新来推出新的产品或服务，或者通过改进现有的产品或服务来提高竞争力。企业气候可持续发展战略的创新性是企业发展的关键所在，在战略目标、经营模式、企业组织、生产技术等方面进行不断的创新和优化，以适应市场的变化和满足消费者的需求。战略需要具有创新性和前瞻性，以便在未来的市场中保持领先地位。

13.1.3　企业气候可持续发展战略的基本原则

可持续发展是由环境完整、经济繁荣和社会公平三个原则结合形成的，是全人类共同追求的发展目标。这些原则都是可持续发展的必要但不充分条件，也就是说，如果其中任何一项原则未满足，可持续发展就无从谈起。

企业气候可持续发展战略也体现在环境完整、经济繁荣和社会公平的基本原则上。

1. 环境完整

企业的生产运营会对环境产生影响，如办公楼的照明和生产过程中产生的废弃物的排放。企业气候可持续发展战略就需要坚持环境完整的原则，在污染控制和合规性方面，如投资增加处理废弃物的设备，在整个生产过程中采用创新的技术工艺来减少或消除污染等。通过不断的技术改进，企业可以筛选并淘汰效率低下的生产流程，最终实现技术工艺的创新进步。同时企业在污染预防方面的投入可以促进企业开发优质资源要素的积极性，如生产和使用无污染环保材料的产品，以及在企业产品使用寿命到期时提供回收或再利用等产品服务。

2. 经济繁荣

企业有责任使企业财务经营收益最大化，并进一步致力于利润最大化，努力保持企业自身强大的竞争优势地位和高水平的生产经营效率。从经济角度来看，企业通过生产商品和提供服务来创造价值，而有效提高商品和服务的价值可以增加企业创造的财富。企业是否能实现永续经营的战略目标，取决于其能否持续盈利，采取可持续发展战略是企业实现这一目标的重要手段，因此企业的经济繁荣是可持续发展的原则之一。

3. 社会公平

企业在气候可持续发展战略的实施过程中应当在社会责任上承担起应有的责任。这一原则涵盖了公平就业、公平薪酬、公平环境、公平社区和公平机会等。实现公平公正的分配，保障员工和利益相关方的合理权益，落实社会公平准则对于提高企业社会责任形象具有重要意义。同时，企业的品牌形象与美誉度也会在这一原则实现的基础上获得维护和增强，因此企业需要在社会公平这一原则上，实现自身可持续发展和社会公平的双赢。

13.1.4 企业气候可持续发展战略的性质与类型

企业气候可持续发展战略主要有创新和科技可持续发展战略、制度可持续发展战略、核心竞争力可持续发展战略、要素可持续发展战略等。

1. 创新和科技可持续发展战略

企业气候可持续发展战略的核心是创新，只有不断创新的企业，才能保证其经营的永续，实现企业可持续发展的目标。企业通过不断投入研发，加强技术创新，提高产品质量和生产效率，从而赢得市场竞争力。此战略还包括企业推广使用新技术、应用新科技。

2. 制度可持续发展战略

在企业治理层面，包括董事会结构、内部控制情况和外部监督与处分等制度的建立都与企业气候可持续发展息息相关。公司治理结构是制度可持续发展的基础，它与企业的组织形式和治理水平密切相关。制度可持续发展战略可以维护企业良好的公司治理结构，有效提高企业的竞争力、降低风险，保障股东、员工、客户等各利益相关方的权益，从而推动企业的可持续发展。

3. 核心竞争力可持续发展战略

企业核心竞争力是指企业区别于其他企业而具有本企业特性的相对竞争能力，是一种可持续的领先能力，是“别人偷不去、买不来、拆不开和带不走”的能力。由于其具有稀缺性、价值性、不可替代性、难以模仿性，核心竞争力可持续发展战略即立足培育企业核心竞争力的战略目标，是企业面对竞争激烈的市场现状下可持续发展的重要手段。

4. 要素可持续发展战略

企业发展取决于以下几种要素，包括人力、知识、信息、资金、自然资源等。企业的发展离不开人才的创新、知识和信息的更新、资金与自然资源的利用，要素可持续发展战略对企业形成全面、协调的发展格局有着引领作用，对企业气候可持续发展战略的实施有着积极的促进作用。

13.2　企业气候可持续发展战略外部环境分析

环境为企业提供了赖以生存的土壤，在创造机会的同时也蕴藏着威胁，企业需要认识到，外部环境中的机会和威胁是同时存在的，而且可能会相互转化。正如《孙膑兵法・月战》所云：“天时、地利、人和，三者不得，虽胜有殃。”企业只有对其外部环境进行了深入、全面和准确的分析，才能制定出明智、有效和超越竞争对手的战略。

这三者所代表的外部环境对于企业气候可持续发展战略的实现至关重要。企业在经营中，也可以借鉴这个原则来分析自身所处的环境：“天时”可以理解为大的经济环境、政策环境等；“地利”可以理解为企业地理位置、行业状况等；“人和”则可以理解为市场竞争、人才资源等。

本节将结合分析模型，对企业气候可持续发展战略外部环境的分析进行讲解。

13.2.1　企业外部环境的构成和影响

企业的外部环境可以定义为存在于企业周围、影响企业经营活动及其发展的各种客观因素与力量的总体。这个外部环境是一个多层次的动态系统，一般可以将其分为宏观环境、行业环境和竞争环境三个层次。

宏观环境处于企业外部环境的最高层级，是不直接影响企业经营的一般性环境因素。宏观环境通常会通过政治、经济、社会、技术、环境以及法律等方面的诸多因素给行业整体带来机会、挑战和约束，而不是仅仅作用于某家企业。由于很难改变自身所处的宏观环境，企业适应和利用宏观环境中有利因素和机遇显得至关重要。

相较于宏观环境，行业环境形成了企业外部环境中的第二层级，由生产和提供相同或类似产品或服务、竞争相同客户的企业群体组成。行业环境不仅仅直接决定了行业的盈利水平，还影响行业内企业的竞争行为、战略选择和经营策略，同时，与宏观环境不同的是，企业的战略选择与竞争行为也反作用于行业环境。

外部环境的第三个层级是竞争环境。在竞争环境分析中，战略集团和市场细分是常用工具。战略集团可以反映竞争者的差异，而由于消费者也是有很大差异性的，通过市场细分，对消费者进行区分，可以为企业自身独特的定位提供便利与条件。

企业外部环境的一个显著特征就是其动态性，外部环境所具有的动态变化使企业很难对其进行长期预测。企业分析自身外部环境是想从中了解企业受到哪些方面的威胁与挑战，又有怎样的机遇。从而实现《荀子・王霸》中的“上不失天时，下不失地利，中得人和，而百事不废”的目标。

13.2.2　企业的宏观环境分析

13.2.1 小节论述了企业宏观环境可以分为政治（politics，P）、经济（economy，E）、社会（society，S）、技术（technology，T）、环境（environment，E）以及法律（law，

L）等方面的诸多因素，而企业的宏观环境分析可以用 PESTEL 模型方法。PESTEL 是政治、经济、社会、技术、环境及法律的英文首字母缩写，通过该模型可以对企业宏观环境进行全面的了解和分析，帮助管理者更好地理解企业所面临的机会和威胁，帮助他们建立企业未来经营形态的愿景并思考如何在竞争中盈利。同时由于该分析模型主要的关注点在于宏观环境因素对未来的影响，PESTEL 分析也是理解市场的增长或衰退的良好工具。

PESTEL 分析包括三个步骤：首先，分析与企业所在的宏观环境相关的每一个因素；其次，对用于 PESTEL 各因素分析的信息再次进行确认，是否与企业气候可持续发展战略相关并归类；最后，分析这些信息并得出结论。

1. 政治因素

政治因素是指影响企业气候可持续发展的政治性因素，能够对企业经营、消费者信心以及消费者与企业的开支产生重要的影响。虽然市场竞争法则已迅速地被引入众多的行业，但对于某些关系国计民生和意识形态的领域，政府的管制仍发挥着重要作用。

在企业气候可持续发展中，企业管理者需要考虑不同类型的政治因素，包括政策法规、贸易政策和政府规划。

在政策法规中，政府会对某些行业、某些企业提供基于可持续发展的相关支持，如政府补贴、科研基金、政府购买、最低工资限度、劳动保护、社会福利、企业社会责任、进出口限制等。

在贸易政策中，包括关税、非关税壁垒、自由贸易协定等方面，这些政策都会对企业进出口贸易产生影响。比如绿色贸易壁垒，作为技术性贸易壁垒，政府通过制定严格的环保技术标准、复杂的卫生检疫制度或采用绿色环境标志、绿色包装制度等，对企业进出口进行限制。

在政府规划中，包括可持续发展的产业政策、措施等，政策中的产业结构调整、组织优化和人才培养等都是企业所面临的政治环境的重要部分。企业应积极响应政府的规划措施，推动经营的绿色化和可持续发展。

2. 经济因素

经济因素是指企业经营和可持续发展过程中所面临的各种外部经济条件、经济特征、经济联系等客观因素。企业在分析经济因素的过程中，首先要分析目前所处国家的经济处于何种经济阶段：萧条、停滞、复苏还是增长等。除了了解经济阶段以外，宏观经济是以怎样一种规律变化和发展的也是企业分析经济因素时需要重点考虑的问题。

在众多衡量宏观经济的指标中，国内生产总值是衡量宏观经济的常用指标，它是指一个国家或地区在一定时期内经济活动所创造的价值总量，反映了区域的宏观经济状况。价格也是经济环境中的一个重要因素。适度的通货膨胀常能刺激经济的增长，但过高的通货膨胀对经济造成的损害往往难以预料，消费者的基本生活需要支出将大幅度增加，而受价格信号误导的消费者可能会提前进行一些消费活动，并推迟自身的某些购买行为，从而影响整个市场的供求关系。

3. 社会因素

社会因素是指企业生产经营所涉地区的民族特征、文化传统价值观、宗教信仰、教育水平、社会结构、风俗习惯等因素，其核心为价值观念。从可持续发展战略的角度出发，企业所面临的社会环境即社会价值观念表现为两个部分：一是追求经济发展，社会经济发展水平的整体提高；二是强调社会与自然环境的协调发展，以实现社会、经济、环境和文化的可持续发展。上述价值观念认为，经济发展不应以牺牲自然环境为代价，而应该注重保护和利用自然环境，实现资源的高效利用和生态环境的良性循环。

4. 技术因素

技术因素是指一个国家整体的技术水平、新产品开发能力以及技术发展的动向等。对于企业的可持续发展而言，所在行业的技术发展动态和竞争者技术开发、新产品开发方面的动向是值得特别关注与分析的。技术的突飞猛进将大大缩短相关产品的寿命周期，比如计算机领域著名的“摩尔定律”，即计算机的功能每六个月增加一倍，价格下降一半。

伴随着技术的快速发展，大量技术被广泛应用于社会消费领域，改变了居民的消费模式，优化了市场消费环境，拓展了消费内容并带动了一些新兴行业的发展。但与此同时，新技术的发明或应用也可能伤害乃至消灭另外一些旧有行业，所以企业在选择可持续发展战略方向时必须考虑技术环境因素，否则企业将会面临生存问题。

5. 自然因素

所处国家和地区的自然环境条件是影响企业气候可持续发展的重要外部因素。环境因素主要包括气候、自然资源、地理位置等。比如，国家和地区的海拔高度，以及温度、湿度等气候条件直接影响了企业能源使用情况，这将直接对可持续发展产生作用。自然资源中的矿产与新能源潜在产量等都事关企业气候可持续发展。此外，地理因素不但影响消费者的消费模式，也会对包括经济、社会发展等产生复杂的影响，企业在可持续发展的分析过程中必须深入结合自然环境等因素。

6. 法律因素

法律法规作为国家意志的强制表现，对于规范市场与企业行为有着直接的作用，其在经济上的作用主要表现为维护公平竞争、维护消费者的利益、维护社会最大利益等三个方面。法律因素反映的是与地区和组织相关的法令和条例，包括法律的规则是否完善，以及调整的难易程度与迅捷程度。法律环境对企业气候可持续发展战略制定与选择的影响日益凸显。

综上，PESTEL 模型分析中的各因素之间也是相互联系、相互作用的。

13.2.3　行业环境分析

作为外部环境分析的第二层级，行业环境是关乎企业气候可持续发展机遇与风险识别、影响企业经营效益的重要因素。目前有代表性的行业环境分析模型方法有 S-C-P 分析模型和波特五力分析模型等。

1. S-C-P 分析模型

从 20 世纪 30 年代起，诸多经济学家开始研究企业环境、企业行为和绩效的关系。其研究的最初目的在于帮助政府识别哪些产业由于存在较强的市场势力而阻碍了社会福利最大化的实现，并提出有针对性的干预措施。最终发展形成了基于结构-行为-绩效（S-C-P）的分析模型，如图 13-1 所示。模型中的结构（structure）是指行业结构，主要由行业内的竞争者数量、产品的异质性、进入及退出的成本等因素进行衡量；行为（conduct）是指企业在行业中采用的战略；模型中绩效（performance）包含着个体企业的绩效和整个社会的经济绩效，但在企业气候可持续发展战略的分析过程中，个体企业绩效更值得关注。

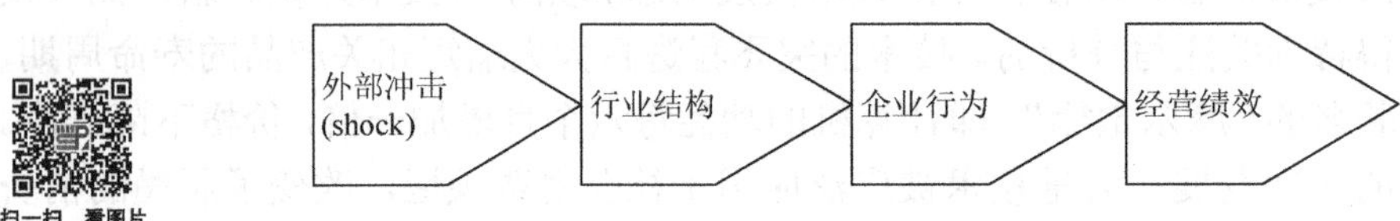

图 13-1　S-C-P 分析模型图

企业所处的行业结构特征决定了企业的选择权和面临的限制。在某些企业只有很少的选择权，且面临着诸多限制的行业，企业往往只能获得竞争均势，企业的行为和长期绩效完全由行业结构所决定。但在竞争相对较少的行业，企业面临来自上下游的限制也较少，其可以通过调整生产经营影响价格，在此类行业中，借助可持续发展战略获得竞争优势对于企业而言并非难事。

2. 波特五力分析模型

波特五力分析模型是迈克尔·波特在 20 世纪 80 年代初提出的，这个模型将大量不同的因素汇集在一个简便的模型中，以此分析一个企业所面临的基本行业环境态势。

五种力量分别为买方议价能力、卖方议价能力、进入壁垒、替代品威胁以及现存竞争者之间的竞争（图 13-2）。对上述五种力量进行具体的对象分类，可分为：供应商、购买者、行业内现有竞争者、行业内潜在竞争者、替代品生产商。运用波特五力模型分析，企业可以了解自身在本行业中所处的位置，以及自身的优势与劣势，同时企业可以通过合理决策重构价值链，重新建立自身与五种力量的关系，提高企业自身相对五种力量而言的议价能力，提高企业的竞争优势，更好地应对外部的竞争压力。

13.2.4　企业竞争环境分析

企业外部环境分析的第三个层级是竞争环境分析。通过对战略集团的分析和市场细分，企业可以有效地对自身所处的竞争环境进行分析，从而为自身制定可持续发展战略提供决策参考。

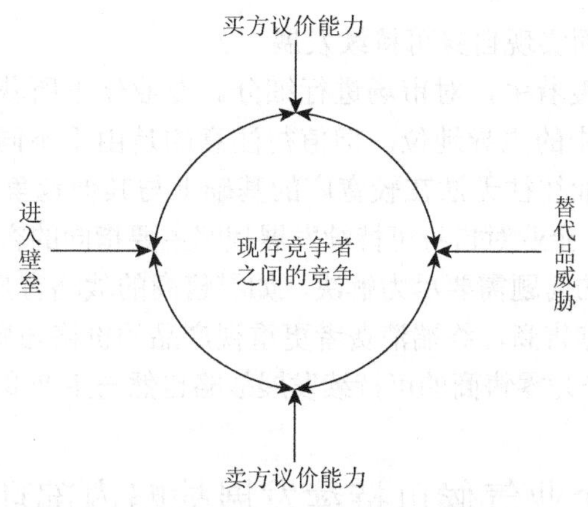

图 13-2　波特五力分析模型框架图

1. 战略集团

战略集团指一组存在于同一行业或部门中的企业，它们具有相似的企业战略特征，并采取相似的战略，在类似的环境基础上开展商业竞争。即使在同一行业或部门，不同战略集团的特征也不一样。

不同的战略集团主要可以根据两大类特征进行分类，包括企业的活动范围（如产品种类、地理区域及使用的分销渠道），以及企业资源投入（如品牌营销投入、纵向整合程度）等。在描绘战略集团时可以用两维度坐标进行衡量。例如，一个坐标衡量产品种类的多少，另一个坐标衡量企业营销费用规模，而在选择两个关键维度时，常常筛选出行业中盈利能力较好的一部分企业，并将其与盈利能力不好的企业进行比较。筛选出的业绩较好的企业具有的普遍特征可作为衡量维度。举例而言，某行业中盈利较多的企业可能产品种类都比较丰富，而营销费用投入较少，与之对应的盈利较差的企业可能产品种类较少但营销费用很高。此时战略集团的两维坐标分别为产品种类和营销费用，对于这部分业绩较差的企业而言，加大产品丰富化研发、压缩营销费用可能是合适的企业战略。

2. 细分市场

与战略集团侧重于竞争者特质不同的是，细分市场则更关注消费者需求的差异化。作为被划分的具有类似需求的消费者群体，细分市场群体的需求和市场其他消费者需求有显著不同，而规模相对较小的细分市场被称为利基市场。与波特五力模型中主导行业的分析相类似，对于企业气候可持续发展而言，主导细分市场或利基市场是十分有价值的。但是相比较而言，主导细分市场一般比主导整个行业风险更高，因为企业的竞争者从临近该细分市场的部分进入该市场相对容易。

在细分市场的分析中，企业需要考虑如下三个关键问题，从而对自身可持续发展战略进行调整与完善。

一是消费者需求的异质性。企业在可持续发展战略中可以聚焦市场中特殊的消费者需求，包括不同的用户需求和产品特征偏好等，使企业自身满足其他企业无法满足或很难满足的细分市场，从而实现自身可持续发展。

二是从专业化的角度着手，对市场进行细分。专业化下所获得的经验和市场关系可以保护企业在细分市场中的主导地位。但值得注意的是由于不同细分市场中消费者的需求有差异，专业化的企业往往无法在较宽广的基础上与其他竞争者开展商业竞争。

三是了解战略客户，企业对自身可持续发展战略主要指向的客户需要更加深入地了解。对其需求、关心与考虑的问题需要尽力解决，如零售商的战略客户往往是终端消费者，而生产商的战略客户则是零售商，终端消费者更重视产品的价格与质量，零售商则更关注运输费用与时效性。因此作为零售商的可持续发展战略自然与生产商的战略有联系也有差异。

13.3　企业气候可持续发展战略内部环境分析

企业内部环境是指企业所具有的资源和能力的总和，这是构成企业竞争优势的基础。资源是指企业所拥有或控制的、能够用于为客户创造价值的各种有形资产和无形资产，而能力是指企业为创造价值而运用资源的技能。本节将从企业气候可持续发展战略的角度出发，从企业资源与能力着手，对企业内部环境进行分析。

13.3.1　企业资源分析

资源是企业培育和维系竞争优势的物质基础，是选择和实现战略的保障。资源可以分为有形资源与无形资源。有形资源是指可见、可量化的企业资产，包括生产器械、制造设备、销售中心等，可以抽象总结为财务资源、组织资源、实物资源以及技术资源。

与有形资源相比，无形资源是一种更高级、更有效的竞争优势来源，其是那些根植于企业发展的历史之中，长期以来积累下来的不可见的资产。其以一种独特的方式存在，通常不易于被竞争对手了解和模仿，因此企业在可持续发展过程中更偏好发展无形资源以应对竞争。其包括知识、管理者和员工之间的信任和联系、管理能力、组织制度、科技能力、创造能力、品牌、企业凭借自己的产品和服务获得的声誉等，可以总结为人力资源、创新资源以及声誉资源。

由于资源本身在价值性、稀缺性、难模仿性和不可替代性等特征方面存在差异，企业资源对企业竞争优势的形成产生直接和重要的影响。

1. 资源异质性假设

即便处于同一行业，不同企业也可能拥有不同类型的资源，即资源在企业间是呈异质性分布的，不同企业所占有的资源是不一样的。资源异质性决定了对于某一特定的商业经营活动，一些特定企业往往比行业内其他企业更具优势。

2. 资源非流动性假设

资源在组织间的转移与获取面临极高的壁垒，对于缺乏特定资源的企业而言，为获取所需的资源所需要付出的成本是极其高昂的，这也导致企业间的一些资源差异将持续存在。

上述两个假设解释了企业间的绩效差异。由于企业控制的资源存在差异，且其他企业无法或难以获取和模仿（具有较高的模仿壁垒和成本），拥有相关资源的企业将获得持续竞争优势。

13.3.2　企业能力分析

能力是企业为生产产品和提供服务而运用资源的技能，它可以由个人掌握也可深入企业自身的组织架构与制度流程中。从本质上讲，能力是生产规程和专业知识的融合，企业在制造产品和服务的过程中凭借这些知识从事独特的活动。

并不是企业的所有能力均具有同等价值，企业所具有的有别于其他企业的能力称为独特能力，而企业在主营业务中能够创造出新的产品和服务的能力叫作核心能力。核心能力的进一步含义是经过长期积淀而形成的竞争对手几乎（或近期内）无法模仿的，并可以使企业在市场中取得主动权的特殊能力。

如果企业没有足够的核心能力来分配与利用自身所拥有的有形资源与无形资源，再卓越的可持续发展战略也只能束之高阁，可以说企业的核心能力对于形成企业的竞争优势是十分关键的。为此，必须准确地分析企业所具有的能够构成竞争优势的核心能力。而且核心能力通常以企业内部的人力资本对知识的开发、传送和交流为基础，并随时间的推移而不断演变和发展。特别的是，很多类型的企业核心能力均是以员工的专业技能和知识为基础的，而且占主导的还是员工的专业技能。所以说，企业在开发和使用自己的核心能力，并最终形成自身的竞争优势时，人力资本的作用是不可被低估的。

总之与资源的基本特征相同，只有依靠核心能力，企业才能在获取、开发、整合和配置资源的过程中逐步形成自己的竞争优势。

13.3.3　价值链分析

企业的每项生产经营活动都是其创造价值的活动，这样一种创造价值的动态过程，即价值链。价值链分析方法可以帮助人们从更微观的层面来认识企业的能力。

价值活动是企业所从事的物质上和技术上的各项活动。利润是总价值与从事各种价值活动的总成本之差。如图 13-3 可知价值活动可分为两大类：基本活动和支持活动。基本活动涉及产品的物质创造及其销售、转移给买方和售后服务等各种活动，而支持活动是辅助基本活动的活动，主要通过提供外购投入、技术、人力资源以及各种公司范围的职能支持基本活动。价值活动由竞争优势的各种相互分离的活动组成。价值链包含一个“边际利润”，因为在成本的上方有一部分是由购买者支付的附加价值，即为了回报生产者所做的努力而产生的新的价值。

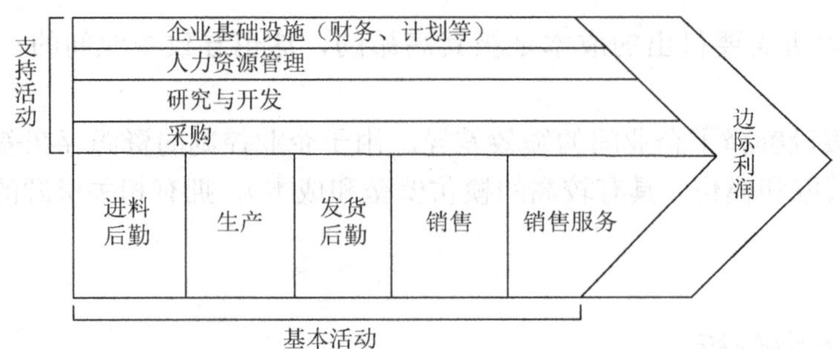

扫一扫 看图片

图 13-3 波特价值链模型框架图

应用价值链分析来识别企业核心能力过程中，以下四个方面的能力需要关注。

（1）创新能力。为实现企业战略，在知识、产品、技术等方面的创造性活动。

（2）应变能力。体现在对外部环境的适应能力和内部环境的协调能力。

（3）整合能力。对人员、资金、材料、设备等各种资源进行有效利用的能力。

（4）转化能力。将发明和技术等新成果转化为产品或现实生产力的能力。

13.3.4 SWOT 分析

SWOT 分析模型是制定企业战略的一种有效方法，指的是对于优势（strength）、限制（weakness）、机遇（opportunity）和挑战（threat）的分析（图 13-4）。其核心思想是把企业内部环境和外部环境结合到一起，作为战略制定的依据。通过对企业内部优势、限制和企业外部环境的机遇、挑战进行系统的分析，选择适合企业发展的综合型战略。

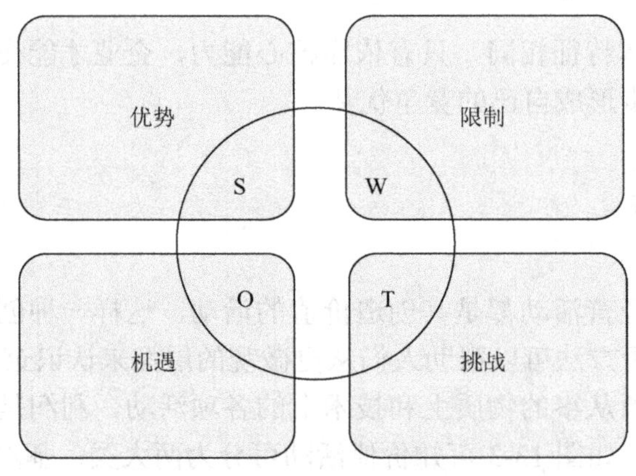

扫一扫 看图片

图 13-4 SWOT 分析模型框架图

优势和限制反映的是企业自身所具有的长处和存在的不足，通常可称之为内部因素。优势既包括企业客观条件上的特色优势，也包括通过主观经营努力可以形成的类比优势，还包括外部人为因素所构成的注入因素。限制既包括企业客观条件上的限制，也包括实践中尚存在的弱点和需要克服的问题，还包括外部人为因素所构成的制约。机遇和挑战是指企业所面临的外界的有利形势和不利因素。机遇既包括外部条件注入所提供的机会，也包括发挥自身优势可以创造的机会。挑战，也可称之为威胁，既包括外部可能存在的不利因素，也包括内部处理不当可能产生的不利因素。

综上所述，SWOT 分析可以帮助我们全面了解企业的内部优势，同时揭示可能面临的限制和问题。通过分析这些因素，企业决策者可以制定企业战略，提高企业的竞争力和可持续发展能力。

13.4　企业气候可持续发展战略管理

企业气候可持续发展战略管理是一个复杂而系统的过程，涉及多个方面，包括可持续发展战略制定、执行、控制等。这些方面相互关联、相互影响，共同构成了企业气候可持续发展战略管理的核心内容。由于其涉及多个方面，企业需要在实践中全面把握可持续发展战略，并对战略过程进行有效整合。企业通过不断优化和完善战略管理体系，提升自身的核心竞争力并最终实现可持续发展的长远目标。

13.4.1　战略管理的层次

企业气候可持续发展战略管理可以划分为三个层次，分别是企业总体战略、企业竞争战略和企业职能战略。

1. 企业总体战略

企业总体战略是指对企业全局发展的总体的、长远的规划，是企业最高层次的战略。它主要关注企业的目标和使命，以及为实现这些目标而采取的重大行动方案。总体战略通常包括企业愿景、使命、核心价值观、战略目标、战略举措等内容。

企业总体战略统领全局，擘画了企业的发展思路与方向，明确了企业当前及未来业务的增长方式，是企业战略成功的关键。企业实施专业化战略能充分利用企业在某一特定领域内的优势，提高产品市场占有率，获取较高的利润。同时一体化也是企业实现增长的重要形式。在企业各业务之间，总体战略需要突出多元化，充分体现相互协同，从而发挥“母合优势”。战略协同是企业制定战略和实施战略的最基本原则，企业在培养自身核心竞争力时需要聚焦自身业务，并且坚持战略协同。

2. 企业竞争战略

企业竞争战略是指企业在市场竞争中为了获得竞争优势而采取的战略。它主要关注企业在特定行业或市场中的定位和竞争策略，以及如何与竞争对手展开竞争。竞争战略包括成本领先战略、差异化战略和聚焦战略等。竞争战略的意图是确保企业在行业竞争中处于一个有利的、持久的地位。

成本领先战略实现企业低成本优势的方法主要有两种：一是控制成本驱动因素；二是重构价值链。差异化战略的目的是形成企业差异化优势，其驱动因素包括政策选择、联系、时间性、位置、相互关系、学习模仿、一体化、规模和制度等几方面。企业通过产品、服务、人事和形象可以实现差异化。聚焦战略可以分为成本聚焦战略和差异化聚焦战略两种形式，成本聚焦战略的竞争优势是低成本，差异化聚焦战略的竞争优势是差异化。

3. 企业职能战略

企业职能战略是指企业各个职能部门为了支持总体战略和竞争战略的实施而制定的具体战略。它主要关注各个职能部门如何发挥其在企业运营中的作用，如人力资源战略、营销战略、财务战略、生产战略等。职能战略通常包括人力资源规划、市场营销策略、财务规划、生产流程优化等内容。

在企业战略管理中，各个层次之间的协调和配合非常重要。总体战略需要与竞争战略和职能战略相互配合，以确保企业的整体运营效率和竞争优势。同时，企业还需要根据内外部环境的变化及时调整各个层次的战略，以保持其适应性。

13.4.2 战略制定

企业战略制定是企业战略管理的核心环节，它涉及企业的长远发展和整体运营。

1. 企业战略制定的框架

框架的第一阶段是信息输入阶段，即战略分析阶段，其主要任务是提供战略匹配阶段所需要的内外部环境条件信息。

第二阶段是战略匹配阶段，该阶段主要是根据搜集的信息匹配企业应该采取什么样的战略。企业需要对外部环境和内部资源进行深入分析，识别机遇和威胁，评估自身的优势和限制，以便找到适合自己的战略方向。同时还需要对竞争对手的战略进行分析，以便找到自身的竞争优势和不足之处。在战略匹配阶段，企业需要综合考虑各种因素，如市场趋势、客户需求、技术发展等，以确定适合自身的战略方向和重点。同时还需要根据自身的情况进行组织结构调整、资源配置等措施，以确保战略的实施和落地。

第三阶段是战略评价与选择阶段，即战略决策阶段。该阶段是企业战略管理的核心环节，它涉及企业的长远发展和整体运营。在战略决策阶段，企业需要对各个战略方案进行评估和选择，以确定最终的战略方向和重点。这个阶段需要采取风险评估、财务分析、组织结构调整、资源配置等措施，以确保战略的实施和落地。

2. 企业战略制定的原则

其一，择优原则。企业战略制定需要具有选择性。如果只有一个方案，就不能进行选择。在制定企业战略的过程中，企业需要对多种企业战略方案进行评价，对多种可行的战略做出决断，最终选择并制定出最合适的企业战略。

其二，综合平衡原则。企业战略的制定需要遵循代价、效益和风险度相互协调、统筹兼顾的原则。在制定企业战略的过程中，战略决策者主要考虑三个因素，即战略方案要付出的代价、所能取得的效益及实施方案的风险程度。理想的战略应当是代价最小、效益最高、风险度最小。然而在实际中，由于环境条件的错综复杂，不可能三者都处于理想的境地，更何况这三个因素往往相互制约，产生矛盾。因此要对三者进行协调，使其达到平衡。

其三，协商原则。集思广益是良好的决策方法，在制定企业战略的过程中，应让制订备选战略方案的研究者进行充分的表述与探讨，决策者切不可急于发表倾向性意见。应当在广泛听取意见、坚持公平立场的基础上最终做出企业战略的制定。

3. 企业战略制定的影响因素

其一，企业战略的可行性。企业战略既要能鼓舞人心，又要具有实现的可行性。例如，如果战略缺乏足够的资金，或者企业管理者和员工对战略成功与否漠不关心，该战略就难以执行。

其二，企业战略的一致性。企业战略是由若干个经营单位战略组成的，如果公司战略的各个部分各自为政、互不协调甚至出现冲突，企业战略的制定就难以为继。

其三，企业战略的匹配性。企业战略在实施过程中，需要企业资源与能力的大量投入，企业在进行战略制定时，应对每一类资源和能力加以分析、评价，以确定能够满足战略实施需要的程度。

4. 波士顿矩阵分析模型

波士顿矩阵（BCG matrix）是由美国著名的管理学家、波士顿咨询公司创始人布鲁斯•亨德森于 1970 年首创的一种用来分析和规划企业产品组合的方法。这种方法的核心在于要解决如何使企业的产品品种及其结构适应市场需求的变化，同时为了保证企业收益，如何将企业有限的资源有效地分配到合理的产品结构中是企业能否在激烈竞争中取胜的关键。

波士顿矩阵分析模型认为决定企业产品结构的基本因素有两个：市场引力与企业实力。市场引力包括整个市场的销售量、增长率、竞争对手强弱及利润高低等，这是决定企业产品结构是否合理的外在因素。而企业实力包括市场占有率、技术、设备、资金利用能力等，其中市场占有率是决定企业产品结构的内在要素，它直接显示出企业竞争实力。市场引力与企业实力相互影响，又互为条件：市场引力大可以显示产品发展的良好前景，同时企业也应具备相应的适应能力，实力较强，如果仅仅市场引力大，而没有相应的企业实力，则说明企业尚无足够实力，则该种产品也无法顺利发展；相反，企业实力强，而市场引力小的产品也预示了该产品的市场前景不佳。

从市场占有率和销售增长率角度出发运用波士顿矩阵分析模型的框架图如图 13-5 所示。

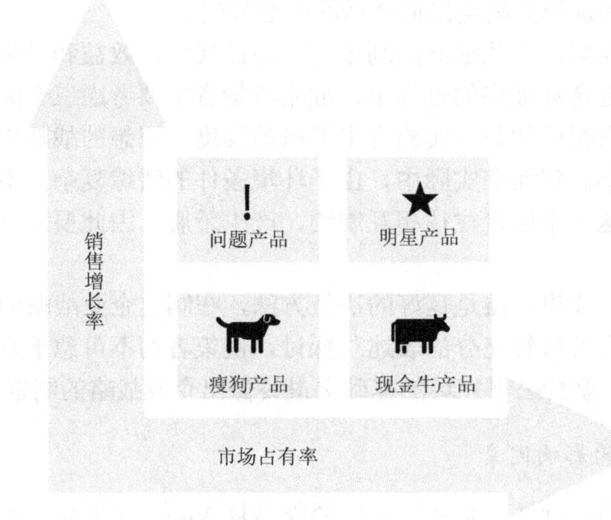

扫一扫　看图片

图 13-5　波士顿矩阵分析模型框架图

通过市场占有率与销售增长率这两个因素相互作用，可以将企业产品分为四种不同性质的类型，从而区分出不同的产品发展前景。

（1）销售增长率和市场占有率双高的产品群，即明星产品。

（2）销售增长率和市场占有率双低的产品群，即瘦狗产品。

（3）销售增长率高、市场占有率低的产品群，即问题产品。

（4）销售增长率低、市场占有率高的产品群，即现金牛产品。

针对四种不同性质的产品，企业战略的制定也需要有针对性，可以分为如下四类。

（1）发展战略。该战略目的是扩大产品的市场份额，在战略实施过程中为了达到战略目标甚至不惜放弃近期收入。这一战略常适用于问题产品，企业要使其成为明星产品，产品市场占有率必须有较大增长。

（2）维持战略。该战略目的是要保持产品的市场占有率。这一目标适用于强大的现金牛产品业务，通过该战略使企业继续获得大量的现金流量。

（3）收获战略。该战略目的在于增加企业短期现金收入，而不考虑长期影响。这一战略适用于处境不佳的现金牛产品业务，这种业务前景黯淡而又需要从它身上获得大量现金收入。同时，该战略也适用于瘦狗产品业务。

（4）放弃战略。该战略即出售或清理产品业务，以便企业把有限资源转移到更需要的产品业务上。它适用于瘦狗产品业务，这类业务常常拖企业盈利的后腿。对于产品处于明星产品位置的，企业应珍惜机会，加强力量，同时面对处于瘦狗产品位置的，如果企业没有非常站得住脚的理由来维持该产品业务，就必须坚决放弃。

13.4.3　战略执行

“临渊羡鱼，不如退而结网”，企业的可持续发展战略如果仅仅停留在想法或者制定阶段而不付诸执行，制定得再完善的战略对企业来说也是没有任何价值的。只有战略转化为执行的行动，被企业的每个员工理解并执行，战略的价值才会得到真正的体现。战略执行是战略管理的行动阶段，常被认为是企业气候可持续发展战略管理过程中难度最大的阶段。战略执行成功与否的关键在于企业的每个员工是否都能熟知、理解企业的可持续发展战略并能为战略的成功执行实现做出自己的贡献。

1. 战略执行的关键问题

在企业气候可持续发展战略执行过程中，需要在以下三个方面下力气。

一是完善组织架构，针对企业设定的不同的可持续发展战略类型，企业需要选择构建并完善合适的组织结构。举例而言，在实施低成本领先战略时，企业经营的重点在成本控制上，可能要求机械的组织控制系统，表现为工作责任清晰，需要经常对组织效率和成本进行报告，说明预算和支出的责任等。相对应地，使用差异化战略的企业则需要具备维护创造力和能够迅速应对生产经营中出现的问题的组织结构，常常表现为结构更具系统化，实行松散的控制，在非集中的结构内鼓励创造性。

二是完善资源分配。企业需要先弄清哪些价值活动对企业可持续发展战略的成功实施最重要，并且在规划时给予高度关注。举例而言，成本领先战略要求将资源分配的重点放在注重成本和效益的生产与工艺上，使其有能力进行再投资以保持这种优势，同时也可以将资源分配重点放在实现简单化和低成本的销售系统上。采取差异化战略的企业则可能会要求在各种不同的技术、能力等方面分配资源，如较强的营销、研究和创新能力。

三是宣传企业价值观。在企业气候可持续发展战略实施中，由于需要企业全体员工共同执行战略，因此对契合企业战略的企业价值观进行宣传有利于企业整体战略的执行。例如，在一个执行成本领先战略的企业中，企业需要下力气宣传成本节约的企业价值观，而在执行差异化战略的企业中，培养并宣传创新的企业价值观则显得尤为重要。

2. 战略执行的基本原则

为了保证企业气候可持续发展战略的顺利执行，在面对战略执行过程中出现的问题时，以下三个基本原则可以作为企业执行战略的依据。

一是统一原则，即企业气候可持续发展战略的执行应当在企业高层领导人员的统一领导、统一指挥下进行，并在此基础上进行资源分配、组织机构调整、企业文化建设、信息沟通及控制等，即使企业各部门在战略执行的过程中出现问题，也能在小范围、低层次解决这些问题。统一原则看似简单，但在实际战略执行过程中，企业由于缺少自我控制或自我调节机制不完善，常常出现违背这一原则的情况。

二是适度原则。“过犹不及”，由于企业在制定可持续发展战略的过程中，常受到信息局限、决策时限以及认识能力有限等的约束，所制定的战略也不是一定尽善尽美。在战略执行过程中，常常会由于内外部环境的变化，出现一些执行方面的问题，在此基础上，应当认为只要在主要的企业战略目标上基本达到了预定的目标，可持续发展战略的制定乃至执行就是成功的。由于可持续发展战略本身就是对企业原有战略的一定革新，如果执行中没有创新精神，不对执行战略时产生的矛盾与冲突进行协调与妥协，就无法有效地执行好企业制定的战略。

三是权变原则。与适度原则类似，如果企业在执行战略的过程中，内外环境发生重大变化，以致原先制定的可持续发展战略不可能实现，这时即需要对原定的战略进行重大的调整，权变原则应当贯穿战略执行的全过程，对于战略执行中的关键变量，应对其做灵敏度分析，一旦关键变量的变化超过一定的范围，就应当调整原定的战略，并准备相应的替代方案，努力提高企业的应变能力。

3. 战略执行过程

企业在将既定的战略付诸执行的过程中主要包括以下三个方面的内容：制定职能战略；企业战略的分解与管理；通过预算分配资源。

一是制定职能战略，正如 13.4.1 小节所述，企业职能战略是企业执行总体战略和竞争战略的重要工具。职能战略是由企业各关键职能部门所制定的，用以明确这些部门在近期如何具体管理，保证总体战略和竞争战略的顺利实施。

二是企业战略的分解与管理。企业战略的分解包括横向与纵向展开，即将企业战略通过一定的体系进行细分。横向展开的企业目标体系，常分别将设定的各项企业气候可持续发展战略进行展开。而纵向展开的企业战略体系则按企业的组织系统展开，即把公司战略逐渐落实到各个层次、各个部门及各类人员，从而与企业的组织结构相对应。企业战略管理则是把企业战略全面、彻底和逐层地委派给各个员工，使其对完成上一级的战略负责，这有利于加强各职能领域之间的协调合作，也可切实保证企业战略的顺利实施。

三是通过预算分配资源。企业预算是一种用财务指标衡量的，用以反映企业战略，有关预期成果或要求的文件。通过预算对资源进行分配是企业分配资源的主要方法之一，可以调节企业内部各经营单位获取资源的水平，进而影响内部单位竞争实力。

13.4.4 战略控制

企业战略控制是企业为了实现其战略目标，对战略执行过程进行监控和评估，并对出现的问题进行调整和改进的管理活动。

1. 企业战略控制的特点

企业战略控制具有渐进性、交互性、系统性等特点。

一是渐进性，由于企业所制定并执行的可持续发展战略本身是渐进的，即经过企业的一系列内部决策和一系列外部事件逐步得到发展所形成的，因此企业战略控制也需要用渐进的方式来进行。企业管理者谨慎地、有意识地以渐进的方式对企业战略加以控制，以便能够与新出现的内外部情况相吻合。

二是交互性。企业面临着多样的相互依赖的环境控制等因素，这决定了对于企业战略控制而言，留有足够的时限，对其进行适当的检验、反馈和动态发展，有利于企业战略的整体执行。

三是系统性。由于有效的企业战略一般是从一系列制定战略的子系统中产生的，且由于主要子系统的进度千差万别，不可能一下提出同时能顾及所有领域的企业整体战略，因此在实际战略控制中，管理者常常使主要的子系统的行动不失去控制，保持一定的系统性，以适应未来可能的变化，并避免企业战略执行的自相矛盾。

2. 企业战略控制的原则

为了能够实施正确而有效的战略控制，保证企业实际工作成效符合战略的要求，更快实现企业战略，企业在战略控制过程中必须坚持以下原则。

其一，全面控制原则。从系统角度对战略涉及的所有领域和活动实施控制。由于整体系统的功能大于系统的各子系统，各子系统或系统要素是互相联系的，战略控制也必然密切联系。只有把握全面控制原则，对整个企业进行全面、综合的管理，才能更有效地实现企业战略控制的目的。

其二，分层控制原则。由于企业生产经营环节多、战略控制的任务十分繁重，如果所有控制都由管理者个人处理，难免会出现顾此失彼的情况。分层控制要求发挥各个管理层次的作用，做到标准分层制定、信息分层传递、权力层层下放等。

其三，适时、适度控制原则。适时控制要求企业战略偏差一旦发生，能够迅速发现并及时纠正。适度控制则要求控制工作具有灵活性，无论是控制标准的掌握，还是纠正措施的运用都要注意适度，从而给战略执行者一定的回旋余地与弹性。

其四，综合控制原则。综合控制要求管理者综合各种控制方法和手段的优点，在控制方法方面，将事前、事中及事后控制结合起来；在控制主体方面，将上级主管控制、专职部门控制、关联部门互相监督与自我控制结合起来；在控制手段上，将企业行政手段、经济手段乃至文化手段结合起来。

3. 企业战略控制的过程

企业战略控制的一个重要目标就是使企业实际的经营情况符合事先制订的战略计划，且企业战略控制过程可以分为以下四个步骤。

其一，制定绩效评价指标。企业对已制定的企业战略进行评价，并明确应当实现的实际效益。针对企业目前需要努力的方向，将更多精力与资源投入到可以确保企业战略执行成功的领域中。销售额、净资产销售成本、价值增值、产品质量、市场占有率、销售增长率和劳动生产率等常作为企业实际效益的衡量标准。

其二，衡量实际绩效。管理人员需要收集和处理数据，对企业战略进行具体的职能控制，并制定出具体的效益衡量方法以及衡量的范围，对企业实际效益进行衡量，保证衡量的有效性。

其三，评价实际绩效。在衡量出实际绩效后，企业要将实际绩效与步骤一所得到的计划绩效相比较，寻找两者之间的差距，并尽量分析出形成差距的原因。在实际操作中常使用一些财务比率指标（如股本收益率、投资收益率、市场占有率、销售增长率等）作为实际绩效评价的指标。而这类比较方法具体有三种，包括对本公司的不同时期进行比较、对与本公司有竞争关系的公司进行比较以及与同行业平均水平进行比较等。

其四，调整战略执行。在对实际绩效进行评价后，企业应考虑采取调整措施，以适应变化的内外部条件，并通过调整与权变使企业取得未来更具有竞争力的战略定位。在企业生产经营活动中，一旦外部环境出现机遇或风险，企业就应当相应地调整战略执行。

13.5 企业新能源使用战略

能源是自然界中能为人类提供形式能量的物质资源。从物理学的角度来看，能源是可产生热量、电能、光能和机械能等各种能量及可做功的物质统称。能源是现代经济的重要支撑，是人类社会生存和发展的重要基础，对经济和社会发展起着不可或缺的重要推动作用。

随着人类社会工业化水平的不断提高，作为社会经济的物质基础，煤、石油、天然气等化石燃料的需求越发突出，全球传统化石能源面临枯竭已是不争的事实，供需矛盾越来越突出。根据2018年《世界能源统计年鉴》的分析，2017年一次能源消费量平均增长2.2%，创下2013年以来的最快增速，而过去十年（2008～2018年）的平均增速为1.7%。在传统能源储量方面，到2017年全球探明石油储量下降5亿桶（–0.03%）至1.697万亿桶，按照2017年产量水平测算，这只够满足世界50.2年的需求；截至2017年底，已探明全球天然气储量为193.5万亿立方米，按照当年水平测算，只够满足世界52.6年的需求，而全世界探明煤炭储量目前也只能满足134年的全球需求。由此可见，目前探明的传统化石能源也只能满足人类百余年的生产需求。

13.5.1 新能源的种类和特点

新能源，又称非常规能源，是指传统化石能源之外的各种能源形式。新能源包括刚开始开发利用或正在积极研究、有待推广的能源，如太阳能、地热能、风能、海洋能、生物质能和核聚变能等。新能源的使用既是整个能源供应系统的有效补充手段，也是环境治理和生态保护的重要措施，是满足人类社会可持续发展需要的最终能源选择。新能源中最主要也是目前最常用的是风能和太阳能。

随着技术的进步和可持续发展观念的树立，过去一直被视作垃圾的工业与生活有机废弃物被重新认识，并被作为一种能源资源化利用的物质而受到深入的研究和开发利用，因此，废弃物的资源化利用也可看作新能源技术的一种形式。

新能源按其形成和来源可以分为来自太阳辐射的能量，如太阳能、风能、水能、生物质能等；来自地球内部的能量，如核能、地热能；以及天体引力，如潮汐能等。

来自太阳辐射的能量是地球上所有生命的主要能量来源，其被地球上的各种生物和物质所吸收和利用。太阳能是指来自太阳的光能和热能，通过太阳能电池板等装置直接转换为电能。风能是由太阳辐射在不同地区造成不同的温度分布，从而产生气压差形成风，可以被风力发电机等装置转化为电能。水能是由太阳辐射引起水的蒸发和循环，形成水循环系统，水能可以通过水力发电等装置转化为电能。生物质能是太阳辐射通过生物质的媒介存储在自然界生物体中的能量。

来自地球内部的能量与来自太阳辐射的能量不同，核能与地热能并不依赖于太阳的光子或热辐射。核能可以分为核裂变能和核聚变能，前者是重原子核分裂释放出的能量，后者则是轻原子核聚合在一起形成的更重的原子核释放出的能量。重元素铀和轻元素氘、氚等原子核释放的能量，被转化为核能，从而被用于发电。地热能是指来自地球内部热能的能量形式，主要来源于地球形成时的剩余热量和地球内部放射性元素的衰变。地热能可以通过地热蒸汽、地下水等途径被提取出来，主要用于发电、采暖、农业等领域。

新能源按属性可以分为可再生能源（如太阳能、地热能、水能、风能、生物质能、海洋能），以及不可再生能源（如核能）。

新能源按转换传递过程可以分为一次能源，即在自然界中以原有形式存在的未经加工转换的能量资源，或解释为直接来自自然界的能源，如水能、风能、核能、海洋能、生物质能等；二次能源，即通过一次能源加工转化后再行利用的能源，如沼气、蒸汽、火电、水电、核电、太阳能发电、潮汐发电、波浪发电等。

具体的主要新能源种类与利用方式如表 13-1 所示。

表 13-1　主要新能源种类表

主要新能源种类	主要利用方式
太阳能	光伏发电、光热发电
风能	风电
生物质能	生物质发电、沼气、燃料乙醇、生物柴油
核能	核电
地热能	地热发电、地热供暖
潮汐能	潮汐发电

新能源具有以下特点。

（1）新能源资源丰富，能源的来源非常广泛，且普遍具备可再生特性，可以从自然环境中不断获取，供人类永续利用，在合理利用的情况下，不会对环境造成不可逆转的破坏，人类通过新能源可以获得可利用的长久生存资源。需要指出的是，新能源的开发和利用也可能会对环境产生一定的影响。例如，大型风力涡轮机的建设可能会对生态环境造成一定的影响，而太阳能电池板的制造过程中也可能会产生一定的环境污染。

（2）由于单位体积或单位重量的新能源储存的能量较少，新能源能量与石油、天然气等传统能源相比密度较低。例如，太阳能和风能的能量开发需要较大空间，依赖于大量的太阳能板或风力涡轮机来收集和储存能量。随着科技的发展和新能源技术的进步，新能源的能量密度也有望得到提高。

（3）与传统的燃煤、燃油等能源相比，新能源不含碳或含碳量很少，使用新能源可以减少对化石燃料的依赖，从而减少二氧化碳等温室气体的排放，因此对环境的影响也相对较小，对碳中和目标的实现有重要促进价值。同时，新能源的开发利用还可以促进能源的多样化，提高能源安全和稳定性。

（4）新能源资源分布广，开发的方向性不固定，有利于小规模分散利用。与传统的集中式能源供应相比，新能源的小规模分散利用可以降低能源的集中度和依赖度，提高能源的安全性和稳定性。同时，小规模分散利用也可以更好地适应不同地区的能源需求和资源条件，有利于提高能源的利用效率和减少能源浪费。

（5）新能源的开发和利用需要大量的研发和基础设施建设投入，包括风力涡轮机、太阳能电池板、储能系统等，而这些都需要花费大量的资金。由于新能源的能量密度较低，需要大量的能源收集设备，同时其发电存在一定的间歇性和不稳定性，需要配合储能系统使用，这些都会增加发电成本。因此目前除水电外，新能源的开发利用成本较传统能源更高。

13.5.2 企业新能源使用的现状

近年来，伴随着能源成本的上升和环保意识与责任的日益增强，越来越多的企业加快了对新能源的使用，以降低传统能源的消耗量和运营成本。目前，新能源在我国正逐渐得到越来越广泛的发展应用，但也还存在不少技术问题亟待解决。

（1）新能源来源。据统计，企业对新能源的使用比例逐年上升，特别是太阳能、水能、风能等可再生能源。其中，太阳能的使用范围比较广，主要用于光伏发电、热水供应等领域；水能主要用于水力发电与海水淡化，而风能在大型风电场和分布式风电系统中获得广泛应用。此外，企业在生物质能和有机废弃物等新能源方面也有积极应用；储能技术的快速发展也有力保障了企业对新能源的使用。新能源为企业提供了更为环保且可持续的能源选择。

（2）新能源利用。企业在生产经营的各个领域均开始充分利用新能源。例如，制造业企业利用太阳能与风能进行电力生产供应，交通运输企业使用电动汽车与新能源船舶进行运输生产，农业企业引入生物质燃料进行产品生产，以及航空企业采用可持续燃料，等等。

（3）政府为了鼓励企业在日常生产经营中使用新能源，制定了一系列支持和激励政策，包括税收优惠、补贴和低息贷款等，这些政策都为企业使用新能源提供了动力与支持。此外政府通过制定新能源发展的目标与计划，推动能源结构转型升级，这也有效提高了企业生产过程中新能源在能源结构中所占的比例。

13.5.3 企业新能源使用方式

1. 电力新能源

利用太阳能发电是企业的一种重要的新能源使用方式。企业可以通过在工厂等建筑物屋顶、可利用空地安装太阳能板收集太阳能，将其转化为电能，这不仅可以有效降低企业用电成本，也可以减少污染物和碳排放。

风能是一种清洁的能源，企业在大型风电厂和分布式风电厂安装风力发电机，有助于减少生产经营对传统能源的依赖并为企业提供可再生能源。

2. *液体燃料新能源*

生物柴油：企业通过利用废弃的动植物油脂，经过化学反应将其转化为环保的生物柴油作为替代传统燃料的新能源。例如，航空运输领域的可持续燃料等的应用，可以减少企业对传统化石燃料的依赖。

合成液体燃料：通过化学反应将二氧化碳以及其他废气转化为合成液体燃料，可以为企业提供新的燃料选择。

3. *热力新能源*

地热能：地热能是一种清洁和可再生的热能，企业在供暖和制冷的过程中利用地热资源的热能，相比较传统热力方式，具有更高的能源效率与较少的污染物排放。

工业余热、废热回收：工业企业在生产经营过程中不可避免地会产生余热和废热，企业将产生的余热和废热进行回收利用，并将其转化为热能，不仅可以减少废热和污染物的排放，提高能源利用率，也可以为企业提供替代传统能源的新型能源。

4. *环境新能源*

潮汐能：潮汐能是一种清洁能源，具备利用海洋潮汐资源的企业利用潮汐现象，建立潮汐能发电站，可以为企业提供清洁可再生的新能源。与传统的发电方式相比，潮汐能发电具有更高的能源效率和更少的污染排放。在潮汐能发电站中，潮汐能被转化为机械能，再经过发电机将机械能转化为电能。这些电能可以并入电网，为企业提供电力供应。同时潮汐能发电也存在一些挑战和限制。首先潮汐能发电站的建设成本较高，需要投入大量资金和技术支持。其次潮汐能发电的运行效率受到潮汐水位变化的影响，需要合理地调度和管理。此外，潮汐能发电还可能对周边环境和生态产生一定的影响，需要采取相应的环境保护措施。

13.5.4　新能源的使用对企业气候可持续发展绩效的影响

由于新能源除水电外的开发利用成本较传统能源更高，使用新能源往往会使企业产生额外的成本投入，对企业财务绩效造成负面影响。但同时，使用新能源也可以帮助企业提高能源效率，减少能源浪费，从而降低企业生产成本。企业通过开发新能源技术，可以提高技术创新能力与竞争力，有效改进与创新产品和生产技术，从而提高市场占有率与竞争力，提高企业财务绩效。使用新能源还可以帮助企业提高社会和公共形象。通过采用更环保和可持续的新能源，企业可以向社会展示积极的环境保护态度和行动，增强公众对企业的信任与认可，从而优化企业环境并提高企业的社会绩效。

13.5.5　企业新能源使用的案例分析

案例 13-1　特斯拉集团在光伏发电和废弃物回收上的新能源使用

特斯拉集团是一家全球领先的电动汽车和储能装备制造企业。在企业经营全流程中，特斯拉集团积极使用新能源，促进企业可持续发展。光伏发电部分，实现工厂太阳能电池板屋顶全覆盖，如得克萨斯州超级工厂的太阳能电池板安装，截至2022年末，已安装了32 400千瓦的太阳能电池板。作为新型的可作为能源资源化利用的工业与生活有机废物，特斯拉集团也进行了回收再利用，在2022年，特斯拉上海工厂只有7%左右的废弃物不可以回收。特斯拉在构建完整的能源产品生态的过程中，实现了从发电到储能全过程的新能源使用，实现了储能与可再生能源相结合的大规模应用，降低了产品成本。由于可再生能源（包括太阳能和风能）和电池储能将成为最为实惠的能源选择，伴随着产品成本的下降，消费者和企业均从新能源的使用这一转变中获得经济回报。

特斯拉集团在新能源，特别是在光伏与电池储能方面的大规模应用与企业的核心竞争力即电动汽车与储能装备制造相互紧密联结，企业在技术上的投入不仅促进了可持续发展战略的实施，也积极提升了企业核心竞争力。

案例 13-2　东方航空公司在可持续航空燃料上的新能源使用

东方航空公司是中国三大国有骨干航空公司之一，是由运营着的近800架飞机组成的现代化机队，全球最年轻的机队之一。可持续航空燃料是以废弃的动植物油脂、油料、使用过的食用油、城市生活垃圾和农林废弃物为原料，以可持续方式生产的替代燃料。相较于传统的化石燃料，可持续航空燃料从原材料收集到最终用户使用的整个过程中产生的碳排量最高可减少85%。2022年10月，东方航空公司接收了一架全新的A320neo飞机，其接收后的首次从天津飞往西安的飞行使用了5%的可持续航空燃料。此次交付使用的燃料来自“中国制造”，是由中国石化镇海炼化厂使用餐饮废弃油作为原材料炼制生产的，它也标志着中国可持续航空燃料工业装置实现了规模化生产。将农业废弃物、“地沟油”转化为可持续航空燃料是航空运输企业在新能源使用上的典型案例。

案例 13-3　药明康德公司余热回收领域的新能源使用

药明康德公司是一家为全球生物医药行业提供一体化、端到端的新药研发和生产服务的企业。药明康德公司南通基地对8台动物房空调机组开展空调热管热回收改造，采用三维热回收热管，在使用同一管径的情况下将工作流体传输质量提高至两倍到三倍，降低风冷热泵机组电能消耗，实现高效传热。此项目在2022年6月完成，年度节约电能700 000千瓦时。常州基地投产运行VAR39装置焚烧处理废液，处置过程中利用高温烟气通过锅炉进行热交换以回收蒸汽。2022年，该余热回收装置共减少外购蒸汽9.8万吨。无锡基地对空调机组新风处理段加装节能热管，实现余热回收。此项目于2022年7月完成，节约电能42 000千瓦时。瑞士的库威运营基地通过安装太阳能板，更换高效干式变压器、制冷系统，利用热回收以减少能源的消耗。除此之外，药明康德在业务发展中积极探索并推广可再生能源的使用，如风能、太阳能、地热能、潮汐能等，对于有地理优势的区域，针对性地进行推广和使用。同时，部分运营基地会采购绿电以积极应对减碳计划。

13.6　企业绿色创新发展战略

绿色创新是实现我国经济绿色低碳转型的核心力量，是实现经济高质量发展的关键抓手。通过对全产业链包括经营、服务等各个环节的实质性绿色创新，可以减少对自然资源的粗放攫取，降低对生态环境的日益破坏，提高对要素资源的配置效率，进而实现绿色发展的核心诉求，回应人类对健康美好生态环境的理想夙愿。

绿色创新也是一种知识密集型、高风险的企业经营活动，可以帮助企业实现经济、环境和运营效益的显著提升。绿色创新是我国实现碳达峰、碳中和目标的关键驱动力，是经济与社会绿色转型的基础支撑力。然而，绿色创新的内部结构错位、吸收绿色溢价能力有限以及固有的双重外部性等突出矛盾限制了绿色创新对企业气候可持续发展战略的带动作用，绿色创新所具有的“绿色”与“创新”的特有属性引发双高问题，即高融资成本和高风险性，成为企业气候可持续发展过程中的现实矛盾与困扰。

13.6.1　企业绿色创新的含义

绿色创新被学界或一些国际官方组织称作生态创新、生态气候保护的技术、绿色技术创新。在学术界，定义认同度较高的对绿色创新的定义是为了应对环境问题，并达到特定环保目的及可持续发展，包括涉及节能、污染预防、废物回收等方面的企业绿色产品设计和流程创新，以及企业在组织管理上的支持和创新。绿色创新应当是可持续发展的创新，可持续发展是绿色创新的方向和目的，而绿色创新则是可持续发展的手段与路径。不同于传统创新，绿色创新更强调采用新技术、新理念以实现资源的高效利用和污染的有效降低，同时获得相应的可持续发展绩效。

从内容细分，绿色创新既包括直接和间接的碳减排创新活动，也包括能效提升、绿色管理、末端治理以及绿色技术等创新活动。例如，企业建设绿色建筑，在设计、施工和运行等环节中，充分考虑节能、环保、经济和适应性等方面，建设实现人与自然和谐共生的建筑，减少碳排放，同时提高企业经营效率；碳捕获和储存则是指企业通过技术手段将工业排放中的二氧化碳捕获下来，并储存或加以利用，以达到减排的目的。

从绿色治理的环节细分，可以将绿色创新分为预防性治理绿色创新、治理过程管理绿色创新以及末端治理绿色创新。

预防性治理绿色创新旨在预防企业所造成的环境污染和资源浪费，而不是问题显现后再进行治理。预防性治理绿色创新通常包括那些能够减少能源消耗、减少废弃物排放和提高资源回收再利用的创新，如采用节能设备和技术、实施资源回收项目等。

治理过程管理绿色创新涉及对生产过程和组织管理方式的改进，如采用精益生产方法、建立环境管理体系、发展绿色供应链等。这些创新通常侧重于对生产和管理过程的持续改进，降低企业对环境的影响。

末端治理绿色创新主要针对企业已经产生的环境污染问题进行治理，如开发高效、低成本的废水处理技术、废气净化技术等。值得注意的是，末端治理绿色创新虽然在一定程度上可以减轻企业产生的环境问题，但往往不能从根本上解决问题。

根据绿色创新的规模和质量，可以将其分为数量型绿色创新与质量型绿色创新。

数量型绿色创新以数量和规模为导向，侧重于增加环保措施的数量和覆盖面，如开发和推广大量环保技术和产品，扩大环保项目的规模，等等。数量型绿色创新的优点是可以迅速地实施大量的环保措施，但可能忽略了环保的质量和效果。

质量型绿色创新注重环保措施的质量和效果，强调通过提高环保措施的效率和有效性来最大限度地降低环境影响，如开发高效、低成本的环保技术和管理方法，提高环保项目的效益等。质量型绿色创新的优点是可以最大限度地提高环保措施的效果，但需要更长的时间和更高的成本来实现。

从企业采取绿色创新的动机出发，可以将企业绿色创新行为分为以推动企业技术进步、获取竞争优势和环境绩效为目的的高质量绿色创新行为，即实质性绿色创新；以及以谋求其他利益为目的，通过追求创新的“数量”和“速度”来迎合政府相关政策制度的绿色创新行为，即策略性绿色创新。相较于策略性绿色创新，实质性绿色创新关注产品或技术的变革式创新，需要企业投入更多的资源、成本并承担更高的不确定风险。

13.6.2 企业绿色创新的特点

绿色创新是创新研究的新的分支领域，其具有创新的一般性特点，包括创造性、风险性、收益性、系统性、破坏性、路径依赖性等。

1. 创造性

创新最本质的特点，即新事物的产生、新产品的生产、新工艺的开发、新市场的开辟、新组织的形成。创新需要人们不断开拓思维，发现新的观点和方法，创造出新的产品或服务。

2. 风险性

这是创新的不确定性的表现，包括由原始设计构思不足带来的“先天不足”的设计风险，技术研发项目自身内含的困难性和复杂性带来的风险。创新项目的进展也可能会因为技术人员知识缺漏、技术瓶颈、研究资源不足、团队协作问题等因素而受阻，甚至可能出现研究方向错误或者研究成果不理想的情况。此外，创新成果转化为产品的过程中产生的创新应用风险也是不可避免的，这种风险主要来自市场接受度、产品化过程中的技术难题等因素，即使一项创新技术在实验室环境下得到了较完美的实现，但在实际应用中可能会遇到各种预料之外的问题，如市场接受度低、成本过高等。

3. 收益性

收益性是创新的目的所在，只有实现商业价值的创新才具有真正的意义。企业通过创新获取差异性市场竞争优势而获得的增值性经济收益。只有实现商业价值的创新才具有真正的意义。通过创新，企业改进现有产品或服务，从而在市场上获得更大的竞争优势；通过创新，企业开发出全新的产品或服务，以满足市场的新需求，从而获得经济绩效；通过创新，企业提高生产和经营效率，提高产品质量和产量，从而在市场上获得竞争优势；通过创新，企业发现并创造新的市场机会，从而在新的市场领域中获得份额和商业价值。

4. 系统性

系统性主要指创新是一个复杂的系统工程，要求所囊括的各要素之间的整体协调性和统一性，如人员、资源、技术、市场等，这些要素之间需要保持整体协调性和统一性才能实现创新的成功。企业需要制订合理的创新计划和策略，包括明确创新目标、制订实施方案、分配资源、协调人员等。此外还需要根据市场变化和创新风险对计划和策略进行及时的调整和优化，以保持创新的持续性和稳定性。

5. 破坏性

破坏性即非常著名且被广为推崇的“创造性破坏”论断，就是用新公司和新产品取代旧公司和旧产品，是对原有均衡状态的一种破坏和新状态的建立。创新能够改变现有的市场结构，推出新的产品或服务，以满足消费者的需求。企业作为创造性破坏的实践者，首先需要具备远见和勇气去挑战现有的市场格局和规则，其次需要善于利用新技术、新模式和新思维来推动创新与变革。此外，企业在组织架构和运营模式方面也需要进一步调整，以适应新的市场环境，并确保能够在竞争激烈的市场中保持优势。

6. 路径依赖性

路径依赖性即一项技术越被用户接受，或者一个机构越成熟，它就越有可能被进一步采用，这个过程受到如规模效应和干中学等因素的支持，通常会导致成本降低和效能改进，然而无论在技术框架还是制度框架层面，路径依赖都可能导致技术主导设计、制度惯性以及现有技术与制度的“锁定”。

除了创新研究的一般性特点，企业绿色创新还具有如下一些特殊方面。

1. 目标问题的公共性

由于环境恶化逐渐成为人类社会发展所面临的共同问题，因此绿色创新不仅仅是单纯的个体、企业或行业的问题，而是关乎全球发展的公共性问题。具体而言，学术界关于绿色创新问题的公共性研究主要体现在以下两方面。一是研究领域的多样性，学者从化工、建筑、汽车、农林渔业等领域研究了绿色创新的重要作用。二是体现价值观公共性的研究，绿色创新体现了一种战略性的企业社会责任感和价值观，强调了绿色创新与传统创新的区别在于企业创新活动对环境的影响，体现了人与自然之间的和谐相处。

2. 研究内容的多样性

绿色创新是紧贴时代变迁的创新活动，顺应了新经济时代由“增长”到“发展”的变化，其内容具有多样性。从企业视角来看，现有对绿色创新的研究既包括从技术层面进行的绿色产品创新（包括绿色产品设计、绿色材料、绿色包装等）、流程创新（包括绿色工艺、绿色设备、绿色回收处理等），也包括管理（机构变更、建立环境评估与管理系统等）和服务（如低能耗服务）等非技术性创新。从企业的供应链视角来看，绿色创新的内容还包括绿色供应链网络的构建等。

3. 实施过程的复杂性

绿色创新是一个复杂的过程，具体体现在两方面：一是对于产品而言，绿色创新不应该只体现在设计和生产环节，而应该在整个产品生命周期中都考虑对环境的影响；二是绿色创新过程涉及包括政府、服务提供商、供应链企业等众多参与主体，如何协调各方关系并进行有效合作也是绿色创新过程复杂性的体现。

4. 效益结果的外部性

除了创新活动本身所带来的溢出效应（如技术溢出和知识外部性），还包括外部环境成本带来的外部性，即绿色创新的结果具有双重外部性。也就是说，基于三重底线（满足环境-经济-社会绩效）的原则，绿色创新的结果不仅对企业绩效产生影响，而且会减少对环境产生的负面作用（减少负外部性），并且给社会带来正向影响，使他人和社会受益（正外部性）等。但是，“市场失灵”使得私人部门不愿意或者不能顺利进行绿色创新，政府有效干预成为绿色创新提高企业收益的必要手段。

13.6.3 企业绿色创新水平的测度

对企业绿色创新水平测度的指标一般分为两类：一类是微观层面衡量绿色创新的指标；另一类为宏观层面衡量绿色创新的指标。微观层面具有代表性的衡量指标较多，如绿色研发投入、绿色专利申请量或授权量和绿色专利引文数。宏观层面常用绿色全要素生产率来衡量，其计算方法为结合宏观投入、产出数据和行业污染物排放数据综合计算。这一指标并不像研发支出和专利数量那样直观且内涵丰富，而是属于间接指标，需要通过一定的方法计算而获得。

如果从投入-产出的角度对企业绿色创新水平进行测度。研发支出是绿色企业创新的必要初始环节，是创新投入量的重要核算指标，并且数据可以从上市企业年报获得，数据的可得性和完整性较高。另外，绿色专利授权数是企业绿色创新转化能力的重要指标。为了全面反映绿色企业的创新水平，绿色企业创新产出的转化能力是不可或缺的考核内容。因此，可以将研发支出作为企业绿色创新投入，将绿色专利授权数作为企业绿色创新产出对企业绿色创新水平进行测度。

目前关于绿色创新战略的测量量表多来自对环境战略或可持续发展战略等其他概念测量量表的改编，这些量表的目的是衡量企业在多大程度上采用了绿色创新战略。在设置绿色创新战略测量表的过程中，需要对企业不可再生材料的采购、能源消耗、废物与污染物排放、使用清洁能源等方面进行关注和具体衡量。

13.6.4　企业绿色创新的驱动因素

影响企业绿色创新战略的驱动因素有很多，总体上可以分为三类，即基于制度视角的研究、基于组织视角的研究和基于行为决策视角的研究。

（1）制度压力是推动企业绿色创新的重要动力，其可能来自政府、市场或其他利益相关者，如政府对环境保护的监管压力、社会对绿色环保的关注，以及消费者对绿色产品的需求等。这些制度压力促使企业为了生存和发展，必须采取绿色创新战略，以适应外部环境的变化。制度环境也是影响企业创新行为并以此提升企业竞争力的关键因素。波特假说提到，设计合理的环境规制政策能够为企业提供技术创新的信息和动力，从长期来看会为企业带来“创新补偿效应”和“先动优势”，对企业的绿色创新、环境保护行为、经济绩效和环境绩效均会产生正向影响。用以约束企业污染性行为、引导并监督企业实施环境治理的环境规制逐渐发展成为制度环境中的一项重要内容。值得注意的是，强制型政策与绿色创新战略之间的关系并不是简单的线性关系，适度的强制型政策能够很好地促进企业绿色创新战略的实施，但强制型政策过高或过低，均会引起企业不选择采用绿色创新战略。

（2）基于组织视角，企业的资源、能力等组织特性对其实施绿色创新有显著的影响。组织冗余作为组织中可被随意利用的潜在资源，能够有效地促进企业的创新和变革行为，有利于企业在绿色创新实践方面进行探索。相比之下，资源匮乏的企业更愿意将有限的资源投入到与企业生产经营活动关系更加密切的关键经营领域，而对其他绿色创新计划的投入可能被视为奢侈行为。企业的独特资源，包括企业的技术与管理技能、持续创新能力以及绿色文化等也能够通过促进组织能力的提升，进而为企业采用绿色创新战略带来积极影响。此外，企业所处行业的发展情况，以及企业规模、性质等因素也会对企业的绿色创新产生影响。

（3）基于行为决策视角，企业的管理者和利益相关者（供应商、消费者、股东、员工等）对公司绿色创新战略的实施能起到关键作用。管理者是绿色创新战略实施的主要推动者和执行者，他们的决策和行为（如高管的环保意识与承诺、企业环境领导力）将直接影响绿色创新的成功与否。企业的利益相关者对绿色创新战略的实施也有重要影响，如供应商提供的产品和原材料的质量和可持续性、消费者的偏好和对环保产品的需求以及来自投资者和企业员工的参与均是影响企业绿色创新战略的驱动因素。

13.6.5　绿色创新对企业气候可持续发展绩效的影响

绿色创新战略是企业实现可持续发展、打造企业自身独特竞争优势的重要途径，是一种强调自然环境、经济、社会三者和谐发展的企业战略。早期研究曾认为实施绿色创新会使企业产生额外的成本投入，加重企业运营负担，对企业财务绩效造成负面影响。随着“创新补偿效应”理论的提出，绿色创新被认为也会给企业带来竞争优势。企业可以通过技术革新降低成本投入，创新产品生产，不断地研发和采用更环保、更节能的技术和设备，这不仅可以提高企业的生产效率和产品质量，还可以推动企业的技术进步和产业升级，增强企业的核心竞争力。此外，企业对资源的有效利用、污染物排放的减少以及将废物转化为可回收的产出也可以提升企业的经济绩效。

绿色创新还可以对企业的品牌知名度和形象提升起到帮助。在环境保护日益受到重视的背景下，企业的品牌形象和美誉度对于企业的发展至关重要。企业积极参与环保事业、推行绿色创新，可以展现出企业的社会责任感和环保意识，增强消费者对企业的信任和认可。绿色创新可以为企业带来无形资产，即提升企业品牌的绿色声誉，增强顾客对品牌的认可度和忠诚度。

同时，绿色创新能够促进企业内部的学习与协作，以及企业间的合作与共享，进而有助于企业创新能力的提升及相关创新活动的顺利实现。绿色创新也可以提升企业的政策敏感性，在政府政策引导和约束下，绿色创新能为企业提升环境领导力、品牌竞争优势，这能够有效增强企业的社会绩效，而管理者的行为能够在企业中形成长期的无形价值，最终也将体现在企业社会绩效上。

13.6.6 企业绿色创新的案例分析

案例 13-4 海螺水泥集团绿色创新案例

海螺水泥集团的主营业务为水泥、熟料、骨料及商品混凝土的生产、销售。其水泥产品广泛应用于铁路、公路、机场、水利等重点工程和基础设施建设以及城市房地产开发、农村市场和水泥制品。

在预防性治理绿色创新和末端治理绿色创新部分，为了减少在生产过程中的污染物，特别是硫与硝等物质的排放，海螺水泥集团积极采取脱硫脱硝绿色技术创新。探索了湿法脱硫、纯石粉制备技改，力求不断提升脱硫效率。在脱硝方面，在全面推广高效精准选择性非催化还原脱硝的基础上，自主研发了国产选择性催化还原法技术，使整体脱硝效率可达到 80%～95%，并可在兼顾氨逃逸达目标的前提下实现氮氧化物超低排放。此外，海螺水泥集团大力实施节能改造、推进清洁能源项目建设、推广应用节能材料、推进替代燃料技改、探索碳捕集利用技术、探索绿电制氢技术等。

在治理过程管理绿色创新部分，海螺水泥集团加强绿色矿山与智能化矿山管理，实现矿产资源开发与生态环境保护协调发展。开展“绿色工厂”“绿色矿山”“绿色供应链”创建。

案例 13-5 伊利集团的绿色创新

伊利集团是中国规模最大、产品品类最全的乳制品企业。伊利集团在行业内首创三级研发体系，各级研发平台相互配合，持续提升创新研发能力，以创新驱动产业发展。截至 2022 年，伊利集团全球专利申请总数、发明申请总量位居世界乳业第二名。其在治理过程管理绿色创新部分（图 13-6），通过集团公司下设“可持续发展委员会—可持续发展管理办公室—可持续发展关键议题工作组”，形成“决策层—组织层—管理推进层—执行层”自上而下的四层管理架构，明确可持续发展工作目标，深化各部门对可持续发展的思想认识，推进覆盖全公司的可持续发展管理指标体系，执行及落地可持续发展举措。同时，伊利集团搭建了公司的碳管理体系，通过系统的碳排放数据盘查和碳足迹的评估，建立碳中和量化目标。公司采用数字化管理手段，开展供应链的碳摸底盘查工作，实现了全产业链的产品碳足迹的核算和评估，带动产业链可持续发展。

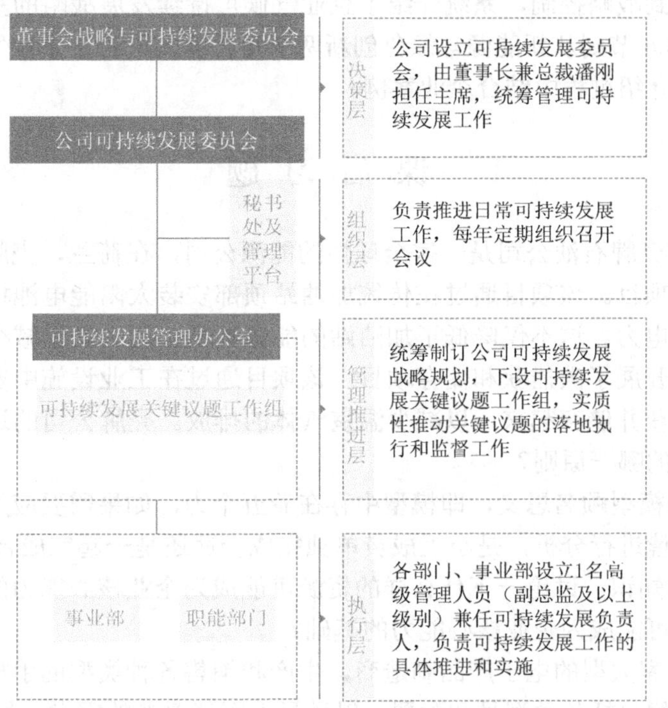

图 13-6　伊利集团治理过程管理绿色创新框架图

在预防性治理绿色创新和末端治理绿色创新部分，伊利集团打造数字化包装创新研发平台，开发了轻量化产品包装，研发可持续包装材质和技术，打造低碳环保包装。其经营过程中采用节能新技术（如热泵技术等）、高能效等级的设备，从而降低了生产过程的能耗以及减少碳排放量。一系列包括锅炉煤改气、分布式光伏、绿证办理、能效提升、生产工艺减碳等新技术的应用，使其竞争优势凸显，社会形象与品牌美誉度提高。伊利集团加强对各类废弃物进行分类管理，对危险废弃物、一般固体废弃物、污泥、废料、不合格产品等进行储存和转移并实时记录。在固废回收利用、污泥减量化、污水收集与处理等方面，伊利集团专注于绿色创新。

伊利集团发起“伊利奶盒回收计划”，截至 2022 年底，已在杭州市内 6 家菜鸟驿站成功跑通奶盒回收、再造链路，将奶盒回收做成作业本、桌椅、教材、足球等；打造“全链路减碳数字化系统”，消费者将伊利牛奶空盒放进菜鸟驿站内的回收箱，扫码后关联菜鸟账户，就能得到相应的绿色能量积分；开展消费者教育计划，倡导更多人参与奶盒回收，发动菜鸟视频号、封面新闻等，新媒体阅读总量超过 2900 万，视频播放量超过 280 万，触达更多中国消费者，提高了伊利集团的社会美誉度。

13.7 本 章 小 结

本章从企业气候可持续发展战略的角度出发，13.2 节和 13.3 节系统介绍了企业外部和内部环境分析。13.4 节对企业气候可持续发展战略管理进行讨论，整体框架从战略制定到战略决策再到战略控制，系统介绍了企业气候可持续发展战略的基本概述与具体内容。13.5 节与 13.6 节则从新能源与绿色创新两个角度深入讨论了企业气候可持续发展战略的实际应用，介绍过程中结合企业案例。

课 后 习 题

1. 荷兰皇家壳牌石油公司是一家全球性的能源公司，在荷兰，壳牌公司投资了一种太阳能辅助能源项目。该项目通过在传统加油站顶部安装太阳能电池板，利用太阳能为加油站提供部分电力。这不仅降低了加油站的能源消耗，还有助于减少碳排放。除此之外，壳牌公司还开展了碳捕获和储存项目。该项目通过在工业设施中安装捕获设备将排放的二氧化碳捕获并储存起来，以减少温室气体的排放。壳牌公司的这些举措体现了可持续发展战略中的哪一原则？

2. 波特五力模型顾名思义，即模型中存在着五个力，如果需要应用波特五力模型对企业所处行业环境进行分析，是小组成员单独完成合适还是一起完成合适呢？

3. 结合所学知识，讨论一下什么样的资源可能成为企业核心能力的基础？同时，什么样的资源不太可能成为企业核心能力的基础？

4. 假设有一家大型的电子产品制造商，生产和销售各种类型的手机、平板电脑和笔记本电脑。产品线包括各种型号和配置，以满足不同消费者的需求，如下所示。

A 产品线：高端手机和平板电脑。这些产品在市场上拥有高份额并且年增长率也很高。

B 产品线：中低端手机和笔记本电脑。这些产品在市场上占据很大份额，但年增长率不高。

C 产品线：例如折叠手机或可穿戴设备，这些产品在市场上所占的份额相对较小，但年增长率很高。

D 产品线：老款手机和电脑。这些产品在市场上所占的份额很小，并且年增长率也很低。

请根据波士顿矩阵法分析模型对上述四类产品线进行分类并同时试着制定企业战略。

5. 微软是一家美国跨国软件公司，其在生产运营中大量使用新能源。微软致力于开发和推广太阳能、风能等清洁能源。它通过投资和合作，在多个国家和地区建设太阳能发电站、风力发电场等项目，以增加对清洁能源的供应。此外，微软还积极探索和开发新的清洁能源技术，如燃料电池、地热能等。请结合所学知识，将案例中所提到的能源形式进行分类。

6. 阿里巴巴集团是一家中国互联网科技公司，也是全球最大的电子商务平台之一。在绿色创新方面，阿里巴巴也开展了一些卓有成效的工作。阿里巴巴通过技术创新和模式创新，推动绿色物流和循环经济发展。例如，它推出了“菜鸟绿动计划”，通过优化物流系统和推广可再生能源，降低物流环节的碳排放。此外，阿里巴巴还利用大数据和人工智能技术，开发出智能化的绿色供应链管理系统帮助企业实现可持续发展。同时阿里巴巴在推广可再生能源和循环经济的过程中，需要面对技术和成本等方面的挑战。此外，在管理绿色供应链的过程中，也需要面对供应商、法律法规等方面的风险。请结合所学知识，谈谈案例中体现了绿色创新的哪些特征。

第 14 章　气候金融政策与监管

本章导读

随着全球气候变化问题的日益严峻，气候变化问题已经成了全球最为关注的问题之一。气候金融政策是指国家、地区或国际组织制定和实施的旨在应对气候变化和推动低碳经济转型的政策框架和措施。气候金融政策与监管是实现气候目标的重要手段，也是全球治理的重要领域。为了应对气候变化，各国政府、企业、社会组织和学者等各方面力量不断探索和推进气候金融政策与监管。本章旨在探讨气候金融政策与监管的相关问题，分析国际与中国气候金融政策制定的背景、目的、内容以及可能带来的影响和挑战，进而分析目前的气候金融监管体系并给出相关的案例。通过深入了解不同国家的政策和监管措施，将能够更好地理解全球气候金融的发展和相关挑战。

本章将重点探讨国际和中国的气候金融政策，并介绍气候金融监管体系及相关案例。14.1 节将介绍国际气候公约与协议，包括一些重要的国际协议，以及欧盟、美国、英国和亚太地区的气候金融政策。作为全球最大的温室气体排放国之一，中国的气候金融政策在应对气候变化、推动全球可持续发展等方面具有重要意义。因此，14.2 节将探讨中国的气候行动，以及国家层面、区域/机构层面的气候金融政策。14.3 节将介绍气候金融监管体系的构成和特点，以及国际和中国气候金融监管体系的发展情况。最后，通过案例研究，读者将深入了解具体的气候金融监管措施。14.4 节将介绍美国证券交易委员会发布的《面向投资者的气候相关信息披露的提升和标准化》、英国发布的《气候变化法案》以及中国生态环境部等九部委联合印发的《气候投融资试点工作方案》。通过对这些内容的学习，读者将更好地理解全球气候金融的发展趋势和重要性，并为未来的气候金融决策和实践提供指导。

14.1　国际气候金融政策

14.1.1　国际气候公约与协议

为了缓解气候问题，各国政府积极采取应对措施。目前主要的国际气候公约与协议有《联合国气候变化框架公约》《京都议定书》《巴黎协定》等。

1979 年第一次世界气候大会上，气候变化首次作为一个引起国际社会关注的问题被提上议事日程。联合国环境规划署和世界气象组织于 1988 年建立了 IPCC。1990 年 IPCC 发表了第一份气候变化评估报告，提供了气候变化的科学依据。以此报告为基础，联合国大会于 1990 年建立了政府间谈判委员会，开始进行气候变化框架公约的谈判。1992 年联合国环境与发展大会（即里约地球峰会）上，154 个国家签署了《联合国气候变化框架公约》。

《联合国气候变化框架公约》的目标是将大气中温室气体浓度稳定在防止发生由人类活动引起的、危险的气候变化水平上，呼吁缔约方在一定的时间内达到这一目标使生态系统可以自然适应气候变化，确保粮食生产不受威胁，并促使经济以可持续的方式发展。《联合国气候变化框架公约》将世界各国分为两组：对人为产生的温室气体排放负主要责任的工业化国家（通常称附录 I 国家）和未来将在人为排放中增加比重的发展中国家（通常称非附录 I 国家）。《联合国气候变化框架公约》所有缔约国都有义务编定国家温室气体排放源和汇[①]的清单，同时承诺制定适应和减缓气候变化的国家战略，在社会、经济和环境政策中考虑到气候变化。此外，缔约国还必须推动可持续管理、节能以及增强温室气体汇，包括森林和其他所有陆地、沿海和海洋生态系统。《联合国气候变化框架公约》还制定了一项资金机制以向发展中国家提供赠款或优惠贷款帮助它们履行公约、应对气候变化，如全球环境基金。1998 年，该公约第四次缔约方大会委任全球环境基金为其永久资金机制机构，每四年进行一次评审。资金机制向缔约方大会负责，缔约方大会决定气候变化政策、规划的优先领域和获取资助的标准，因此缔约方大会定期向资金机制提供政策指导。

《京都议定书》是《联合国气候变化框架公约》的补充条款，旨在将大气中的温室气体含量稳定在一个适当的水平，进而防止剧烈的气候改变对人类造成伤害。《京都议定书》通过使工业化国家和转型经济体承诺根据商定的具体目标限制和减少温室气体排放，落实《联合国气候变化框架公约》。《京都议定书》于 1997 年 12 月 11 日获得通过，于 2005 年 2 月 16 日正式生效。由于认定发达国家对目前大气中温室气体排放量负有主要责任，《京都议定书》只对发达国家有约束力，并根据“共同但有区别的责任和各自能力”原则，要求发达国家承担更多的责任。

为应对气候变化，197 个国家于 2015 年 12 月 12 日在巴黎召开的缔约方会议第二十一届会议上通过了《巴黎协定》。该协定于 2016 年 11 月 4 日生效。《巴黎协定》是在《联合国气候变化框架公约》下，继《京都议定书》后第二份有法律约束力的气候协议。该协定的目标是把全球平均气温升幅控制在工业化前水平以上 2℃之内，并努力将气温升幅限制在工业化前水平以上 1.5℃之内。《巴黎协定》包括所有国家对减排和共同努力适应气候变化的承诺，并呼吁各国逐步加强承诺。该协定为发达国家提供了协助发展中国家减缓和适应气候变化的方法，同时建立了透明监测和报告各国气候目标的框架。《巴黎协定》提供了一个持久的框架，为未来几十年的全球努力指明了方向，它标志着向净零排放世界转变的开始。《巴黎协定》的实施对于实现可持续发展目标也至关重要，该协定为推动减排和建设气候变化适应能力的气候行动提供了路线图。《巴黎协定》以五年为一个周期，由各国开展越来越多的气候行动推动。每五年，每个国家均要提交一份最新的国家气候行动计划——被称为国家自主贡献。在提交的国家自主贡献中，各国传达它们将采取的行动，以减少温室气体排放。同时，为了更好地实现长期气候目标，《巴黎协定》

① “汇”指从大气中清除温室气体、气溶胶或温室气体前体的任何过程、活动或机制。

邀请各国制定并提交长期战略。但与国家自主贡献不同，这不是强制性的。

除了以上列举的国际气候公约与协议外，还存在其他相关条约和协议，如《哥本哈根协议》《德班协议》《马拉喀什协议》等。这些国际气候公约与协议共同构成了国际社会应对气候变化的重要政策框架。

在此背景下，多国政府纷纷出台相关政策，帮助投资者评估、管理和投资气候风险。2021 年，联合国负责任投资原则确定了 225 项新的或修订的政策工具，图 14-1 展示了全球气候金融政策工具的逐年累计数量。气候金融政策和法规可以支持有关气候变化和可持续发展目标的国家政策目标，增强金融体系和经济的韧性与稳定性，通过明确和调整投资者与公司的预期，提高市场效率，以及提高国家作为投资目的地的吸引力。

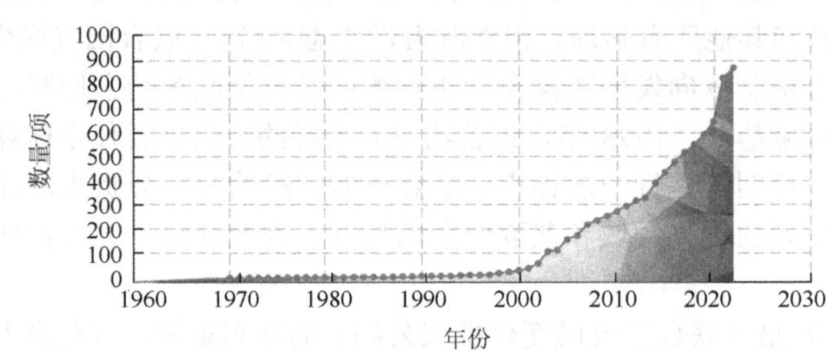

扫一扫　看图片

图 14-1　全球气候金融政策工具逐年累计数量

资料来源：PRI Responsible Investment Regulation Database（负责任投资监管数据库），数据区间为 1960～2022 年（2022 年数据截至 2022 年 4 月 30 日）

14.1.2　欧盟气候金融政策

欧盟是全球温室气体排放最多的经济体之一，但其是《巴黎协定》的坚定维护者和履约者，更是全球率先提出碳中和计划的经济体之一。董利苹等（2021）指出欧盟的气候金融政策框架布局了科技研发项目，采取了多样化的财政与金融措施等（表 14-1）。

表 14-1　欧盟主要气候金融政策

类别	名称	发布时间	主要内容
研发布局	"欧洲可持续投资计划"	2019.12.11	在未来 10 年调动至少 1 万亿欧元，支持《欧洲绿色协议》的融资计划
	创新基金	2020.06.15	2020～2030 年提供约 200 亿欧元资金，用于创新低碳技术的商业示范
	"LIFE 计划"（LIFE Programme）下的环境与气候行动	2018.10.25	调动 4.307 亿欧元，资助 6 类 142 个新的环境与气候行动项目
	《欧洲绿色协议》研发招标	2020.09.22	调动 10 亿欧元资金，招标能源、建筑、交通等 11 个领域创新型研发项目
	《创新基金运行的补充指令》	2019.02.26	到 2030 年，将部署具有广泛技术代表性和地理覆盖面的应用型创新项目

续表

类别	名称	发布时间	主要内容
财政、税收与补贴	《多年期财政框架（2021—2027 年）》	2021.01.01	未来 7 年，提出 10 条财政与金融举措，在气候与环境方面投资至少 1080 亿欧元
	“地球行星行动计划”	2017.12.12	提出 10 项投资转型举措，巩固欧盟在应对气候变化中的国际领导地位
	能源现代化基金	2020.07.09	2021～2030 年从碳排放权交易体系拨款约 140 亿欧元投资能源系统现代化
	《推动气候中性经济：欧盟能源系统一体化战略》	2020.07.08	修订《能源税收指令》，使各行业税收与欧盟环境和气候政策保持一致，并逐步取消直接化石燃料补贴
碳排放权交易体系与碳价机制	《推动气候中性经济：欧盟能源系统一体化战略》	2020.07.08	将碳排放权交易体系扩展到新行业，在能源部门和成员国之间提供更加一致的碳价格信号
	“‘减碳 55’一揽子计划”	2021.07.14	兼顾公平性，完善碳排放权交易体系，实现到 2030 年碳排放权交易体系覆盖行业的排放量比 2005 年减少 61%

资料来源：董利苹等（2021）

欧盟委员会发布的“欧洲可持续投资计划”显示，2021～2030 年，欧盟将调动至少 1 万亿欧元资金支持《欧洲绿色协议》。欧盟将通过协调“创新基金”“地平线计划”等大型科学计划，支持以下重点行业的低碳科技研发与示范：①清洁能源、安全转型关键创新技术；②工业转型关键创新技术；③高能效建筑关键技术；④智慧交通关键技术。

面向现代清洁经济与公平社会，欧盟《多年期财政框架（2021—2027 年）》、“欧洲可持续投资计划”等主要提出了 7 项财政与金融转型举措：①2021～2027 年欧洲凝聚基金和欧洲区域发展基金将至少筹集 1080 亿欧元，支持可再生能源和低碳燃料生产与消费综合示范、碳中和产业集群旗舰项目融资、基础设施建设、电动汽车关键部件研发。②在欧洲投资计划下，欧洲投资银行将开发一种面向建筑高效节能运行的金融工具，将欧盟赠款作为担保，吸引 100 亿欧元融资，提高建筑物的能源效率，使 320 万家庭摆脱能源贫困。③“连接欧洲设施计划”将至少 60%的预算用于支持交通、能源和数字基础设施建设。④制订“对外投资计划”，利用欧盟预算的 41 亿欧元，吸引多达 440 亿欧元的额外投资。⑤针对煤炭和碳密集地区，欧盟将采取结构性支持行动。⑥与 2014～2020 年相比，“LIFE 计划”将增加 72%的资金支出（达到 54 亿欧元），且超过 60%的新增资金将用于实现气候目标。⑦《共同农业政策》和“地平线计划”分别计划将至少 40%和 35%的预算用于支持《欧洲绿色协议》的优先事项。在碳排放权交易体系与碳价机制运行初期，欧盟碳排放权交易体系的免费碳额度分配采用历史法，对行业碳排放的约束力较小；其暴露出的问题是碳价失灵，以及欧盟碳排放权交易体系效率低下。市场稳定储备机制提高了欧盟碳排放权交易体系的有效性，也催生了产业约束问题。2018 年 2 月，欧盟批准了欧盟碳排放权交易体系第 4 阶段（2021～2030 年）的改革方案。预计到 2030 年，欧盟碳排放权交易体系中免费碳配额总量将相较 2005 年（欧盟碳排放权交易体系运行初始年）减少 43%，并且欧盟碳排放权交易体系也将扩展到新的行业。

欧盟碳排放权交易体系第 4 阶段的主要改革措施包括：①2019～2023 年，市场稳定储备机制每年将减少 24%的超配额排放。②从 2021 年起，碳配额总量的年均递减速率将从 1.74%提高到 2.2%。③定期根据技术进步，更新免费碳配额的总量。④激励行业创新。⑤确保能源价格可负担。⑥欧盟碳排放权交易体系中 2%的储备资金将用于解决低收入成员国[①]的额外投资需求。⑦对于欧盟碳排放权交易体系中成员国拍卖的碳配额，其中 10%将分配给人均国内生产总值低于欧盟平均值 90%的国家，其余将根据核实的排放量在所有成员国之间进行分配。⑧通过碳边界调整机制、市场稳定储备机制，将欧盟碳排放权交易体系扩展到海事部门，并为建筑业和交通运输业构建新的碳排放权交易体系，以实现到 2030 年欧盟碳排放权交易体系覆盖行业的排放量比 2005 年减少 61%的目标。⑨对欧盟碳排放权交易体系以外的航班使用国际航空碳抵消与减排机制。

《人人享有清洁的地球：欧洲实现繁荣、现代化、具有竞争力和气候中立的经济体的长期战略愿景》和《推动气候中性经济：欧盟能源系统一体化战略》提议，修订《能源税收指令》，逐步取消直接化石燃料补贴，并调整交通运输行业的税费标准，使各行业税收与欧盟环境和气候政策保持一致，以避免双重征税。

欧盟的气候金融政策主要体现了以下五个方面的特征。

（1）加大气候承诺和政策力度，以争取欧美气候合作主动权。例如，欧盟提出发达国家每年向发展中国家提供1000亿欧元援助的提议，并在此框架下与欧洲投资银行合作。

（2）推出《欧洲绿色协议》，提出到 2050 年实现温室气体净零排放的目标，以实现气候中性。这一协议旨在推动欧盟内部的气候治理协调，并巩固其在全球气候治理的领导地位。

（3）制定可持续金融政策，包括可持续金融分类授权法案、企业可持续信息披露指令等，抢抓国际绿色金融规则制定先机。这些政策旨在推动金融业对环境友好型项目的投资，并提高气候变化适应能力。

（4）推出《适应气候变化战略》，提出要提高气候变化适应能力，降低面对气候变化的脆弱性，对产业转型、碳定价、发展可再生能源和能源税等方面提出更高的要求。

（5）通过技术创新、数智化发展和财政政策手段推动各部门碳减排、提高新型技术投资等以实现碳中和目标。

以上是欧盟气候金融政策的主要内容，这些政策在推动欧盟内部的气候治理的同时，也引领了全球气候治理的进程。

14.1.3 美国气候金融政策

美国是世界上主要的碳排放国之一，理应采取积极有效的气候金融政策。然而，迄今为止，美国对现有的国际气候谈判框架态度消极，并且一直游离于关键性国际气候机制之外。尽管美国历届政府也试图为气候问题的“善治”做出诸多努力，但是总体上来看，“虚”多于“实”（马建英，2013）。

1992 年 10 月 24 日，美国制定的《1992 年能源政策法》中规定了促进能源节约、提升能源使用效率、促进可再生能源使用等内容，对当时的全球气候变化框架公约谈判无

① 人均国内生产总值低于欧盟平均水平的 60%的国家。

疑是一种积极信号。同年 12 月，美国颁布了《全球气候变化国家行动方案》，以评估美国的温室气体排放状况，提出与温室气体减排相关的政府行动。然而，美国的上述"无悔"措施和行动，其初衷并非履行气候变化框架公约，而是为了"应对节约能源和空气污染问题"，与之相伴随的温室气体减排被视为一种"附属红利"。

1993 年 10 月，克林顿政府宣布了《气候变化行动方案》，其主要内容包括推动能耗标准的提高、促进政府和工业界的合作以及开展联合履约项目的试点工作。1997 年 6 月，参议员罗伯特·伯德和查克·哈格尔提出了伯德-哈格尔决议案（Byrd-Hargel Resolution）。该决议案为美国参与国际气候协议设定了两条"红线"：①美国不应该在 1997 年 12 月的京都谈判或此后的谈判中签署任何与《联合国气候变化框架公约》相关的议定书或其他协议。②任何需要来自参议院批准或认可的议定书或其他协议，都应当伴有立法或需要执行该议定书或其他协议的管制行动的详细解释，也应当伴有执行该议定书或其他协议所需的详细经济成本和其他经济影响分析。

奥巴马政府时期的气候金融政策不断寻求变革。第一，加大清洁能源的开发投入，推动节能减排活动。2009 年初，奥巴马政府提出并由国会批准了《2009 年美国复苏与再投资法案》，大量资金用于清洁能源开发、提高能效、环境保护以及为促进绿色环保行动协议而实施的税收激励方面。第二，减少石油消耗，推动能源独立。面对国际油价的急剧波动和全球气候变化的危害，美国迫切需要寻找新的能源来源，提高能源的自给率和清洁度。第三，确定减少温室气体排放的目标，建立气候变化应对机制。奥巴马沿袭了《京都议定书》的思路，以总量减排方式为美国设定了温室气体减排的具体目标和时间表，计划到 2020 年把美国的温室气体排放减少到 1990 年的水平，在此基础上，到 2050 年再减少 80%。第四，重视国际气候合作，重塑美国在全球气候治理中的领导地位。2008 年，美国首次发布《气候行动计划》，并于每两年进行一次更新，主要内容包括通过对工业的监管减少碳排放，在国际上积极承担应对气候变化的责任等。《气候行动计划》标志着美国气候变化政策从被动走向主动、从分散走向集中、从模糊走向清晰，其中最具代表性的举措当属"清洁能源计划"。该计划由美国国家环境保护局（U.S. Environmental Protection Agency，EPA）于 2014 年 6 月首次提出，它为各州分别设定了 2030 年减排目标，允许各州自主选择减排方式，给予各州更高的碳交易自由度。

然而，特朗普政府却颠覆了奥巴马政府时期制定的气候与环境友好型政策，美国应对气候变化立场出现重大倒退。2017 年 3 月，特朗普签署行政令宣布无限期暂停"清洁能源计划"，旨在增加煤炭行业就业岗位，恢复煤电发电厂，降低电价。2017 年 6 月 1 日，特朗普政府宣布美国退出《巴黎协定》，停止实施国家自主贡献，停止对绿色气候基金捐资等出资义务。

2021 年 3 月下旬，拜登公布了一项 2 万亿美元的基础设施投资计划——美国就业计划，旨在加强气候和清洁基础设施的建设，其中包含在电网和清洁技术方面投资 1000 亿美元，以帮助美国到 2035 年实现电力行业的无碳化。为推进新减排政策的实施，2021 年 11 月拜登政府推出了《迈向 2050 年净零排放的长期战略》，对美国实现净零排放的终极目标做了详细的长期规划，设置重要节点及阶段目标，明确实现净零排放必需的技术路径。

美国已经出台了一些与环境经济相关的法律，有助于气候金融市场的发展，如签署《通胀削减法案》、制定《气候动员法案》。纽约州金融服务局（Department of Financial Services，DFS）为受纽约州监管的银行和抵押贷款机构发布气候金融风险指南，以应对气候变化带来的金融风险。DFS 还将气候风险纳入金融机构的治理框架、风险管理流程和业务战略。此外，DFS 加入了中央银行与监管机构绿色金融体系网络（Network of Central Banks and Supervisors for Greening the Financial System，NGFS）和可持续保险论坛（Sustainable Insurance Forum，SIF），开展气候金融领域的国际交流与合作。

为了推进绿色金融相关法律和政策的执行，美国还设立了环境金融中心（Center for Environmental Finance，CEF）、环境金融顾问委员会（Environmental Financial Advisory Board，EFAB）以及环境金融中心网络（Environmental Finance Center Network，EFCN）。环境金融中心旨在为州级地方政府和私营部门在环境融资成本管理和绿色项目管理方面提供创造性、技术性支持，并在有关环境金融的制度、政策和趋势选择上给予建议和评价。环境金融顾问委员会能够为金融行业提供环境金融工具指引，指导金融机构的行动。环境金融中心网络的职能主要是提供环境金融领域的培训教育、环境金融管理以及环境金融技术支持。

各州政府也积极颁布了生态环境保护的相关法律，以此来推动气候金融发展。其中美国加利福尼亚州的环保、绿色金融立法走在了前列。加利福尼亚州 1989 年就颁布了《综合废弃物管理法令》，以此来推动循环经济发展。2006 年颁布的《加利福尼亚州全球变暖解决方案法》，使加利福尼亚州成为美国第一个从法律上约束自己实现减排目标的州。2010 年出台的《限制二氧化碳排放总量管制与排放交易规定》，使加利福尼亚州政府成为美国第一个利用市场规律遏制温室气体排放的地方政府。2020 年加利福尼亚州正式启动了气候智能型保险产品数据库，这是有史以来第一个面向消费者的绿色保险政策清单，罗列了目前可供消费者和企业选择的 400 多种绿色保险产品。

总的来看，美国缺少气候金融发展的顶层设计，没有从国家层面为气候金融的发展制定长期战略或路线图。2021 年，美国发布了《2021 年 ESG 披露简化法案》和《2021 年气候风险披露法案》两项法案，指导美国证券交易委员会参与规则制定，统一 ESG 披露要求标准。

14.1.4 英国气候金融政策

英国作为世界领先的金融服务中心与可持续发展的国家，在全球绿色金融发展方面处于领先地位，拥有上至宏观政策指引，下至各市场执行机构（如监管机构、证交所、金融机构等）的较为完整的气候金融体系。在气候金融市场和产品方面，英国不但拥有自己独特的创新体系，还与国际社会认可的标准接轨，并积极与全球各国进行气候投融资方面的战略合作。

2019 年，英国推出了《绿色金融战略》，以作为全国最重要、最全面的绿色金融顶层设计。其将私营部门资金流动与清洁、环境可持续和有韧性的增长结合起来，确保英国的长期竞争力。该战略主要从国内宏观、微观以及国际合作三方面阐述英国绿色金融发展路径：在宏观方面，通过达成清洁发展共识、明确权责以及倡导透明机制和整体规划，促使政府将气候和环境因素纳入主流，作为财政和战略上的当务之急；在微观方面，以创新绿色金融路径、鼓励绿色投资、强调市场进入壁垒和可容纳性以及建立长期稳定的发展机制为策略，动员私人资金促进清洁和有韧性的增长；在国际合作方面，以加大绿色金融创新力度为主，稳定英国在全球绿色金融发展领域的领导地位。与此同时，在《绿色金融战略》的指导下，2021 年《英国政府绿色融资框架》应运而生，主要阐述了筹资的运用方式、绿色项目的选拔与评估框架、过程管理和报告方法等，并与 2021 年国际资本市场协会发布的《绿色债券原则》相呼应，该框架与英国正在推进的环境可持续经济活动分类（《英国分类法》）结合起来。

除顶层战略外，英国还不断加强气候金融领域的机构建设，而这些机构也签署了众多相关协议和政策。2019 年，英国建立了绿色金融研究所，作为英国政府与伦敦金融城共同建立的机构，其不仅全程参与了《绿色金融战略》的制定，同时其下属的绿色技术咨询小组（Green Technical Advisory Group，GTAG）在 2021 年 6 月就《英国分类法》的实施向政府提供独立建议。2020 年 11 月，英国数个监管部门联合发布《通往强制性气候相关披露的路线图》，宣布计划于 2025 年实现全经济体按照气候相关财务信息披露工作组的相关要求进行披露，其中相当一部分强制性要求在2023年之前生效。2021 年，为了进一步贯彻英国在绿化其金融系统以实现净零目标的长期承诺，英国财政部颁布了《金融绿化：可持续投资路线图》。该路线图以英国政府在 2019 年发布的《绿色金融战略》为基础，制定了英国实现金融绿化的三个阶段：信息阶段、行动阶段、转移阶段。

在各金融产品细分市场的政策方面，英国主要以各类项目、计划等的形式涵盖了较为全面的产品和交易市场。其中，最具特点的是碳市场。由于之前隶属于欧盟，而欧盟碳市场又为全球碳市场发展得最完善的体系之一，英国在 2020 年脱欧后在此基础上重新建立了更为先进的碳市场体系。同时，对于英国碳市场的建立与规范，英国政府在 2020 年颁布了《2020 年温室气体排放交易计划令》，旨在为脱欧后的英国重新塑造碳交易体系。此外，在 ESG 和环境风险等监控和披露方面，英国具有强制性的披露要求，且多与欧盟文件相符。而对于保险方面的环境压力测试，英国审慎监管机构（Prudential Regulation Authority，PRA）在《2019 年保险压力测试》尤其指明，银行应利用其压力测试框架，评估气候相关风险对英国金融体系的影响。

英国的气候金融政策还体现在税收方面，主要在于气候变化税（climate change levy）与地板碳价。气候变化税于 2001 年开始实施，旨在通过提高能源的有效价格，鼓励提高能源效率和减少能源使用，以帮助英国履行在《京都议定书》中的承诺，减少温室气体排放。该税对工业、商业、农业、地方行政和一些其他服务的能源供应征收，政府每年为不同的能源规定不同的税率。此外，还为能源密集型行业设置了优惠税率，签订了《气候变化协议》（Climate Change Agreement，CCA）的能源密集型企业有资格获得电力税率最高减免 90%。英国在 2013 年启动了"地板碳价"，这是一个针对发电企业的政策，在能源投入环节向其能源使用征收税款。此举是为了完善对电力的气候变化相关成本的内部化，以鼓励减少碳排放。

14.1.5 亚太气候金融政策

亚太地区的气候金融领域投资主要由亚洲开发银行推动。亚洲开发银行已经制定并颁布了2030年可持续发展战略，将气候变化和环境问题列为七大优先行动领域之一。这个战略涵盖减缓气候变化、提高气候变化适应和抗灾能力以及加强环境可持续性三个方面。亚洲开发银行的投资已经在多个领域产生了积极影响。例如，亚洲开发银行对可再生能源项目的投资已经帮助一些亚太国家提高了能源效率，并降低了温室气体排放。此外，亚洲开发银行还提供技术援助和培训，以帮助这些国家实施气候变化项目。除了投资，亚洲开发银行还积极推动政策制定和对话。例如，它们与一些国家合作，制定和实施针对本国气候变化问题的政策。此外，亚洲开发银行还与其他国际金融机构合作，推动亚太地区的可持续发展。亚洲开发银行的气候金融政策旨在帮助亚太地区实现可持续发展，降低其对化石燃料的依赖，提高能源效率，减少温室气体排放，并适应气候变化的影响。

中国和日本等国在推动亚太地区气候金融政策建设方面发挥着重要的引领作用，韩国也建立了相应的气候金融政策体系。日本的气候金融政策主要表现在两个方面：一是日本央行对金融机构应对气候变化的投融资行为提供资金支持；二是日本政府与金融机构合作推出新的气候举措。首先，日本央行在2021年7月16日发布了《应对气候变化战略》，提出了一系列应对气候变化的措施。其中一项重要措施是引入新的资金支持措施，为金融机构应对气候变化的投融资行为提供资金支持。其次，日本政府与金融机构合作推出了一项新计划，为试图通过投资和贷款应对气候变化的日本金融机构提供资金。此外，日本央行还积极参与气候变化的国际讨论，加强与金融机构的对话，并成立"气候变化应对协同中心"以搭建内部组织框架。日本政府也制定了一系列针对气候变化影响的政策，如制定更加严格的标准和规定，限制温室气体排放，促进可再生能源的发展，等等。

韩国政府在气候金融领域采取了多种政策措施，以促进对气候变化的有效应对，如参与国际绿色金融倡议、设立支持绿色金融的法律框架、建立绿色基金以及鼓励金融机构参与国际绿色金融倡议等。首先，韩国政府积极参与国际绿色金融倡议。例如，韩国金融监管部门加入了可持续证券交易所倡议，承诺促进长期可持续投资，推进上市企业ESG信息披露并改善其ESG表现。此外，韩国产业银行加入了国际开发金融俱乐部，韩国银行加入了中央银行与监管机构绿色金融体系网络，金融服务委员会也申请加入中央银行与监管机构绿色金融体系网络以讨论和处理与气候和环境相关的金融风险等议题。其次，韩国政府通过制定法律框架来支持绿色金融的发展。例如，韩国制定了《绿色增长基本法》，为绿色金融业务提供法律支持；制定《关于推进低碳绿色成长的税收替代制度》，通过税收政策鼓励企业进行绿色投资。再次，韩国政府设立了绿色基金，以推动可持续发展和减少碳排放。例如，韩国设立了温室气体自愿减排市场规模化交易基金，以支持温室气体减排项目。最后，韩国政府还鼓励金融机构参与国际绿色金融倡议，如联合国环境规划署金融倡议（United Nations Environment Programme Financial Initiatives，UNEPFI）、联合国负责任投资原则等。韩国的一些金融机构也签署了"赤道原则"，表明它们在项目融资中重视环境和社会影响。

14.1.6 国际气候金融政策对比

以上国家和地区的气候金融政策都聚焦于四个方面：促进绿色投资、强化 ESG 整合和披露、推动创新和技术发展，以及促进国际合作和标准化。这些政策共同为应对气候变化和实现可持续发展目标提供了重要的支持和推动力。

促进绿色投资：鼓励金融机构和投资者将资金投向可持续发展和绿色项目，如可再生能源、能效改进和清洁技术等领域。通过引导资金流向低碳经济和环境友好型项目，推动可持续发展。

强化 ESG 整合和披露：要求金融机构在投资决策和风险管理中考虑 ESG 因素。金融机构需要整合 ESG 标准和指标，以评估企业的可持续性表现和风险，提高投资决策的可持续性。同时，要求企业披露 ESG 信息，提高信息的透明度和一致性，促进投资者和利益相关者对公司的 ESG 表现进行评估。

推动创新和技术发展：鼓励绿色金融创新和技术发展，以满足气候变化和可持续发展的需求。通过提供财政和税收激励，政府推动了清洁技术和可再生能源等领域的研发和商业化。

促进国际合作和标准化：提供了国际合作和标准化的框架，为不同国家和地区之间的合作提供了平台。例如，绿色债券市场的发展和标准化，促进了跨境资金流动和绿色投资的互联互通。此外，通过加强合作和知识共享，国际社区能够共同应对气候变化和可持续发展的挑战。

然而，欧盟、英国、美国和亚太地区的气候金融政策在具体内容和执行力度上仍存在一定的差异。这些差异可能源于各地区的法律、经济和社会条件，以及不同政府、机构和利益相关者的优先事项与立场。

欧盟是全球气候行动的领导者之一，设定了碳中和和可持续发展的目标。欧盟的气候金融政策注重推动可持续金融和绿色投资，通过法规和指令要求金融机构整合 ESG 因素、披露相关信息，并促进绿色债券和绿色金融市场的发展。英国则致力于推动低碳经济和可持续金融，重点建设绿色债券市场。

美国的气候金融政策在不同政府之间存在一定的差异。一些州和城市采取了自己的气候行动和金融政策，鼓励可再生能源发展和实施减排措施。美国的金融机构和投资者也越来越关注 ESG 因素，出现了一些地方性和行业性的倡议及标准。

亚太地区的气候金融政策主要推动绿色金融和可持续发展，设立绿色债券市场和绿色投资基金，并鼓励企业披露 ESG 信息。

14.2 中国气候金融政策

14.2.1 中国的气候行动

一直以来，中国积极主动开展适应气候变化的各项工作，编制实施《国家适应气候变化战略 2035》，推动适应气候变化全面融入经济社会发展大局，加强气候变化监测预警和风险管理，强化自然生态和经济社会系统适应气候变化的能力，提升关键脆弱区域气候韧性，适应气候变化工作取得积极成效。

中国的气候外交行动增强全球气候治理凝聚力。习近平多次在重要会议和活动中阐释中国的全球气候治理主张，推动全球气候治理取得重大进展。2015 年，习近平出席气候变化巴黎大会并发表重要讲话①，为达成 2020 年全球合作应对气候变化的《巴黎协定》做出历史性贡献。2021 年 10 月，习近平在《生物多样性公约》第十五次缔约方大会领导人峰会上发表主旨讲话，强调推动实现“生物多样性保护”的目标②。此后，中国陆续发布重点领域和行业碳达峰实施方案及一系列支撑保障措施，构建起碳达峰、碳中和政策体系；持续推进产业结构和能源结构调整，大力发展可再生能源，在沙漠、戈壁、荒漠地区加快规划建设大型风电光伏基地项目。

中国积极参与气候变化国际谈判。中国坚持“公平、共同但有区别的责任和各自能力”原则，坚持按照公开透明、广泛参与、缔约方驱动和协商一致的原则，引导和推动了《巴黎协定》等重要成果文件的达成。中国推动发起建立了基础四国气候变化部长级会议和气候行动部长级会议等多边磋商机制，积极协调基础四国、“立场相近发展中国家”、“七十七国集团和中国”应对气候变化谈判立场，为维护发展中国家团结、捍卫发展中国家共同利益发挥了重要作用。积极参加 G20、国际民用航空组织、国际海事组织、金砖国家峰会等框架下气候议题磋商谈判，调动发挥多渠道协同效应，推动多边进程持续向前。

中国为广大发展中国家应对气候变化提供力所能及的支持和帮助。中国秉持“授人以渔”理念，积极同广大发展中国家开展应对气候变化南南合作，尽己所能帮助发展中国家特别是小岛屿国家、非洲国家和最不发达国家提高应对气候变化能力，减少气候变化带来的不利影响。2011 年至 2023 年 6 月底，中国累计安排约 12 亿元用于开展应对气候变化南南合作，与 35 个国家签署 40 份合作文件，通过建设低碳示范区，援助气象卫星、光伏发电系统和照明设备、新能源汽车、环境监测设备、清洁炉灶等应对气候变化相关物资，帮助有关国家提高应对气候变化能力，同时为近 120 个发展中国家培训了约 2000 名应对气候变化领域的官员和技术人员。

提供中国方案——绿色丝绸之路。中国坚持把绿色作为底色，携手各方共建绿色丝绸之路，强调积极应对气候变化挑战，倡议加强在落实《巴黎协定》等方面的务实合作。2021 年，中国与 28 个国家共同发起“一带一路”绿色发展伙伴关系倡议，呼吁各国应根据“公平、共同但有区别的责任和各自能力”原则，结合各自国情采取气候行动以应对气候变化。中国同有关国家一道实施“一带一路”应对气候变化南南合作计划，建立“一带一路”能源合作伙伴关系，促进共建“一带一路”国家开展生态环境保护和应对气候变化的行动。

① 《习近平出席气候变化巴黎大会开幕式并发表重要讲话》，https://www.gov.cn/guowuyuan/2015-12/01/content_5018477.htm[2015-12-01].

② 《习近平在〈生物多样性公约〉第十五次缔约方大会领导人峰会上的主旨讲话》，https://www.gov.cn/xinwen/2021-10/12/content_5642048.htm[2021-10-12].

总的来说，中国政府一直高度重视气候问题，并采取了一系列措施来应对气候变化。中国政府采取的措施涵盖以下四个方面：一是制定和实施相关法律法规。中国政府制定和实施了《中华人民共和国环境保护法》《中华人民共和国大气污染防治法》等法律法规，以加强环境保护和应对气候变化。二是推动节能减排。中国政府积极推动节能减排，通过推广节能技术、提高能源利用效率等措施，减少能源消耗和碳排放。三是加强环境治理。中国政府加强环境治理，加大环保投入，推动环保产业发展，提高环境质量。四是推进绿色发展，促进国际合作。中国政府推进绿色发展，鼓励和推广绿色生产方式，包括绿色农业、绿色制造、绿色交通等，促进经济与环境协调发展。

14.2.2　国家层面的气候金融政策

中国在气候金融领域采取了多种政策措施，以支持应对气候变化和推动绿色发展。中国气候金融政策文书的类别包括“硬法律”和“软法律”，硬法律是具有实际约束力、强制性的（表 14-2），而软法律是不具有法律约束力或约束力略弱于传统法律约束力的，如指导性意见（表 14-3）。

表 14-2　中国强制性气候金融政策

发布年份	标题	机构	分类	具体要求
2015	绿色债券支持项目目录（2015 年版）	中国人民银行、国家发展改革委以及中国证券监督管理委员会	交易所、公司、强制性（包括遵守或解释）、分类标准	专门用于界定和遴选符合各类绿色债券支持和适用范围的绿色项目和绿色领域的专业性目录清单
2016	中华人民共和国环境保护税法		公司、强制性（包括遵守或解释）、部门特定政策	该法准备以环境保护税取代现有的污染物排放收费制度，作为调节中国企业环境污染的主要经济手段
2017	全国碳排放权交易市场建设方案（发电行业）	国家发展改革委	公司、强制性（包括遵守或解释）、部门特定政策	坚持将碳市场作为控制温室气体排放政策工具的工作定位，切实防范金融等方面风险。以发电行业为突破口率先启动全国碳排放交易体系，培育市场主体，完善市场监管，逐步扩大市场覆盖范围，丰富交易品种和交易方式
2017	公开发行证券的公司信息披露内容与格式准则第 2 号——年度报告的内容与格式（2017 年修订）	中国证券监督管理委员会	公司、投资经理、强制性（包括遵守或解释）、公司 ESG 披露	属于环境保护部门公布的重点排污单位的公司或其重要子公司，应当根据法律、法规及部门规章的规定披露详细的环境信息。重点排污单位之外的公司可以参照上述要求披露其环境信息。鼓励公司自愿披露有利于保护生态、防治污染、履行环境责任的相关信息

续表

发布年份	标题	机构	分类	具体要求
2018	上市公司治理准则（2018年修订版）	中国证券监督管理委员会	公司、金融服务提供商、投资经理、资产所有者（公司养老基金或同等计划）、资产所有者（非公司养老基金或同等计划）、强制性（包括遵守或解释）、公司ESG披露	该准则仅适用于上市公司，规定了公司治理的基本原则。上市公司应当积极践行绿色发展理念，将生态环保要求融入发展战略和公司治理过程，主动参与生态文明建设，在污染防治、资源节约、生态保护等方面发挥示范引领作用
2019	绿色产业指导目录（2019年版）	国家发展改革委、工业和信息化部、自然资源部、生态环境部、住房和城乡建设部、中国人民银行、国家能源局	公司、资产所有者（保险公司）、强制性（包括遵守或解释）、分类标准	绿色产业被划分为了六大类别，包括节能环保产业、清洁生产产业、清洁能源产业、生态环境产业、基础设施绿色升级以及绿色服务，在这六大一级分类下又细分为30项二级分类以及211项三级分类
2020	碳排放权交易管理办法（试行）	生态环境部	公司、强制性（包括遵守或解释）、部门特定政策	该办法为全国碳排放权交易提供了法律依据。办法规定了全国碳排放配额和结算规则。重点排放单位应当控制并公开其碳排放量。不报告或不如实报告的将被罚款
2021	银行业金融机构绿色金融评价方案	中国人民银行	其他（交易所等）、信用评级机构、强制性（包括遵守或解释）	为鼓励银行业金融机构积极拓展绿色金融业务，不断加强对高质量发展和绿色低碳发展的金融支持，统筹开展绿色金融评价，制定定性与定量指标体系，评估结果将纳入中国人民银行的金融机构评级和其他审慎评估工具
2021	国务院关于加快建立健全绿色低碳循环发展经济体系的指导意见	国务院	公司、投资经理、强制性（包括遵守或解释）、国家可持续金融战略	该指导意见强化了中国政府在“十四五”规划建议中提出的碳中和及绿色经济的目标，并明确了各部门的发展方向和重点任务。国家发展改革委将进一步牵头与相关部委制定详细的工作计划
2021	保险资产管理公司监管评级暂行办法	中国银行保险监督管理委员会	资产所有者（保险公司）、强制性（包括遵守或解释）、行业特定政策、投资者ESG披露、公司ESG披露	该办法将从公司治理、内部控制和管理质量等方面对保险资产管理公司进行评估
2021	污染治理和节能减碳中央预算内投资专项管理办法	国家发展改革委	资产所有者（其他）、强制性（包括遵守或解释）	该办法旨在提高中央资金使用效益，调动社会资本参与污染治理和节能减碳的积极性
2021	关于引导加大金融支持力度 促进风电和光伏发电等行业健康有序发展的通知	国家发展改革委、财政部、中国人民银行、中国银行保险监督管理委员会和国家能源局	资产所有者（保险公司、公司养老基金或同等计划、非公司养老基金或同等计划及其他）、强制性（包括遵守或解释）、部门特定政策	该通知旨在落实“四个革命、一个合作”能源安全新战略，推动我国风电、光伏发电等行业快速发展
2021	关于加强企业温室气体排放报告管理相关工作的通知	生态环境部办公厅	公司、投资经理、强制性（包括遵守或解释）、部门特定政策、公司ESG披露	为准确掌握发电行业配额分配和清缴履约的相关数据，夯实全国碳排放权交易市场扩大行业覆盖范围和完善配额分配方法的数据基础，扎实做好全国碳排放权交易市场建设运行相关工作

续表

发布年份	标题	机构	分类	具体要求
2021	公开发行证券的公司信息披露内容与格式准则第 2 号——年度报告的内容与格式（2021 年修订）	中国证券监督管理委员会	公司、投资经理、强制性（包括遵守或解释）、公司 ESG 披露	新增环境和社会责任章节：一是为突出上市公司作为公众公司在环境保护、社会责任方面的工作情况，将与环境保护、社会责任有关条文统一整合至新增的“第五节 环境和社会责任”；二是要求全部上市公司披露报告期内因环境问题受到行政处罚的情况；三是为协同做好“碳达峰、碳中和”工作，鼓励公司自愿披露为减少其碳排放所采取的措施及效果；四是为协同做好乡村振兴工作，鼓励公司积极披露巩固拓展脱贫攻坚成果、乡村振兴等工作情况
2021	碳排放权登记管理规则（试行）、碳排放权交易管理规则（试行）、碳排放权结算管理规则（试行）	生态环境部	公司、强制性（包括遵守或解释）	全国碳排放交易体系的登记、交易、结算三项管理细则（试行）已经发布。全国碳排放权注册登记机构成立前，湖北碳排放权交易中心将承担全国碳排放权注册登记系统账户开立和运行维护等具体工作；全国碳排放权交易机构成立前，上海环境能源交易所将承担全国碳排放权交易系统账户开立和运行维护等具体工作

资料来源：联合国负责任投资原则官网

表 14-3　中国自愿性气候金融政策

发布年份	标题	机构	分类	具体要求
2008	关于加强上市公司环境保护监督管理工作的指导意见	国家环保总局	公司、自愿性、企业 ESG 披露	该绿色证券指南强调了四个目标，包括上市公司环保核查、建立上市公司环境信息披露机制、开展上市公司环境绩效评估研究与试点以及加大对上市公司遵守环保法规的监督检查力度
2015	绿色债券发行指引	国家发展改革委	信用评级机构、公司、投资经理、自愿性、金融产品（绿色债券、绿色标签等）	该指引旨在积极发挥企业债券融资对促进绿色发展、推动节能减排、解决突出环境问题、应对气候变化、发展节能环保产业等的支持作用，引导和鼓励社会投入，助力经济结构调整优化和发展方式加快转变
2016	关于构建绿色金融体系的指导意见	中国人民银行、财政部、国家发展改革委、环境保护部、中国银行业监督管理委员会、中国证券监督管理委员会和中国保险监督管理委员会	交易所、信用评级机构、公司、金融服务提供商、投资经理、资产所有者（保险公司、公司养老基金或同等计划、非公司养老基金或同等计划及其他）、自愿性、国家可持续金融战略、金融产品（绿色债券、绿色标签等）、投资者 ESG 披露、公司 ESG 披露	全面贯彻《中共中央 国务院关于加快推进生态文明建设的意见》和《生态文明体制改革总体方案》精神，坚持创新、协调、绿色、开放、共享的发展理念，落实政府工作报告部署，从经济可持续发展全局出发，建立健全绿色金融体系，发挥资本市场优化资源配置、服务实体经济的功能，支持和促进生态文明建设
2017	绿色债券评估认证行为指引（暂行）	中国人民银行、中国证券监督管理委员会	信用评级机构、金融服务提供商、自愿性、金融产品（绿色债券、绿色标签等）	该指引规范了绿色债券评估和认证行为，提高了绿色债券评估和认证的质量

续表

发布年份	标题	机构	分类	具体要求
2018	绿色投资指引（试行）	中国证券投资基金业协会	投资经理、自愿性、投资者 ESG 整合、投资者 ESG 披露	该指引明确绿色投资的内涵，推动基金行业发展绿色投资，改善投资活动的环境绩效，促进绿色、可持续的经济增长
2019	绿色信托指引	中国信托业协会	投资经理、自愿性、金融产品（绿色债券、绿色标签等）	该指引促进绿色信托投资、服务和产品发展，以应对气候变化，提高环境质量和能源效率
2019	关于推动银行业和保险业高质量发展的指导意见	中国银行保险监督管理委员会	资产所有者（保险公司）、自愿性、国家可持续金融战略	该意见提出大力发展绿色金融。银行业金融机构要建立健全环境与社会风险管理体系，将环境、社会、治理要求纳入授信全流程，强化环境、社会、治理信息披露和与利益相关者的交流互动
2020	关于促进应对气候变化投融资的指导意见	生态环境部、国家发展改革委、中国人民银行、中国银行保险监督管理委员会和中国证券监督管理委员会	金融服务提供商、投资经理、自愿服务、国家可持续金融战略	该意见设定的目标是：促进应对气候变化政策与投资、金融、产业、能源和环境等各领域政策协同高效推进，气候投融资政策和标准体系逐步完善，基本形成气候投融资地方试点、综合示范、项目开发、机构响应、广泛参与的系统布局，引领构建具有国际影响力的气候投融资合作平台，投入应对气候变化领域的资金规模明显增加
2022	上市公司投资者关系管理工作指引	中国证券监督管理委员会	公司、自愿性	该工作指引于 2022 年 5 月 15 日起施行，将环境、社会和公司治理信息作为上市公司与投资者之间主要沟通内容的一部分
2022	关于加快推进公募基金行业高质量发展的意见	中国证券监督管理委员会	投资经理、自愿性	该意见要求公募基金提高中长期资金占比，支持个人养老金（第三支柱）投资机制，并积极践行社会责任。这包括引导行业总结 ESG 投资规律，大力发展绿色金融，积极践行责任投资理念，改善投资活动环境绩效，服务绿色经济发展

资料来源：联合国负责任投资原则官网

绿色金融体系构建：2016 年，中国人民银行等七部委联合发布了《关于构建绿色金融体系的指导意见》，其成为中国发展绿色金融的基础和指导性文件。该指导意见提出了多项措施，包括再贷款、专业化担保机制、绿色信贷支持项目财政贴息、设立国家绿色发展基金等。

绿色金融试验区：在《关于构建绿色金融体系的指导意见》的作用下，中国已设立了绿色金融改革创新试验区，包括浙江、江西、广东、贵州、甘肃、新疆等六省区的九地，旨在通过试验区的先行先试，探索绿色金融发展的新路径和新模式。

碳金融市场建设：中国正在积极推进碳金融市场的建设和发展，通过推出多种碳金融产品，如碳配额、碳期权、碳期货等，为应对气候变化提供更多的金融工具和手段。同时，中国还加强了对碳交易市场的监管，确保市场的公平、透明和有效。

绿色信贷政策：中国鼓励金融机构加大对绿色项目的信贷支持力度，出台了多项绿色信贷政策，如《绿色信贷指引》《能效信贷指引》等，引导金融机构将环境、社会和治理因素纳入信贷决策，为符合条件的绿色项目提供优惠贷款利率和其他金融支持。

绿色债券市场发展：中国是全球最大的绿色债券市场之一，通过发布相关政策，推动绿色债券的发行和投资，如鼓励金融机构发行绿色债券，为绿色项目提供低成本的融资支持。此外，还设立了绿色债券认证机构，对绿色债券进行认证和评估。

应对气候变化的投融资政策：中国政府出台了一系列应对气候变化的投融资政策，包括《关于开展气候投融资试点工作的通知》《气候投融资试点工作方案》等，旨在引导和鼓励金融机构和社会资本加大对应对气候变化项目的投资力度。

总的来说，中国在气候金融领域采取了多种政策措施，旨在应对气候变化和推动绿色发展。这些政策包括构建绿色金融体系、设立绿色金融试验区、推进碳金融市场建设、发展绿色信贷和绿色债券市场、出台应对气候变化的投融资政策等。

14.2.3 区域/机构层面的气候金融政策

中国政府在应对气候变化的过程中，采取了区域差异化的政策。上海和深圳的气候金融政策较为完善（表 14-4），而对于经济发展较为落后的地区，政府会提供更多的支持和帮助，以促进其发展低碳经济。此外，政府还针对不同地区的气候条件和资源禀赋，制定了一系列具有区域特色的气候金融政策。如今，已有不少地方政府部署气候投融资的相关工作，深圳市和重庆市是气候投融资试点的“先行者”。

表 14-4 上海和深圳的气候金融政策

发布年份	标题	机构	分类	具体要求
2008	上海证券交易所上市公司环境信息披露指引	上海证券交易所	公司、金融服务提供商、投资经理、自愿性、企业 ESG 披露	该指引引导上市公司积极履行保护环境的社会责任，促进上市公司重视并改进环境保护工作，加强对上市公司环境保护工作的社会监督
2018	上海证券交易所服务绿色发展 推进绿色金融愿景与行动计划（2018—2020 年）	上海证券交易所	公司、金融服务提供商、自愿性、金融产品（绿色债券、绿色标签等）、公司 ESG 披露	上海证券交易所旨在推动绿色金融发展：从“推动股票市场支持绿色发展”、“积极发展绿色债券”、“大力推进绿色投资”、“深化绿色金融国际合作”和“加强绿色金融研究和宣传”5 个方面，提出了 14 项具体措施
2020	深圳证券交易所上市公司信息披露工作考核办法（2020 年修订）	深圳证券交易所	交易所、公司、投资经理、强制性（包括遵守或解释）、公司 ESG 披露	这些衡量标准评估上市公司是否主动披露其 ESG 表现，以及其披露报告的内容是否充分和完整，以评估其履行社会责任的情况

资料来源：联合国负责任投资原则官网

2020 年 10 月，中共中央办公厅、国务院办公厅印发了《深圳建设中国特色社会主义先行示范区综合改革试点实施方案（2020—2025 年）》，提出要完善气候投融资机制。气候投融资改革是深圳市实施综合改革试点首批授权事项清单的重点任务。根据深圳市绿色金融协会的信息，2021 年 11 月，深圳气候投融资改革首批试点业务合作签约仪式上，华夏银行与创维光伏、拓日新能等入库项目签署了战略合作协议，向其提供利息低、周期长的资金，率先对项目库内的项目予以资金支持。深圳气候投融资改革制度框架下第一批入库项目获得融资，深圳市气候投融资改革取得重大突破，改革成果正式落地。

重庆市以绿色金融改革创新试验区创建为切入点，以两江新区为气候投融资试点区域，并编制完成相关工作方案、实施方案、配套制定项目目录（指南）及技术规范，形成“2＋2”试点框架体系。

近年来，中国许多官方机构在气候投融资领域开展了积极探索，为推动气候投融资机制建设奠定了重要基础。目前中国出台了一些与中国气候投融资有关联的政策性文件，按照政策归属的职能部门可分为三类：财政及金融部门政策、环保部门政策、其他职能部门政策。中国政府鼓励和引导金融机构积极参与到应对气候变化的行动中来。具体措施包括：鼓励金融机构制定和实施绿色金融战略，将气候因素纳入其业务决策中；鼓励金融机构开展碳金融业务，如碳交易、碳融资等，以促进碳排放权交易市场的发展；鼓励金融机构加大对可再生能源、节能环保等领域的投资力度，支持绿色经济发展；引导金融机构加强环境风险管理，提高其对气候变化的风险识别和应对能力，同时，监管部门加强对金融机构的监管，确保其符合气候金融政策和环保要求，例如，对于高碳排放的行业和企业，监管部门会对其采取更加严格的环保措施和监管要求。

2020 年 10 月，生态环境部、国家发展改革委、中国人民银行、中国银行保险监督管理委员会、中国证券监督管理委员会等五部委联合印发《关于促进应对气候变化投融资的指导意见》。该指导意见明确了气候投融资的定义，即为实现国家自主贡献目标和低碳发展目标，引导和促进更多资金投向应对气候变化领域的投资和融资活动。气候投融资是绿色金融的重要组成部分，应对气候变化包括减缓气候变化和适应气候变化两个方面。

2021 年 9 月，中国技术经济学会发布了由中国环境科学学会气候投融资专业委员会提出的《气候投融资项目分类指南》团体标准（T/CSTE 0061—2021）。该指南是我国首个气候投融资项目认定标准，为全国推进气候投融资提供了重要的参考依据。该指南分为减缓类项目和适应类项目，项目类别中剔除了传统能源清洁高效利用，与能源转型需求和资本市场需求相匹配。该指南也在一定程度上实现了与国际市场的接轨，例如，除了与气候变化相关的联合国可持续发展目标（United Nations Sustainable Development Goals，UN SDGs）外，该指南也鼓励合理考虑对其他 SDGs 的影响，提升气候投融资面向各类利益相关方所带来的正面影响。

2021 年 12 月，生态环境部办公厅、国家发展改革委办公厅、工业和信息化部办公厅、住房和城乡建设部办公厅、中国人民银行办公厅、国务院国资委办公厅、国家机关事务管理局办公室、中国银行保险监督管理委员会办公厅、中国证券监督管理委员会办公厅等联合印发《关于开展气候投融资试点工作的通知》，同时生态环境部等九部委联合发布了《气候投融资试点工作方案》。该方案启动气候投融资试点的申报工作，为地方政府积极参与气候投融资提供了政策基础。方案提出“中央统筹、地方为主”的工作原则，强化地方主体责任，充分考虑地方实际，为地方政府参与气候投融资提供了便利和较高的灵活度。该方案鼓励试点地方积极参与全国碳市场建设，稳妥有序地开展包括碳基金、碳资产质押贷款、碳保险等碳金融服务。鼓励地方结合区域和行业碳达峰行动方案、转型目标、地方发展战略等探索当地经济发展的新动能，开发和创新具有减缓、适应气候变化效益的环境友好型金融产品以及碳金融产品。

总之，中国政府在区域和机构层面的气候金融政策方面采取了一系列措施，以推动绿色、可持续发展，并加强对气候变化的风险管理和监管。非政府组织作为公民社会的行动者参与气候变化治理具有重要意义。然而，非政府组织在中国的气候变化治理中所扮演的角色具有四个明显特征：有限政治空间中的政府合作伙伴关系、缺乏专业能力的组织建设、国内资金支持力度逐渐增大但依然对国际资金高度依赖，以及公共倡导的社会认可度依然较低。

14.3　气候金融监管体系

14.3.1　气候金融监管体系构成

气候变化是当今世界面临的最紧迫的挑战之一，它对人类社会和自然环境的影响是深远的。为了应对气候变化，各国政府和国际组织都在采取各种措施，其中之一就是建立气候金融监管体系。气候金融监管是指通过金融政策和规则，引导与规范金融机构和市场参与者在金融活动中考虑气候风险和机遇，促进低碳转型和绿色发展的过程。监管主体运用法律、经济及行政等手段，对与气候金融相关的市场、工具、机构等相关问题进行监督和管理。

从体系构成来看，气候金融监管包括监管制度、监管机构和权限、监管范畴及监管内容等方面。从市场分类来看，气候金融监管体系主要对银行信贷、证券、保险等进行金融监管。从监管主体来看，气候金融监管体系由政府监管、市场约束和行业自律三个层面构成。政府监管层面，主要包括财政、金融、税务、贸易、环境、审计等部门，依据相关法律法规对气候投融资活动进行监管。市场约束层面，主要通过碳市场、环境责任保险等市场化手段，促进金融机构和企业自觉开展低碳转型和绿色发展。行业自律层面，通过气候投融资的行业组织建设，加强成员间的信息共享、人才培训、行业交流、融资促进和风险防范，并配合监管部门做好行业监管工作。

气候投融资监测、报告与核证，即界定气候资金范围、统计和报告气候资金数据、评估气候资金效果，是气候金融监管体系建设的重要内容。气候投融资监测、报告与核证一方面能够有效地监督报告资金来源、使用及效果，另一方面能够统筹利用现有资金充分发挥对应对气候变化的积极作用，并撬动更多资金流向气候变化领域（曾桉等，2022）。

金融稳定委员会、巴塞尔委员会均成立了气候相关工作小组，积极推进气候风险的监管和披露工作。2015 年 12 月，金融稳定委员会成立气候相关财务信息披露工作组，该工作组的目标是议定一致性、自愿性的气候相关财务信息揭露建议。2020 年 2 月，巴塞尔委员会成立了气候相关金融风险高级别工作组（Task Force on Climate-Related

Financial Risks，TFCR），负责推进气候风险的监管工作。国际财务报告准则基金会（International Financial Reporting Standards Foundation，IFRS Foundation）于2021年设立了国际可持续发展准则理事会（International Sustainability Standards Board，ISSB），计划推出国际通行的气候相关监管报告标准。

此外，2017年12月，包括中国人民银行在内的八家央行共同发起设立中央银行与监管机构绿色金融体系网络，目的是促进各国金融市场构建气候金融体系，积极探索评估和管理气候变化风险，该组织已成为最具国际影响力的绿色金融合作平台之一。国际保险监督官协会（International Association of Insurance Supervisors，IAIS）也持续为保险机构气候相关风险管理实践提供指导意见。

14.3.2 气候金融监管体系的特点

世界银行、国际货币基金组织等国际组织和各国金融监管部门围绕气候金融系统的监管开展了大量研究和实践。目前金融系统的气候风险管理实践主要围绕两个目标进行：一是支持经济低碳转型；二是防范由气候变化引起的金融风险。其中，前者本质上是针对气候风险产生的原因，通过金融政策工具引导资金向低碳行业流动，从源头上减少温室气体排放；后者是针对气候风险（物理风险和转型风险）的金融后果，即对气候变化可能带来的各类金融风险进行管理。

气候金融监管是一种跨领域的监管。气候变化涉及多个领域，如能源、交通、农业、工业等，因此，气候金融监管需要协调不同部门和机构的政策目标和行动，形成一个统一的监管框架。同时，气候金融监管也需要与国际社会合作，参与全球性的气候治理和金融规范。

气候金融监管是一种动态的监管。气候变化的影响是不断变化的，随着科学技术的进步和数据的更新，我们对气候风险和机遇的认识也在不断提高。因此，气候金融监管需要根据实际情况进行调整和更新，以适应不同阶段和场景的需求。同时，气候金融监管也需要灵活和创新，以应对不确定性和复杂性。

气候金融监管是一种综合的监管。气候金融监管不仅涉及金融市场的稳定性和效率，还涉及社会公平和环境保护等方面。因此，气候金融监管需要综合考虑多方利益和影响，平衡好各种目标和手段，实现多赢的结果。同时，气候金融监管也需要与其他政策工具相配合，如税收、补贴、标准等，形成一个有利于气候行动的政策组合。

因此，气候金融监管体系的特点包括以下四点。

（1）多元性：气候金融监管体系由多个部分组成，包括政府机构、金融机构、社会团体等，这些机构在监管过程中发挥不同的作用，形成了多元化的监管体系。

（2）复杂性：气候金融监管体系涉及的领域和方面较多，包括金融、气候变化、经济等多个领域，监管过程中需要综合考虑这些因素，因此监管体系较为复杂。

（3）综合性：气候金融监管体系不仅关注金融风险，还关注气候变化带来的风险，以及两者之间的相互作用，因此需要综合考虑金融和气候变化两个方面的因素，进行综合性的监管。

（4）国际性：气候金融监管体系在监管过程中需要考虑到国际因素，包括国际合作、国际标准等，因此具有一定的国际性。

14.3.3　国际气候金融监管体系的发展

为了应对气候变化的影响，各国政府、金融机构和企业都在采取各种措施，包括减少温室气体排放、提高能源效率、发展可再生能源、增加绿色投资等。然而，这些措施的实施和效果都需要有相应的监管和评估机制，以确保气候金融的透明度、可持续性和有效性。这就是国际气候金融监管的重要性所在。

国际气候金融监管的历史可以追溯到 1992 年的《联合国气候变化框架公约》，该公约是第一个全球性的气候协议，旨在“防止危害人类福祉的危险人为干预气候系统”。1997 年，《京都议定书》进一步规定了发达国家在减排方面的具体义务，并创立了三个灵活机制，即 CDM、JI 和 ET，以促进碳市场的发展。2015 年，《巴黎协定》将全球温升目标定为“远低于 2℃，努力限制在 1.5℃”，并要求所有缔约方提交国家自主贡献，表明其在减排和适应方面的行动计划。《巴黎协定》还强调了气候金融的重要作用，并要求加强对其来源、流向和影响的监测、报告与核证。

除了《联合国气候变化框架公约》及其相关协议之外，还有许多其他国际组织和倡议参与了气候金融监管的建设和推动。例如，世界银行集团是最大的气候金融提供者之一，它通过多边投资基金（Multilateral Investment Fund，MIF）、碳基金、能源部门管理援助计划（Energy Sector Management Assistance Program，ESMAP）等多个项目和工具，支持各国在低碳发展、清洁能源、节能减排等领域的投资和创新。国际货币基金组织也在积极推动气候金融监管的改革和完善，它通过财政监测报告（Financial Monitor Report，FMR）、全球金融稳定报告（Global Financial Stability Report，GFSR）、国别报告等出版物，分析和评估各国在气候相关财政政策、金融风险管理、碳定价等方面的进展和挑战。此外，还有一些多边或双边合作机制，如亚洲基础设施投资银行（Asian Infrastructure Investment Bank，AIIB）、欧洲复兴开发银行等，也在为气候金融监管的协调和创新做出贡献。

国际气候金融监管体系是全球应对气候变化的重要保障之一。国际气候金融监管体系主要由以下三个方面组成。

（1）气候变化政策：各国政府需要制定相应的气候变化政策，明确低碳经济的发展方向和目标，为金融监管提供指导。全球气候监管主要相关指导文件有《联合国气候变化框架公约》《京都议定书》《巴黎协定》等。各国相继出台了相关法律法规，主要包括碳交易核证法律、碳交易登记结算法律制度、碳交易合同法律制度、碳排放税收制度、碳标签法律、碳贸易法等。

从各国实践看，将气候因素纳入传统货币政策框架是目前金融监管部门气候风险管理的主要做法（张柏杨等，2022）。一是通过信贷分配政策引导金融机构支持绿色行业、项目融资，例如，印度央行设置“优先行业清单”，强制商业银行将固定比例的信贷资源分配给清单行业。二是绿色量化宽松，即由央行直接购买绿色金融资产，如欧元区（包括欧央行和欧元区国家央行）资产购买计划纳入欧元绿色债券。三是将可持续投资标准纳入央行自身投资组合管理，如法国央行养老基金将煤炭投资排除在外。四是将气候因素纳入央行再融资操作框架，如抵押品框架。五是实施差别化准备金要求。总的来讲，气候投资具有正外部性，从长期看可以提高社会整体的福利水平。货币政策相关实践的目的正是试图通过促进绿色融资、抑制棕色融资的方式，减少碳密集型产品的生产和消费，推动经济低碳转型。

（2）气候变化评估：对气候变化进行评估是金融监管的重要内容之一，需要对气候变化的影响、风险和机遇进行评估，以便制定相应的应对措施。英格兰银行于 2021 年公布了一项综合方法，同时将物理风险和转型风险纳入定期两年一次的情景压力测试，目的是测试整个金融系统的气候风险。欧洲央行同样于 2021 年开展了自上而下的欧元区气候压力测试，评估了 30 年时间范围内银行和非金融企业的物理风险和转型风险。近年来，各国金融监管部门积极开展气候风险评估并取得了较大进展，也为金融系统气候风险管理奠定了坚实的基础。

（3）气候变化资金：应对气候变化需要大量的资金支持，因此需要建立相应的气候变化资金机制，确保资金的有效投入和使用。国际气候变化资金的来源主要有三种：多边机构、双边机构和私营部门。国际气候变化资金的分配是指将资金从提供方向接受方转移的过程，包括决定资金的目标、标准、条件和程序等。国际气候变化资金的分配受到多种因素的影响，如政治、经济、社会、文化等。一般来说，国际气候变化资金的分配应该遵循以下原则：有效性、效率、公平性、透明性和责任性。

气候变化资金的监管体系各有不同，但一般都包括以下三个层次。

国际层面：主要由资金的理事会或管理委员会负责制定资金的政策、标准和指导方针，以及审批资金的项目和活动。理事会或管理委员会通常由资金的捐赠方和受益方按一定比例组成，以体现平衡和公平原则。

国家层面：主要由资金的执行机构负责实施资金的项目和活动，以及监督和评估资金的效果和影响。执行机构通常是国家政府部门或机构，或者是经过国家政府认可的非政府组织或私营部门。

项目层面：主要由项目的执行方负责执行项目的具体任务，以及报告项目的进展和成果。执行方通常是执行机构下属的分支机构或合作伙伴，或者是经过执行机构选择或委托的第三方机构。

尽管如此，国际气候变化资金的监管仍存在监管标准不统一、监管能力不足、监管参与不充分、监管效果不明显等问题。

总的来说，国际气候金融监管体系需要各国政府、金融机构、企业和社会各方面的共同参与，加强合作，共同推动全球气候变化的有效应对。

另外，虽然全球主要国家积极探索气候金融监管，但缺乏普遍认可的概念和框架，影响了金融支持低碳转型的效果。为准确识别转型金融活动，支持高碳行业技术改造、产业升级和节能降碳，气候债券倡议组织于 2020 年发布《气候债券白皮书》框架，提出了规避“漂绿”的五大转型原则，对可信的转型目标与路径做出了详细解释，严格地将转型活动框定在与《巴黎协定》目标相一致的轨道上，把与转型路径无关的活动明确排除，挤压了“粉饰转型”的套利空间。国际资本市场协会发布的《气候转型金融手册》、日本出台的《日本气候转型金融基本指引》等也对转型金融的使用范围进行了界定，这对于低碳转型融资具有重要的指导意义。

国际气候金融监管的发展历程表明，气候金融是一个跨领域、跨层级、跨主体的复杂系统，需要有一个全面、统一、透明的国际框架，以引导和规范各方的行为和责任。然而，目前国际气候金融监管还面临着许多挑战和不足，如缺乏统一的定义和标准、缺乏有效的信息披露和核查机制、缺乏公平的分配和利益分享机制等。这些问题需要各国政府、金融机构和企业之间加强沟通和协作，共同寻求解决方案。同时，也需要有更多的研究和创新，以提高气候金融监管的效率和效果，为应对气候变化提供更强有力的支持。

14.3.4　中国气候金融监管体系的发展

中国是世界上最大的温室气体排放国，也是最大的可再生能源投资国。中国政府高度重视气候变化问题，将其纳入国家发展战略，并在国内外积极推动低碳转型。在金融领域，中国是全球最早制定和实施气候金融监管政策的国家之一，也是最具创新和影响力的国家之一。中国的气候金融监管可以分为以下三个阶段。

1. 第一阶段：2007～2015 年，初步探索

这一阶段的标志性事件是 2007 年中国人民银行发布了《中国人民银行关于改进和加强节能环保领域金融服务工作的指导意见》，这是中国首个涉及气候金融的官方文件，也是全球第一个由央行发布的气候金融政策，强调了改进和加强节能环保领域金融服务工作的重要性和紧迫性。此后，央行及其他金融监管机构陆续出台了一系列文件，涉及绿色信贷、绿色债券、绿色保险、绿色基金等领域，为绿色金融的发展奠定了基础。

2010 年，国家发展改革委等五部委联合发布了《关于加快推行合同能源管理促进节能服务产业发展的意见》，这是中国首次提出发展节能服务公司（energy service company，ESCO）模式，并将其纳入国家战略。该指导意见明确了 ESCO 模式的定义、特点、运作机制和风险分担方式，并提出了一系列支持政策，包括提供财政补贴、税收优惠、信贷便利、保险保障等。

2014 年，中国人民银行与联合国环境规划署金融行动机构（United Nations Environment Programme Finance Initiative）联合发起成立绿色金融工作小组，提出了建立绿色金融体系的 14 项建议，并于 2015 年 4 月发布了工作小组研究报告全文。这是中国首次系统地提出建立绿色金融体系的总体框架和具体措施，为后续绿色金融监管的深化和拓展奠定了理论基础。该报告从绿色信贷、绿色债券、绿色股权、绿色保险、碳金融等多个方面提出了一系列政策建议，并强调了信息披露、风险管理、激励机制等方面的重要性。

2. 第二阶段：2016～2020 年，全面推进

这一阶段的标志性事件是 2016 年中国人民银行等七部委联合发布了《关于构建绿色

金融体系的指导意见》，这是中国首个系统性地规划绿色金融体系建设的顶层设计文件，也是全球第一个由政府部门发布的绿色金融体系建设方案。该文件提出了35项具体任务，涵盖了绿色金融的各个方面，包括制度安排、市场激励、创新工具、信息披露、环境风险管理、国际合作等。此后，各部门根据自身职责，制定了相应的实施细则和操作指南，形成了一个较为完善和协调的政策框架。

2017年12月16日，英国财政大臣菲利普·哈蒙德（Philip Hammond）与中国国务院副总理马凯的高层双边对话中，中英双方借鉴气候相关财务信息披露工作组所提出的建议和要求，建立环境信息披露框架并对外披露。试点工作计划从2018年至2020年至少开展三年，这是中国首次将气候风险纳入金融风险管理体系，提出了建立气候风险压力测试、环境信息披露、内部碳定价等制度的要求。该试点工作强调了加强国际合作，推动全球气候金融治理的必要性，其间取得了显著成果和积极进展。中英金融机构气候与环境信息披露工作组更名为“中英金融机构可持续信息披露工作组”，并于2022年12月19日下午召开工作组启动会议，延续试点工作的成功经验。

3. 第三阶段：2021年至今，深化改革

中国要求发挥出金融支持绿色发展的三大功能——资源配置、风险管理、市场定价。对此，央行工作会议提出了五项举措——逐步健全绿色金融标准体系，明确金融机构监管和信息披露要求，建立政策激励约束体系，完善绿色金融产品和市场体系，持续推进绿色金融国际合作。此外，央行还印发了《银行业金融机构绿色金融评价方案》的通知，这是中国首个对金融机构绿色金融绩效进行评估和激励的文件。

2021年，由中国工商银行牵头编制的国内首个金融机构环境信息披露推荐性行业标准《金融机构环境信息披露指南》由中国人民银行对外发布，下发至绿色金融改革创新试验区、粤港澳大湾区进行试点。这是中国首次启动气候信息地区性试点工作，为建立健全气候信息披露制度提供了实践基础。该指南规定了范围、内容、标准和流程等，要求金融机构披露与气候相关的治理、战略、风险管理、指标和目标等信息。

总体来看，中国的气候金融监管具有以下特点：以政府为主导，形成了多部门协同的政策体系；以央行为核心，发挥了央行在金融稳定和宏观审慎方面的作用；以市场为导向，充分利用了市场机制和激励手段；以创新为动力，不断推出了新的金融工具和服务；以国际为参考，积极参与了全球气候金融治理。

中国在气候金融监管方面走在了世界前列，为应对气候变化和实现绿色发展做出了重要贡献。未来，中国将继续坚持以习近平生态文明思想为指导，加强气候金融监管体系建设，积极应对气候变化，推动绿色发展。当然，中国的气候金融监管也面临着一些挑战。例如，如何进一步完善气候金融监管的法律法规和标准规范，提高政策的可操作性；如何进一步提升气候金融监管的数据质量和信息披露水平，提高市场的信任度和效率；如何进一步加强气候风险管理和压力测试能力，提高金融系统的韧性和稳健性；如何进一步促进气候金融创新和多元化发展，提高资金的有效配置和资源利用率；如何进一步深化国际气候金融合作和交流，提高中国在全球气候治理中的话语权和影响力。

14.4　案　例

14.4.1　美国证券交易委员会《面向投资者的气候相关信息披露的提升和标准化》

2022年3月21日，美国证券交易委员会（United States Securities and Exchange Commission，SEC）发布了题为《面向投资者的气候相关信息披露的提升和标准化》的提案（简称 SEC 提案），就修订《证券法》、《证券交易法》以及《非财务信息披露内容与格式条例》和《财务信息披露内容与格式条例》，要求公开发行证券的注册人在注册报告书和年报中披露气候相关信息公开征求意见。SEC 提案的发布，一举扭转了美国气候相关信息披露严重滞后于欧盟和国际准则的局面，被视为拜登政府对特朗普政府消极应对气候变化的重大政策调整，将对在美上市企业的信息披露产生深远影响。该公告主要针对上市公司和投资机构，要求它们向投资者提供更加准确、透明和标准化的气候相关信息。

SEC 提案长达 510 页，由引言、讨论、邀请评论和经济分析等四部分组成，从非财务和财务两个角度对气候相关信息披露提出要求（图 14-2）。

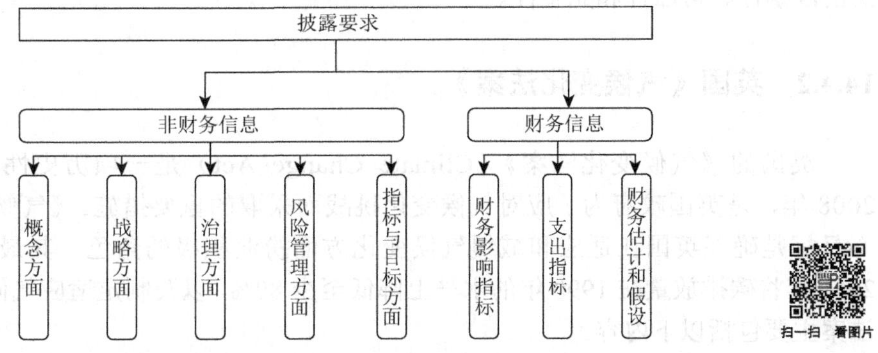

图 14-2　《面向投资者的气候相关信息披露的提升和标准化》披露框架

美国证券交易委员会要求上市公司在年度财务报告中提供以下气候相关信息。

（1）温室气体排放信息：上市公司需要提供温室气体排放量、排放来源和减排措施的信息。

（2）气候变化风险：上市公司需要评估并披露气候变化对其经营、财务和合规性的影响，以及它们面临的风险和机遇。

（3）气候治理信息：上市公司需要提供董事会及其审计委员会在气候治理方面的职责、权限和活动情况。

（4）相关信息披露的保证：上市公司需要提供董事会及其审计委员会对气候相关信息披露的保证。

具体来说，气候信息披露要求如下。①如果影响金额超过了财务报表主表项目的 1%，则披露对财务报表主表项目的影响，包括极端天气和其他自然事件（如减值损失、增加的损失准备金）、转型活动（如资产残值或使用寿命的变化）与缓解极端天气和其他自然风险以及转型活动相关的支出。②极端天气和其他自然事件以及转型活动如何影响财务报表中的估计和假设。公司应披露上市公司的董事会和管理层如何监督气候相关风险、风险管理流程以及上市公司的应对措施。③其他定性披露包括：对业务及其财务报表产生或可能产生重大影响，以及影响或可能影响上市公司的"战略、商业模式和前景"的方式；上市公司识别、评估和管理气候相关风险的流程，以及这些流程是否整合到上市公司更广泛的风险管理计划中（叶丰滢和黄世忠，2022）。

此外，投资机构也需要向投资者提供以下气候相关信息。

（1）投资组合公司的气候相关信息：投资机构需要提供其投资组合公司的温室气体排放量、气候变化风险和气候治理信息。

（2）投资机构的气候治理信息：投资机构需要提供其内部的气候治理措施和政策，以及在投资决策中考虑气候因素的情况。

（3）相关信息披露的保证：投资机构需要提供董事会及其审计委员会对气候相关信息披露的保证。

该提案的目的是提高投资者对气候相关风险和机遇的了解，促进资本市场的可持续发展。同时，该提案也要求上市公司和投资机构采取合理措施保证所提供的气候相关信息的准确性、可靠性和完整性。

14.4.2 英国《气候变化法案》

英国的《气候变化法案》（Climate Change Act）是一项历史性的法律，立法于2008年，是英国政府为了应对气候变化挑战而采取的重要措施。《气候变化法案》的核心目标是确保英国在适应和减缓气候变化方面扮演积极的角色。其最重要的目标是到2050年将碳排放量在1990年的水平上降低至少80%，以及制定适应气候变化的计划。该法案主要包括以下内容。

温室气体减排目标：根据该法案，英国政府设定了长期的温室气体减排目标。最初的目标是到2050年将温室气体排放量在1990年水平基础上减少80%，并且规定了五年一次的碳预算阶段性目标。

预算和计划：该法案要求政府制定碳预算，即规定在特定时间内所允许的温室气体排放总量。政府还需要定期发布气候变化风险评估报告和适应性计划，以应对气候变化所带来的影响。

独立委员会：为了监督政府在应对气候变化方面的进展，该法案创立了一个独立机构——气候变化委员会（Committee on Climate Change）。该委员会负责评估和监督政府的碳预算和行动计划，并向政府和议会提供建议。

适应性计划：除了减少温室气体排放，该法案还要求政府制定计划，以适应气候变化带来的风险和影响。这包括适应性战略和适应性计划的制定，并确保相关部门在应对气候变化方面采取适当的行动。

《气候变化法案》的重要性在于将英国的气候目标和政府行动置于法律约束之下，确保英国在减缓气候变化和适应其影响方面采取实际行动。此外，该法案也为其他国家提供了一个可借鉴的模板，以制定类似的气候政策和法律。

英国是世界上第一个创建绿色经济政策性银行的国家。英国绿色投资银行（Green Investment Bank，GIB）是英国政府为推动可再生能源和低碳经济发展而成立的一家银行。英国绿色投资银行于 2012 年成立，是英国政府在应对气候变化和推动可持续发展方面的重要举措之一，旨在通过投资和支持可再生能源、能源效率和其他低碳项目，促进低碳经济的转型。英国绿色投资银行最初由英国政府出资初始建设，提供了总额约 30 亿英镑的初始资金。随后，该机构通过向私人投资者发行债券和筹集资金，增加了可投资的资金额度，扩大了绿色项目的覆盖范围。为了进一步推动英国的绿色金融发展，英国政府在 2017 年将绿色投资银行私有化，将其出售给了澳大利亚金融机构麦格理集团（Macquarie Group）。同时，英国政府还设立了新的国家投资银行——英国商业银行（British Business Bank），以支持更广泛的经济发展和创新项目。

14.4.3　中国生态环境部等九部委《气候投融资试点工作方案》

2021 年 12 月 21 日，中国生态环境部等九部委联合印发《气候投融资试点工作方案》。该方案是一项为了推动气候投融资试点工作的重要政策，旨在通过培育和建设气候投融资市场，引导更多资金投入应对气候变化相关的绿色低碳项目，从而促进经济社会向绿色低碳方向转型。该方案明确气候投融资的定义和支持范围、气候投融资试点目标和八大重点任务。该方案强调，有序发展碳金融，稳妥有序探索开展包括碳基金、碳资产质押贷款、碳保险等碳金融服务，强化碳核算与信息披露。

《气候投融资试点工作方案》明确了试点的目标，即加快开展以应对气候变化为目的、强化各类资金有序投入的政策环境为重点的气候投融资试点，探索差异化的投融资模式、组织形式、服务方式和管理制度，通过有效抑制地方高碳投资、创新激励约束机制和资金安排的联动机制，切实发挥“降碳”的引领和倒逼作用，为促进地方绿色低碳和高质量发展提供有力支撑，形成可复制可推广的成功经验。气候投融资是指为实现国家自主贡献目标和低碳发展目标，引导和促进更多资金投向应对气候变化领域的投资和融资活动，是绿色金融的重要组成部分。支持范围包括减缓和适应两个方面。减缓气候变化包括调整产业结构，积极发展战略性新兴产业；优化能源结构，大力发展非化石能源，实施节能降碳改造工程项目；开展碳捕集、利用与封存试点示范；控制工业、农业、废弃物处理等非能源活动温室气体排放；增加森林、草原及其他碳汇等。适应气候变化包括提高农业、水资源、林业和生态系统、海洋、气象、防灾减灾救灾等重点领域适应能力；加快基础设施建设、提高科技水平等。

《气候投融资试点工作方案》中提出了以下几项主要工作。

（1）确定试点地区：选择有代表性的地方作为试点，通过试点工作探索出适合当地的气候投融资模式。

（2）培育投资机构：鼓励金融机构和投资机构开发和推广与应对气候变化相关的金融产品和服务。

（3）建立标准：制定和推广与气候投融资相关的标准和规范，如对绿色项目的认证标准和环境信息披露要求等。

（4）引导资金：通过设立专项基金等方式，引导更多的资本进入应对气候变化的绿色低碳项目。

（5）加强监管：建立健全对气候投融资的监管机制，确保资金的使用符合规范和标准。

（6）推广经验：通过总结试点经验，推广成功的做法和模式，从而推动气候投融资在全国范围内的普及。

此外，《气候投融资试点工作方案》还强调了试点工作的重要性和意义。通过开展试点工作，可以在实际操作中探索出适合中国国情的气候投融资模式，推动绿色金融的发展，提高应对气候变化的能力。同时，也可以通过引导更多的资本进入绿色低碳项目，推动经济社会向绿色低碳方向转型。

课后习题

1. 什么是气候金融政策？列举一些典型的气候金融政策。
2. 气候金融政策如何推动可持续发展和应对气候变化？
3. 中国的气候金融政策与监管有什么特点？
4. 政府在推进气候金融体系构建中扮演着怎样的角色？
5. 请简单论述气候金融政策和措施是如何在全球范围内协调和合作的。

参考文献

董利苹，曾静静，曲建升，等. 2021. 欧盟碳中和政策体系评述及启示[J]. 中国科学院院刊，36（12）：1463-1470.

马建英. 2013. 美国的气候治理政策及其困境[J]. 美国研究，27（4）：6，72-96.

叶丰滢，黄世忠. 2022. SEC 气候信息披露新规的解读与分析[J]. 财会月刊，（12）：26-34.

曾桉，谭显春，王毅，等. 2022. 国际气候投融资监测、报告与核证制度及启示[J]. 气候变化研究进展，18（2）：215-229.

张柏杨，刘佳颖，朱睿博，等. 2022. 金融监管与气候风险：实践、争议与启示[J]. 开发性金融研究，（5）：16-25.

第 15 章　环境、社会与治理（ESG）体系

本章导读

21 世纪以来，ESG 体系在全球范围内的兴起与发展成了一个引人注目的趋势。ESG 代表了环境、社会和治理三个关键维度，它们已经成为投资者和企业关注的重要议题。本章首先介绍 ESG 体系的内涵与发展，回顾 ESG 体系在全球和中国的发展进程。其次，本章分别概述国家主权层面和公司层面的 ESG 评价体系，并详细介绍世界银行、明晟和 Vigeo 的国家 ESG 评价体系以及明晟、标普、中债和华证的公司层面 ESG 评价体系，对比国内外评级机构评价体系的差异。最后，本章介绍 ESG 投资在金融市场中投融资的实践与应用。本章还以企业“漂绿”、国信证券和华夏基金为例，介绍当前 ESG 在投资领域的实际实践以及可能衍生出的问题。通过本章读者可以更为全面具体地了解当今 ESG 体系存在的价值和可改进的空间。

15.1　ESG 体系的内涵与发展

15.1.1　ESG 体系的内涵

ESG 是英文 environmental（环境）、social（社会）和 governance（治理）的首字母缩写，是一种关注企业环境保护、社会责任和公司治理等非财务绩效的投资理念和企业评价标准。ESG 体系包括三大关键环节，即 ESG 披露、ESG 评价和 ESG 投资。ESG 披露是企业或资产管理机构向投资者、利益相关方和社会公众透明地披露其环境、社会和治理信息的过程。国际主导的 ESG 评价机构明晟（Morgan Stanley Capital International，MSCI）将 ESG 评价定义为衡量企业对行业内长期、重大的环境、社会和治理风险的应变能力。其中，环境因素包含气候变化、资源枯竭、废弃物、污染和森林砍伐等问题；社会因素包含人权、现代奴役、雇用童工、工作条件和员工关系等问题；治理包含贿赂和腐败、高管薪酬、董事会多样性和结构、政治游说和献金以及税务策略等问题。

ESG 具有多重含义。首先，ESG 是一种价值理念。倡导以投资带动环境、社会和经济各领域的协同可持续发展，提倡完善公司治理，将环境保护和社会发展等公共利益引入公司价值体系，在公司经营活动中实现社会价值的整体提升。其次，ESG 是一种评价体系。ESG 提供了包括财务和非财务维度的投资评价体系以及可测量和比较的评价方式。最后，ESG 是一种投资策略。ESG 强调了企业社会责任等投入有助于提升财务表现和降低经营风险，投资者从过去的仅关注传统财务指标转为综合衡量企业经济效益和社会效益。

1. 环境

ESG 体系中的环境因素主要考虑企业对自然环境的影响，如企业在生产过程中如何管理和控制各类污染物的排放（包括自身生产经营产生的直接污染和带动上下游产生的间接污染）以及对废物的处理方式等。

人类对于保护环境的理念其实早在 20 世纪就已经萌芽。1962 年，横空出世的环保主义著作《寂静的春天》描写的环境污染灾难引发人类对环境问题的关注和反思。1972 年，联合国人类环境会议通过了世界上第一个保护环境的纲领性文件《人类环境宣言》。20 世纪 80 年代，世界上发生了几起重大的环境灾难，包括 1984 年印度博帕尔农药厂毒气泄漏事件、1986 年切尔诺贝利核电站事故以及 1989 年阿拉斯加州威廉王子湾的“埃克森·瓦尔迪兹”号油轮的大规模石油泄漏事件，这些事件引发了人们对环境和气候变化的担忧，推动了责任投资在环境领域的发展。1992 年，联合国环境与发展大会通过《21 世纪议程》，倡导在促进发展的同时也要注重环境保护。同年，联合国环境规划署金融行动机构在里约地球峰会上提出金融倡议，倡导金融机构将环境、社会和公司治理问题纳入投融资决策。进入 21 世纪以来，在联合国等国际组织的推动下，现代 ESG 概念逐渐形成，ESG 投资也在全球范围内持续增长。2000 年，时任联合国秘书长科菲·安南（Kofi Annan）发起了“全球契约”（Global Compact）组织，该组织鼓励将环境、社会和公司治理纳入资本市场，并创造了 ESG 投资这个术语。

具体来说，环境因素包括考虑组织对环境的总体影响以及组织因环境问题（如气候变化和保护自然资源的措施）而面临的潜在风险和机遇。可作为 ESG 标准的环境因素示例如下。

（1）能源消耗和效率。

（2）碳足迹，包括温室气体排放。

（3）废物管理。

（4）空气和水污染。

（5）生物多样性丧失。

（6）砍伐森林。

（7）自然资源枯竭。

2. 社会

社会责任因素主要考虑企业对社会造成的各种影响，如员工管理、福利与薪酬、员工安全、与上下游供应商及服务商的关系、产品安全性等。

20 世纪 60 年代起，社会责任投资逐渐从宗教组织走向公众，责任投资理念开始包含战争、民权、劳工和环境等社会问题。20 世纪 60 年代末，美国公众对越南战争的不满直接推动了社会责任理念发展。1971 年，美国成立了首只社会责任基金，旨在拒绝投资于利用越南战争获利的公司。20 世纪 80 年代后，在南非兴起大规模抗议撤资，旨在反对种族隔离，大量美国资本从南非撤资。

随着反战抗议、人权运动、反种族隔离运动以及环保运动的兴起，责任投资理念不再局限于宗教教义，而是扩展至引起民众担忧的众多社会问题，来自社会责任投资者的压力甚至对公共政策和全球行动产生了影响，责任投资以社会责任投资的形式快速发展。同时，公众和国际机构开始重视环保问题，社会责任的内涵边界逐渐扩展至环保理念。

社会因素涉及公司如何对待不同的人群——员工、供应商、客户、社区成员等。可作为 ESG 标准的社会因素示例如下。

（1）公平支付员工工资，包括生活工资。

（2）多元化、公平和包容（diversity, equality and inclusion，DEI）计划。

（3）员工体验和敬业度。

（4）工作场所的健康和安全。

（5）数据保护和隐私政策。

（6）公平对待客户和供应商。

（7）客户满意度。

（8）社区关系，包括组织与其运营所在的当地社区的联系和影响。

（9）为帮助贫困和服务不足社区的项目或机构提供资金。

（10）支持人权和劳工标准。

3. *治理*

治理因素主要考虑公司组织架构、股东和管理层的利益关系、是否存在腐败与财务欺诈、信息披露透明度及商业道德等方面。一般来说，ESG 表现良好的企业通常有低估值、高盈利、股价和分红稳定等特征。

2018 年，中国证券监督管理委员会发布第 29 号公告，公布实施新版《上市公司治理准则》。该准则确立了上市公司 ESG 信息披露的框架，提出贯彻落实“创新、协调、绿色、开放、共享”的发展理念，要求上市公司披露环境信息以及履行扶贫等社会责任，强化董事会的治理，并增加了机构投资者参与公司治理的有关规定。

随着可持续发展理念的逐步普及，2021 年 6 月，中国证券监督管理委员会发布了修订版的《公开发行证券的公司信息披露内容与格式准则第 2 号——年度报告的内容与格式》。新版准则将原属于“重要事项”章节的环境保护和社会责任内容独立整合，新增“环境和社会责任”一节，对企业 ESG 信息的披露有着更高要求。在治理方面，修订版将“公司治理”一节从第九节前移至第四节。在内容方面，细化了公司董事会及其下设专门委员会履职情况披露内容，完善了企业内部多维度监管和定期审核评估，强化了投资者关系管理。

治理因素检查公司如何自我监管，重点关注内部控制和实践，以保持对法规、行业最佳实践和公司政策的遵守。可作为 ESG 标准的治理因素示例如下。

（1）公司领导和管理。

（2）董事会组成，包括其多元化和结构。

（3）高管薪酬政策。

（4）财务透明度和商业诚信。

（5）监管合规和风险管理举措。

（6）道德商业行为。

（7）关于腐败、贿赂、利益冲突以及政治献金和游说的规则。

（8）举报程序。

15.1.2　全球 ESG 体系的发展

从全球范围来看，ESG 理念及以其为目标的投资具有悠久的历史，最早可以追溯到公元前的宗教活动。起初，某些投资者以宗教信仰的名义筛选酒精、烟草和赌博等罪恶股票，但如今，投资者和企业已经从更广泛的角度聚焦与环境、社会和公司治理有关的风险。从宗教起源到现代，ESG 投资主要经历了如下三个重要发展阶段。

1. 第一阶段：伦理投资（20 世纪 60 年代以前）

责任投资最早起源于与宗教投资理念和活动有关的伦理投资，宗教团体拒绝投资于与教义信仰相违背的行业。道德一直是伦理投资决策的基本考虑因素，但该原则的应用各不相同。一些宗教团体将伦理投资视为投资指导方针，另一些宗教团体则因法律规定而进行伦理投资。伦理投资理念也因宗教团体而异，因此对该主题有许多不同的解释。

在公元前 175 年之前，犹太法律规定了伦理投资。公元前 1500 年至公元前 1300 年间摩西撰写的《圣经》前五卷中，出现了 Tzedek（意为正义、公平等）这一犹太人的概念，这一概念说明生活的各个方面都需要正义和公平，旨在纠正人类导致的不平衡，包括经济活动。投资使人们成为财产所有者，人们有责任使用所有权来防止直接和潜在的伤害。

几百年后，《古兰经》根据伊斯兰教的宗教教义建立了投资指南，这些教义如今已经演变成符合伊斯兰教法的金融。《古兰经》指出，金钱应该是一种交换媒介，而不是一种随时间增长的资产。《古兰经》的管理原则之一是 Riba（利息），其首要目标是防止使用金钱进行剥削。该原则禁止支付或收取各种形式的高利贷，包括所有的利息支付。《古兰经》还禁止任何伊斯兰机构或个人投资于酒精、猪肉、不道德的商品、金银和武器。

在美国，责任投资起源于 18 世纪初。18 世纪，基督教新教卫理公会派在美国创立。卫理公会派通过资本市场投资活动传播其宗教教义，他们抵制奴隶贸易、走私和炫耀性消费，并抵制投资于制造酒类或烟草产品以及支持赌博的公司。随后，其他宗教团体也效仿卫理公会派的做法。贵格会禁止成员参与有关奴隶贸易和战争的投资。这一教派的教徒也在此后建立了现代历史上著名的两家金融机构：巴克莱银行和劳埃德银行。

早期的责任投资理念仅流行于宗教组织，主要表现为对罪恶产业的抵制，尽管在很长一段历史中流行，但并未对资本市场活动产生明显的影响。

2. 第二阶段：社会责任投资（20 世纪 60 年代至 21 世纪初）

20 世纪 60 年代起，责任投资逐渐从宗教组织走向公众，责任投资理念开始包含战争、民权、劳工和环境等社会问题。

20 世纪 60 年代末，美国公众对越南战争的不满直接推动了社会责任投资的发展。越南战争期间，陶氏化学公司和孟山都公司为美国国防部开发了一种名为“橙剂”（Agent Orange）的致命毒剂。在五年时间里，美军将橙剂喷洒在越南南部 10%的土地上，以清除为越南游击队提供掩护的树木，这种有毒化学品对当地居民的健康造成了毁灭性的破坏，夺去了无数生命。陶氏化学公司还为美军生产凝固油气弹，该武器会在人体上留下非常难治愈的烧伤。具有社会意识的投资者意识到他们的投资组合很可能正在支持战争的发展，因此一些人开始寻求避免投资组合从战争中获利的方法。例如，越南战争抗议者抵制为战争提供武器的公司，并要求大学捐赠基金不再投资国防承包商。1968 年，医学人权委员会获得陶氏化学公司的股份，并提交了一份代理声明，建议修改陶氏化学公司章程，禁止向任何不愿保证该物质不会被用于人类的买家出售凝固汽油弹，该声明促使陶氏化学公司在一年后悄悄停止了凝固汽油弹的生产。在责任投资需求快速上升的背景下，1971 年，美国首只社会责任基金帕斯世界基金（Pax World Fund）成立，旨在拒绝投资于利用越南战争获利的公司。

20 世纪 80 年代发生在南非的大规模抗议撤资运动导致了南非经济不稳定，最终促成了种族隔离制度的崩溃。在此期间，由于种族隔离，个人投资者和公司决定从南非撤出投资。1985 年，纽约市哥伦比亚大学的学生举行了为期三周的示威活动，要求学校停止投资与南非有业务往来的公司，并取得了胜利，促使了 400 亿美元的撤资。抗议撤资运动的压力从投资者和企业逐渐传到了美国政府，转化为公共政策。1986 年，美国国会通过了《全面反种族隔离法案》，禁止在南非进行新的投资。到 1993 年，当德克勒克政府采取措施结束种族隔离制度时，累计 6250 亿美元的资产从南非剥离。

同时，公众和国际机构开始重视环保问题，责任投资的内涵边界逐渐扩展至环保理念。20 世纪发生的几起重大的环境灾难（印度博帕尔农药厂毒气泄漏事件、切尔诺贝利核电站事故、“埃克森・瓦尔迪兹”号油轮的大规模石油泄漏事件等）进一步引发了人们对环境和气候变化的担忧，推动了环境领域责任投资的发展。1988 年，英国的梅林生态基金（Merlin Ecology Fund）成立，该基金只投资于注重环境保护的公司。1989 年，美国各大投资团体及环境组织联盟发起一项绿色商业行为准则，即环境责任经济联盟（Coalition for Environmentally Responsible Economies，CERES），倡导企业界采用更环保、更新颖的技术与管理方式，该组织也是全球报告倡议的成立方。1990 年，首个追踪责任投资的市值加权指数多米尼 400 社会指数（Domini 400 Social Index）发布，现在被命名为 MSCI KLD 400 社会指数。1997 年，全球报告倡议被正式提出，旨在提高商业组织可持续发展报告的质量，该组织发布的可持续发展报告编制标准也是如今最被普遍认可的报告体系之一。

随着反战抗议、人权运动、反种族隔离运动以及环保运动的兴起，责任投资理念不再局限于宗教教义，而是扩展至引起民众担忧的众多社会问题，来自社会责任投资者的压力甚至对公共政策和全球行动产生了影响，责任投资以社会责任投资的形式快速发展。

3. 第三阶段：现代 ESG 投资（21 世纪初至今）

进入 21 世纪，在联合国等国际组织的推动下，现代 ESG 投资的概念逐渐形成，ESG 投资在全球范围内持续增长。自 2000 年 ESG 投资理念形成以来，环境、社会和治理因素逐步被纳入到资本市场的决策中。2004 年，联合国全球契约组织与 20 家金融机构联合发布了具有里程碑意义的《在乎者即赢家》（*Who Cares Wins*）报告。该报告邀请了不同金融部门的决策者和参与者，就如何将 ESG 因素纳入金融市场研究、分析和投资提出了一系列建议。报告数据显示，在 ESG 领域中表现更好的公司，在增加股东价值和企业利润、提高公司声誉以及促进社会可持续发展等方面也表现得更好。因此，ESG 是影响股东长期利益的重要因素。该报告标志着 ESG 成为考察资产非财务因素的重要标准。2006 年，联合国秘书长安南发起成立了联合国负责任投资原则。该原则旨在推动各大资产管理机构在投资决策中纳入 ESG 指标，帮助联合国负责任投资原则签署方提升可持续投资能力，并在实践中规避风险，优化投资表现。此后，在联合国负责任投资原则的推动支持下，ESG 投资在全球迅速发展。

2020 年以来，在新冠疫情和全球经济下行等因素的影响下，世界各国在环境、社会和公司治理方面面临更加严峻的挑战。ESG 投资具有风险管理优势，环境、社会或治理等问题可能会对企业运营和绩效构成风险，ESG 投资能够帮助投资者避开可能因为这些非财务因素而带来重大风险的公司。在外部不确定性增大的背景下，全球 ESG 投资需求加速增长。

15.1.3 中国 ESG 体系的发展

ESG 的概念最早是在 2005 年由联合国环境规划署和社会责任投资原则组织提出的。随着 ESG 投资越来越受到全球投资者的关注，ESG 概念也逐渐普及到了中国。越来越多的中国投资者和企业开始重视 ESG 的问题，并在日常投资和经营中考虑 ESG 因素。同时，中国政府也在积极推动 ESG 标准化体系的建设，促进 ESG 理念的落地和推广。从 2002 年至 2022 年，中国共颁布了 46 项现行有效的政策法规来规范和引导 ESG 实践，各级监管机构、证券市场和第三方机构通过支持和引导政策、评级和投资产品等手段，积极推进绿色金融和 ESG 在国内的发展，推动上市公司披露 ESG 信息，表 15-1 整理了近年来中国主要的 ESG 相关政策。

表 15-1 中国 ESG 相关政策历年发展

年份	政策措施
2006	深圳证券交易所《上市公司社会责任指引》，要求上市公司编制年度社会责任报告，定期进行社会责任评价，全面披露自身社会责任履行情况
2008	上海证券交易所《上市公司环境信息披露指引》，要求上市公司披露与环境保护相关的重大事件，并对上市公司环境信息披露提出了具体的要求
2012	香港交易所发布《环境、社会及管治报告指引》允许上市公司自愿披露 ESG 信息
2014	全国人大常委会修订《中华人民共和国环境保护法》，以法律形式对公司披露污染物排放信息、政府环境监管机构依法公开环境信息提出明确规定
2015	香港交易所修订《环境、社会及管治报告指引》，将一般披露责任由“建议披露”提升至“不遵守就解释”
2017	联合国负责任投资原则正式进入中国，中国证券投资基金业协会积极推广，倡导 ESG 投资理念
2018	中国证券监督管理委员会修订《上市公司治理准则》，确立中国 ESG 信息披露基本框架。中国证券投资基金业协会发布《中国上市公司 ESG 评价体系研究报告》

续表

年份	政策措施
2019	中国证券监督管理委员会设立科创板并强制上市公司披露 ESG 信息。香港交易所第三次修订《环境、社会及管治报告指引》
2020	中共中央办公厅、国务院办公厅印发《关于构建现代环境治理体系的指导意见》；上海证券交易所出台《上海证券交易所科创板上市公司自律监管规则适用指引第 2 号——自愿信息披露》；深圳证券交易所修订《上市公司信息披露工作考核办法》
2021	香港交易所再次修订指引，要求《环境、社会及管治报告指引》必须提前至与年报同步刊发；中国证券监督管理委员会修订发布《上市公司信息披露管理办法》；生态环境部出台《企业环境信息依法披露管理办法》
2022	生态环境部办公厅印发《企业环境信息依法披露格式准则》

资料来源：根据国务院、生态环境部、各证券交易所、基金业协会网站等公开资料整理

上市公司环境信息披露是构建 ESG 评价体系的重要举措。与很多发达国家早期依赖投资者需求不同，政策规范和监管助力是国内企业和机构 ESG 实践的强大动力，中国 ESG 的发展经历了如下四个阶段。

1. 萌芽阶段

2009 年之前是中国 ESG 的萌芽阶段，开始鼓励企业进行 ESG 披露。2003 年国家环境保护总局发布了《关于企业环境信息公开的公告》，这是我国第一个有关企业环境信息披露的规范。2006 年兴业银行推出了中国第一个绿色信贷产品，2008 年上海证券交易所发布了《关于加强上市公司社会责任承担工作通知》和《上市公司环境信息披露指引》，开始鼓励公司发布社会责任报告。

2. 初级发展阶段

2009～2012 年是 ESG 在中国的初级发展阶段，2009 年联合国气候变化大会前夕，中国政府首次承诺温室气体排放标准控制。财政部、中国证券监督管理委员会、审计署、中国银行业监督管理委员会和中国保险监督管理委员会于 2010 年发布《企业内部控制应用指引第 4 号——社会责任》，指出了企业在经营发展过程中应当履行的社会职责和义务。2012 年中国银行业监督管理委员会发布《绿色信贷指引》，对银行业金融机构绿色信贷的执行做出了具体规定。

3. 政策完善阶段

2013～2016 年推动了绿色金融相关政策的不断完善。2014 年国内形成了以《绿色信贷指引》为核心，绿色信贷统计制度和考评机制为基石的绿色信贷政策体系。2016 年 8 月，七部委联合印发《关于构建绿色金融体系的指导意见》，着力推动构建覆盖银行、证券、保险、碳金融等各个领域的绿色金融体系，我国成为全球首个提出系统性绿色金融政策框架的国家。

4. 规模化发展阶段

2017 年至今中国 ESG 经历了规模化的发展。表 15-2 梳理了近年来中国绿色投资的相关政策。

表 15-2　中国绿色投资的相关政策

年份	政策内容
2012	中国银行业监督管理委员会发布《绿色信贷指引》
2015	中共中央、国务院印发《生态文明体制改革总体方案》，第一次提出“建立绿色金融体系”
2016	中国人民银行等七部委联合印发《关于构建绿色金融体系的指导意见》；国务院办公厅印发《关于建立统一的绿色产品标准、认证、标识体系的意见》
2017	中国证券监督管理委员会发布《关于支持绿色债券发展的指导意见》；中国人民银行等五部委联合发布《金融业标准化体系建设发展规划（2016—2020 年）》
2018	中国证券投资基金业协会发布《绿色投资指引（试行）》；中国金融学会绿色金融专业委员会与“伦敦金融城绿色金融倡议”携手发布《“一带一路”绿色投资原则》
2019	国家发展改革委等七部委联合印发《绿色产业指导目录（2019 年版）》
2020	央行会同国家发展改革委和中国证券监督管理委员会起草了《绿色债券支持项目目录（2020 年版）（征求意见稿）》；生态环境部等五部门联合印发《关于促进应对气候变化投融资的指导意见》
2021	国务院印发《关于加快建立健全绿色低碳循环发展经济体系的指导意见》；中国人民银行等三部门联合印发《绿色债券支持项目目录（2021 年版）》，将“清洁”煤炭及其他化石能源清洁利用等高碳排放项目排除在支持项目清单之外；生态环境部办公厅等九部门联合印发《关于开展气候投融资试点工作的通知》
2022	中国人民银行等四部门联合印发《金融标准化“十四五”发展规划》

资料来源：根据国务院、生态环境部、各证券交易所、基金业协会网站等公开资料整理

首先是强化绿色金融体系建设的政策出台。2017 年，国务院在浙江、江西、广东、贵州、新疆五省区设立八个绿色金融试验区。同年，《关于支持绿色债券发展的指导意见》《绿色债券评估认证行为指引（暂行）》发布，引导证券交易所债券市场进一步服务绿色产业健康有序发展，助推我国经济发展方式转变和经济结构转型升级。

其次，要求企业强制披露相关信息。《落实〈关于构建绿色金融体系的指导意见〉的分工方案》（银办函〔2017〕294 号）提出，分三步建立强制性上市公司披露环境信息的制度：第一步为 2017 年底要求上市公司进行自愿披露；第二步为 2018 年 3 月要求重点排污单位对环境信息进行强制性披露，未披露的需做出解释；第三步为 2020 年 12 月前要求所有上市公司强制环境信息披露。该规划要求 2020 年底所有境内上市公司强制性披露环境信息。2018 年 9 月，中国证券监督管理委员会修订的《上市公司治理准则》中特别增加了环境保护与社会责任的内容，同年 11 月，中国证券投资基金业协会正式发布了《中国上市公司 ESG 评价体系研究报告》和《绿色投资指引（试行）》，提出了衡量上市公司 ESG 绩效的核心指标体系，致力于培养长期价值取向的投资行业规范，进一步推动了 ESG 在中国的发展。2022 年 5 月，国务院国有资产监督管理委员会发布《提高央企控股上市公司质量工作方案》，提出推动更多央企控股上市公司披露 ESG 专项报告，力争到 2023 年相关专项报告披露“全覆盖”。

双碳战略的提出进一步加速了国内 ESG 规模化发展的速度。央行很快将双碳与绿色金融工作挂钩，2020 年 12 月就提出要促进实现双碳战略、完善绿色金融体系。此外，央行还指导金融机构开展压力测试，逐步将气候变化相关风险纳入宏观审慎政策框架。各相关行业协会也在大力推动双碳工作。2021 年 9 月，双碳目标的“1 + N”政策体系中的

“1”文件《关于完整准确全面贯彻新发展理念做好碳达峰碳中和工作的意见》正式发布，文件中专门论述了“积极发展绿色金融”，为 ESG 和绿色金融发展奠定了双碳基调。中国双碳战略顶层设计及政策措施见表 15-3。

表 15-3　中国双碳战略顶层设计及政策措施

发布年份	相关政策与关键内容
2021	《中共中央 国务院关于完整准确全面贯彻新发展理念做好碳达峰碳中和工作的意见》，要求加快构建清洁低碳安全高效能源体系，强化能源消费强度和总量双控
	《冶金、建材重点行业严格能效约束推动节能降碳行动方案（2021—2025 年）》
	《石化化工重点行业严格能效约束推动节能降碳行动方案（2021—2025 年）》
	《中共中央 国务院关于深入打好污染防治攻坚战的意见》提出加快推动绿色低碳发展、深入打好蓝天保卫战、深入打好碧水保卫战、深入打好净土保卫战等
	《高耗能行业重点领域能效标杆水平和基准水平（2021 年版）》明确高耗能行业能效标杆水平，科学划定各行业能效基准水平
	《深入开展公共机构绿色低碳引领行动促进碳达峰实施方案》
	《贯彻落实碳达峰碳中和目标要求 推动数据中心和 5G 等新型基础设施绿色高质量发展实施方案》对数据中心集约化、绿色化与智能化发展提出明确要求
	《绿色交通“十四五”发展规划》要求到 2025 年初步形成交通运输领域绿色低碳生产方式
	《“十四五”工业绿色发展规划》提出工业绿色低碳转型与工业赋能绿色发展的具体举措
	《“十四五”时期“无废城市”建设工作方案》目标是推动 100 个左右地级及以上城市开展“无废城市”建设
	《“十四五”原材料工业发展规划》要求推动原材料工业发展绿色化水平大幅提升
	《“十四五”生态环境监测规划》提出到 2025 年，政府主导、部门协同、企业履责、社会参与、公众监督的“大监测”格局更加成熟定型
2022	《国务院关于印发“十四五”现代综合交通运输体系发展规划的通知》要求综合交通运输绿色化取得实质性突破
	《促进绿色消费实施方案》目标到 2030 年，绿色消费制度政策体系和体制机制基本健全等
	《“十四五”节能减排综合工作方案》明确“十四五”期间节能环保目标
	《“十四五”建筑业发展规划》要求在“十四五”期间，初步形成绿色低碳生产方式
	《“十四五”民航绿色发展专项规划》中国民航碳排放强度持续下降，低碳能源消费占比不断提升，民航资源利用效率稳步提高等目标
	《“十四五”医药工业发展规划》提出促进全产业链绿色低碳发展，医药工业绿色低碳工程等行动
	《关于促进钢铁工业高质量发展的指导意见》力争形成绿色低碳可持续的高质量发展格局
	《关于完善能源绿色低碳转型体制机制和政策措施的意见》要求推动构建以清洁低碳能源为主体的能源供应体系
	《高耗能行业重点领域节能降碳改造升级实施指南（2022 年版）》提出了节能降碳改造升级的工作目标以及三大工作方向
	《关于印发促进工业经济平稳增长的若干政策的通知》要求落实煤电等行业绿色低碳转型金融政策等

资料来源：根据国务院、生态环境部、各证券交易所、基金业协会网站等公开资料整理

15.2 国家层面的ESG评价体系

不同于企业ESG数据，主权ESG数据以国家或地区为主体，有利于投资者或其他数据使用者较为全面地了解某经济体的环境、社会及治理情况，并通过横向或纵向比较支撑科学决策。主权ESG评价逐步受到关注，其评价结果不仅可以应用于主权债务市场的投资，也可支持国家和地方层面的其他投资。

15.2.1 世界银行主权ESG评价体系

世界银行的主权 ESG 数据门户网站具有较强的数据可视化能力，且动态优化主权ESG框架，其主要具有以下三个特点。

一是广泛的数据指标范围，尤其是环境类指标。世界银行现有的主权ESG框架由71项ESG指标与40项附加指标组成，涉及了239个经济体61年的数据。ESG指标包含环境类31项、社会类22项、治理类18项。其中，环境类指标涉及排放与污染、能源使用与安全、气候风险与韧性、食品安全、自然资本禀赋与管理 5 个关键议题；社会类指标涉及服务可得性、人口统计、教育与技能、就业、健康与营养、贫困与不平等 6 个关键议题；治理类涉及经济环境、性别、政府效能、人权、创新、稳定与法治 6 个关键议题（表 15-4）。在新增的三级指标中，环境类的包括地表温度、海岸保护、缺水程度、森林覆盖率损失等。

表 15-4 世界银行主权ESG评价体系

一级指标	二级指标	三级指标
环境（31项）	排放与污染（5个）	二氧化碳排放量（人均吨或千吨） 按LUCF（land use change and forestry，土地利用变化和林业）计算的温室气体净排放量/清除量（每吨二氧化碳当量） 甲烷排放量（人均每吨二氧化碳当量） 一氧化二氮排放量（人均每吨二氧化碳当量） $PM_{2.5}$空气污染年均暴露量（微克每立方米）
	能源使用与安全（7个）	煤炭发电量（占总量的百分比） 能源进口净值（占能源使用的百分比） 一次能源的能源强度水平（一次能源供应总量/2017年美元购买力平价GDP） 能源使用（人均石油当量千克） 化石燃料能源消耗（占总量的百分比） 可再生电力输出（占总电力输出的百分比） 可再生能源消耗（占最终能源消耗总量的百分比）
	气候风险与韧性（9个）	人口密度（每平方公里土地的人口数） 制冷度日数 采暖度日数 热指数 标准化降水蒸散指数 地表温度 海岸保护 缺水程度：淡水抽取占可用淡水资源的比例 环境水质良好的水体比例

续表

一级指标	二级指标	三级指标
环境 （31 项）	食品安全 （3 个）	农业用地（占土地面积的百分比） 农业、林业和渔业增加值（占 GDP 的百分比） 粮食生产指数（以 2014～2016 年的数据为基准）
	自然资本禀赋与管理 （7 个）	调整后的储蓄：自然资源耗竭[占 GNI（gross national income，国民总收入）的百分比] 调整后的储蓄：净森林耗竭（占 GNI 的百分比） 年度淡水抽取总量（占内部资源的百分比） 森林面积（占土地面积的百分比） 受威胁的哺乳动物 陆地和海洋保护区（占领土总面积的百分比） 森林覆盖率损失
社会 （22 项）	服务可得性 （4 个）	清洁燃料和烹饪技术的可得性（占人口的百分比） 电力可得性（人口百分比） 使用安全管理的饮用水服务的人（占人口的百分比） 使用安全管理的卫生服务的人（占人口的百分比）
	人口统计 （3 个）	总生育率（每位妇女的生育数） 出生时总体预期寿命（岁） 65 岁及以上人口（占总人口的百分比）
	教育与技能 （3 个）	政府教育总支出（占政府支出的百分比） 成人总识字率（占 15 岁及以上人口的百分比） 小学入学率（占总数的百分比）
	就业 （3 个）	就业儿童总数（占 7～14 岁儿童的百分比） 总就业率（占 15～64 岁总人口的百分比） 总失业率（占劳动力总数的百分比）
	健康与营养 （5 个）	按传染病、营养状况、孕产期等分类的死因（占总数的百分比） 病床数（每千人） 5 岁以下儿童死亡率（每 1000 名活产婴儿） 超重流行率（占成年人的百分比） 营养不良发生率（占人口的百分比）
	贫困与不平等 （4 个）	人均平均消费或收入年化平均增长率（%） 基尼系数 收入最低的 20%人口在收入或消费中所占的百分比 国家贫困线以下的贫困人口比例（占人口的百分比）
治理 （18 项）	经济环境 （2 个）	GDP 增长（年百分比） 使用互联网的人口比例（占人口的百分比）
	性别 （4 个）	妇女在国家决策机构（如议会）中所占席位的比例（%） 女性与男性劳动力参与率之比（%） 中小学教育毛入学率的性别均等指数（gender parity index，GPI） 未满足的避孕需求（占 15～49 岁已婚女性的百分比）
	政府效能 （2 个）	政府效能：估计 监管质量：估计
	人权 （3 个）	合法权利强度指数（0=弱到 12=强） 发言权和问责制：估计 经济和社会权利绩效评分
	创新 （3 个）	居民申请专利数 研发支出（占 GDP 的百分比） 科技期刊文章
	稳定与法治 （4 个）	腐败控制：估计 净迁移 政治稳定、无暴力/恐怖主义：估计 法治：估计

资料来源：世界银行官网，北京绿色金融与可持续发展研究院

二是较高的数据指标透明度与清晰度。世界银行在公开数据框架指标的同时，披露了指标的详细定义、单位、采集周期、统计概念与方法、时期范畴、汇总方法、数据来源、局限性等。具体看来：采集周期方面，除甲烷排放与一氧化二氮排放这两项指标周期未明确外，其他指标皆为每年一次的采集更新。汇总方法方面，大多数（41 项）采用加权平均的方法，而剩余公开的项目中采用求和法的有 3 项，采用中位数法、平均法、差额填补总额法的各 1 项。数据来源方面，71 项指标的数据来源皆已公开，大部分来自世界银行与其他国际组织，如国际能源署、联合国水资源组织、联合国粮农组织、联合国教科文组织、世界卫生组织等，其他来源包括政府部门（如欧盟委员会、欧洲航天局等）、数据平台（全球大气研究排放数据库、气候观察、全球森林观察等），以及部分研究机构或个人。

三是综合考虑了国家的财富状况，同时提供收入调整方法，以减少收入偏差。一方面，世界银行利用多样化指标来反映国家的财富总体情况，包括国外净资产、人力资本、生产资本、自然资本（及其中的农业用地、地下矿产、化石燃料）的总值与人均值。另一方面，世界银行为数据使用者提供了线性趋势法、增量法、收入组别法三种收入偏差调整方式。线性趋势法是指在 ESG 数据中直接扣除收入回归的分析结果，这是基于 ESG 得分和收入之间总是存在线性关系的假设；增量法是指分析 ESG 数据的年度差值或增长率，依据在于短期内一国收入一般不会发生巨大变化；收入组别法是指根据收入或资源分组差异化评分，即收入水平越高、评估标准也越高。值得注意的是，前两种方法在某些情况下会产生异常值。

15.2.2 明晟的国家 ESG 评价体系

明晟的国家 ESG 评价能够识别一个国家对 ESG 风险因素的敞口及管理模式，并解释这类因素如何影响其经济的长期可持续发展，旨在补充传统的政府债务分析模式以评估国家的信用可靠性。

明晟的国家 ESG 评价评估了一个国家的 ESG 风险敞口、风险管理模式和表现。国家具有不同的自然、金融和人力资源，因此不同国家在将这些资源转化为生产性商品和服务方面具有固有的优势或劣势。然而，这并不是一个国家经济和 ESG 表现的唯一决定因素。高效的政府或权力机构能够营造一个支持性的经济环境来有效地利用这些资源，在明晟的国家 ESG 评价体系中（表 15-5），这些资源禀赋决定了衡量 ESG 风险暴露的参数或权重以相对公平地评估各个主权国家的 ESG 风险暴露及其 ESG 风险管理实践和绩效结果。

表 15-5 明晟的国家 ESG 评价体系

支柱	风险来源	风险因素	管理实践
环境风险	自然资源	能源安全风险 水资源 生产用地和矿产资源	能源管理 资源节约 水资源管理
	外部环境因素和脆弱性	环境事件脆弱性 环境外部性	环境表现 环境外部性的影响

续表

支柱	风险来源	风险因素	管理实践
社会风险	人力资本	基础人力资本 高等教育与技术准备 知识资本	基本需求 人力资本绩效 人力资本基础设施 知识资本管理
	经济环境	经济环境	就业 福利
治理风险	金融治理	金融资本	金融管理
	政治治理	制度 司法和惩罚制度 治理有效性	政治权利和公民自由 腐败治理 社会和平

资料来源：明晟官网

15.2.3　Vigeo 的国家 ESG 评价体系

Vigeo 为穆迪投资者服务公司（Moody's Investors Service）的子公司。随着资本市场及其他利害关系者寻求明确、客观的标准来理解和衡量 ESG 因素，对发行商、投资者、交易对手及其他各方而言，ESG 考量有越来越重要的意义。为此，Vigeo 建立了国家 ESG 评价体系（表 15-6），积极帮助市场参与者提高 ESG 和永续发展问题的透明度，加强对这些问题的认识，同时随着对这些资讯的需求不断增长，持续追求创新和扩张。穆迪收购 Vigeo 也有助于促进一流 ESG 风险评估业务的进一步发展，帮助市场参与者在做投资决策时对 ESG 考量进行评估，让客户能取得各种全面的永续发展风险评估、研究和资料。

表 15-6　Vigeo 的国家 ESG 评价体系

一级指标	二级指标	三级指标
环境责任	参加国际公约	空气 生物多样性 水 土地 信息系统
	空气污染	气候变化 臭氧层保护 地区空气质量
	水	取水措施
	生物多样性	濒危物种比例 自然保护区
	土地利用	森林覆盖的土地比例 森林占比变化
	环境压力	核废物 能源消耗

续表

一级指标	二级指标	三级指标
制度责任	人权	尊重、保护、促进人权 尊重、保护、促进劳工权利
	民主制度	政治自由和稳定措施 反腐败措施 司法独立措施 市场监管措施 新闻自由措施
社会责任	社会保护	反不平等措施 总失业率 青年失业
	教育	公共教育经费 小学教育入学率 中学教育入学率
	健康	公共卫生支出 死亡率（婴儿死亡率、预期寿命） 艾滋病流行率 结核病流行率和死亡率
	性别平等	性别平等 妇女权益指数
	发展援助	发展援助措施
	安全政策	国际公约参与

资料来源：Vigeo Eiris 官网

15.2.4 国家层面 ESG 评价体系比较

主权 ESG 评价需要关注如何提升数据及议题的覆盖面及国家之间的可比性，尽量全面、客观地反映不同发展阶段国家可持续性的表现情况。可以发现，主权 ESG 评价尚在探索之中，不管是从评价方法、数据可用性及可比性等方面，都需要更多的研究与实践。当前，国家主权 ESG 评级体系仍存在以下特点与待改进之处。

首先，国家与地区应充分认识主权 ESG 框架的重要性，推动低碳转型高质量发展。相关部门应当积极关注国家层面 ESG 评价框架，同时加强数据基础设施建设，通过数字化、智能化平台等手段提高包括环境数据在内的国家层面 ESG 数据的可得性，完善数据准确度与颗粒度；强化国家间或地区间数据共享机制，在保障数据安全的前提下，推进数据的透明度；结合 ESG 评价优化税收制度与监管政策，引导资本流向可持续发展领域。

其次，国家与组织之间的推进 ESG 领域共识、提高全球可持续治理效能的力度仍有所欠缺。发达国家与发展中国家应当合作加强 ESG 规则（包括主权 ESG 评价标准）的研制，并充分考虑发展中国家的现实情况与发展空间；公共部门与私营部门合作构建活跃的 ESG 投融资市场，增强可持续投融资的跨境资本流动；国际组织与发达国家合作支持发展中国家全面可持续发展。

再次，尽管投资者已认识到了可持续投资理念的重要性并持续促进 ESG 投融资发展，但在考虑企业 ESG 表现时国家层面的 ESG 表现仍常被忽略。因此，投资者（尤其是机构投资者）应当树立双重投资目标，综合考虑投资活动的财务重要性与外部重要性，从而更准确地判定短期、中期、长期的风险与机遇；科学合理地使用主权 ESG 数据，探索用于主权债券投融资、气候基金投融资、可持续股权投融资等多种决策参考。

最后，评级机构及相关第三方机构对主权 ESG 评估框架和评价结果的可靠性与适用性较企业层面的 ESG 评级体系存在较大差距。国家层面的 ESG 评价体系尚在探索之中，需要更多的研究与实践，评级机构在原有企业主体评价的基础上应尽快适应或增强主权 ESG 评价方式，科学完善指标体系与取值方法；深度研究发展中国家实际，减少收入偏差造成的主权 ESG 评价负向影响，提高评价结果对可持续投资的实质促进成效；评价机构也应当进一步公开自身评价方法与数据来源，通过图表可视化、汇总方法定制化等方式拓展国家主权 ESG 数据的使用对象与应用场景，帮助有需要的数据使用者提高 ESG 数据的理解能力与应用水平。

15.3　公司层面的 ESG 评价体系

相较于国家层面的 ESG 评价体系，公司层面的 ESG 评价体系已呈现出多样、成熟的特点，本节重点介绍明晟、标普、中债和华证的公司 ESG 评价体系。

15.3.1　明晟的公司 ESG 评价体系

明晟是一家美国指数编制公司，成立于 1986 年。明晟 ESG 评级旨在帮助投资者了解公司的财务相关 ESG 风险和机遇。明晟 ESG 评级覆盖了全球 8500 多家公司、14 000 家发行人以及超过 68 万只股票和固定收益证券。其 ESG 评价体系包含 3 个一级支柱指标、10 个二级主题指标、33 个三级关键问题指标和 1000 多个具体数据点。明晟 ESG 评价体系如表 15-7 所示。明晟评级使用 AAA～CCC 的七级评分体系，评级从高到低依次为 AAA、AA、A、BBB、BB、B 和 CCC，评级越高表明公司越能够管理重大 ESG 风险和机会敞口。在环境和社会维度，每个关键问题得分都同时衡量了公司对于风险或机会的暴露程度以及公司对这种风险或机会的管理能力，一级支柱分数和二级主题分数则是通过对关键问题得分的加权平均得到的。明晟对公司风险敞口管理能力的评估通常分为三大类：公司应对关键风险和机遇的组织能力和承诺水平；为提高绩效而制定的举措、计划和目标的力度与范围；公司在管理特定风险或机遇方面的业绩记录。在治理维度，支柱得分、主题得分和关键问题得分都是采用扣分方法独立计算的，即每个公司初始分数为满分 10 分，根据关键问题的指标扣除分数得到公司的治理得分。

表 15-7　明晟的公司 ESG 评价体系

一级指标	二级指标	三级指标
环境	气候变化	碳排放、产品碳足迹、融资环境影响、气候变化脆弱性
	自然资本	用水问题、生物多样性和土地利用、原材料采购

续表

一级指标	二级指标	三级指标
环境	污染和废弃物	有毒排放和废弃物、包装材料和废弃物、电子废弃物
	环境机会	清洁技术机会、绿色建筑机会、可再生能源机会
社会	人力资本	劳动力管理、健康与安全、人力资本发展、供应链劳动力标准
	产品责任	产品安全和质量、化学品安全、消费者金融保护、隐私与数据安全、责任投资
	利益相关者异议	争议性采购、社区关系
	社会机会	融资渠道、卫生保健渠道、营养与健康机会
治理	公司治理	所有权和控制权、董事会、薪酬、会计
	公司行为	商业伦理、税务透明度

资料来源：明晟官网

15.3.2 标普的公司 ESG 评价体系

标普全球 ESG 评分衡量公司在关键的 ESG 风险和机遇方面的暴露和表现、公开披露信息的质量和完整性，以及对新兴但未充分报道的 ESG 问题的认知。评价结果采用 0 到 100 的评分标尺，其中 100 表示最高分。ESG 评价体系包含了与财务相关的或对利益相关者有重要意义的可持续性主题，如表 15-8 所示。由于可持续发展风险、机遇和技术通常是与特定行业相关的，不同的行业有不同的指标选择和权重设置，最终的综合评分反映了公司在其行业内的相对 ESG 表现。

表 15-8 标普的公司 ESG 评价体系

一级指标	二级指标
环境	气候战略、环境政策和管理体系、环境报告、运营生态效率、产品管理
社会	解决成本负担、企业公民和慈善事业、金融包容性、健康成果贡献、人力资本发展、人权、劳动力实践指标、职业健康与安全、社会报告、改善药品或产品获取的战略、人才吸引和保留
治理和经济	反犯罪政策和措施、商业行为准则、公司治理、客户关系管理、金融稳定性和系统性风险、信息/网络安全和系统可用性、创新管理、营销实践、重要性、政策影响、隐私保护、产品质量和召回管理、风险和危机管理、新兴市场战略、供应链管理

资料来源：标普官网

标普通过全球企业可持续性评估（Corporate Sustainability Assessment，CSA）项目收集公司的 ESG 信息，该项目每年向全球公司发放调查问卷，评估公司的可持续性表现，调查对象包括全球上万家上市公司，覆盖了 99%的全球市值。截至 2022 年 3 月，超过 2250 家公司选择参与 CSA，占全球市值的 45%。对于未回应的公司，由专家分析师团队根据公开信息填写评估问卷。在数值质量方面，标普设置了严格的数据审查过程，以确保收集 ESG 数据的有效性和准确性。CSA 数据的验证包括与内部文件或监管文件进行交叉检查和确认，要求公司公开这些文件，或者要求第三方进行验证。如果公司提交的信息或分析师在公开领域找到的信息可能存在问题，分析师会与公司联系以寻求进一步的说明。

指标得分计算每年都会由独立的第三方进行审计，以确保评分过程的准确性和可靠性。

除此之外，标普还根据媒体报道对可能对公司声誉、利益相关者关系、财务表现和业务运营产生重大影响的 ESG 争议进行持续检测，并每月更新 ESG 评分和底层数据集。ESG 争议包括犯罪、腐败、欺诈、非法商业行为、侵犯人权、劳资纠纷和工作场所安全、灾难性事故或侵犯环境等问题。ESG 争议的评估同时考虑了争议的严重程度以及公司为解决问题、减少负面影响和减少再次发生而采取的措施。如果争议的负面影响足够大，其可能会使公司 ESG 评分出现常规年度之外的下降。

15.3.3　中债的公司 ESG 评价体系

中债金融估值中心（简称中债）是一家专门为债券市场提供估值、评级和相关金融信息服务的公司。中债于 2020 年推出了针对国内债券市场发债主体的 ESG 评价产品，评价范围覆盖约 5000 家公募信用债发行主体，其中约 13%是上市公司，其余大多为非上市公司。

中债 ESG 评价体系包括 3 个一级支柱指标、14 个二级主题指标，以及三级指标和四级底层指标。表 15-9 展示了中债的 ESG 评价体系。综合得分和分项得分的范围为 1 分到 10 分，其中 10 分说明发债主体 ESG 表现最好。在计算得分时，中债按照自下而上的顺序进行评价。首先对底层指标进行赋值，然后设置指标权重，并通过加权求和得到上一层级的分数，逐层向上加权求和以计算出 ESG 总分。在评价过程中，中债综合考虑了行业特征的因素。例如，在环境维度，中债将行业划分为四个类别，包括正向环境效应的行业，如林业、废物利用业等，环境风险小且环境友好度较高的行业，如批发和零售业、金融业等，环境风险较大且环境友好度较高的行业，如建筑业等，以及环境风险大且环境友好度低的行业，如采矿业、石油加工业等。针对不同类别的行业，中债为其设定了不同的基础分数。随后，根据发行主体的表现，中债对基础分数进行相应的调整。

表 15-9　中债的公司 ESG 评价体系

一级指标	二级指标	三级指标
环境	环境管理	环境政策与规划、环境管理外部认证情况、环保处罚
	绿色发展	环保投入资金、绿色收入情况、绿色融资情况
	资源利用	能源利用、水利用、土地利用
	污染防治	废水、废气、噪声、危废及废弃物
	生态保护与气候适应	生物多样性、气候适应变化
社会	员工	基本权益保障、职业成长、职业福利、利益保护
	供应商和客户	产品可持续性、质量保障、售后服务、客户隐私保护
	投资人	债券发行文件中投资人保护条款：事件类条款、限制类条款
	社区与社会贡献	捐赠与投资、就业与纳税、重大技术研发、响应政策

续表

一级指标	二级指标	三级指标
公司治理	股东权益保护	股东权益保护机制、股东决策
	董监高治理能力	人员素质、制衡机制、董监高内部独立性、董监高外部独立性、董监高构成合理性及稳定性
	激励机制	激励水平、激励形式
	信息披露	可靠性、及时性、完备性
	管理规范性	诉讼与仲裁、经营风险

资料来源：中债官网

15.3.4 华证的公司 ESG 评价体系

上海华证指数信息服务有限公司（简称华证）是一家专业的指数与指数化投资综合服务公司。华证结合了国际实践经验和中国实际情况，提供了包含中国 A 股和港股等证券发行人的 ESG 评级产品。

华证 ESG 评价体系由 3 个一级支柱指标、16 个二级主题指标、44 个三级议题指标、70 多个四级底层指标以及超过 300 个底层数据指标构成。表 15-10 展示了华证的指标体系。华证基于其 ESG 评价体系，并综合运用了语义分析和自然语言处理等智能算法构建了针对中国市场的ESG大数据平台。华证ESG评价的指标赋值以定量和客观原则为指导，保证评价的客观性和可比性。基于文献研究、实践经验和国家标准设定各个指标的理论基准水平，并对指标进行标准化处理和赋值。对于底层数据，它们区分了结构化数据和非结构化数据，并采用了自然语言处理和语义分析等算法对基于非结构化数据的指标进行赋值。由于国内尚未建立上市公司 ESG 信息披露制度，底层指标存在数据缺失问题，华证采用统计方法对缺失值进行补充。在指标权重设置方面，华证参考国际机构的经验做法，遵循均衡和适用原则，并综合考虑各指标对各个行业的影响，为每个行业设置了相应的指标权重。华证 ESG 评级结果分为从 AAA 到 C 九个等级，ESG 评分和各指标得分范围为 0～100 分。评级和评分越高，说明发行人的 ESG 表现越好。

表 15-10 华证的公司 ESG 评价体系

一级指标	二级指标	三级指标
环境	气候变化	温室气体排放、碳减排路线、应对气候变化、海绵城市、绿色金融
	资源利用	土地利用及生物多样性、水资源消耗、材料消耗
	环境污染	工业排放、有害垃圾、电子垃圾
	环境友好	可再生能源、绿色建筑、绿色工厂
	环境管理	可持续认证、供应链管理-E、环保处罚
社会	人力资本	员工健康与安全、员工激励和发展、员工关系
	产品责任	品质认证、召回、投诉

续表

一级指标	二级指标	三级指标
社会	供应链	供应商风险和管理、供应链关系
	社会贡献	普惠、社区投资、就业、科技创新
	数据安全与隐私	数据安全与隐私
公司治理	股东权益	股东权益保护
	治理结构	ESG 治理、风险控制、董事会结构、管理层稳定性
	信披质量	ESG 外部鉴证、信息披露可信度
	治理风险	大股东行为、偿债能力、法律诉讼、税收透明度
	外部处分	外部处分
	商业道德	商业道德、反贪污和贿赂

资料来源：华证官网

15.3.5 公司层面 ESG 评价体系比较

随着 ESG 投资的快速增长，越来越多的评级机构进入了这个领域，包括标普全球、穆迪、RepRisk 等。相较于国外，国内机构的 ESG 评价起步较晚。对比国外和国内现行的 ESG 评价体系，各评价体系有一些共通之处，也存在许多不同。区域差异是促成这些特点的原因之一，但相同地区不同机构的评价体系也有其独特之处。本节将介绍公司层面 ESG 评价体系的特点并对比国内外 ESG 评价体系的区别。

1. 评估目标

不同的 ESG 评级机构在评估目标和侧重点上可能存在一些差异。ESG 评估目标主要包括 ESG 风险、机遇、管理水平和争议。大多数评级机构在确定评估目标和构建评价体系时都考虑了评估对象的 ESG 风险，一些评级机构也将 ESG 机遇、管理水平和争议纳入考量。

首先，ESG 风险是企业在可持续发展方面面临的挑战和潜在的负面影响，可能导致财务损失、法律诉讼、声誉受损、投资回报下降以及对环境和社会造成负面影响。其次，ESG 机遇是企业在可持续发展趋势中可能获得的商业机会，可以帮助企业创造长期价值和赢得市场竞争优势。在国外的 ESG 评价机构中，包括明晟、标普和 ISS（机构股东服务集团公司）等，已将 ESG 机遇纳入其评估目标之一。在国内，中债在评估目标中明确考虑了 ESG 机遇的影响。不过，其他 ESG 评价体系虽然没有明确将 ESG 机遇作为评估目标，但在指标体系中也会涉及部分与 ESG 机遇有关的指标。再次，ESG 管理水平是指企业在可持续发展中的管理实践和能力，涵盖了企业对 ESG 相关议题的策略、目标设定、实施措施和绩效监测等方面的表现。良好的 ESG 管理水平有助于企业应对和降低 ESG 风险的影响，并抓住 ESG 机遇。最后，ESG 争议指的是与 ESG 相关的负面事件，引起了公众、利益相关者或社会的关注和争议，是 ESG 风险和管理水平的具体表现。ESG 争议的出现往往代表企业在过去面临着较高的 ESG 风险或 ESG 风险管理实践和能力不足。

总的来说，不同ESG评价体系的目的和侧重点有所不同，投资者和利益相关者应根据自身需求选择合适的评价产品，并综合考虑不同机构的评估结果做出更明智的决策。

2. 指标体系

在构建指标体系的过程中，各个ESG评级机构具有一些共同特征。首先，各评级机构的指标框架整体上较为类似。一些典型的ESG问题，如环境维度的气候变化、社会维度的人力资本以及治理维度的股东权益等问题，通常被包括在ESG指标体系中。其次，由于不同行业在ESG问题上面临的挑战和影响因素各不相同，一些评级机构会根据行业特征调整指标体系。

另外，不同的ESG评级机构在构建指标体系时也各具特色。由于不同国家和市场的经济、社会和环境背景不同，因此不同地区的ESG评级机构在指标选择上可能存在差异。国外ESG评级机构通常需要评估来自不同国家和市场的证券发行人，而不同地区之间的差异性会增加构建指标体系的难度，构建考虑不同区域特征的指标体系存在一定挑战。然而，国内评级机构对中国的法律、政策和文化背景更加熟悉，且具备语言优势，在构建适应本土情况的指标体系上更具优势。近年来，一系列支持绿色金融的政策和监管措施在中国出台，中国的绿色金融市场正在逐步发展壮大，包括绿色债券、绿色信贷、绿色投资基金等产品的推出。因此，在中国市场和政策背景下，绿色金融指标能够对企业与环境相关的商业机会进行明确衡量。此外，华证指标体系中的海绵城市、润灵环球指标体系中的普惠金融以及中央财经大学绿色金融国际研究院指标体系中的扶贫等指标也具备中国本土特色，与国内政策导向高度相关，能够有效反映中国市场证券发行人的ESG表现。

3. 参考要求

评级机构在构建ESG评价体系时通常会参考相关要求，包括国际ESG规范、区域ESG规范以及相关法规。为了满足特定目标和受众需求，不同的ESG评级机构在构建评价体系时可能会参考不同的要求。

一方面，国际ESG规范通常是由国际组织或跨国机构制定的，具有全球认可度和广泛适用性，被ESG评级机构广泛使用，主要包括ESG信息披露标准以及ESG投资指引两大类。ESG信息披露标准旨在帮助企业向投资者、利益相关者和公众透明地传达其ESG绩效，参考国际ESG信息披露标准有助于增加评级机构的可信度和透明度，确保评估结果的规范化和可比性。在国内评级机构中，润灵环球强调了其评级体系与ESG规范相一致，包括全球报告倡议组织和ISO（International Organization for Standardization，国际标准化组织）管理体系标准。ESG投资指引旨在帮助投资者将ESG因素纳入投资决策过程，参考ESG投资指引有助于评级机构满足投资者对ESG评估结果的需求并提供与ESG投资策略相匹配的评级数据。

另一方面，ESG评级机构也会参考区域规范，以适应不同地区和市场的特定情况与优先事项。此外，许多国家和地区已经出台了相关的ESG法规和政策措施，一些评级机构参考这些法规和政策以确保其评估结果与当地法规保持一致，帮助企业合规和适应当地要求。

4. 数据来源

不同的 ESG 评级机构可能采用不同的数据采集渠道和方法，以满足其评估目标。

首先，一些评级机构依赖企业自主报告的数据，如上市公司的年度报告、社会责任报告和 ESG 报告等。这种数据来源的优势在于其详尽程度，尤其是社会责任报告和 ESG 报告提供了丰富的 ESG 信息，但可能存在企业选择性披露问题和“漂绿”风险。

其次，评级机构还可以利用政府和监管机构披露的信息来评估企业的 ESG 表现。这些数据具有较高的可靠性和一致性，因为它们受到政府和监管机构的监督和审核。

再次，新闻媒体中经常涉及企业的 ESG 问题和事件，ESG 评级机构可以参考新闻媒体中的信息来了解企业的 ESG 表现。新闻媒体可以提供及时的信息，但可能存在主观性和偏见。通常在评估过程中主要考虑 ESG 风险和争议的评级机构会采用大量的新闻媒体信息。

最后，ESG 评级机构可以向企业发送调查问卷，要求其提供特定的 ESG 数据和信息。这种数据来源可以提供更具体和定制化的信息，但可能受到企业回应的主观性和选择性的影响。采取这种主动方式收集企业 ESG 信息的评级机构较少。标普全球通过年度调查问卷收集全球公司的 ESG 信息，评估公司的 ESG 表现。对于未回应的公司，它们的专家分析师团队会根据公开信息填写评估问卷。全球环境信息研究中心每年向全球公司发放气候问卷、森林问卷和水问卷，评估公司在报告年度内的环境行动水平，未提供足够信息的调查对象会得到最低的评级。

5. 发行人参与

在 ESG 评价中，发行人的参与是非常重要的。发行人参与 ESG 评价可以提供更准确和全面的信息，增加评价结果的准确性和可信度。相比国内 ESG 评级机构，国外机构更加注重评估对象在 ESG 评价过程中的参与以及后续的反馈，采取一系列措施来促进评价对象的参与，包括与发行人主动沟通以及建立专门的反馈渠道等方式。

首先，对于采用问卷形式收集 ESG 信息的评级机构，发行人可以直接通过填写问卷的方式来参与 ESG 评价。其次，一些评级机构会在信息验证和评级更新前与发行人进行沟通。最后，发行人在 ESG 评级过程中也可以通过与评级机构主动联系来提供、更正或更新其 ESG 信息，并对评价结果进行反馈。

总而言之，国外 ESG 评级机构有相对完善的发行人参与机制，国内评级机构也应该加强与评价对象的合作和反馈机制，以提供更全面和准确的评价结果。

15.4　基于 ESG 体系的气候投融资实践

2020 年以来 ESG 投资在中国步入快速发展阶段，市场规模迅速扩张。国内的 ESG 投资早期主要在银行信贷业务上，近几年逐步发展到证券业、股权投资和产业基金实践中，ESG 股票指数、绿色债券、绿色基金银行理财等责任投资产品不断涌现。

根据《中国责任投资年度报告 2022》，中国主要类型的负责任投资市场规模同比增长约 33.4%。2022 年国内新成立纯 ESG 基金共 36 只，同比增长 80%。自 2015 年国家发展改革委发布《绿色债券发行指引》和《绿色债券支持项目目录》以来，绿色债券发行也逐步驶上快车道。该报告还强调了各种类型的负责任投资规模，如余额为20.9万亿元的绿色贷款，规模为4984.1亿元的ESG主题公募基金和发行额为1.67万亿元的绿色债券，均在2022年创下纪录。此外，该报告显示，可持续发展债券的市场价值为1059.9亿元，而社会债券则达到6620.2亿元，转型债券达到3002亿元，可持续财富管理产品达到1049亿元。此外，ESG股权基金规模约为2700亿元，绿色产业基金约为3610.77亿元。图15-1描述了当前我国主要的责任投资类型。

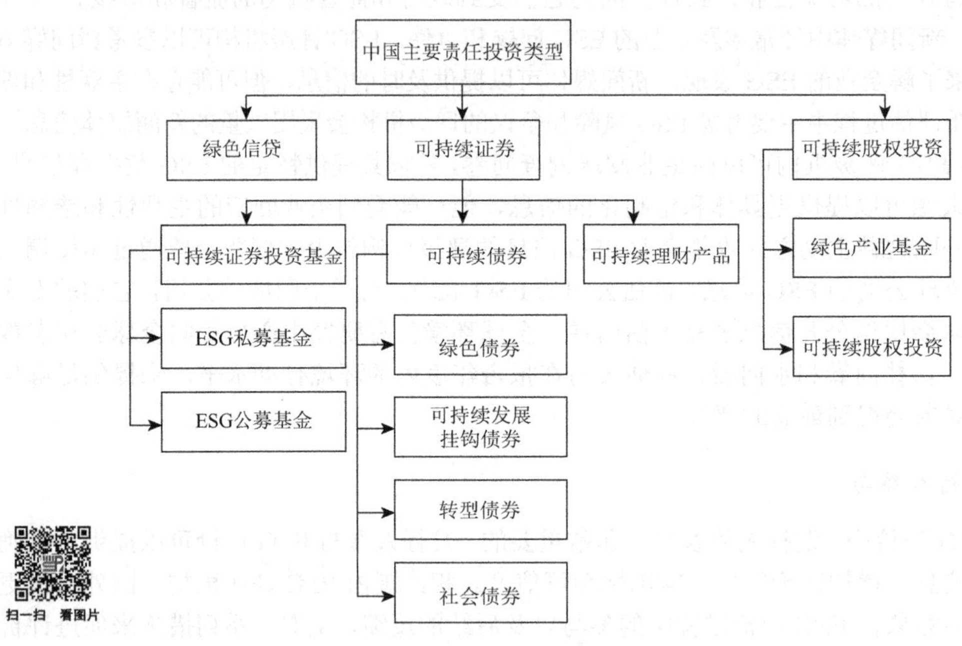

图15-1 中国主要责任投资类型

资料来源：《中国责任投资年度报告2022》

总的来说，中国的ESG投资市场正在快速发展。投资者对ESG投资认知逐渐深入、投资需求不断增加，越来越多的投资机构推出了ESG投资产品。近些年来绿色投资政策的发布也促进了我国绿色金融市场的发展，投资机构开始将ESG因素纳入投资决策中，推动了ESG投资理念在市场中的普及和实践。随着ESG投资市场的稳步发展，其规模也在不断扩大。预计未来，随着政策环境、投资理念等方面的不断推进，ESG投资市场仍将保持高速增长态势。

15.4.1 股票市场ESG投资

ESG责任投资已经成为全球主流的投资理念和策略。随着我国坚定不移地推动资本市场高水平开放，ESG指标逐渐成为海外投资者投资中国股票市场的重要决策工具之一。

一方面，海外投资者将A股公司的ESG评级纳入投资决策的考量因素。例如，所有被纳入明晟指数的 A 股公司将接受 ESG 评级，这为境外投资者通过沪深港通、合格的境外机构投资者（qualified foreign institutional investor，QFII）等渠道参与境内证券投资活动提供了重要参考，进一步推动 A 股公司提高对 ESG 的重视。同时，当前 A 股上市公司 ESG 报告的编制融入了中国本土的特点，尤其是央国企在 ESG 报告中，融入乡村振兴、高质量发展等重要内容，这符合现阶段我国主要发展阶段的实质性议题。

另一方面，随着外资资管机构在中国的业务发展日益深入，海外 ESG 投资经验逐步引入中国市场。例如，布局中国市场的外资公募基金管理公司中，路博迈基金管理（中国）有限公司宣布已成为“一带一路”绿色投资原则（green investment principles，GIP）第四十五家签署机构；摩根士丹利华鑫设立 ESG 量化先行基金，偏好投资 ESG 得分均衡的上市公司；富达国际则推出可持续发展基金，挑选在可持续议题上表现优于同业的公司。当然，当 ESG 成为投资中关键考量因素时，极有可能出现“漂绿”的风险，企业虚假披露 ESG 信息，夸大 ESG 方面的贡献。因此，企业在披露 ESG 数据之外，更重要的是践行可持续发展理念。

随着 ESG 主题的投资产品越来越多，未来 ESG 投资理念将给股票市场投资行为带来持续的积极影响，上市公司 ESG 指标与评级将被更广泛地纳入到投资者的决策中。

15.4.2　固定收益市场 ESG 投资

由于各类资产定价估值和投资逻辑上的差异，ESG 在国内市场发展整体呈现“权益强，固收弱”的局面。债券市场参与者虽然对 ESG 投资理念形成了一定的认知，也逐步应用于实践，但整体仍处于布局初期。

从发行端看，ESG 和绿色主题债券发行规模持续增加。根据 2022 年 7 月 4 日气候债券倡议组织与中央国债登记结算有限责任公司中债研发中心联合发布的《中国绿色债券市场报告 2021》统计，截至 2021 年底，中国绿色债券累计发行量约 1.3 万亿元，跃升至全球第二位。发行量较上一年增加约 2863 亿元，同比增长 186%，领先于其他主要市场。尽管增速惊人，但贴标绿色债券在中国总体债券市场的占比只有约 1%，仍有巨大的增长空间。从投资端看，我国 ESG 固定收益类投资产品起步较晚，目前以 ESG 固定收益理财产品和 ESG 债券基金为主。

15.4.3　基金市场 ESG 投资

ESG 基金是将环境、社会和治理这类非财务指标纳入投资决策过程的投资产品。从投资者的角度看，是指投资于具备可持续发展特点的公司的基金，它剔除了高污染、高耗能、产能过剩行业的公司，更加强调环保、绿色、可持续的发展理念。

ESG 基金通过选取 ESG 表现优秀的企业进行投资，以实现长期可持续的投资回报。2022 年，ESG 投资基金板块规模合计超过 3600 亿元，规模超过 5 亿元的产品有 121 只，占比 46%，而规模超过 10 亿元的产品有 89 只，占比 34%。以基金产品的投资标的为标准，ESG 基金产品可以分为 ESG 基金和泛 ESG 基金两大类。ESG 基金指在产品名称或投资策略中，明确包含ESG主题关键词或评估、投资策略的基金。在名称中包含ESG关键词的也可以被称为纯ESG主题基金，而投资策略中包含ESG关键词的则被称为ESG策略基金。泛ESG基金指产品名称或投资策略中包含环境、社会或治理主题关键词，且选择了环境、社会、治理某一维度作为投资主题，并通过相关行业逻辑以及环境、社会或治理的相关议题确定投资范围。泛ESG基金又可根据关键词分为环境主题基金、社会责任主题基金和公司治理主题基金等。

国内泛ESG基金较多，纯ESG基金较少，2022年共计有30只纯ESG主题基金存续，新增13只，总计规模为134.82亿元，达到近几年最高的水平。从投资类型来看，也可以分为主动型和主题型两类。过去几年中，ESG主动、被动型基金的数量和规模都呈现出快速增长的趋势。根据一级分类标准，中国ESG公募基金投资市场最常见的是混合型、股票型和债券型基金，分别占58.2%、33.3%和6.1%。

从基金类型方面看，目前国内ESG主题基金中，偏股混合型基金和被动指数型基金在累计数量上占据主流位置，分别占总数的42.5%和21.0%。

在行业分布方面，ESG基金呈现出集中的态势。各ESG基金的重仓主要分布在制造业，占全部ESG基金的71.3%，并且根据2023年第一季度的数据，制造业重仓股的市值占净值的比达到了57.86%。其余分布在信息传输、软件和信息技术服务业等行业，但占比较小，市值占净值的比也较小，仅有4.28%。

从投资种类方面看，ESG基金投资范围中所涉及的金融工具主要是国内依法发行上市的股票、港股通标的股票、债券、资产支持证券、同业存单、债券回购、银行存款、货币市场工具、股指期货、国债期货、股票期权及法律法规或中国证券监督管理委员会允许基金投资的其他金融工具。这一部分各个ESG基金的相似度较大，具体的区别主要是在股票的类型上，部分ESG基金将中小板股票排除在投资范围之外。

从资金配置比例方面看，ESG基金资产多配置于股票。以资产总值计，截至2023年第一季度，ESG基金中股票、债券、银行、基金资产配置占比分别达74.7%、16.4%、6.8%、1.2%，具有较强的权益属性。

从ESG基金成立的年度分布来看，2014～2016年是我国ESG基金的集中增长期，且主要聚焦于环境主题基金。随着我国经济高质量发展的转型，2019年开启了中国ESG元年，公司治理议题也被纳入可持续发展框架中。中国证券监督管理委员会在2022年发布了《关于加快推进公募基金行业高质量发展的意见》鼓励支持投资者作为持有人，通过积极的所有者实践（如投票、参与治理等）以敦促和赋能企业绿色升级。相信在未来，ESG基金定能成为中长期可持续发展投资者重要的投资对象。

15.5 案　　例

15.5.1 绿色信息的可信性：企业“漂绿”行为分析

虽然ESG评价体系百花齐放，但是目前ESG评价体系在中国的应用依然存在很多问题。其中，一个重要的问题就是评级结果不够准确乃至差距较大。各评级机构基于自身可获得的信息对公司进行 ESG 评价，但这些来自公司披露的信息并非完全准确，一些公司甚至会有意进行误导，向外界释放出虚假信息，以达到宣传自身的环保与社会责任承担的形象的目的，这一行为通常被称为“漂绿”。“漂绿”（greenwash）这一词最早是环保主义者杰伊・韦斯特维尔德（Jay Westerveld）在 1986 年提出的，最初是指公司为了迎合市场偏好，将公司产品包装成绿色环保的形式，而并不能发挥实际的环保作用的行为，从信息传播角度看，“漂绿”行为被认为是对环境信息的选择性披露，夸大对公司有利信息而隐瞒模糊不利信息。企业通过“漂绿”可以凭借“绿色产品”这一标签迎合市场需求，不仅能使企业表面看起来顺应了全球可持续发展的大趋势，还能帮助企业提高品牌形象和市场份额，并获得政府和公众的认可和支持，帮助企业迅速占领同行业中的绿色市场，建立行业竞争优势，而不需要专门投资或研发环境友好产品，大大降低了企业履行责任的成本。在 ESG 表现日益受到重视的今天，如何识别公司的“漂绿”行为已成为人们关注的热点。

尼尔森的一份全球企业可持续发展报告发现，66%的消费者愿意在来自可持续品牌的产品上消费更多，而在千禧一代中，这一比例跃升至 73%。环保的形象能为企业带来好的口碑和潜在的客户群体，因此，许多企业开始在公司年报和社会责任报告中宣传自己的绿色环保行动。然而，由于缺乏统一的标准和严格的监管，其中一些企业则采取虚假宣传的手段以实现“漂绿”的目的。有统计称，2022 年前 7 个月，全球媒体对“漂绿”的报道几乎翻了一番，包括彭博新闻社、《金融时报》、《南华早报》等许多知名纸媒和网络媒体均对“漂绿”这一趋势进行了报道。2021 年，欧盟委员会称，在互联网上展现生态友好形象的公司中，可能有 42%的比例正在进行“漂绿”活动。欧洲环境局表示，在欧盟的 230 个生态标签中，几乎一半的验证程序都非常薄弱，甚至根本不存在。2024 年 1 月，欧洲议会批准了新的《增强消费者绿色转型指令》。新规要求，如果没有提供公认的优异环境绩效，则禁止使用“环境友善”、“天然”、“可生物降解”、“气候中和”或“生态”等空泛的环境声明。可持续标签也将受到监管，未来欧盟将只允许使用经认证或公共机构制定的可持续标签。

由于“漂绿”的违规成本相对较低，实施“漂绿”行为能以较低成本为绿色产品提供边际效益，这不仅可以增加销量，还可以与供应商、客户等利益相关者建立长期信任关系，降低供应链各个环节中的交易成本，从而留下更多的资金与资源来维持其市场主导地位，因此一些企业采取了一系列虚假宣传的“漂绿”行为。法律缺位和监管疲软导致“漂绿”违规成本较低，且“漂绿”行为本身不易被识别，绿色市场存在严重的信息不对称性，这些客观因素也为其“漂绿”行为创造了空间和机会。

因此，在 ESG 表现逐渐成为利益相关者评价一家企业好坏与否的重要因素之时，如何识别、监管、惩罚“漂绿”行为是值得每一位关注 ESG 的投资者思考的问题。从企业外部治理角度来看，应推动政府监管与媒体曝光双管齐下；进一步明确绿色标准，争取早日实现国际趋同；积极开展绿色教育，加强社会公众的绿色鉴别能力，进一步增强企业的社会责任投资意识；推动政府和社会对企业履行社会责任形成合理预期；加强对领头羊企业以及群体性“漂绿”行为的监管和惩处，尽早消除行业性“漂绿”现象。从企业内部治理角度来看，企业应完善内控制度，构建“漂绿”预警体系；将可持续发展指标纳入企业评价体系，综合评估企业的可持续发展能力；加强企业全员道德规范建设，推动企业树立社会责任观。

15.5.2 国信证券 ESG 评级之谜

2022 年 12 月，美国指数编制公司明晟下调国信证券 ESG 评级至 CCC（最低），指该券商在企业行为、隐私和数据安全、人力资本发展、金融活动对环境影响等多项议题下处于落后地位，尚无领先议题。这意味着，国信证券的 ESG 表现在明晟 ESG 榜单中位于同类企业的末 6%水平。然而，同期在明晟 ESG 评级中获得 A 级（最高级）的国内券商已扩容至 4 家，另有包括中信证券、第一创业证券在内的 5 家国内券商明晟 ESG 评级出现提升。

根据国信证券发布的《2022 年度环境、社会及管治报告》（简称《报告》）可以发现，作为本土金融机构，其 ESG 实践始终着力服务于本土，很难与国际标准对接，这也是导致其在国际化的明晟 ESG 排名中垫底的原因之一。

国信证券在本土券商行业 ESG 特有的绿色金融、助力乡村振兴、普惠金融这三大议题之下表现尚可。

国信证券不断完善绿色金融产品体系和服务模式，依靠专业优势不断探索绿色金融创新工作，为经济社会绿色低碳转型提供金融保障。《报告》显示，2022 年，公司成功发行了包括全国首单风电 + 光伏绿色碳中和基础设施类 REITs（real estate investment trusts，房地产投资信托基金）、全国首单光伏基础设施类REITs在内的绿色债券及清洁能源行业公募REITs共计 17 只，发行规模约 480 亿元；财富管理业务条线完成可持续主题基金销售 11.2 亿元；截至 2022 年末，公司共计持有交易所确认的贴标绿色债券市值规模为 20.32 亿元。

此外，国信证券充分发挥资本市场中介机构职能，助力乡村振兴。2022 年，公司助力贵州长顺安达科技新三板定增项目 1 项，已核准发行金额 3.54 亿元，服务推进脱贫地区 IPO 项目 3 个，可转债项目 1 个；同年，子公司国信期货累计在广西、海南等 9 省区开展 24 个“保险 + 期货”项目，承保货值超 6 亿元；除金融帮扶外，公司还从产业扶持、民生帮扶、文化帮扶、教育帮扶、消费帮扶等多方面开展公益慈善活动，共开展对口帮扶及其他公益慈善项目 150 项，合计支出 2118.43 万元。

在普惠金融方面，国信证券紧跟国家战略导向，发挥资本市场专业优势，将资本市场活水引入中小微企业融资等领域。2022 年，公司担任包括“中国银行股份有限公司 2022 年小型微型企业贷款专项金融债券”在内的多个项目主承销商，项目募集资金专项用于小微企业贷款业务，助力小微企业解决融资需求；公司参与中国证券业协会固定收益专业委员会 2022 年重点课题研究，研究成果应用于支持民营中小企业债券融资。

然而，在国际 ESG 标准社会议题中，则更多偏向于员工权益保护、消费者权益保护和供应链管理。此外，这些标准或既未考虑发达市场和新兴市场在可持续相关信息披露监管能力上的差异，对发展中国家的包容性不足，也没有考虑发达市场和新兴市场的发展水平差异，最终导致国信证券 ESG 评级处于劣势。

就国信证券本身来说，其在 ESG 信息披露上仍存在较为明显的弊端，比如对碳排放和气候议题重视程度不够、披露前瞻性较差和缺乏负面事件等。事实上，自 2014 年上市以来，截至 2022 年，国信证券已连续 8 年发布社会责任报告。在国内 ESG 生态体系逐渐成形、可持续发展理念已成为时代主旋律之一的当下，国信证券以 2022 年为起点，主动将社会责任报告升级为 ESG 报告，这或许也是公司在 ESG 赛道努力追赶的实践。

在 2022 年国信证券实质性议题清单中，排在前三的分别是“党建工作”、“响应国家战略”和“扶持实体经济”，它们被列为“非常重要议题”，而“应对气候变化”位列 19，仅为“重要议题”；从篇幅上，《报告》中涉及碳排放和气候议题的仅有第六章“ESG 绩效”的两页；此外，《报告》表示，温室气体排放来自“因组织生产经营活动有关的，但非组织直接运营控制的上游或下游的运输活动产生的间接温室气体排放，如员工商务旅行等”，二氧化碳当量排放由第三方平台通过员工不同出行交通工具费用、住宿费用金额乘以相应排放因子计算得出，这种通过简单的计算方式并且缺乏第三方审计或鉴定得出的排放量是否能够代表真实值仍待考量。

国信证券的 ESG 披露，在完整性上也有待提高。ESG 不同于传统观念中对企业财务绩效的评价，它关注企业环境、社会责任、公司治理三个维度的综合表现。然而，在《报告》中，国信证券仅仅提及了“环境绩效”和“社会绩效”明细，并未提及“公司治理绩效”。

同时，《报告》的披露缺乏前瞻性，披露重点更多是对历史及现状的描述，缺乏对 ESG 管理目标的讨论。同时，国信证券的《报告》还缺乏对关键负面事件的披露。据中国企业改革与发展研究会发布的《企业 ESG 披露指南（征求意见稿)》，上市企业应当对“因违反法律法规而受到罚款的金额数量”“因违反法律法规而受到制裁的事件数量”“供应链对社会的负面影响以及采取的行动”“是否发生泄露客户隐私事件”等负面指标进行披露。对于投资者来说，一份全面的 ESG 报告，不仅应当包含对过往的回顾，更应囊括对未来的长远目标，表现企业 ESG 的投资价值。

15.5.3　ESG 资管理念：华夏基金的创新实践

中国证券投资基金业协会数据统计，截至 2022 年 6 月末，公募基金具有绿色可持续 ESG 投资方向的产品达到了 242 只，管理总规模超过了 4420 余亿元。

作为国内 ESG 投资领域的领头羊，华夏基金于 2017 年 3 月签署了联合国负责任投资原则，是境内第一家参与联合国负责任投资原则的公募基金公司。2020 年，华夏基金建立了公司层面的 ESG 业务委员会，成为国内同行中最早设立公司层面 ESG 业务委员会的公司。接下来，本节从投研体系、产品体系、管理体系三个角度介绍华夏基金 ESG 投资的实例。

1. 投研体系

总体来说，可持续投资是当前全球经济社会发展的必经之路。随着新一轮的科技革命和社会环境的变化以及各种社会问题出现，股东利益最大化的投资理念已经无法适应当下的投资环境。同时，考虑到中国特殊的社会发展阶段、行业发展情况的不同，华夏基金在中国践行 ESG 投资系统、细致地考量了中国的本土实际情况。整体来说，华夏基金是在借鉴国际 ESG 评级体系的基础之上，再基于中国的行业和公司特点，开发适用于中国本土市场的 ESG 基本面研究框架。比如，从公司治理角度，华夏基金会发掘不同行业的特异性议题。一个例子是将中国房地产企业比作金融公司，加入众多内部开发指标来衡量各类风险，包括质押风险、利益输送风险和会计治理风险等。此外，相对于国际通行的框架来说，内部开发指标的加入可以更好地分辨出同一行业不同上市公司的表现，为个股选择提供更大的借鉴意义。

对于ESG投资的收益来说，当前其仍处于较早期的阶段，数据积累时间不足，因此较难实现超额的阿尔法收益。但是从投资的角度来说，华夏基金认为ESG投资能够分辨公司的投资价值。在个体选股时仅依靠单一等级难以分辨出公司的ESG表现孰优孰劣，而通过加入一些细节指标，其将研究颗粒度更加细致化。例如，在紧缩的环境中，华夏基金会将公司面临的会计治理风险、质押风险等进行充分考量，尤其是对房企这类较为依赖现金流和流动性的行业。通过这一类的细节指标，华夏基金能在市场调整阶段更好地规避一些受冲击比较大的公司，从而通过ESG投资在短期内获得超额收益。而想要通过ESG投资获得长期的超额收益需要政策、社会环境和市场参与者建立共识，目前尚不成熟。

除此之外，华夏基金还将ESG数据纳入日常使用过程中，积极建设公司层面的ESG数据库，将经过遴选的、兼具权威性和可用性的数据整合到公司的数据库中，供所有的投研人员使用。

总体来说，华夏基金在投研选股的过程中为ESG投资加入了更多的视角和风险考量角度，从而进行更加全面的综合决策。

2. 产品体系

作为中国证券监督管理委员会批准的首批全国性基金公司之一，华夏基金从成立以来始终坚持长期投资理念，这一点与ESG理念的内核不谋而合。2017年，华夏基金成为首家签署联合国负责任投资原则的公募基金公司，随后开始系统性地将可持续投资考核整合到投资流程中。

在ESG投资方面，华夏基金将ESG研究作为核心工作，着重探索如何进行中国特色的ESG投资，如搭建本土行业ESG研究框架，使国际标准和中国国情更加适配。

在产品上，华夏基金也积极布局ESG策略。除了发行ESG主题基金外，2020年，华夏基金在欧洲市场发行全球首只投资于中国权益市场的跨境可持续投资产品，让海外投资人了解并认可中国的ESG投资。

在利益相关方沟通上，华夏基金不仅帮助中国的上市公司提高可持续发展意识，同时也会跟监管方进行密切交流，帮助推行国内市场中ESG相关政策的发展。

此外，华夏基金也积极建立内部代理投票数字化平台，这一系统建成后可以自动从第三方接受一些投票建议和投票信息，在审慎、专业的审批流程下提升其在上市公司股东大会中的投票参与率。

3. 管理体系

华夏基金目前已建立起完整的责任投资治理和管理体系以及投资研究整合框架，积极站在投资者的角度管理选股体系，监督公司治理。尽管沪深300在2022年已有92%的公司披露独立ESG报告，但是对于全部A股上市公司来说，披露社会责任报告的比例相对较低。因此，作为投资者，华夏基金积极利用股东身份推动上市公司进行 ESG 信息披露。华夏基金在构建研究框架时会利用自身研究院资源和服务资源获取较为细致的调研数据，补足 ESG 数据缺失。

此外，华夏基金积极与监管方沟通，建立联系，推动内地上市公司进行 ESG 披露。例如，香港交易所于 2019 年底起强制在香港交易所上市的公司披露社会责任报告，因此华夏公司也应在与监管单位沟通的过程中关注这些情况，以此推动内地上市公司的信息披露。

课 后 习 题

1. 简述 ESG 的内涵。

2. 简述国内外 ESG 体系的发展差异和不足之处。

3. 论述国内主要 ESG 评级存在的优点与不足，同时尝试为完善国内 ESG 评价体系提出相关建议。

4. 有人认为 ESG 实践能够促进公司赢得利益相关者信任，从而推动公司转型与发展；也有人认为，ESG 实践会为公司带来一系列的“绿色成本”（如更高的信息披露成本），反而导致公司忽略了自身的经营绩效，你认同以上哪种观点？谈谈你的看法。

5. 你认为对于评级机构和投资者来说，如何才能准确识别企业是否存在“漂绿”行为？ESG 评级的分歧是否能为“漂绿”行为的识别提供一些证据？谈谈你的看法。